气象部门计财业务系统管理与应用实务

（中卷）

政府会计制度信息系统实务应用

司惠菊 周 欣 任振和 ◎ 主编

科学技术文献出版社
SCIENTIFIC AND TECHNICAL DOCUMENTATION PRESS
·北京·

图书在版编目（CIP）数据

气象部门计财业务系统管理与应用实务. 中卷，政府会计制度信息系统实务应用 / 司惠菊，周欣，任振和主编. —北京：科学技术文献出版社，2019.1
ISBN 978-7-5189-5196-3

Ⅰ.①气… Ⅱ.①司… ②周… ③任… Ⅲ.①气象—行政事业单位—财务管理—管理信息系统—中国 Ⅳ.① F812.4-39

中国版本图书馆 CIP 数据核字（2019）第 024038 号

气象部门计财业务系统管理与应用实务（中卷）
——政府会计制度信息系统实务应用

策划编辑：郝迎聪　责任编辑：张　红　李　晴　杨瑞萍　责任校对：文　浩　责任出版：张志平

出 版 者	科学技术文献出版社
地　　　址	北京市复兴路15号　邮编　100038
编 务 部	（010）58882938，58882087（传真）
发 行 部	（010）58882868，58882870（传真）
邮 购 部	（010）58882873
官方网址	www.stdp.com.cn
发 行 者	科学技术文献出版社发行　全国各地新华书店经销
印 刷 者	北京时尚印佳彩色印刷有限公司
版　　　次	2019年1月第1版　2019年1月第1次印刷
开　　　本	787×1092　1/16
字　　　数	645千
印　　　张	41.25
书　　　号	ISBN 978-7-5189-5196-3
定　　　价	166.00元

版权所有　违法必究

购买本社图书，凡字迹不清、缺页、倒页、脱页者，本社发行部负责调换

编委会

主　　编　司惠菊　周　欣　任振和
业务指导　刘　彤　曹卫平　郭雪飞　蔡　军
成　　员（按姓氏笔画排序）
　　　　　　司惠菊　任振和　闫丽华　孙筠婷
　　　　　　周　欣　赵　栋　徐相明　黄晖雁
　　　　　　梁红兵　詹　敏

序　言

我国现行的政府会计核算标准体系基本上形成于1998年前后，主要涵盖财政总预算会计、行政单位会计与事业单位会计。由于现行政府会计标准体系一般采用收付实现制，主要以提供反映预算收支执行情况的决算报告为目的，无法准确、完整地反映政府资产负债"家底"，以及政府的运行成本等情况。同时，现行政府会计领域多项制度并存，体系繁杂、内容交叉、核算口径不一，造成不同部门、不同单位的会计信息可比性不高。同样，业务行政和事业单位的会计标准不同，会计政策不同，导致政府财务报告信息质量较差。因此，在新的形势下，必须对现行政府会计标准体系进行改革。

党的十八届三中全会提出了"建立权责发生制政府综合财务报告制度"的重大改革举措；2014年新修订的《预算法》对各级政府提出按年度编制以权责发生制为基础的政府综合财务报告的新要求；党的十九大报告提出：贯彻新发展理念，建设现代化经济体系，加快完善社会主义市场经济体制，建立全面规范透明、标准科学、约束有力的预算制度，全面实施绩效管理。

政府会计制度是政府会计核算标准体系的重要组成部分，建立政府会计核算标准体系是权责发生制政府综合财务报告制度改革的前提和基础。政府会计核算标准体系包括政府会计基本准则、具体准则及应用指南、政府会计制度3个部分，基本准则属于"概念框架"，统驭政府会计具体准则和政府会计制度的制定；具体准则主要规定政府发生的经济业务或事项的会计处理原则；应用指南主要对具体准则的实际应用做出操作性规定；会计制度主要规定政府会计科目及其使用说明、报表格式及其编制说明等。会计准则和会计制度相互补充，共同规范政府会计主体的会计核算，保证会计信息质量。

准确核算政府运行成本，是科学评价政府绩效和实施绩效管理的基础。党的十九大明确提出要全面实施绩效管理，要求政府单位在会计核算中引入成本、费用、绩效管理等理念，合理归集反映政府的运行费用和履职成本，以便科学评价政府单位的行政效率。而权责发生制核算基础能全面反映政府资产负债、收入费用、现金流等信息，并在预算执行与财务结果之间建立了对应关系，为构建科学的政府绩效评价体系、全面实施绩效管理奠定了基础。

2017年10月24日，财政部印发了《政府会计制度——行政事业单位会计科目和报表》（财会〔2017〕25号，以下简称《新制度》）。制定出台《新制度》，是全面贯彻落实党的十八届三中全会精神和《国务院关于批转财政部权责发生制政府综合财务报告制度改革方案的通知》的重要成果，是服务全面深化财税体制改革的重要举措，对于提高政府会计信息质量、提升行政事业单位财务和预算管理水平、全面实施绩效管理、建立现代财政制度具有重要的政策支撑作用，在我国政府会计发展进程中具有划时代的重要意义。

政府会计制度内容变化大，影响范围广，其在原有收付实现制的基础上引入了权责发生制。2019年1月1日实施的政府会计制度构建了"财务会计和预算会计适度分离并相互衔接"的会计核算模式，这意味着政府会计制度要实现"双功能""双基础""双报告"的功能。所谓"双功能"就是通过资产、负债、净资产、收入、费用5个要素进行财务会计核算，通过预算收入、预算支出和预算结余3个要素进行预算会计核算；所谓"双基础"就是财务会计采用权责发生制，预算会计采用收付实现制；所谓"双报告"就是通过财务会计核算形成财务报告，通过预算会计核算形成决算报告。这就要求在同一会计核算系统中政府预算会计要素和相关财务会计要素相互协调，决算报告和财务报告相互补充，共同反映政府会计主体的预算执行信息和财务信息。需要通过财务会计与预算会计平行记账和编制财务报表与预算会计报表的差异表，来兼顾现行部门决算报告制度的需要，符合部门编制权责发生制财务报告的要求，实现政府会计改革的目的。这种核算模式如果没有强大的信息系统支持，仅靠人工无疑加大了财务人员的双重工作量，而且会计信息质量也会大打折扣。只有实现信息化，建立强大的信息系统，才能保证政府会计制度落地。

政府会计制度条件下的信息化不仅意味着将计算机、网络通信等先进技术与传统的会计核算等业务相融合，提高政府的财务处理能力，还包含着更深层的含义，即实现政府会计基本理论信息化、实务信息化与管理信息化，进而促进政府的财务处理能力与行政管理水平。从国外政府会计多年改革的经验看，信息系统是保障政府会计制度实施的重要技术保障，而且国外都是对单一的系统进行整合，形成具有综合功能的信息系统。法国从2001年就开始研究创建适应政府会计管理的新型财务管理信息系统（CHORUS），对原有的几个信息系统进行整合，将预算执行、资产管理和财务报告编制都纳入该系统。英国政府会计基本上实现了会计信息处理与传递的自动化和无纸化，只需要在交易活动开始时手工录入必需的信息，其后各种信息报告与分析均可利用系统功能自动完成。系统可以提供不同口径、不同角度的财务报告，满足相关各方的信息需求。美国是一个信息化程度很高的国家，其政府会计管理也离不开信息系统的支撑。美国地方政府都开发并使用各政府部门统一核算的会计系统，财政部门通过该系统能监控政府各部门每一笔收支明细情况，并自动记入相应的账户。新西兰政府会计改革成功的技术保障是信息处理方法的改进，在改革中建立了一套完善的计算机会计信息系统和预算管理信息系统，为改革提供了强有力的技术支持。政府会计制度采用权责发生制会计系统所需的信息技术，比收付实现制会计系统所需的信息技术要复杂得多，建立一套与权责发生制相适应的信息系统是改革成功的必要保障。

为适应部门预决算、国库集中支付、政府采购、资金资产管理、项目管理、预算绩效考评等国家财政改革的要求，推进计财工作管理科学化、业务流程化、信息数字化、资源网络化，实现由核算型财务向管理型财务转变，由事后监督向事前、事中、事后全方位监督转变，由局部性管理向全局性管理转变，由分散自建向统筹集约转变，中国气象局计划财务司会同资产中心，自2011年年底在财务账簿数据库管理系统的基础上，结合财政部下发的预算编制系统、决算编制系统、国库管理外围系统、财政资金支付管理系统、行政事业单位资产管理系统等要求，组织实施了计财业务系统的建设、推广、应用工作，全面加强气象部门计财科学管理，积极探索、创新计财管理模式，为气象事业科学发展提供了有力的支撑和保障。

政府会计改革建立权责发生制政府报告，需要推动业务与财务的一体化。气象部门计财业务系统在气象部门使用多年，基本可以实现动态的财务、业务一体化，实现信息流、资金流的高度一致性、同步性和完整性，实现财务预算、财务控制和财务分析的自动化，业务流的透明化和规范化，为政府会计制度在气象部门落地奠定了很好的信息化基础。

气象部门在推进政府会计制度实施上，充分考虑到气象部门层级多、资金量大、核算复杂的特点，选择不升级财务系统平稳过渡的方式实现对气象部门政府会计制度的落地。为保证整个系统账务平稳过渡，保证会计人员能够容易操作，气象部门在信息化条件下政府会计制度改革模式的构建应兼顾气象部门会计特点，在适应目前人员情况的基础上，合理顺畅地完成气象部门政府会计改革任务。

建立权责发生制的政府综合财务报告制度是国家会计制度改革的重大举措。为保证新的政府会计制度有效实施，新旧制度平稳过渡，打破传统的财务记账模式，气象部门利用计财业务系统，创新性提出"基础数据"理念，在系统中增加了"基础账"、总账平台两个功能，通过梳理业务流程，运用现代信息技术手段，进行适应性配置和钩稽关系的梳理，通过体系重构，构建符合新政府会计制度需求的部门核算体系，即依托计财业务系统，以报账基础数据生成财务、预算两套账的理论，通过基础账完成财务会计和预算会计的核算。在原有的系统不升级、原有的业务操作不改变、会计记账习惯不改变的情况下，完成了政府会计改革信息化实施，中国会计报以《信息化助力新政府会计制度"落地"》为题也进行了报道。目前已经在天津、山西、山东、江苏、河南、安徽、四川、湖南、广西全面测试运行，为2019年1月起在气象部门正式上线奠定了坚实的基础。

《气象部门计财业务系统管理与应用实务（中卷）——政府会计制度信息系统实务应用》从政府会计制度实施的原理及在计财业务系统中实务应用的角度出发，把日常报销业务、基础账务处理、科目新旧结转及会计报表等方面的业务功能和操作流程加以融合，既有理论又有实务操作，对气象部门2019年政府会计制度实施具有很强的指导性，对基层会计人员具体操作具有很强的针对性，是一本实务操作教材。

前　言

2014年年底，国务院批转财政部的《权责发生制政府综合财务报告制度改革方案》（以下简称《改革方案》）正式拉开了本轮政府会计改革的序幕。《改革方案》规定，要"建立健全政府会计核算体系，推进财务会计与预算会计适度分离并相互衔接，在完善预算会计功能的基础上，增强政府财务会计功能，夯实政府财务报告核算基础，为中长期财政发展、宏观调控和政府信用评级服务。"自2015年以来，财政部相继发布《政府会计准则——基本准则》，和存货、投资、固定资产、无形资产等6项政府会计具体准则及1项应用指南，为建立统一、科学、规范的政府会计准则体系奠定了基础，标志着我国政府会计准则体系建设又向前迈进了一步。2017年10月24日，财政部印发了《政府会计制度——行政事业单位会计科目和报表》（财会〔2017〕25号，以下简称《新制度》），将自2019年1月1日正式实施。

根据政府会计制度改革要求，为确保政府会计制度改革方案的落实，并在气象部门计财业务系统中实现，编者先后到中国人民大学、文化部、水利部、北京化工大学等单位进行调研，并选派12人参加了北京国家会计学院举办的政府会计制度培训。中国气象局计划财务司先后组织了3次研讨，基本确定了会计科目体系，资产中心根据气象部门的实际情况，成立测试工作组，深入学习理解政府会计制度，并与公司技术人员讨论、制定实现方式，邀请博斯软件、用友政务、用友同联等软件公司介绍方案。为保证新的政府会计制度有效实施，新旧制度平稳过渡，通过对比分析，结合气象部门实际，打破传统的财务记账模式，通过体系重构，构建符合新政府会计制度需求的部门核算体系，首次提出了"基础账"的理念，即依托计财业务系统，以报账基础数据生成财务、预算两套账的理论，通过基础账完成财务会计和预算会计的核算。在原有的系统不升级、原有的业务操作不改变、会计记账习惯不改变的情况下，通过基础数据实现财务、预算平行记账。经过中国气象局大院所属单位、湖南省气象局实时业务测试，运行稳定，达到了新政府会计制度提出的"双基础""双功能""双报告"的总体要求。目前已经在天津、山西、山东、江苏、河南、安徽、四川、广西等省（自治区、直辖市）气象局全面测试，为2019年1月起在气象部门正式上线运行奠定了坚实的基础。

为了满足气象部门行政事业单位财会人员准确理解政府会计制度理论、熟练使用计财业务系统完成会计核算等工作的需要，中国气象局资产中心组织相关专家编写了这本《气象部门计财业务系统管理与应用实务（中卷）——政府会计制度信息系统实务应用》。

本书根据国家颁布的《权责发生制政府综合财务报告制度改革方案》《政府会计准则——基本准则》《政府会计制度——行政事业单位会计科目和报表》等制度规定，结合政府会计制度在气象部门计财业务系统中的实施，系统全面地对政府会计制度在信息系统中的实施原理、科目体系、报表体系、新旧衔接等内容进行了介绍。同时，本书对日常财务核算业务在计财业务系统中的实务操作进行了详细解读，图文并茂，内容翔实。

本书共六章，主要从总论、系统初始设置、基础数据原理、新旧衔接、会计报表、科目及钩稽关系等方面对政府会计制度信息化的实施原理、实现方式、实现途径及日常业务在信息系统中的具体操作进行详细介绍，是会计人员日常业务操作的工具书。

政府会计制度的实施是气象部门一项重要工作，矫梅燕副局长专题听取相关工作汇报并提出明确要求，计财司高度重视，组织协调各省参加系统测试，并多次亲临财务核算中心指导工作。在政府会计制度实施和本书的编写过程中，资产中心刘彤主任、计财司财务处郭雪飞处长不但在理论层面上提出了针对性很强的建议，同时在信息技术实践中也多次指导，在此表示衷心的感谢。政府会计制度的实施离不开实际的业务测试，湖南省气象局测试团队在软件初期业务测试中给予了大力支持和配合，做了大量测试工作，在此也表示衷心的感谢。同时，也感谢其他参与测试工作省市的同行；感谢测试工作组人员崔小岩、桑蕙、张沛、翟畅、李双辰、周语桐的辛勤付出，感谢系统运维室运维团队的努力，感谢北京用友政务软件有限公司张羽的技术支持。

本书得到了中国气象局软科学研究项目"气象部门财务资金联网监控研究""气象部门财务核算内部控制体系研究"的资助。

《气象部门计财业务系统管理与应用实务（中卷）——政府会计制度信息系统实务应用》的出版，凝聚了团队的心血，它从政府会计制度在计财业务系统中如何应用的角度，为基层会计人员提供了实务操作指南，是一本实务应用工具书。

编　者

2018 年 12 月 20 日

目 录

第一章　概　述 ··· 001
　　一、《新制度》的主要内容 ··· 001
　　二、《新制度》的重大变化与创新 ····································· 002
　　三、气象部门计财业务系统为政府会计制度贯彻实施提供支撑 ········· 008

第二章　系统初始设置 ··· 015
　第一节　基本原理 ··· 015
　　一、总体原理 ··· 015
　　二、系统设置 ··· 016
　第二节　系统环境要求 ··· 024
　　一、系统初始化的概念 ··· 024
　　二、系统运行环境要求 ··· 024
　第三节　业务操作实务 ··· 034
　　一、日常业务操作实务 ··· 034
　　二、差错处理操作实务 ··· 070

第三章　基础数据基本框架 ······································· 072
　第一节　基础数据内容 ··· 072
　　一、基础数据科目体系 ··· 072
　　二、基础数据基本框架 ··· 078
　第二节　钩稽关系及对应规则 ····································· 084
　　一、基础数据科目判断 ··· 084

二、累计盈余调整 ·· 085

三、中国气象局离退休干部管理办公室、机关及直属事业单位科目
　　对应关系判断 ·· 085

四、核算中的注意事项 ·· 086

第四章　基础核算业务 ·· 087

第一节　资产业务 ·· 087

一、货币资金 ·· 087

二、短期投资 ·· 108

三、应收及预付款 ·· 112

四、存货 ··· 139

五、长期投资 ·· 166

六、固定资产 ·· 198

七、无形资产 ·· 232

八、受托代理资产 ·· 258

九、（长期）待摊费用 ·· 266

十、在建工程 ·· 269

第二节　负债业务 ·· 298

一、短期借款 ·· 298

二、应缴增值税——一般纳税人 ·· 302

三、应缴增值税——小规模纳税人 ·· 322

四、其他应缴税费 ·· 331

五、应缴财政款 ·· 338

六、应付职工薪酬 ·· 342

七、应付票据 ·· 345

八、应付账款 ·· 350

九、应付利息 ·· 354

十、预收账款 ·· 358

十一、其他应付款 …………………………………………………… 361

　　十二、预提费用 ……………………………………………………… 369

　　十三、长期借款 ……………………………………………………… 373

　　十四、长期应付款 …………………………………………………… 380

　　十五、预计负债 ……………………………………………………… 384

　　十六、受托代理负债 ………………………………………………… 388

第三节　费用和支出 ……………………………………………………… 389

　　一、业务活动费用和单位管理费用（行政支出、事业支出）…… 389

　　二、上缴上级费用（上缴上级支出）……………………………… 424

　　三、对附属单位补助费用（对附属单位补助支出）……………… 428

　　四、经营费用（经营支出）（见事业支出的具体要求）………… 431

　　五、资产处置费用 …………………………………………………… 433

　　六、所得税费用 ……………………………………………………… 441

　　七、投资支出 ………………………………………………………… 445

　　八、债务还本支出 …………………………………………………… 451

　　九、其他费用（其他支出）………………………………………… 452

第四节　收入 ……………………………………………………………… 466

　　一、财政拨款收入、财政拨款预算收入 …………………………… 466

　　二、事业收入、事业预算收入 ……………………………………… 479

　　三、上级补助收入、上级补助预算收入 …………………………… 487

　　四、附属单位上缴收入、附属单位上缴预算收入 ………………… 490

　　五、经营收入、经营预算收入 ……………………………………… 493

　　六、债务预算收入 …………………………………………………… 497

　　七、非同级财政拨款收入、非同级财政拨款预算收入 …………… 498

　　八、投资收益、投资预算收益 ……………………………………… 502

　　九、捐款收入、利息收入、租金收入、其他收入及其他预算收入 …… 504

第五节　净资产和预算结余 ……………………………………………… 524

　　一、年末处理 ………………………………………………………… 525

二、在基础数据录入的经济业务 ………………………………………………… 525

第五章　会计报表 ………………………………………………………… 527

第一节　财务报表的编制基础 ……………………………………………… 527

一、基础要求 …………………………………………………………………… 527

二、编制口径 …………………………………………………………………… 528

三、程序要求 …………………………………………………………………… 528

四、重要性要求 ………………………………………………………………… 528

五、责任明确 …………………………………………………………………… 528

六、制度要求 …………………………………………………………………… 528

七、标准口径 …………………………………………………………………… 529

八、合并程序 …………………………………………………………………… 529

九、财务报表包括财务会计报表和报表附注 ………………………………… 529

十、时间要求 …………………………………………………………………… 529

第二节　财务报表的内容与填列 …………………………………………… 529

一、资产负债表的内容与填列要求 …………………………………………… 529

二、收入费用表的内容与填列 ………………………………………………… 541

三、净资产变动表的内容与填列要求 ………………………………………… 546

四、现金流量表的内容和填列要求（一般不需编制）……………………… 551

第三节　合并财务报表 ……………………………………………………… 557

一、合并财务报表的基本概念 ………………………………………………… 557

二、合并财务报表的程序要求 ………………………………………………… 558

三、抵销调整事项清单 ………………………………………………………… 562

第四节　会计报表附注编制 ………………………………………………… 563

一、会计报表附注的概念 ……………………………………………………… 563

二、气象部门会计报表附注的主要内容 ……………………………………… 563

三、气象部门财务报表附注要求 ……………………………………………… 564

四、会计报表重要项目明细信息及说明 ……………………………………… 565

五、未在会计报表中列示的重大事项 ……………………………………… 575

六、需要说明的其他事项 …………………………………………………… 576

七、财务报表分析 …………………………………………………………… 576

八、运行情况分析 …………………………………………………………… 576

九、财务状况分析 …………………………………………………………… 577

第六章 新旧会计制度衔接 …………………………………………………… 578

第一节 新旧衔接概述 ………………………………………………………… 578

一、总体要求 ………………………………………………………………… 578

二、新旧制度衔接初始设置 ………………………………………………… 585

第二节 会计科目新旧衔接 …………………………………………………… 588

一、财务会计科目的新旧衔接 ……………………………………………… 588

二、预算会计科目的新旧衔接 ……………………………………………… 615

第三节 报表新旧结转 ………………………………………………………… 627

一、财务报表和预算会计报表的新旧衔接规定 …………………………… 627

二、其他事项 ………………………………………………………………… 627

第四节 实务应用 ……………………………………………………………… 628

一、日常业务处理 …………………………………………………………… 628

二、年底收支结转 …………………………………………………………… 628

三、生成新年度基础资料和科目余额 ……………………………………… 628

四、导入新科目脚本 ………………………………………………………… 630

五、执行新旧转换脚本 ……………………………………………………… 630

第一章 概 述

为了积极贯彻落实党的十八届三中全会精神和《国务院关于批转财政部权责发生制政府综合财务报告制度改革方案的通知》(国发〔2014〕63号，以下简称《改革方案》)的要求，构建统一、科学、规范的政府会计核算标准体系，夯实政府财务报告的编制基础，2017年10月，财政部印发了《政府会计制度——行政事业单位会计科目和报表》(财会〔2017〕25号，以下简称《新制度》)，自2019年1月1日起在各级各类行政事业单位施行。

一、《新制度》的主要内容

（一）《新制度》出台的历史背景

我国现行政府会计核算标准体系基本上形成于1998年前后，主要涵盖财政总预算会计、行政单位会计与事业单位会计。2010年以来，财政部适应公共财政管理的需要，先后对部分会计标准进行了修订。

党的十八届三中全会提出了"建立权责发生制政府综合财务报告制度"的重大改革举措，2014年新修订的《预算法》对各级政府提出按年度编制以权责发生制为基础的政府综合财务报告的新要求。由于现行政府会计标准体系一般采用收付实现制，主要以提供反映预算收支执行情况的决算报告为目的，无法准确、完整地反映政府资产负债"家底"，以及政府的运行成本等情况。同时，现行政府会计领域多项制度并存，体系繁杂、内容交叉、核算口径不一，造成不同部门、不同单位的会计信息可比性不高。同样，行政单位和事业单位的会计标准不同，会计政策不同，导致政府财务报告信息质量较差。因此，在新的形势下，必须对现行政府会计标准体系进行改革。

(二)《新制度》出台的必要性

党的十八届三中全会提出了"建立权责发生制政府综合财务报告制度"的重大改革举措。2014年新修订的《预算法》对各级政府提出按年度编制以权责发生制为基础的政府综合财务报告的新要求，国务院深化改革办公室提出向全国人大报送国有资产的要求，以及国家对政府债务清理、认定和管理的新要求。

党的十九大报告提出："贯彻新发展理念，建设现代化经济体系，加快完善社会主义市场经济体制，建立全面规范透明、标准科学、约束有力的预算制度，全面实施绩效管理。""从2035年到21世纪中叶，实现国家治理体系和治理能力现代化。"

为了加快建立健全政府会计核算标准体系，财政部经反复研究和论证，决定以统一现行各类行政事业单位会计标准、夯实部门和单位编制权责发生制财务报告、全面反映运行成本并同时反映预算执行情况的核算基础为目标，制定适用于各级各类行政事业单位的统一的会计制度。

(三)《新制度》出台的重要意义

制定出台《新制度》，是全面贯彻落实党的十八届三中全会精神和《改革方案》的重要成果，是服务全面深化财税体制改革的重要举措，对于提高政府会计信息质量、提升行政事业单位财务和预算管理水平、全面实施绩效管理、建立现代财政制度具有重要的政策支撑作用，在我国政府会计发展进程中具有划时代的重要意义。

二、《新制度》的重大变化与创新

(一)统一了现行各项单位会计制度

《新制度》有机整合了《行政单位会计制度》《事业单位会计制度》和医院、基层医疗卫生机构、高等学校、中小学校、科学事业单位、彩票机构、地勘单位、测绘单位、林业(苗圃)等行业事业单位会计制度的内容。在科目设置、科目和报表项目说明中，一般情况下，不再区分行政和事业单位，也不再区分行业事业单位；在核算内容方面，基本保留了现行各项制度中的通用业务和事项，同时，根据改革需要增加各级各类行政事业单位的共性业务和事项；在会计政策方面，对同类业务尽可能做出同样的处理规定。通过会计制度的统一，大大提高了政府各部门、各单位会计信息的可比性，为合并单位、部门财务报表和逐级汇总编制部门决算奠定了坚实的制度基础。

（二）重塑了政府会计核算模式

为完善各级各类行政事业单位会计核算，统一其会计核算方法，《新制度》构建了"财务会计和预算会计适度分离并相互衔接"的会计核算模式。

所谓"适度分离"，是指适度分离政府预算会计和财务会计功能，决算报告和财务报告功能，全面反映政府会计主体的预算执行信息和财务信息。主要体现在以下几个方面：一是"双功能"，在同一会计核算系统中实现财务会计和预算会计双重功能，通过资产、负债、净资产、收入、费用5个要素进行财务会计核算，通过预算收入、预算支出和预算结余3个要素进行预算会计核算。二是"双基础"，财务会计采用权责发生制，预算会计采用收付实现制，国务院另有规定的，则依照其规定。三是"双报告"，通过财务会计核算形成财务报告，通过预算会计核算形成决算报告。

所谓"相互衔接"，是指在同一会计核算系统中政府预算会计要素和相关财务会计要素相互协调，决算报告和财务报告相互补充，共同反映政府会计主体的预算执行信息和财务信息。主要体现在以下几个方面：一是对纳入部门预算管理的现金收支进行"平行记账"。对于纳入部门预算管理的现金收支业务，在进行财务会计核算的同时，也应当进行预算会计核算。对于其他业务，仅需要进行财务会计核算。二是财务报表与预算会计报表之间存在钩稽关系。通过编制"本期预算结余与本期盈余差异调节表"并在附注中进行披露，反映单位财务会计和预算会计因核算基础和核算范围不同所产生的本年盈余数（即本期收入与费用之间的差额）与本年预算结余数（本年预算收入与预算支出的差额）之间的差异，从而揭示财务会计和预算会计的内在联系。这种会计核算模式既兼顾了现行部门决算报告制度的需要，又能满足部门编制权责发生制财务报告的要求，对于规范政府会计行为、夯实政府会计主体预算和财务管理基础、强化政府绩效管理具有深远的影响。

其中，在政府会计制度的财务会计要素中，增加"费用"要素，且首次提出预算会计要素包括预算收入、预算支出和预算结余，要求各级各类行政事业单位在业务活动核算过程中，核算预算收入、预算支出和预算结余的执行情况。这就要求事业单位在业务活动中取得业务收入或其他收入的同时，应考虑收入成本配比因素，考虑日常活动发生导致的经济利益的流入流出及资产的保值增值。

（三）完善了报表体系和结构

政府会计制度将报表分为预算会计报表和财务报表两大类。预算会计报表由预算收入表、预算结转结余变动表和财政拨款预算收入支出表组成，是编制部门决算报表的基础。财务报表由会计报表和附注构成，会计报表由资产负债表、收入费用表、净资产变动表和现金流量表组成，其中，单位可自行选择编制现金流量表。此外，《新制度》针对新的核算内容和要求对报表结构进行了调整和优化，对报表附注应当披露的内容进行了细化，对会计报表重要项目说明提供了可参考的披露格式、要求按经济分类披露费用信息、要求披露本年预算结余和本年盈余的差异调节过程等。

政府会计主体不仅要编制财务会计报表，而且要编制预算会计报表。财务报表的编制主要以权责发生制为基础，以财务会计核算生成的数据为准；预算会计报表的编制主要以收付实现制为基础，以预算会计核算生成的数据为准。政府会计制度要求政府会计主体均要编制资产负债表、收入费用表和净资产变动表。其中，资产负债表采用账户式结构，反映单位一定时点的财务状况；收入费用表采用单步式结构，反映单位一定时期的业务活动成果；净资产变动表则采用棋盘式结构，反映单位一定时期净资产变化情况。单位财务报表和预算会计报表至少要按年度编制真实、完整的年度报表，其中资产负债表和收入费用表可以按月编制。

（四）创新"平行记账"核算方法

所谓平行记账，是指单位在同一会计核算系统中同时进行财务会计核算和预算会计核算，即对于纳入预算管理的现金收支业务，在采用财务会计核算的同时进行预算会计核算；对于其他业务，仅需进行财务会计核算。

改革后的政府会计部门，要求单位在进行会计核算时应当具备财务会计与预算会计双重功能，实现财务会计与预算会计适度分离并相互衔接，全面、清晰地反映单位财务信息和预算执行信息。单位财务会计核算实行权责发生制；单位预算会计核算实行收付实现制。

政府会计的"平行记账"扩大了会计的核算范围，有效地解决了会计核算基础"一山不容二虎"的问题，在会计核算中起到了由此及彼、穿针引线的作用。同时，新制度中的"平行记账"账务处理方法将会计各个要素始终贯穿在一起，达到了既反映行政事业单位财务状况，又反映预算执行情况的目的。

（五）扩大了政府资产负债核算范围

在现行制度基础上，扩大了资产负债的核算范围。除按照权责发生制核算原则增加了有关往来账款的核算内容外，在资产方面，增加了公共基础设施、政府储备物资、文物文化资产、保障性住房和受托代理资产的核算内容，以全面核算单位控制的各类资产；增加了"研发支出"科目，以准确反映单位自行开发无形资产的成本。在负债方面，增加了预计负债、受托代理负债等核算内容，以全面反映单位所承担的现时义务。此外，为了准确反映单位资产扣除负债之后的净资产状况，《新制度》立足单位会计核算需要，借鉴国际公共部门会计准则相关规定，将净资产按照主要来源分为累计盈余和专用基金，并根据净资产其他来源设置了权益法调整、无偿调拨净资产等会计科目。资产负债核算范围的扩大，有利于全面规范政府单位各项经济业务和事项的会计处理，准确反映政府"家底"信息，为相关决策提供更加有用的信息。

（六）详细核算跨期费用

如前所述，政府会计制度要求对经济业务或事项在采用财务会计核算的同时进行预算会计核算。政府会计主体以权责发生制为基础进行财务会计核算，设置相应会计科目，详细核算跨期费用。具体表现在以下3个方面。

一是政府会计制度设置了"待摊费用"和"预提费用"会计科目，分别用来核算政府会计主体已经支付、但应当由本期和以后各期分别负担的分摊期在1年以内（含1年）的各项费用，如预付航空保险费、预付租金等，以及预先提取的已经发生但尚未支付的费用，如预提租金费用等，以便确定费用的归属期间，确保会计核算信息质量。

二是政府会计制度设置"长期待摊费用"会计科目，用以核算单位已经支出、但应由本期和以后各期负担的分摊期限在1年以上（不含1年）的各项费用，如以经营租赁方式租入的固定资产发生的改良支出等。"长期待摊费用"会计科目的设置，同样有利于单位按照权责发生制确定费用的归属期间，尤其是本年度与非本年度的费用归属期间，确保单位在持续经营、会计分期核算的基本前提条件下，保证会计核算信息质量。

三是政府会计制度设置了"预计负债"会计科目，从谨慎原则出发核算单位或有事项产生的现时义务，核算单位对因或有事项所产生的现时义务而确认的负债，如对未决诉讼等确认的负债。同时，《新制度》也方便单位在权责发生制会计核算的基础上，按照权责发生制确认费用，降低资产的入账价值，准确核算业务活动成本费用。

（七）准确反映了债权价值

政府会计制度引入"坏账准备"概念，采用备抵法用以核算事业单位应收账款的价值。增设"坏账准备"账户具有重要意义，事业单位可通过设置"坏账准备"账户，核算其对收回后不需上缴财政的应收账款和其他应收款提取的坏账准备金额。也就是说，对于事业单位因业务活动产生的应收账款和其他应收款，债权收回后不需上缴财政的，都要按一定方法计提坏账准备。

同时，事业单位坏账准备应按照有关规定计提。事业单位的应收账款和其他应收款计提坏账准备的方法包括应收款项余额百分比法、账龄分析法、个别认定法等。事业单位计提坏账准备可采用上述方法之一，而且坏账准备的计提方法一经确定，不得随意变更。

正是由于事业单位采用备抵法核算坏账，大大提高了债权类会计信息的质量，使得事业单位在发生坏账时，不再直接冲销坏账增加支出项目，而是先冲销"坏账准备"账户，年末再调整"坏账准备"账户和"其他费用"账户。

（八）优化了会计科目

为了满足财务会计提供费用信息的需求，政府会计制度设置了费用类的会计科目，如业务活动费用、单位管理费用、经营费用、资产处置费用、上缴上级费用、对附属单位补助费用、所得税费用和其他费用等。

同时,增设了净资产类会计科目。政府公共支出坚持"量入为出、略有结余"的财政原则,相应设置累计盈余、权益法调整、本期盈余、本年盈余分配、无偿调拨净资产和以前年度盈余调整等会计科目,使之更能够准确反映会计科目的内涵。

(九) 改进了预算会计功能

根据《改革方案》要求,对预算会计科目及其核算内容进行了调整和优化,以进一步完善预算会计功能。在核算内容上,预算会计仅需核算预算收入、预算支出和预算结余。为便于预算管理,满足预算会计核算需要,在预算结余中设置"资金结存"科目。"资金结存"科目核算单位纳入部门预算管理的资金流入、流出、调整和滚存等变动情况。在核算基础上,预算会计除按《预算法》要求的权责发生制事项外,均采用收付实现制核算,有利于避免现在制度下存在的虚列预算收支的问题。在核算范围上,为了体现新《预算法》的精神和部门综合预算的要求,《新制度》将依法纳入部门预算管理的现金收支均纳入预算会计核算范围,如增设了债务预算收入、债务还本支出、投资支出等。调整完善后的预算会计能够更好地贯彻落实《预算法》的相关规定,更加准确地反映部门和单位预算收支情况,更加满足部门、单位预算和决算管理的需要。

(十) 取消基建会计

目前,按照现行事业单位会计制度的规定,单位对于本单位基本建设投资除遵循相关会计制度规定进行会计核算外,还应当按照国家有关基建会计制度进行基本建设投资核算。在核算时,行政事业单位应单独建账、单独核算,期末将基建账相关数据并入单位"大账"。

政府会计制度依据《基本建设财务规则》和有关预算管理规定,在充分吸收《国有建设单位会计制度》合理内容的基础上,取消了基建会计专门核算要求,而是把基本建设项目作为单位业务活动统一到事业单位核算项目上。也就是说,事业单位的基本建设投资按照《新制度》规定统一核算方法,极大地简化了基本建设业务的会计核算,有利于提高单位会计信息的完整性。

三、气象部门计财业务系统为政府会计制度贯彻实施提供支撑

(一) 气象部门计财业务系统"升级换代"的思路

《新制度》的实施,需要会计信息系统"升级换代",此次政府会计制度内容变化大、影响范围广,在原有收付实现制的基础上引入权责发生制,提出"双基础、双功能、双报告"的总体要求,同时以"财务会计和预算会计适度分离并相互衔接"为原则,引入了"平行记账"方式。这使得《新制度》实施之后,行政事业单位的会计科目、会计要素、财务报表、记账规则、会计报表间的钩稽关系等都将有所调整。对行政事业单位财务管理来说,这次变革是挑战,也是机遇。为保证政府会计制度顺利实施,财政部要求各级行政事业单位要加强会计信息化建设,结合《新制度》内容及时对会计信息系统"升级换代"。

为使政府会计制度成功落地,气象部门组织专家团队研究政府会计制度,多方调研,针对气象部门的业务特点,根据会计改革要求,提出升级换代思路。

1. 业财一体模式不变

计财业务系统在气象部门使用多年,基本实现动态的财务、业务一体化,实现信息流、资金流的高度一致性、同步性和完整性,实现财务预算、财务控制和财务分析的自动化,业务流的透明化和规范化,为《新制度》的实施提供了基础。政府会计制度贯彻实施需要依托原有的业财一体化平台。

2. 保持操作简便

为保证政府会计制度有效实施,新旧制度平稳过渡,气象部门依托计财业务系统,创新性地提出了"基础账"的概念,即通过基础账完成财务会计和预算会计的核算,在"三个不改变"的原则下完成新政府会计制度的实施,即在原有的系统不升级、原有的业务操作不改变、会计记账不改变的情况下,在财务核算模块中进行基础配置与调整,完成财务会计、预算会计平行记账,保证了系统的稳定性与可靠性,同时遵循会计人员积累的操作习惯,容易实施。

3. 实现自动制证

《新制度》在原有预算统一核算、统一管理的基础上,利用已有 A++ 记账平台,通过适应性配置、钩稽关系的梳理,进行政府会计科目体系的细化与整理,不

但可以完成报销单据网上录入，还能够自动生成双凭证、双分录。

（二）气象部门财务软件解决方案

根据目前各软件公司介绍，大多数公司通过总账接口插件完成支持新会计制度账务软件，按照《新制度》要求，通过配置生成账务凭证模板，在业务处理中调用模板，实现各种单据自动生成账务凭证。换句话说，就是采用枚举法，实现平行记账。优点是操作比较简单，能够完成两套账务的生成；缺点是采用枚举法无法穷尽所用业务，加之凭证模板太多，频繁调用模板也会导致系统处理业务的速度变慢，如果将来制度修改，则应对能力不强。

气象部门会计核算单位层级多，点多面广，资金来源多，性质复杂。为了保证政府会计制度的落地，《新制度》在计财业务系统中得以实现，计财司先后组织了3次研讨，基本确定了会计科目体系，中国气象局核算中心先后派人参加了北京国家会计学院的政府会计制度培训，并组织到人民大学、文化部、水利部、北京化工大学进行调研，提出构建方案，具体过程和方案设计如下。

1. 前期准备阶段

首先，学习理解政府会计制度，在此基础上到相关大学、部委调研了解情况，参加财政部的培训、计财司的研讨等，加深会计对制度的理解，把握改革的实质。其次，讨论、论证软件的可行性。与公司技术人员讨论、制定实现方式，邀请博斯软件、用友政务、用友同联等软件公司介绍方案，通过对比并结合气象部门实际，提出2019年暂时不对目前的业务系统进行升级、改造。最后，在确定应用软件的基础上，核算中心相关人员与软件公司进行沟通，经过多次讨论研究，提出了两套方案，制定了测试方案。

2. 具体方案设计

（1）方案思路

以基础数据账自动生成财务会计账和预算会计账。通过新建基础数据账，整合政府会计财务会计和预算会计科目，通过基础数据与资金活动的对接生成基础数据凭证，再通过设置基础数据与政府会计科目的对应规则，实现政府会计预算会计和财务会计的自动生成。

（2）基本原理

财务会计是权责发生制，预算会计是收付实现制，其本质都是对经济活动的记录，只是记录的分类、方法不一样。因此，实质上就是对同一经济活动要按不同的方法记账，即所谓的"两笔账"，由此衍生出系统中的"基础数据"账。设置一个"基础数据"账，根据"基础数据"生成财务会计账和预算会计账，类似根据基础数据生成任何报表一样。这样，在系统中实际上设3个账套，一个基础数据账，一个预算会计账，一个财务会计账，后两个由基础数据生成，原则上不能改，所有改动均在基础数据账进行，自动生成的后两个账只能查询。而基础数据账与现在的财务账差不多，会计人员只要按现在的要求把现在的财务账（即以后的基础数据）做好即可，对会计人员影响最小。

优势是：第一，技术上比较容易，逻辑关系比较简单，可单独设置一个"基础数据"的账套，然后做对应关系即可，目前的运维技术就可实现，不需要升级。第二，与财务人员原有操作习惯相符，在培训上比较简单，实施操作易行。第三，不增加财务人员工作量，目前采用报销系统自动记账的单位，记账工作量几乎没有增加，如果没有使用报销系统，而采取手工记账的单位，工作量会倍增。第四，即便财政部要求的相关记账规则发生变化，也只需要调整对应关系，不涉及改系统。第五，解决了双分录会计凭证的问题。

劣势是：第一，将彻底颠覆会计人员的记账理念。基础数据实际上不是正式的账，是一个虚拟账，类似记台账，传统的会计记账理念被颠覆，会计人员固有思维的转变对落实方案是个挑战。第二，"基础数据"的设置工作量比较大，但主要是年初一次性设置好。按以上思路，需要仔细梳理"基础数据"的科目体系，做出对应关系，并在系统做好技术设置。

3. 相应实现途径

（1）梳理基础数据科目体系

认真梳理基础数据科目体系，做好与财务会计、预算会计的对应关系。把现在的财务账完善后作为"基础数据"，再生成财务会计账和预算会计账（表1-1）。

系统从细的生成粗的比较简单，只需要汇总即可，但无法做到从粗的生成细的，必须要人工干预，会涉及大量的手工记账。预算科目体系和财务科目体系不是一一对应的，有的粗，有的细，因此，无论是预算账生成财务账，还是财务账生成预算账，都会涉及大量的手工记账，而且手工处理还容易出错，还需要会计特别熟悉两套会计制度。通过基础数据账生成财务会计账和预算会计账，就不存在这些问题，还可以倒逼现在手工记账的会计用自动记账，有利于系统推广（表 1-2、表 1-3）。

表 1-1 基础数据科目体系（部分）

序号	科目编码	科目名称	科目类别	功能分类	资金来源	项目核算	部门核算	科技支撑和行业专项	往来核算
0001	1001	库存现金	资产类	Y	Y				
0002	100101	非零余额现金	资产类	Y	Y				
0003	100102	零余额现金	资产类	Y	Y				
0004	10010201	基本支出	资产类	Y	Y				
0005	10010202	项目支出	资产类	Y	Y				
0006	100103	受托代理现金	资产类		Y				
0007	1002	银行存款	资产类						
0008	100201	基本账户存款	资产类						
0009	100202	住房基金专户存款	资产类						
0010	100203	单位卡存款	资产类						
0011	100205	其他账户存款	资产类						
0012	100206	受托代理银行存款	资产类						
0013	1011	零余额账户用款额度	资产类	Y	Y				
0014	101101	基本支出用款额度	资产类	Y	Y				
0015	101102	项目支出用款额度	资产类	Y	Y				
0016	1021	其他货币资金	资产类	Y	Y				
0017	102101	外埠存款	资产类	Y	Y				
0018	102102	银行本票存款	资产类	Y	Y				
0019	102103	银行汇票存款	资产类	Y	Y				
0020	102104	信用卡存款	资产类	Y	Y				
0021	102105	信用证保证金存款	资产类	Y	Y				
0022	102106	存出投资款	资产类	Y	Y				
0023	1101	短期投资	资产类	Y	Y	Y	Y	Y	
0024	110101	当年度短期投资	资产类	Y	Y	Y	Y	Y	
0025	110102	以前年度短期投资	资产类	Y	Y	Y	Y	Y	
0026	1102	短期投资跌价准备	资产类		Y		Y		
0027	1201	财政应返还额度	资产类	Y	Y				
0028	120101	财政直接支付	资产类	Y	Y				

续表

序号	科目编码	科目名称	科目类别	功能分类	资金来源	项目核算	部门核算	科技支撑和行业专项	往来核算
0029	12010101	基本支出额度	资产类	Y	Y				
0030	12010102	项目支出额度	资产类	Y	Y				
0031	120102	财政授权支付	资产类	Y	Y				
0032	12010201	基本支出额度	资产类	Y	Y				
0033	12010202	项目支出额度	资产类	Y	Y				

表1-2 基础数据与财务的对应（财务）

序号	基础数据科目		财务会计科目	
	科目编码	科目名称	科目编码	科目名称
C0001	1001	库存现金	1001	库存现金
C0002	100101	非零余额现金	100101	非零余额现金
C0003	100102	零余额现金	100102	零余额现金
C0004	10010201	基本支出	10010201	基本支出
C0005	10010202	项目支出	10010202	项目支出
C0006	100103	受托代理现金	100103	受托代理现金
C0007	1002	银行存款	1002	银行存款
C0008	100201	基本账户存款	100201	基本账户存款
C0009	100202	住房基金专户存款	100202	住房基金专户存款
C0010	100203	单位卡存款	100203	单位卡存款
C0011	100205	其他账户存款	100205	其他账户存款
C0012	100206	受托代理银行存款	100206	受托代理银行存款
C0013	1011	零余额账户用款额度	1011	零余额账户用款额度
C0014	101101	基本支出用款额度	101101	基本支出用款额度
C0015	101102	项目支出用款额度	101102	项目支出用款额度
C0016	1021	其他货币资金	1021	其他货币资金
C0017	102101	外埠存款	102101	外埠存款
C0018	102102	银行本票存款	102102	银行本票存款
C0019	102103	银行汇票存款	102103	银行汇票存款
C0020	102104	信用卡存款	102104	信用卡存款
C0021	102105	信用证保证金存款	102105	信用证保证金存款
C0022	102106	存出投资款	102106	存出投资款
C0023	1101	短期投资	1101	短期投资
C0024	110101	当年度短期投资	1101	短期投资
C0025	110102	以前年度短期投资	1101	短期投资
C0026	1102	短期投资跌价准备	1102	短期投资跌价准备

第一章 概 述

续表

序号	基础数据科目		财务会计科目	
	科目编码	科目名称	科目编码	科目名称
C0027	1201	财政应返还额度	1201	财政应返还额度
C0028	120101	财政直接支付	120101	财政直接支付
C0029	12010101	基本支出额度	12010101	基本支出额度
C0030	12010102	项目支出额度	12010102	项目支出额度
C0031	120102	财政授权支付	120102	财政授权支付
C0032	12010201	基本支出额度	12010201	基本支出额度
C0033	12010202	项目支出额度	12010202	项目支出额度

表1-3 基础数据与预算会计科目对应（预算、空白为不生成凭证）

序号	基础数据科目		预算会计科目	
	科目编码	科目名称	科目编码	科目名称
Y0001	1001	库存现金	800102	货币资金
Y0002	100101	非零余额现金	80010201	库存现金
Y0003	100102	零余额现金	80010201	库存现金
Y0004	10010201	基本支出	80010201	库存现金
Y0005	10010202	项目支出	80010201	库存现金
Y0006	100103	受托代理现金	80010201	库存现金
Y0007	1002	银行存款	80010202	银行存款
Y0008	100201	基本账户存款	80010202	银行存款
Y0009	100202	住房基金专户存款	80010202	银行存款
Y0010	100203	单位卡存款	80010202	银行存款
Y0011	100205	其他账户存款	80010202	银行存款
Y0012	100206	受托代理银行存款	80010202	银行存款
Y0013	1011	零余额账户用款额度	800101	零余额账户用款额度
Y0014	101101	基本支出用款额度	80010101	基本支出用款额度
Y0015	101102	项目支出用款额度	80010102	项目支出用款额度
Y0016	1021	其他货币资金	80010203	其他货币资金
Y0017	102101	外埠存款	8001020301	外埠存款
Y0018	102102	银行本票存款	8001020302	银行本票存款
Y0019	102103	银行汇票存款	8001020303	银行汇票存款
Y0020	102104	信用卡存款	8001020304	信用卡存款
Y0021	102105	信用证保证金存款	8001020304	信用卡存款
Y0022	102106	存出投资款	8001020304	信用卡存款
Y0023	1101	短期投资		
Y0024	110101	当年度短期投资	7601	投资支出

续表

序号	基础数据科目		预算会计科目	
	科目编码	科目名称	科目编码	科目名称
Y0025	110102	以前年度短期投资	8501	其他结余
Y0026	1102	短期投资跌价准备		
Y0027	1201	财政应返还额度	800103	财政应返还额度
Y0028	120101	财政直接支付	80010301	财政直接支付
Y0029	12010101	基本支出额度	8001030101	基本支出额度
Y0030	12010102	项目支出额度	8001030102	项目支出额度
Y0031	120102	财政授权支付	80010302	财政授权支付
Y0032	12010201	基本支出额度	8001030201	基本支出额度
Y0033	12010202	项目支出额度	8001030202	项目支出额度

（2）做好报销与基础数据的对应

对目前的报销系统进行梳理，根据业务情景，整理与基础数据的对应，做好与基础数据科目的对应。例如，购买茶杯，就需要在报销中做好与基础数据中的相关科目对应，自动生成基础数据账，然后由基础数据账生成预算会计账和财务会计账。

在"基础数据"的设置上，对资金活动要能从资产、负债、净资产、收入（财务）、费用（财务）、收入（预算）、支出（预算）、结存等方面进行描述。通过报销与基础数据对应，基础数据与财务会计、预算会计对应这两套对应关系，完成核算，最终生成财务会计报告和预算会计报表，实现政府会计制度的落地实施，保证气象部门计财业务的顺利进行。

第二章 系统初始设置

第一节 基本原理

一、总体原理

政府会计制度信息系统的构建是基于目前没有成熟的、可借鉴的方案的情况下，总体把握在现有信息系统的基础上不做大的升级的原则，保证政府会计制度平稳过渡。基于此前提，气象部门在信息系统不做大的改变的前提下，坚持"三不变"原则：一是报销方式不变，即报销人日常报销与原来的信息系统一致；二是会计记账方式不变，即会计记账与原有模式保持基本一致；三是信息系统保持不变，即业务系统与原有的系统一致，不进行升级改造。

在坚持以上原则的基础上，系统中增加了两个功能，用来辅助实现政府会计制度预算会计和财务会计的生成。

1. 增加连接经济业务和财务会计、预算会计的数据库——基础数据账套

基础数据账套是存储生成预算会计、财务会计凭证的基础数据库，相当于一个虚拟的账套，会计在基础数据账套中生成的不是真正的财务会计、预算会计凭证，而是生成基础数据，再通过总账平台对生成的基础数据进行记账，才能生成真正包含财务会计、预算会计分录的凭证（图2-1）。

2. 增加生成财务会计和预算会计凭证的平台——总账平台

总账平台是利用基础数据生成预算会计、财务会计凭证至事业账套的平台，是连接基础数据账套与事业账套的桥梁和转换器。通过基础数据账套生成的"基础数据凭证"来对应生成业务单据汇总到总账平台，由会计对相应的业务单据进行勾选记账，通过勾选"相同主单据号"的业务单据生成相应的财务会计、预算会计凭证至事业账套中，完成财务会计、预算会计平行记账（图2-2）。

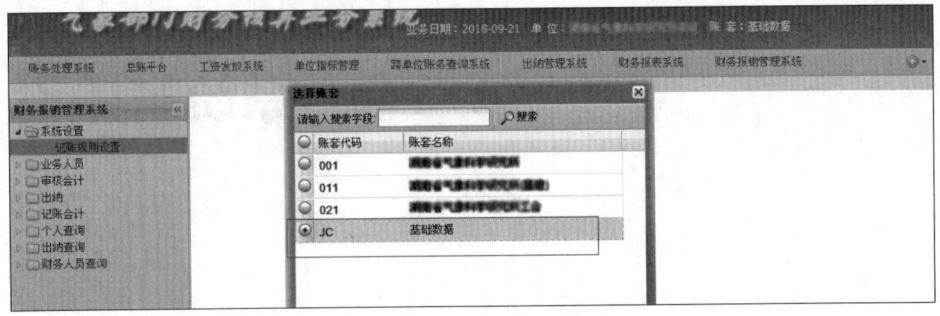

图 2-1 基础数据

图 2-2 总账平台

二、系统设置

（一）账簿设置

初始使用时，在目前需要进行平行记账的单位（主要是行政、事业单位）增设基础数据账套，保留原有的事业账套。

（二）总账平台设置

需要在原有的计财业务系统中增加一个功能模块，由中国气象局统一安装部署。

（三）出纳账簿设置

出纳账簿需要统一设立在基础数据账簿中，会计、出纳进行日常业务操作都是在基础数据账套中。

（四）核算体系设置

1. 会计科目设置

基础数据账套与事业账套对应的会计科目属性应保持一致。如果基础数据账套中的会计科目属性更改，事业账套中对应的会计科目属性也需同步更改。

2. 辅助核算设置

一是基础数据账套与事业账套中的功能分类应保持一致。如果基础数据账套中的功能分类增加或减少，事业账套中对应的功能分类也须相应增加或减少。二是基础数据账套与事业账套中的辅助核算项应保持一致。如果基础数据账套中的辅助核算项增加或减少，事业账套中对应的辅助核算项也须相应增加或减少。三是基础数据账套与事业账套中的项目辅助核算项应保持一致。如果基础数据账套中的项目辅助核算项增加或减少，事业账套中对应的项目辅助核算项也须相应增加或减少。

3. 记账规则设置

（1）账套设置

会计在单位核算中设置基础数据账套，基础数据账套与事业账套平行（图2-3）。

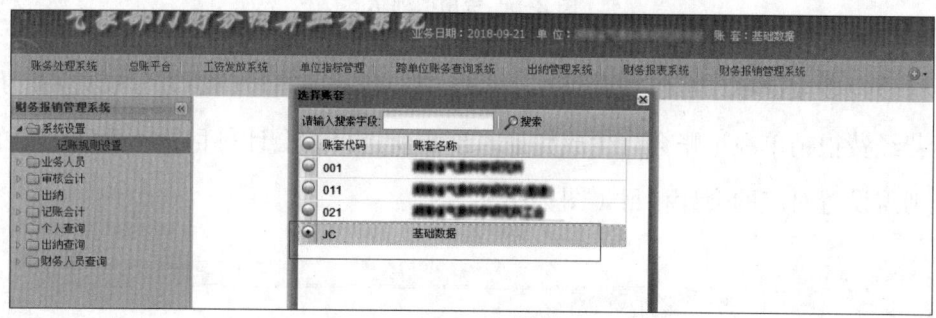

图2-3 基础数据账套设置

（2）记账规则设置

记账规则是指对记录经济业务数量变化方向应遵循的规定。记账规则反映了资金运动数量变化的规律，严格遵守记账规则才能保证在编制和汇总记账凭证、登记账簿时核算的正确性，也才能正确地核算和监督资金运动的变化。在气象部门计财业务系统政府会计制度信息系统设置中，记账规则的设置包括费用项设置和支付方式设置，通过费用项设置与支付方式设置，实现与政府会计科目的对接，保证政府会计制度在气象部门落地。

①费用项（科目）设置。进行费用项（科目）设置，打开财务报销管理系统→系统设置→记账规则设置（图2-4）。

图2-4 记账规则设置

打开记账规则设置，看到费用项列，可以查看到单位使用到的相关单据（图2-5）。

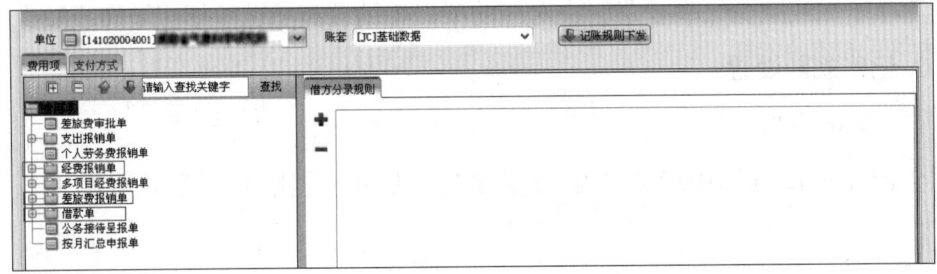

图2-5 费用项列示

查看经费报销单，可以查看到左边系统中的科目，右边的借方分录规则已预置好。若经费报销单在记账会计生成凭证时出现所选择的会计科目找不到费用项的提示，则需设置对应的会计科目（图2-6）。

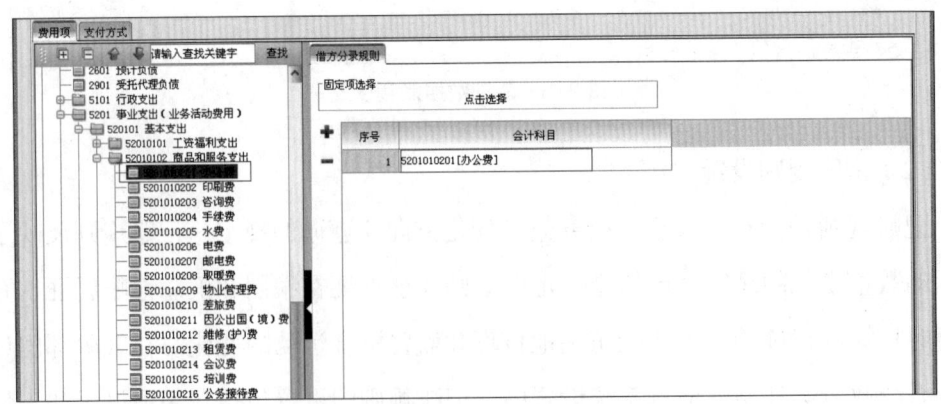

图2-6 经费报销单设置

查看差旅费报销单,可以查看到左边为费用明细,右边为借方分录规则。

注意:只需在"差旅费报销单"这一级设置对应的支出类型与会计科目,不用每个费用明细都设置(图 2-7)。

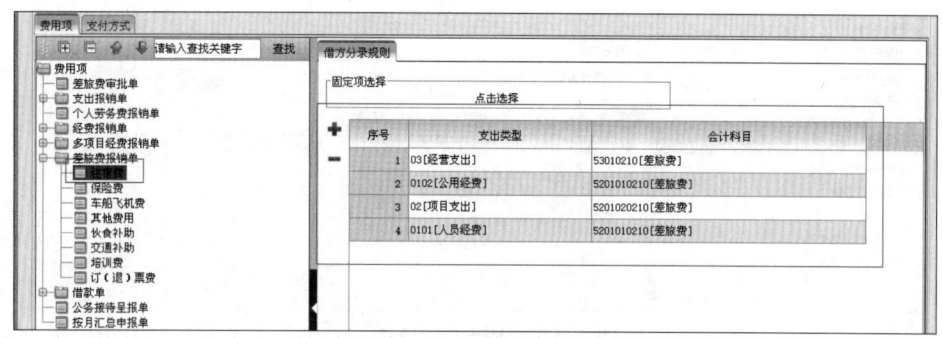

图 2-7　差旅费报销单设置

查看借款单,可以查看到左边为借款金额,右边为借方分录规则(图 2-8)。与原来操作不同的是,借款单的借方分录规则是按照支出类型来对应记账规则设置的。

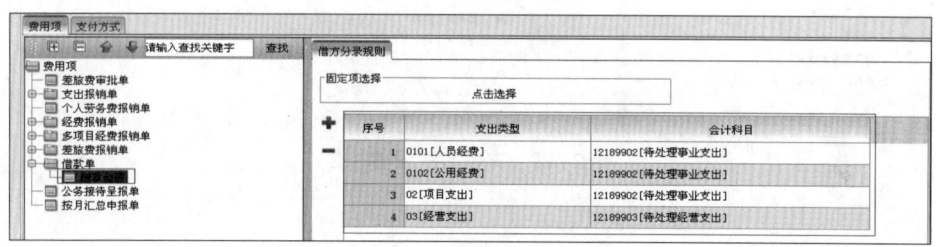

图 2-8　借款单设置

②支付方式设置。进行支付方式设置时,先查看支付方式列,可以查看到单位使用的相关单据(图 2-9)。

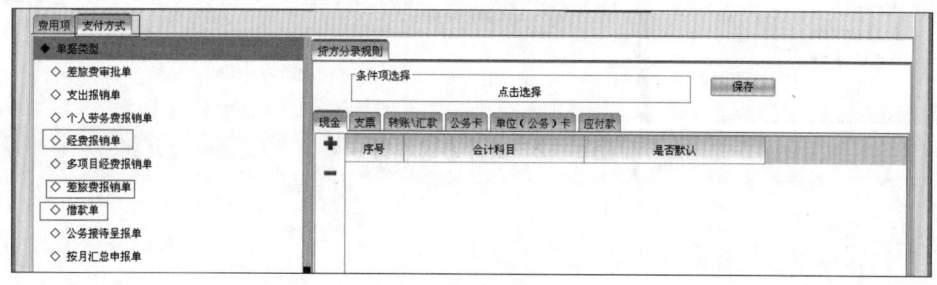

图 2-9　支付方式设置 – 1

查看经费报销单，可以看到右边有不同的支付方式，包括现金、支票、转账/汇款、公务卡、单位（公务）卡、应付款，每类报销单据都要根据不同的支付方式分别设置不同的会计科目（图2-10至图2-15）。

图2-10　支付方式设置-2

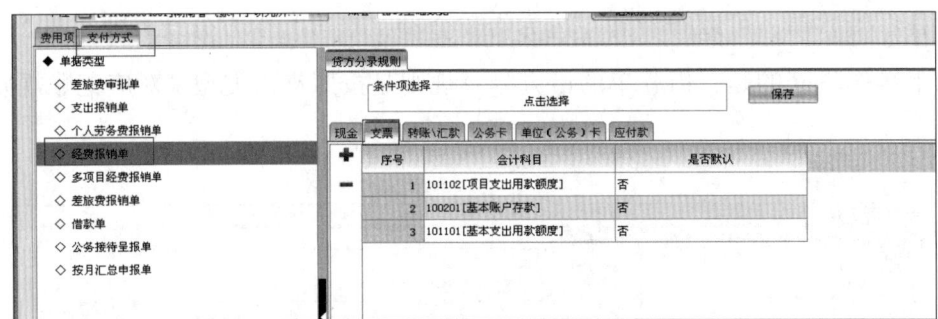

图2-11　支付方式设置-3

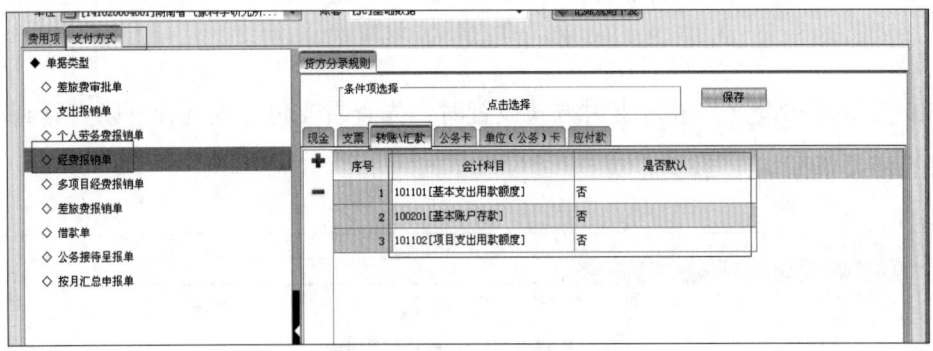

图2-12　支付方式设置-4

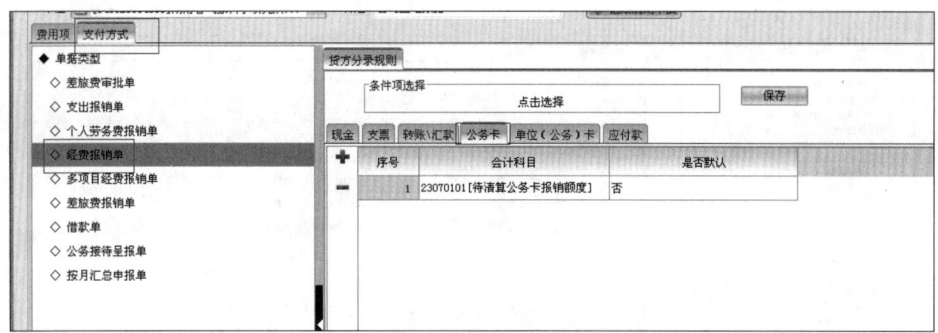

图 2-13 支付方式设置 – 5

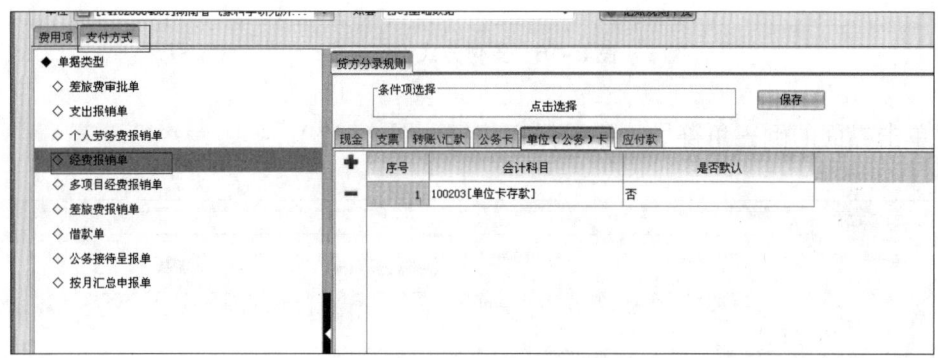

图 2-14 支付方式设置 – 6

图 2-15 支付方式设置 – 7

其他报销单据，如差旅费报销单、经费报销单与借款单设置操作相同。

注意：如果在设置后找不到保存按钮，在界面有个倒三角符号，说明保存按钮被隐藏起来了（图 2-16）。

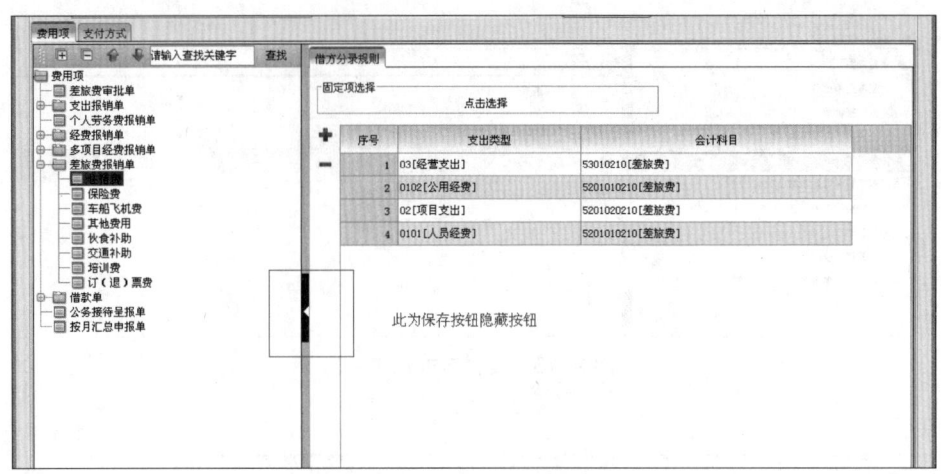

图 2-16 支付方式设置 – 8

单击界面的倒三角符号,显示保存按钮(图 2-17)。

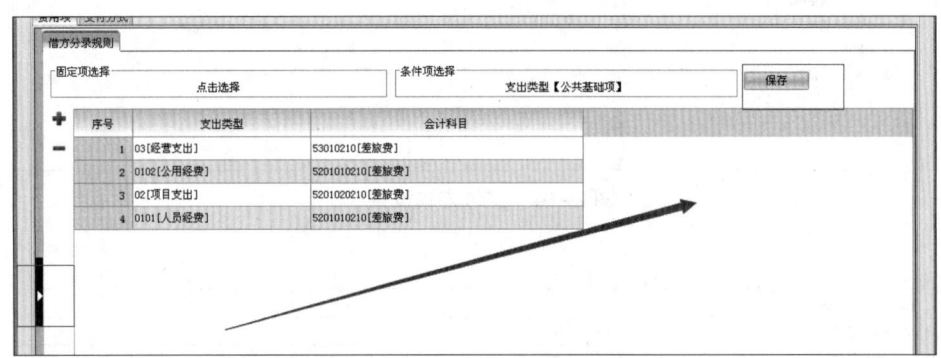

图 2-17 支付方式设置 – 9

4. 出纳账簿设置

为配合政府会计制度信息系统的落地,需要对出纳账簿进行初始设置。出纳账簿设置主要是对出纳需要登记的日记账进行初始的设置。根据政府会计制度信息系统的需要,在设置出纳账簿时,一定要在基础数据账套下,而不是在事业账套下(图 2-18)。

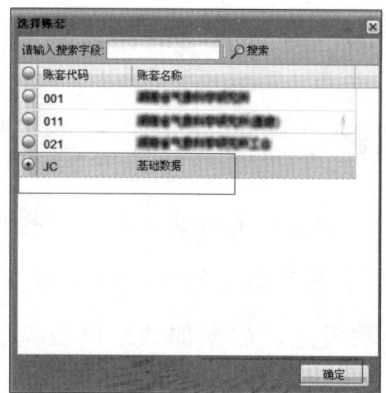

图 2-18 出纳账簿设置 – 1

首先,打开出纳管理系统→出纳智能客户端(图 2-19)。

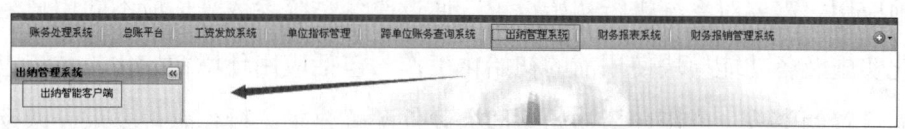

图 2-19 出纳账簿设置 – 2

分别设置现金账簿、银行账簿、零余额账簿等,下面以增加现金账簿为例。在账簿设置→现金账簿下方增加,弹出现金账簿设置图框(图 2-20)。

注意:出纳账簿要在基础数据账套下设置,科目选择账簿的对应科目,同时要选择上级账簿等相关要素,相关信息设置完成后,就可以进行正常业务处理了。

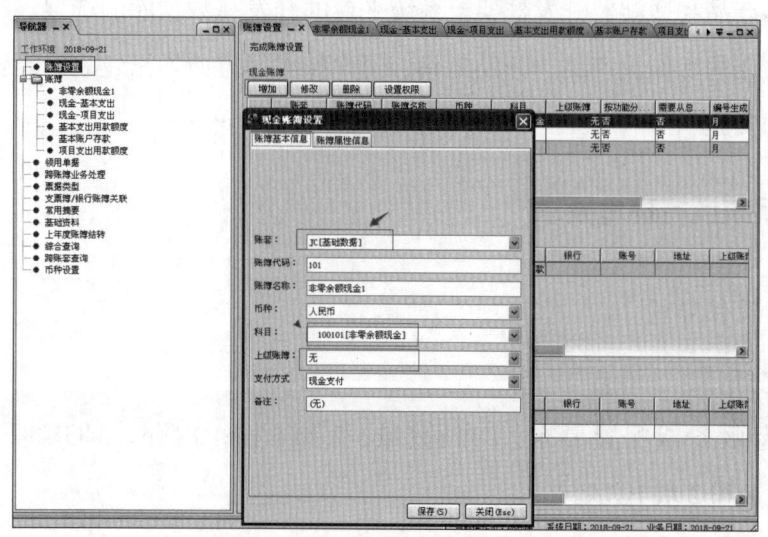

图 2-20 出纳账簿设置 – 3

第二节 系统环境要求

一、系统初始化的概念

初始化就是把变量（Variable）赋为默认值，把控件设为默认状态。系统初始化一般包括硬件系统初始化和软件初始化，包括对系统的运行环境和资源进行设置、系统运行和控制参数设定、数据加载，以及调整系统与业务工作同步等内容。

任何一个软件系统在使用前，必须进行初始化设置，也就是对系统适应性参数及用户需求做相应的配置，才能正常使用。政府会计制度的实施，依托计财业务系统落地应用，需要对系统进行初始设置，通过改变系统参数来适应不同用户需求的本地化实施及各功能模块使用前的初始化工作，包括应用环境初始化、系统应用软件初始设置两部分。应用环境初始化即为硬件配置要求、操作软件要求，以及硬件设备及操作系统的安装及初始化，由供货方操作完成；系统应用软件初始设置由软件开发人员操作完成。

计财业务系统采用 B/S 架构，使用 Java 语言开发，遵循 J2EE 标准，可以跨平台运行，通过 XML 技术提供了可跨平台交换和移植的业务数据。同时，采用 Web Services 提供了供其他应用调用的接口，实现该应用的开放性和集成度，并提供丰富的适配器产品和适配器开发框架。系统平台的开发在数据库的选型、数据库结构的设计、选用的工作流产品、开发工具、门户技术等方面均已建立，能够满足政府会计制度的实施。

二、系统运行环境要求

（一）硬件环境

1. 服务端

数据库服务器配置要求：CPU 数量，2 颗 6 核；内存，64GB 以上；网卡，2 块千兆网卡和 2 块 HBA 卡。

应用服务器配置要求：CPU 数量，2 颗 6 核；内存，32GB 以上；网卡，2 块千兆网卡。

磁盘阵列配置要求：双控制器 10 块 SAS 硬盘 10K 以上，光纤交换机两台 8 端口。

2. 客户端

根据政府采购计划管理系统台式机批量采购标准配置。台式机配置最低要求如下。

操作系统：Windows XP 以上；

噪声：平均＜35dB；

辐射：GB9254—2008；

声卡：内置集成声卡；

显卡：显卡类型为独立显卡（支持数字接口），显存容量为 1GB，显卡接口为 DVI＋HDMI＋VGA，显卡位宽为 64 位；

内存：容量为 8GB，频率≥1600MHz；

网卡：有线网卡为千兆，网卡接口为 PCI-E；

USB：规格/数据≥6 个，USB 接口要求为 4 个 USB 3.0；

CPU：核心数≥4 核，速度≥3.2GHz；

硬盘：硬盘容量为 1TB，硬盘接口类型为 SATAIII，转速为 7200 转。

（二）操作软件环境

1. 服务端

中间件：weblogic 版本 10.3.4.0；

数据库软件：Oracle Database 11.2.0.3 以上；

操作系统：Linux5.5 以上。

2. 客户端

操作系统：Windows 7/8/9/10；

IE 浏览器：IE 7 以上；

Java 版本：Java 6 update 26 及 Java 6 update 37。

（三）应用系统初始化

1. 政府会计制度相关的初始化脚本

①新增基础数据科目体系，科目性质为 5 类（图 2–21）。

科目性质代码*	科目性质名称	平衡公式方向
1	资产类	借方
2	负债类	贷方
3	净资产和结余类	贷方
4	收入类	贷方
5	支出和费用类	借方

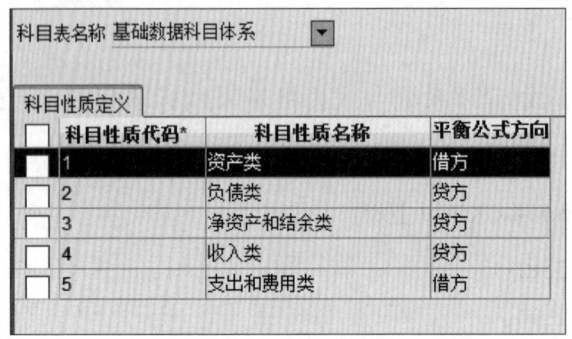

图 2–21　基础数据科目定义

②修改事业科目体系的科目性质为 8 类（图 2–22）。

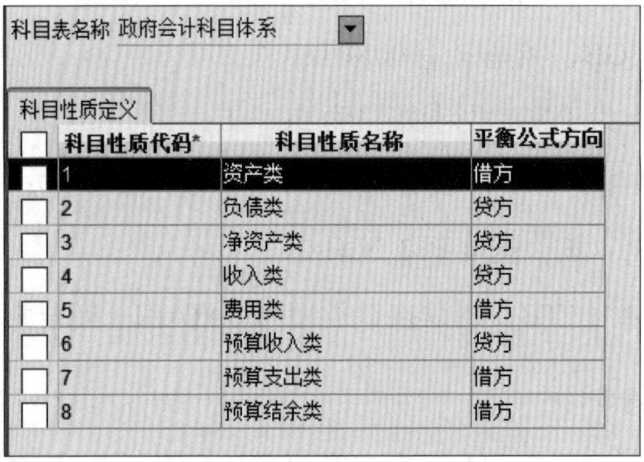

科目性质代码*	科目性质名称	平衡公式方向
1	资产类	借方
2	负债类	贷方
3	净资产类	贷方
4	收入类	贷方
5	费用类	借方
6	预算收入类	贷方
7	预算支出类	借方
8	预算结余类	借方

图 2–22　政府会计科目定义

③在所有包含事业账套的单位下增加账套 000 基础数据（图 2–23）。

图 2-23　基础数据设置

④ 2019 年系统级的基础数据科目和事业科目如图 2-24 所示。

会计科目		科目性质	使用否	级次
会计科目代码	会计科目名称			
1001	库存现金	资产类	是	一级
100101	非零余额现金	资产类	是	二级
100102	零余额现金	资产类	是	二级
10010201	基本支出	资产类	是	三级
10010202	项目支出	资产类	是	三级
100103	受托代理现金	资产类	是	二级
1002	银行存款	资产类	是	一级
100201	基本账户存款	资产类	是	二级
100202	住房基金专户存款	资产类	是	二级
100203	单位卡存款	资产类	是	二级
100205	其他账户存款	资产类	是	二级
100206	受托代理银行存款	资产类	是	二级
1011	零余额账户用款额度	资产类	是	一级
101101	基本支出用款额度	资产类	是	二级
101102	项目支出用款额度	资产类	是	二级
1021	其他货币资金	资产类	是	一级
102101	外埠存款	资产类	是	二级
102102	银行本票存款	资产类	是	二级

图 2-24　系统级基础数据科目

⑤基础数据科目分别与财务会计科目和预算会计科目的对应见表 2-1 和表 2-2。

表 2-1 基础数据科目与财务会计科目对应（部分）

序号	基础数据科目		财务会计科目	
	科目编码	科目名称	科目编码	科目名称
C0001	1001	库存现金	1001	库存现金
C0002	100101	非零余额现金	100101	非零余额现金
C0003	100102	零余额现金	100102	零余额现金
C0004	10010201	基本支出	10010201	基本支出
C0005	10010202	项目支出	10010202	项目支出
C0006	100103	受托代理现金	100103	受托代理现金
C0007	1002	银行存款	1002	银行存款
C0008	100201	基本账户存款	100201	基本账户存款
C0009	100202	住房基金专户存款	100202	住房基金专户存款
C0010	100203	单位卡存款	100203	单位卡存款
C0011	100205	其他账户存款	100205	其他账户存款
C0012	100206	受托代理银行存款	100206	受托代理银行存款
C0013	1011	零余额账户用款额度	1011	零余额账户用款额度
C0014	101101	基本支出用款额度	101101	基本支出用款额度
C0015	101102	项目支出用款额度	101102	项目支出用款额度
C0016	1021	其他货币资金	1021	其他货币资金
C0017	102101	外埠存款	102101	外埠存款
C0018	102102	银行本票存款	102102	银行本票存款
C0019	102103	银行汇票存款	102103	银行汇票存款
C0020	102104	信用卡存款	102104	信用卡存款
C0021	102105	信用证保证金存款	102105	信用证保证金存款
C0022	102106	存出投资款	102106	存出投资款
C0023	1101	短期投资	1101	短期投资
C0024	110101	当年度短期投资	1101	短期投资
C0025	110102	以前年度短期投资	1101	短期投资
C0026	1102	短期投资跌价准备	1102	短期投资跌价准备
C0027	1201	财政应返还额度	1201	财政应返还额度
C0028	120101	财政直接支付	120101	财政直接支付
C0029	12010101	基本支出额度	12010101	基本支出额度
C0030	12010102	项目支出额度	12010102	项目支出额度
C0031	120102	财政授权支付	120102	财政授权支付
C0032	12010201	基本支出额度	12010201	基本支出额度
C0033	12010202	项目支出额度	12010202	项目支出额度

表 2-2 基础数据与预算会计科目对应（部分）

序号	基础数据科目		预算会计科目	
	科目编码	科目名称	科目编码	科目名称
Y0001	1001	库存现金	800102	货币资金
Y0002	100101	非零余额现金	80010201	库存现金
Y0003	100102	零余额现金	80010201	库存现金
Y0004	10010201	基本支出	80010201	库存现金
Y0005	10010202	项目支出	80010201	库存现金
Y0006	100103	受托代理现金	80010201	库存现金
Y0007	1002	银行存款	80010202	银行存款
Y0008	100201	基本账户存款	80010202	银行存款
Y0009	100202	住房基金专户存款	80010202	银行存款
Y0010	100203	单位卡存款	80010202	银行存款
Y0011	100205	其他账户存款	80010202	银行存款
Y0012	100206	受托代理银行存款	80010202	银行存款
Y0013	1011	零余额账户用款额度	800101	零余额账户用款额度
Y0014	101101	基本支出用款额度	80010101	基本支出用款额度
Y0015	101102	项目支出用款额度	80010102	项目支出用款额度
Y0016	1021	其他货币资金	80010203	其他货币资金
Y0017	102101	外埠存款	8001020301	外埠存款
Y0018	102102	银行本票存款	8001020302	银行本票存款
Y0019	102103	银行汇票存款	8001020303	银行汇票存款
Y0020	102104	信用卡存款	8001020304	信用卡存款
Y0021	102105	信用证保证金存款	8001020304	信用卡存款
Y0022	102106	存出投资款	8001020304	信用卡存款
Y0023	1101	短期投资		
Y0024	110101	当年度短期投资	7601	投资支出
Y0025	110102	以前年度短期投资	8501	其他结余
Y0026	1102	短期投资跌价准备		
Y0027	1201	财政应返还额度	800103	财政应返还额度
Y0028	120101	财政直接支付	80010301	财政直接支付
Y0029	12010101	基本支出额度	8001030101	基本支出额度
Y0030	12010102	项目支出额度	8001030102	项目支出额度
Y0031	120102	财政授权支付	80010302	财政授权支付
Y0032	12010201	基本支出额度	8001030201	基本支出额度
Y0033	12010202	项目支出额度	8001030202	项目支出额度

⑥资金来源辅助核算项的变化见表2-3。

表2-3 资金来源辅助核算项的变化

2018年辅助核算项－资金来源			2019年辅助核算项－资金来源		
001	中央财政拨款		001	中央财政拨款	
001001	当年预算		001001	当年预算	
001002	上年结转		001002	上年结转	
002	地方财政拨款		002	地方财政拨款	
002001	当年预算		002001	当年预算	
002001001	地方财政拨款（省级）	此三级来源分类不严格要求，各省可根据情况选择加或不加	002001001	地方财政拨款（省级）	此三级来源分类不严格要求，各省可根据情况选择加或不加
002001002	地方财政拨款（市级）		002001002	地方财政拨款（市级）	
002001003	地方财政拨款（县级）		002001003	地方财政拨款（县级）	
002002	上年结转		002002	上年结转	
002002001	地方财政拨款（省级）	此三级来源分类不严格要求，各省可根据情况选择加或不加	002002001	地方财政拨款（省级）	此三级来源分类不严格要求，各省可根据情况选择加或不加
002002002	地方财政拨款（市级）		002002002	地方财政拨款（市级）	
002002003	地方财政拨款（县级）		002002003	地方财政拨款（县级）	
003	上级补助收入		003	科研课题收入	
004	附属单位上缴收入		003001	横向课题收入	签订合同取得的需要缴税的课题收入
005	科研课题收入		003002	纵向课题收入	预算内下达的属于协作单位取得的收入，不需要缴税
005001	横向课题收入	签订合同取得的需要缴税的课题收入	004	其他资金	
005002	纵向课题收入	预算内下达的属于协作单位取得的收入，不需要缴税			
006	自有资金				
007	借款				
008	非税收入				
009	其他资金	其他资金主要指上述资金来源未包含的资金，如地震捐款、对口支援资金等			
010	事业费配套基建	仅用于基建平行记账			

⑦总账平台相关脚本。总账平台增加2个单据类型：CYBZ财务预算平行记账、YYTZ盈余调整，加上之前已有的GONGZI工资，通过这3个单据类型完成政府会计制度的记账（图2-25）。

序号	单据类型代码	单据类型名称
1	CYBZ	财务预算平行记账
2	GONGZI	工资
3	JJBZ	基建并账
4	YYTZ	盈余调整
5	ZCJS	资产减少
6	ZCZJ	资产增加

图2-25　总账平台单据类型

2. 指标和报销的初始化脚本

指标系统没有变化，与现有的设置相同，通过脚本进行新年度的初始化即可。

①经费报销单和多项目经费报销单的费用项见图2-26（基础数据科目中1、2、5开头的）。

②经费报销单和多项目经费报销单费用项的记账规则见图2-27（相应也是基础数据科目中1、2、5开头的）。

③差旅费报销单和劳务费报销单增加科目类型的选项，分别对应以下几类科目：在建工程_资本性支出、在建工程_资本性支出（基本建设）、业务活动费用_基本支出、业务活动费用_项目支出、单位管理费用_基本支出、单位管理费用_项目支出、经营支出（图2-28）。

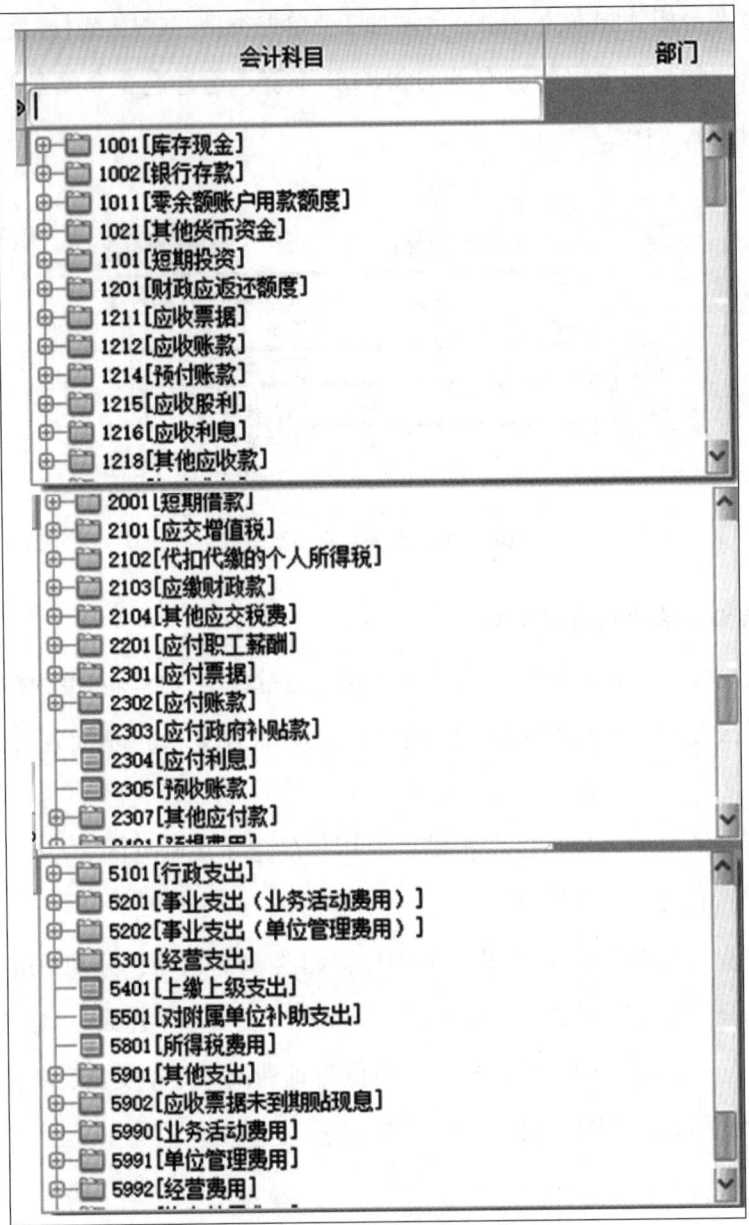

图 2-26 报销与基础数据科目对应

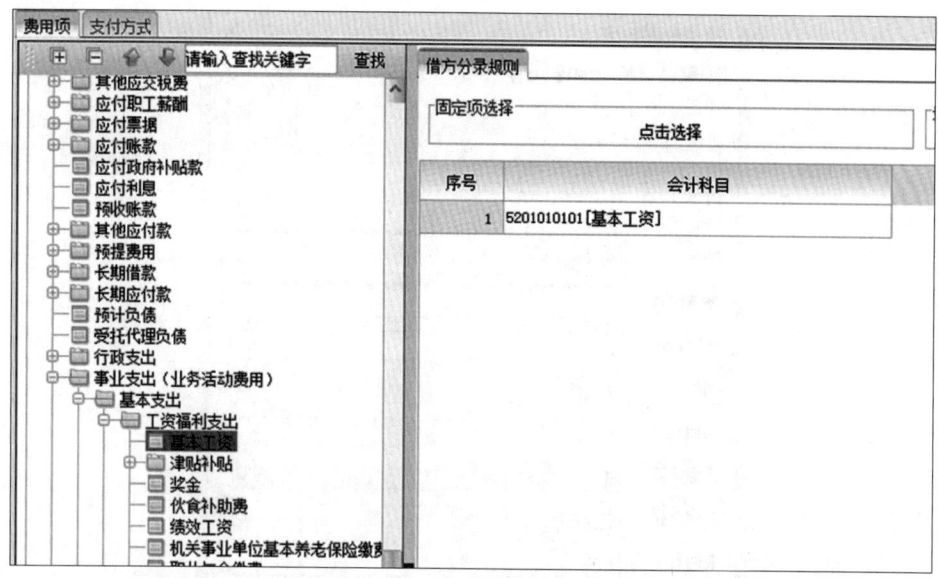

图 2-27　报销单记账规则设置

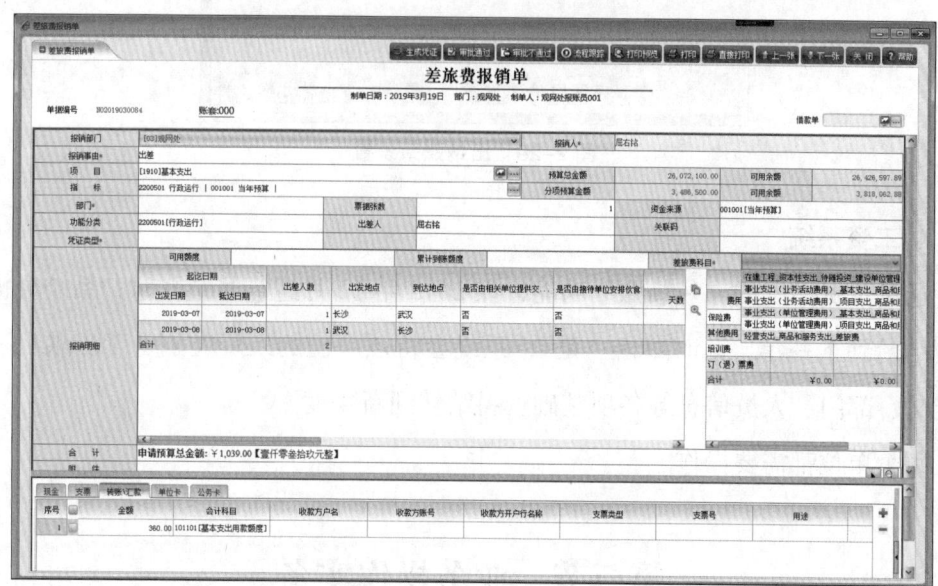

图 2-28　报销单科目设置

3. 出纳系统

不要使用出纳系统中的"上年度账簿结转"功能。必须在新年度重新建立出纳账簿，账套选择"000 基础数据"（图 2-29）。

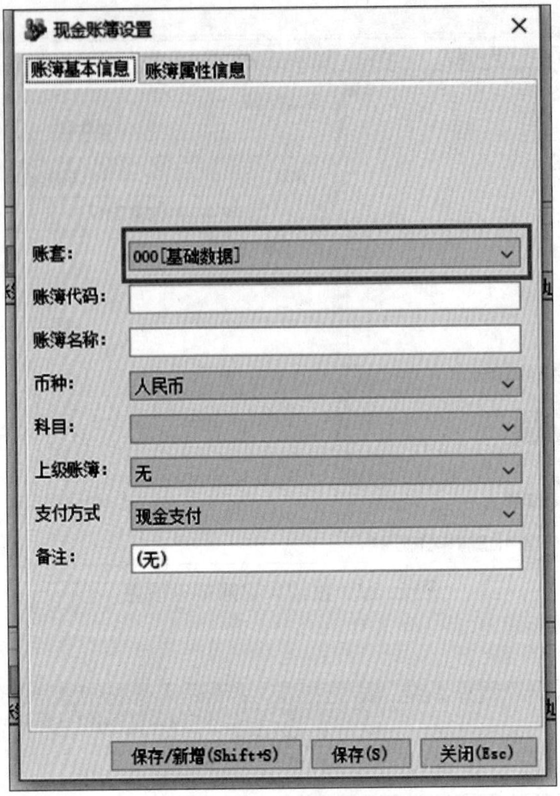

图 2-29 出纳账簿设置

4. 工资系统

通过工资系统的"月结账"功能,在 2018 年 12 月进行月结账时,系统会提示是否结转到下一年,此时单击"是",系统会将该单位的工资类别、工资项目、公式定义、部门、人员信息等各项基础资料结转到新年度。

每个单位都需要操作。

第三节 业务操作实务

一、日常业务操作实务

在信息系统中,政府会计制度的实施首先要实现与资金活动的对接,资金活动在计财业务系统中体现为 6 种业务类型,包括借款业务、经费报销业务、差旅费报销业务、劳务报销业务、收款业务、工资业务。在日常业务活动中,会计只需要做基础数据账务处理，不需要做财务会计和预算会计，财务会计和预算会计账务凭证由基础数据账自动生成。以上业务类型的操作实务如下。

（一）借款业务操作实务

案例 2-1

某事业单位职工小明借款 1000 元，支付××××会计师事务所账务服务费，对方给了开户银行和账号，单位会计于 2018 年 10 月 27 日转账汇款进行支付。

基础数据账务：

借：其他应收款——待处理事业支出　　　　　　　　　　　　　1000

　　贷：银行存款——基本账户存款　　　　　　　　　　　　　1000

政府会计制度要求：

财务会计：

借：其他应收款——其他　　　　　　　　　　　　　　　　　1000

　　贷：银行存款——基本账户存款　　　　　　　　　　　　　1000

预算会计：

借：事业支出——待处理事业支出　　　　　　　　　　　　　1000

　　贷：资金结存——货币资金——银行存款　　　　　　　　　1000

计财业务系统操作如下。

①报销人进入系统，选择专项借款单据（图 2-30）。

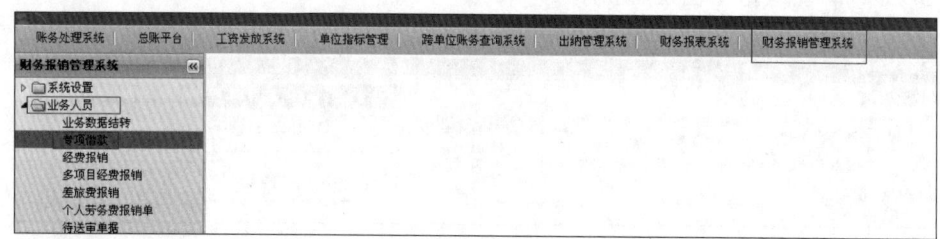

图 2-30　财务报销管理系统—专项借款界面

进入借款单界面后，需要填写借款人、借款事由、借款金额、付款方式、借款期限，填写好后单击保存，提交审核（图 2-31）。

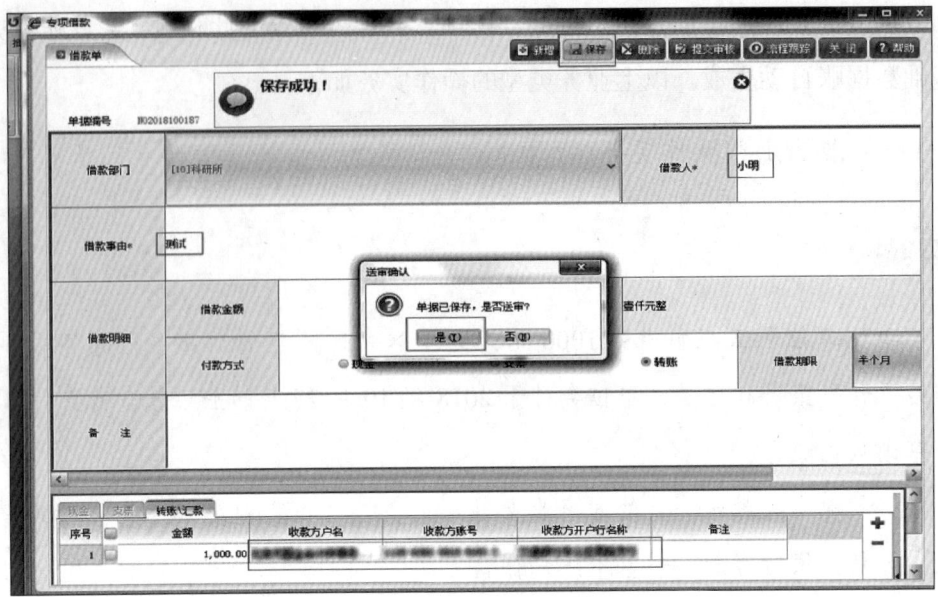

图 2-31 借款单填报界面

②审核会计进行审核，在财务报销管理系统中选择审核会计—待审核单据（图 2-32）。

图 2-32 财务报销管理系统—审核会计界面

进入待审核单据（图 2-33）。

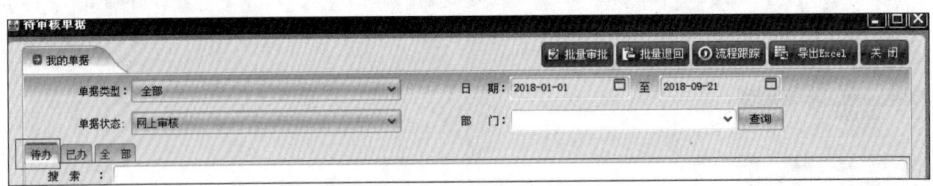

图 2-33 待审核单据界面

选择基础数据账套，选择项目、预算指标等信息（图 2-34 至图 2-36）。

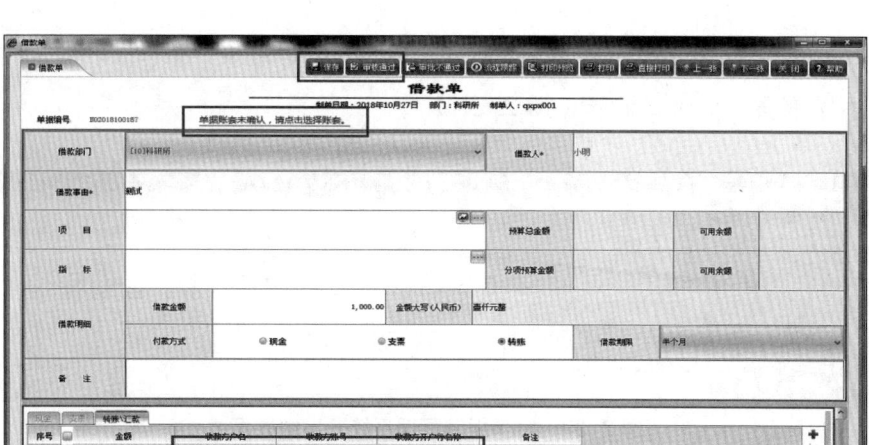

图 2-34　专项借款—借款单界面-1

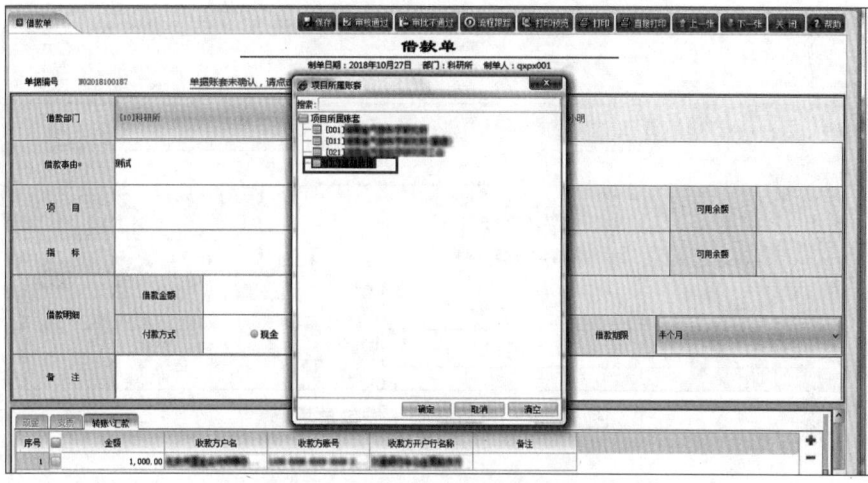

图 2-35　专项借款—借款单界面-2

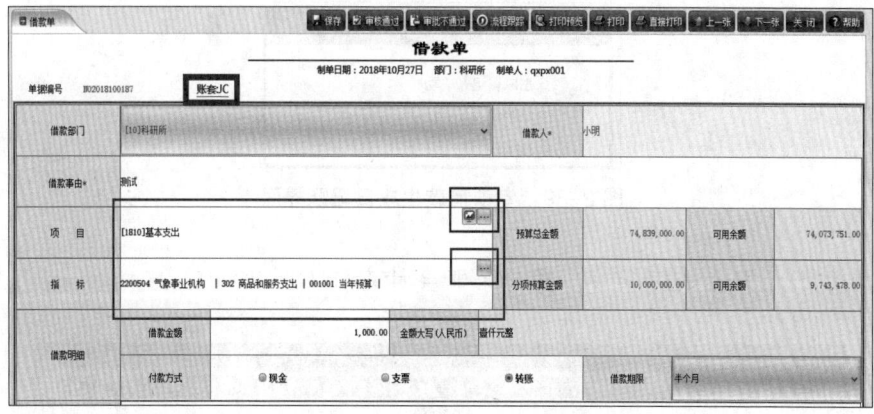

图 2-36　专项借款—借款单界面-3

③审核会计审核完毕后,进入出纳环节。出纳在财务报销管理系统中选择出纳—待办理单据,生成日记账(图2-37)。

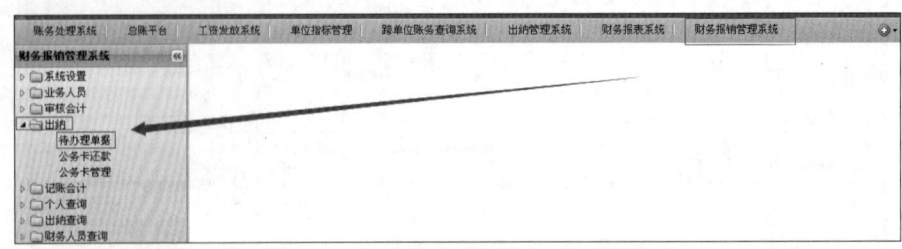

图2-37 财务报销管理系统—出纳界面

打开待办理单据,在待办中找到专项借款单据(图2-38)。

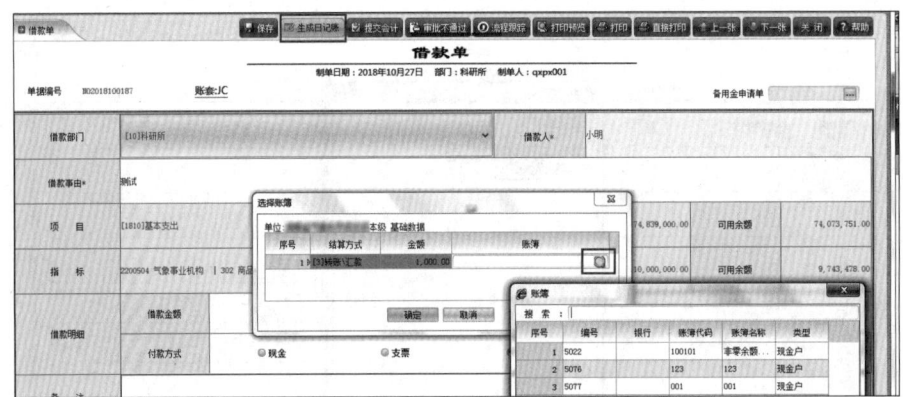

图2-38 专项借款—借款单界面

单击生成日记账按钮,选择对应的账簿生成日记账(图2-39)。

图2-39 专项借款生成日记账界面

④出纳日记账生成完毕后,提交记账会计审核(图2-40)。

图2-40 出纳提交审核界面

⑤会计记账。在财务报销管理系统中选择记账会计—待记账单据,打开待记账单据,在待办中找到借款单据并打开(图2-41、图2-42)。

图2-41 财务报销管理系统—记账会计界面

图2-42 专项借款—借款单(待记账)界面

单击生成凭证按钮,就可生成基础数据"凭证"。这笔"凭证"只在基础数据账套中的凭证箱中查看,查阅生成的基础数据凭证,并不是真正生成的凭证,只是一条条业务单据(图2-43)。

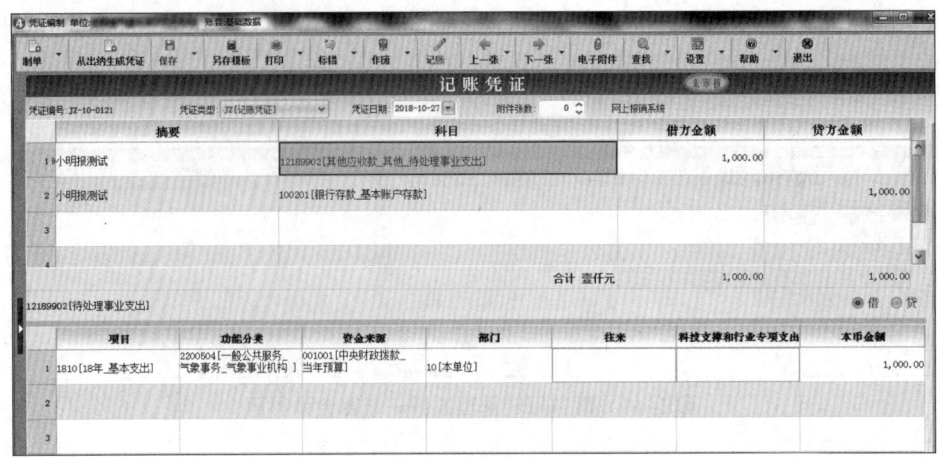

图 2-43 基础数据记账凭证

⑥总账平台。用会计账号登录，账套选择基础数据。

基础数据"凭证"生成后，系统会每 5 分钟同步一次到总账平台，分别生成对应的预算会计"凭证"和财务会计"凭证"业务单据。

在总账平台→单据记账→业务单据记账（新）中打开，选择查询的单据类型为 CYBZ 财务预算平行记账，勾选相同主单据，同时选中"汇总生成凭证"，科目顺序选择"一借一贷"，选择需要生成凭证的财务会计和预算会计流水单据，单击查询（图 2-44）。

图 2-44 业务单据记账（新）界面

选中要汇总生成凭证的单据，单击直接生成凭证。

注意：最好先单击预览生成，查看生成的凭证是否准确，预览生成只能查看不能编辑（图2-45）。

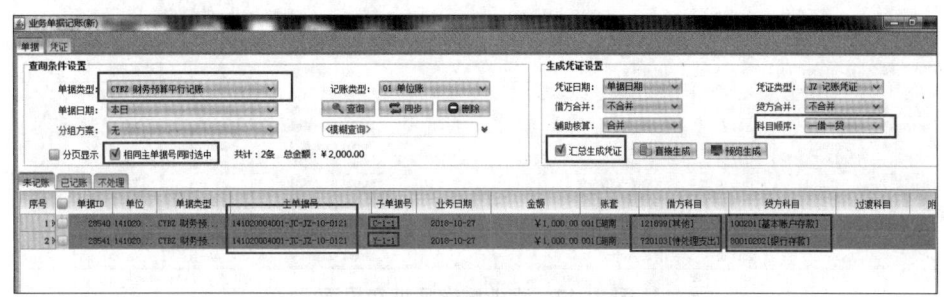

图2-45　业务单据流水界面

自动生成财务会计和预算会计"双分录"凭证（图2-46）。

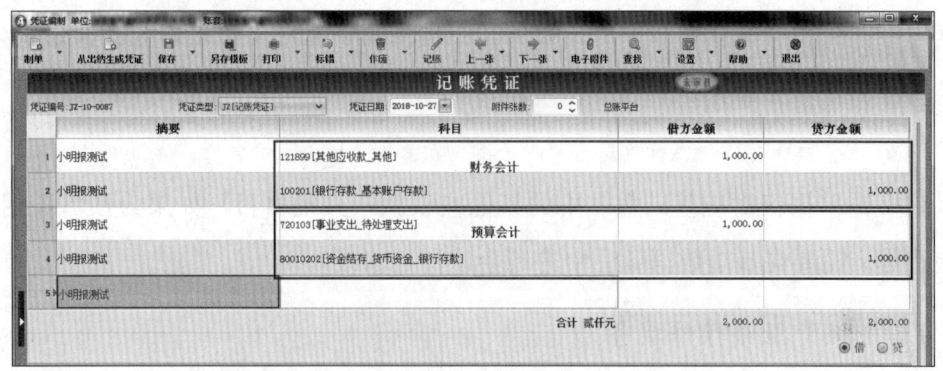

图2-46　财务预算会计凭证平行记账分录界面

⑦记账会计登录事业账套，查看从总账平台生成的财务会计、预算会计凭证是否正确（图2-47）。

图 2-47 事业账套凭证箱界面

注意：在实际业务操作过程中，要在保持基础数据账簿中的业务完全正确后才能生成财务会计、预算会计凭证。一旦生成了正式的财务会计、预算会计凭证，修改顺序为：先删除事业账套中的记账凭证，在基础账套中修改正确后，再重新生成财务会计、预算会计凭证。

该报销单据仅对应基础数据中的其他应收款——其他科目，如果为预借备用金、差旅费等，需要在基础数据凭证中进行会计科目修改。

（二）经费报销操作实务

案例 2-2

××科研所职工张三购买一箱打印纸，金额 400 元，取得了增值税普通发票，张三使用自己的公务卡结算。

基础数据账务：

  借：零余额账户用款额度——基本支出用户款额度 400

   贷：其他应付款——待结算公务卡报销额度   400

政府会计制度要求：

财务会计：

借：业务活动费——商品和服务费　　　　　　　　　　　400

　　贷：其他应付款——待清算公务卡报销额度　　　　　　400

预算会计：

借：事业支出——基本支出——商品和服务支出——办公费　　400

　　贷：资金结存——待处理银行卡　　　　　　　　　　　400

计财业务系统操作如下。

①填报。报销人登录计财业务系统，在财务报销系统中选择业务人员—经费报销单（图2-48）。

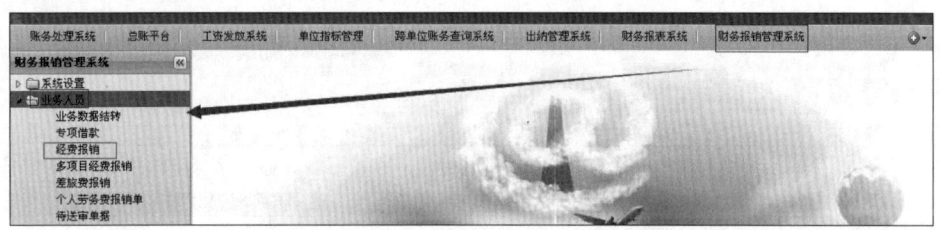

图2-48　财务报销管理系统—经费报销界面

进入经费报销单，需要填写报销人、报销事由、报销金额，选择结算方式，输入对应的金额。若之前有借支，选择冲销的借支单，没有则不要选（图2-49）。

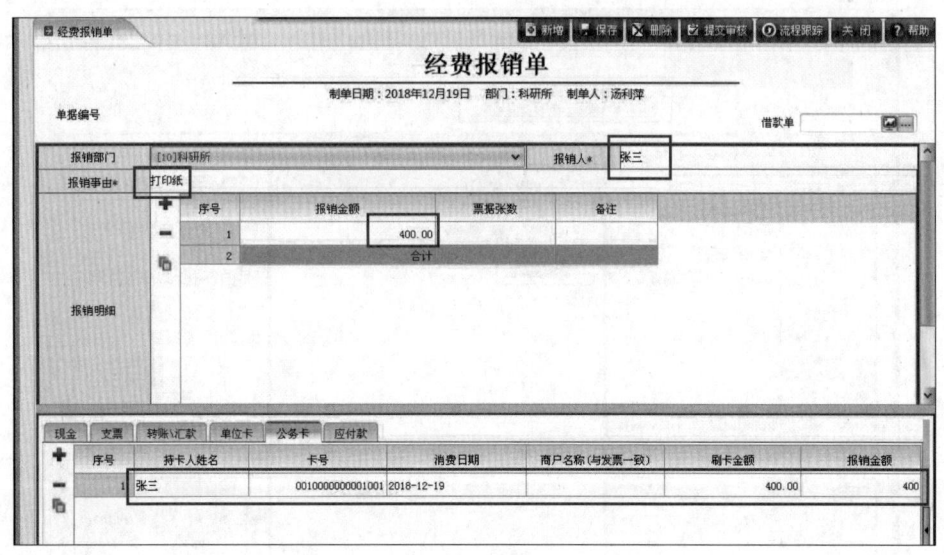

图2-49　经费报销单填写界面

填写完毕，提交审核会计。

②会计审核。报销人填写完毕后提交审核会计，审核会计进入会计审核岗，在财务报销管理系统中选择审核会计—待审核单据（图2-50）。

图2-50　财务报销管理系统—审核会计

在待审核单据中查找到待办的经费报销单（图2-51）。

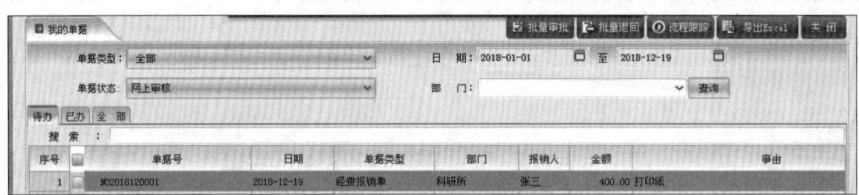

图2-51　待审核单据界面

打开待审核的报销单，选择账套为基础数据，选择对应的项目、预算指标、会计科目，保存、审核通过（图2-52、图2-53）。

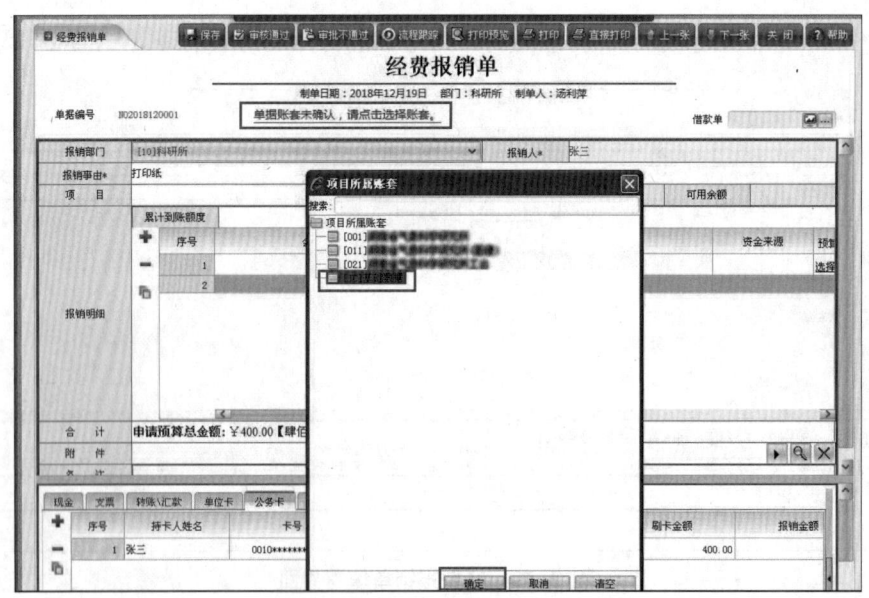

图2-52　经费报销单界面-1

图2-53 经费报销单界面-2

③出纳。审核报销单后，进入出纳环节，出纳在财务报销管理系统中选择出纳—待办理单据，查看待办理的经费报销单（图2-54）。

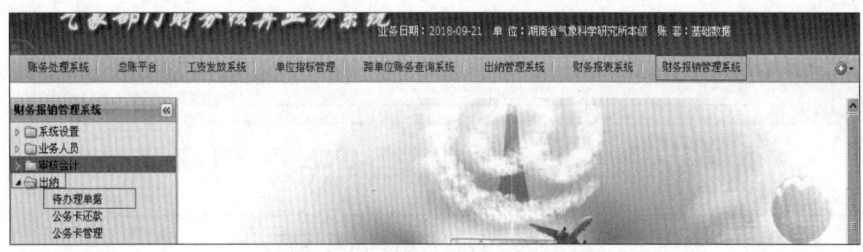

图2-54 财务报销管理系统—出纳（待办理单据）

在出纳系统中手工登账后，提交会计（图2-55、图2-56）。

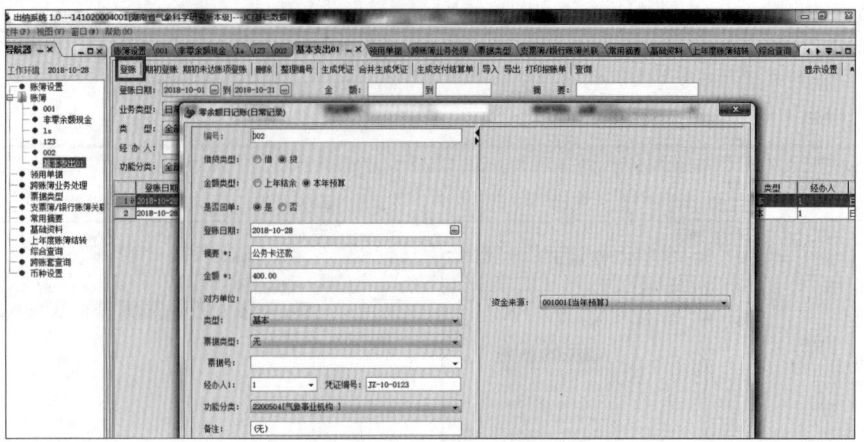

图 2-55 出纳日记账

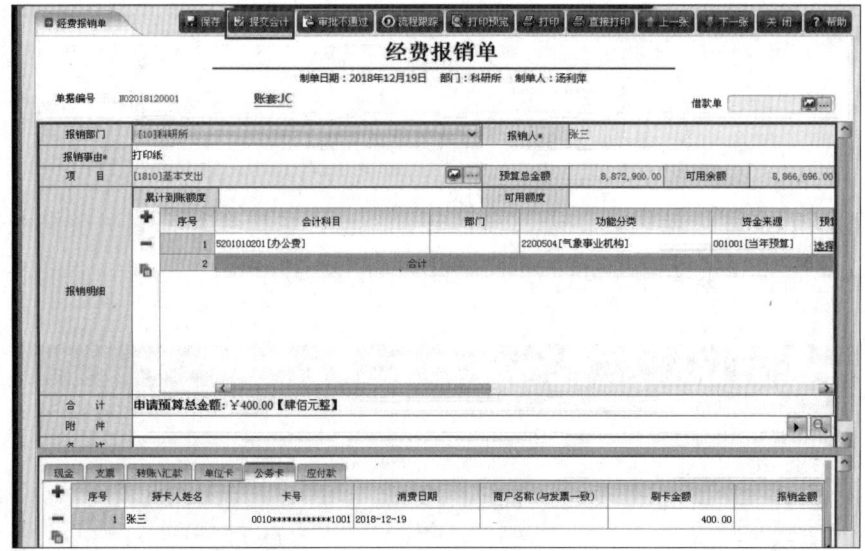

图 2-56 经费报销单填写界面

④会计记账。生成出纳日记账后，提交记账会计审核。在财务报销管理系统中选择记账会计—待记账单据（图 2-57）。

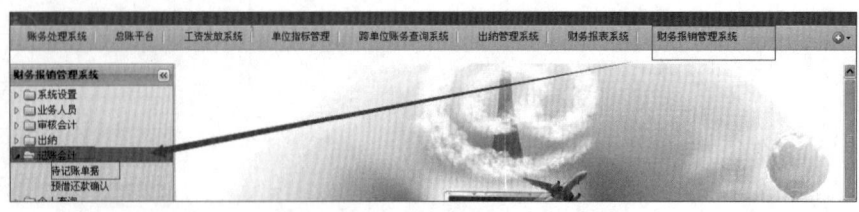

图 2-57 财务报销管理系统—记账会计

在待办列找到要生成凭证的经费报销单，打开，选择凭证类型，单击生成凭证（图 2-58）。

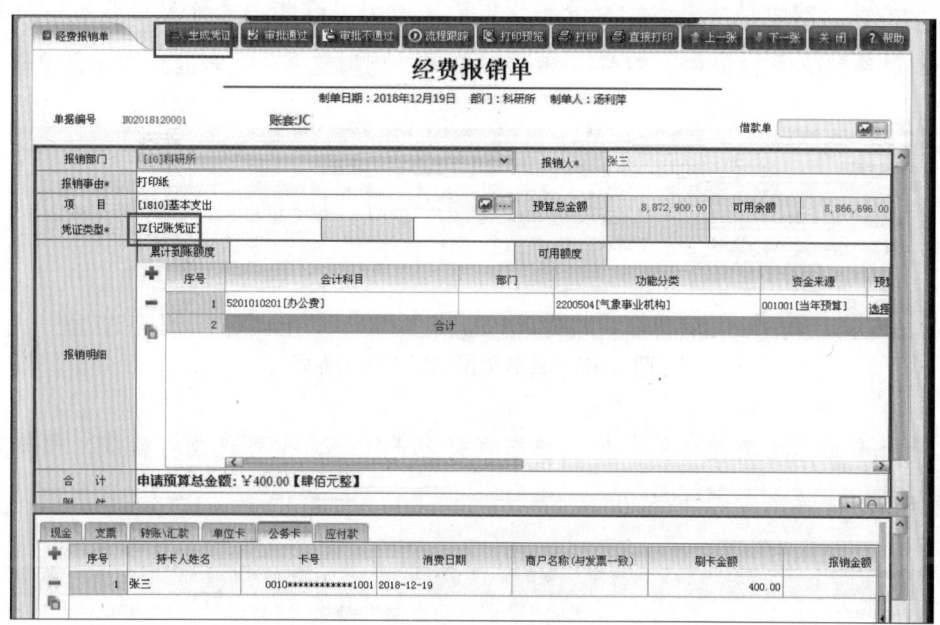

图 2-58　经费报销单界面

单击生成凭证按钮，即可生成基础数据"凭证"（图 2-59）。

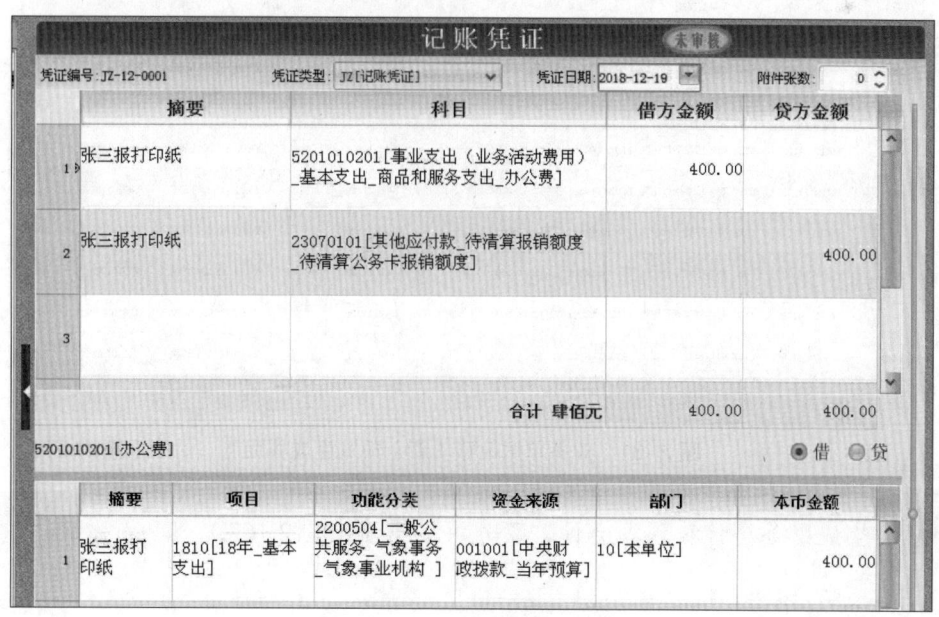

图 2-59　基础数据记账凭证

⑤总账平台。会计进入总账平台,账套选择基础账套,在基础数据凭证生成后,系统会同步到总账平台,生成对应的记录,分别为预算会计和财务会计业务单据。

在总账平台→单据记账→业务单据记账(新)中打开。选择查询的单据类型为CYBZ财务预算平行记账,勾选"相同主单据号同时选中",单击查询(图2-60)。

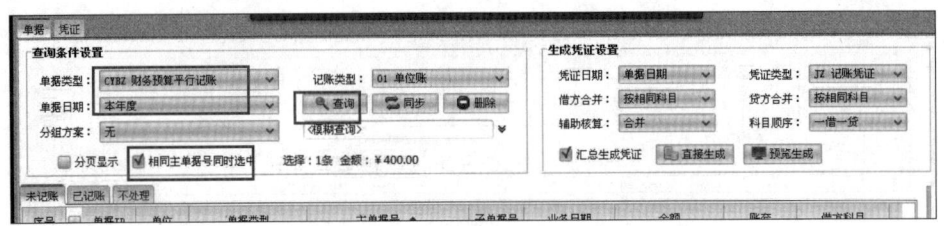

图2-60 业务单据记账(新)界面

选中要汇总生成凭证的单据,单击直接生成凭证,也可先预览生成,预览生成只能查看不能编辑(图2-61)。

图2-61 业务单据记账(新)预览生成界面

自动生成财务会计和预算会计"双分录"凭证(图2-62)。

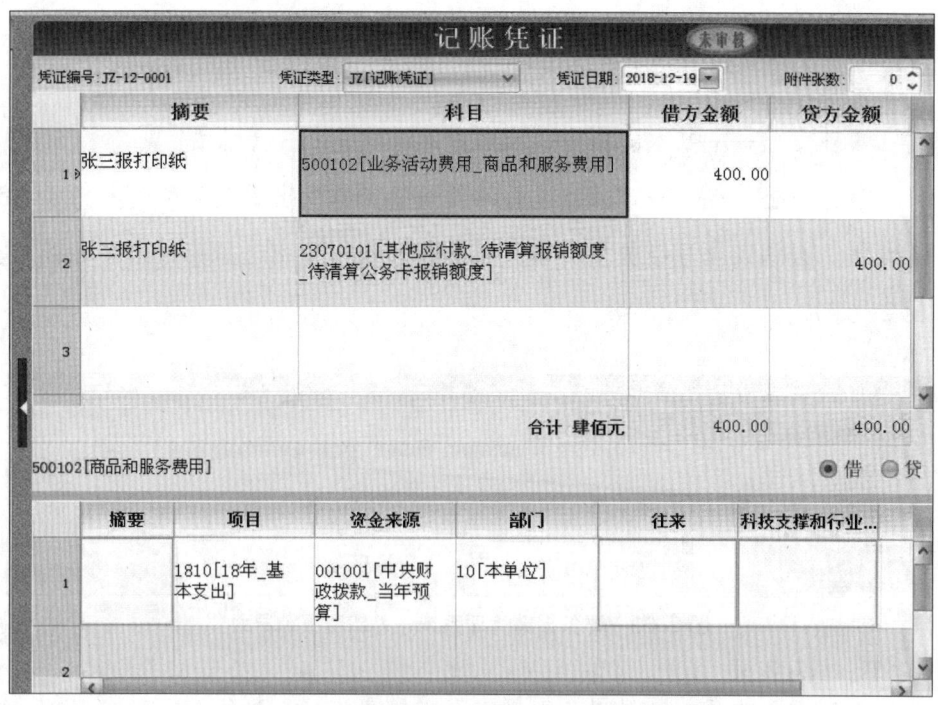

图 2-62　财务预算会计凭证平行记账分录界面

⑥查看。会计在事业账套中查看从总账平台生成的财务会计和预算会计凭证是否正确。

（三）差旅费报销操作实务

案例 2-3

北京××科学研究所职工李四，于 2018 年 10 月 21—27 日经单位批准，到南京信息工程大学参加政府会计制度培训，往返交通费共计 2647 元，缴纳培训费 2890 元，订票费 40 元。往返机场未使用公车，往返补助 360 元。

基础数据账务：

借：事业支出（业务活动费）——基本支出——商品和服务费——差旅费

                     5937

  贷：零余额用款额度——基本支出用款额度   5937

财务会计：

  借：业务活动费——商品和服务费   5937

贷：零余额用款额度——基本支出用款额度　　　　　　　　　5937

预算会计：

借：事业支出——基本支出——商品和服务支出——差旅费　　5937

贷：资金结存——零余额用款额度——基本支出用款额度　　　5937

①填报。报销人填写经费报销单，在财务报销系统中选择业务人员—差旅费报销（图2-63）。

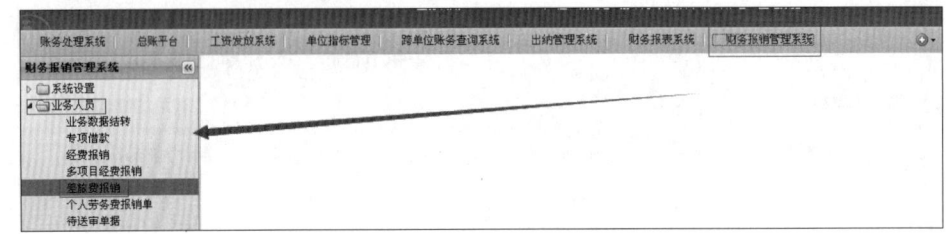

图2-63　财务报销管理系统—差旅费报销界面

进入差旅费报销单，需要填写报销人、报销事由、票据张数、报销明细、选择结算方式（图2-64）。

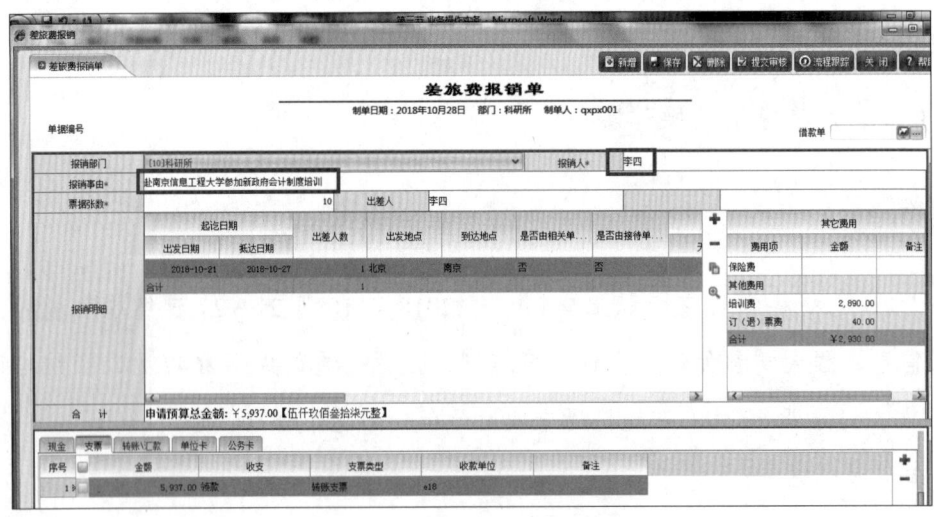

图2-64　经费报销单填写界面

填写完毕，提交审核会计。

②会计审核。报销人填写完毕后提交审核会计，审核会计进入会计审核环节，在财务报销系统中选择审核会计—待审核单据（图2-65）。

图 2-65　财务报销管理系统—审核会计界面

打开待审核单据，在待办列找到要审核的差旅费报销单（图 2-66）。

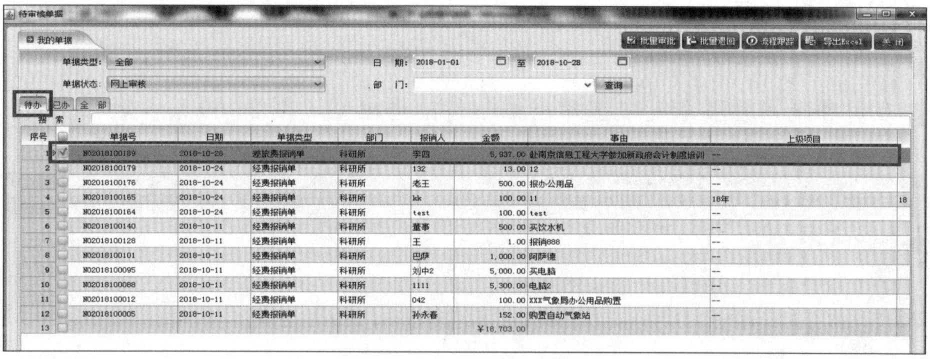

图 2-66　待审核单据界面

审核会计需要选择账套为基础数据，并选择对应的项目、指标、科目，单击保存、审核通过（图 2-67、图 2-68）。

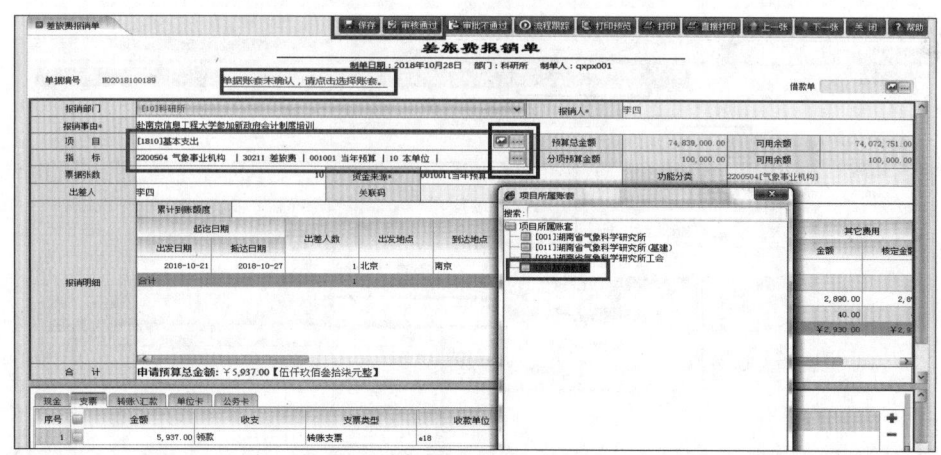

图 2-67　差旅费报销单界面 – 1

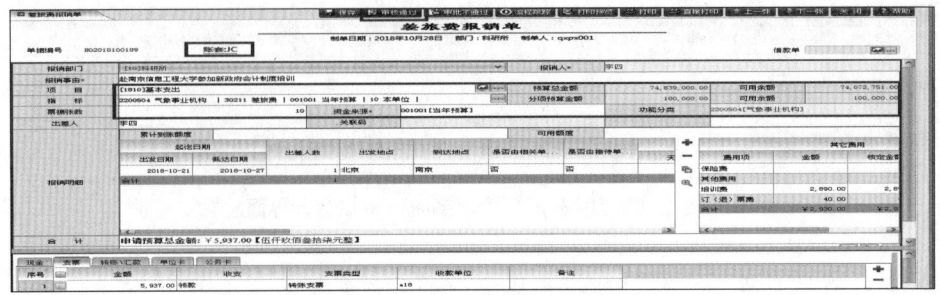

图 2-68　差旅费报销单界面-2

③出纳。审核会计审核通过后，进入出纳环节。出纳登录系统，账套选择基础数据，在财务报销管理系统中选择出纳—待办理单据（图2-69）。

图 2-69　财务报销管理系统—出纳—待办理单据

出纳单击生成出纳日记账。打开待办理单据，在待办中找到要生成日记账的差旅费报销单。单击生成日记账按钮，选择对应账簿，单击提交会计（图2-70）。

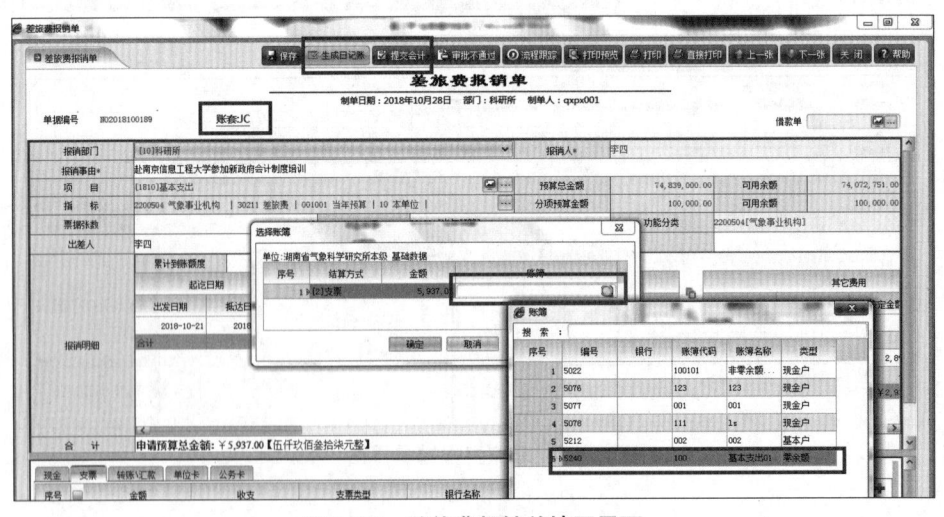

图 2-70　差旅费报销单填写界面

④会计记账。提交会计后由会计记账生成基础数据凭证，在财务报销系统中选

择记账会计—待记账单据（图 2-71）。

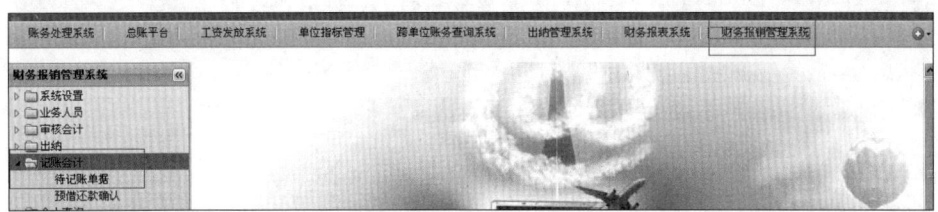

图 2-71　财务报销管理系统—记账会计界面

在待办列找到要生成凭证的差旅费报销单，打开，选择凭证类型，单击生成凭证按钮，就可生成基础数据凭证。这笔凭证只能在基础数据账套中的凭证箱中查看，并不是真正生成的凭证（图 2-72 至图 2-74）。

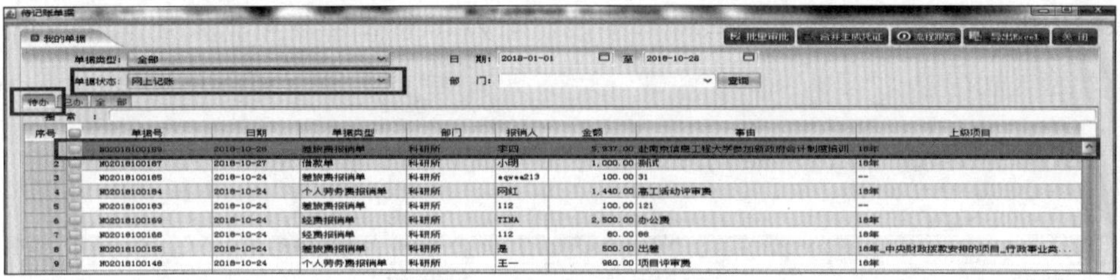

图 2-72　待记账单据界面

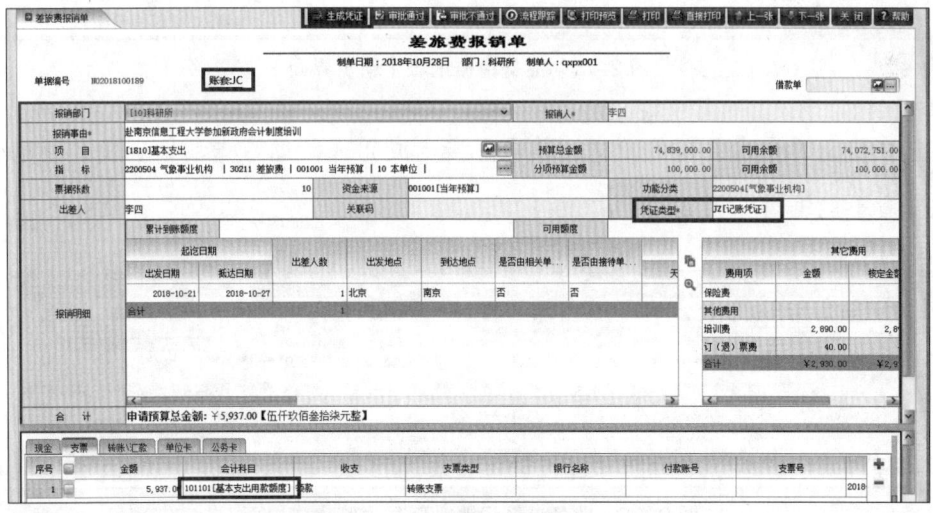

图 2-73　差旅费报销单界面

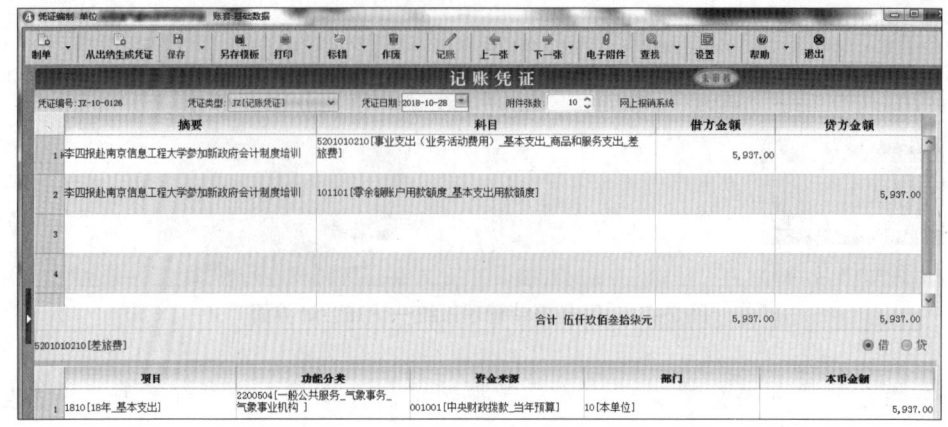

图 2-74 基础数据记账凭证

⑤总账平台。会计登录系统，账套选择基础数据。基础数据凭证生成后，系统会同步到总账平台，生成对应的记录，分别为预算会计和财务会计业务单据。在总账平台→单据记账→业务单据记账（新）中打开。选择查询的单据类型为 CYBZ 财务预算平行记账，勾选"相同主单据号同时选中"，单击查询（图 2-75）。

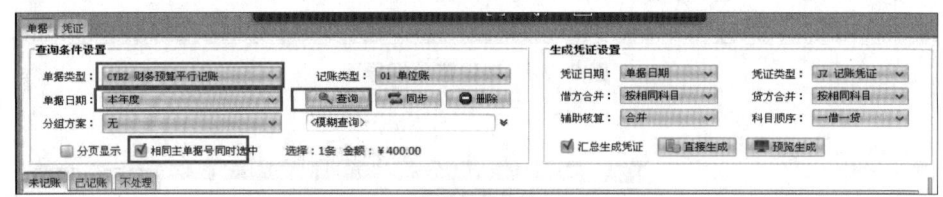

图 2-75 业务单据记账（新）界面

选中要汇总生成凭证的单据，单击直接生成凭证，也可先预览生成，预览生成只能查看不能编辑（图 2-76）。

图 2-76 业务单据记账（新）预览生成界面

⑥查看。最后，用会计账号登录事业账套，查看从总账平台生成的财务会计和预算会计凭证（图 2-77、图 2-78）。

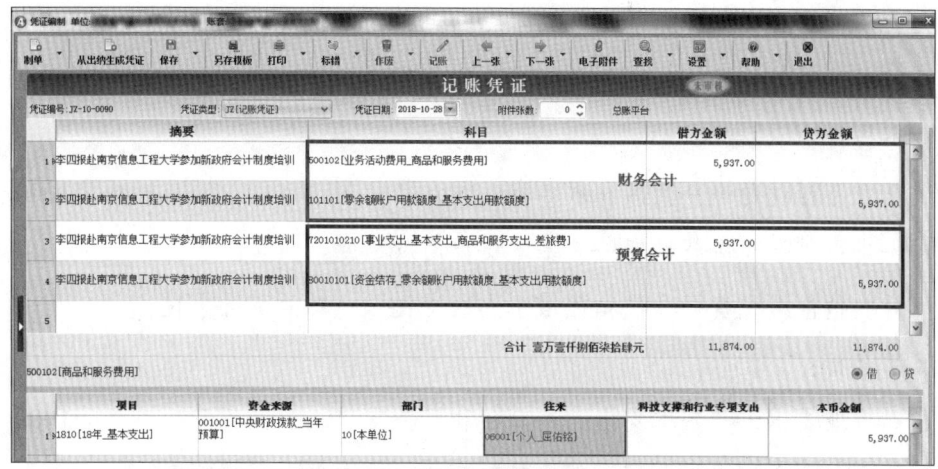

图 2-77 财务会计和预算会计凭证

图 2-78 事业账套凭证箱凭证界面

（四）劳务费报销操作实务

案例 2-4

某单位举行政府会计制度测试工作，由于工作需要，聘请专家指导，发生咨询费 1000 元，单位职工王五经办这笔业务，采取转账汇款（打个人卡）方式支付。

基础数据账务：

借：事业支出（业务活动费）——商品和服务支出——劳务费 　　1000

贷：零余额应款额度——基本支出用款额度　　　　　　　　960

　　　　其他应缴税费——代扣代缴个人所得税——其他所得个税　40

财务会计：

　　借：业务活动费——商品和服务费　　　　　　　　　　　　1000

　　贷：零余额应款额度——基本支出用款额度　　　　　　　　960

　　　　其他应缴税费——代扣代缴个人所得税——其他所得个税　40

预算会计：

　　借：事业支出——基本支出——商品和服务支出——劳务费　1000

　　贷：资金结存——零余额应款额度——基本支出用款额度　　40

　　　　资金结存——待处理税款　　　　　　　　　　　　　　40

①填报。报销人填写经费报销单，在财务报销系统中选择业务人员—劳务费报销。进入劳务费报销单，需要填写报销人、报销事由、姓名、身份证号、单位、职称等信息，填写完毕后，提交审核会计（图2-79）。

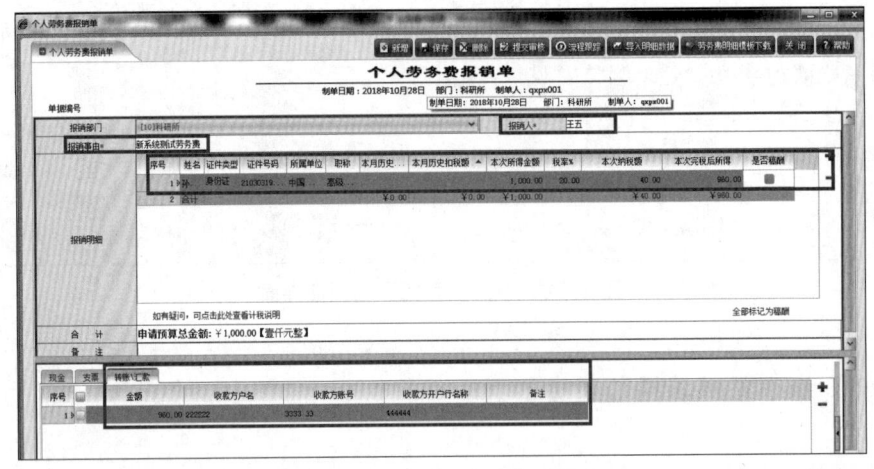

图2-79　经费报销单填写界面

②会计审核。报销人填写完毕后提交审核会计，审核会计进入会计审核环节，审核会计在财务报销系统中选择审核会计—待审核单据（图2-80）。

图 2-80　财务报销管理系统—审核会计

打开待审核单据，在待办列找到要审核的劳务费报销单，审核会计需要选择项目和预算指标，注意选择基础数据账套（图 2-81）。

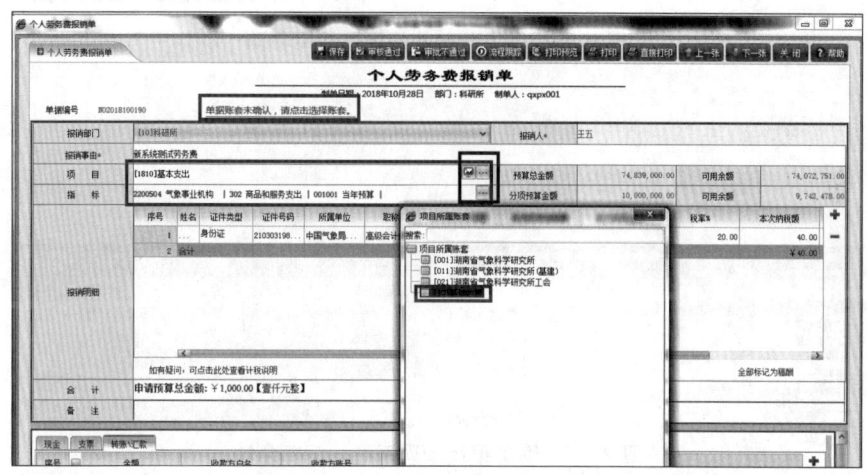

图 2-81　个人劳务费报销单界面

③出纳。审核会计审核通过后，进入出纳环节。出纳登录系统，账套选择基础数据，在财务报销管理系统中选择出纳—待办理单据（图 2-82）。

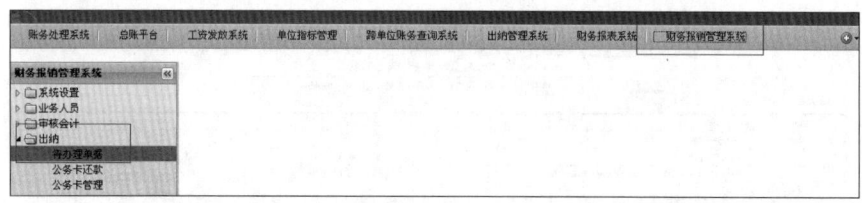

图 2-82　财务报销管理系统—出纳—待办理单据界面

出纳单击生成出纳日记账。打开待办理单据，在待办中找到要生成日记账的劳务费报销单。单击生成日记账按钮，选择对应账簿，单击提交会计（图 2-83）。

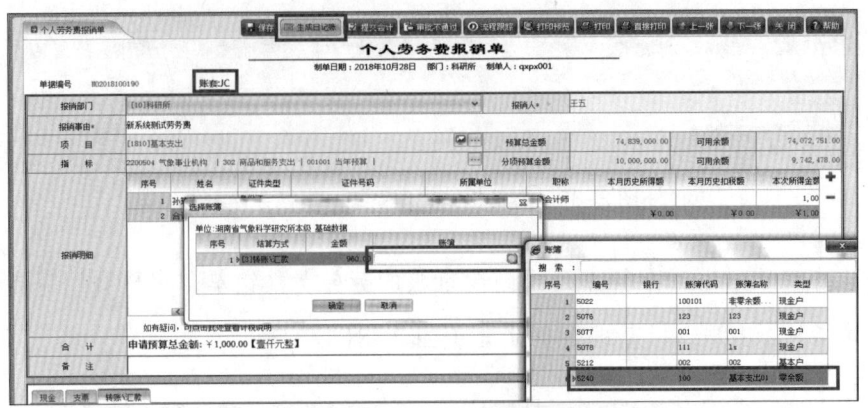

图 2-83 个人劳务费报销单填写界面

④会计记账。生成出纳日记账后,提交记账会计审核。在财务报销系统中选择记账会计—待记账单据(图 2-84)。

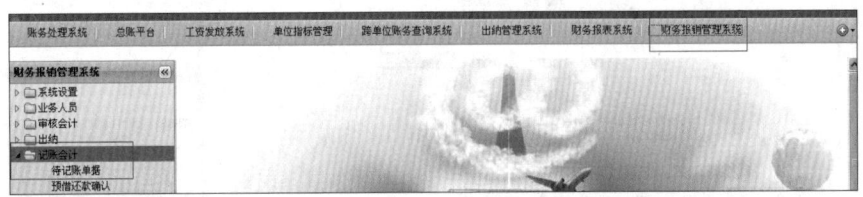

图 2-84 财务报销管理系统—记账会计

在待办列找到要生成凭证的个人劳务费报销单,打开,选择凭证类型,单击生成凭证按钮,就可生成基础数据凭证。这笔凭证只能在基础数据账套中的凭证箱中查看,并不是真正生成的凭证(图 2-85 至图 2-87)。

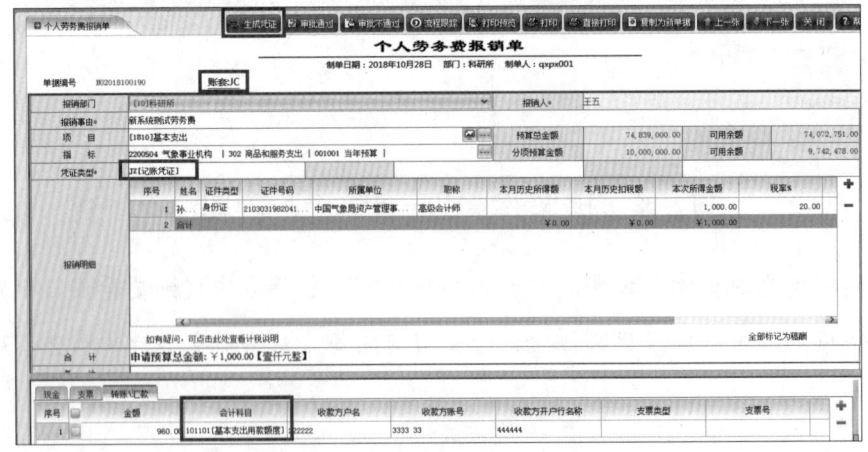

图 2-85 个人劳务费报销单界面-1

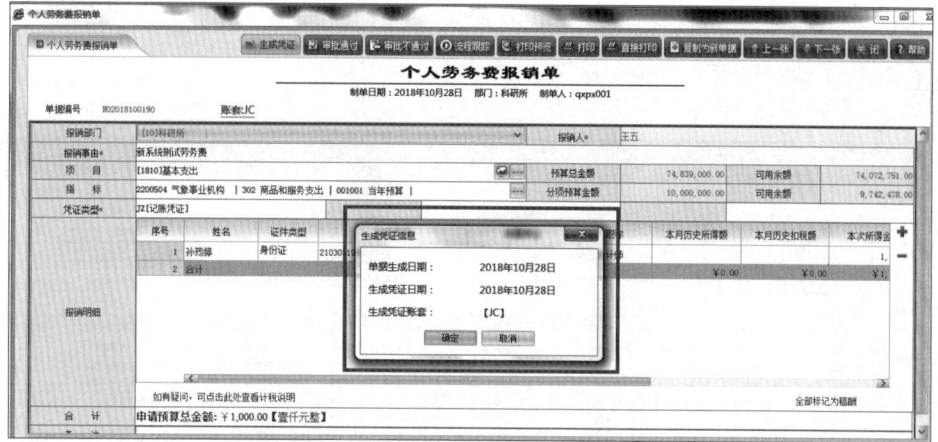

图 2-86　个人劳务费报销单界面 - 2

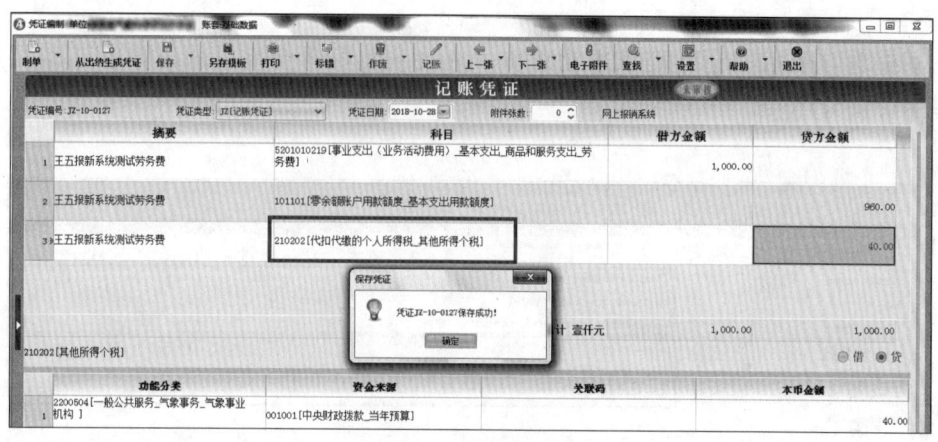

图 2-87　基础数据凭证

⑤总账平台。会计登录，账套选择基础数据。基础数据凭证生成后，系统会同步到总账平台，生成对应的记录，分别为预算会计和财务会计业务单据。在总账平台→单据记账→业务单据记账中打开。选择查询的单据类型为 CYBZ 财务预算平行记账，勾选"相同主单据号同时选中"，单击查询（图 2-88）。

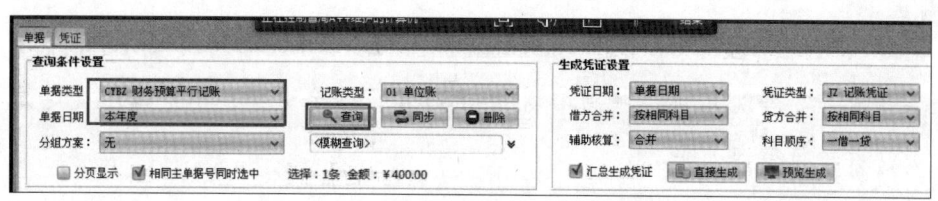

图 2-88　业务单据记账（新）界面

选中要汇总生成凭证的单据，单击直接生成凭证，也可先预览生成，预览生成只能查看不能编辑（图2-89）。

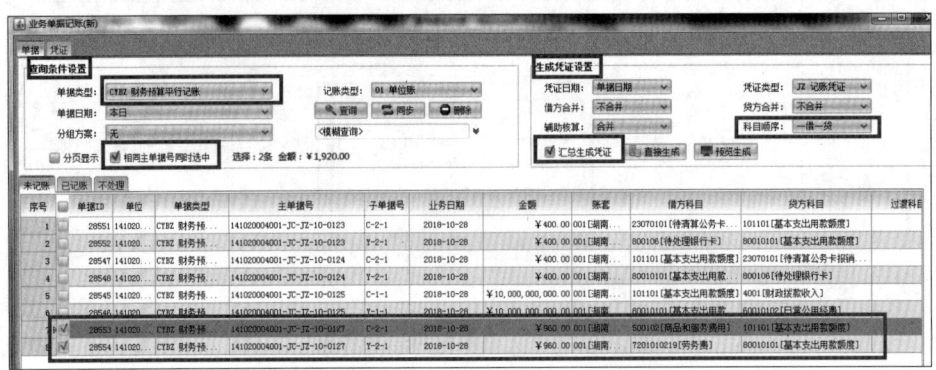

图2-89　业务单据记账（新）预览生成界面

⑥查看。最后，会计登录事业账套，查看从总账平台生成的财务会计和预算会计凭证（图2-90）。

图2-90　财务、预算会计凭证

（五）收款业务操作实务

案例2-5

某事业单位举办培训，收到培训费4500元，现金缴费，出纳按照规定开具相关发票，并进行登记入账。

基础数据账务：

借：库存现金——非零余额现金　　　　　　　　　　　　　　　　4500

　　贷：应缴增值税（小规模纳税人）——应缴税金——事业预算收入——培训费收入　　　　　　　　　　　　　　　　　　　　　　　　　　　　131.07

　　　　事业预算收入——培训收入　　　　　　　　　　　　　　4368.93

财务会计：

借：库存现金——非零余额现金　　　　　　　　　　　　　　　　4500

　　贷：应缴增值税（小规模纳税人）——应缴税金　　　　　　　131.07

　　　　事业预算收入——培训费收入　　　　　　　　　　　　　4368.93

预算会计：

借：资金结存——货币资金——库存现金　　　　　　　　　　　　4500

　　贷：事业预算收入——培训费收入　　　　　　　　　　　　　4500

①出纳收款。从出纳模块发起，出纳进入出纳系统，选择基础数据账套（图2-91）。

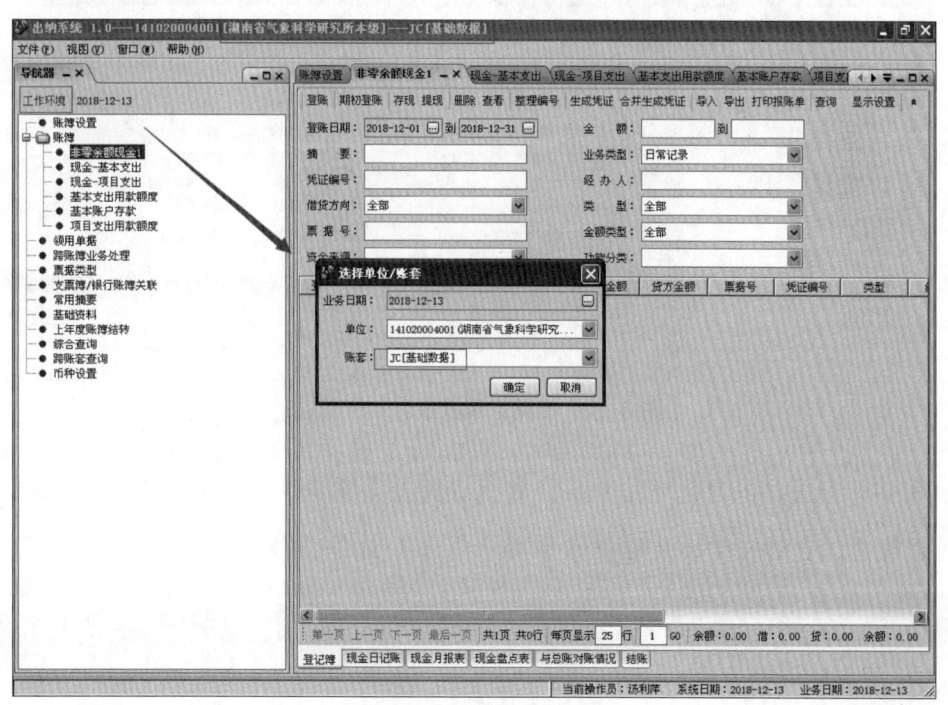

图 2-91　出纳系统界面

②收款登记。出纳登记收款业务，如出纳收到缴来培训费 4500 元，进行收款登记（图 2-92）。

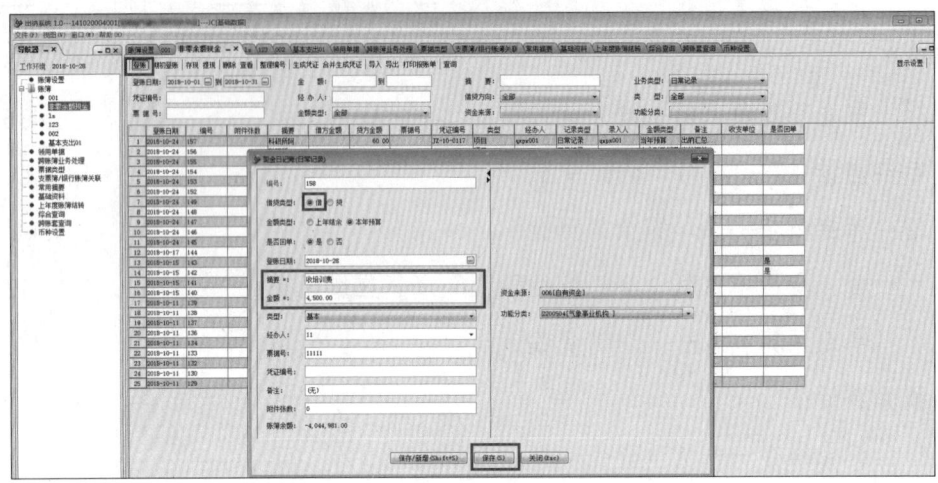

图 2-92　出纳系统收款登记界面 – 1

登记完毕后保存，可以查看到登记的收款信息（图 2-93）。

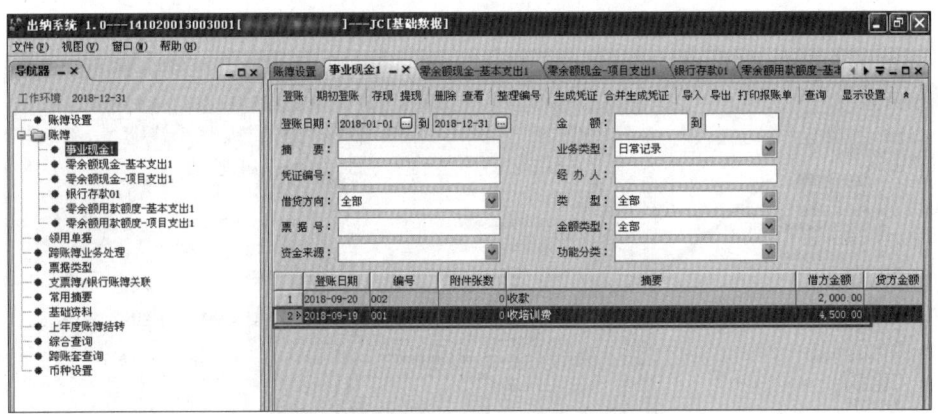

图 2-93　出纳系统收款信息界面 – 2

③会计记账。出纳处理结束后，进入计财业务系统中的账务处理系统，选择基础数据账套，会计在凭证处理中选择新增凭证（图 2-94）。

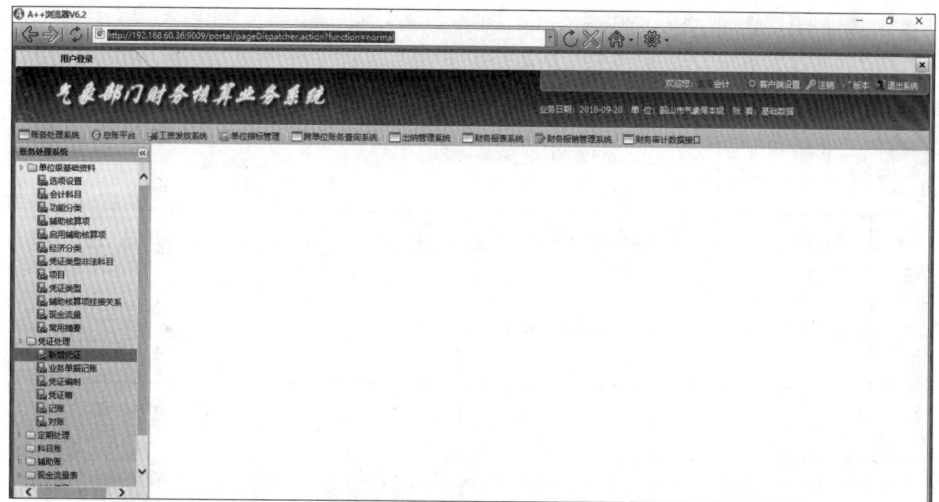

图 2-94 账务处理系统界面

选择从出纳生成凭证,并勾选需要生成凭证的出纳流水单据(图 2-95)。

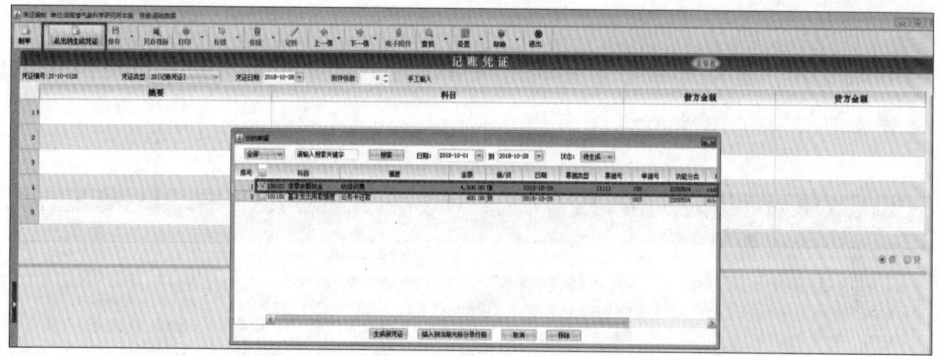

图 2-95 账务处理系统—凭证编制界面 - 1

单击生成凭证。此时,从出纳系统生成的凭证无贷方科目,需要会计根据所收款的资金来源和资金性质,选择补充对应的会计科目,将分录补充完整(图 2-96)。

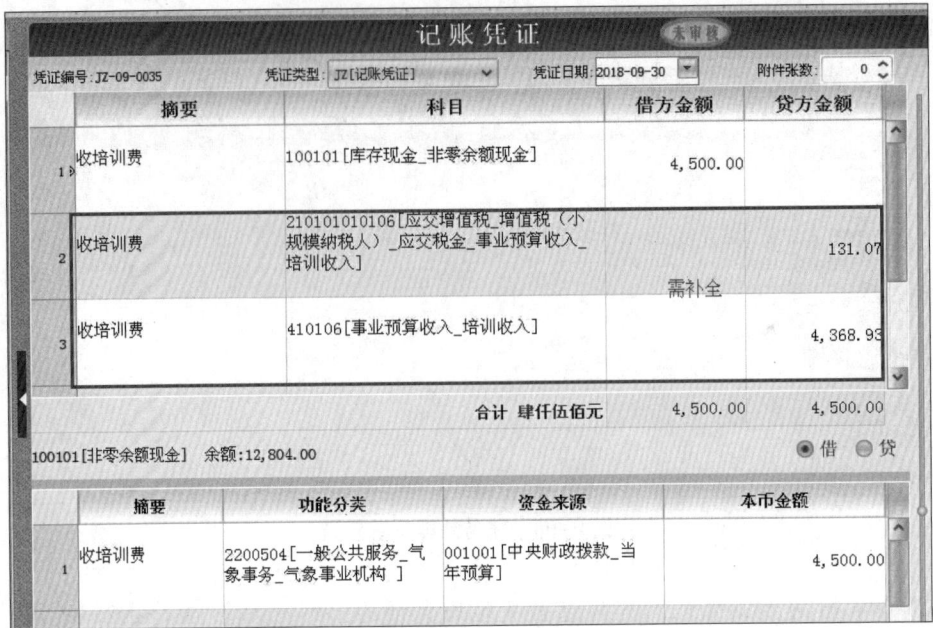

图 2-96 账务处理系统—凭证编制界面-2

④总账平台。基础数据凭证生成完毕后,进入总账平台,按照前述步骤生成财务和预算会计凭证(图 2-97)。

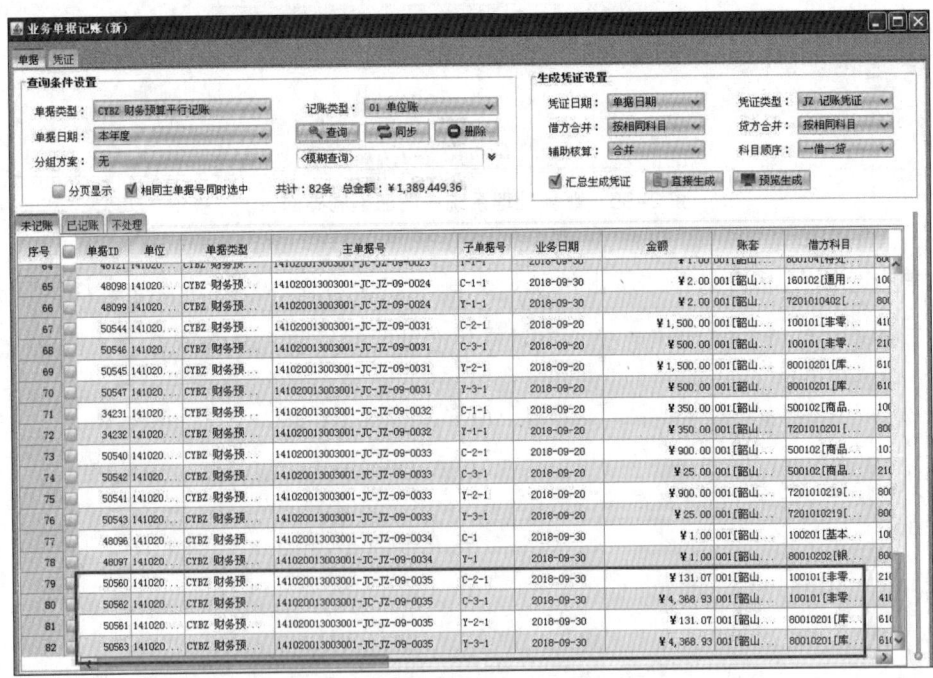

图 2-97 业务单据记账(新)界面

⑤查看。会计登录事业账套,进入凭证箱查看生成的财务和预算会计凭证(图2-98)。

图 2-98　业务单据记账(新)查看界面

(六)工资账务操作实务

1. 编制工资

在工资发放系统中选择工资编制→工资编制,进入工资发放系统的工资编制(图 2-99)。

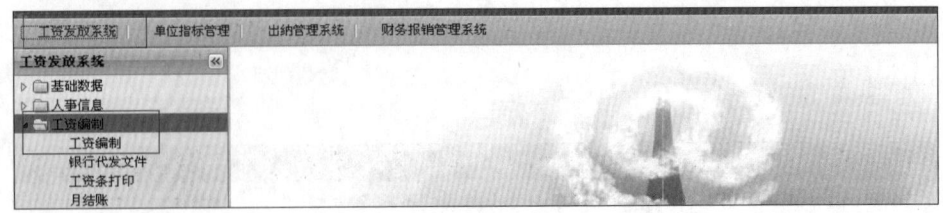

图 2-99 工资发放系统—工资编制

在工资编制中编制工资（图 2-100）。

图 2-100 工资编制界面

2. 审核

工资编制完成后，提交审核。在工资系统→工资编制→工资审核中审核（图 2-101）。

图 2-101 工资发放系统—工资审核

3. 发放和结账

工资审核完成后，进行工资发放，并结账（图 2-102）。

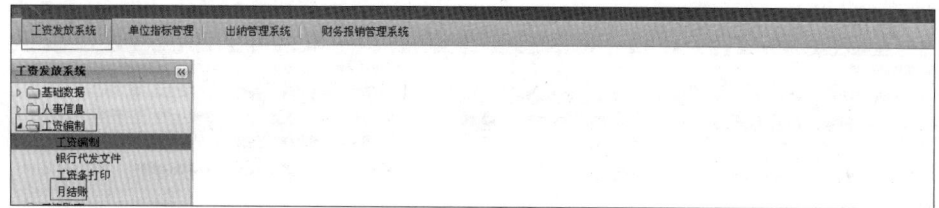

图 2-102　工资发放系统—月结账

4. 总账平台记账生成凭证

会计登录系统，在总账平台中进入单据记账—业务单据记账中查看（图 2-103）。

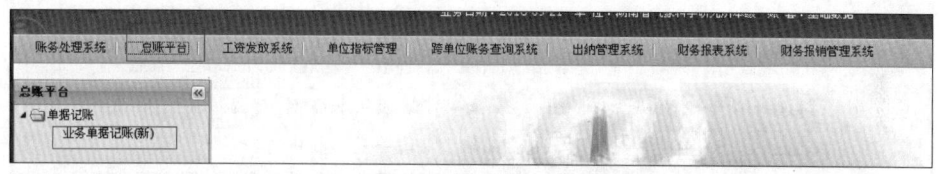

图 2-103　总账平台—单据记账

首次月份，在总账平台进入业务单据记账（新），在单据类型中选择"工资"，出现当月已结账工资数据（该工资数据从工资系统已经结账数据同步过来）。当月工资流水中，每条工资发放流水都出现两条相同的记账流水，分别为财务会计和预算会计的记账流水。选择科目时，分别按照财务会计和预算会计选择对应的借方和贷方科目，过渡科目选择应付职工薪酬科目，辅助核算项（如项目、资金来源、功能分类等）也需选择填入。选择填写完毕后，勾选"相同主单据号同时选中"，勾选需要生成的流水单据，单击汇总生成凭证（图 2-104）。

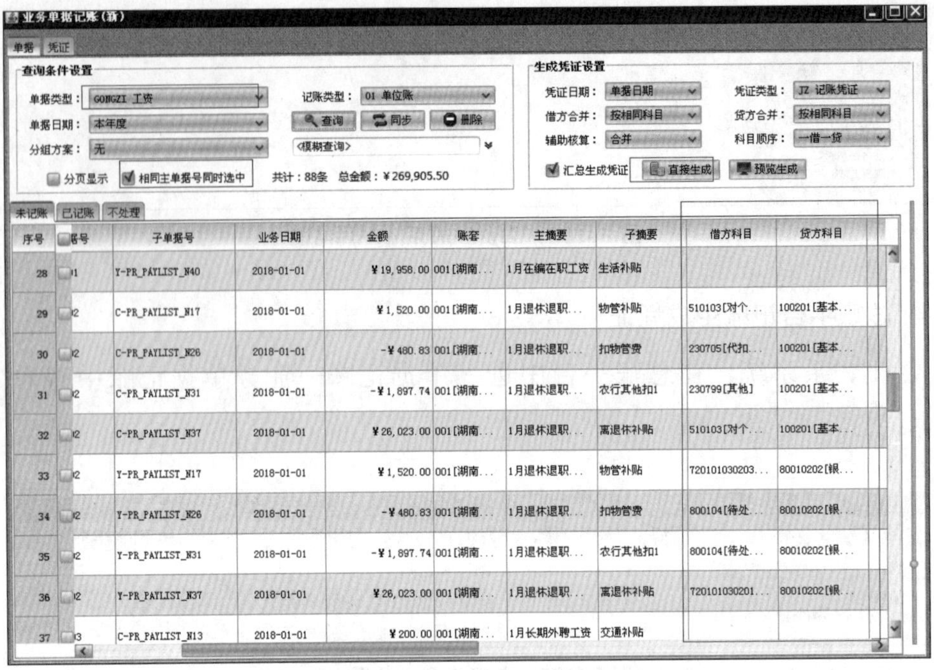

图2-104 首次月份业务单据记账（新）界面

以后月份操作，工资系统结账以后，工资数据自动同步进入事业账套的总账平台，选择单据类型"工资"后，就能在下面的对话框看到当月工资流水，并且根据上个月已经保存的对应科目和辅助核算项，自动选择对应的科目和辅助核算项。会计只需要查看是否有工资项的变化并进行相应的变更，如有新增的工资项，就需选择填写对应科目和辅助核算项，确认无误后，勾选"相同主单据号同时选中"，勾选需要生成的流水单据，单击汇总生成凭证（图2-105）。

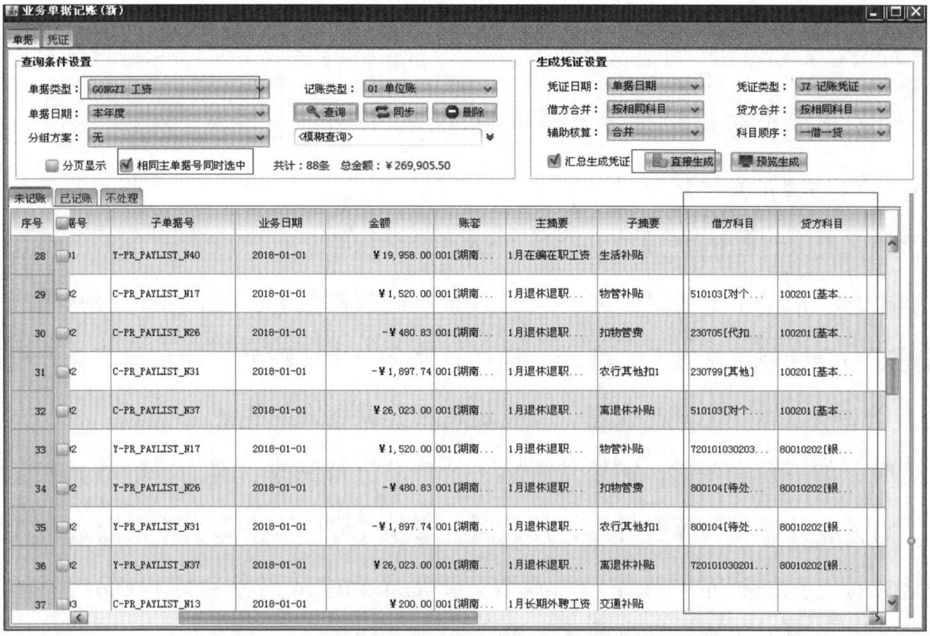

图 2-105　以后月份业务单据记账（新）界面

5. 查看

进入凭证箱，查看生成的财务会计和预算会计的工资凭证，可以看到生成的记账凭证（图 2-106）。

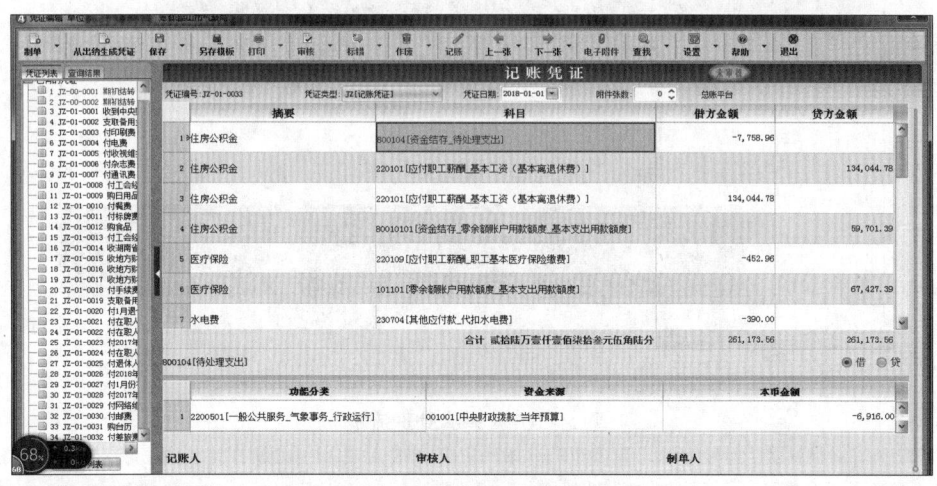

图 2-106　财务、预算会计分录凭证

以上对基础报销业务的全流程操作进行了详细说明，对照具体操作可以完成账务处理。

二、差错处理操作实务

（一）系统中的报销操作差错处理

1. 业务处理正常流程

报销员登录，填制报销单→会计登录基础数据账套，审核报销单→出纳登录基础数据账套，报销单生成日记账→会计登录基础数据账套，报销单记账并生成基础数据凭证→会计登录基础数据账套，通过总账平台生成财务会计和预算会计凭证到事业账套中→会计登录事业账套，在凭证箱中查看生成的凭证。

这时，如果发生差错，需要从最后一个环节进行修改。因为基础数据账套已经生成了财务会计账和预算会计账，修改时，必须先删除事业账套中的财务会计和预算会计凭证，然后在基础账中进行修改，最后重新生成财务会计和预算会计凭证，否则可能会出现事业账与基础账不一致（图2-107）。

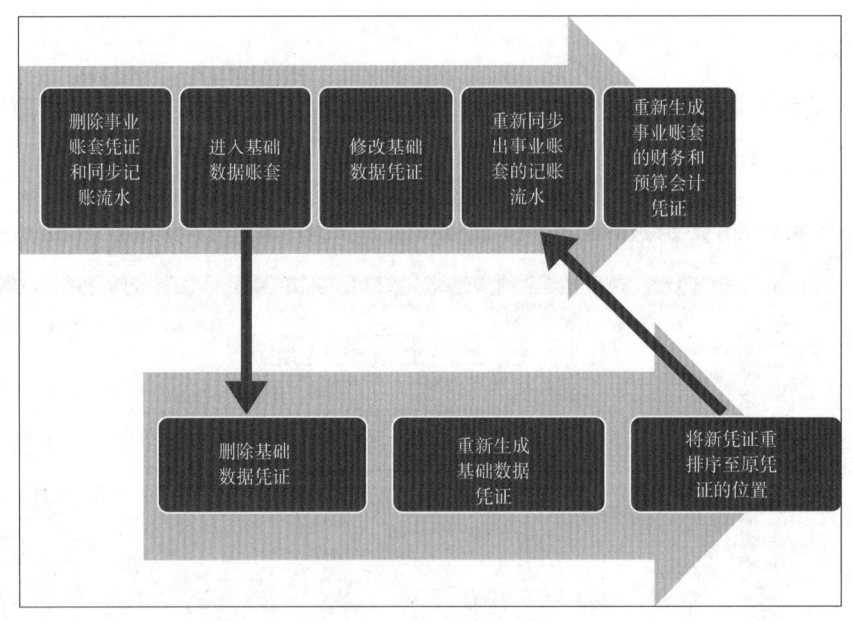

图2-107 差错处理流程

2. 差错更正处理流程

会计登录事业账套，先删除已经生成到事业账套的双分录凭证→会计登录基础数据账套，在总账平台未记账中找到对应的记录选中并删除→会计登录基础数据账套,在凭证箱中找到报销单生成的基础数据凭证,进行修改或删除→如果会计登录基础数据账套删除了报销单生成的凭证,则需要启动报销单的退回流程,重新走报销单流程生成正确的凭证。

(二)系统中手工填制凭证差错处理

1. 业务处理正常流程

会计登录基础数据账套,新增凭证填制并保存→会计登录基础数据账套,通过总账平台生成财务会计和预算会计凭证到事业账套中→会计登录事业账套,在凭证箱中查看生成的凭证。

2. 手工填制凭证流程

会计登录事业账套,先删除已经生成到事业账套的凭证→会计登录基础数据账套,在总账平台未记账中找到对应的记录选中并删除→会计登录基础数据账套,在凭证箱中找到要修改的凭证进行修改(修改好后重新走流程)

注意:流程需要修改时,就从当前需要修改的节点开始反推。

第三章 基础数据基本框架

第一节 基础数据内容

政府会计制度内容变化大,影响范围广,其在原有收付实现制的基础上引入了权责发生制。气象部门在推进政府会计制度实施的过程中,充分利用已有的计财业务系统,通过对科目体系、业务流程的梳理,运用信息化手段,首次提出基础数据理念,以"基础数据科目"为基础,通过科目对应关系梳理及账务钩稽关系判断,构建了符合政府会计制度要求的财务核算体系。

一、基础数据科目体系

基础数据会计科目来源于计财司下发的事业单位会计科目(表3-1、表3-2),在融合了财务会计和预算会计的基础上,结合实际业务设置了更为明细的科目。其中,资产和负债类科目来源于财务会计科目,收入、支出和结转结余来源于预算会计科目。

表3-1 气象部门事业单位会计科目(财务)

序号	科目编码	科目名称	科目类别	功能分类	资金来源	项目核算	部门核算	科技支撑和行业专项	往来核算	人员类别	备注
1	1001	库存现金	资产类		√						
2	100101	非零余额现金	资产类		√						
3	100102	零余额现金	资产类		√	√					
4	10010201	基本支出	资产类		√	√					
5	10010202	项目支出	资产类		√	√					
6	100103	受托代理现金	资产类		√	√					
7	1002	银行存款	资产类		√	√					
8	100201	基本账户存款	资产类		√	√					

续表

序号	科目编码	科目名称	科目类别	功能分类	资金来源	项目核算	部门核算	科技支撑和行业专项	往来核算	人员类别	备注
9	100202	住房基金专户存款	资产类		√	√					
10	100203	单位卡存款	资产类		√	√					
11	100205	其他账户存款	资产类		√	√					
12	100206	受托代理银行存款	资产类		√	√					
13	1011	零余额账户用款额度	资产类		√	√					
14	101101	基本支出用款额度	资产类		√	√					
15	101102	项目支出用款额度	资产类		√	√					
16	1021	其他货币资金	资产类		√						
17	102101	外埠存款	资产类		√						
18	102102	银行本票存款	资产类		√						
19	102103	银行汇票存款	资产类		√						
20	102104	信用卡存款	资产类		√						
21	102105	信用证保证金存款	资产类		√						仅中国气象学会使用
22	102106	存出投资款	资产类		√						
23	1101	短期投资	资产类		√		√				按照投资种类进行明细核算
24	110101	短期债券投资	资产类		√		√				
25	110199	其他投资	资产类		√		√				
26	1102	短期投资跌价准备	资产类		√		√				仅中国气象学会使用
27	1201	财政应返还额度	资产类		√	√		√			
28	120101	财政直接支付	资产类		√	√		√			
29	12010101	基本支出额度	资产类		√	√		√			
30	12010102	项目支出额度	资产类		√	√		√			
31	120102	财政授权支付	资产类		√	√		√			
32	12010201	基本支出额度	资产类		√	√		√			
33	12010202	项目支出额度	资产类		√	√		√			
34	1211	应收票据	资产类			√			√		往来辅助核算/按照开出、承兑商业汇票的单位进行明细核算
35	121101	商业承兑票据	资产类			√			√		
36	121102	银行承兑票据	资产类			√			√		

续表

序号	科目编码	科目名称	科目类别	功能分类	资金来源	项目核算	部门核算	科技支撑和行业专项	往来核算	人员类别	备注
37	1212	应收账款	资产类		√	√			√		按照债务单位（或个人）进行明细核算
38	1214	预付账款	资产类			√			√		按照供应单位（或个人）及具体项目进行明细核算
39	121401	预付备料款	资产类			√			√		针对基建项目
40	121402	预付工程款	资产类			√			√		针对基建项目

表3-2 气象部门事业单位会计科目（预算）

序号	科目编码	科目名称	科目类别	功能分类	资金来源	项目核算	部门核算	科技支撑和行业专项	往来核算	人员类别	备注
1	6001	财政拨款预算收入	预算收入类	√	√	√	√				并按支出功能分类明细核算
2	600101	基本支出	预算收入类	√	√	√	√				
3	60010101	人员经费	预算收入类	√	√	√	√				
4	60010102	日常公用经费	预算收入类	√	√	√	√				
5	600102	项目支出	预算收入类	√	√	√	√				
6	60010201	行政事业项目	预算收入类	√	√	√	√				
7	60010202	基本建设项目	预算收入类	√	√	√	√				
8	6101	事业预算收入	预算收入类	√	√	√	√				
9	610101	财政专户返还收入	预算收入类	√	√	√	√				
10	610102	专业气象服务收入	预算收入类	√	√	√	√				
11	610103	气象信息服务收入	预算收入类	√	√	√	√				
12	61010301	96121电话收入	预算收入类	√	√	√	√				
13	61010302	手机短信服务收入	预算收入类	√	√	√	√				
14	610104	防雷收入	预算收入类	√	√	√	√				
15	61010401	防雷工程收入	预算收入类	√	√	√	√				
16	61010402	防雷装置设计技术评价收入	预算收入类	√	√	√	√				
17	61010403	防雷竣工检测收入	预算收入类	√	√	√	√				
18	61010404	防雷定期检测收入	预算收入类	√	√	√	√				
19	61010405	防雷风险评估收入	预算收入类	√	√	√	√				
20	61010406	防雷产品测试收入	预算收入类	√	√	√	√				

续表

序号	科目编码	科目名称	科目类别	功能分类	资金来源	项目核算	部门核算	科技支撑和行业专项	往来核算	人员类别	备注
21	610105	广告收入	预算收入类	√	√	√	√				
22	61010501	影视广告收入	预算收入类	√	√	√	√				
23	61010502	气球广告收入	预算收入类	√	√	√	√				
24	610106	培训收入	预算收入类	√	√						
25	610107	后勤服务收入	预算收入类	√	√						
26	610108	软件开发及技术服务收入	预算收入类	√	√						
27	610109	非同级财政拨款	预算收入类	√		√	√				对于因开展科研及其辅助活动从非同级财政部门取得的经费拨款
28	61010901	科研课题收入	预算收入类	√	√	√					
29	61010902	科研收入	预算收入类	√	√	√					
30	61010903	非科研收入	预算收入类	√	√	√					
31	6101090301	技术收入	预算收入类	√	√	√	√				

（一）科目设置总思路

"基础数据"账套总的原理是将财务会计和预算会计核算需要的元素囊括其中。在"基础数据"账套中，按照财务会计和预算会计核算的最明细科目构建数据集合，按照财务会计和预算会计所需核算的最全的辅助核算项进行辅助核算设置。

①资产和负债类科目一级科目来源于财务会计科目，其中为了实现与预算会计的对接，涉及往来性质的科目二级明细按预算会计的收入、支出科目设置，如应收票据、应收账款、应缴增值税、预收账款下设预算收入类明细、预付账款、研发支出、应付票据、应付账款、其他应付款、长期应付款下设预算支出类明细。例如，小规模纳税人缴纳增值税时，选择基础数据中应缴增值税—小规模纳税人—应缴税金—缴纳税金科目（表3-3）。

表 3-3　基础数据明细科目

序号	科目编码	科目名称	科目类别	功能分类	资金来源	项目核算	部门核算
1500	210101010206	其他经营预算收入	预算收入类	√		√	√
1501	2101010103	缴纳税金	预算支出类	√	√	√	√
1502	210101010301	行政单位基本支出	预算支出类	√	√	√	√
1503	210101010302	行政单位项目支出	预算支出类	√	√	√	√
1504	210101010303	事业单位基本支出	预算支出类	√	√	√	√
1505	210101010304	行政单位项目支出	预算支出类	√	√	√	√
1506	210101010305	经营支出	预算支出类	√	√	√	√

②收入、支出和结转结余来源于预算会计科目明细。

③为避免重复，尽量简化，涉及固定资产、无形资产、在建工程的经济事项时，为了避免在基础数据录入时重复录入资产和支出，只设置了资产类的固定资产、无形资产、在建工程科目，支出科目未设置资本性支出科目。

④为了区分业务活动费用和单位管理费用，事业支出科目设置了两套，5201事业支出（业务活动费用）和5202事业支出（单位管理费用）。

⑤财务会计费用类科目中，仅限于财务会计进行账务处理的科目，如固定资产折旧费、无形资产摊销费、计提专用基金，单独设置在业务活动费用、单位管理费用和经营费用中（表3-4）。

表 3-4　基础数据账套部分科目

代码	科目	性质
5990	业务活动费用	费用类
599006	固定资产折旧费	费用类
599007	无形资产摊销	费用类
599010	计提专用基金	费用类
599099	其他业务活动费用	费用类
5991	单位管理费用	费用类
599106	固定资产折旧费	费用类
599107	无形资产摊销	费用类
599110	计提专用基金	费用类
5992	经营费用	费用类
599206	计提专用基金	费用类

续表

代码	科目	性质
5993	资产处置费用	费用类
599301	对外捐赠现金资产	预算支出类
599302	现金盘亏损失	预算支出类
599303	非现金资产无偿流动税费支出	预算支出类
599304	资产置换税费支出	预算支出类
599305	其他支出	预算支出类
5999	其他费用	费用类
599902	坏账损失	费用类
599903	罚没支出	费用类
5801	所得税费用	费用类
5902	应收票据未到期贴现息	费用类
590201	其他费用	费用类
590202	经营费用	费用类

（二）明细科目设置

为了更好地将基础数据和财务会计科目、预算会计科目进行对应，在资产和负债类科目中，对部分科目添加了更为明细的科目，添加的类型主要有以下几种。

①根据财务会计和预算会计最末级明细科目进行融合而设置更明细的科目。为了实现对于同一经济事项同时进行财务会计和预算会计的账务处理，基础数据作为经济事项和账务处理的链接，必须要涵盖账务处理所需的该经济事项的所有相关信息。例如，发生一笔办公费用的支出，财务会计账务处理需要判断是业务活动费用还是单位管理费用，预算会计账务处理则需要判断是行政支出、事业支出还是经营支出，如果是行政支出或者事业支出，那么还需要判断是基本支出还是项目支出，所有这些判断依据的信息，都必须在基础数据中包含。解决这一问题的方法就是将财务会计和预算会计的最末级明细科目进行融合。即上述的办公费用支出，在基础数据中分别设置了行政支出—基本支出—商品和服务支出—办公费，行政支出—项目支出—商品和服务支出—办公费，事业支出（业务活动费用）—基本支出—商品和服务支出—办公费，事业支出（业务活动费用）—项目支出—商品和服务支出—办公费，事业支出（单位管理费用）—基本支出—商品和服务支出—办公费，事业

支出（单位管理费用）—项目支出—商品和服务支出—办公费，经营支出—商品和服务支出—办公费这 7 个明细科目，根据经济事项选择对应的明细科目，则基础数据对应到事业账套时，就可以明确相对应的财务会计和预算会计科目。

②根据不同的经济业务处理规则设置更为明细的科目。有些经济事项，财务会计账务处理时，是通过同一科目的借贷方去进行收支或者计提、冲销的记账，但是预算会计处理时，则是通过不同的科目进行记账，因此，为了将这些经济事项账务处理时对应不同预算会计科目的信息囊括，需设置基础数据科目时，针对不同经济业务进行明细化处理。例如，小规模纳税人的增值税业务，财务会计处理时，计提和缴纳均是通过应缴增值税—小规模纳税人这一科目进行记账，但是预算会计账务处理时，计提不涉及现金收入，直接计入收入科目，缴纳时发生现金支出，计入支出科目，则在基础数据中设置了应缴增值税—小规模纳税人—应缴税金（下设具体收入作为明细科目）作为计提税金的科目，又设置了应缴增值税—小规模纳税人—缴纳税金（下设具体支出作为明细科目）作为缴纳税金的科目，通过这种设置，可以将基础数据和事业账套的财务会计、预算会计科目进行一一对应。

针对上述这些科目，进行基础数据凭证录入时，要仔细查看明细科目的具体内容再进行选择。只有选准了基础数据明细科目，才能自动对应正确的事业账套财务会计和预算会计科目。

（三）科目表

详见附录 1：基础数据科目。

二、基础数据基本框架

（一）构建原则

1. 符合政府会计制度核算特点

按照符合政府会计制度既反映预算执行又反映成本核算的特点，设置既反映预算会计又反映财务会计的事业总账平台。

2. 能准确反映政府会计信息

尽量不改变会计人员的思维习惯，以目前的事业单位会计制度为模板，按照五要素的原则设置，增设二级明细科目来最终实现政府会计账套的八要素信息。

3. 简便易行的原则

在保证会计信息质量的前提下，尽量简化基础数据账套，减少会计科目的设置，减轻会计人员的核算工作量。

（二）主要内容

1. 基础数据账套与政府会计账套的要素对接

在基础数据账套中，保留原来的五要素会计科目设置，资产类会计科目按政府会计制度财务会计的资产类科目及辅助核算项设置，同时在资产往来类科目中按预算会计收入、支出类科目加下级明细；负债类科目按政府会计制度财务会计的负债类科目及辅助核算项设置，同时在负债往来类科目中按预算会计收入、支出科目加下级明细；净资产类科目按政府会计制度预算会计的预算结余类科目和财务会计的净资产类科目分别设置；收入类科目按政府会计制度预算会计的预算收入类科目及辅助核算项设置，同时在科目明细中融合了财务会计部分不涉及资金变动在预算会计中未设置的明细科目；支出类科目按政府会计制度预算会计的预算支出类科目设置，同时将根据财务会计费用类科目的业务活动费用和单位管理费用科目区分设置（表3-5）。

表 3-5　基础数据账套与政府会计账套的要素对接

基础数据账套	政府会计账套		对应关系
	财务会计	预算会计	
资产	资产		一级科目
		预算收入	二级科目
		预算支出	
负债	负债		一级科目
		预算收入	二级科目
		预算支出	
净资产	净资产		一级科目
		预算结余	一级科目
收入		预算收入	一级科目
	收入		二级科目
支出		预算支出	一级科目
	费用		一级科目

2. 基础数据与政府会计科目的对接与转换

按照会计科目对应的原则和会计要素性质分析，对基础数据账套会计科目与政府会计账套会计科目，依据核算内容性质相同的原则，将基础数据账套会计科目逐一对应到政府会计科目体系。

一是基础数据账套的会计科目设置，整合政府会计制度的预算会计和财务会计科目，根据基础数据五要素与政府会计八要素对接表设置细化的会计科目。基础数据账套根据政府会计科目需要共设置4329个科目（表3-6）。

表3-6 基础数据科目体系（部分）

序号	科目编码	科目名称	科目类别	功能分类	资金来源	项目核算	部门核算	科技支撑和行业专项	往来核算
0001	1001	库存现金	资产类	Y	Y				
0002	100101	非零余额现金	资产类	Y	Y				
0003	100102	零余额现金	资产类	Y	Y				
0004	10010201	基本支出	资产类	Y	Y				
0005	10010202	项目支出	资产类	Y	Y				
0006	100103	受托代理现金	资产类		Y				
0007	1002	银行存款	资产类						
0008	100201	基本账户存款	资产类						
0009	100202	住房基金专户存款	资产类						
0010	100203	单位卡存款	资产类						
0011	100205	其他账户存款	资产类						
0012	100206	受托代理银行存款	资产类						
0013	1011	零余额账户用款额度	资产类	Y	Y				
0014	101101	基本支出用款额度	资产类	Y	Y				
0015	101102	项目支出用款额度	资产类	Y	Y				
0016	1021	其他货币资金	资产类	Y	Y				
0017	102101	外埠存款	资产类	Y	Y				
0018	102102	银行本票存款	资产类	Y	Y				
0019	102103	银行汇票存款	资产类	Y	Y				
0020	102104	信用卡存款	资产类	Y	Y				
0021	102105	信用证保证金存款	资产类	Y	Y				
0022	102106	存出投资款	资产类	Y	Y				

续表

序号	科目编码	科目名称	科目类别	功能分类	资金来源	项目核算	部门核算	科技支撑和行业专项	往来核算
0023	1101	短期投资	资产类	Y	Y	Y	Y	Y	
0024	110101	当年度短期投资	资产类	Y	Y	Y	Y	Y	
0025	110102	以前年度短期投资	资产类	Y	Y	Y	Y	Y	
0026	1102	短期投资跌价准备	资产类		Y		Y		
0027	1201	财政应返还额度	资产类	Y	Y				
0028	120101	财政直接支付	资产类	Y	Y				
0029	12010101	基本支出额度	资产类	Y	Y				
0030	12010102	项目支出额度	资产类	Y	Y				
0031	120102	财政授权支付	资产类	Y	Y				
0032	12010201	基本支出额度	资产类	Y	Y				
0033	12010202	项目支出额度	资产类	Y	Y				

二是设置基础数据与财务会计科目的对应关系，共涉及 4357 条对应，如表 3-7 所示（详细对应见附录 2：基础数据科目与财务会计科目对应关系）。

表 3-7 基础数据与财务会计科目的对应关系（部分）

序号	基础数据科目		财务会计科目	
	科目编码	科目名称	科目编码	科目名称
C0001	1001	库存现金	1001	库存现金
C0002	100101	非零余额现金	100101	非零余额现金
C0003	100102	零余额现金	100102	零余额现金
C0004	10010201	基本支出	10010201	基本支出
C0005	10010202	项目支出	10010202	项目支出
C0006	100103	受托代理现金	100103	受托代理现金
C0007	1002	银行存款	1002	银行存款
C0008	100201	基本账户存款	100201	基本账户存款
C0009	100202	住房基金专户存款	100202	住房基金专户存款
C0010	100203	单位卡存款	100203	单位卡存款
C0011	100205	其他账户存款	100205	其他账户存款
C0012	100206	受托代理银行存款	100206	受托代理银行存款
C0013	1011	零余额账户用款额度	1011	零余额账户用款额度
C0014	101101	基本支出用款额度	101101	基本支出用款额度

续表

序号	基础数据科目		财务会计科目	
	科目编码	科目名称	科目编码	科目名称
C0015	101102	项目支出用款额度	101102	项目支出用款额度
C0016	1021	其他货币资金	1021	其他货币资金
C0017	102101	外埠存款	102101	外埠存款
C0018	102102	银行本票存款	102102	银行本票存款
C0019	102103	银行汇票存款	102103	银行汇票存款
C0020	102104	信用卡存款	102104	信用卡存款
C0021	102105	信用证保证金存款	102105	信用证保证金存款
C0022	102106	存出投资款	102106	存出投资款
C0023	1101	短期投资	1101	短期投资
C0024	110101	当年度短期投资	1101	短期投资
C0025	110102	以前年度短期投资	1101	短期投资
C0026	1102	短期投资跌价准备	1102	短期投资跌价准备
C0027	1201	财政应返还额度	1201	财政应返还额度
C0028	120101	财政直接支付	120101	财政直接支付
C0029	12010101	基本支出额度	12010101	基本支出额度
C0030	12010102	项目支出额度	12010102	项目支出额度
C0031	120102	财政授权支付	120102	财政授权支付
C0032	12010201	基本支出额度	12010201	基本支出额度
C0033	12010202	项目支出额度	12010202	项目支出额度

三是设置基础数据与预算会计科目的对应关系，不生成预算会计的，对应关系为空，共涉及2912条对应，如表3-8所示（详细对应关系见附录3：基础数据科目与预算会计科目对应关系）。

表3-8 基础数据与预算会计科目的对应关系（部分）

序号	基础数据科目		预算会计科目	
	科目编码	科目名称	科目编码	科目名称
Y0001	1001	库存现金	800102	货币资金
Y0002	100101	非零余额现金	80010201	库存现金
Y0003	100102	零余额现金	80010201	库存现金
Y0004	10010201	基本支出	80010201	库存现金

续表

序号	基础数据科目		预算会计科目	
	科目编码	科目名称	科目编码	科目名称
Y0005	10010202	项目支出	80010201	库存现金
Y0006	100103	受托代理现金	80010201	库存现金
Y0007	1002	银行存款	80010202	银行存款
Y0008	100201	基本账户存款	80010202	银行存款
Y0009	100202	住房基金专户存款	80010202	银行存款
Y0010	100203	单位卡存款	80010202	银行存款
Y0011	100205	其他账户存款	80010202	银行存款
Y0012	100206	受托代理银行存款	80010202	银行存款
Y0013	1011	零余额账户用款额度	800101	零余额账户用款额度
Y0014	101101	基本支出用款额度	80010101	基本支出用款额度
Y0015	101102	项目支出用款额度	80010102	项目支出用款额度
Y0016	1021	其他货币资金	80010203	其他货币资金
Y0017	102101	外埠存款	8001020301	外埠存款
Y0018	102102	银行本票存款	8001020302	银行本票存款
Y0019	102103	银行汇票存款	8001020303	银行汇票存款
Y0020	102104	信用卡存款	8001020304	信用卡存款
Y0021	102105	信用证保证金存款	8001020304	信用卡存款
Y0022	102106	存出投资款	8001020304	信用卡存款
Y0023	1101	短期投资		
Y0024	110101	当年度短期投资	7601	投资支出
Y0025	110102	以前年度短期投资	8501	其他结余
Y0026	1102	短期投资跌价准备		
Y0027	1201	财政应返还额度	800103	财政应返还额度
Y0028	120101	财政直接支付	80010301	财政直接支付
Y0029	12010101	基本支出额度	8001030101	基本支出额度
Y0030	12010102	项目支出额度	8001030102	项目支出额度
Y0031	120102	财政授权支付	80010302	财政授权支付
Y0032	12010201	基本支出额度	8001030201	基本支出额度
Y0033	12010202	项目支出额度	8001030202	项目支出额度

四是资金类科目设置区分中国气象局离退休干部管理办公室、机关及直属事业单位和省级，分别设置。由于报销公务卡业务有所区别，因此，省级及所属各单位

增加了"待清算公务卡额度""待清算储蓄卡额度"。

中国气象局离退休干部管理办公室、机关及直属事业单位设置：库存现金、银行存款、零余额账户用款额度、财政拨款预算收入、待处理财产损益—处理净收入—待处理财产短缺。

省级及所属各单位设置：库存现金、银行存款、零余额账户用款额度、财政拨款预算收入、待处理财产损益—处理净收入—待处理财产短缺、待清算公务卡额度、待清算储蓄卡额度。

通过日常业务流与基础数据对应，基础数据与财务、预算对应两套对应关系，完成财务、预算报告、报表，实现政府会计制度的落地实施。

第二节 钩稽关系及对应规则

一、基础数据科目判断

新的政府会计制度需要"双功能、双基础、双报告"，气象部门为实现政府会计制度要求，以基础数据作为记账基础，通过基础账务流水完成财务和预算会计双分录记账。但是，财务会计基于权责发生制进行账务处理，预算会计则基于收付实现制进行账务处理，两者基础不一样，所以针对同一经济事项，两者的处理方式是不一致的。有可能财务会计需要做账而预算会计不需要做账，或者预算会计需要做账而财务会计不需要做账，抑或两者都要做账，那么基础数据对应到事业账套的财务会计和预算会计科目时，就必须要加以判断，才能保证所做的账务处理是符合政府会计制度要求的。

针对处理原则不同的经济事项所需的判断规则，对"基础数据"账套数据生成事业账套财务会计和预算会计设置判断条件。对于不同的经济事项设置不同的判断条件，通过判断条件的设置，区分了权责发生制和收付实现制，保证了财务会计和预算会计账务处理的正确性。本书结合业务操作做了归纳总结，具体业务关系判断详见附录4：特殊业务判断条件。

二、累计盈余调整

根据气象部门会计政策规定，固定资产、无形资产、在建工程、长期投资 4 项非流动资产基金在发生的同时，要做累计盈余的调整。为了体现固定资产、无形资产、在建工程、长期投资的变动对累计盈余的影响，发生涉及这 4 类资产的经济事项时，财务会计账务处理需要调整累计盈余中的其他结转结余和非流动资产基金的数额。计财业务系统针对此种业务类型，设置了相应的对应规则，以便能在事业账套中自动生成调整累计盈余的分录，具体内容如下。

（一）规则设置

①借贷方均为在建工程时，不出现盈余调整分录。

②长期股权投资——权益法下长期股权投资——其他权益变动，不涉及调整盈余。

③资金来源为中央财政拨款，选择"累计盈余—中央财政拨款结转"；资金来源为地方财政拨款，选择"累计盈余—非中央财政拨款结转—地方财政拨款结转"；资金来源为科研课题收入，选择"累计盈余—非中央财政拨款结转—其他专项结转"；资金来源为其他，选择"累计盈余—非中央财政拨款结余—其他结余"。

（二）盈余调整条件判断

详见附录 5：盈余调整判断条件。

三、中国气象局离退休干部管理办公室、机关及直属事业单位科目对应关系判断

中国气象局离退休干部管理办公室、机关及直属事业单位由于业务需要，使用的报销系统与省级单位有一定差别，预算指标以报账卡区分，因此科目对应也不相同，主要以基础数据科目为基础，将报账卡按照支出性质、支出分类单独设置，用基础数据科目与报账卡进行对应，保证了账务核算的准确性（对应关系详见附录 6：基础数据科目与报账卡支出性质对应关系）。

四、核算中的注意事项

①基础数据中录入多借多贷凭证，仅限于录入金额不同，但是一一对应的多借多贷凭证，金额相同且一一对应的多借多贷、金额不同且科目不能一一对应的多借多贷，均不能通过基础数据同步出事业账套的财务和预算会计流水。

②基础数据中录入负数冲销，如借事业支出100元，借事业支出-100元，同步到事业账套的数据为借事业支出-100元，贷事业支出-100元，需要在事业账套中手工调整。

③需要在财务会计科目和预算会计科目进行辅助核算项核算的，在基础数据中必须录入所需全部辅助核算项。比如，办公费报销，在财务会计科目中的业务活动费用—商品和服务支出，需要分资金来源、项目等辅助核算信息，在预算会计科目中事业支出—商品和服务支出—办公费需要分功能分类、资金来源、项目核算和部门等辅助核算信息，这种情况下，基础数据中事业支出（业务活动费用）—商品和服务支出—办公费则需要按照功能分类、资金来源、项目核算和部门进行辅助核算。

附录1至附录6扫右侧二维码查询。

第四章 基础核算业务

气象部门在推进政府会计制度实施过程中,根据目前的计财业务系统功能架构,对科目体系、业务流程进行了梳理,以"基础数据科目"为基础,通过对科目对应关系的梳理和账务钩稽关系的判断,构建了符合政府会计制度要求的财务核算体系。本章主要从基础数据账务核算的角度,分别对资产、负债、净资产、收入、支出、结转结余等业务核算进行了详细论述。

第一节 资产业务

一、货币资金

(一)库存现金

库存现金是指单位为了满足经济活动过程中零星支付需要而保留的现金。单位应当严格按照国家有关库存现金管理的相关规定收支现金,规范库存现金核算业务。

"库存现金"科目反映核算单位的库存现金。借方发生额反映现金库存数的增加,贷方发生额反映现金库存数的减少。期末余额在借方,反映单位实际持有的库存现金。

库存现金的主要账务处理如表4-1所示。

表 4-1 库存现金主要账务处理

业务类型		借方	贷方
从银行等金融机构提取现金		库存现金	银行存款、零余额账户用款额度
将现金存入银行等金融机构		银行存款、零余额账户用款额度	库存现金
实际报销相关费用		行政支出、事业支出、经营支出	库存现金
收到受托代理、代管的现金	实际收到受托代理资产	库存现金	受托代理负债
	支付受托代理、代管的现金	受托代理负债	库存现金
现金益余	按照益余金额转入待处理财产损益	库存现金	待处理财产损益
	属于应支付给有关人员或单位的部分	待处理财产损益	其他应付款
	属于无法查明原因的部分，报经批准后	待处理财产损益	其他收入
现金短缺	按照短缺金额转入待处理财产损益	待处理财产损益	库存现金
	属于应由责任人赔偿的部分	其他应收款	待处理财产损益
	属于无法查明原因的部分，报经批准后	资产处置费用	待处理财产损益

1. 提现业务系统操作

"基础数据"账套，出纳登账如图 4-1 所示。

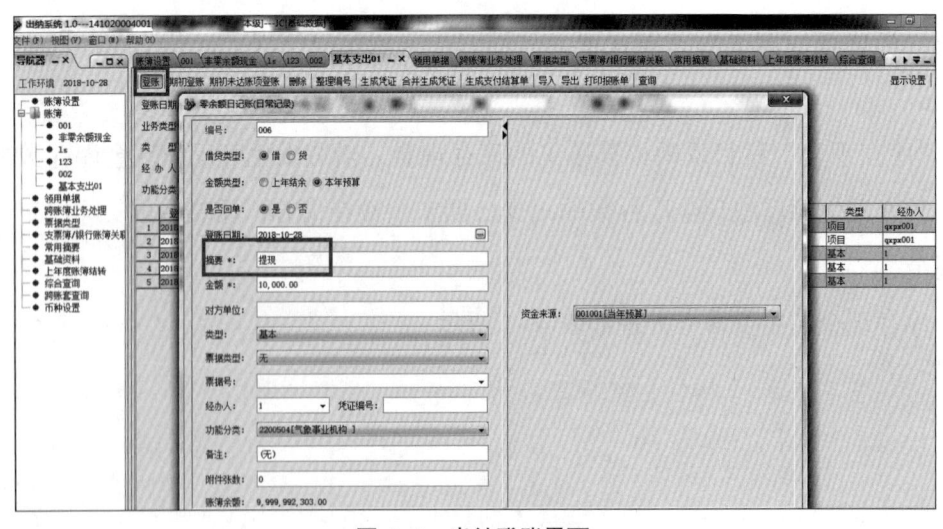

图 4-1 出纳登账界面

"基础数据"账套，新增凭证→从出纳生成凭证，如图4-2和图4-3所示。

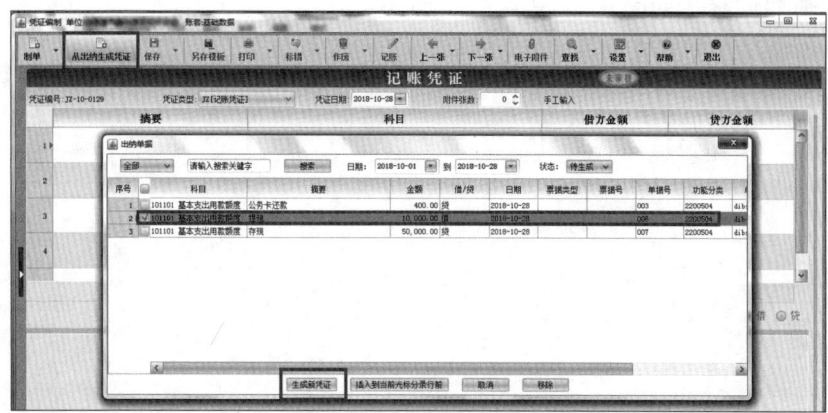

图4-2　从出纳系统提取数据

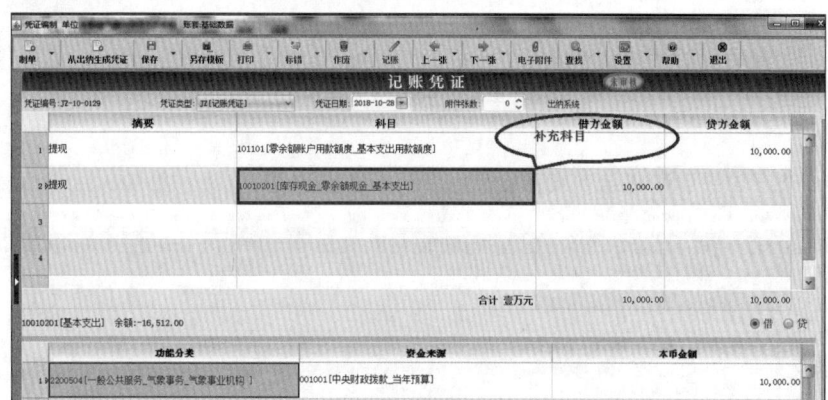

图4-3　提取数据后生成基础数据凭证

在事业账套中生成的财务预算会计凭证如图4-4所示。

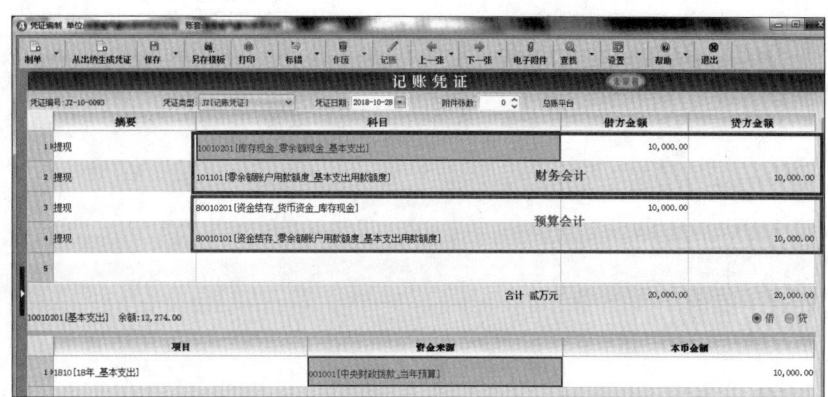

图4-4　财务预算会计凭证平行记账分录

2. 存现业务系统操作

在基础数据录入如图 4-5 至图 4-7 所示。

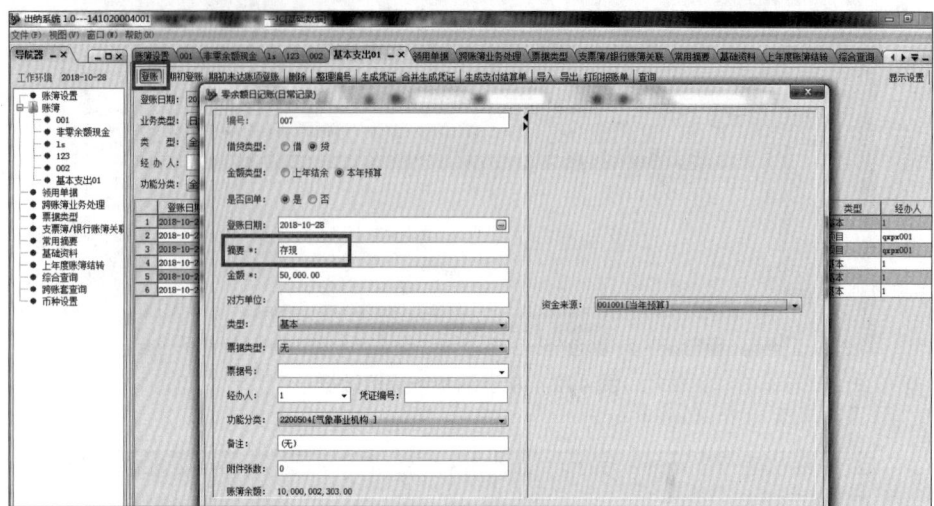

图 4-5　出纳录入界面

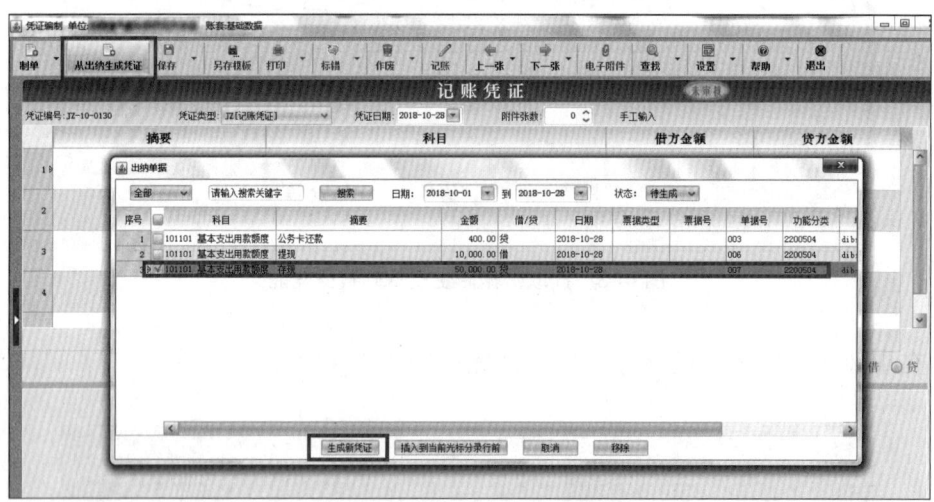

图 4-6　从出纳系统提取数据

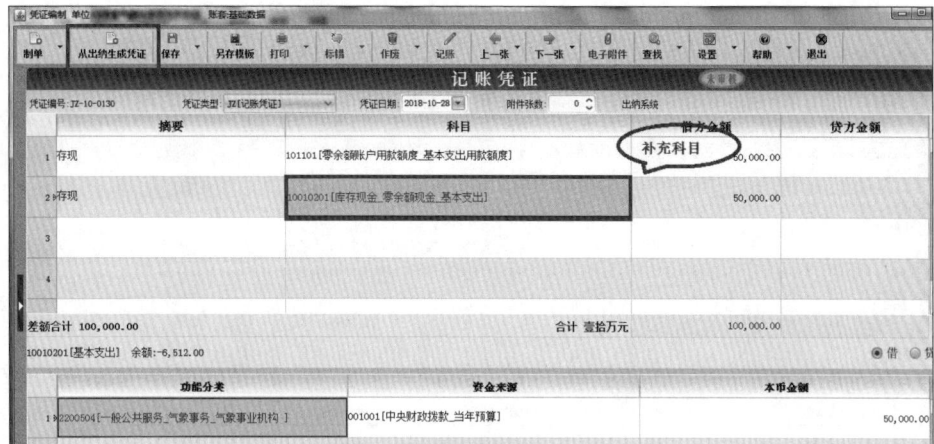

图 4-7 基础数据记账分录

在事业账套生成财务预算会计凭证如图 4-8 所示。

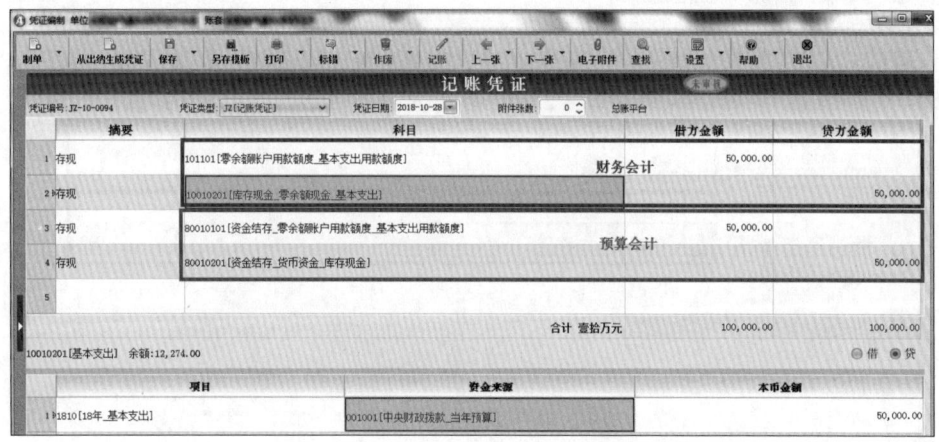

图 4-8 财务预算会计凭证平行记账分录

3. 报销业务系统操作

基础数据录入如图 4-9 所示。

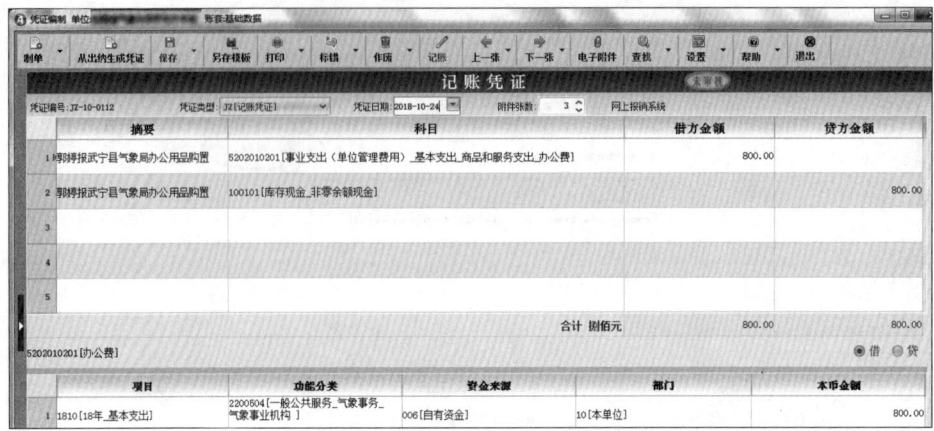

图 4-9　基础数据录入界面

事业账套录入如图 4-10 所示。

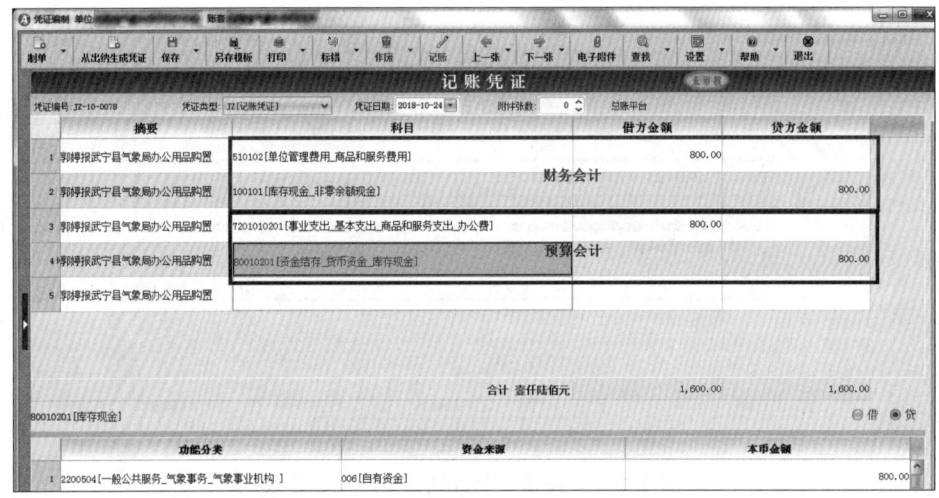

图 4-10　财务预算会计凭证平行记账分录

4. 受托代理业务系统操作

基础数据录入如图 4-11 所示。

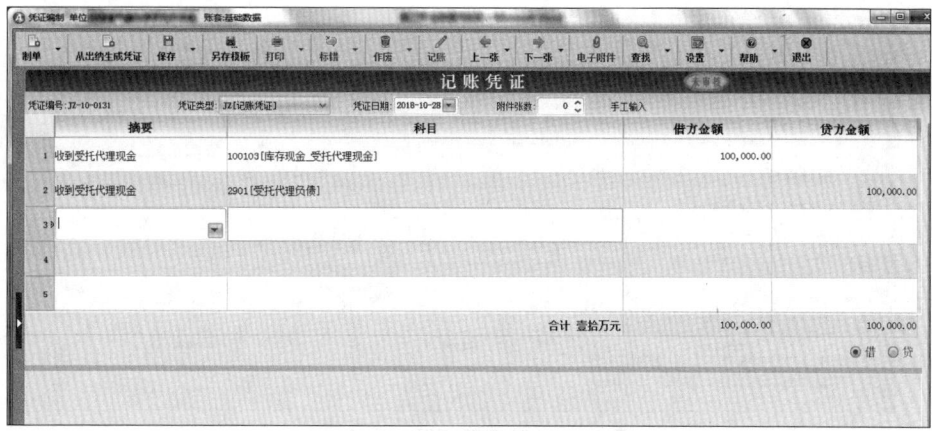

图 4-11 基础数据录入界面

事业账套生成凭证如图 4-12 所示。

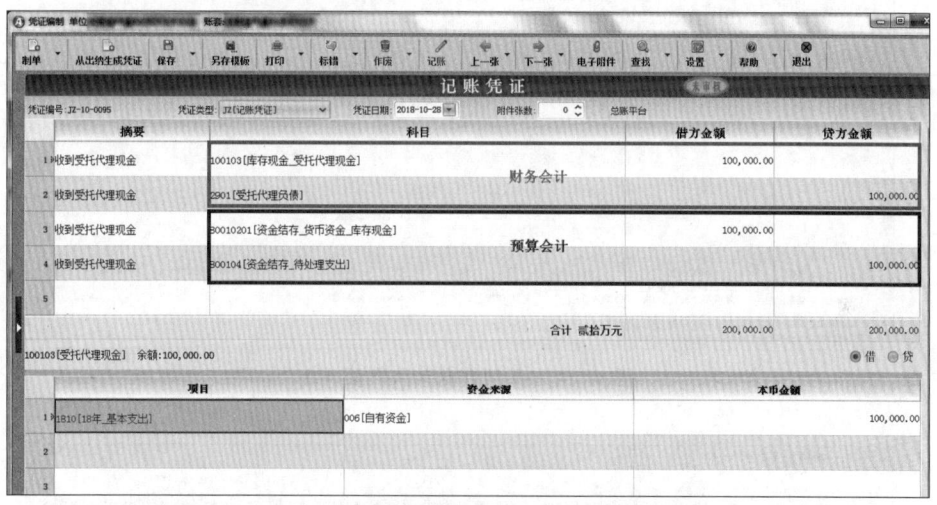

图 4-12 财务预算会计凭证平行记账分录

5. 现金短缺业务系统操作

基础数据录入如图 4-13 至图 4-15 所示。

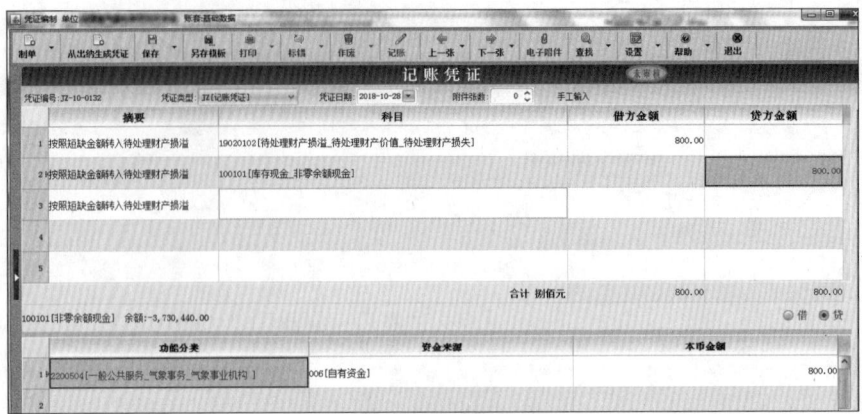

图 4-13 基础数据录入界面 - 1

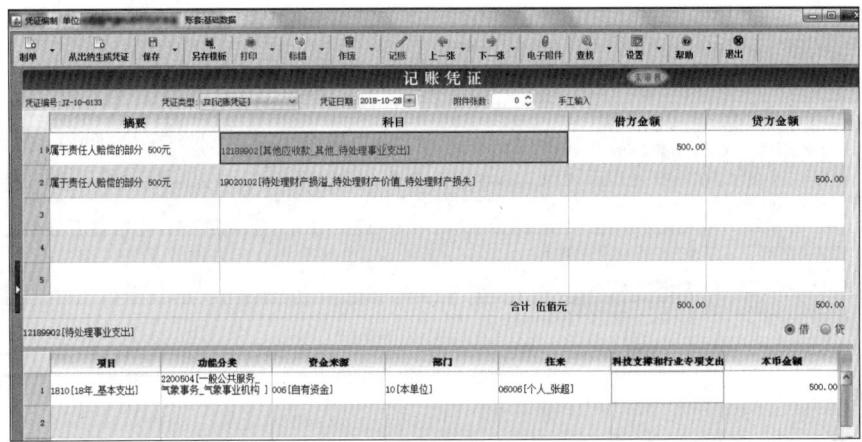

图 4-14 基础数据录入界面 - 2

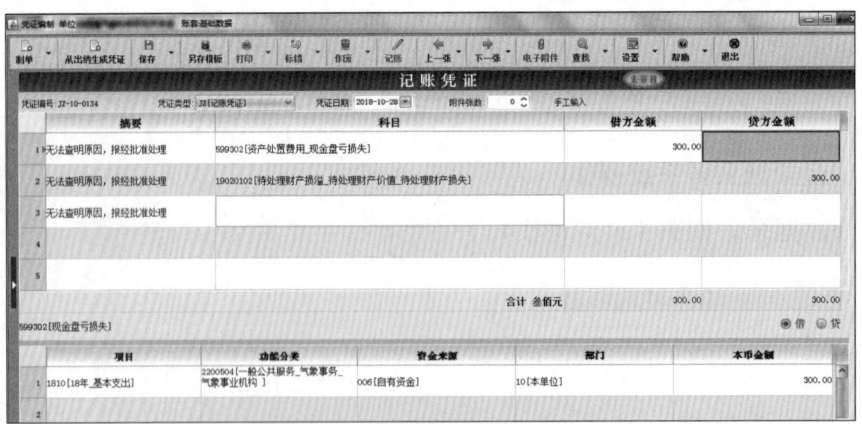

图 4-15 基础数据录入界面 - 3

例如，现金短缺时，事业账套凭证生成如图 4-16 至图 4-18 所示。

第四章 基础核算业务

图 4-16　财务预算会计凭证平行记账分录

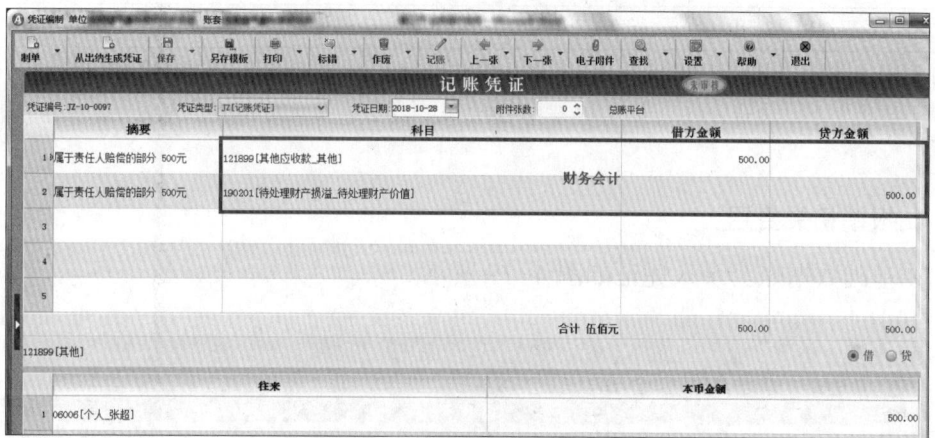

图 4-17　财务预算会计凭证 – 1

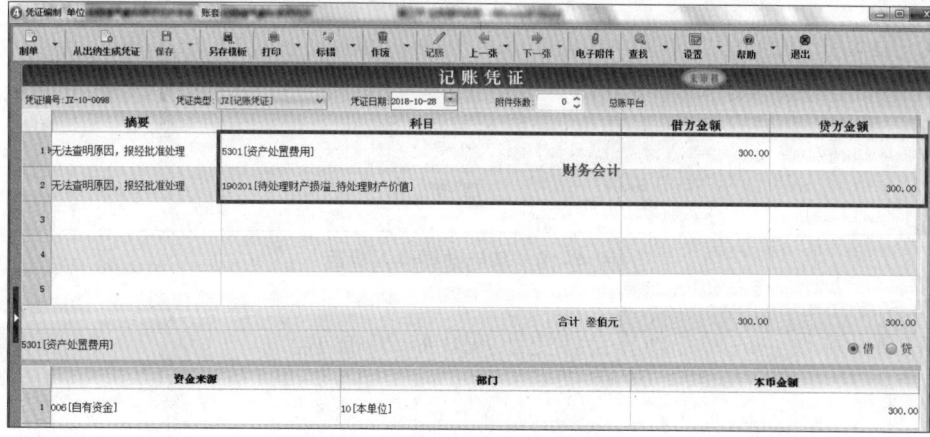

图 4-18　财务预算会计凭证 – 2

（二）银行存款

银行存款是指单位存入银行或者其他金融机构的各种货币资金。单位应当严格按照国家有关支付结算办法的规定办理银行存款收支业务，并按照政府会计制度规定核算银行存款的各项收支业务。

"银行存款"科目借方发生额反映银行存款的增加，贷方发生额反映银行存款的减少。期末借方余额反映单位实际存放在银行或其他金融机构的款项。

银行存款的主要账务处理如表4-2所示。

表4-2　银行存款主要账务处理

业务类型		借方	贷方
工作人员报销相关费用		行政支出、事业支出、经营支出	银行存款
收到受托代理、代管的银行存款	收到	银行存款	受托代理负债
	支付	受托代理负债	银行存款

1. 报销相关费用

在基础数据账套录入凭证如图4-19所示。

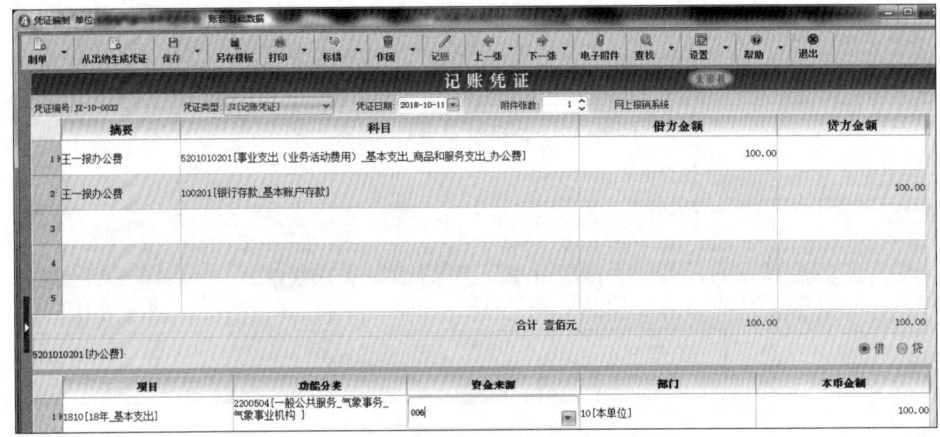

图4-19　基础数据录入界面

在事业账套生成财务预算会计凭证如图4-20所示。

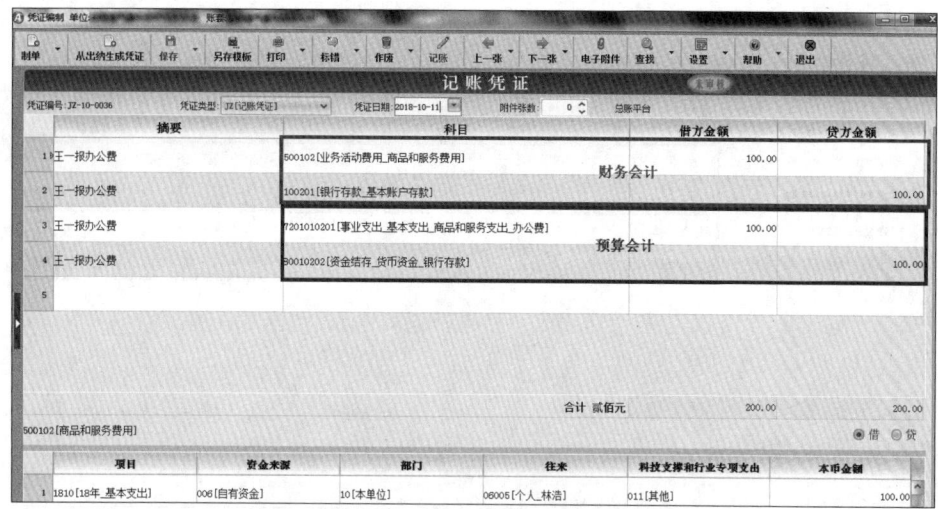

图 4-20　财务预算会计凭证平行记账分录

2. 收到受托代理银行存款

基础数据录入如图 4-21 所示。

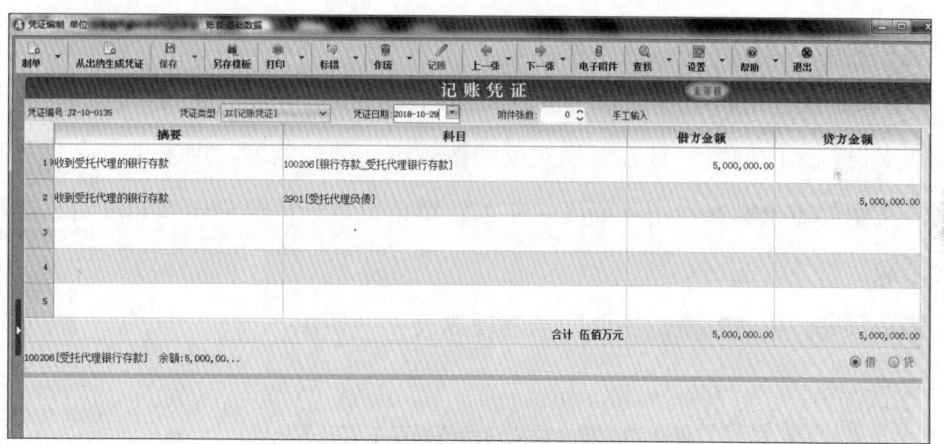

图 4-21　基础数据录入界面

在事业账套生成财务预算会计凭证如图 4-22 所示。

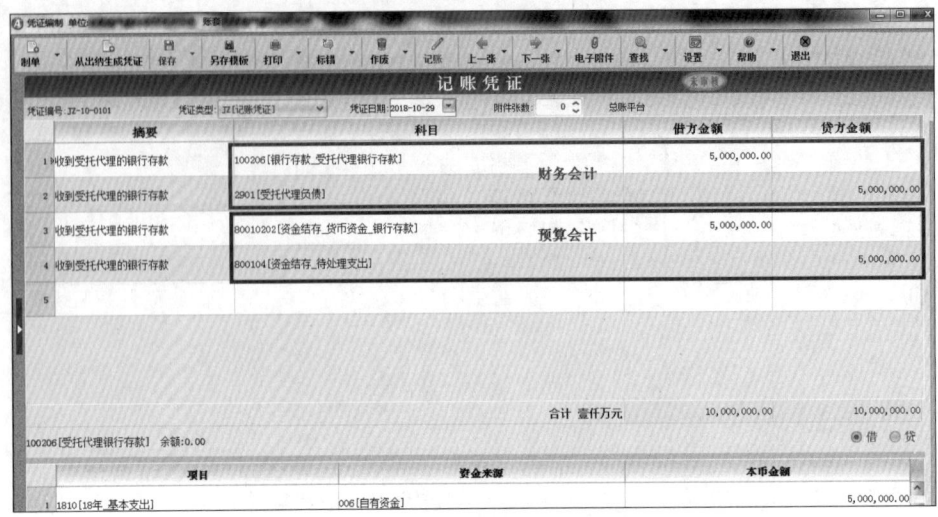

图 4-22　财务预算会计凭证平行记账分录

（三）零余额账户用款额度

零余额账户用款额度是指实行国库集中支付的单位根据财政部门批复的用款计划收到和支用的零余额账户用款额度。

"零余额账户用款额度"科目借方发生额反映在财政授权支付方式下，收到国库授权支付到账的额度，贷方发生额反映按规定支用的额度。期末借方余额反映单位尚未支用的零余额账户用款额度。年末注销单位零余额账户用款额度后，本科目应无余额。

零余额账户用款额度的主要账务处理如表 4-3 所示。

表 4-3　零余额账户用款额度主要账务处理

业务类型		借方	贷方
收到额度		零余额账户用款额度	财政拨款预算收入
支付日常活动费用		行政支出、事业支出	零余额账户用款额度
购买库存物品或购建固定资产		库存物品、固定资产、无形资产、在建工程	零余额账户用款额度
因购货退回等发生财政授权支付额度退回	当年退回	零余额账户用款额度	库存物品、固定资产等
	以前年度退回	零余额账户用款额度	有关结转或结余科目

续表

业务类型		借方	贷方
年末，注销额度的相关账务处理	根据代理银行提供的对账单作注销额度	财政应返还额度——财政授权支付	零余额账户用款额度
	单位本年度财政授权支付预算指标数大于零余额账户用款额度下达数	财政应返还额度——财政授权支付	财政拨款预算收入
年初恢复额度		零余额账户用款额度	财政应返还额度——财政授权支付

1. 额度到账时

基础数据录入如图 4-23 所示。

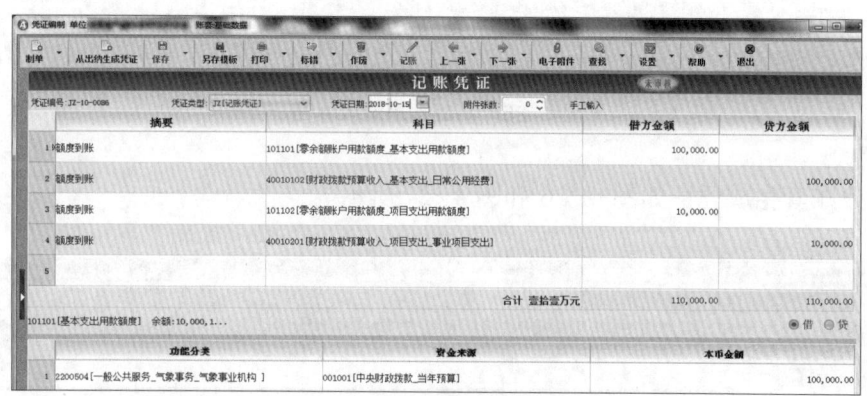

图 4-23　基础数据录入界面

事业账套生成凭证如图 4-24 所示。

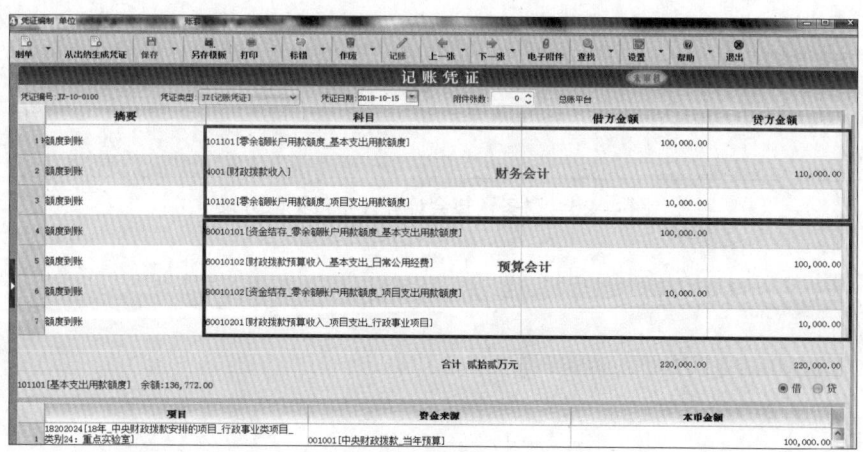

图 4-24　财务预算会计凭证平行记账分录

2. 报销相关费用时

基础数据录入如图 4-25 所示。

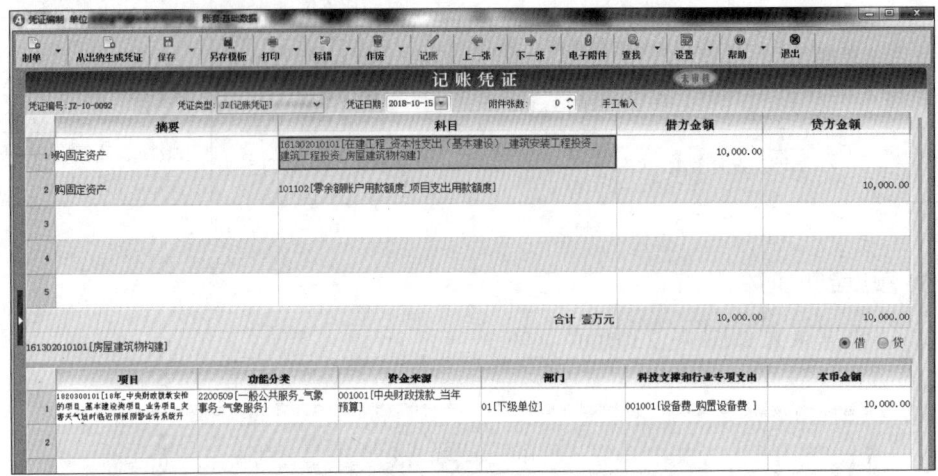

图 4-25　基础数据录入界面

事业账套生成凭证如图 4-26 和图 4-27 所示。

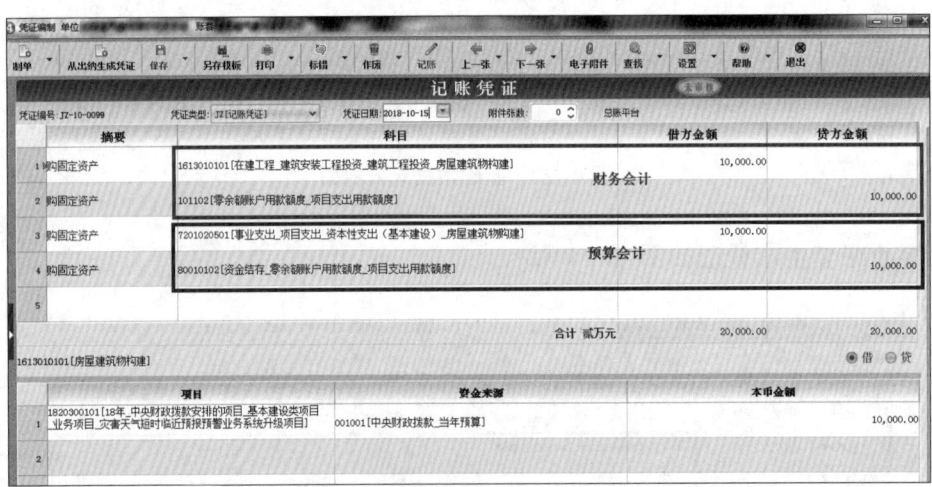

图 4-26　财务预算会计凭证平行记账分录

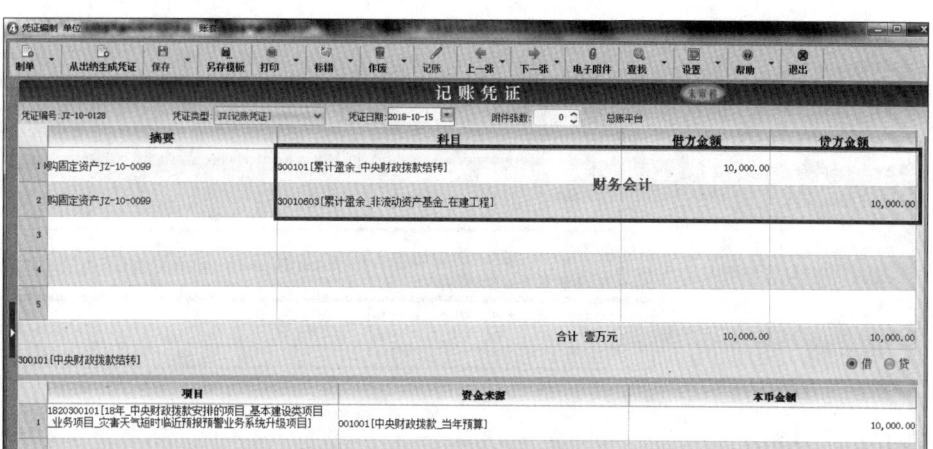

图 4-27　财务预算会计凭证

3. 购库存物品时

基础数据录入如图 4-28 所示。

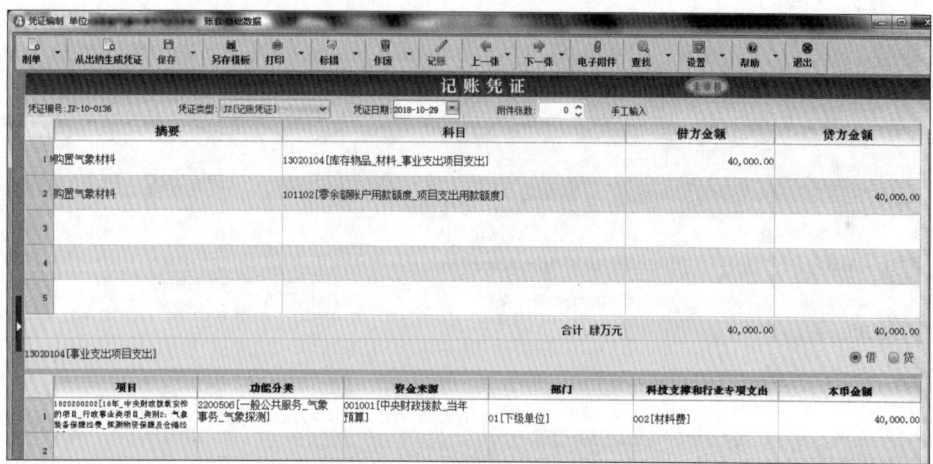

图 4-28　基础数据录入界面

事业账套凭证生成如图 4-29 所示。

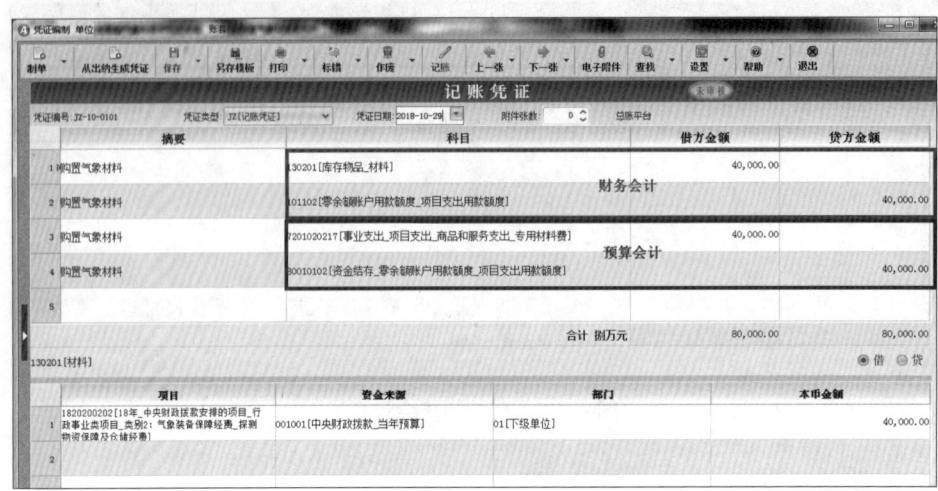

图 4-29　财务预算会计凭证平行记账分录

4. 购货退回时

基础数据录入如图 4-30 所示。

图 4-30　基础数据录入界面

财务预算平行记账如图 4-31 所示。

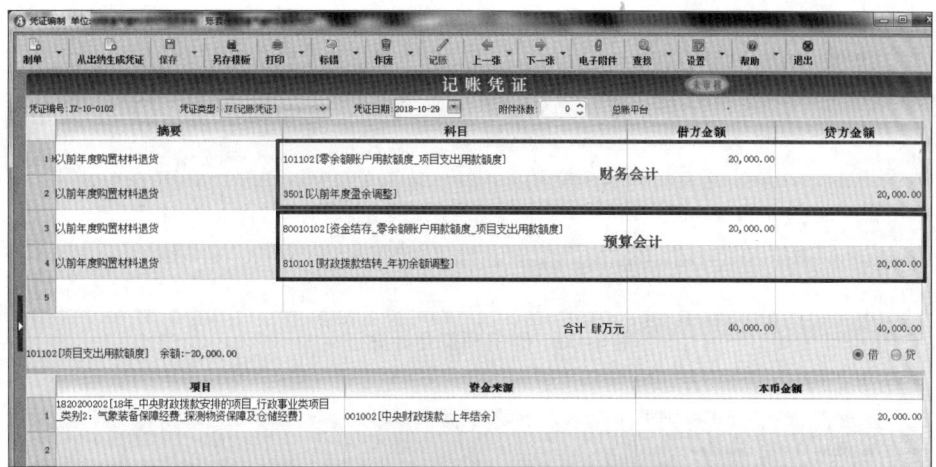

图 4-31 财务预算会计凭证平行记账分录

5. 额度注销时

基础数据录入如图 4-32 所示。

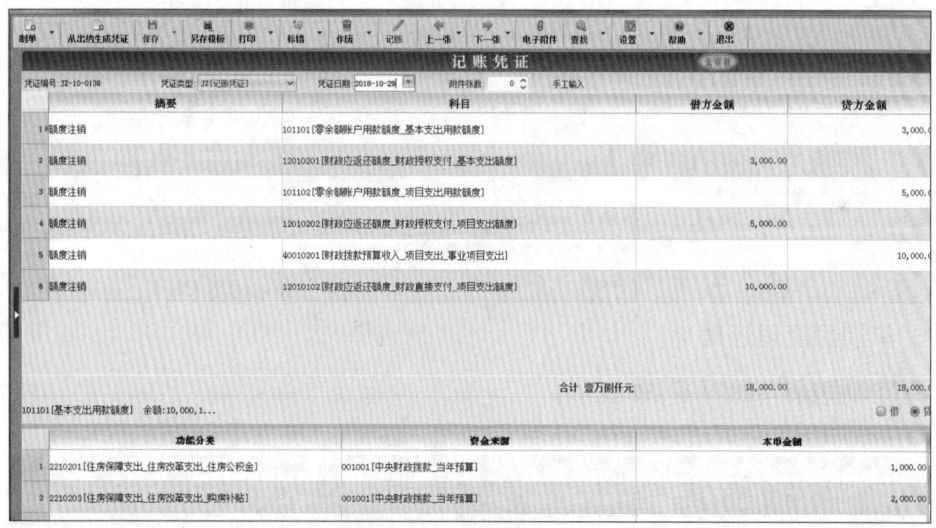

图 4-32 基础数据录入界面

财务预算平行记账如图 4-33 和图 4-34 所示。

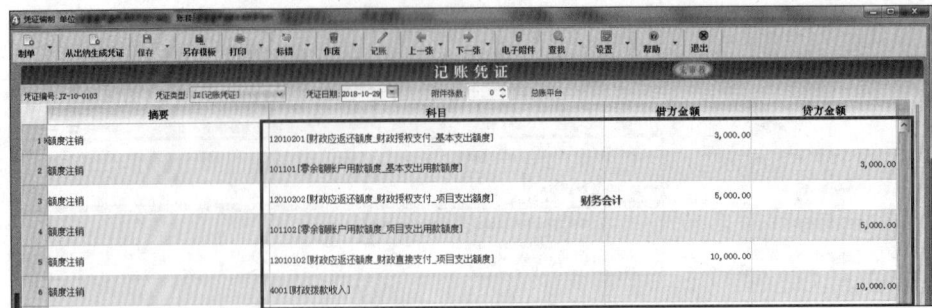

图 4-33 财务预算会计凭证 – 1

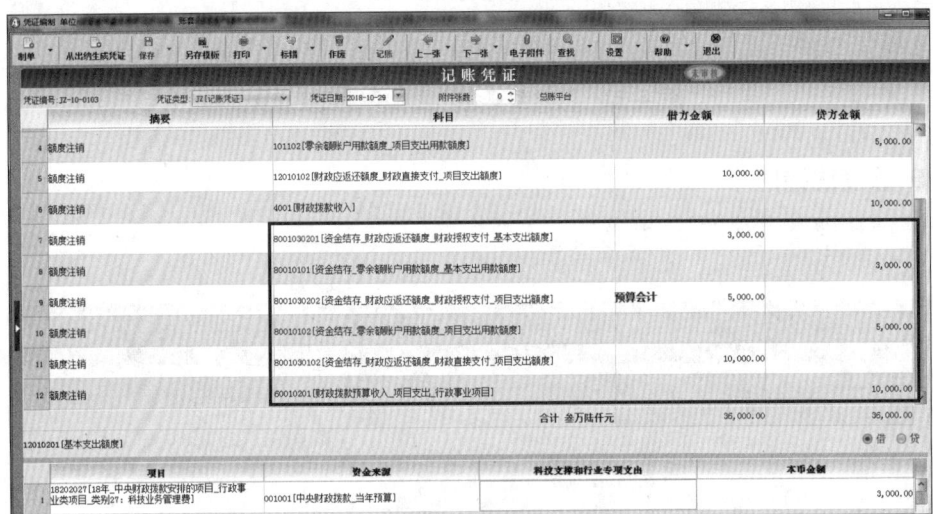

图 4-34 财务预算会计凭证 – 2

6. 年初额度返还时

基础数据录入如图 4-35 所示。

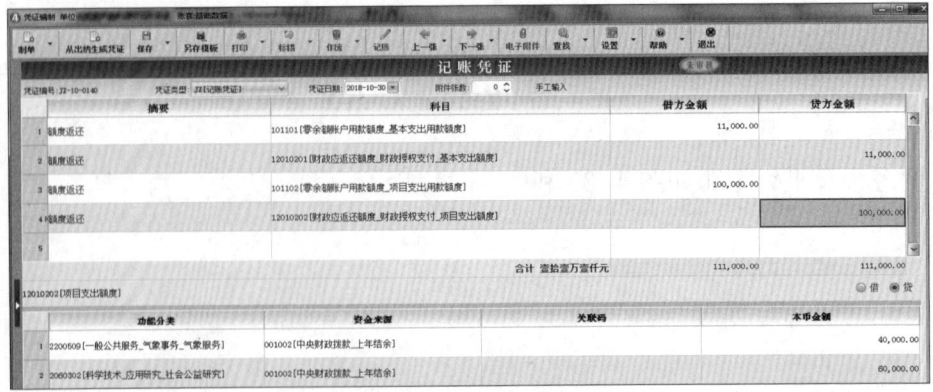

图 4-35 基础数据录入界面

事业账套生成财务和预算会计凭证如图 4-36 所示。

图 4-36　财务预算会计凭证平行记账分录

（四）其他货币资金

其他货币资金是指本单位的外埠存款、银行本票存款、银行汇票存款、信用卡存款等各种其他货币资金。

"其他货币资金"科目应当设置"外埠存款""银行本票存款""银行汇票存款""信用卡存款"等明细科目，进行明细核算。本科目借方发生额反映外埠存款、银行本票存款、银行汇票存款、信用卡存款货币的增加数，贷方发生额反映外埠存款、银行本票存款、银行汇票存款、信用卡存款货币的减少数。期末借方余额反映单位实际持有的其他货币资金。

其他货币资金的主要账务处理如表 4-4 所示。

表 4-4　其他货币资金主要账务处理

业务类型	借方	贷方
形成其他货币资金	其他货币资金	银行存款
使用其他货币资金支付	库存物品等	其他货币资金
余款退回	银行存款	其他货币资金

1. 发生其他货币资金

基础数据录入如图 4-37 所示。

图 4-37 基础数据录入界面

财务预算平行记账如图 4-38 所示。

图 4-38 财务预算会计凭证平行记账分录

2. 使用其他货币资金支付时

基础数据录入如图 4-39 所示。

图 4-39　基础数据录入界面

财务预算平行记账如图 4-40 所示。

图 4-40　财务预算会计凭证平行记账分录

3. 余款退回

基础数据录入如图 4-41 所示。

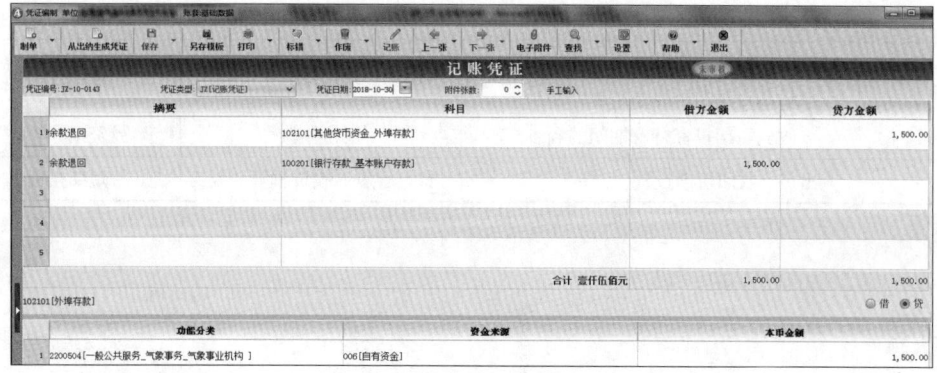

图 4-41　基础数据录入界面

财务预算平行记账如图 4-42 所示。

图 4-42　财务预算会计凭证平行记账分录

二、短期投资

短期投资是指事业单位按照规定取得的，持有时间不超过 1 年（含 1 年）的投资。单位应当严格遵守国家法律、行政法规，以及财政部门、主管部门关于对外投资的有关规定。

"短期投资"科目的借方发生额反映事业单位取得的各类短期投资品种的增加，贷方发生之额反映其减少。期末借方余额反映事业单位持有短期投资的成本。

短期投资的主要账务处理如表 4-5 所示。

表 4-5　短期投资主要账务处理

业务类型		借方	贷方
取得短期投资时		短期投资	银行存款
持有期间	收到取得投资时实际支付价款中包含的已到付息期但尚未领取的利息	银行存款	短期投资
	收到短期投资持有期间的利息	银行存款	投资预算收益
出售、收回短期投资		银行存款、投资预算收益	短期投资

1. 取得短期投资时

基础数据录入如图 4-43 所示。

图 4-43 基础数据录入界面

财务预算平行记账如图 4-44 所示。

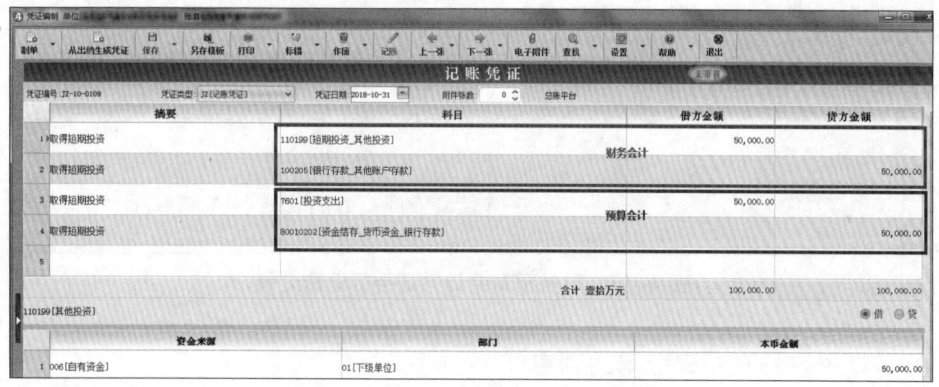

图 4-44 财务预算会计凭证平行记账分录

2. 短期投资取得时包含的利息

基础数据录入如图 4-45 所示。

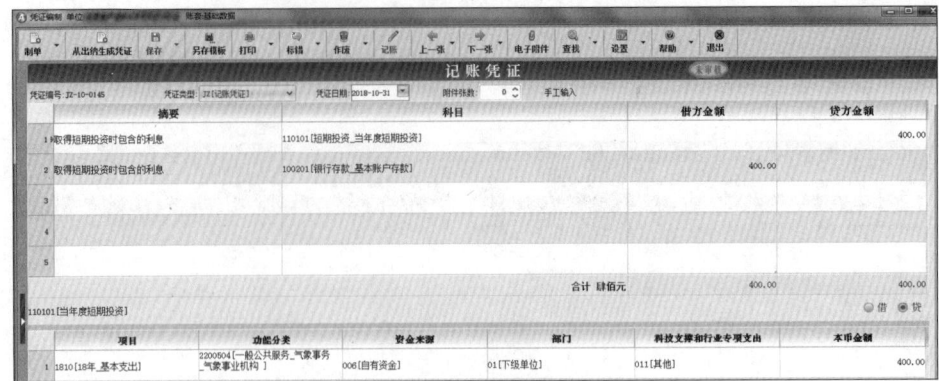

图 4-45　基础数据录入界面

财务预算平行记账如图 4-46 所示。

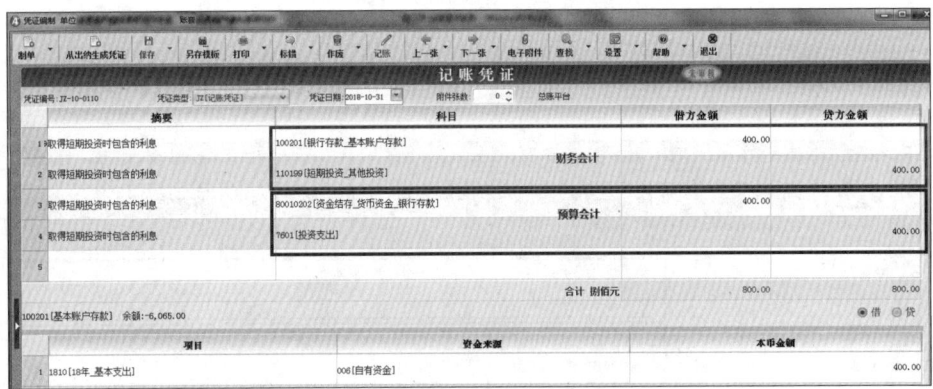

图 4-46　财务预算会计凭证平行记账分录

3. 短期投资持有期间取得的利息

基础数据录入如图 4-47 所示。

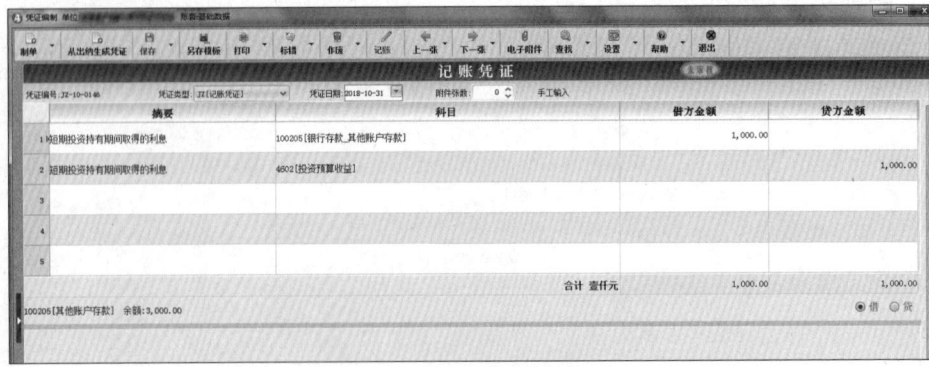

图 4-47　基础数据录入界面

财务预算平行记账如图 4-48 所示。

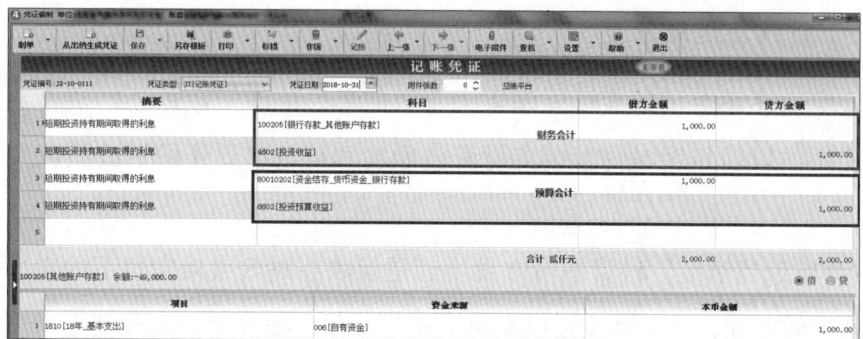

图 4-48　财务预算会计凭证平行记账分录

4. 收回短期投资时

基础数据如图 4-49 所示。

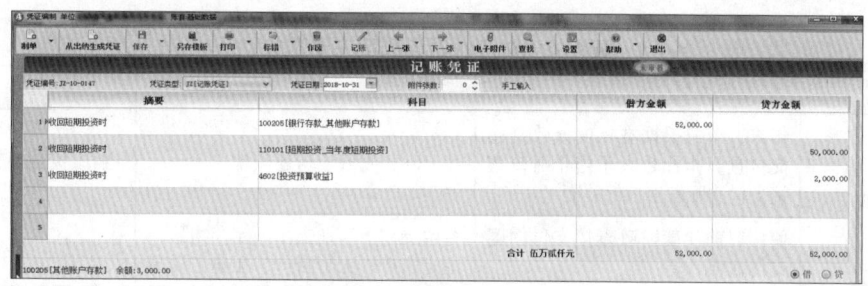

图 4-49　基础数据录入界面

财务预算平行记账如图 4-50 所示。

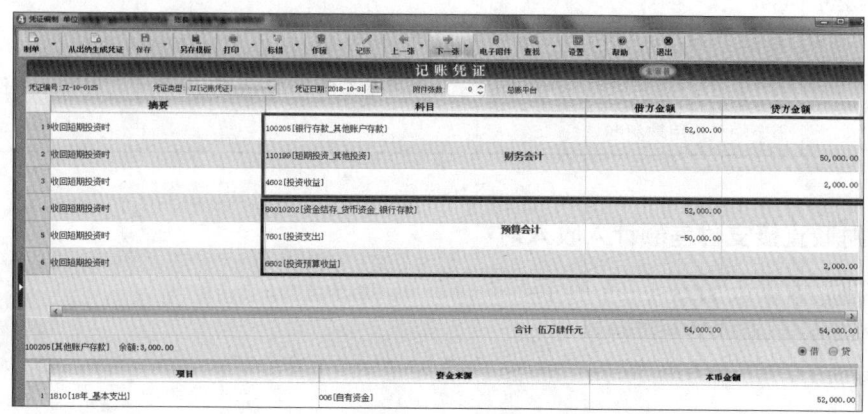

图 4-50　财务预算会计凭证平行记账分录

三、应收及预付款

（一）财政应返还额度

财政应返还额度是指实行国库集中支付的单位应收财政返还的资金额度，包括可以使用的以前年度财政直接支付资金额度和财政应返还的财政授权支付资金额度。

"财政应返还额度"科目的借方发生额是反映在财政直接支付下的支出数小于财政预算数的差额，以及财政授权支付下本年度年末被注销的财政资金额度，贷方发生额反映单位使用以前年度的结转或结余下的财政资金额度。本科目期末借方余额反映单位应收财政返还的资金额度。

财政应返还额度的主要账务处理如表 4-6 所示。

表 4-6 财政应返还额度主要账务

业务类型		借方	贷方
财政直接支付	年末，单位根据本年度财政直接支付预算指标数大于当年财政直接支付实际发生数的差额	财政应返还额度	财政拨款预算收入
	使用以前年度财政直接支付额度支付款项	行政支出、事业支出、库存物品、固定资产、无形资产、在建工程等	财政应返还额度
财政授权支付	年末，根据代理银行提供的对账单做注销额度的相关账务处理	财政应返还额度	零余额账户用款额度
	单位本年度财政授权支付预算指标数大于零余额账户用款额度下达数	财政应返还额度	财政拨款预算收入
	下年初，单位根据代理银行提供的上年度注销额度恢复到账通知书或财政部门批复的上年未下达零余额账户用款额度	零余额账户用款额度	财政应返还额度

1. 财政直接支付差额计入收入时

基础数据录入如图 4-51 所示。

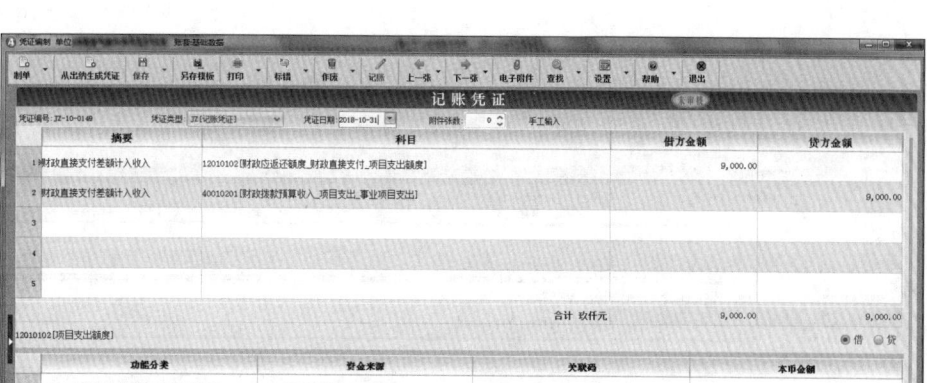

图 4-51 基础数据录入界面

财务预算会计凭证如图 4-52 所示。

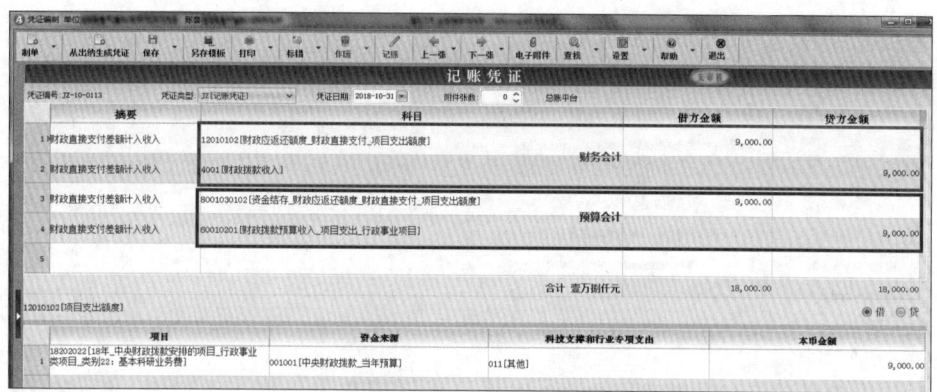

图 4-52 财务预算会计凭证平行记账分录

2. 使用以前年度财政直接支付时

基础数据录入如图 4-53 所示。

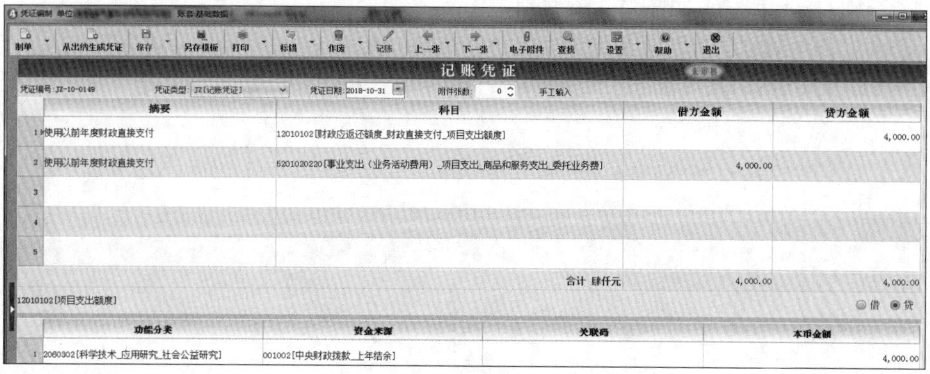

图 4-53 基础数据录入界面

财务预算会计凭证如图4-54所示。

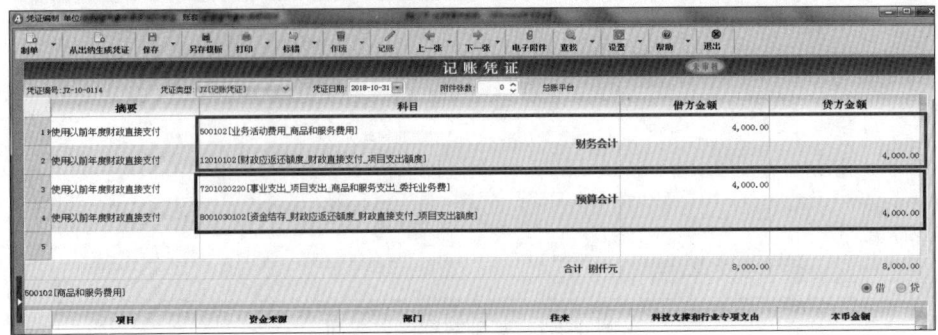

图4-54 财务预算会计凭证平行记账分录

3. 授权支付额度恢复时

基础数据录入如图4-55所示。

图4-55 基础数据录入界面

财务预算会计凭证如图4-56所示。

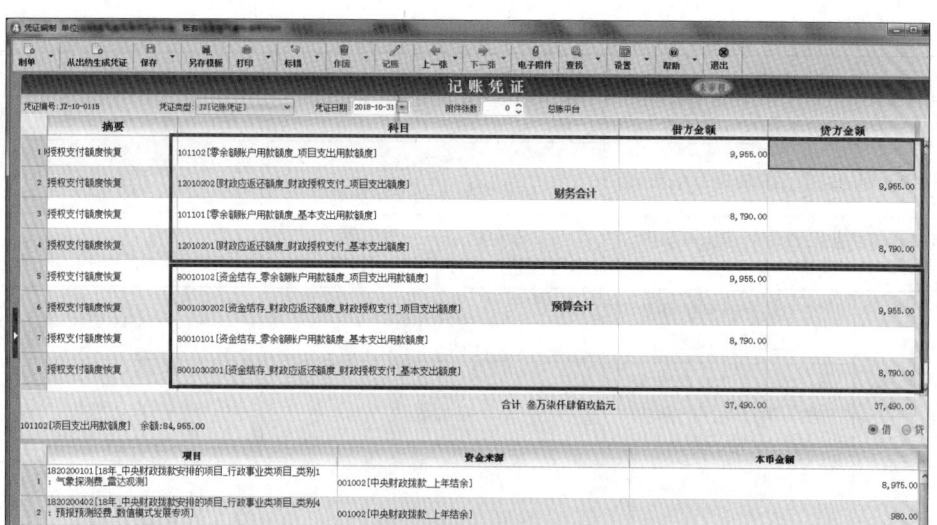

图 4-56　财务预算会计凭证平行记账分录

（二）应收票据

应收票据是指事业单位因开展经营活动销售产品、提供有偿服务等而收到的商业汇票，包括银行承兑汇票和商业承兑汇票。它是一种载有一定付款日期、付款地点、付款金额和付款人的无条件支付的流通证券，也是一种可以由持票人自由转让给他人的债权凭证。应收票据按照到期时间分类可分为短期应收票据和长期应收票据。我国的商业票据期限较短，一般为 6 个月，最长不超过 9 个月。

我国现行制度规定，应收票据应按面值入账。为了加强对应收票据的管理，事业单位应设置"应收票据备查账"，逐笔登记应收票据的相关信息。"应收票据"科目借方发生额反映取得应收票据的面值及按期确认的应计利息，贷方发生额反映背书转让或到期收回或因未能收因而转作应收账款的应收票据的账面价值。期末借方余额反映事业单位持有的商业汇票票面金额。

应收票据的主要账务处理如表 4-7 所示。

表 4-7 应收票据主要账务处理

业务类型		借方	贷方
因销售产品、提供服务等收到商业汇票		应收票据	事业预算收入、经营预算收入
持未到期的商业汇票向银行贴现		银行存款 应收票据未到期贴现息	应收票据
将持有的商业汇票背书转让以取得所需物资		库存物品——材料等 库存物品——涉及资金的其他支出	应收票据、银行存款
汇票到期	按照实际收到的商业汇票票面金额	银行存款	应收票据
	因付款人无力支付票款，收到银行退回的商业承兑汇票	应收账款	应收票据

1. 收到应收票据时

基础数据录入如图 4-57 所示。

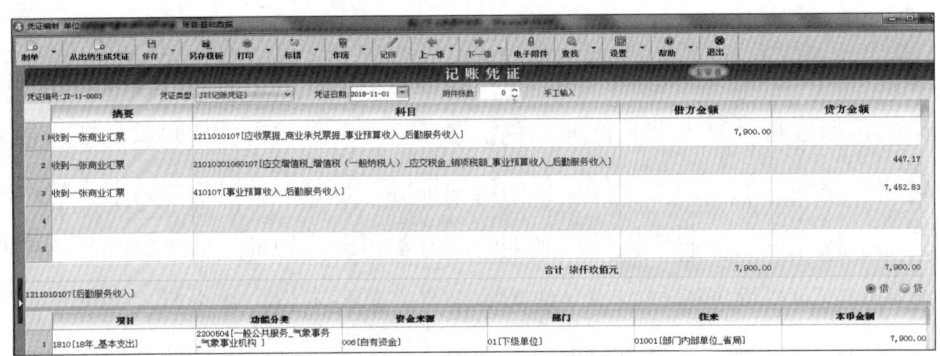

图 4-57 基础数据录入界面

财务预算会计凭证如图 4-58 所示。

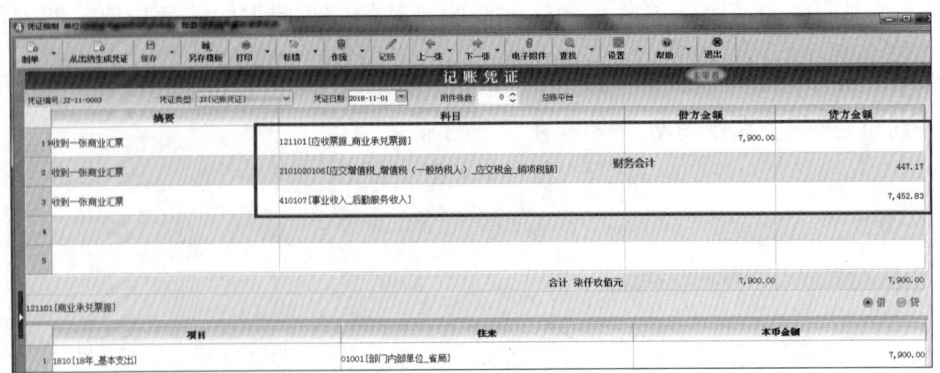

图 4-58 财务预算会计凭证

2. 应收票据贴现时

基础数据录入如图 4-59 所示。

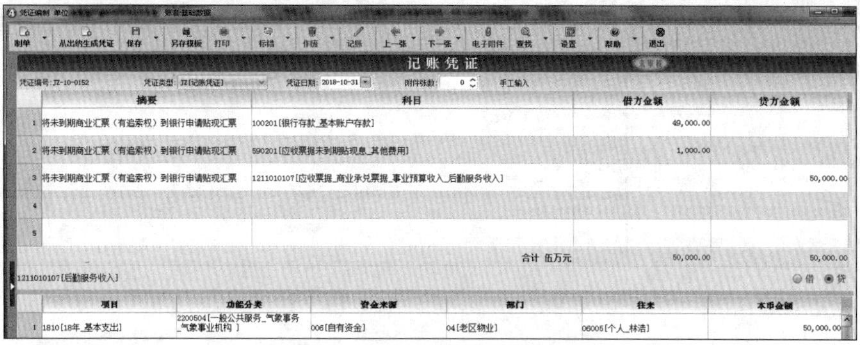

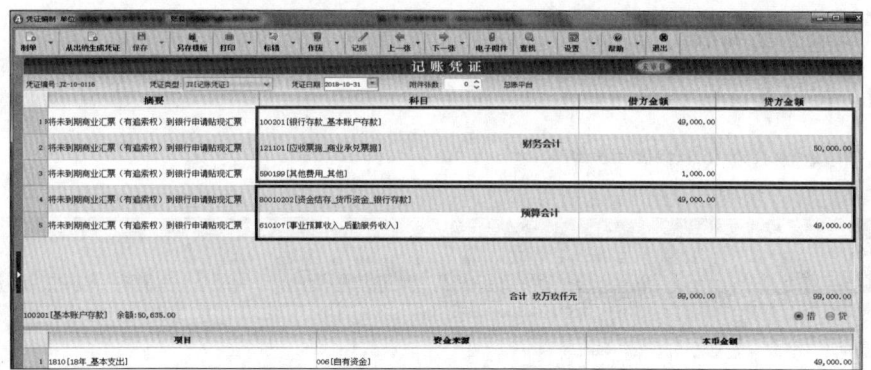

图 4-59　基础数据录入界面

财务预算会计凭证如图 4-60 所示。

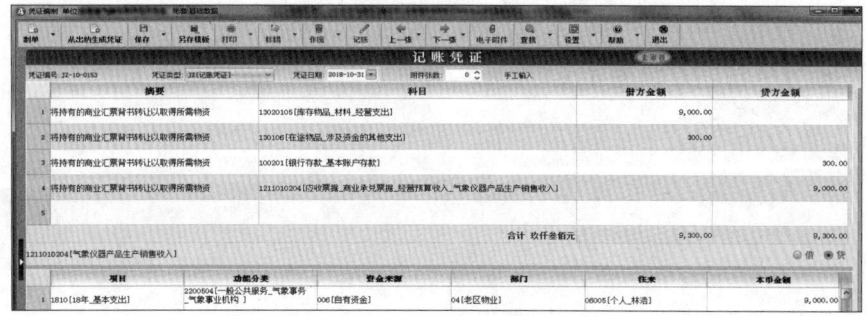

图 4-60　财务预算会计凭证平行记账分录

3. 商业汇票等背书使用时

基础数据录入如图 4-61 所示。

图 4-61　基础数据录入界面

财务预算会计凭证如图 4-62 所示。

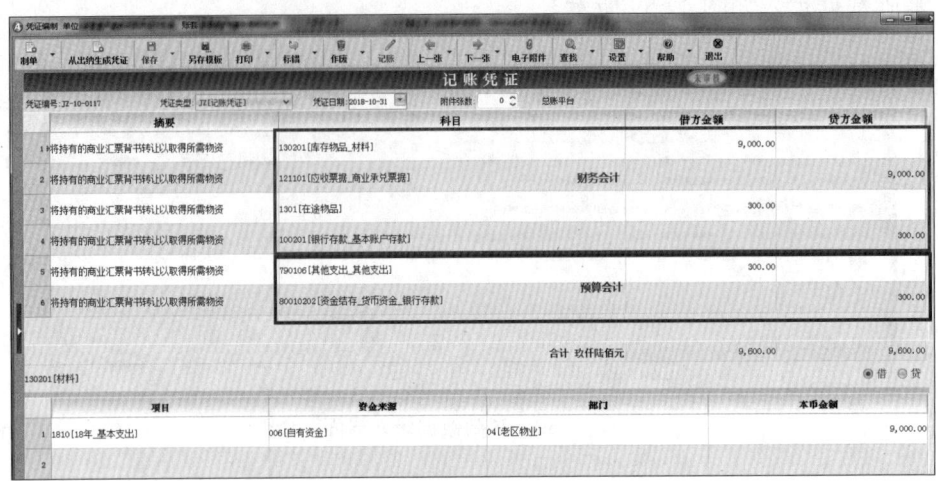

图 4-62　财务预算会计凭证平行记账分录

4. 商业汇票到期

（1）按照实际收到的商业汇票票面金额

基础数据录入如图 4-63 所示。

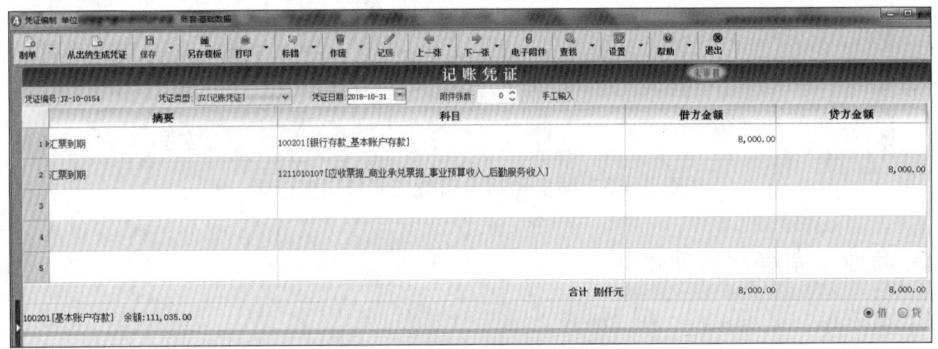

图 4-63　基础数据录入界面

财务预算平行记账如图 4-64 所示。

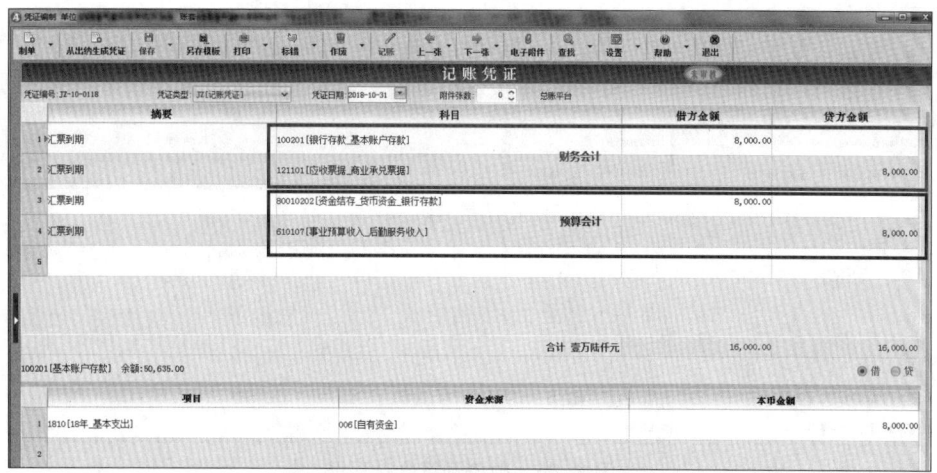

图 4-64　财务预算会计凭证平行记账分录

（2）因付款人无力支付票款

基础数据录入如图 4-65 所示。

图 4-65　基础数据录入界面

财务预算平行记账如图 4-66 所示。

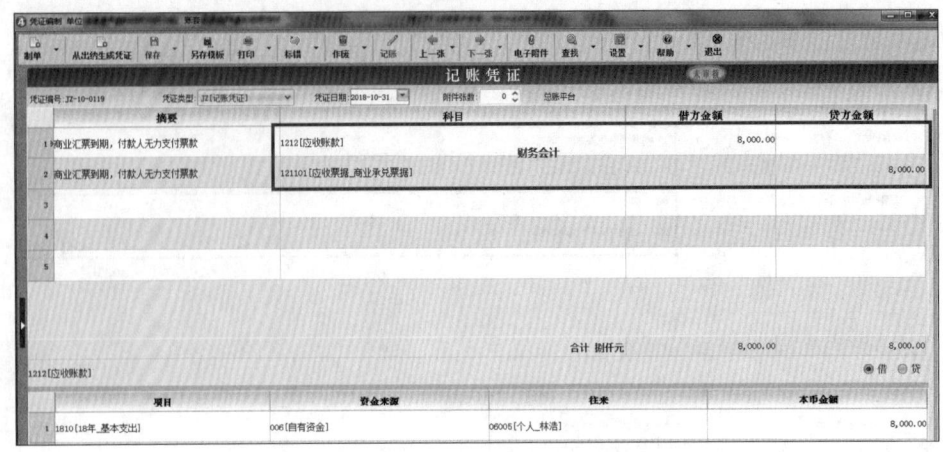

图 4-66 财务预算会计凭证

（三）应收账款

应收账款是指事业单位因提供服务、销售产品等应收取的款项，以及单位因出租资产、出售物资等应收取的款项。

"应收账款"科目借方发生额反映单位应收未收款项的增加，贷方发生额反映应收未收款项的减少。借方余额反映单位尚未收回的应收账款。

应收账款的主要账务处理如表 4-8 所示。

表 4-8 应收账款主要账务处理

业务类型			借方	贷方
应收账款收回后不需上缴财政			应收账款	事业预算收入、经营预算收入、其他预算收入
应收账款收回后需上缴财政	单位发生应收未收款项时		应收账款——应缴财政款	应缴财政款
	收回应收账款时		银行存款	应收账款——应缴财政款
核销应收账款	收回后不用上缴财政的应收账款	按照核销金额	坏账准备	应收账款
		已核销的应收账款在以后期间又收回的	应收账款——以前年度核销的应收账款	坏账准备
			银行存款	应收账款——以前年度核销的应收账款
	应收账款收回后需上缴财政	按照核销金额	应缴财政款——核销后收回的应收账款	应收账款——应缴财政款
		已核销的应收账款在以后期间又收回的	银行存款	应缴财政款——核销后收回的应收账款

1. 收回不需上缴财政的应收账款时

基础数据录入如图 4-67 所示。

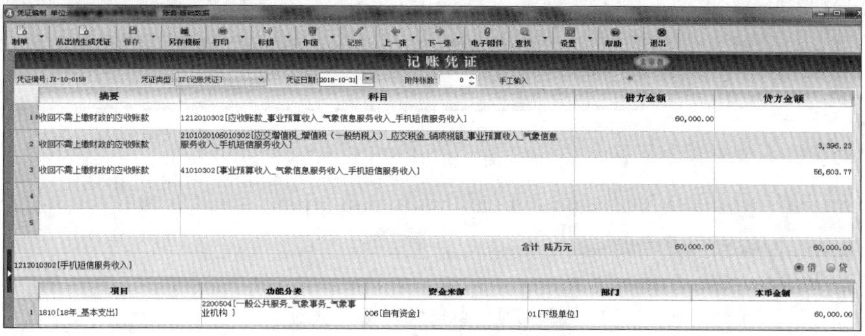

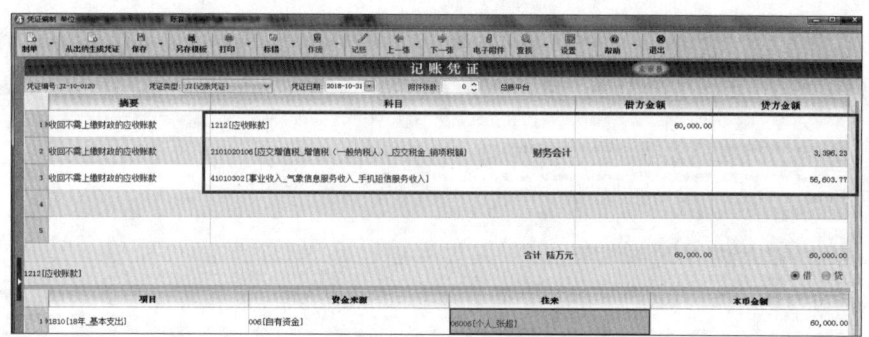

图 4-67　基础数据录入界面

财务预算平行记账如图 4-68 所示。

图 4-68　财务预算会计凭证

2. 收回需要上缴财政的应收账款

基础数据录入如图 4-69 所示。

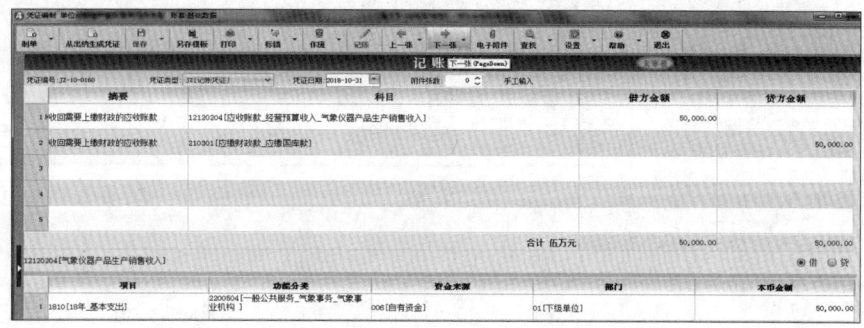

图 4-69　基础数据录入界面

财务预算平行记账如图4-70所示。

图4-70　财务预算会计凭证

3. 核销应收账款

基础数据录入如图4-71所示。

图4-71　基础数据录入界面

财务预算平行记账如图4-72所示。

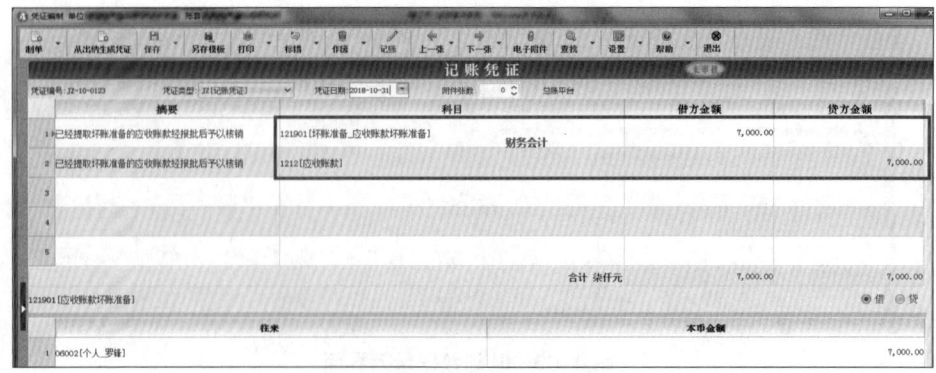

图4-72　财务预算会计凭证

4. 核销应收账款，以后年度又收回

基础数据录入如图 4-73 和图 4-74 所示。

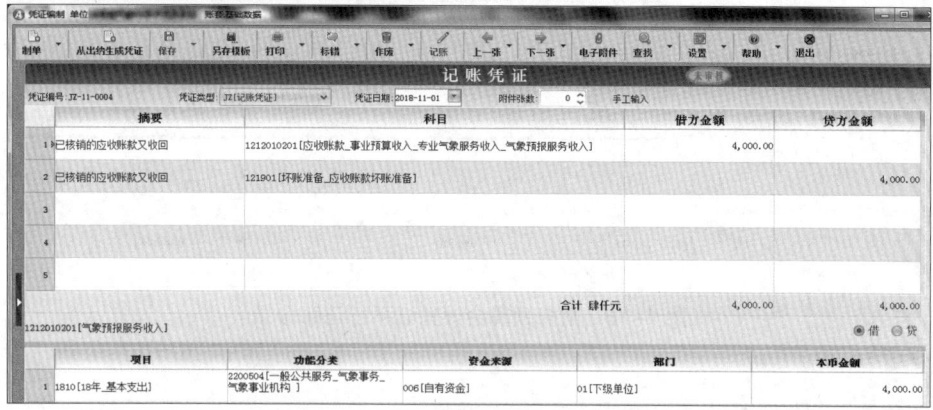

图 4-73　基础数据录入界面 - 1

图 4-74　基础数据录入界面 - 2

财务预算平行记账如图 4-75 和图 4-76 所示。

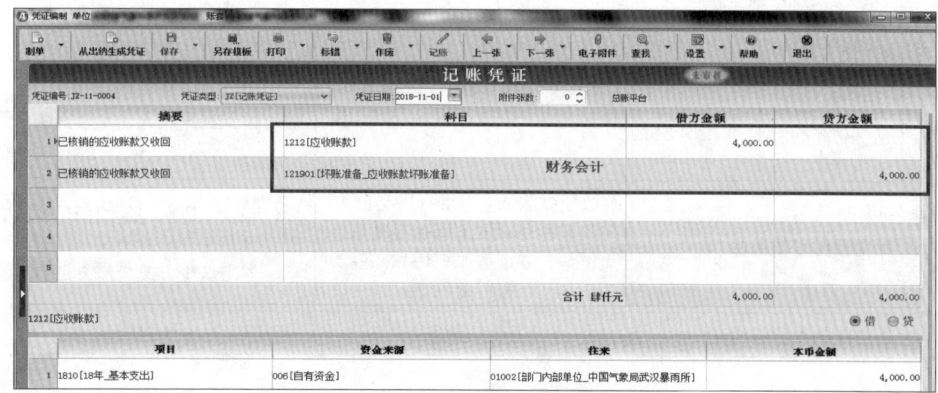

图 4-75　财务预算会计凭证

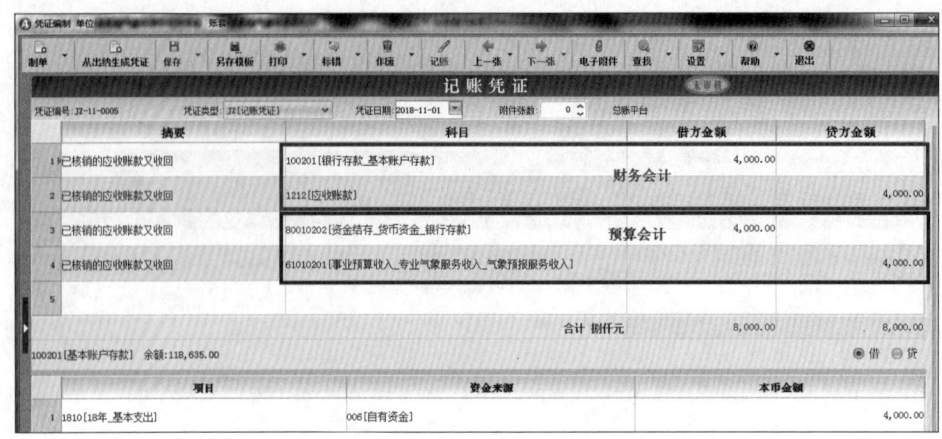

图 4-76　财务预算会计凭证平行记账分录

（四）预付账款

预付账款是指单位按照购货、服务合同或协议规定预付给供应单位（或个人）的款项，以及按照合同规定向承包工程的施工企业预付的备料款和工程款。

"预付账款"科目借方发生额反映单位预付款项金额的增加，贷方发生额反映单位收到前期预付款项所购资产、服务或预付款项退回时的预付账款金额的减少。本科目期末借方余额反映单位实际预付但尚未结算的款项。

预付账款的主要账务处理如表 4-9 所示。

表 4-9　预付账款主要账务处理

业务类型			借方	贷方
发生预付账款	根据购货、服务合同或协议规定预付款项		预付账款	财政拨款预算收入、零余额账户用款额度、银行存款
	收到所购资产或服务时，按照购入资产或服务的成本	不涉及补付	库存物品、固定资产、无形资产、行政支出、事业支出、经营支出	预付账款
		涉及补付		预付账款 财政拨款预算收入、零余额账户用款额度、银行存款
发生预付账款退回			财政拨款收入（本年直接支付）、财政应返还额度（以前年度直接支付）、零余额账户用款额度、银行存款	预付账款（退回当年的预付账款时，需在事业账套修改预算会计分录，将支出从贷方改为借方负数）
预付账款无法收回			其他应收款	预付账款

1. 发生预付账款时

基础数据录入如图 4-77 所示。

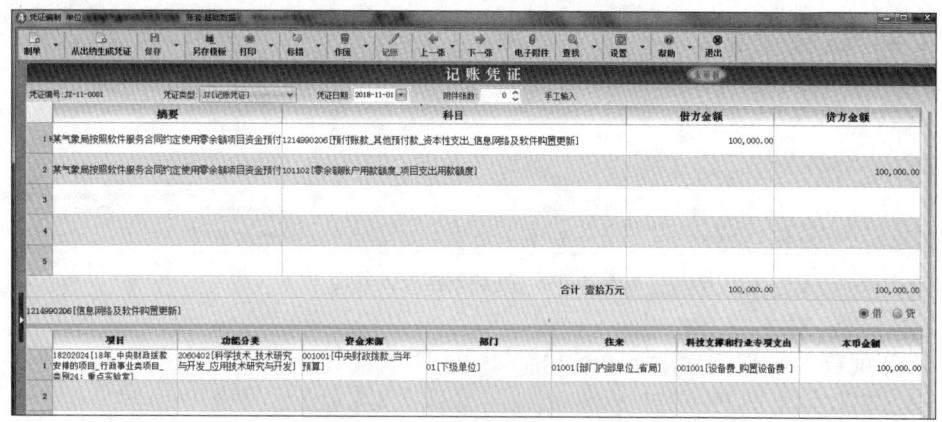

图 4-77　基础数据录入界面

财务预算平行记账如图 4-78 所示。

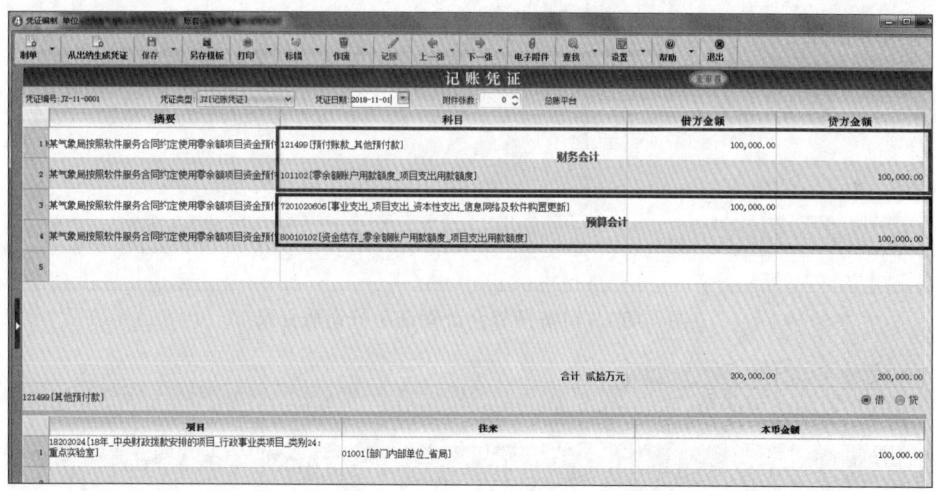

图 4-78　财务预算会计凭证平行记账分录

2. 冲销预付账款

基础数据录入如图 4-79 所示。

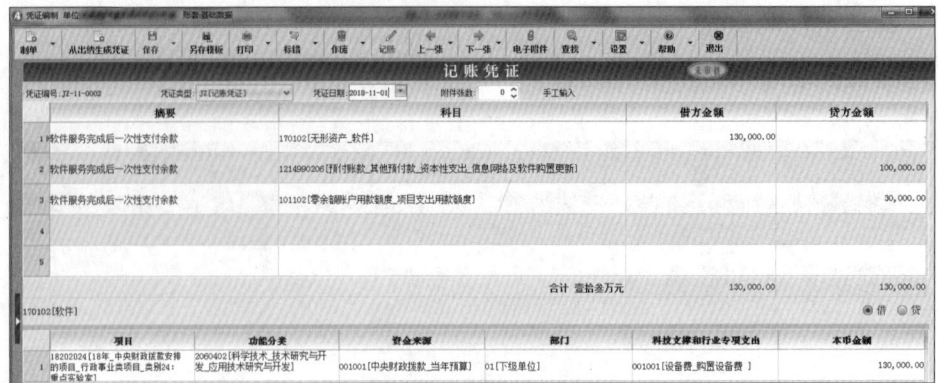

图 4-79 基础数据录入界面

财务预算平行记账如图 4-80 和图 4-81 所示。

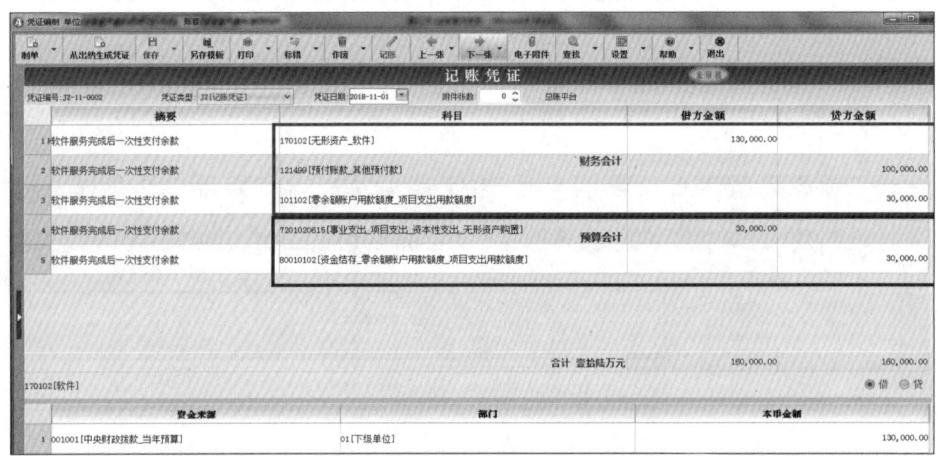

图 4-80 财务预算会计凭证平行记账分录

图 4-81 财务预算会计凭证

3. 预付账款退回

基础数据录入如图 4-82 所示。

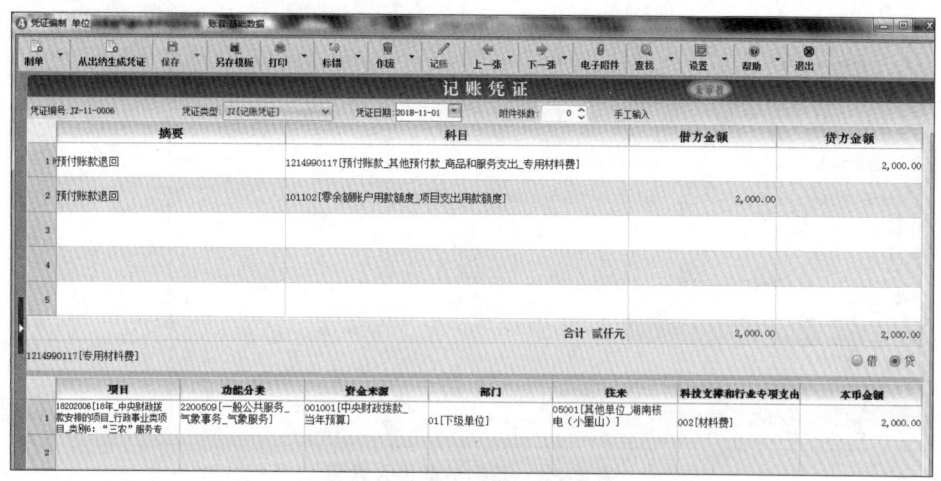

图 4-82 基础数据录入界面

财务预算平行记账如图 4-83 所示。

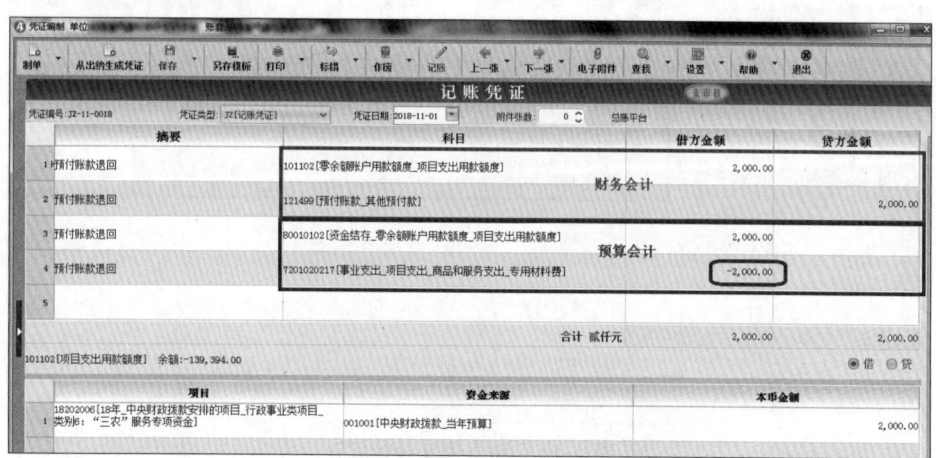

图 4-83 财务预算会计凭证平行记账分录

4. 预付账款无法收回

基础数据录入如图 4-84 所示。

图 4-84　基础数据录入界面

财务预算平行记账如图 4-85 所示。

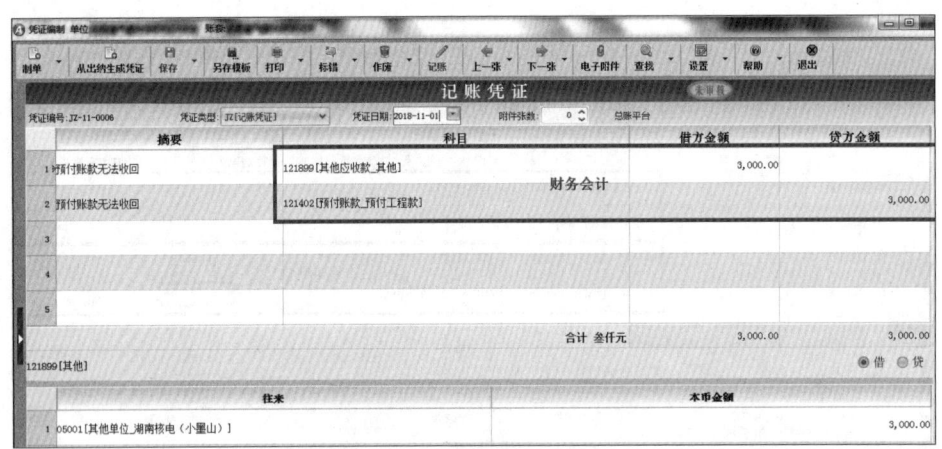

图 4-85　财务预算会计凭证

（五）其他应收款

其他应收款是指单位除财政应返还额度、应收票据、应收账款、预付账款、应收股利、应收利息以外的其他各项应收及暂付款项，如职工预借的差旅费、已经偿还银行尚未报销的本单位公务卡欠款、拨付给内部有关部门的备用金、应向职工收取的各种垫付款项、支付的可以收回的订金或押金、应收的上级补助和附属单位上缴款项等。

"其他应收款"科目借方发生额反映其他应收款项的增加，贷方发生额反映其他应收款项的减少。本科目期末借方余额反映单位尚未收回的其他应收款。

其他应收款的主要账务处理如表4-10所示。

表4-10 其他应收款的主要账务处理

业务类型		借方	贷方
发生其他各种应收及暂付款项	按照实际发生金额	其他应收款	零余额账户用款额度、银行存款、库存现金、上级补助预算收入、附属单位上缴预算收入
	收回其他各种应收及暂付款项时	库存现金、银行存款	其他应收款 其他应收款——退回以前年度其他应收款（退回为以前年度其他应收款时）
偿还尚未报销的本单位公务卡欠款	按照偿还的款项	其他应收款	零余额账户用款额度、银行存款
	持卡人报销时	行政支出、事业支出、固定资产、无形资产、在建工程、长期投资等	其他应收款
无法收回的其他应收款	提取坏账准备	其他费用	坏账准备
	冲减坏账准备时	坏账准备	其他费用
核销其他应收款	按照核销金额	坏账准备（事业单位） 资产处置费用（行政单位）	其他应收款
	已核销的其他应收款在以后期间又收回的	其他应收款——核销的其他应收款在以后期间收回的（事业单位） 银行存款（事业单位） 银行存款（行政单位）	坏账准备（事业单位） 其他应收款——核销的其他应收款在以后期间收回的（事业单位） 其他预算收入（行政单位）

1. 发生其他应收款时

基础数据录入如图4-86所示。

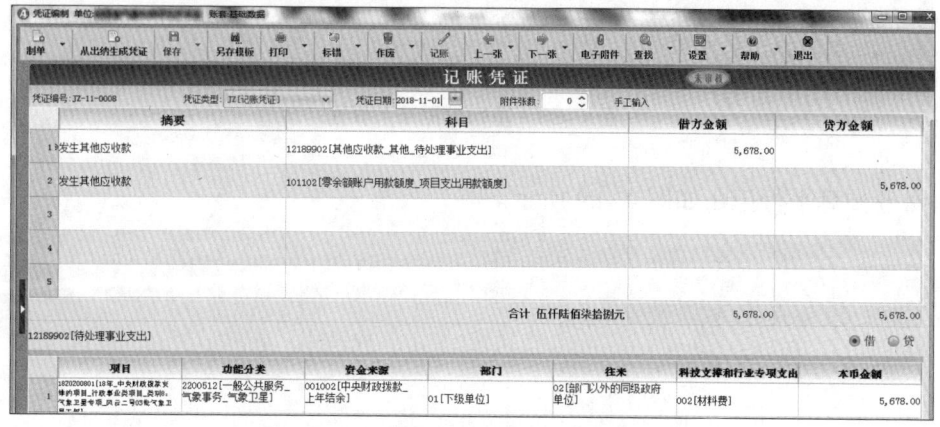

图4-86 基础数据录入界面

财务预算平行记账如图 4-87 所示。

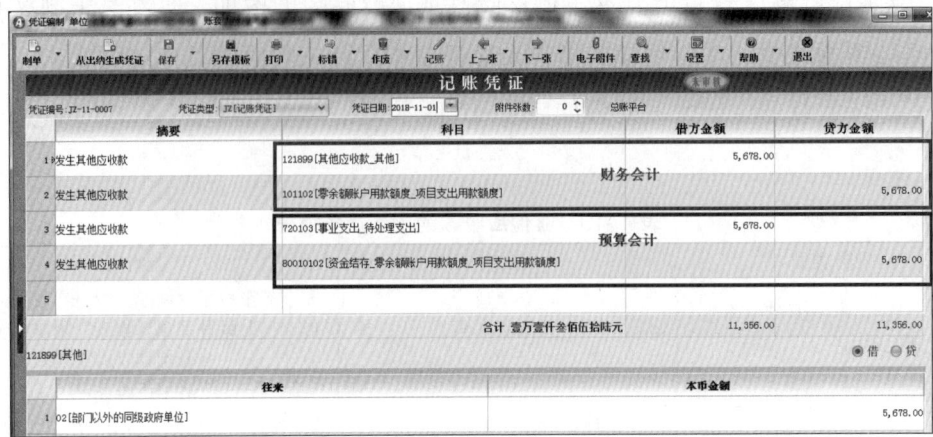

图 4-87　财务预算会计凭证平行记账分录

2. 报销其他应收款时

基础数据录入如图 4-88 所示。

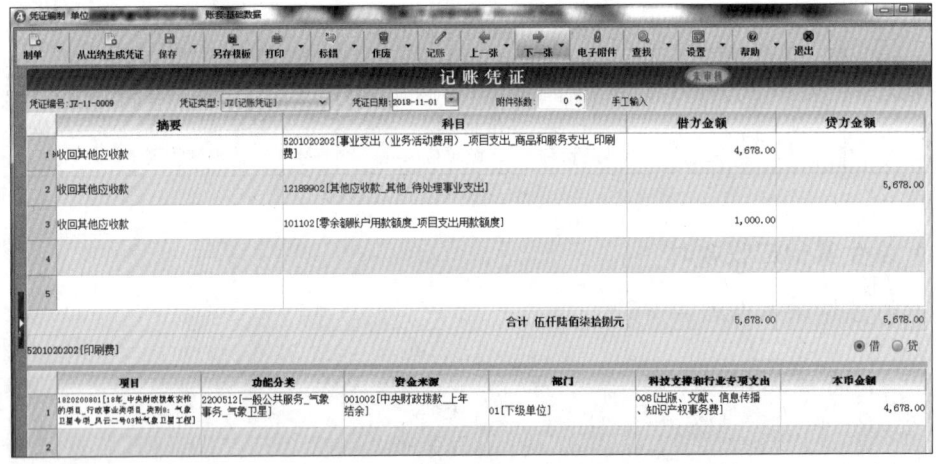

图 4-88　基础数据录入界面

财务预算平行记账如图 4-89 所示。

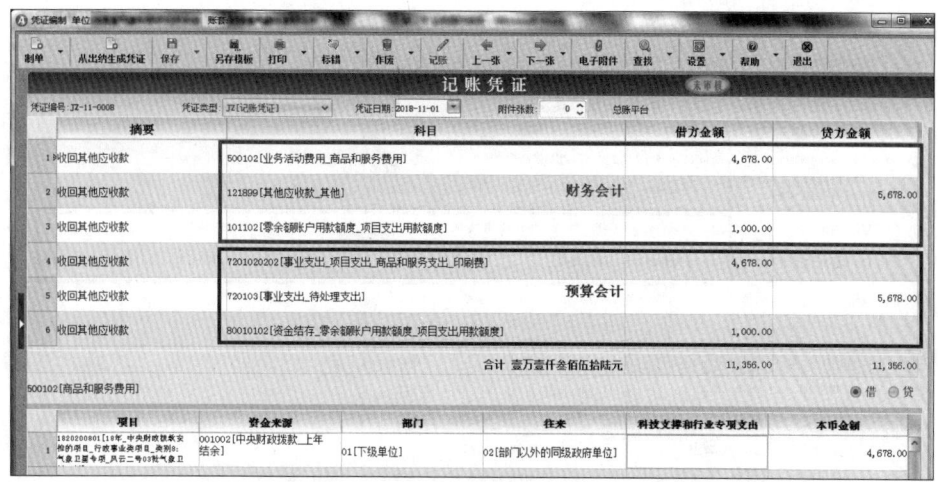

图 4-89　财务预算会计凭证平行记账分录

3. 收回以前年度其他应收款

基础数据录入如图 4-90 所示。

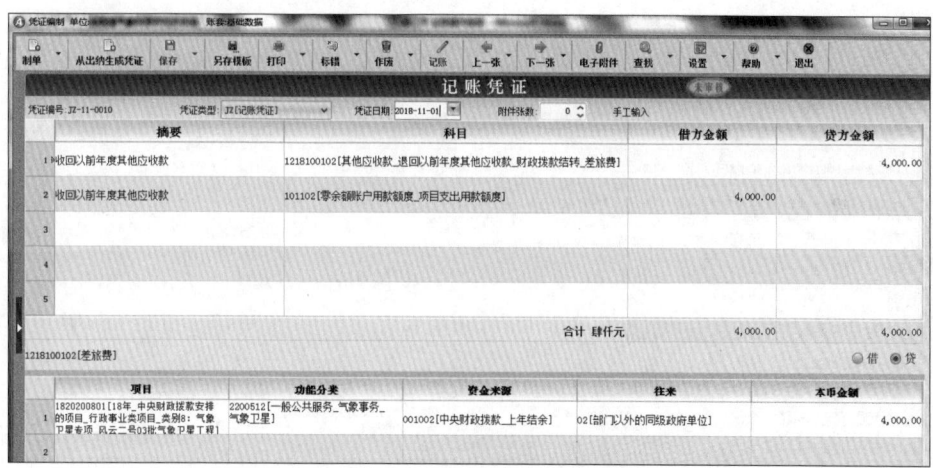

图 4-90　基础数据录入界面

财务预算平行记账如图 4-91 所示。

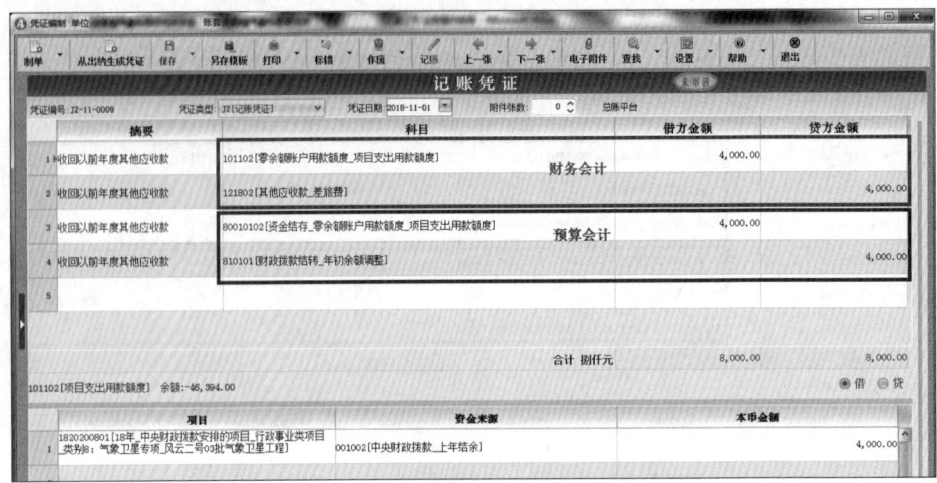

图 4-91 财务预算会计凭证平行记账分录

4. 偿还尚未报销的本单位公务卡欠款

基础数据录入如图 4-92 所示。

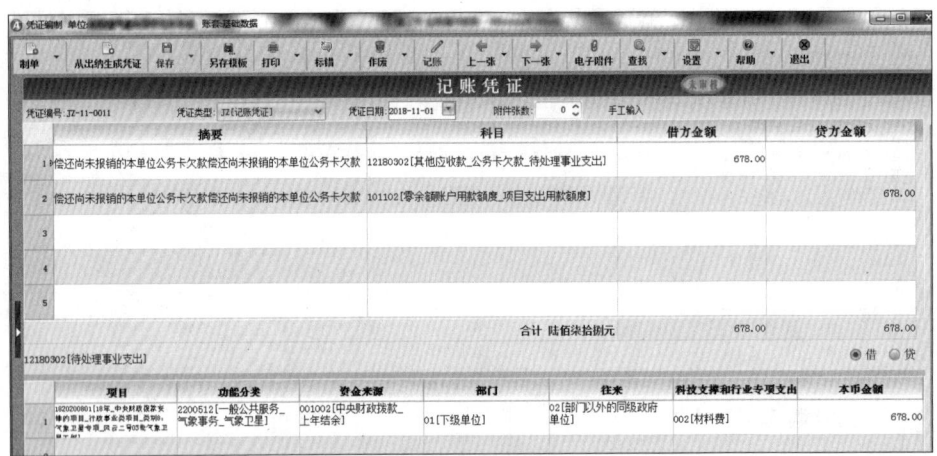

图 4-92 基础数据录入界面

财务预算平行记账如图 4-93 所示。

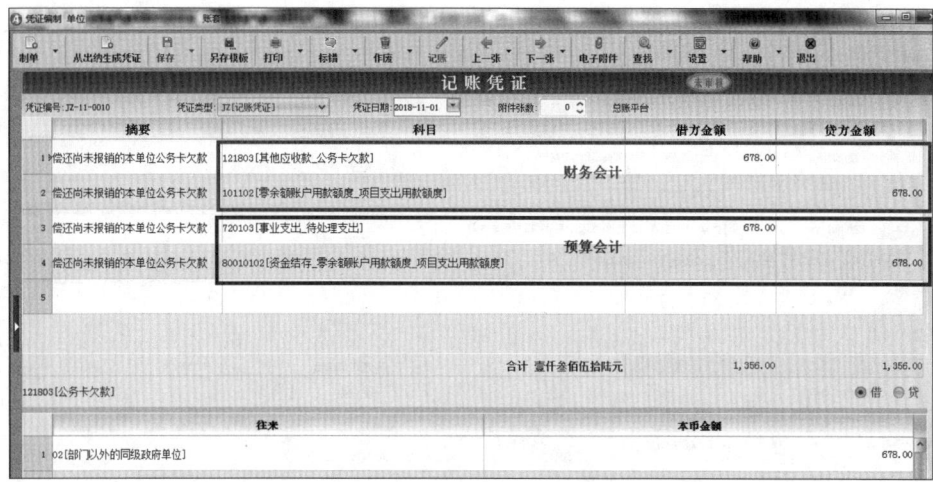

图 4-93 财务预算会计凭证平行记账分录

5. 持卡人报销时

基础数据录入如图 4-94 所示。

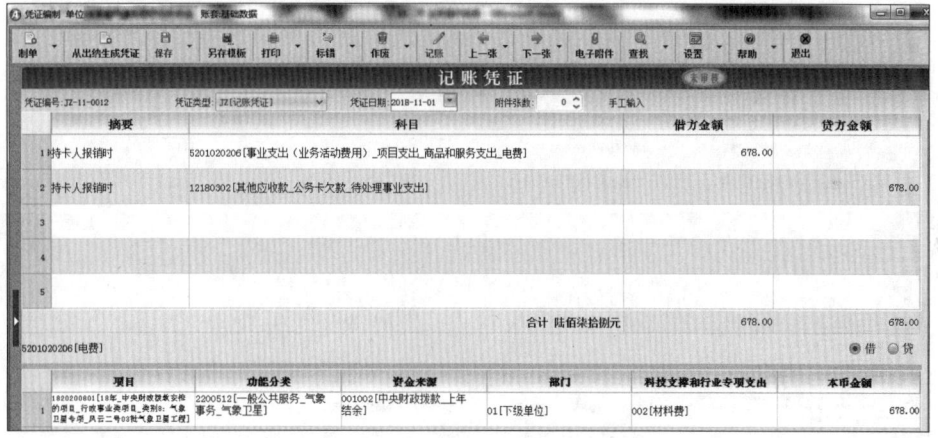

图 4-94 基础数据录入界面

财务预算平行记账如图 4-95 所示。

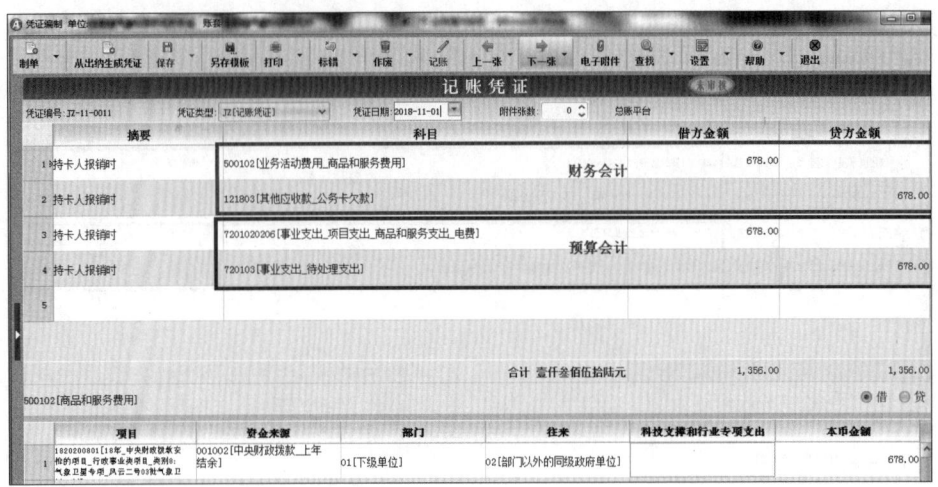

图 4-95　财务预算会计凭证平行记账分录

6. 无法收回的其他应收款计提坏账准备

基础数据录入如图 4-96 所示。

图 4-96　基础数据录入界面

财务预算平行记账如图 4-97 所示。

图 4-97　财务预算会计凭证

7. 冲销坏账准备

基础数据录入如图 4-98 所示。

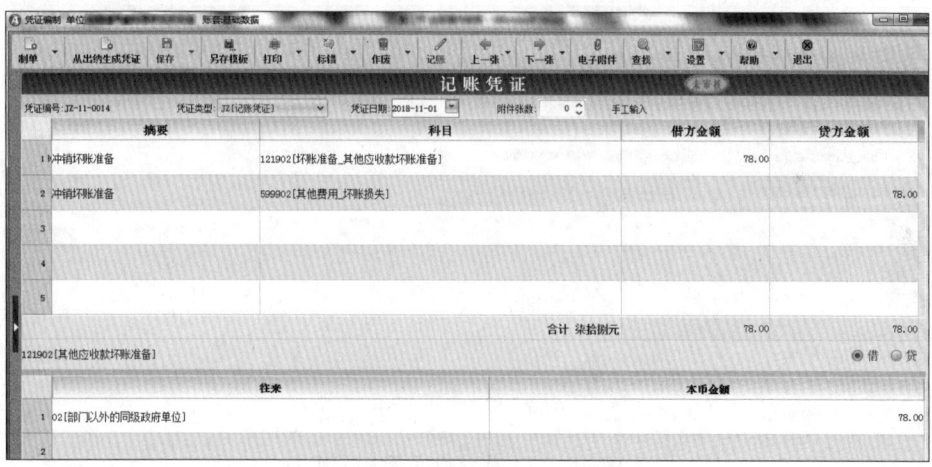

图 4-98　基础数据录入界面

财务预算平行记账如图 4-99 所示。

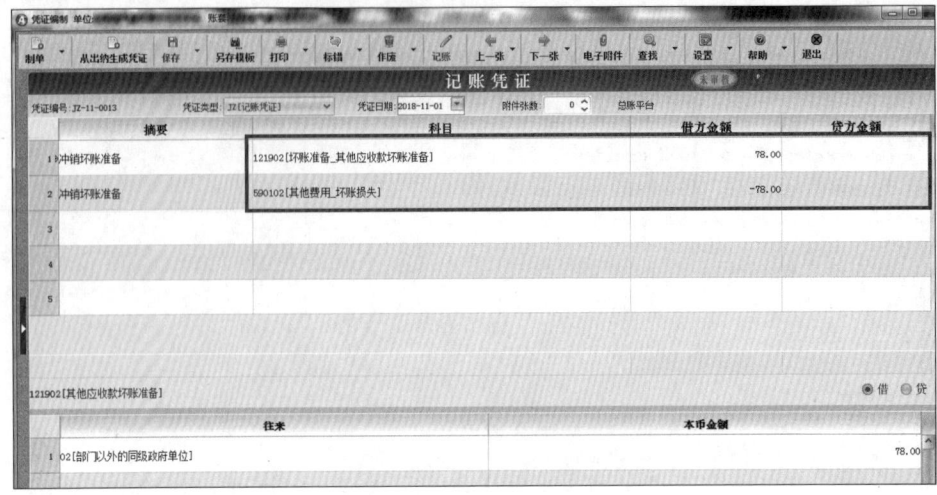

图 4-99　财务预算会计凭证

8. 核销其他应收款坏账准备

基础数据录入如图 4-100 所示。

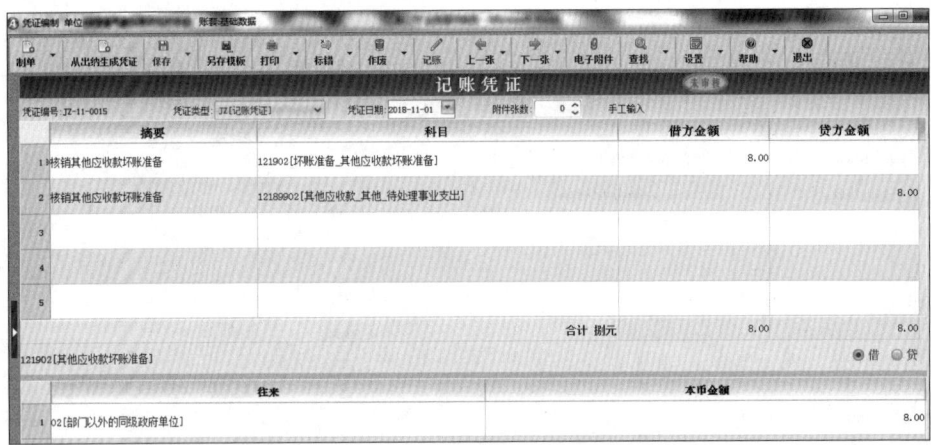

图 4-100　基础数据录入界面

财务预算平行记账如图 4-101 所示。

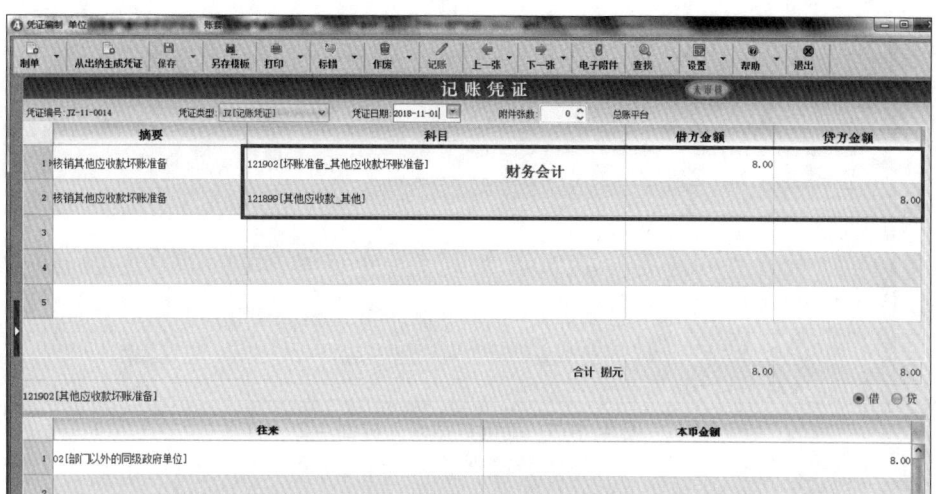

图 4-101　财务预算会计凭证

9. 已核销的其他应收款在以后期间又收回的

基础数据录入如图 4-102 和图 4-103 所示。

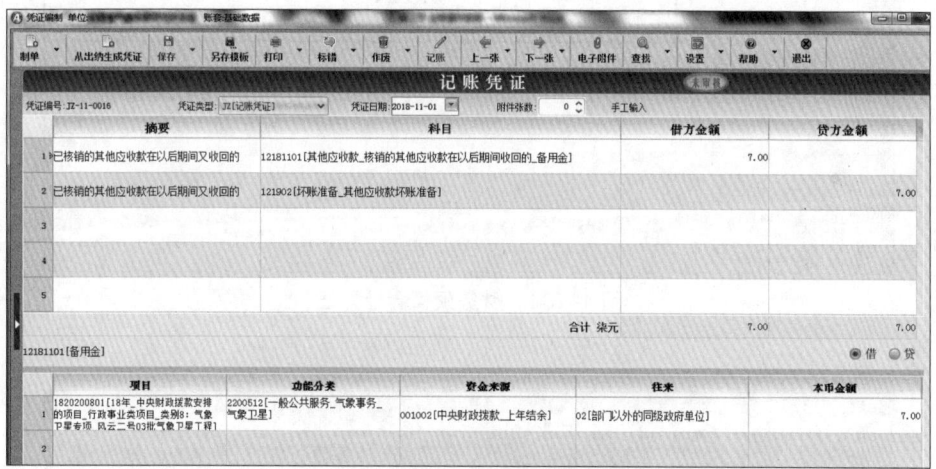

图 4-102　基础数据录入界面 – 1

图 4-103　基础数据录入界面-2

财务预算平行记账如图 4-104 和图 4-105 所示。

图 4-104　财务预算会计凭证

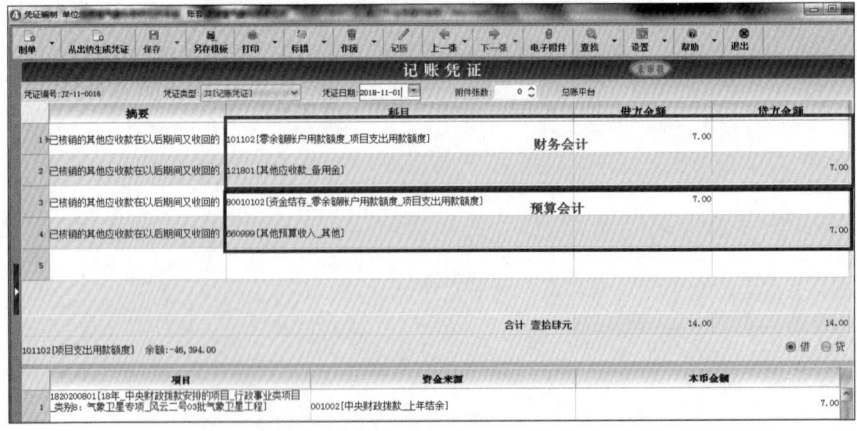

图 4-105　财务预算会计凭证平行记账分录

四、存货

存货是指企业在日常活动中持有以备出售的产成品或商品、处在生产过程中的在产品、在生产过程或提供劳务过程中耗用的材料或物料等，包括各类材料、在产品、半成品、产成品或库存商品，以及包装物、低值易耗品、委托加工物资等。按照类别，存货分别设置了在途物品、库存商品、加工物品3类科目。

在途物品是指单位采购材料等物资时货款已付或已开出商业汇票但尚未验收入库的物品。"在途物品"科目的借方发生额反映单位采购的尚未入库的物品采购成本；贷方发生额反映单位所采购的物品验收入库的物品成本；期末借方余额反映单位在途物品的采购成本。

库存物品是指单位在开展业务活动及其他活动中为耗用或出售而储存的各种材料、产品、包装物、低值易耗品，以及达不到固定资产标准的用具、装具、动植物等。已完成的测绘、地质勘查、设计成果等，也属于库存物品的内容。但单位随买随用的零星办公用品，不属于库存物品，而是在购进时直接列作费用。单位控制的政府储备物资，受托存储保管的物资和受托转赠的物资，单位为在建工程购买和使用的材料物资，均不属于库存物品。"库存物品"科目的借方发生额反映库存物品的增加；贷方发生额反映库存物品的减少；期末借方余额反映单位库存物品的实际成本。

加工物品是指单位自制或委托外单位加工的各种物品，其中包含未完成的测绘、地质勘查、设计成果。"加工物品"科目的借方发生额反映加工物品实际成本的增加，贷方发生额反映加工物品实际成本的减少，期末借方余额反映单位自制或委托外单位加工但尚未完工的各种物品的实际成本。

存货的主要账务处理如下。

（一）存货的取得（表 4-11）

表 4-11　存货主要账务处理

业务类型		借方	贷方
购入的存货	采购物品在途中，未验收入库	在途物品	财政拨款预算收入、零余额账户用款额度、银行存款等
	所购材料等物品到达验收入库	库存物品（库存物品——涉及资金的其他支出）	在途物品、银行存款
自行加工的存货	为自制物品领用材料等	加工物品——自制物品	库存物品
	专门从事物品制造的人员发生的直接人工费用，为自制物品发生的其他直接费用、间接费用	加工物品——自制物品	应付职工薪酬、银行存款等
	已经制造完成并验收入库的物品	库存物品	加工物品（自制物品）
委托加工的存货	发给外单位加工的材料等	加工物品——委托加工物品	库存物品
	支付加工费、运输费等费用	加工物品——委托加工物品	零余额账户用款额度、银行存款等
	委托加工完成的材料等验收入库	库存物品	加工物品——委托加工物品
通过置换取得的存货（涉及多借多贷不能自动生成，需要手工在事业账套录入）	支付补价的	库存物品、资产处置费用（借方差额）	库存物品等相关资产（账面余额）、银行存款、其他预算收入（贷方差额）
	收到补价的	库存物品、银行存款、资产处置费用（借方差额）	库存物品等相关资产（账面余额）、银行存款、应缴财政款、其他预算收入（贷方差额）
接受捐赠的存货	按照交易价格入账	库存物品 库存物品——涉及资金的其他支出	银行存款、其他预算收入——捐赠预算收入
	按照名义金额入账	库存物品 其他费用	其他预算收入——捐赠预算收入 银行存款
无偿调入的存货		库存物品（库存物品——涉及资金的其他支出）	银行存款 无偿调拨净资产

1. 购入的存货

（1）采购物品在途中，未验收入库

基础数据录入如图 4-106 所示。

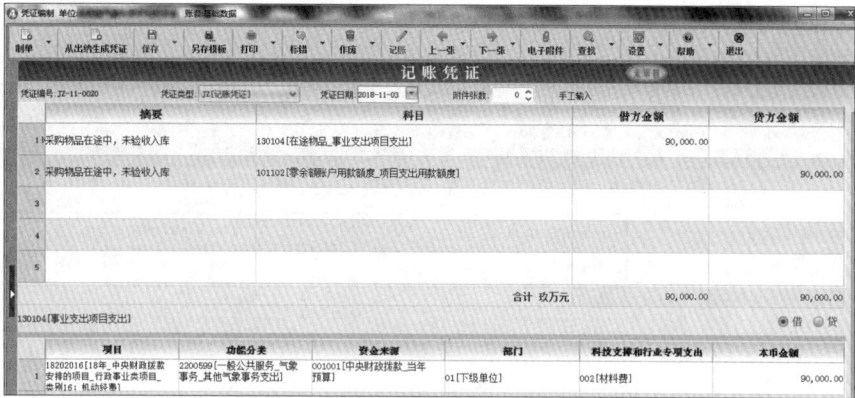

图 4-106 基础数据录入界面

财务预算平行记账如图 4-107 所示。

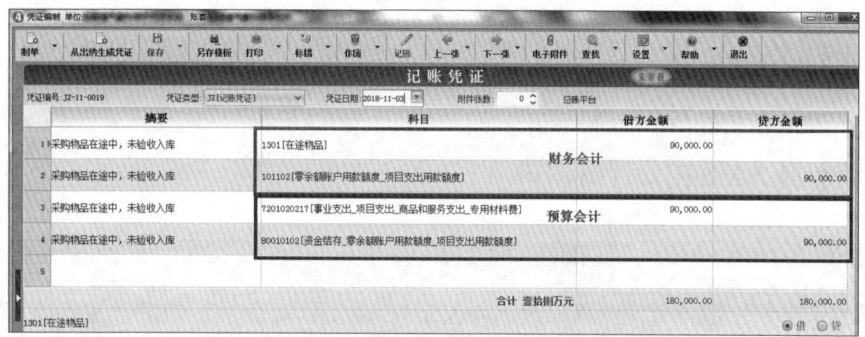

图 4-107 财务预算会计凭证平行记账分录

（2）所购材料等物品到达验收入库

基础数据录入如图 4-108 所示。

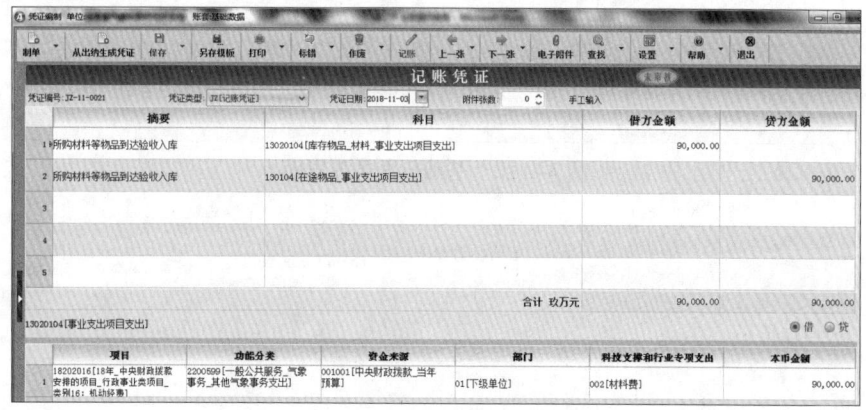

图 4-108 基础数据录入界面

财务预算平行记账如图 4-109 所示。

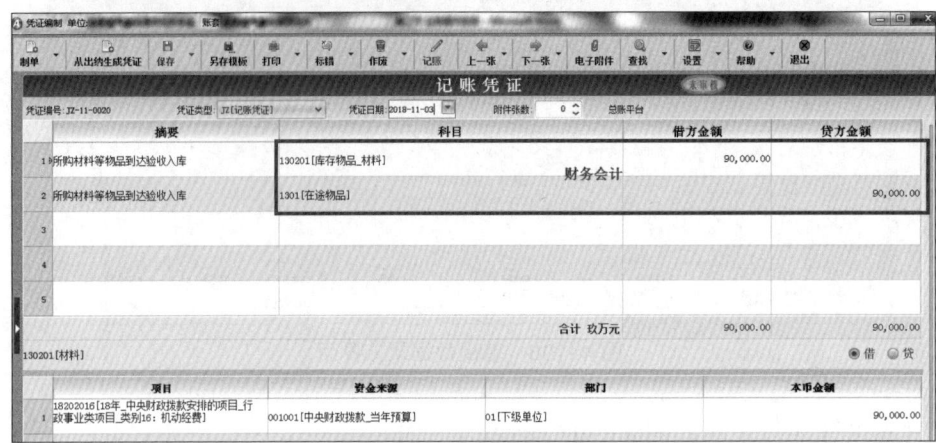

图 4-109　财务预算会计凭证

2. 自行加工的存货

（1）为自制物品领用材料等

基础数据录入如图 4-110 所示。

图 4-110　基础数据录入界面

财务预算平行记账如图 4-111 所示。

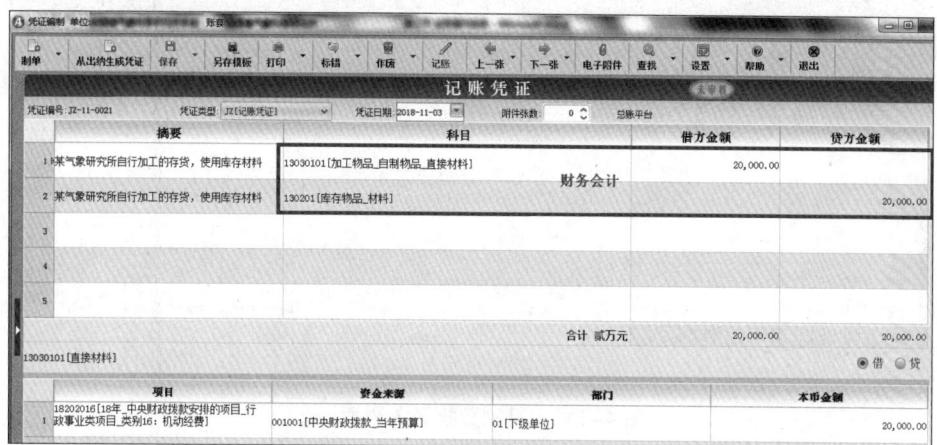

图 4-111　财务预算会计凭证

（2）专门从事物品制造的人员发生的直接人工费用，为自制物品发生的其他直接费用、间接费用

基础数据录入如图 4-112 和图 4-113 所示。

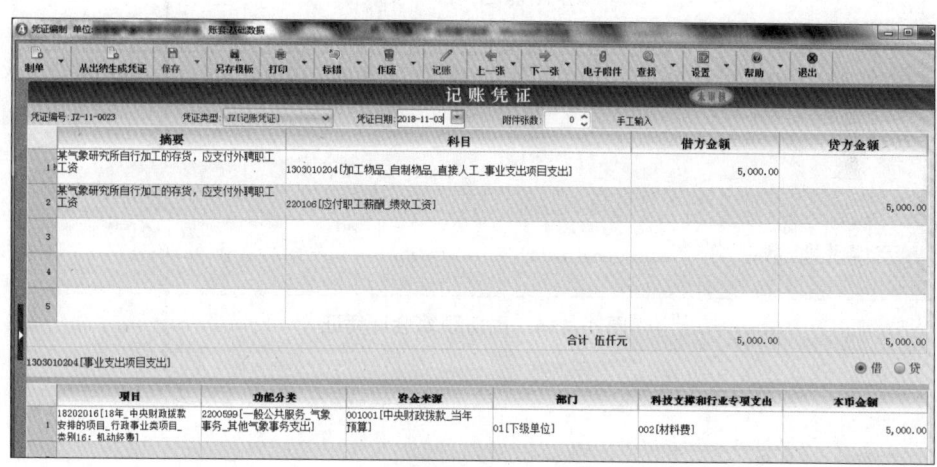

图 4-112　基础数据录入界面 - 1

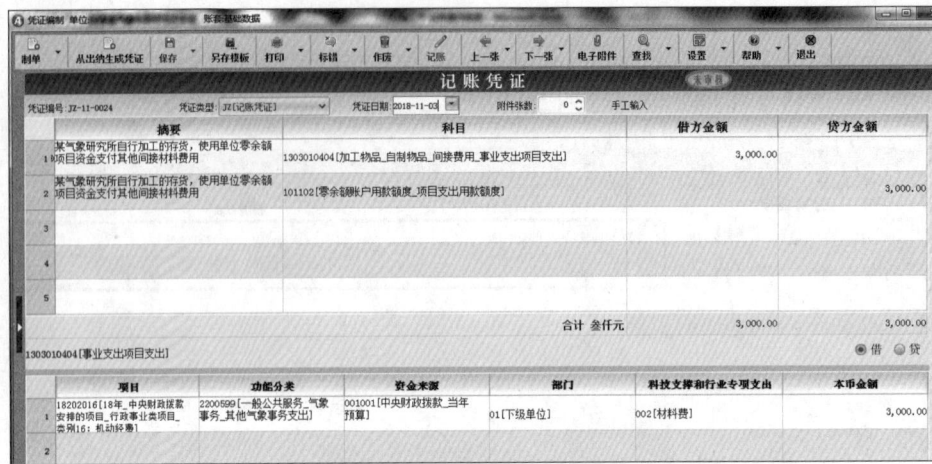

图 4-113 基础数据录入界面 - 2

财务预算平行记账如图 4-114 和图 4-115 所示。

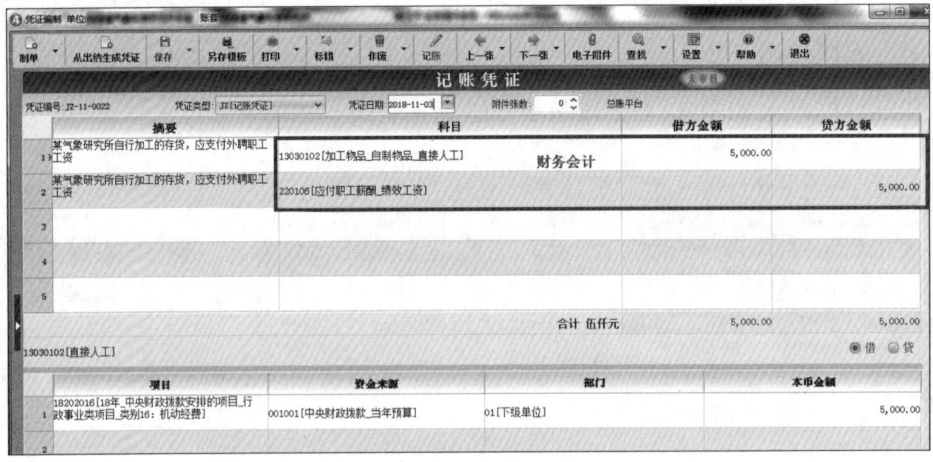

图 4-114 财务预算会计凭证

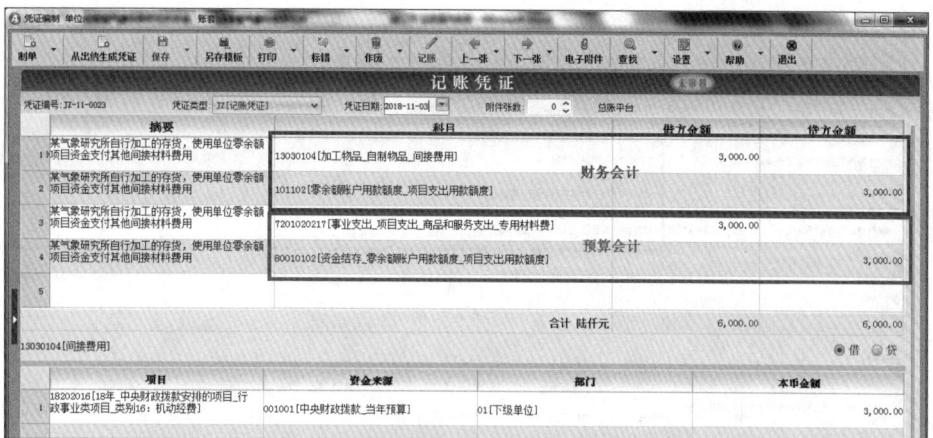

图 4-115　财务预算会计凭证平行记账分录

（3）已经制造完成并验收入库的物品

基础数据录入如图 4-116 所示。

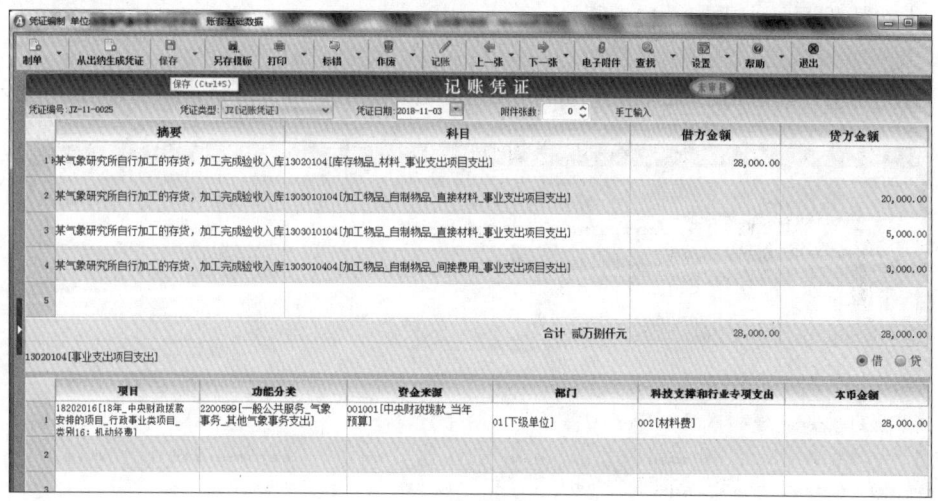

图 4-116　基础数据录入界面

财务预算平行记账如图 4-117 所示。

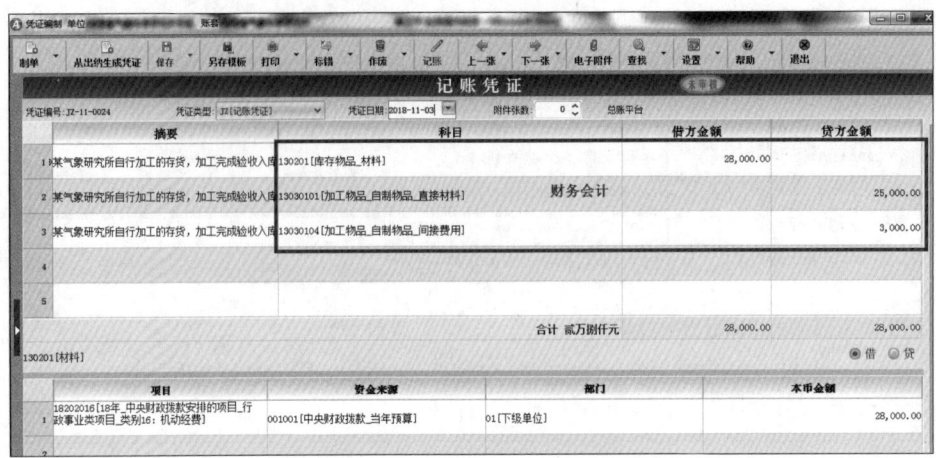

图 4-117 财务预算会计凭证

3. 委托加工的存货

（1）发给外单位加工的材料等

基础数据录入如图 4-118 所示。

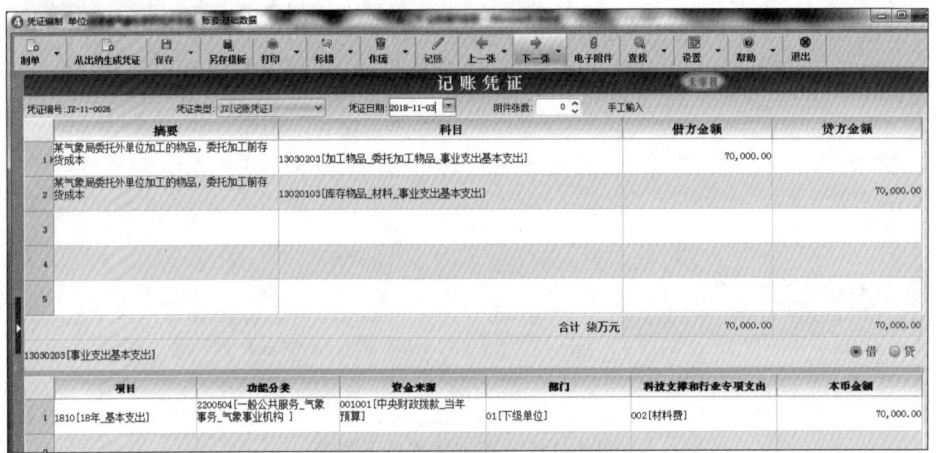

图 4-118 基础数据录入界面

财务预算平行记账如图 4-119 所示。

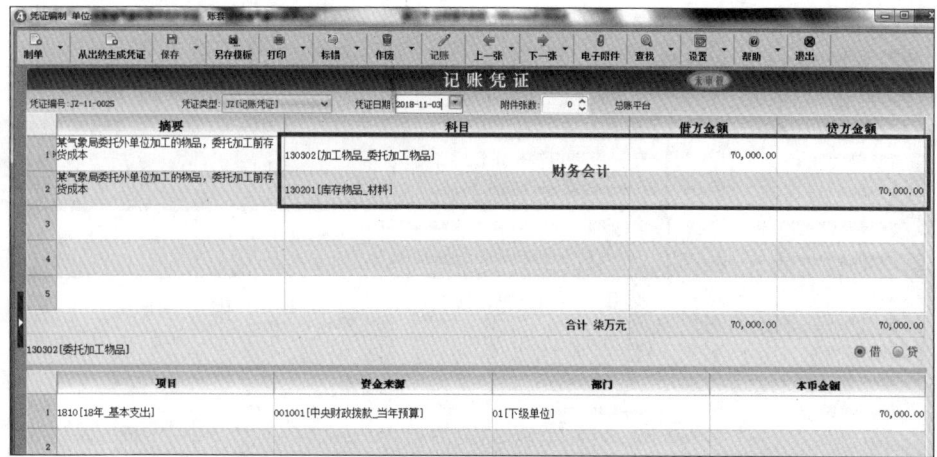

图 4-119 财务预算会计凭证

（2）支付加工费、运输费等费用

基础数据录入如图 4-120 所示。

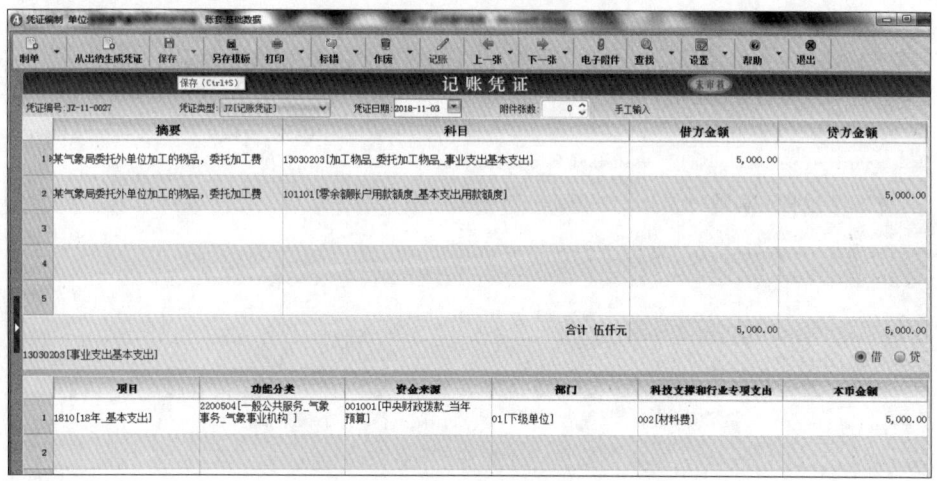

图 4-120 基础数据录入界面

财务预算平行记账如图 4-121 所示。

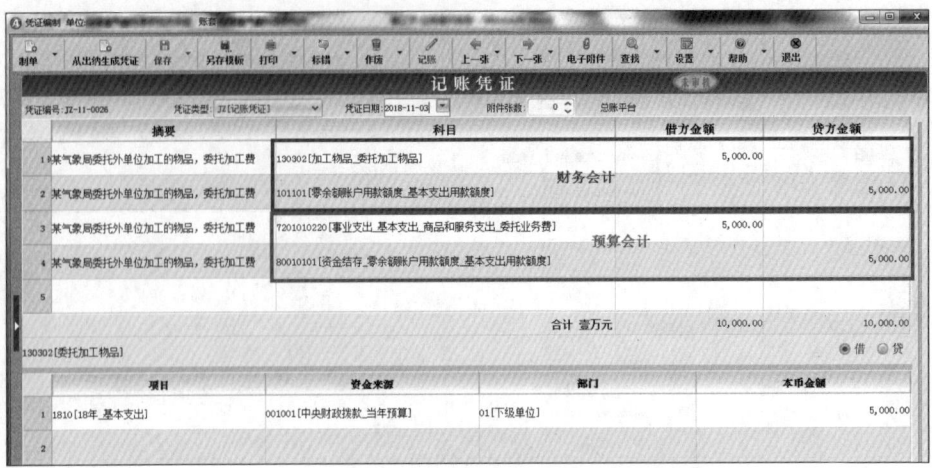

图 4-121　财务预算会计凭证平行记账分录

（3）委托加工完成的材料等验收入库

基础数据录入如图 4-122 所示。

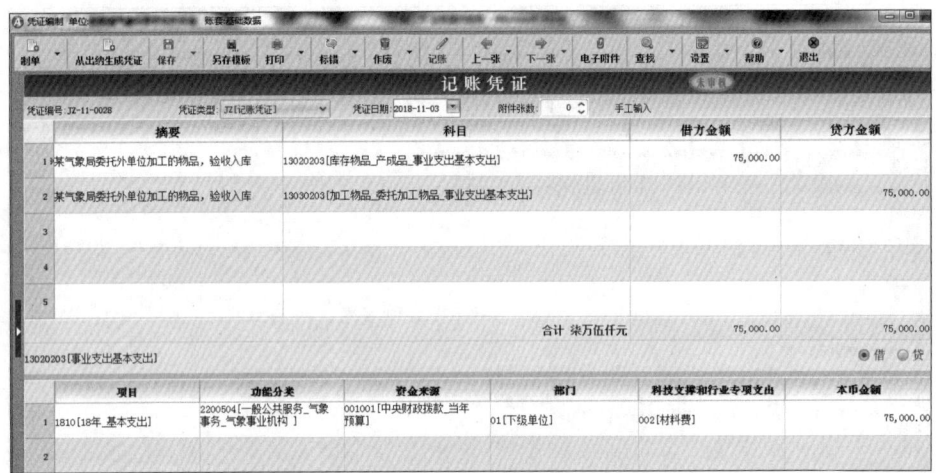

图 4-122　基础数据录入界面

财务预算平行记账如图 4-123 所示。

图 4-123　财务预算会计凭证

4. 通过置换取得的存货

由于这类业务涉及多借多贷业务，无法通过基础数据生成财务和预算凭证，需要会计直接在事业账套中手工添加财务和预算凭证。一般情况下在发生这类业务时添加凭证后，将凭证模板保存，下次直接调用即可。

2019年6月某气象局用一批办公家具与B事业单位换入库存材料；经商定，B单位向气象局支付1万元的交换差价（补价）；该家具的账面余额及市场评估价均为100 000元，已提折旧40 000元，运费3000元由气象局从基本账户支付，交换完成。

事业账套中，财务预算平行记账

（换入材料入账成本 =100 000 + 3000 – 10 000 = 93 000）：

借：库存物品——材料	93 000
银行存款——基本账户存款	10 000
固定资产累计折旧——家具、用具、装具折旧	40 000
贷：固定资产——家具、用具、装具及动植物	100 000
银行存款——基本账户存款	3000
应缴财政款——应缴国库款	7000
其他收入——置换换出资产评估增值	33 000
借：累计盈余——非流动资产基金—固定资产	60 000
贷：累计盈余——中央财政拨款结转	60 000

5. 接受捐赠的存货

（1）按照交易价格入账

基础数据录入如图 4-124 所示。

图 4-124　基础数据录入界面

财务预算平行记账如图 4-125 和图 4-126 所示。

图 4-125　财务预算会计凭证平行记账分录 – 1

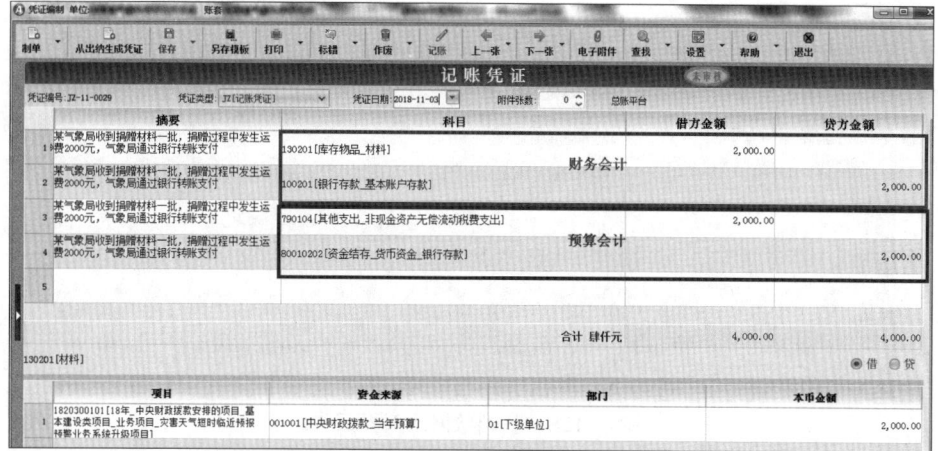

图 4-126　财务预算会计凭证平行记账分录-2

（2）按照名义金额入账

接受捐赠的库存物品按照名义金额 1 入账。

6. 无偿调入的存货

基础数据录入如图 4-127 和图 4-128 所示。

图 4-127　基础数据录入界面-1

图 4-128　基础数据录入界面 - 2

财务预算平行记账如图 4-129 和图 4-130 所示。

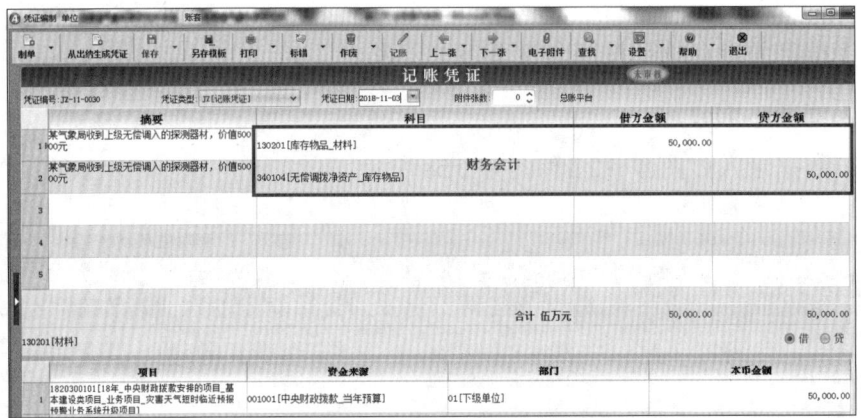

图 4-129　财务预算会计凭证

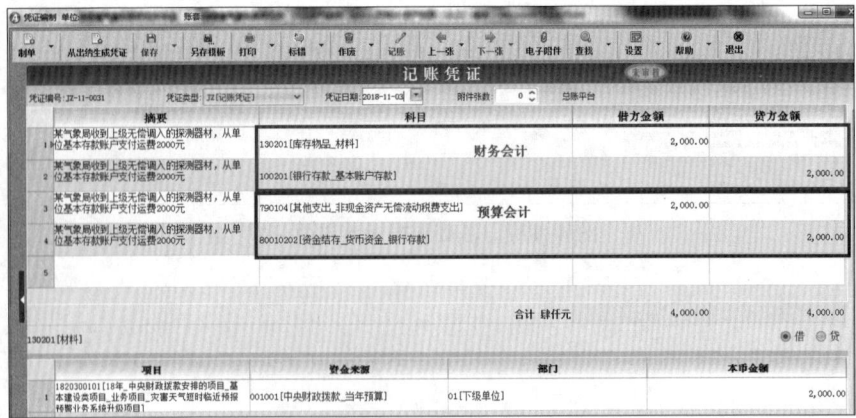

图 4-130　财务预算会计凭证平行记账分录

（二）发出存货（表 4-12）。

表 4-12 存货发出主要账务处理

业务类型		借方	贷方
单位开展业务活动等领用、按照规定加工发出存货	按照领用、出售等发出物品的实际成本	事业支出、经营支出、加工物品等	库存物品
	如果发出的存货是 2019 年 1 月 1 日前购置且已做支出未领用的	累计盈余——非流动资产基金——库存物品	库存物品
经批准对外出售的存货	按照库存物品的账面余额	资产处置费用	库存物品
	按照收到价款和支付税费	银行存款	银行存款 应缴财政款——出售库存物品（按照差额）
经批准对外捐赠的存货		资产处置费用	库存物品、银行存款
经批准无偿调出的存货	按照库存物品的账面余额	无偿调拨净资产	库存物品
	按照无偿调出过程中发生的归属于调出方的相关费用	资产处置费用	银行存款

1. 存货的领用时，单位开展业务活动等领用、按照规定加工发出存货

（1）按照领用、出售等发出物品的实际成本

基础数据录入如图 4-131 所示。

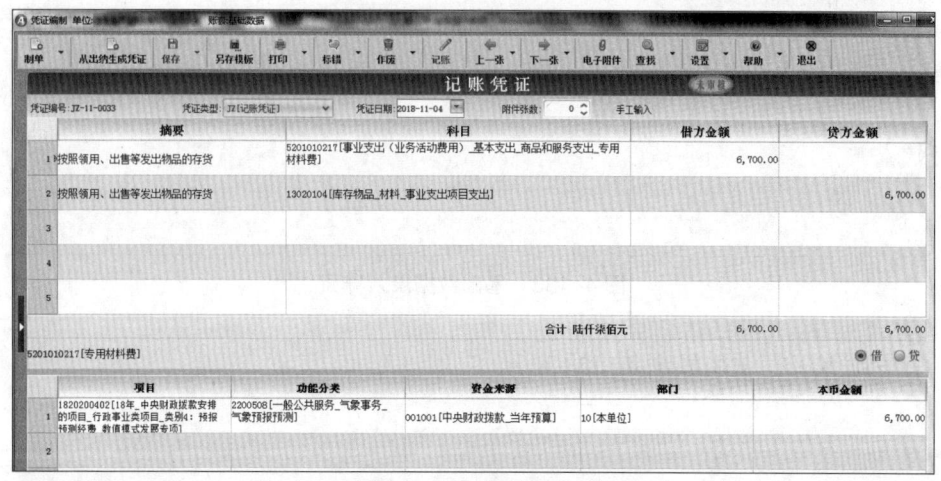

图 4-131 基础数据录入界面

财务预算平行记账如图 4-132 所示。

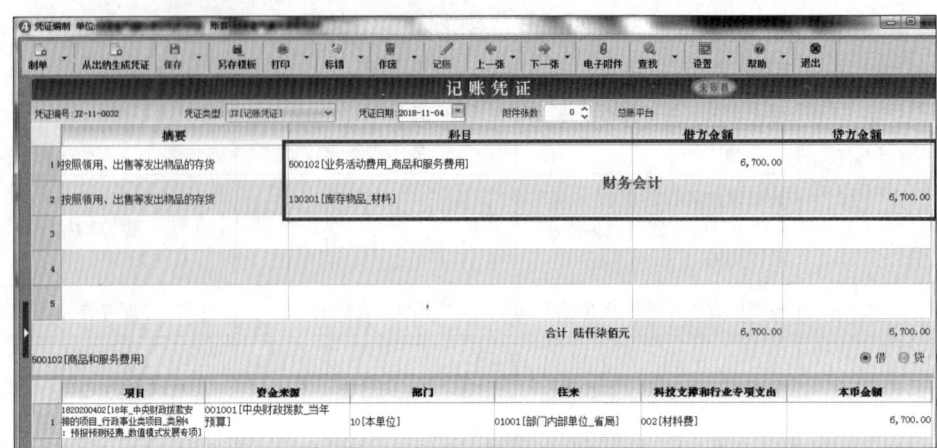

图 4-132　财务预算会计凭证

（2）如果发出的存货是 2019 年 1 月 1 日前购置且已做支出未领用的基础数据录入如图 4-133 所示。

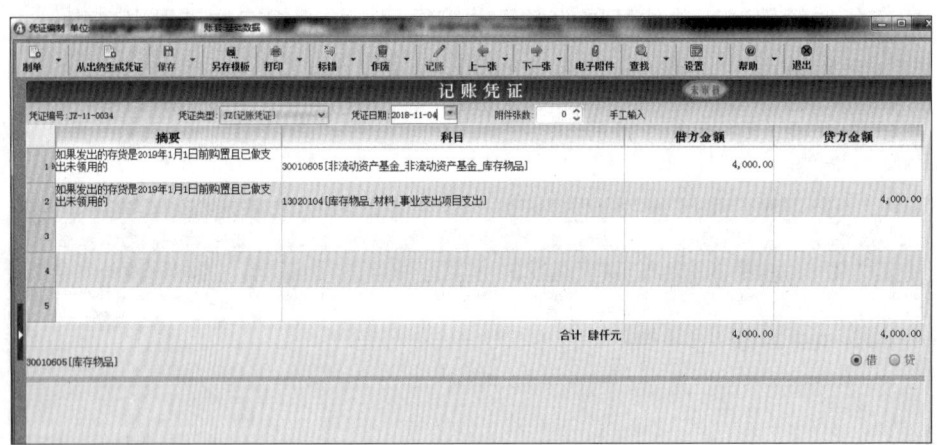

图 4-133　基础数据录入界面

财务预算平行记账如图 4-134 所示。

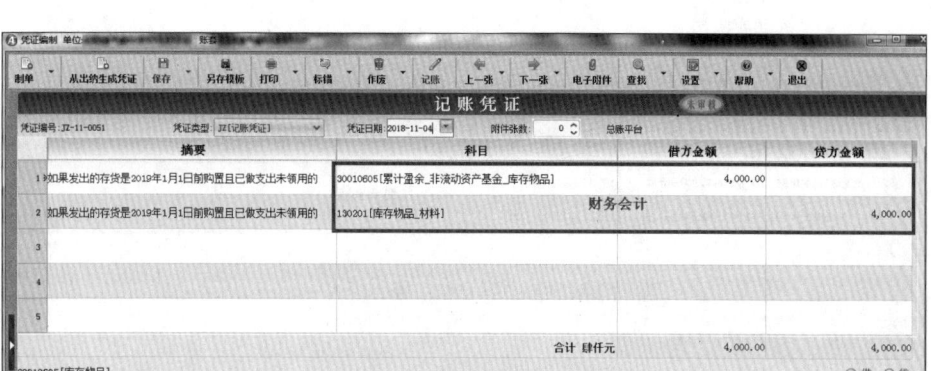

图 4-134　财务预算会计凭证

2. 经批准对外出售的存货

（1）按照库存物品的账面余额

基础数据录入如图 4-135 所示。

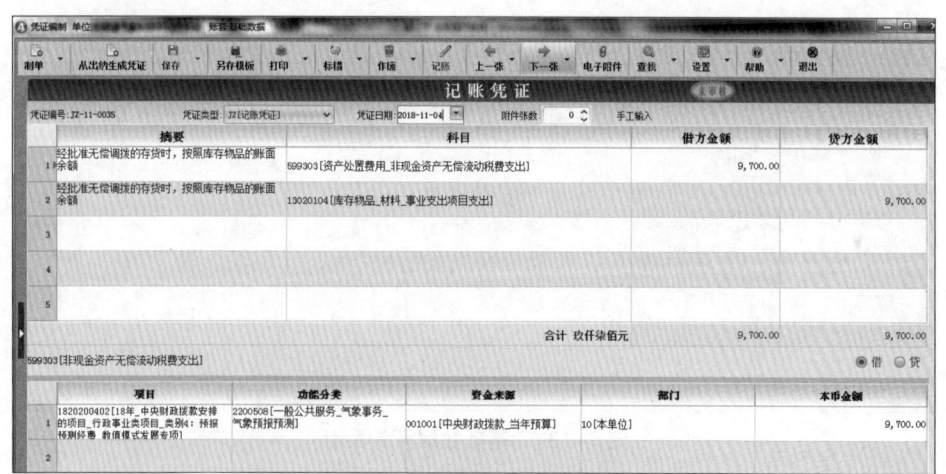

图 4-135　基础数据录入界面

财务预算平行记账如图 4-136 所示。

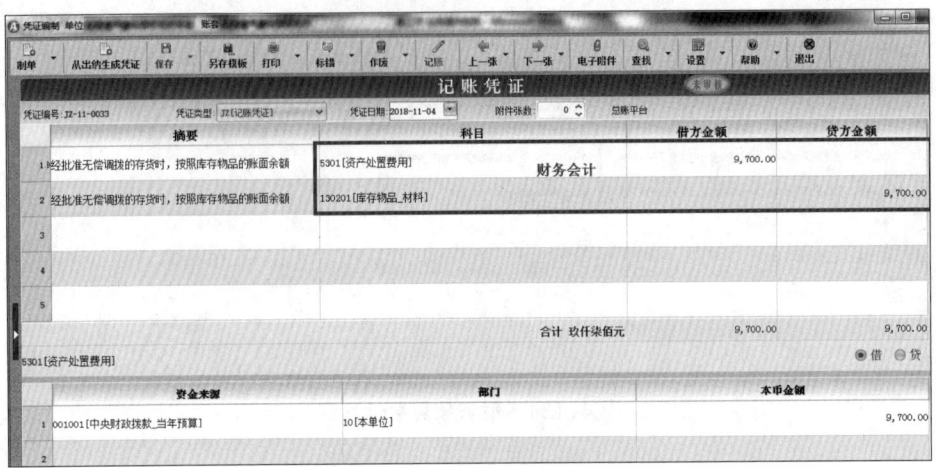

图 4-136　财务预算会计凭证

（2）按照收到的价款和支付的税费

基础数据录入如图 4-137 所示。

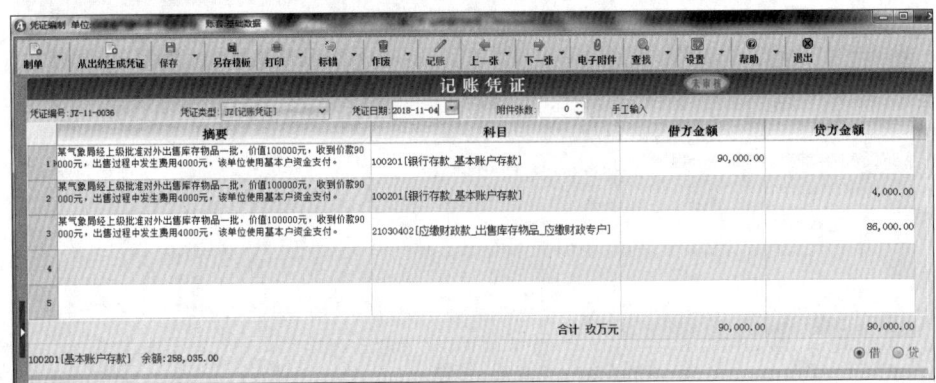

图 4-137　基础数据录入界面

财务预算平行记账如图 4-138 所示。

图 4-138　财务预算会计凭证平行记账分录

3. 经批准对外捐赠的存货

基础数据录入如图 4-139 所示。

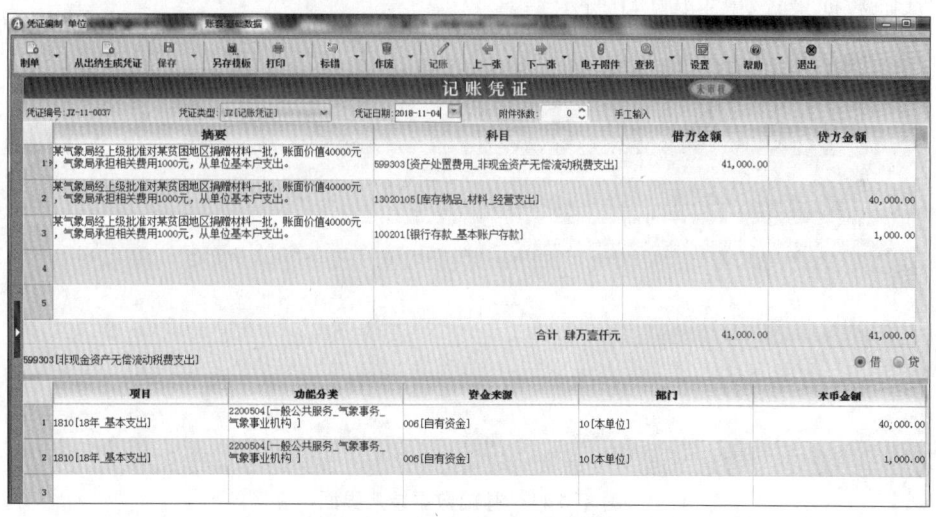

图 4-139　基础数据录入界面

财务预算平行记账如图 4-140 所示。

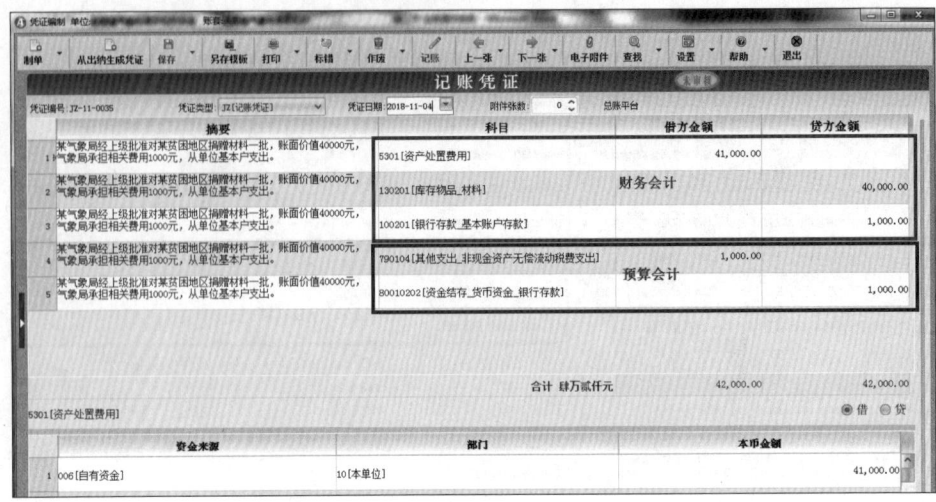

图 4-140　财务预算会计凭证平行记账分录

4. 经批准无偿调出的存货

（1）按照库存物品的账面余额

基础数据录入如图 4-141 所示。

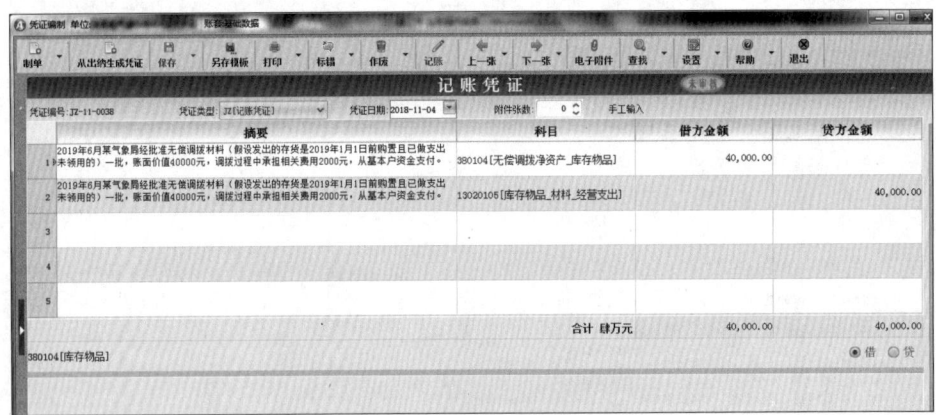

图 4-141　基础数据录入界面

财务预算平行记账如图 4-142 所示。

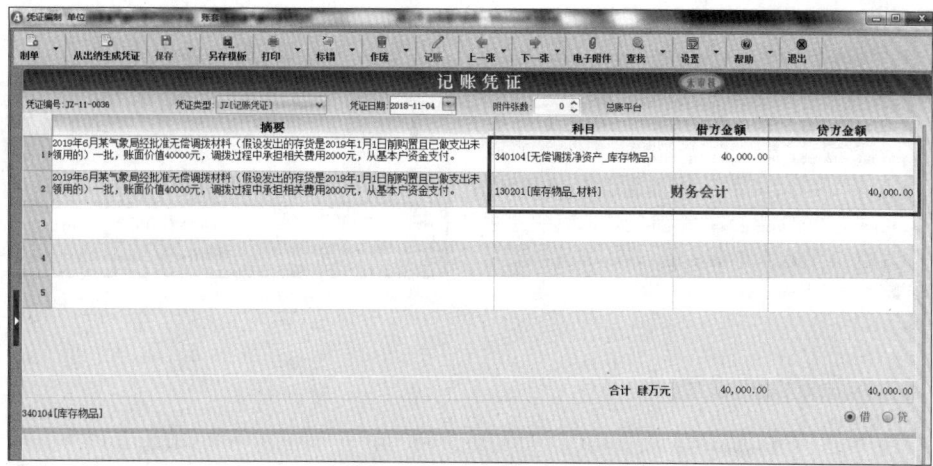

图 4-142　财务预算会计凭证

（2）按照无偿调出过程中发生的归属于调出方的相关费用

基础数据录入如图 4-143 所示。

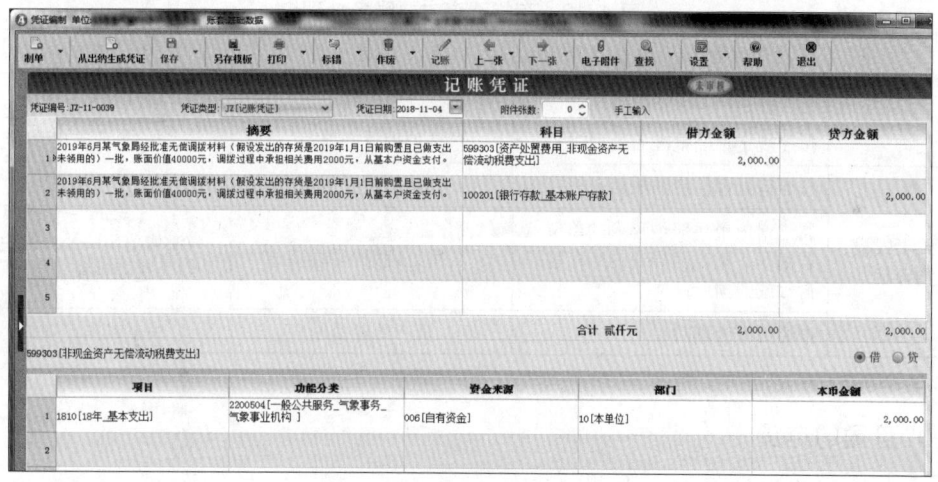

图 4-143　基础数据录入界面

财务预算平行记账如图 4-144 所示。

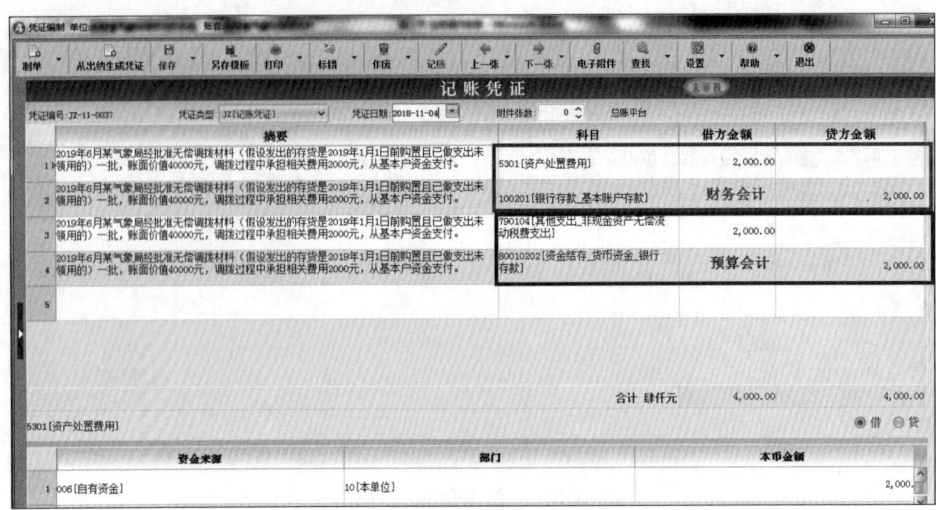

图 4-144　财务预算会计凭证平行记账分录

（三）存货的清查（表 4-13）

表 4-13　存货清查主要账务处理

业务类型		借方	贷方
盘盈的存货	按照确定的入账成本	库存物品	待处理财产损益
	按照规定报经批准后处理时	待处理财产损益	事业支出
盘亏或者毁损、报废的存货	按照待处理存货的账面余额	待处理财产损益	库存物品
	属于增值税一般纳税人的单位，若因非正常原因导致的库存物品盘亏或毁损	待处理财产损益	应缴增值税——应缴税金（进项税额转出）
	报经批准处理时	资产处置费用	待处理财产损益

1. 盘盈的存货

（1）按照确定的入账成本

基础数据录入如图 4-145 所示。

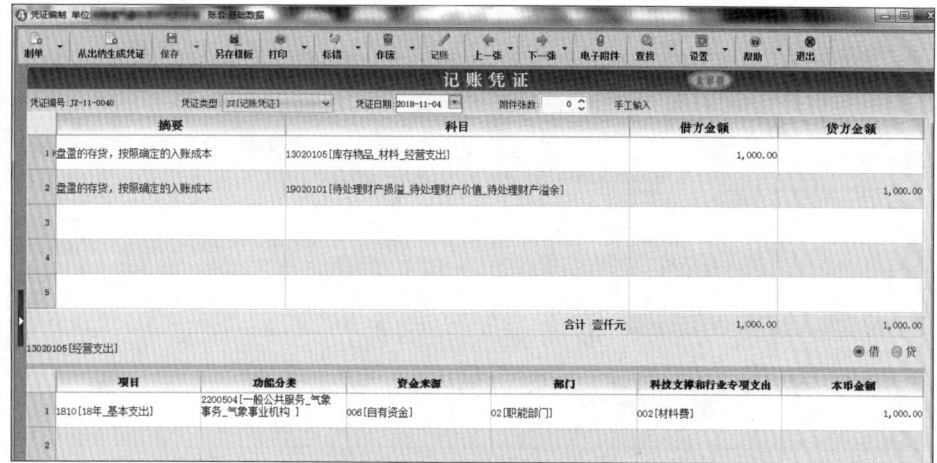

图 4-145　基础数据录入界面

财务预算平行记账如图 4-146 所示。

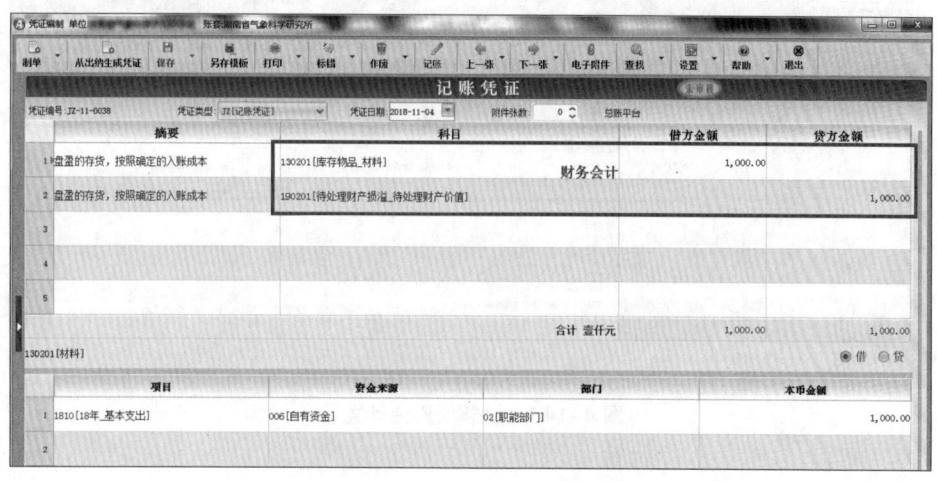

图 4-146　财务预算会计凭证

（2）按照规定报经批准后处理时

基础数据录入如图 4-147 所示。

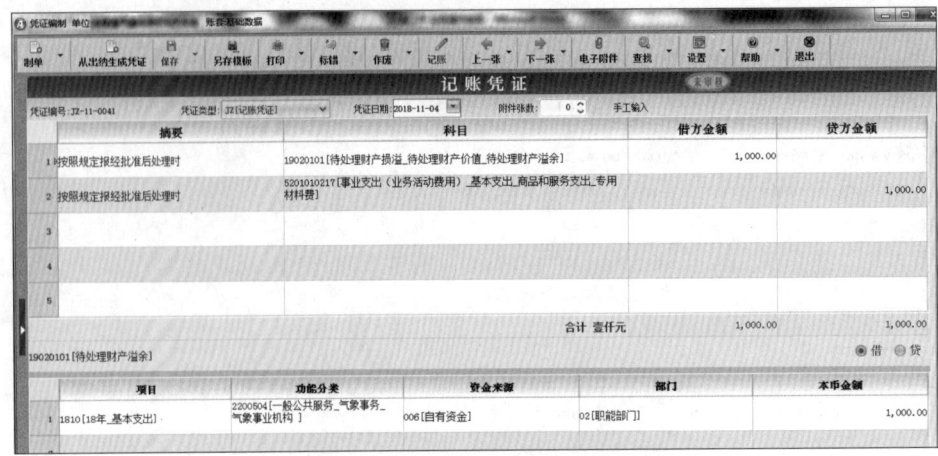

图 4-147 基础数据录入界面

财务预算平行记账如图 4-148 所示。

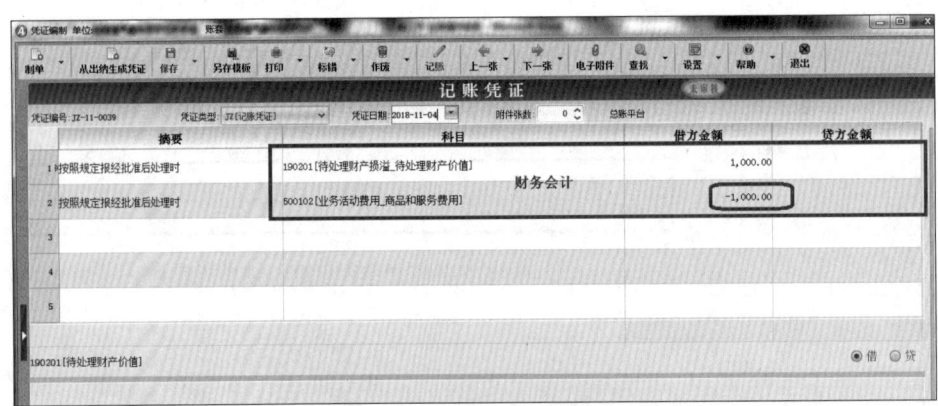

图 4-148 财务预算会计凭证

2. 盘亏或者毁损、报废的存货

（1）按照待处理存货的账面余额

基础数据录入如图 4-149 所示。

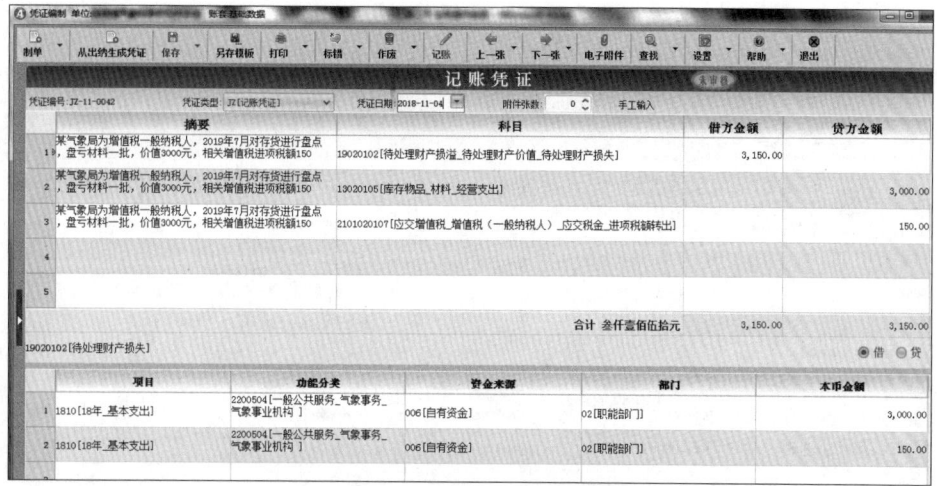

图 4-149 基础数据录入界面

财务预算平行记账如图 4-150 所示。

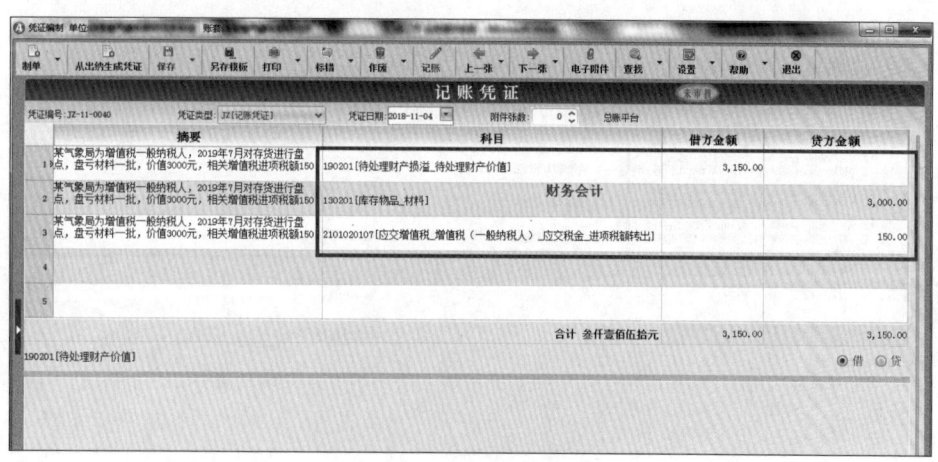

图 4-150 财务预算会计凭证

（2）属于增值税一般纳税人的单位，若因非正常原因导致的库存物品盘亏或毁损

基础数据录入如图 4-151 所示。

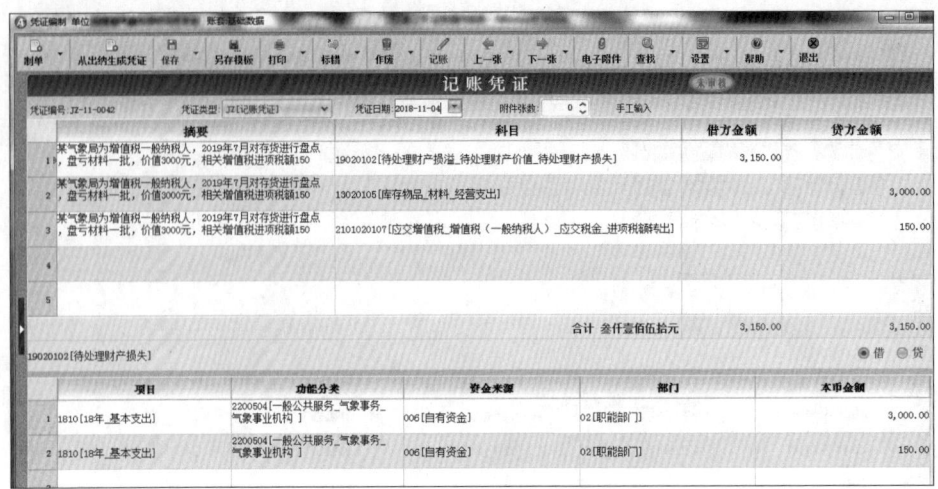

图 4-151 基础数据录入界面

财务预算平行记账如图 4-152 所示。

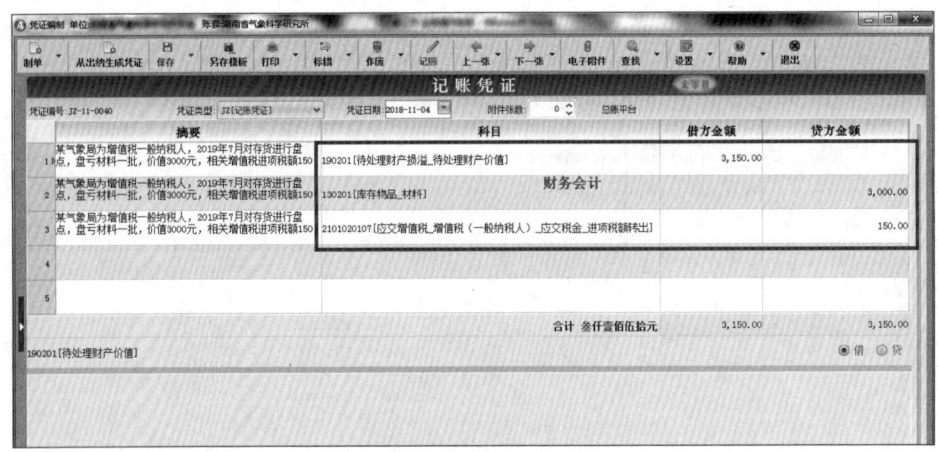

图 4-152 财务预算会计凭证

(3) 报经批准处理时

基础数据录入如图 4-153 所示。

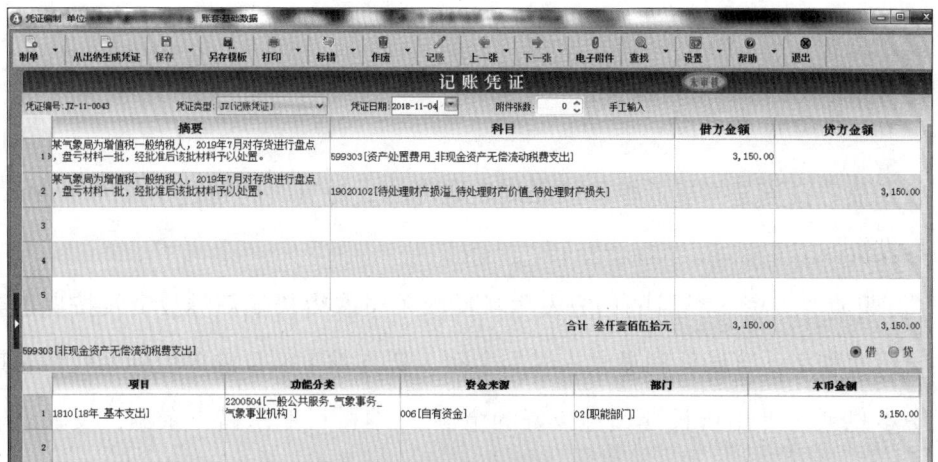

图 4-153　基础数据录入界面

财务预算平行记账如图 4-154 所示。

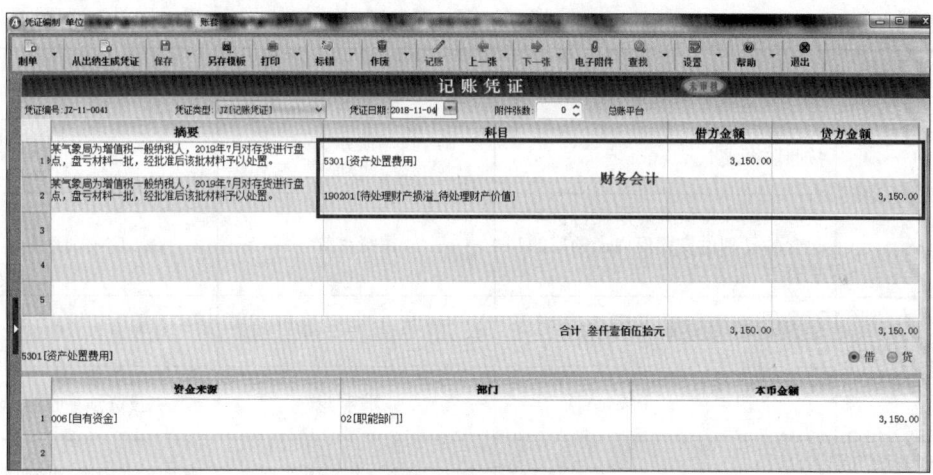

图 4-154　财务预算会计凭证

五、长期投资

(一)长期债券投资

长期债券投资是指事业单位按照规定取得的,持有时间超过1年(不含1年)的债券投资。

"长期债券投资"科目的借方发生额反映单位取得长期债券投资及按期以票面金额与票面利率计算确认利息收入时的金额,贷方发生额反映单位到期收回长期债券投资本息或对外出售长期债券投资的金额。本科目期末借方余额,反映事业单位持有的长期债券投资的价值。

长期债券投资的主要账务处理如表4-14所示。

表4-14 长期债券投资主要账务处理

	业务类型	借方	贷方
长期债券投资取得	按照取得成本	长期债券投资 应收利息	银行存款
	实际收到取得债券时所支付价款中包含的已到付息期但尚未领取的利息时	银行存款	应收利息
长期债券投资持有期间	如为到期一次还本付息的债券投资	长期债券投资——应计利息	投资预算收益
	如为分期付息、到期一次还本的债券投资	应收利息	投资预算收益
长期债券投资到期收回 (多借多贷无法通过记账平台自动生成,需要手工在事业账套录入)		银行存款、投资预算收益 (借方差额)	长期债券投资、应收利息 投资预算收益(贷方差额)
长期债券投资对外出售 (多借多贷无法通过记账平台自动生成,需要手工在事业账套录入)		银行存款、投资预算收益 (借方差额)	长期债券投资、应收利息 投资预算收益(贷方差额)

1. 长期债券投资取得

(1)按照取得成本(实际支付的全部价款,包括购买价款和相关税费)作为投资成本

基础数据录入如图4-155所示。

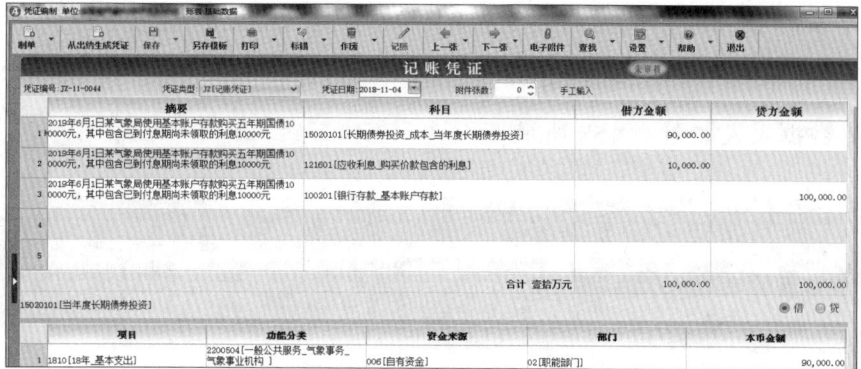

图 4-155 基础数据录入界面

财务预算平行记账如图 4-156 和图 4-157 所示。

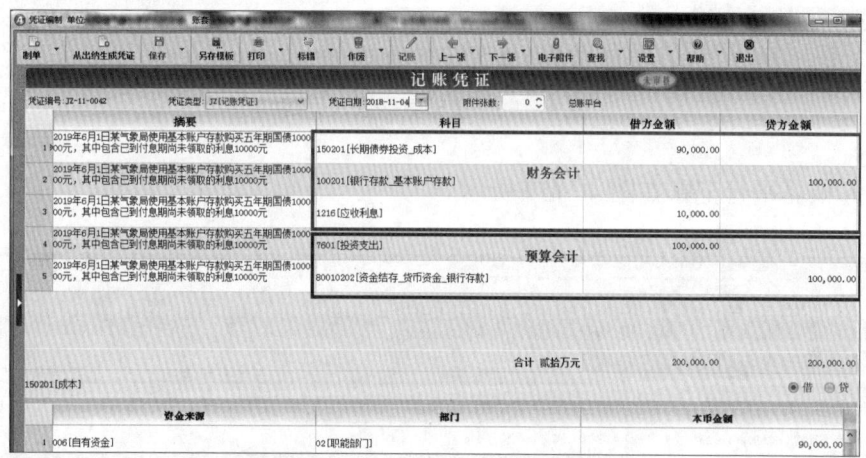

图 4-156 财务预算会计凭证平行记账分录

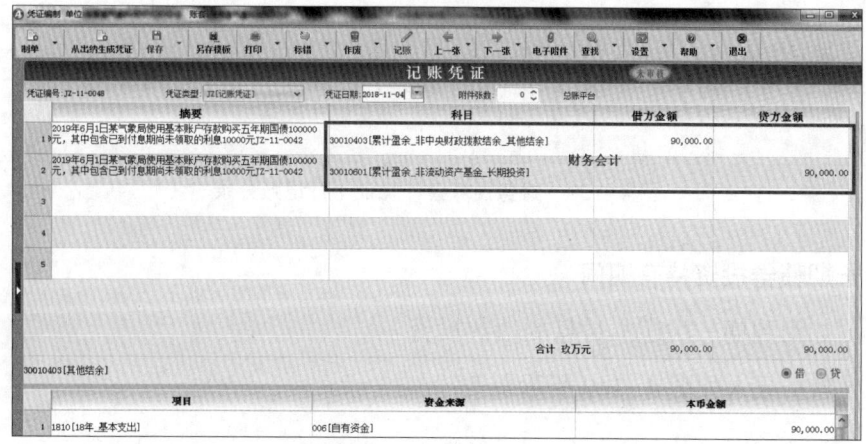

图 4-157 财务预算会计凭证

（2）实际收到取得债券时所支付的价款中包含的已到付息期但尚未领取的利息

基础数据录入如图4-158所示。

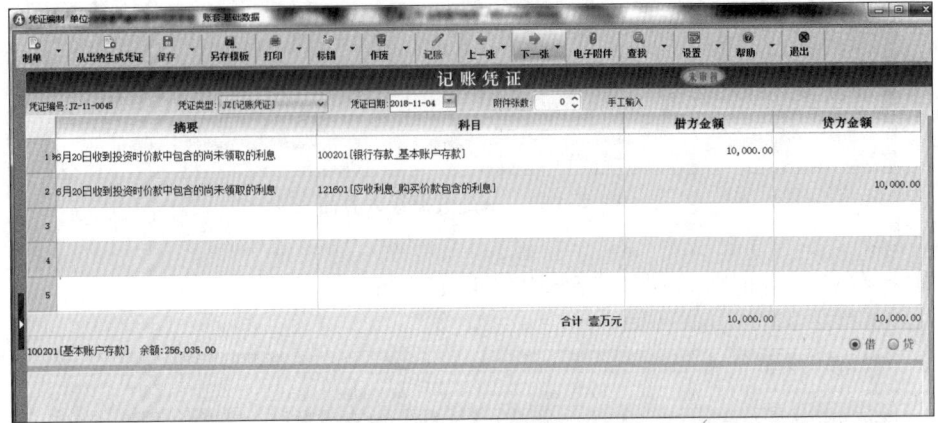

图4-158 基础数据录入界面

财务预算平行记账如图4-159所示。

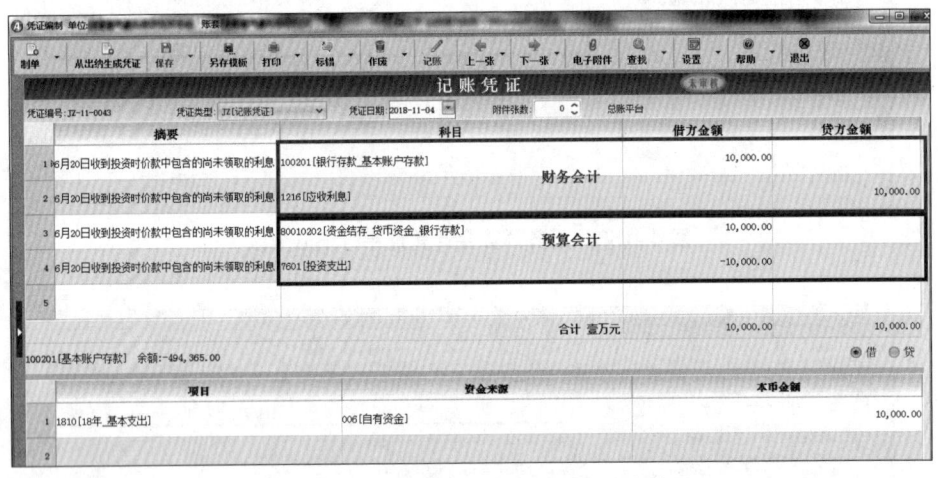

图4-159 财务预算会计凭证平行记账分录

2. 长期债券投资持有期间

（1）如为到期一次还本付息的债券投资

基础数据录入如图4-160所示。

第四章 基础核算业务

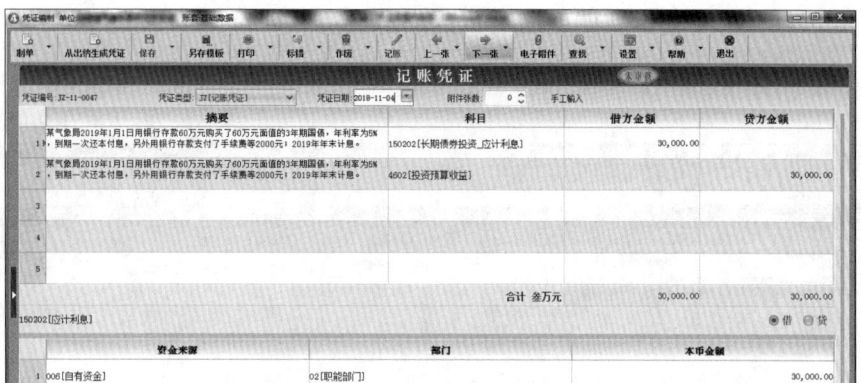

图 4-160 基础数据录入界面

财务预算平行记账如图 4-161 和图 4-162 所示。

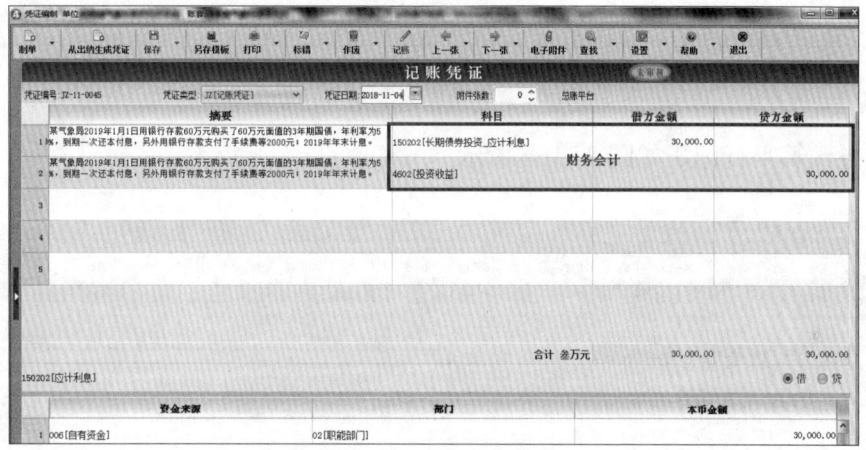

图 4-161 财务预算会计凭证 – 1

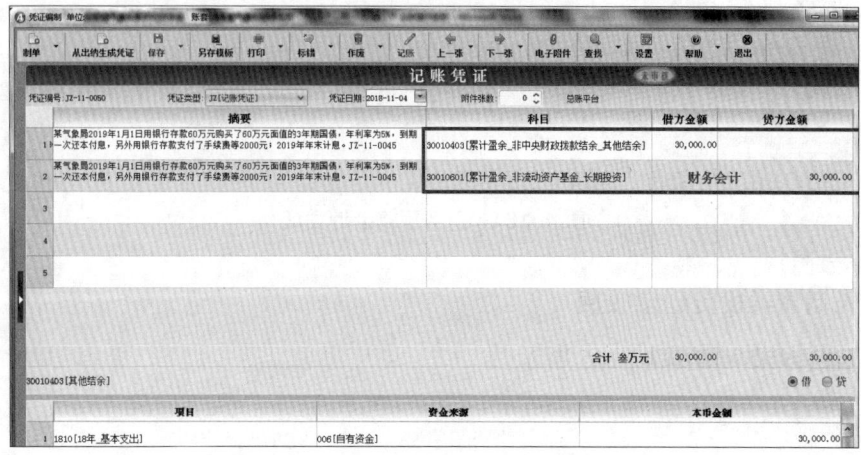

图 4-162 财务预算会计凭证 – 2

（2）如为分期付息、到期一次还本的债券投资

基础数据录入如图 4-163 所示。

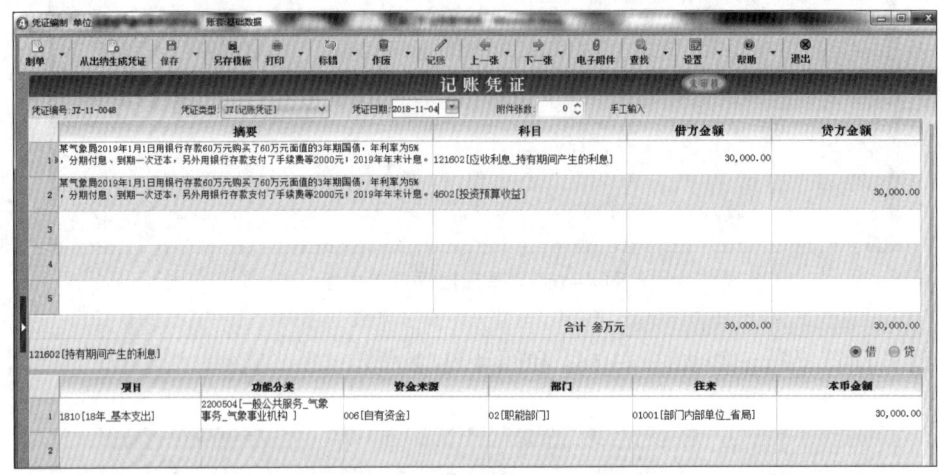

图 4-163　基础数据录入界面

财务预算平行记账如图 4-164 所示。

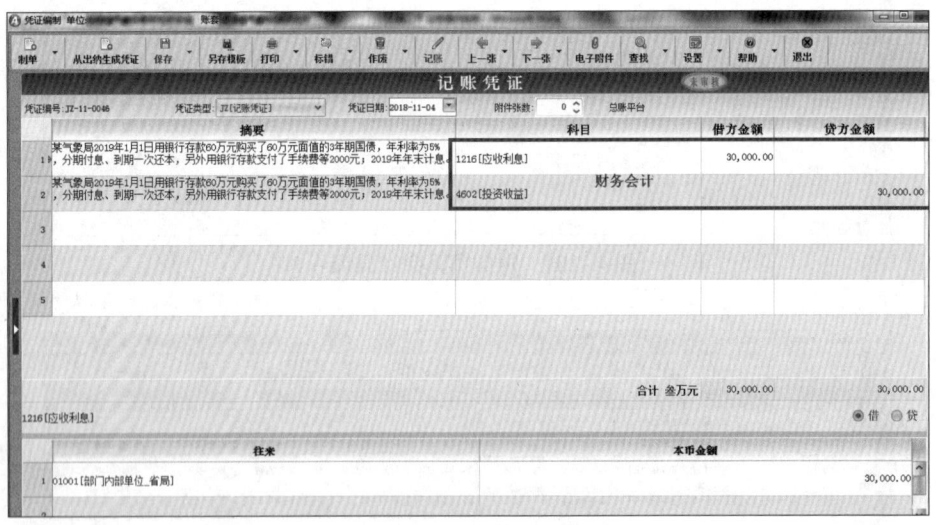

图 4-164　财务预算会计凭证

3. 长期债券投资到期收回

基础数据录入如图 4-165 所示。

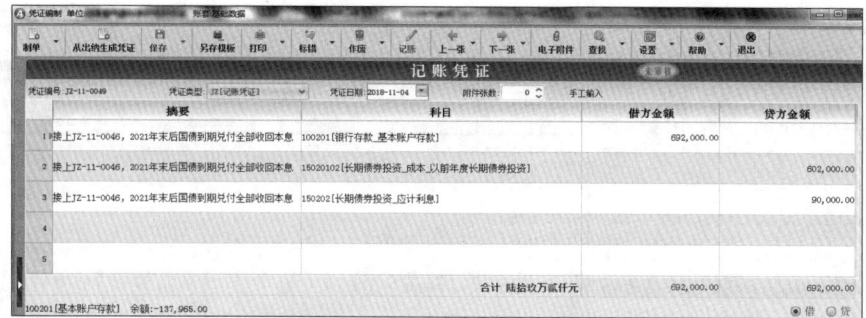

图 4-165 基础数据录入界面

财务预算平行记账如图 4-166 至图 4-169 所示。

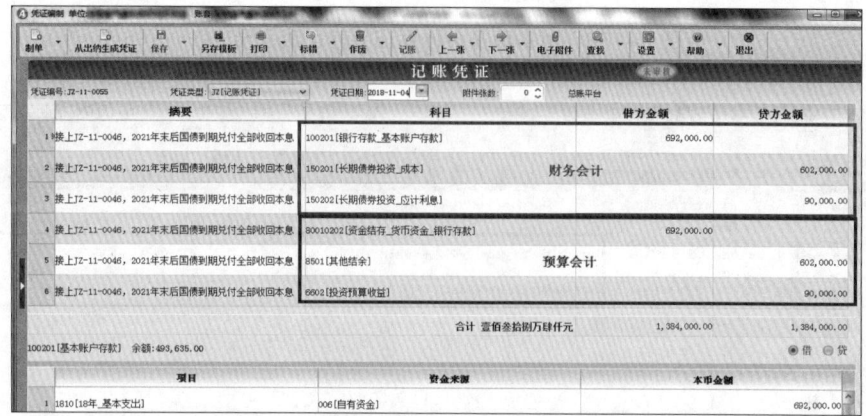

图 4-166 财务预算会计凭证平行记账分录-1

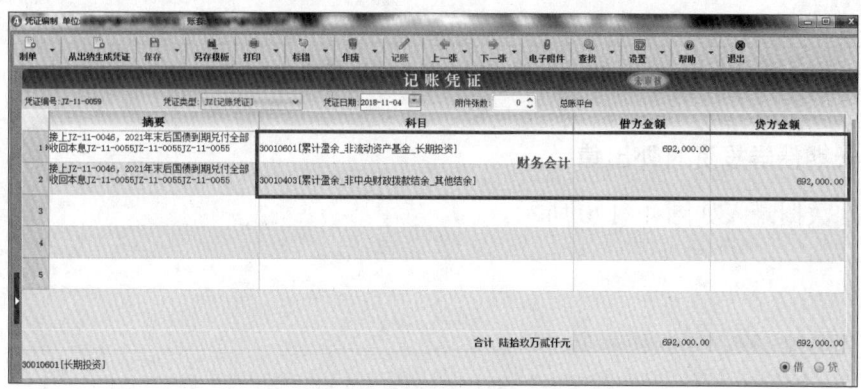

图 4-167 财务预算会计凭证-1

注意：借贷的金额如有对应的多借多贷，只能在手工录入财务预算凭证。

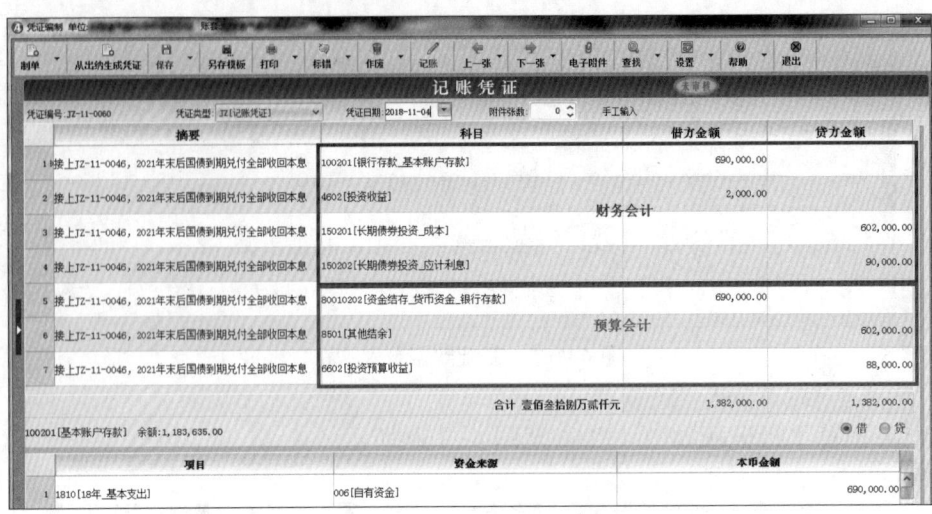

图 4-168　财务预算会计凭证平行记账分录 - 2

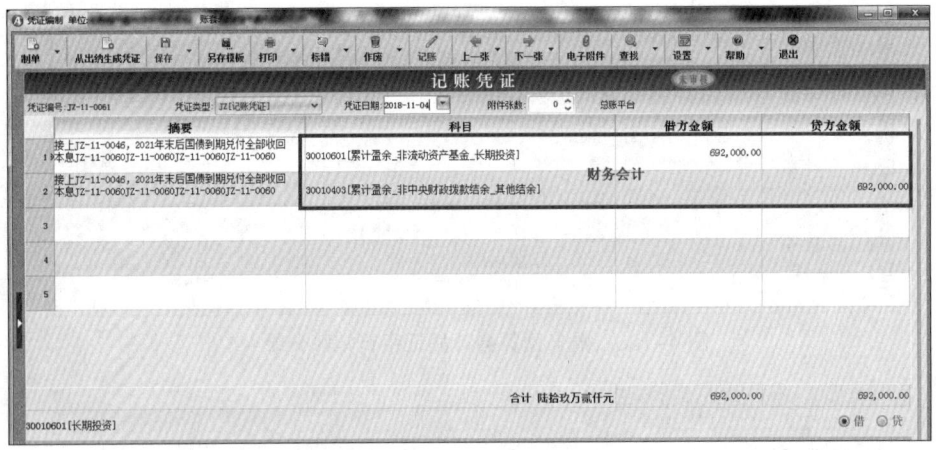

图 4-169　财务预算会计凭证 - 2

4. 长期债券投资对外出售

基础数据录入如图 4-170 所示。

图 4-170 基础数据录入界面

财务预算平行记账如图 4-171 和图 4-172 所示。

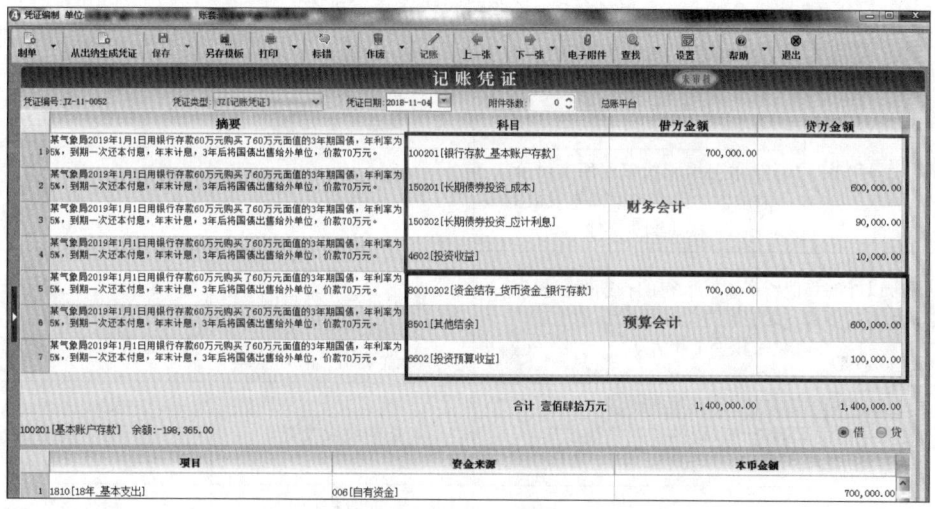

图 4-171 财务预算会计凭证平行记账分录

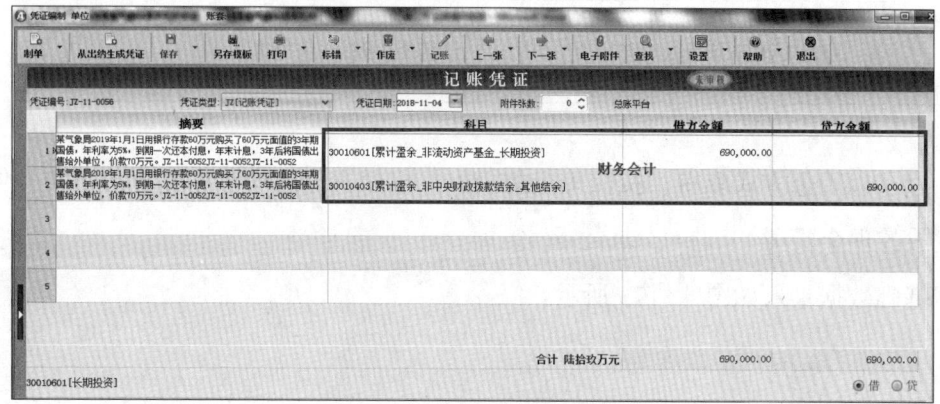

图 4-172 财务预算会计凭证

（二）长期股权投资

长期股权投资是指事业单位按照规定取得的，持有时间超过1年（不含1年）的股权性质的投资。

"长期股权投资"科目的借方发生额反映购入等方式增加的长期股权投资，贷方发生额反映单位所持有的长期股权投资的减少。本科目期末借方余额，反映事业单位持有的长期股权投资的价值。

1. 长期股权投资取得

长期股权投资的主要账务处理如表4-15所示。

表4-15 长期股权投资主要账务

业务类型		借方	贷方
以现金方式取得	按照确定的成本	长期股权投资 应收股利	银行存款
	实际收到取得投资时所支付价款中包含的已宣告但尚未发放的现金股利时	银行存款	应收股利
以现金以外的其他资产置换取得的长期股权投资（涉及多借多贷，无法通过记账平台自动生成，在事业账套手工录入）		长期股权投资 固定资产累计折旧 无形资产累计摊销 资产处置费用（借方差额）	固定资产、无形资产等 银行存款 其他预算收入（贷方差额）
以未入账的无形资产取得的长期股权投资		长期股权投资	银行存款 其他应缴税费 其他预算收入
接受捐赠的长期股权投资		长期股权投资 长期股权投资——税费等相关支出150103	银行存款 其他预算收入——捐赠预算收入
无偿调入的长期股权投资		长期股权投资 长期股权投资——税费等相关支出150103	银行存款 无偿调拨净资产

（1）以现金方式取得，按照确定的成本，按照支付的价款中包含的已宣告但尚未发放的现金股利

基础数据录入如图4-173所示。

图 4-173 基础数据录入界面

财务预算平行记账如图 4-174 和图 4-175 所示。

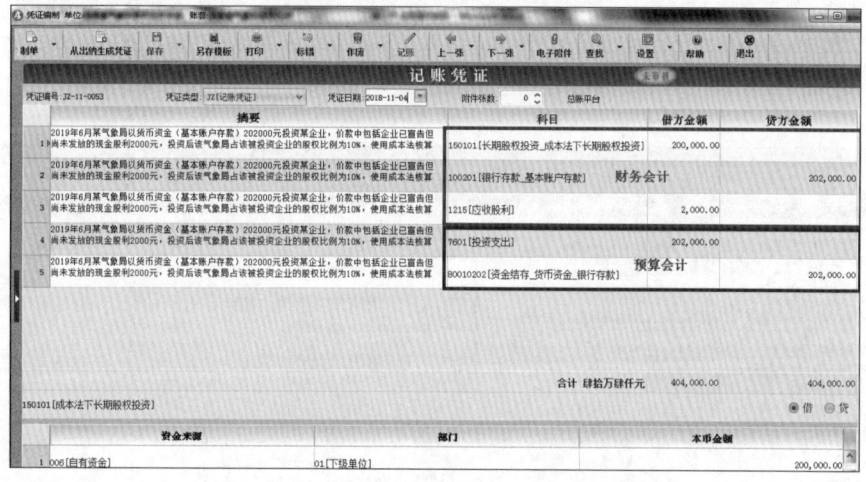

图 4-174 财务预算会计凭证平行记账分录

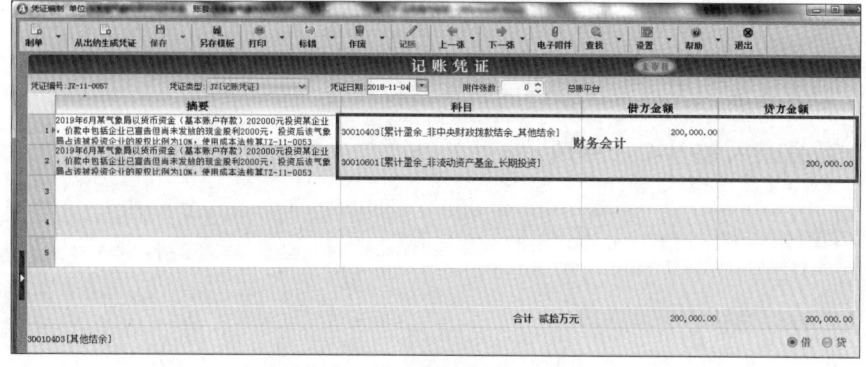

图 4-175 财务预算会计凭证

（2）以现金以外的其他资产置换取得的长期股权投资

借贷的金额有没有对应的多借多贷，只能在手工录入财务预算凭证（图4-176、图4-177）。

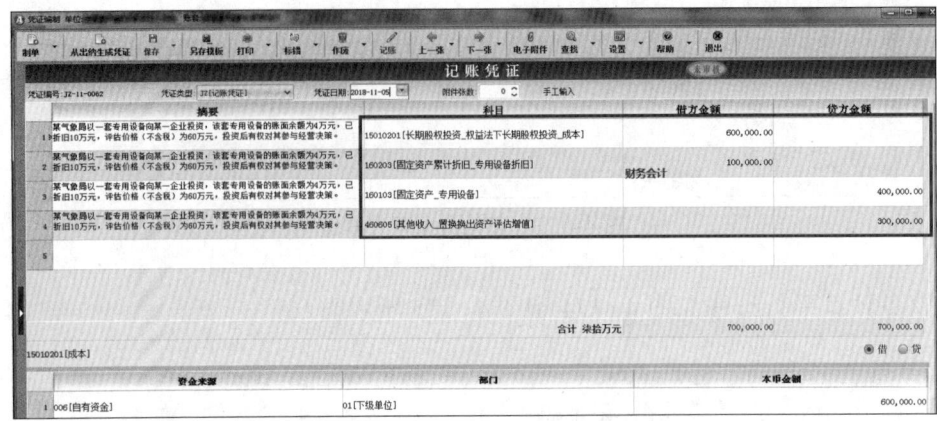

图4-176　财务预算会计凭证-1

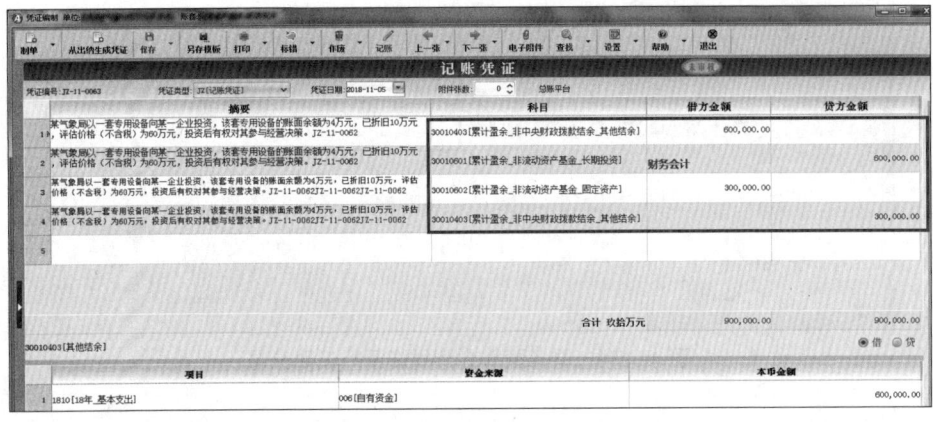

图4-177　财务预算会计凭证-2

（3）以未入账的无形资产取得的长期股权投资

基础数据录入如图4-178所示。

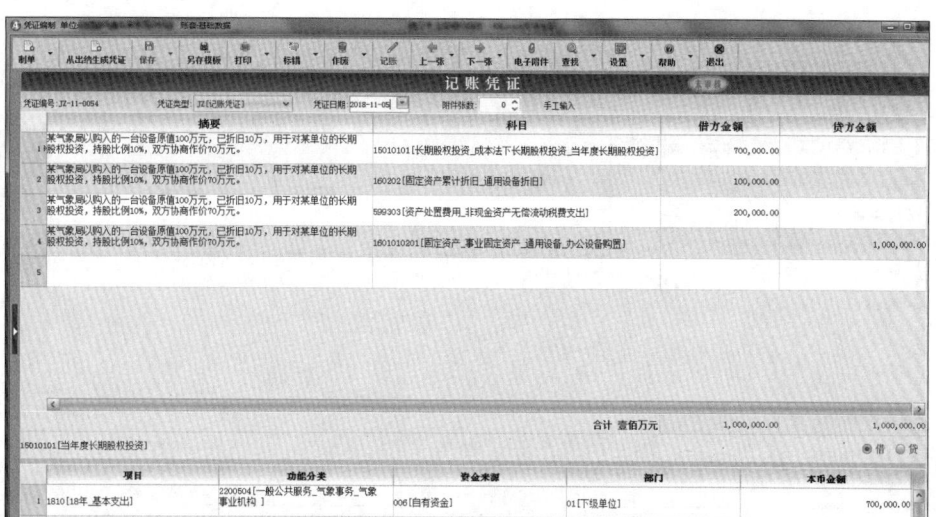

图 4-178 基础数据录入界面

财务预算平行记账如图 4-179 和图 4-180 所示。

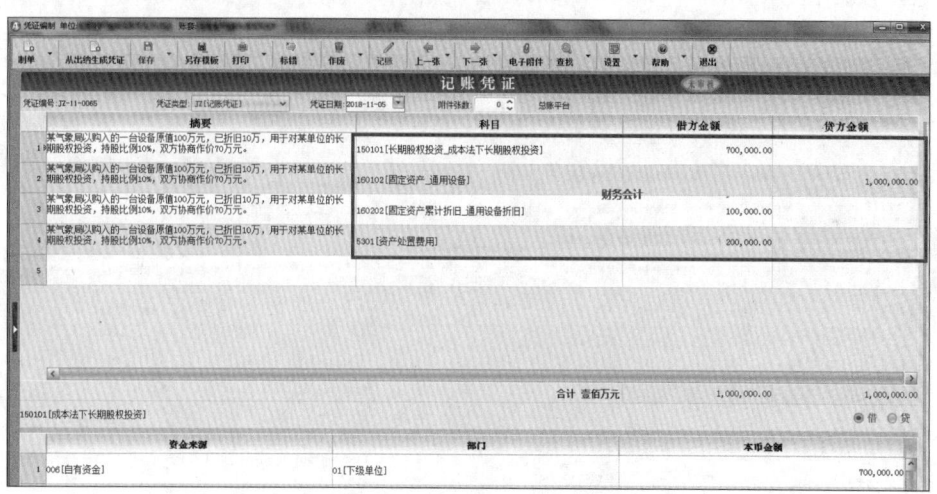

图 4-179 财务预算会计凭证 - 1

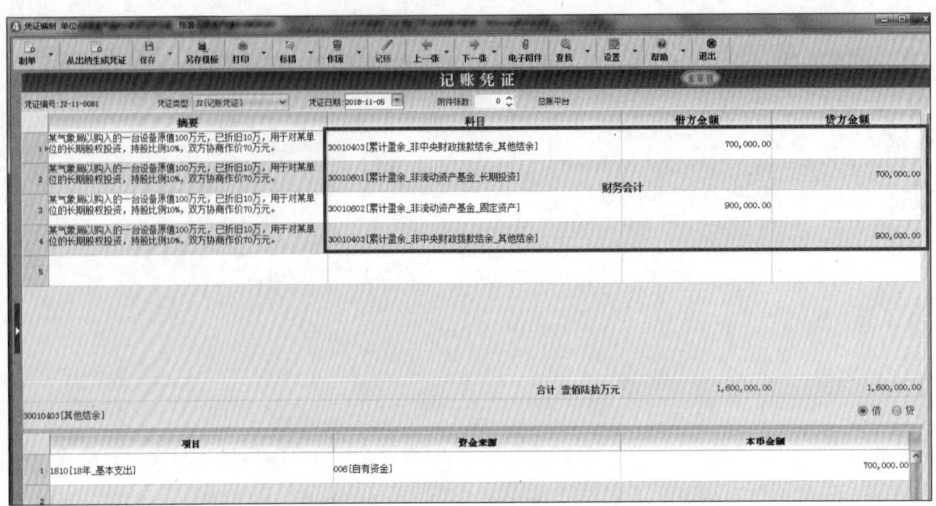

图 4-180　财务预算会计凭证-2

（4）接受捐赠的长期股权投资

基础数据录入如图 4-181 所示。

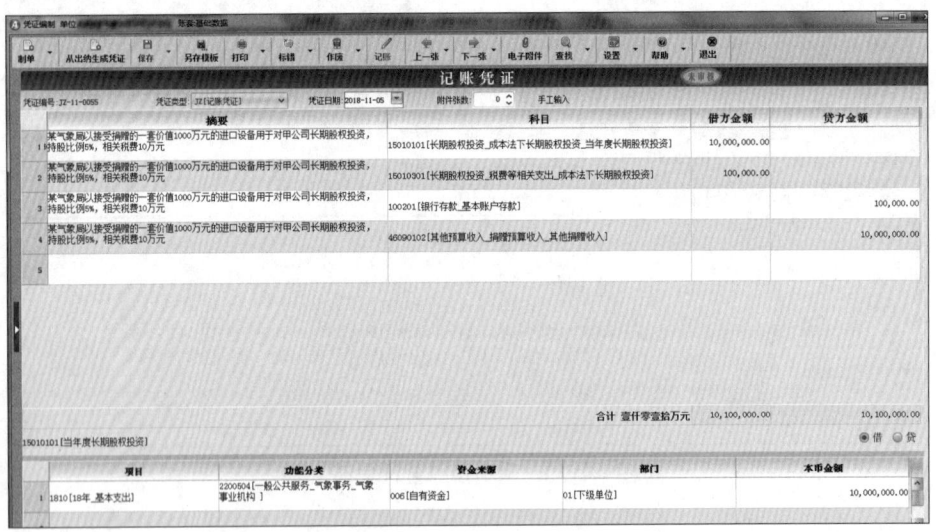

图 4-181　基础数据录入界面

财务预算平行记账如图 4-182 和图 4-183 所示。

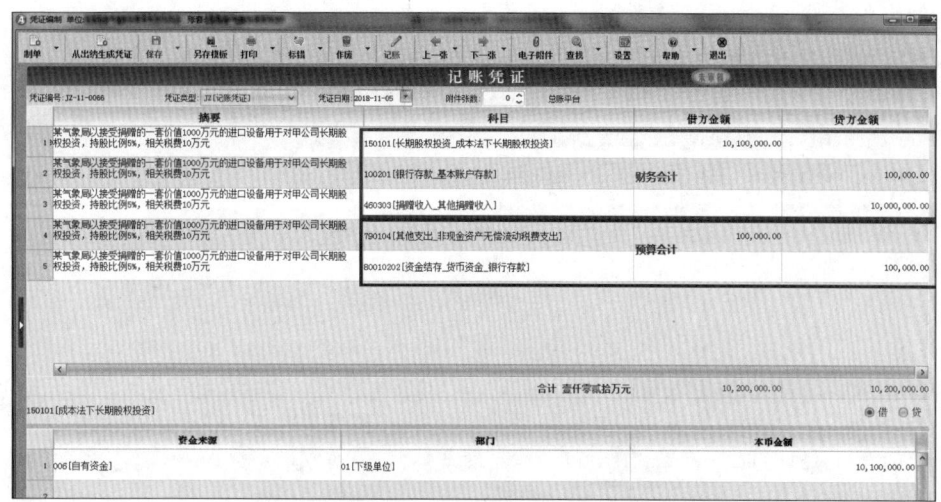

图 4-182　财务预算会计凭证平行记账分录

图 4-183　财务预算会计凭证

（5）无偿调入的长期股权投资

基础数据录入如图 4-184 所示。

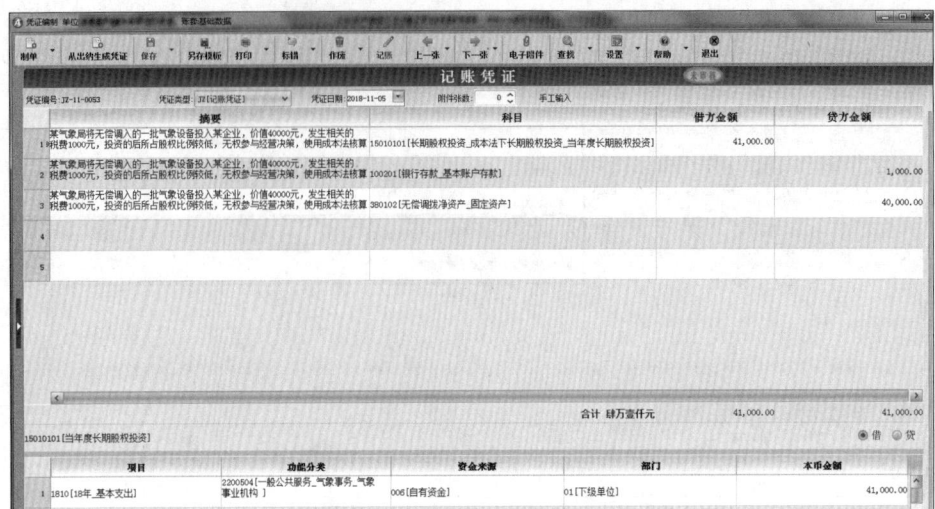

图 4-184 基础数据录入界面

财务预算平行记账如图 4-185 和图 4-186 所示。

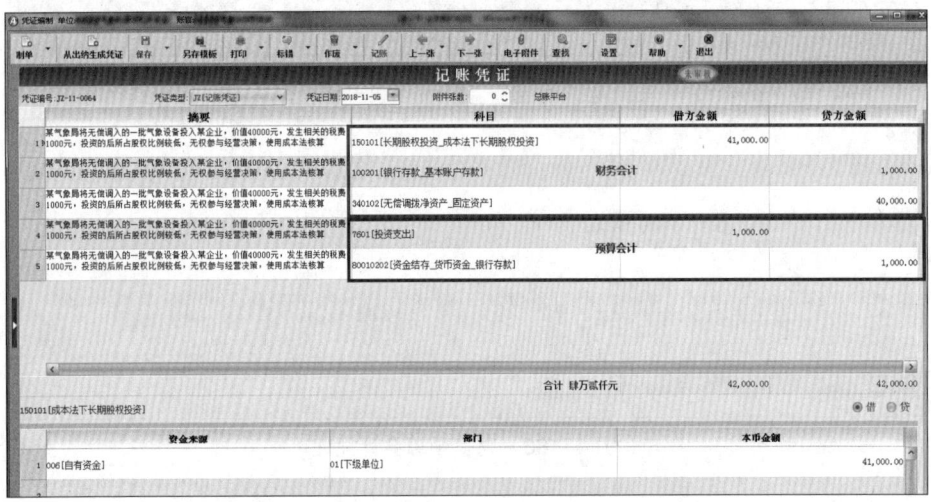

图 4-185 财务预算会计凭证平行记账分录

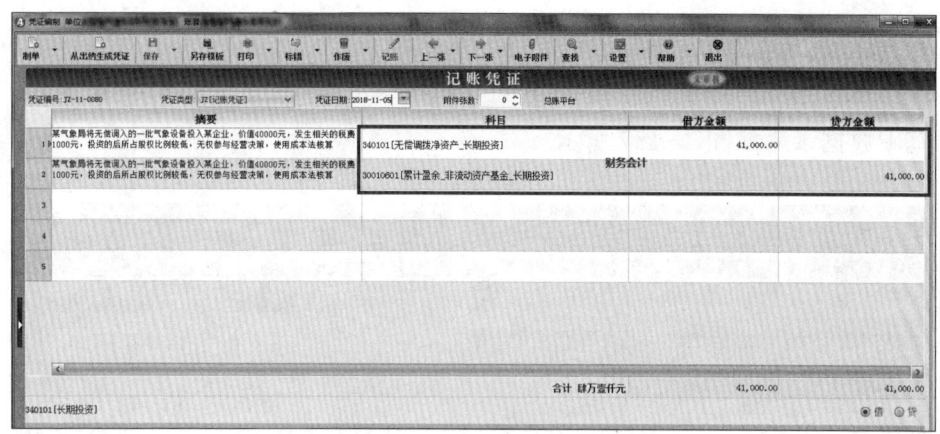

图 4-186 财务预算会计凭证

2. 长期股权投资持有期间

长期股权投资主要财务如表 4-16 所示。

表 4-16 长期股权投资主要账务

	业务类型	借方	贷方
采用成本法核算	被投资单位宣告发放现金股利或利润时	应收股利	投资预算收益
	收到现金股利或利润时	银行存款	应收股利
权益法核算	被投资单位实现净利润的	长期股权投资——损益调整	投资预算收益
	被投资单位发生净亏损的	投资预算收益	长期股权投资——损益调整
	发生亏损的被投资单位以后年度又实现净利润的	长期股权投资——损益调整	投资预算收益
	被投资单位宣告分派现金股利或利润的	应收股利	长期股权投资——损益调整
	被投资单位发生除净损益和利润分配以外的所有者权益变动的	权益法调整（借方权益变动）长期股权投资——其他权益变动（借方权益变动）	权益法调整（借方权益变动）长期股权投资——其他权益变动（借方权益变动）
成本法转权益法		长期股权投资——权益法下长期股权投资——成本	长期股权投资——成本法下长期股权投资 银行存款
权益法转成本法	转换时	长期股权投资——成本法下长期股权投资	长期股权投资——权益法下长期股权投资
	被投资单位宣告分派现金股利或利润时	应收股利	长期股权投资——成本法下长期股权投资

（1）采用成本法核算

①被投资单位宣告发放现金股利或利润时

基础数据录入如图 4-187 所示。

图 4-187　基础数据录入界面

财务预算平行记账如图 4-188 所示。

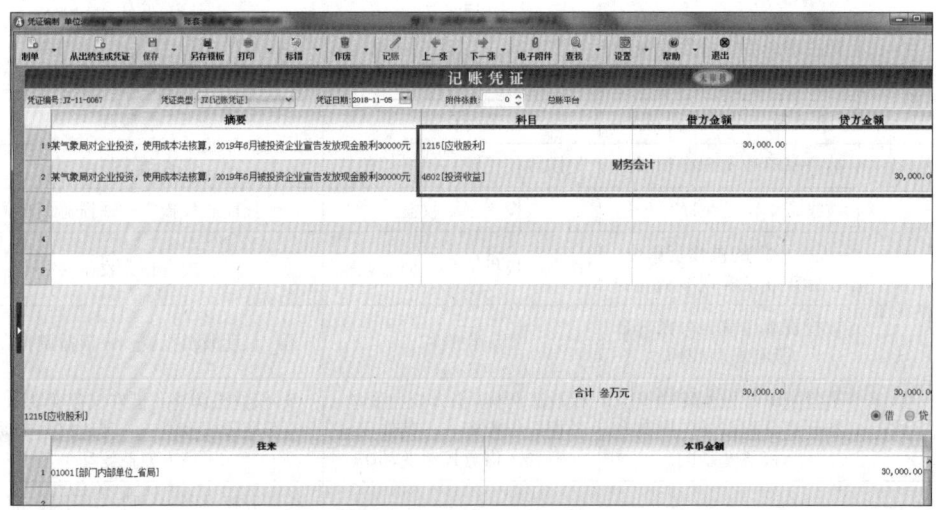

图 4-188　财务预算会计凭证

②收到现金股利或利润时

基础数据录入如图 4-189 所示。

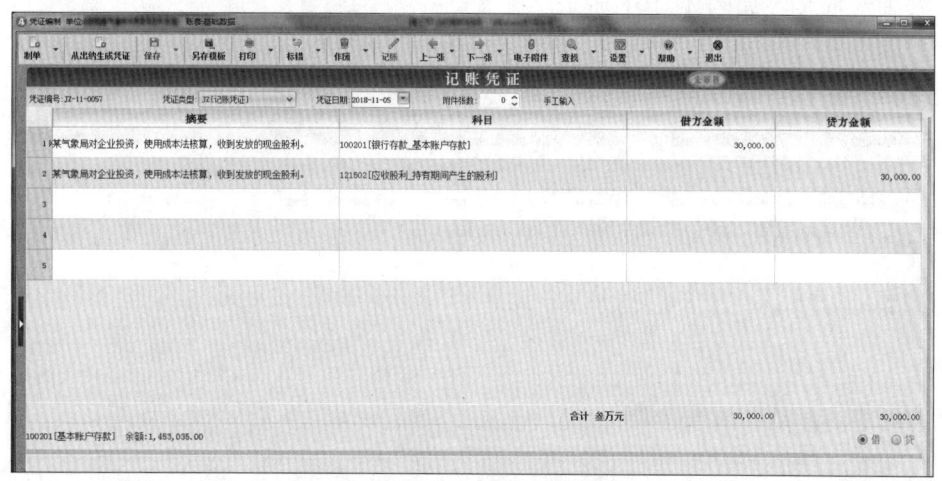

图 4-189 基础数据录入界面

财务预算平行记账如图 4-190 所示。

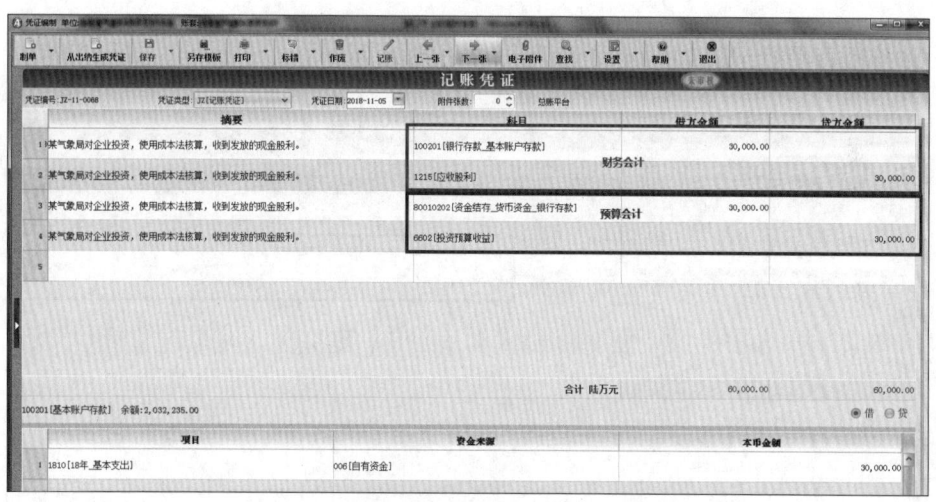

图 4-190 财务预算会计凭证平行记账分录

（2）采用权益法核算

①被投资单位实现净利润的

基础数据录入如图 4-191 所示。

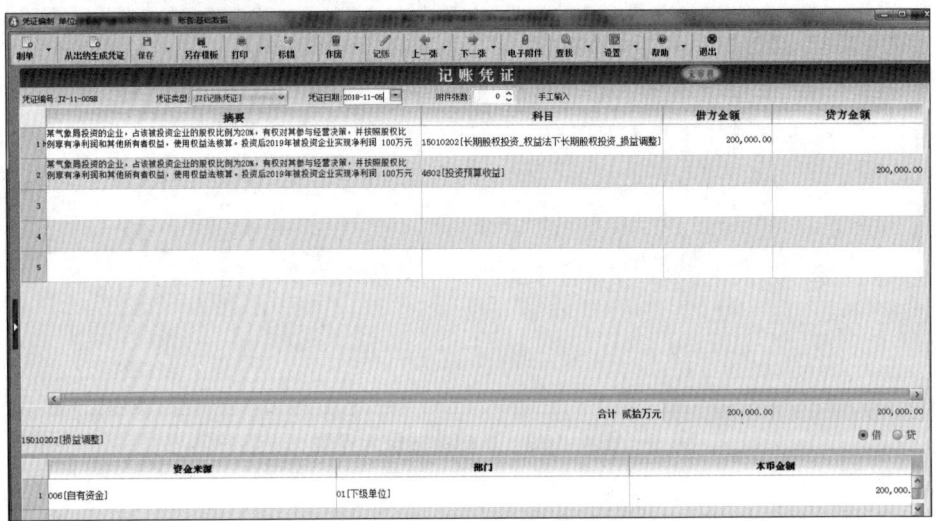

图 4-191　基础数据录入界面

财务预算平行记账如图 4-192 和图 4-193 所示。

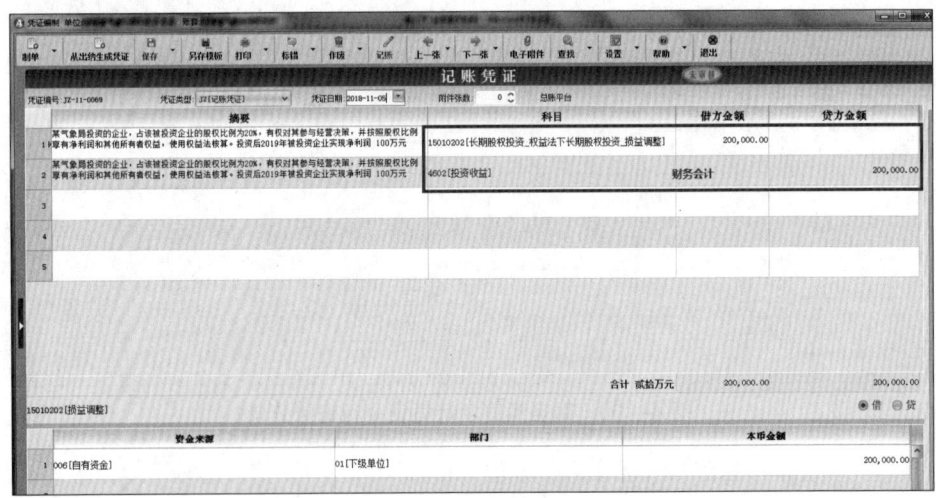

图 4-192　财务预算会计凭证－1

图 4-193 财务预算会计凭证-2

②被投资单位发生净亏损的

基础数据录入如图 4-194 所示。

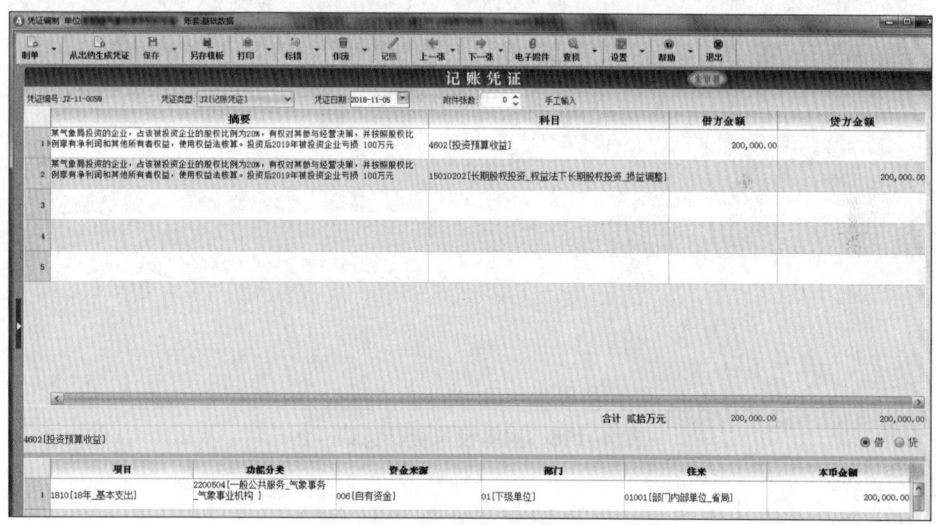

图 4-194 基础数据录入界面

财务预算平行记账如图 4-195 和图 4-196 所示。

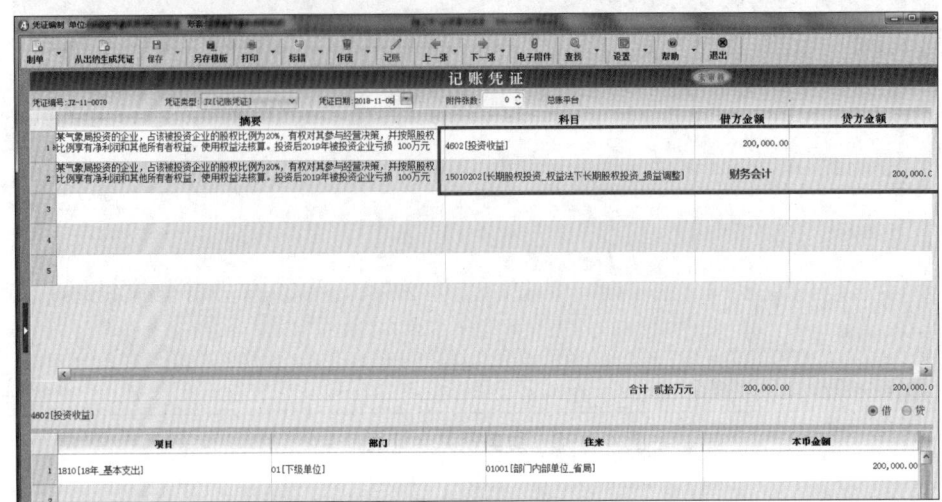

图 4-195　财务预算会计凭证 – 1

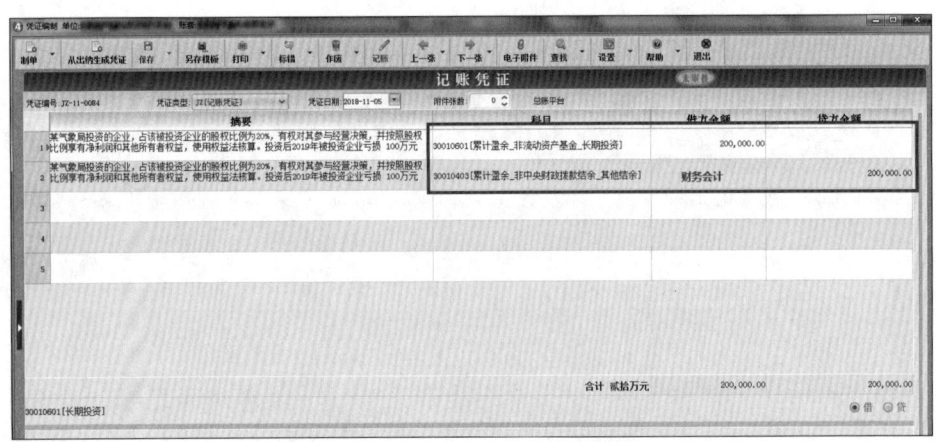

图 4-196　财务预算会计凭证 – 2

③发生亏损的被投资单位以后年度又实现净利润的

基础数据录入如图 4-197 所示。

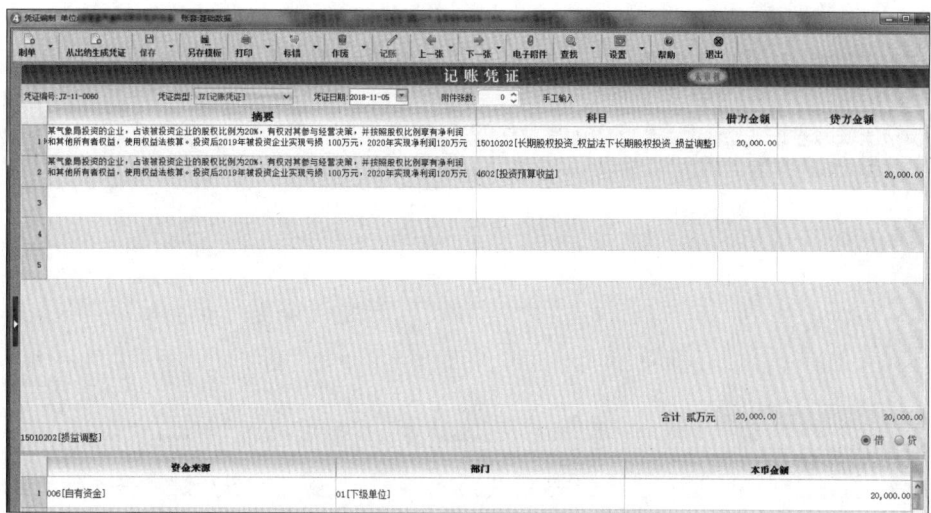

图 4-197 基础数据录入界面

财务预算平行记账如图 4-198 和图 4-199 所示。

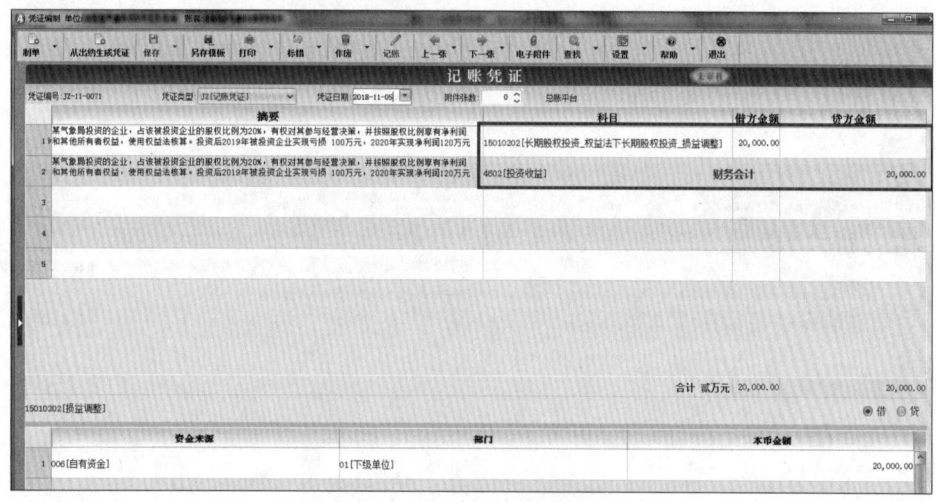

图 4-198 财务预算会计凭证-1

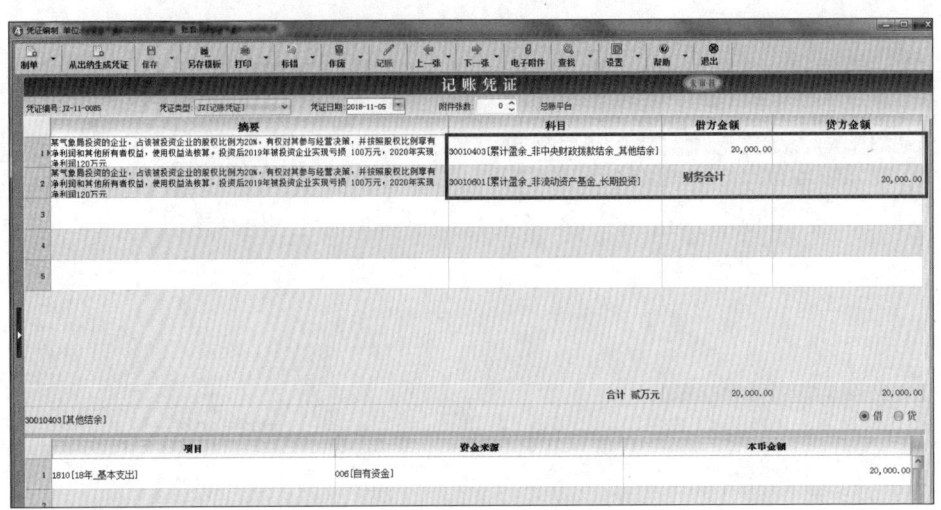

图 4-199 财务预算会计凭证-2

④被投资单位宣告分派现金股利或利润的（采用成本法核算，被投资单位宣告分派现金股利或利润）

⑤被投资单位发生除净损益和利润分配以外的所有者权益变动的

基础数据录入如图 4-200 所示。

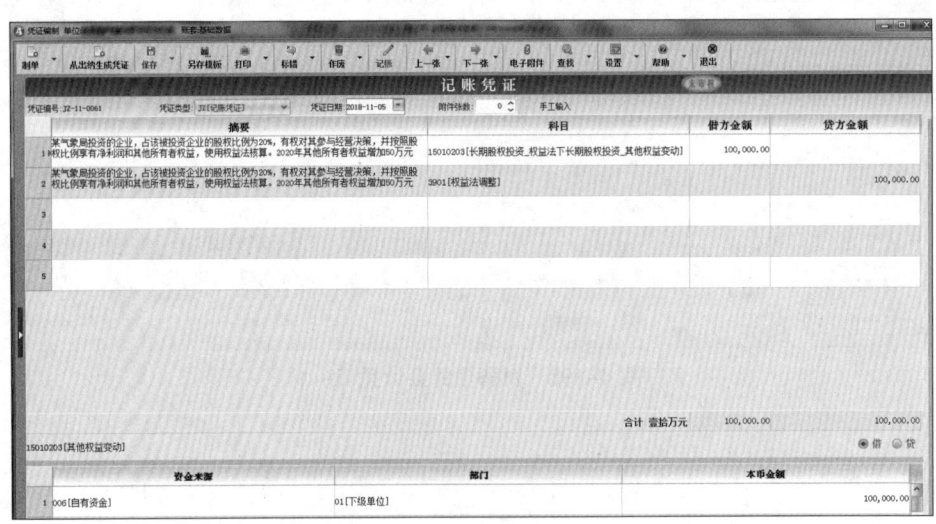

图 4-200 基础数据录入界面

财务预算平行记账如图 4-201 所示。

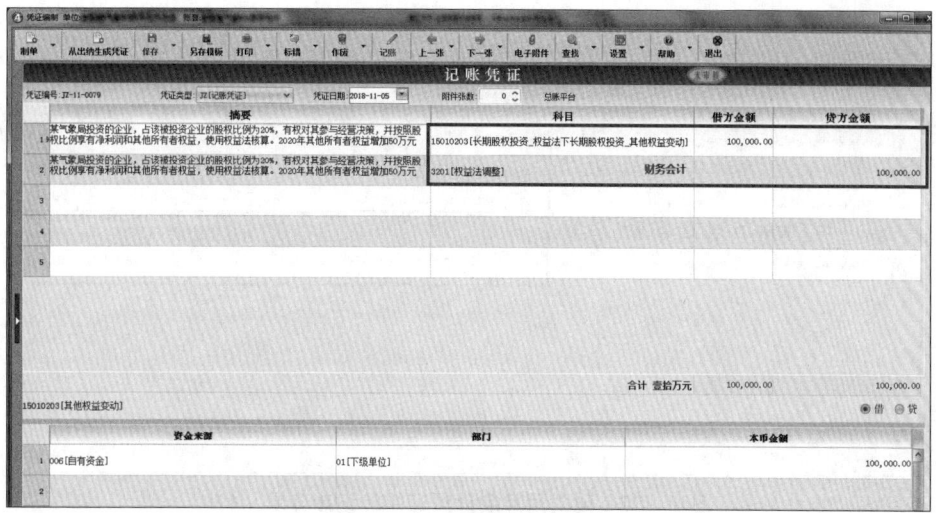

图 4-201　财务预算会计凭证

(3) 成本法转为权益法

基础数据录入如图 4-202 所示。

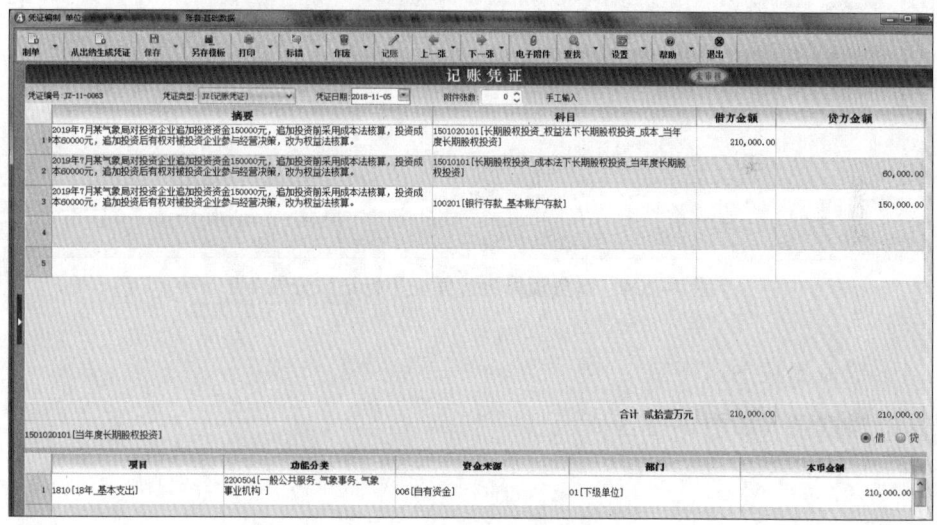

图 4-202　基础数据录入界面

财务预算平行记账如图 4-203 和图 4-204 所示。

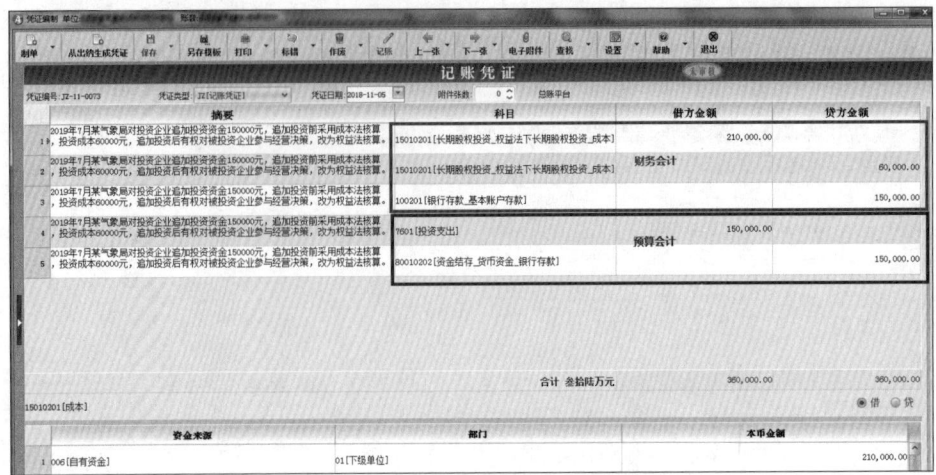

图4-203　财务预算会计凭证平行记账分录-1

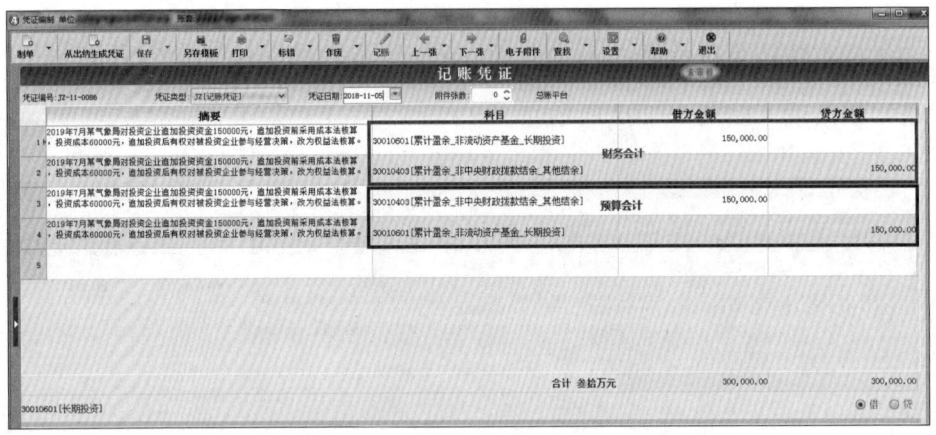

图4-204　财务预算会计凭证平行记账分录-2

（4）权益法转为成本法

基础数据录入如图4-205所示。

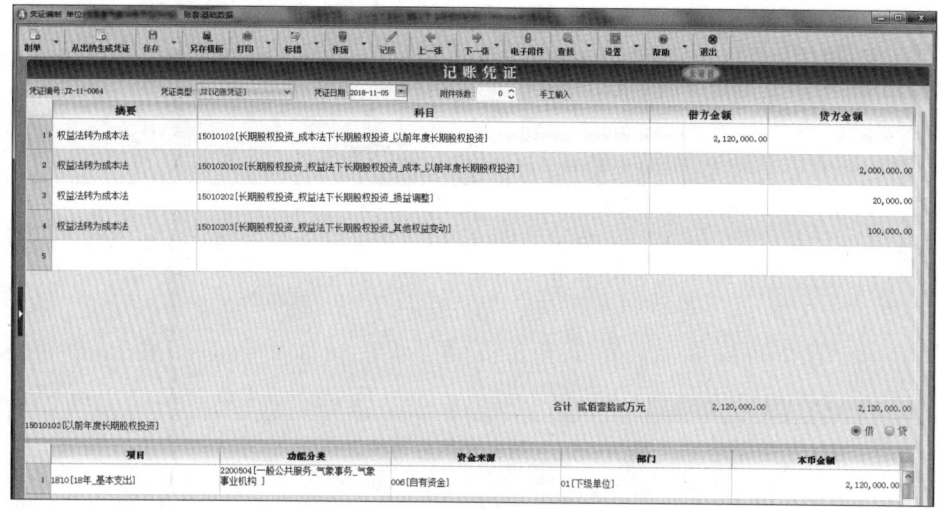

图 4-205　基础数据录入界面

财务预算平行记账如图 4-206 和图 4-207 所示。

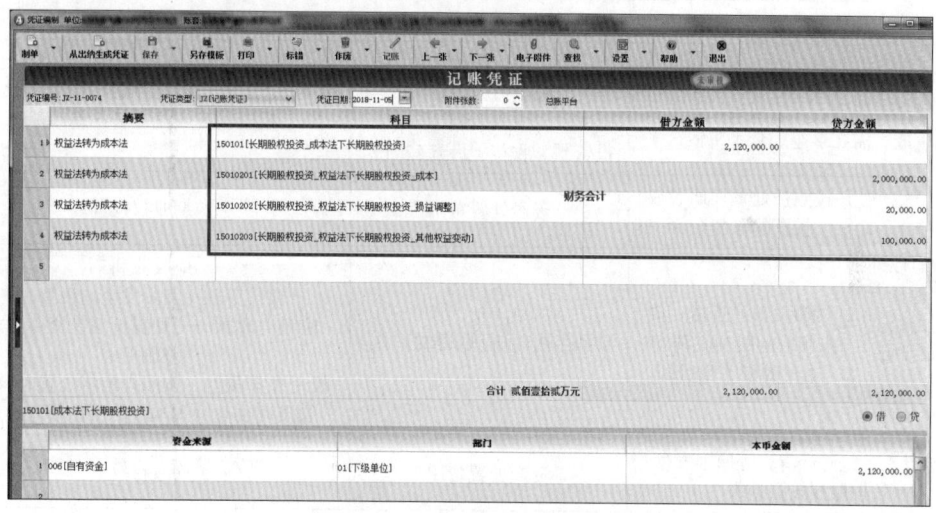

图 4-206　财务预算会计凭证 - 1

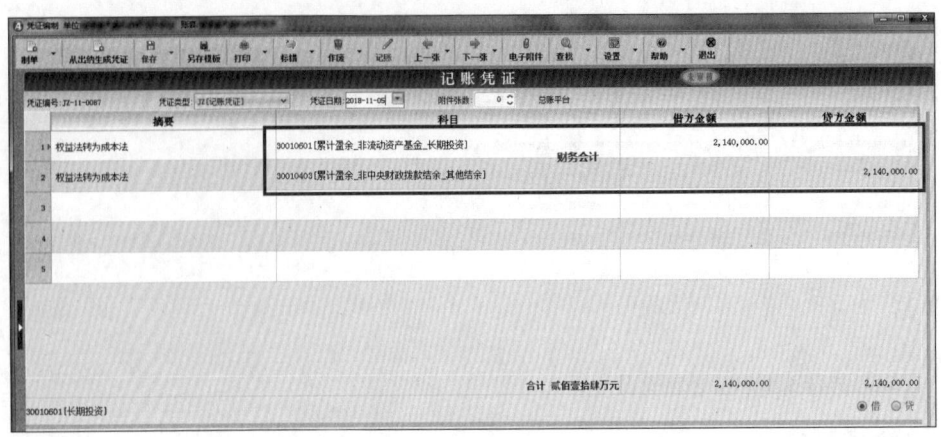

图 4-207　财务预算会计凭证 – 2

3. 长期股权投资的处置（表 4-17）

表 4-17　长期股权投资处置时主要账务

业务类型		借方	贷方
以现金取得的长期股权投资 （涉及多借多贷，无法通过记账平台 自动生成，需在事业账套手工输入）		银行存款 长期股权投资 应收股利 投资预算收益（借方差额）	银行存款 投资预算收益（贷方差额）
以现金以外 的其他资产 取得的长 期股权投资	按照被处置长期股权 投资的账面余额	资产处置费用	长期股权投资
	按照取得的价款、尚 未领取的股利或利润、 支付的相关税费等	银行存款（实际取得的价款）	应收股利 银行存款（实际发生的税费） 应缴财政款——处置长期投资（贷方 差额） 投资预算收益（按照规定将处置时取得 的投资收益纳入本单位预算管理的）
因被投资单位破产清算等原因发生 长期股权投资损失		资产处置费用	长期股权投资
置换转出长期股权投资 （涉及多借多贷，不能通过记账平台 自动生成，需在事业账套手工录入）		库存物品、固定资产等 资产处置费用（借方差额）	长期股权投资 银行存款 其他预算收入（贷方差额）

（1）以现金取得的长期股权投资

基础数据录入如图 4-208 所示。

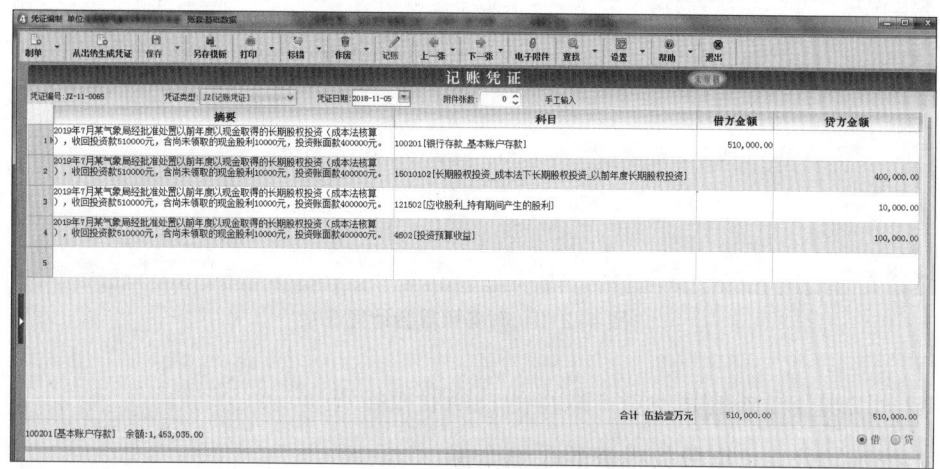

图 4-208 基础数据录入界面

财务预算平行记账如图 4-209 和图 4-210 所示。

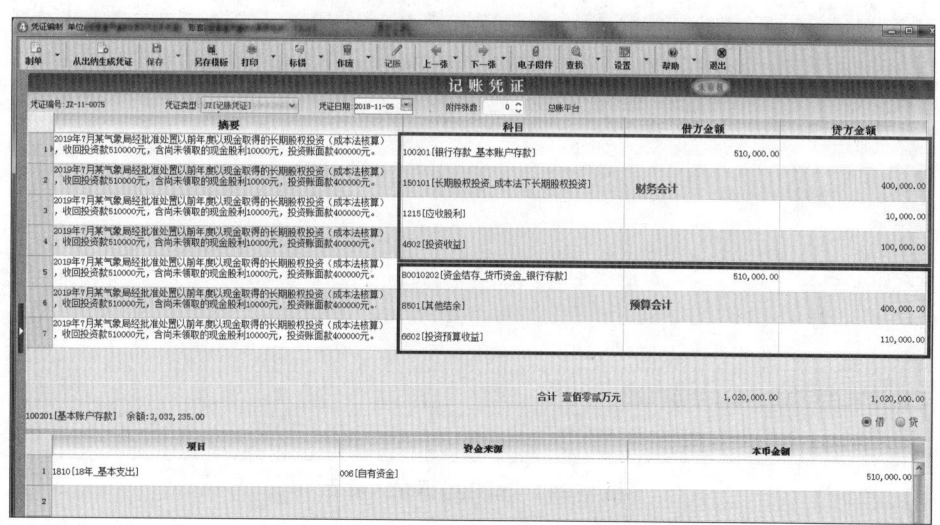

图 4-209 财务预算会计凭证平行记账分录

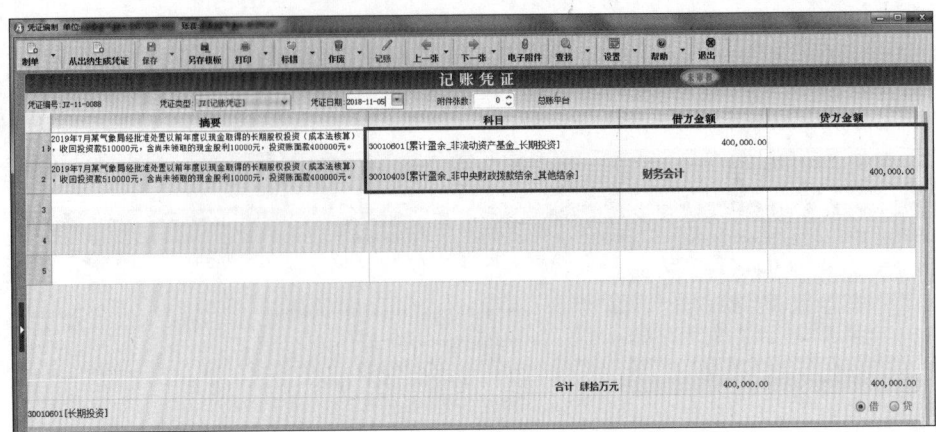

图 4-210　财务预算会计凭证

（2）以现金以外的其他资产取得的长期股权投资

①按照被处置长期股权投资的账面余额

基础数据录入如图 4-211 所示。

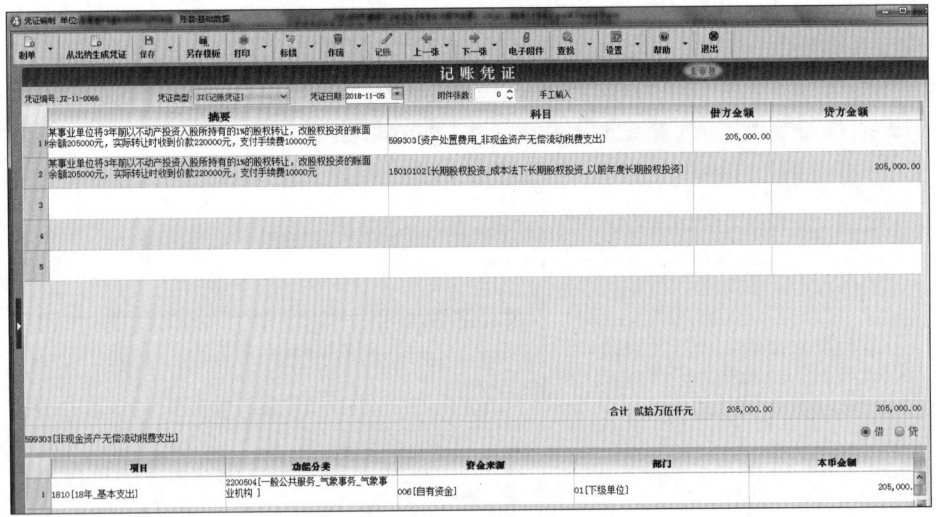

图 4-211　基础数据录入界面

财务预算平行记账如图 4-212 和图 4-213 所示。

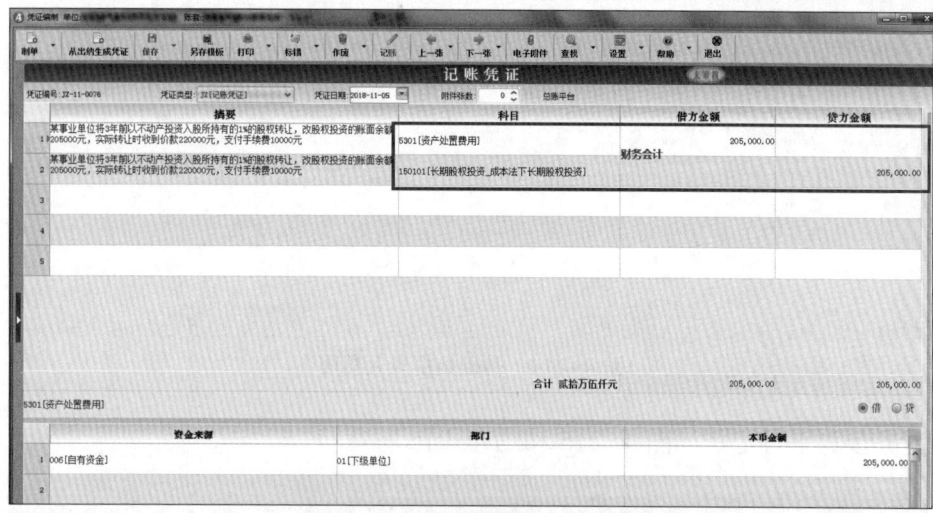

图 4-212　财务预算会计凭证-1

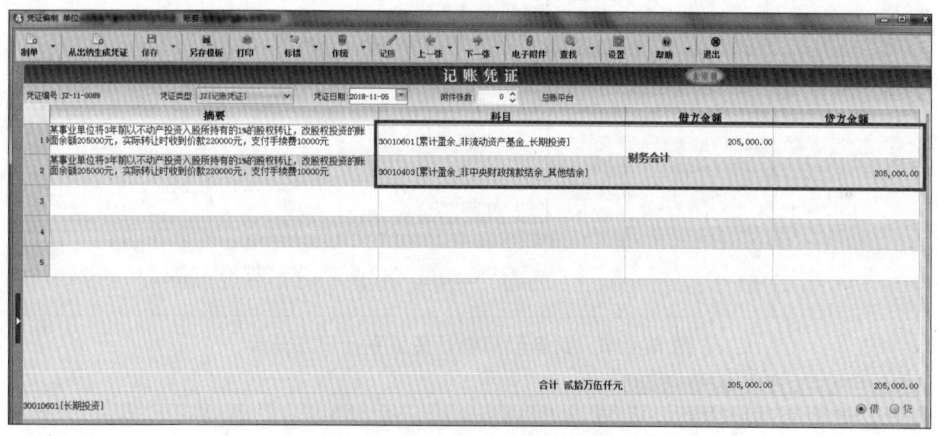

图 4-213　财务预算会计凭证-2

②按照取得的价款、尚未领取的股利或利润、支付的相关税费等基础数据录入如图 4-214 所示。

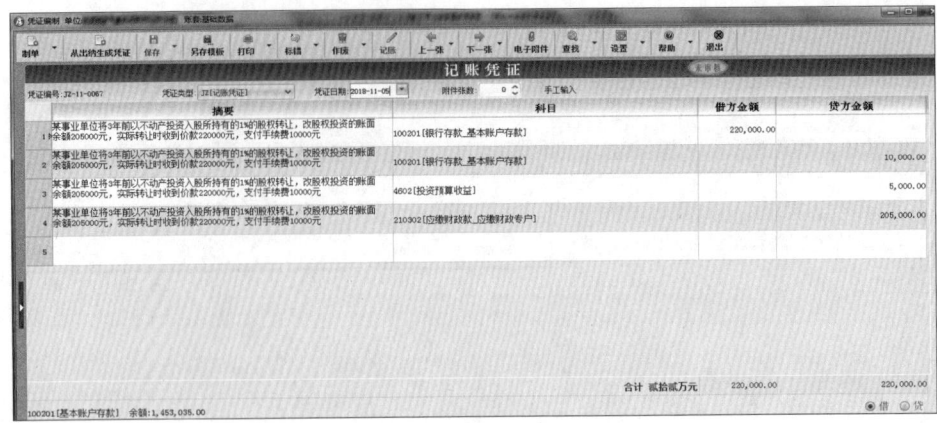

图 4-214　基础数据录入界面

财务预算平行记账如图 4-215 和图 4-216 所示。

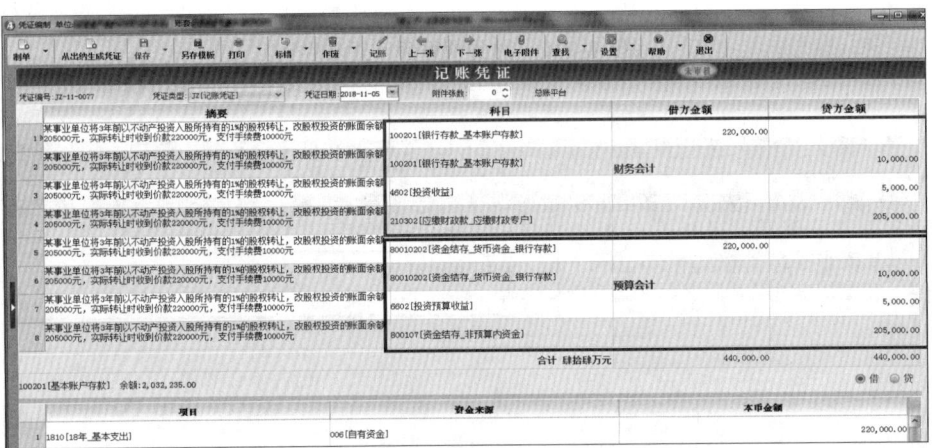

图 4-215　财务预算会计凭证平行记账分录

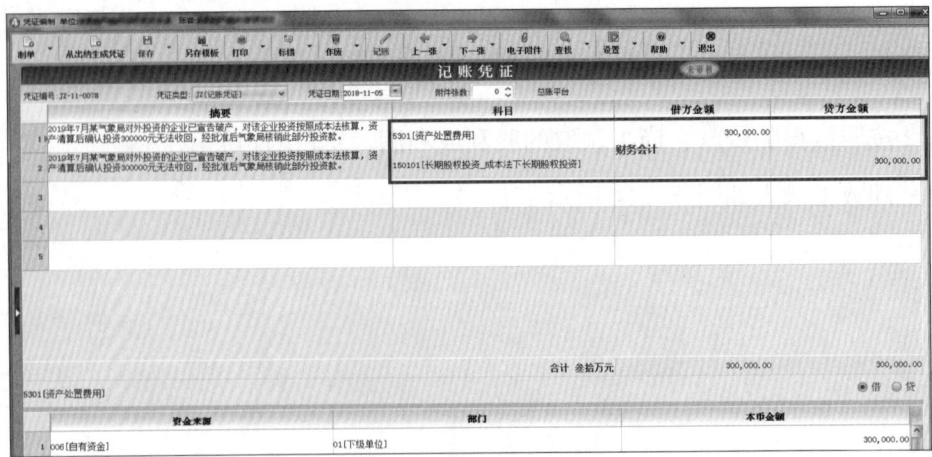

图 4-216　财务预算会计凭证

③因被投资单位破产清算等原因发生长期股权投资损失

基础数据录入如图 4-217 所示。

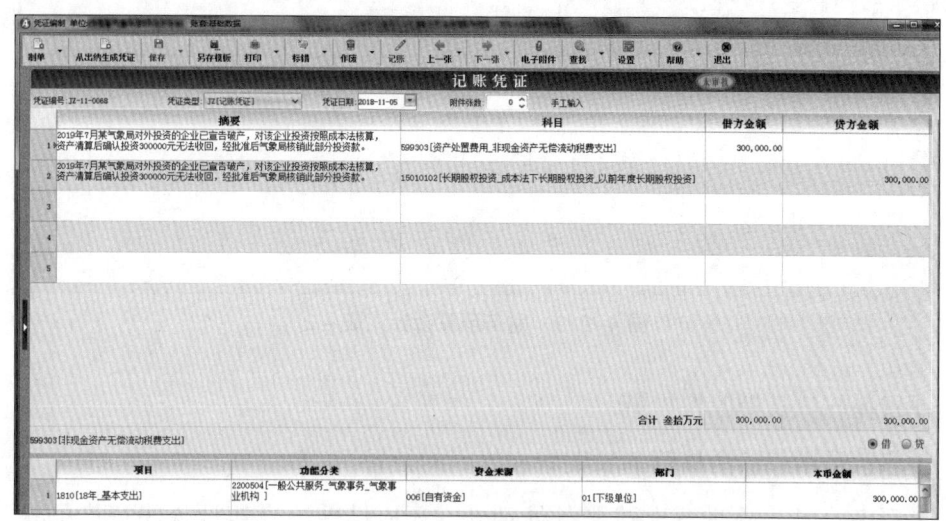

图 4-217　基础数据录入界面

财务预算平行记账如图 4-218 和图 4-219 所示。

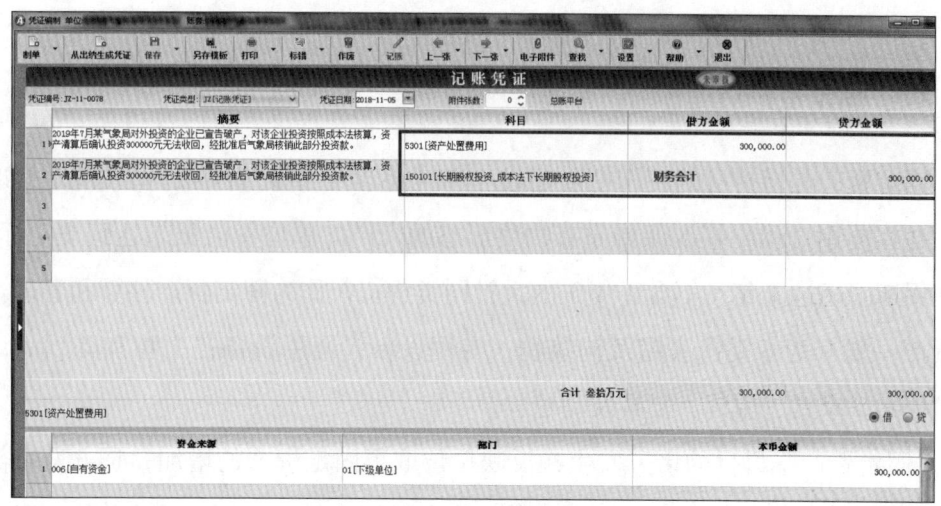

图 4-218　财务预算会计凭证-1

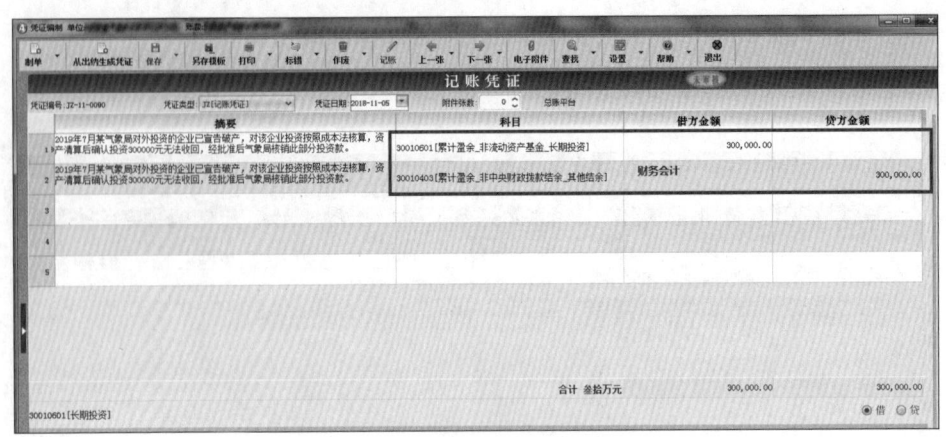

图 4-219 财务预算会计凭证 – 2

④置换转出长期股权投资

注意：采用权益法核算的长期股权投资的处置。

①财务会计：除进行上述账务处理外，还应结转原直接计入净资产的相关金额，借记或贷记"权益法调整"科目，贷记或借记"投资收益"科目。

②预算会计不做账务处理。

六、固定资产

固定资产是指持有的使用期限超过 1 年（不含 1 年）、单位价值在规定标准以上，并在使用过程中基本保持原有物质形态的资产。单位价值虽未达到规定标准，但使用期限超过 1 年（不含 1 年）的大批同类物资，作为固定资产核算和管理。固定资产一般分为 6 类：房屋及构筑物；专用设备；通用设备；文物和陈列品；图书、档案；家具、用具、装具及动植物。

"固定资产"科目的借方发生额反映单位取得固定资产的增加，贷方发生额反映单位固定资产的处置、转让、捐出等，本科目期末借方余额，反映单位固定资产的原值。

固定资产的主要账务处理如下。

(一)固定资产的取得(表4-18)

表4-18 固定资产取得时主要账务处理

业务类型			借方	贷方
购入固定资产	购入不需安装的固定资产		固定资产	财政拨款预算收入 零余额账户用款额度 银行存款、应付账款等
	购入需要安装的固定资产	在安装完毕交付使用前	在建工程	财政拨款预算收入 零余额账户用款额度 银行存款、应付账款等
		安装完毕交付使用时	固定资产	在建工程
购入固定资产扣留质量保证金	取得固定资产时		固定资产(不需要安装) 在建工程(需要安装)	财政拨款预算收入 零余额账户用款额度 银行存款、应付账款(不含质量保证金) 其他应付款(扣留期在1年以内,含1年) 长期应付款(扣留期超过1年)
	质保期满支付质量保证金时		其他应付款 长期应付款	财政拨款预算收入、零余额账户用款额度、银行存款
自行建造的固定资产			固定资产	在建工程
融资租赁取得的固定资产	融资租入时		固定资产(不需安装) 固定资产(不需安装)——支付的相关税费等 在建工程(需安装) 在建工程(需安装)——支付的相关税费等	长期应付款 财政拨款预算收入、零余额账户用款额度、银行存款
	定期支付租金时		长期应付款	财政拨款预算收入、零余额账户用款额度、银行存款
接受捐赠的固定资产	按照确定的固定资产成本		固定资产(不需安装) 固定资产(不需安装)——支付的相关税费等 在建工程(需安装) 在建工程(需安装)——支付的相关税费等	财政拨款预算收入、零余额账户用款额度、银行存款 其他预算收入——捐赠预算收入
	接受捐赠的固定资产按照名义金额入账	按照名义金额	固定资产	其他预算收入——捐赠预算收入
		按照发生的相关税费、运输费等	其他支出	零余额账户用款额度、银行存款
无偿调入的固定资产			固定资产(不需安装) 固定资产(不需安装)——支付的相关税费等 在建工程(需安装) 在建工程(需安装)——支付的相关税费等	零余额账户用款额度 银行存款 无偿调拨净资产
置换取得的固定资产 (涉及多借多贷,无法通过记账平台自动生成,需在事业账套手工录入)			固定资产 固定资产累计折旧、无形资产累计摊销 资产处置费用(借方差额)	固定资产、无形资产等 银行存款 其他预算收入(贷方差额)

1. 购入固定资产

（1）购入不需安装的固定资产

基础数据录入如图4-220所示。

图 4-220 基础数据录入界面

财务预算平行记账如图4-221和图4-222所示。

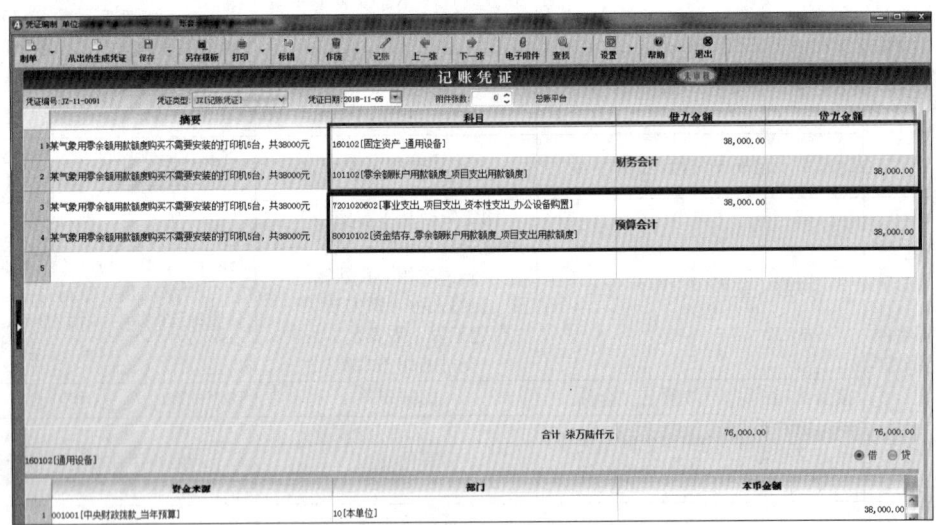

图 4-221 财务预算会计凭证平行记账分录

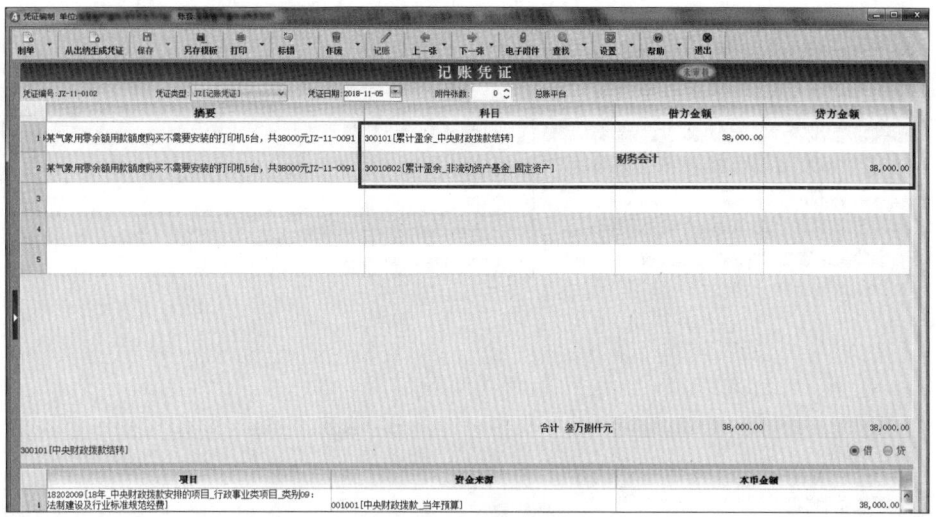

图 4-222 财务预算会计凭证

（2）购入需安装的固定资产

基础数据录入如图 4-223 所示。

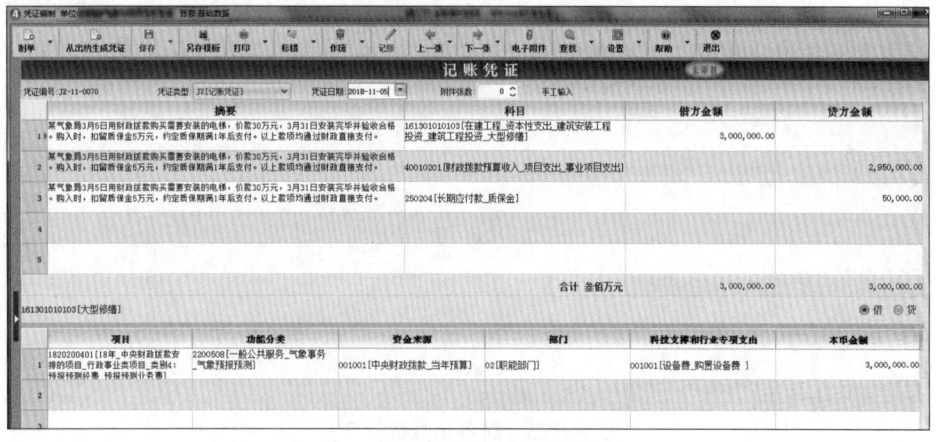

图 4-223 基础数据录入界面

财务预算平行记账如图 4-224 和图 4-225 所示。

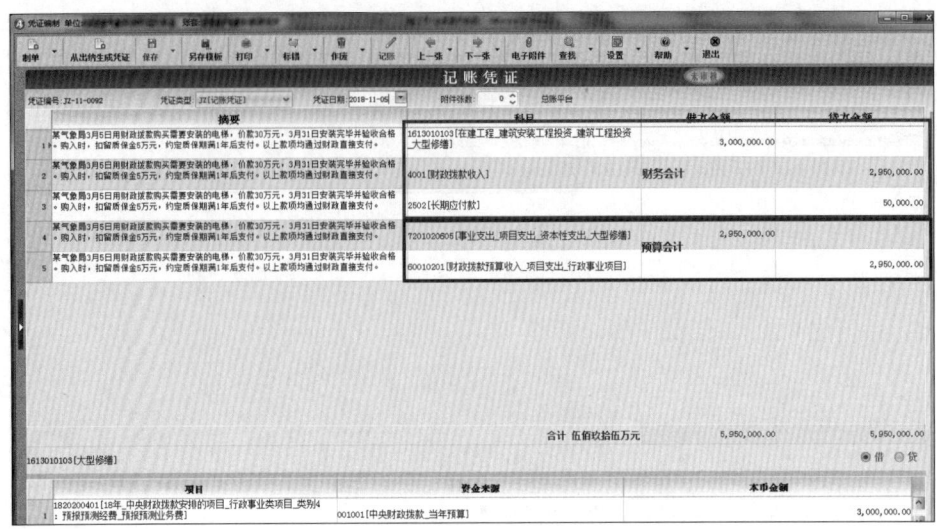

图 4-224　财务预算会计凭证平行记账分录

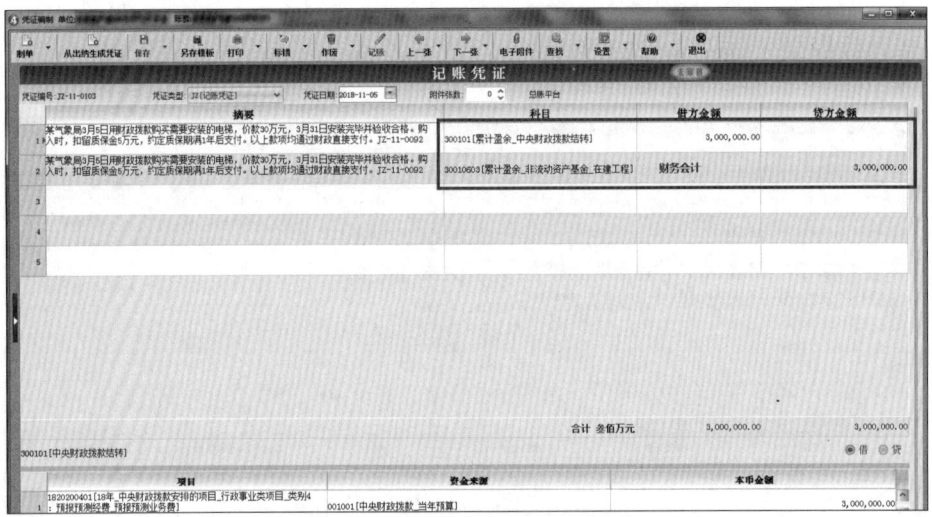

图 4-225　财务预算会计凭证

2. 购入固定资产扣留质量保证金

（1）取得固定资产时

基础数据录入如图4-226所示。

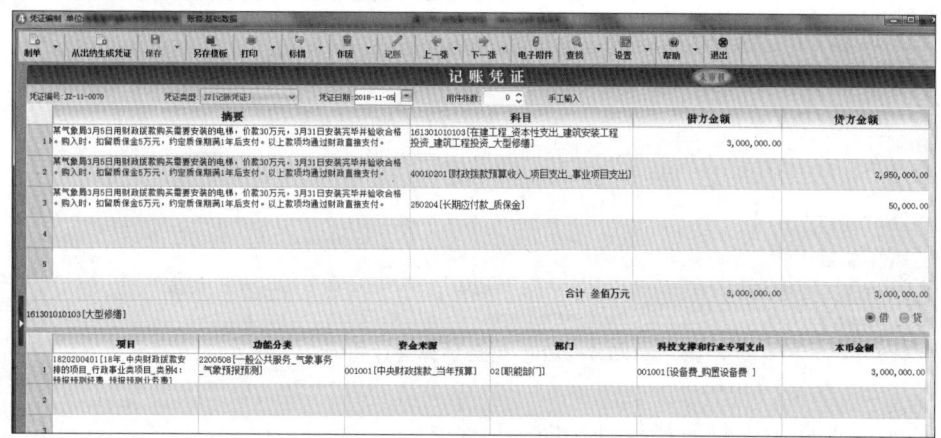

图4-226 基础数据录入界面

财务预算平行记账如图4-227和图4-228所示。

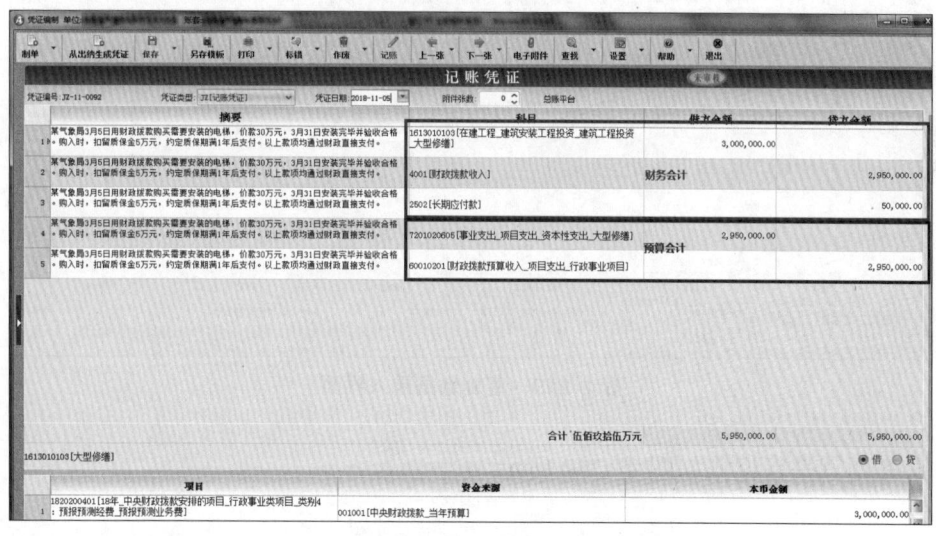

图4-227 财务预算会计凭证平行记账分录

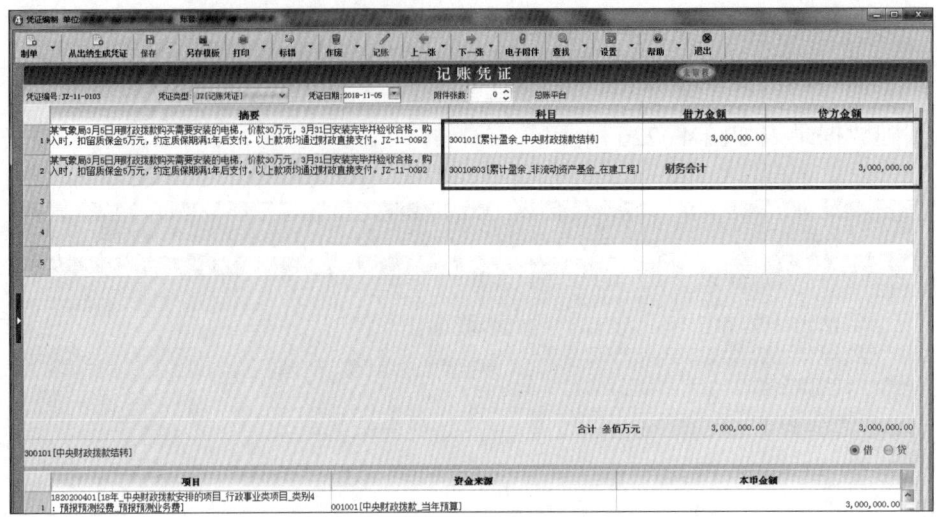

图 4-228　财务预算会计凭证

（2）质保期满支付质量保证金时

基础数据录入如图 4-229 所示。

图 4-229　基础数据录入界面

财务预算平行记账如图 4-230 所示。

图 4-230　财务预算会计凭证

3. 自行建造的固定资产

基础数据录入如图 4-231 所示。

图 4-231　基础数据录入界面

财务预算平行记账如图 4-232 所示。

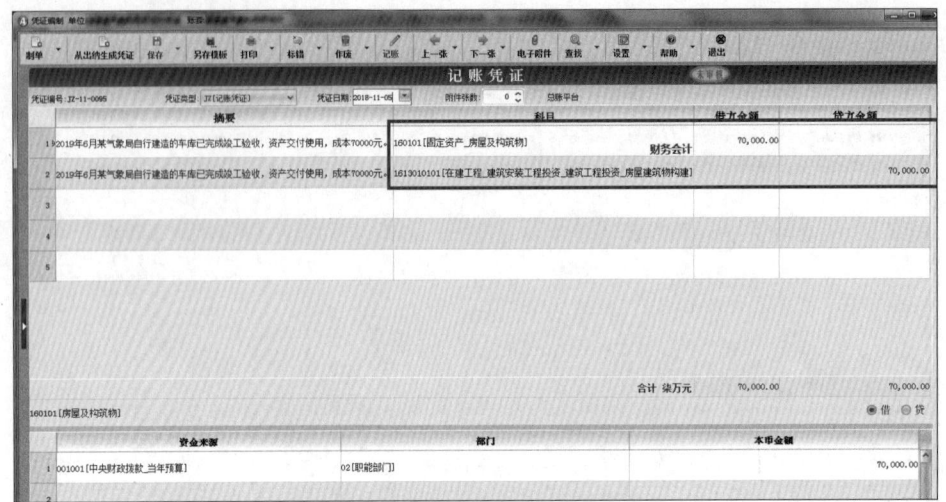

图 4-232 财务预算会计凭证

4. 融资租赁取得的固定资产

（1）融资租入时

基础数据录入如图 4-233 所示所示。

图 4-233 基础数据录入界面

财务预算平行记账如图 4-234 所示。

图 4-234　财务预算会计凭证

（2）定期支付租金时

基础数据录入如图 4-235 所示。

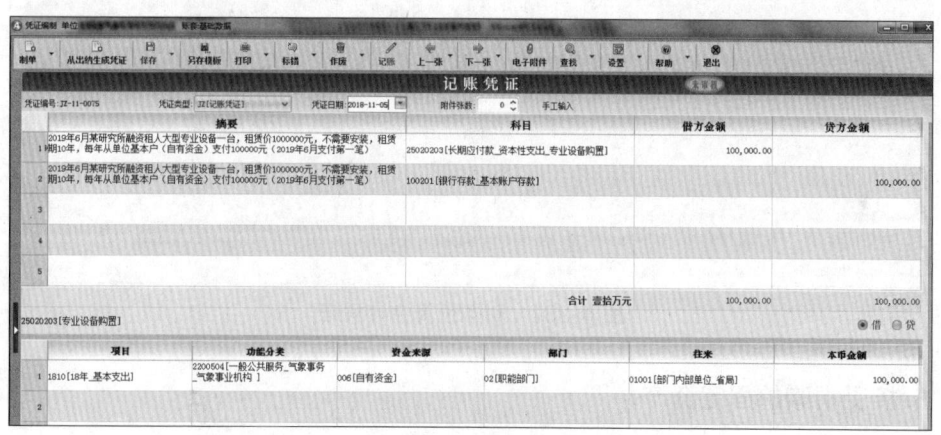

图 4-235　基础数据录入界面

财务预算平行记账如图 4-236 和图 4-237 所示。

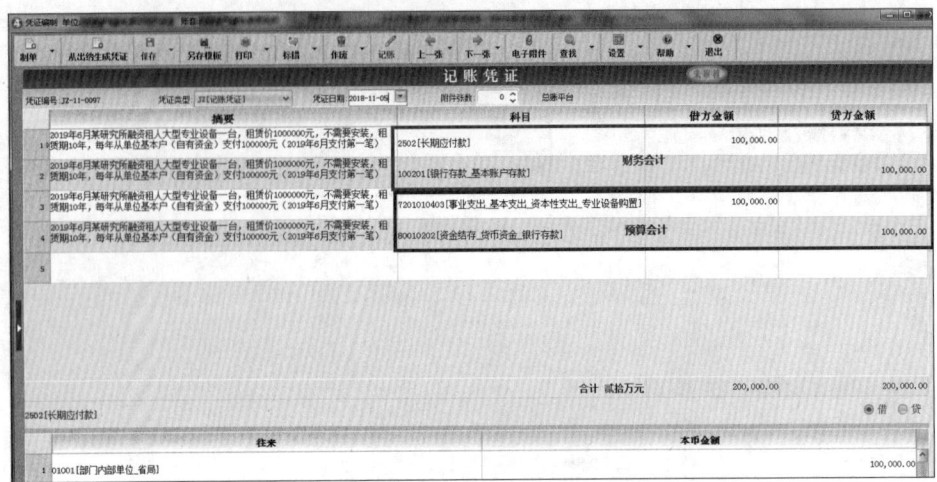

图 4-236　财务预算会计凭证平行记账分录

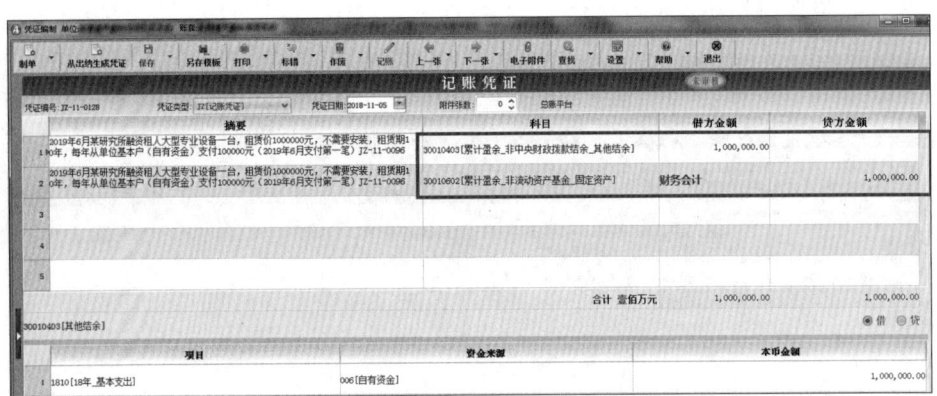

图 4-237　财务预算会计凭证

5. 接受捐赠的固定资产

（1）按照确定的固定资产成本

基础数据录入如图 4-238 所示。

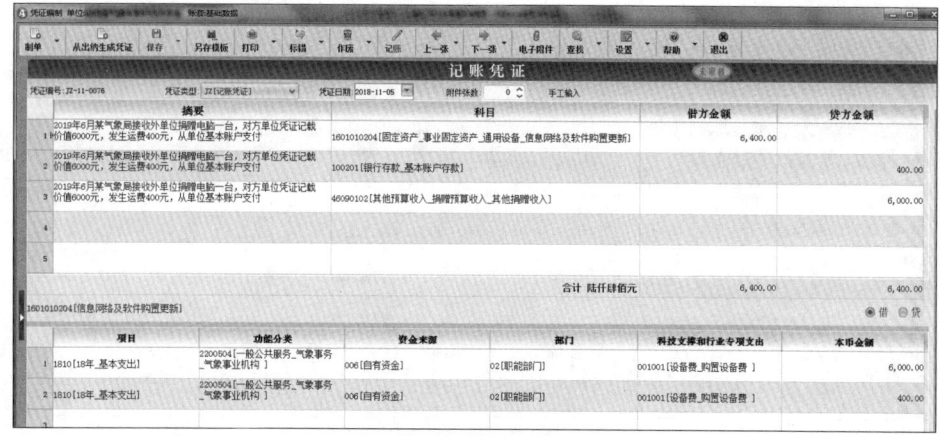

图 4-238 基础数据录入界面

财务预算平行记账如图 4-239 所示。

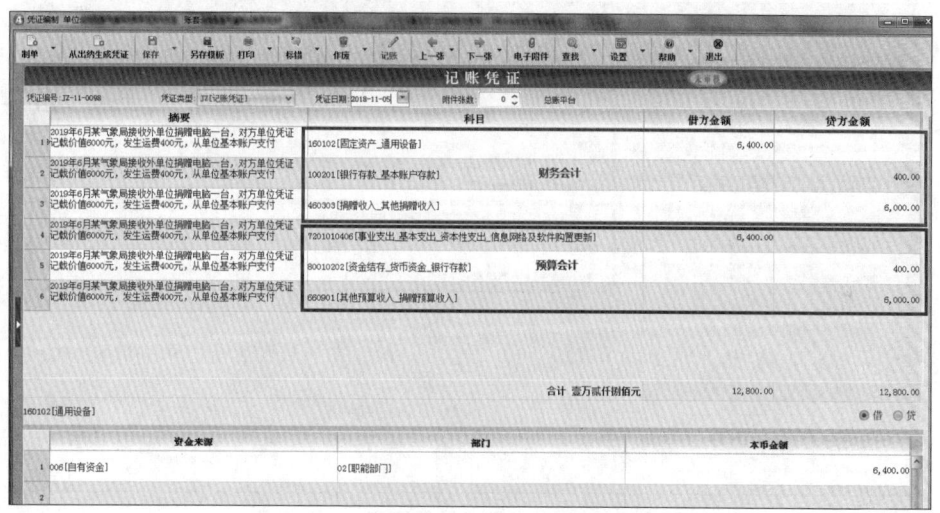

图 4-239 财务预算会计凭证平行记账分录

（2）接受捐赠的固定资产按照名义金额入账

①按照名义金额

账务处理同上，接受捐赠的固定资产按照名义金额入账的，按照名义金额 1 即可。

②按照发生的相关税费、运输费等

基础数据录入如图 4-240 所示。

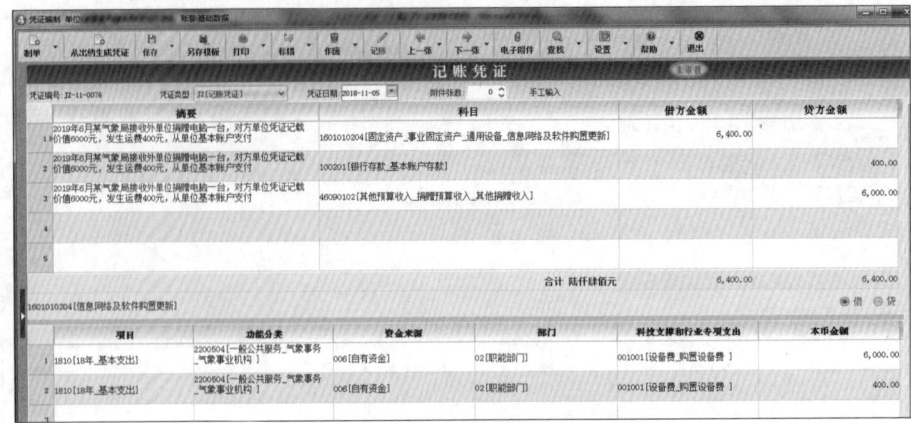

图 4-240 基础数据录入界面

财务预算平行记账如图 4-241 和图 4-242 所示。

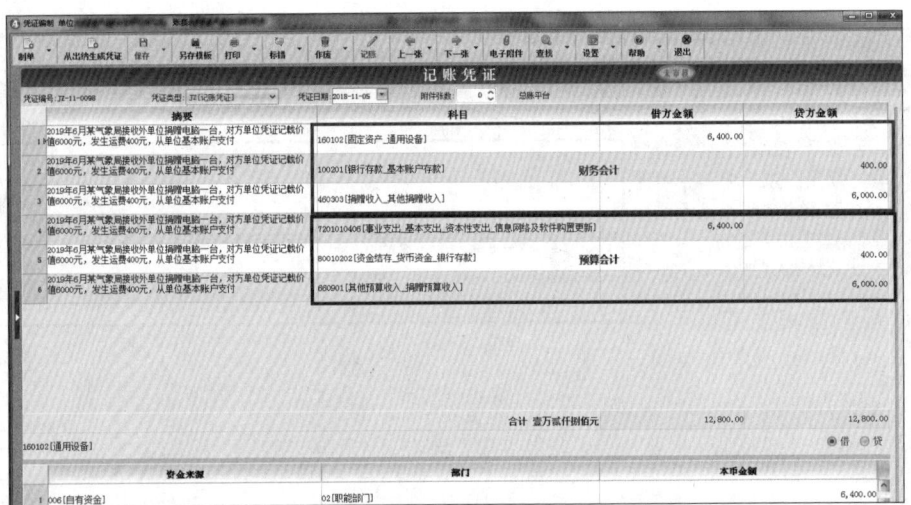

图 4-241 财务预算会计凭证平行记账分录

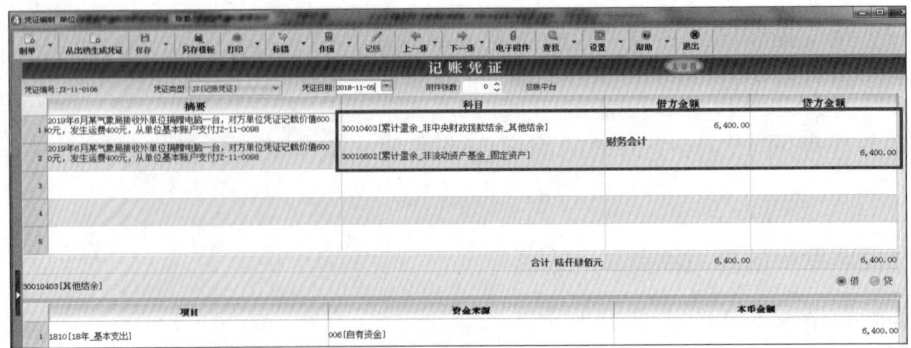

图 4-242 财务预算会计凭证

6. 无偿调入的固定资产

基础数据录入如图 4-243 所示。

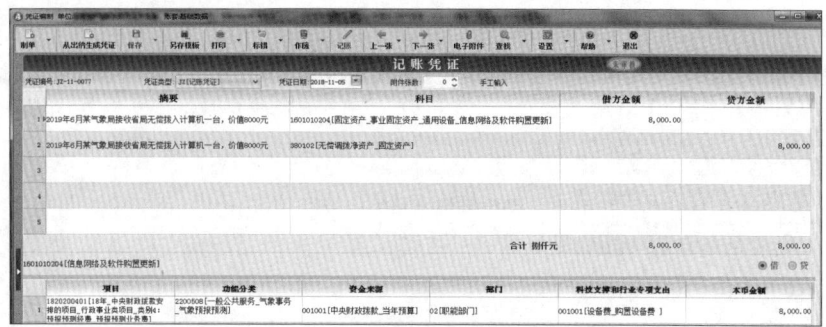

图 4-243　基础数据录入界面

财务预算平行记账如图 4-244 和图 4-245 所示。

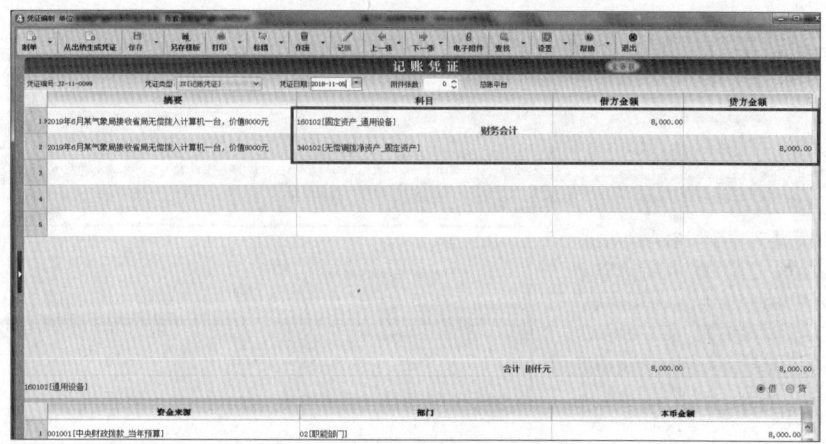

图 4-244　财务预算会计凭证

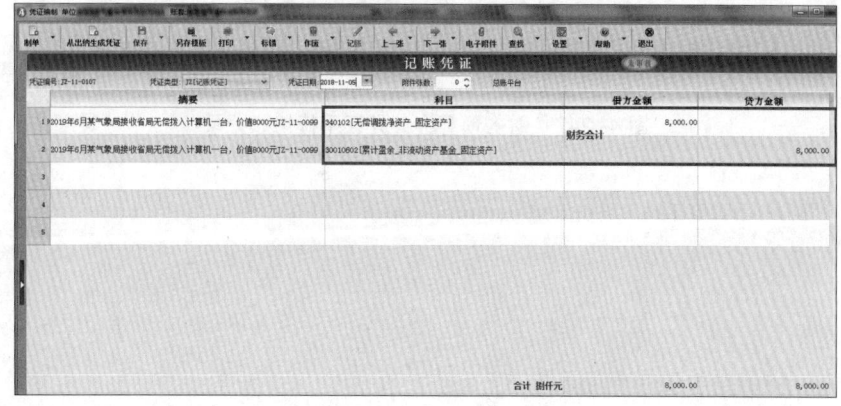

图 4-245　财务预算会计凭证

7. 置换取得的固定资产

基础数据录入如图 4-246 所示。

图 4-246　基础数据录入界面

财务预算平行记账如图 4-247 和图 4-248 所示。

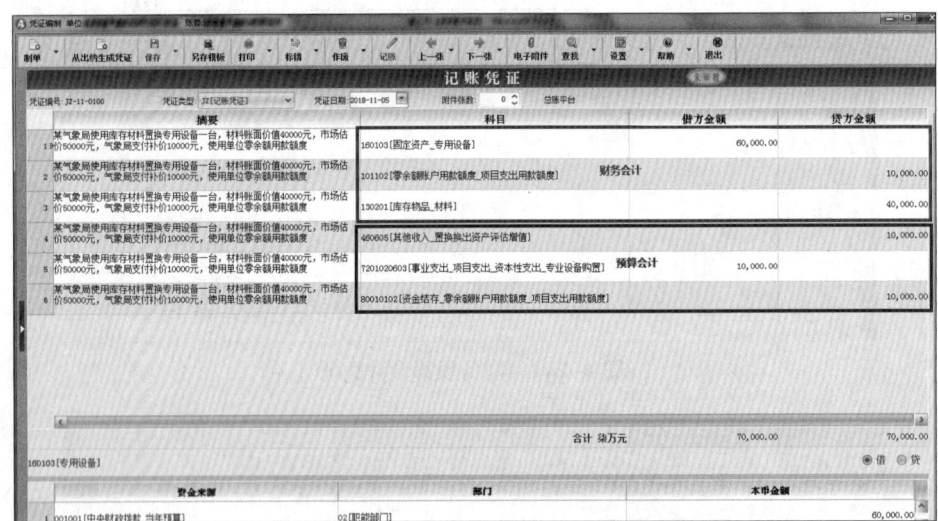

图 4-247　财务预算会计凭证平行记账分录

图 4-248　财务预算会计凭证

（二）固定资产累计折旧

固定资产累计折旧是指行政事业单位应当根据固定资产的性质和实际使用情况合理确定其折旧年限，并在固定资产使用寿命内按照确定的方法对应折旧金额进行系统分摊。单位一般应当采用年限平均法或工作量法计提固定资产折旧。计提融资租入固定资产折旧时，应当采用与自有固定资产相一致的折旧政策。能够合理确定租赁期届满时将会取得租入固定资产所有权的，应当在租入固定资产尚可使用年限内计提折旧；无法合理确定租赁期届满时能够取得租入固定资产所有权的，应当在租赁期与租入固定资产尚可使用年限两者中较短的期间内计提折旧（表4-19）。

表 4-19　固定资产累计折旧主要账务处理

业务类型	借方	贷方
固定资产累计折旧	业务活动费用、单位管理费用	固定资产累计折旧
年末账务处理	累计盈余——非流动资产基金——固定资产	"业务活动费用""单位管理费用"等科目

基础数据录入如图 4-249 所示。

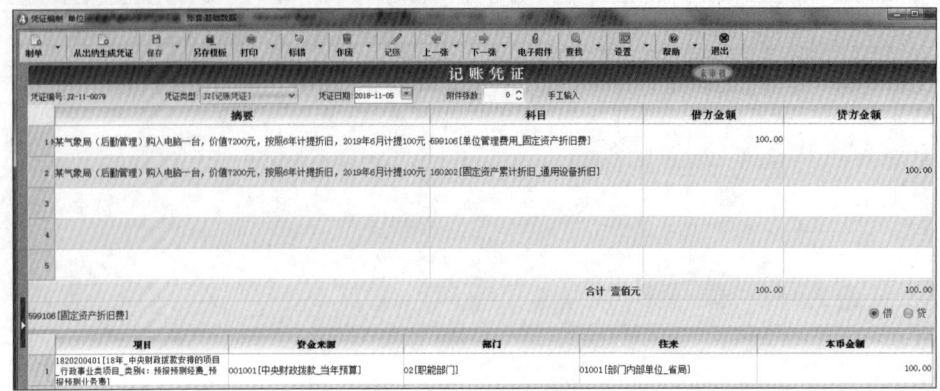

图 4-249　基础数据录入界面

财务预算平行记账如图 4-250 所示。

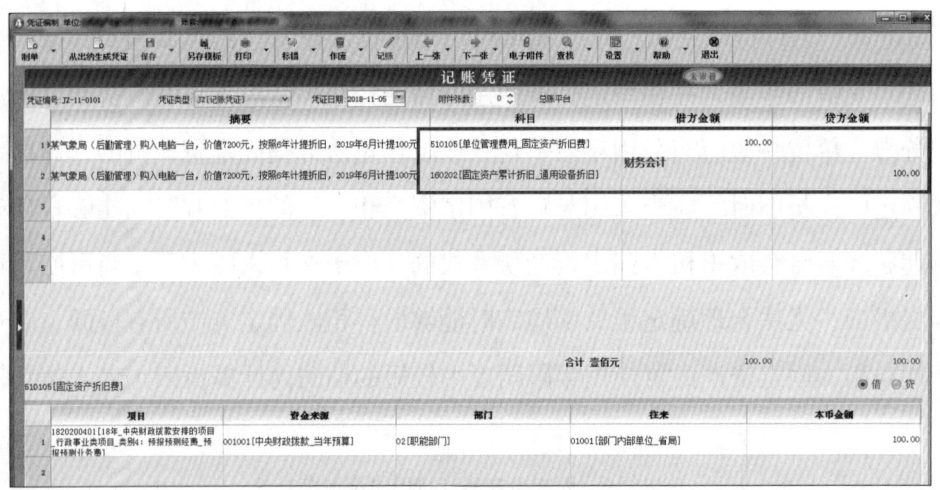

图 4-250　财务预算会计凭证

注意：年末借记"累计盈余—非流动资产基金—固定资产"，贷记"业务活动费用""单位管理费用"等科目。

（三）固定资产的后续支出

1. 符合固定资产确认条件的后续支出（表 4-20）

表 4-20　符合固定资产确认条件的后续支出主要账务处理

业务类型	借方	贷方
将固定资产转入改建、扩建	在建工程 固定资产累计折旧	固定资产
增加固定资产使用效能或延长其使用年限而发生的改建、扩建等后续支出	在建工程	零余额账户用款额度 银行存款 财政拨款预算收入
固定资产改建、扩建等完成交付使用	固定资产	在建工程

（1）将固定资产转入改建、扩建

基础数据录入如图 4-251 所示。

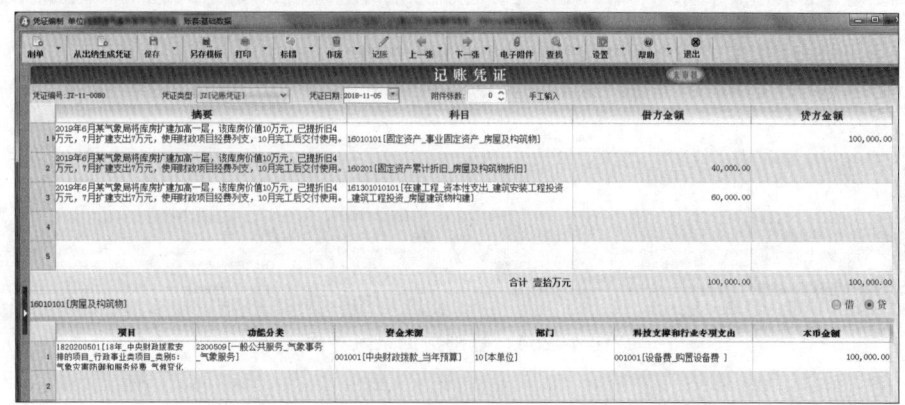

图 4-251　基础数据录入界面

财务预算平行记账如图 4-252 和图 4-253 所示。

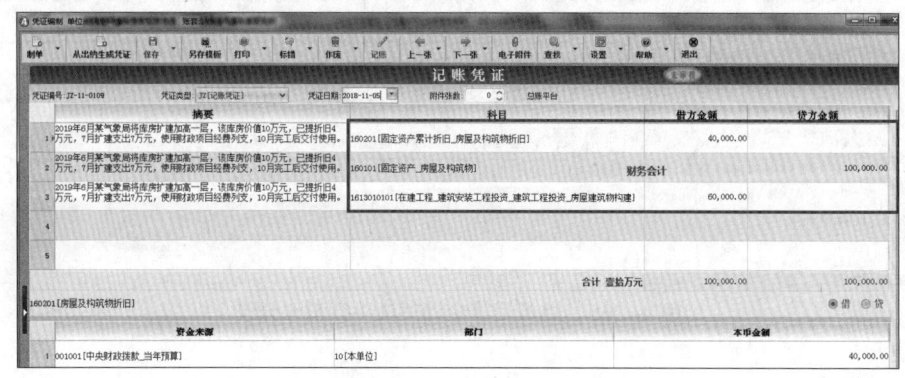

图 4-252　财务预算会计凭证

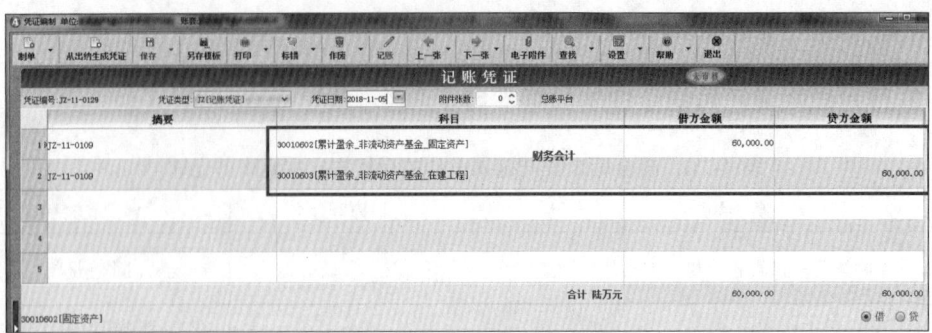

图 4-253　财务预算会计凭证

（2）增加固定资产使用效能或延长其使用年限而发生的改建、扩建等后续支出基础数据录入如图 4-254 所示。

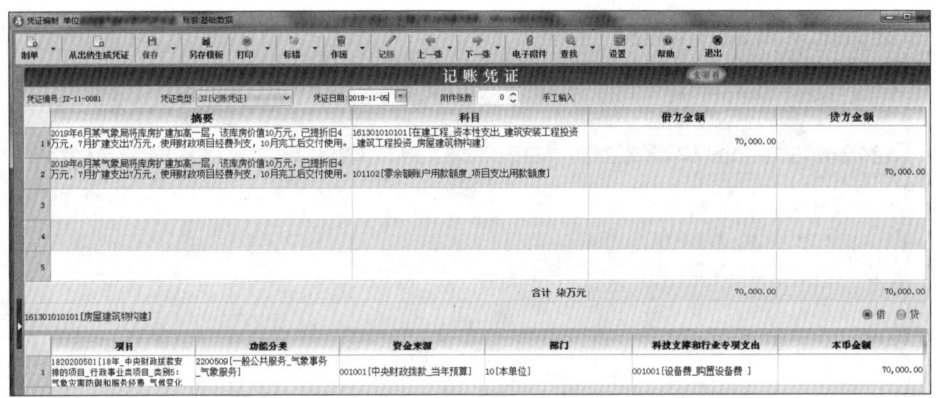

图 4-254　基础数据录入界面

财务预算平行记账如图 4-255 和图 4-256 所示。

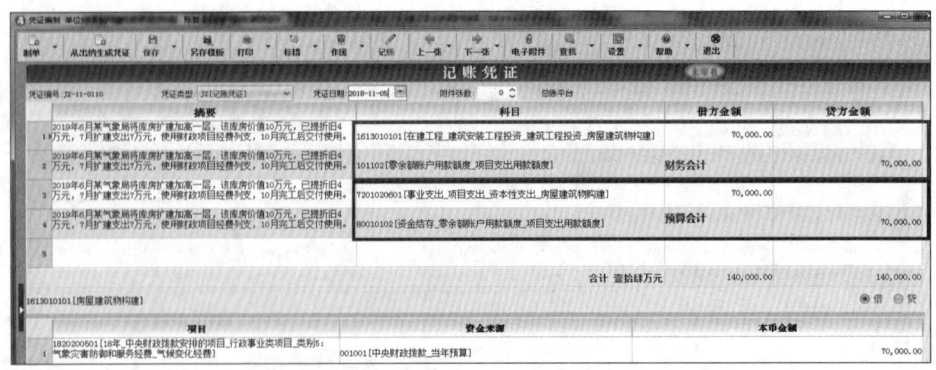

图 4-255　财务预算会计凭证平行记账分录

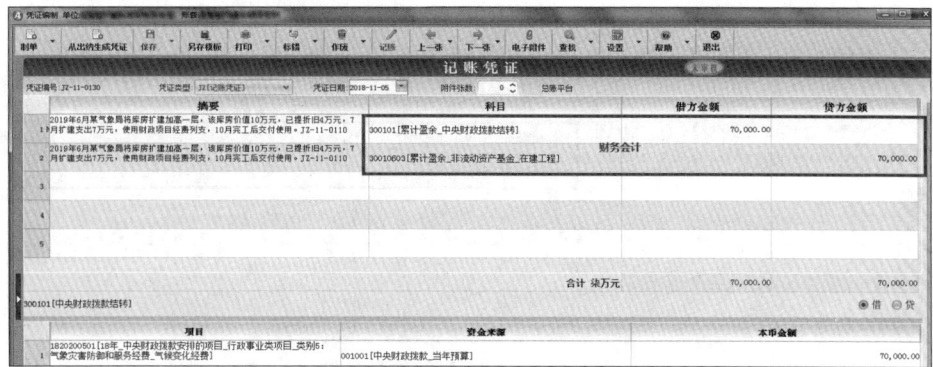

图 4-256　财务预算会计凭证

（3）固定资产改建、扩建等完成交付使用

基础数据录入如图 4-257 所示。

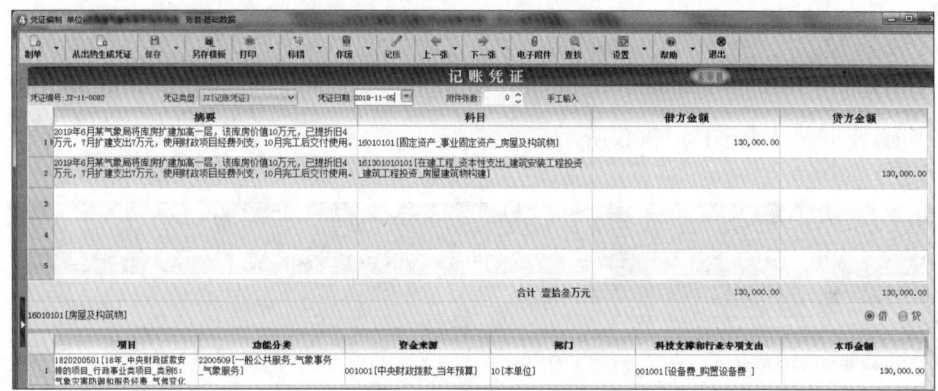

图 4-257　基础数据录入界面

财务预算平行记账如图 4-258 和图 4-259 所示。

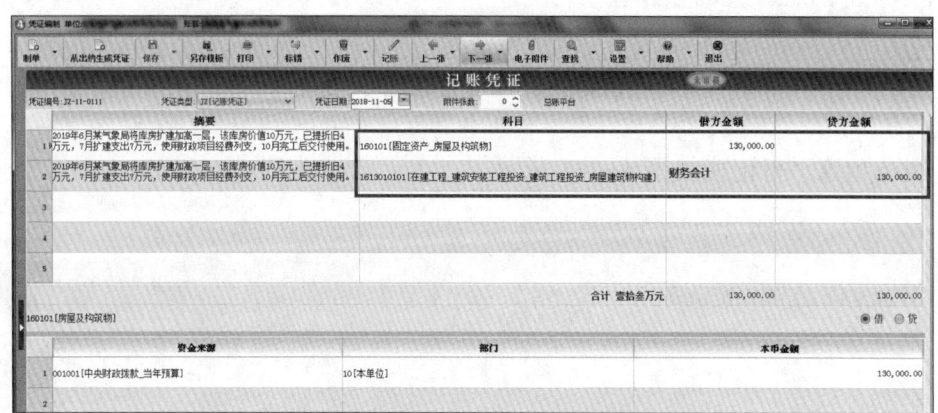

图 4-258　财务预算会计凭证

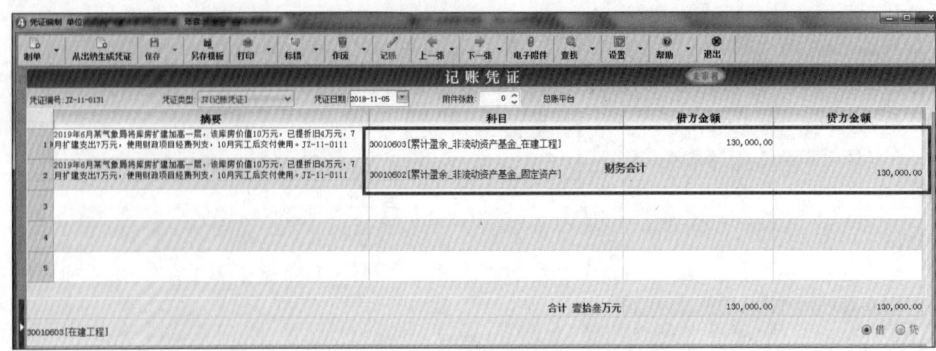

图 4-259 财务预算会计凭证

2. 不符合固定资产确认条件的后续支出（表 4-21）

表 4-21 不符合固定资产确认条件的后续支出主要账务处理

业务类型	借方	贷方
为保证固定资产正常使用发生的日常维修等支出	行政支出、事业支出、经营支出	零余额账户用款额度、银行存款、财政拨款预算收入

基础数据录入如图 4-260 所示。

图 4-260 基础数据录入界面

财务预算平行记账如图 4-261 所示。

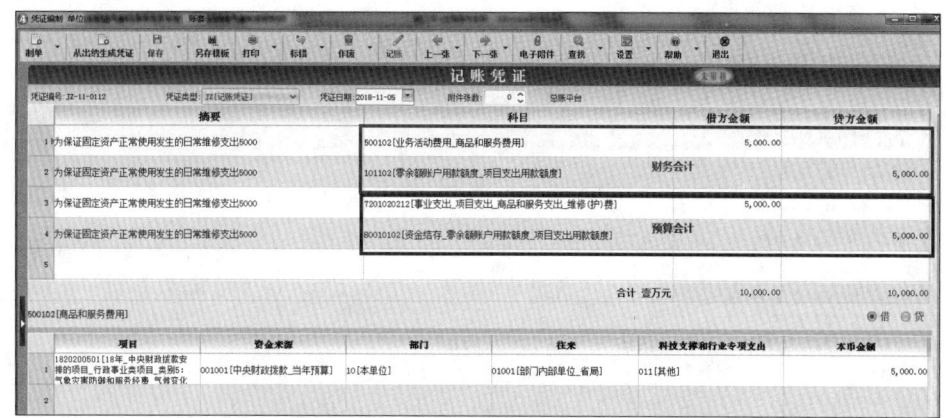

图 4-261　财务预算会计凭证平行记账分录

3. 固定资产的减少（表 4-22）

表 4-22　固定资产后续支出主要账务处理

业务类型		借方	贷方
报经批准出售、转让固定资产	按照被出售、转让的固定资产	资产处置费用、固定资产累计折旧	固定资产
	按照收到价款和支付费用	银行存款（收到的价款）	银行存款（支付的相关费用）应缴财政款（贷方差额）
报经批准对外捐赠固定资产（涉及多借多贷，无法通过记账平台自动生成，只能在事业账套手工录入）		固定资产累计折旧 资产处置费用	固定资产 银行存款
报经批准无偿调出固定资产	处置固定资产	固定资产累计折旧 无偿调拨净资产	固定资产
	支付的相关税费	资产处置费用	银行存款
报经批准置换换出固定资产（涉及多借多贷，无法通过记账平台自动生成，只能在事业账套手工录入）		固定资产累计折旧 资产处置费用（借方差额）	固定资产、银行存款 其他预算收入（贷方差额）

（1）报经批准出售、转让固定资产

① 按照被出售、转让固定资产的账面价值

基础数据录入如图 4-262 所示。

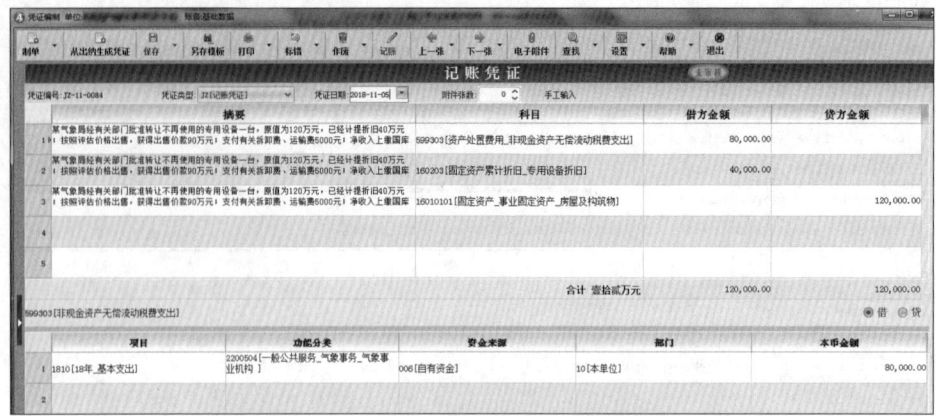

图 4-262　基础数据录入界面

财务预算平行记账如图 4-263 和图 4-264 所示。

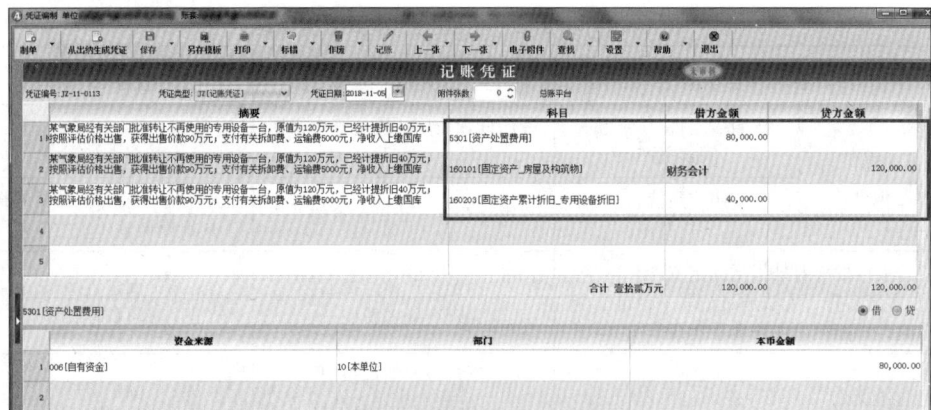

图 4-263　财务预算会计凭证 - 1

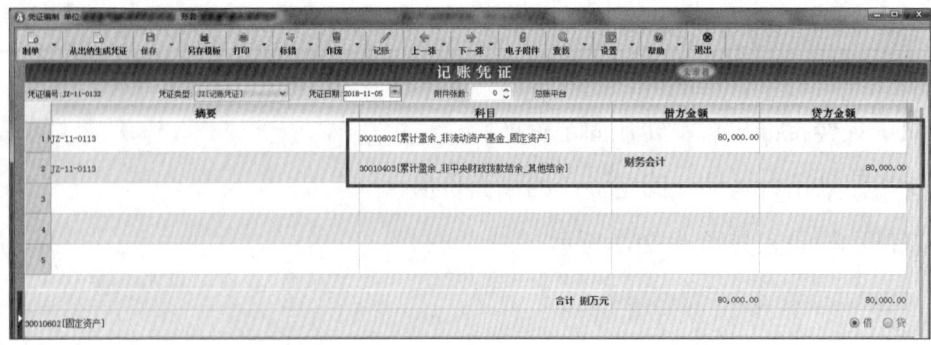

图 4-264　财务预算会计凭证 - 2

②按照收到的价款

基础数据录入如图4-265所示。

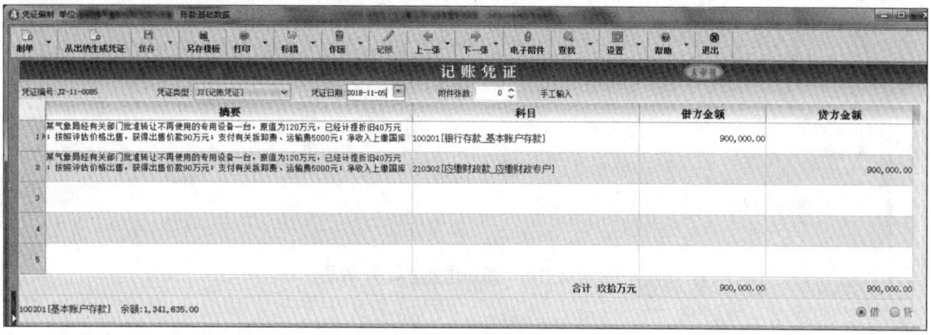

图4-265 基础数据录入界面

财务预算平行记账如图4-266所示。

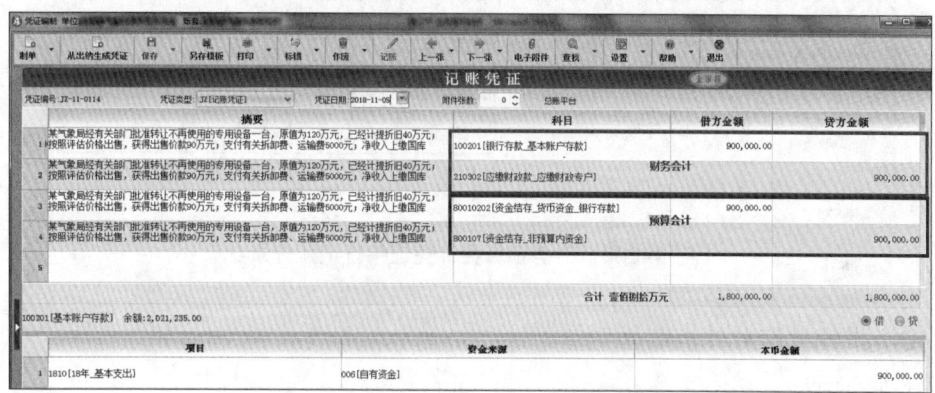

图4-266 财务预算会计凭证平行记账分录

③按照处置过程中发生的相关费用

基础数据录入如图4-267所示。

图 4-267　基础数据录入界面

财务预算平行记账如图 4-268 所示。

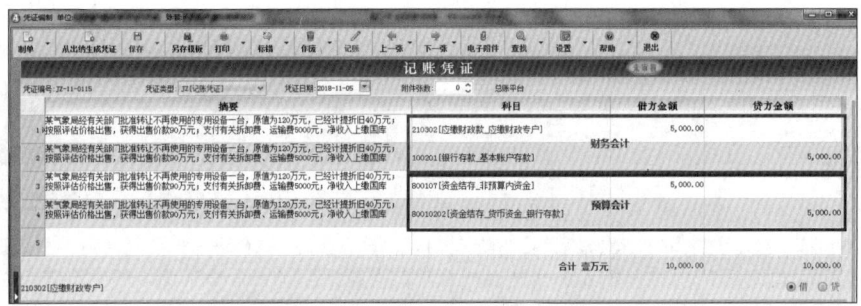

图 4-268　财务预算会计凭证平行记账分录

（2）报经批准对外捐赠固定资产

基础数据录入如图 4-269 所示。

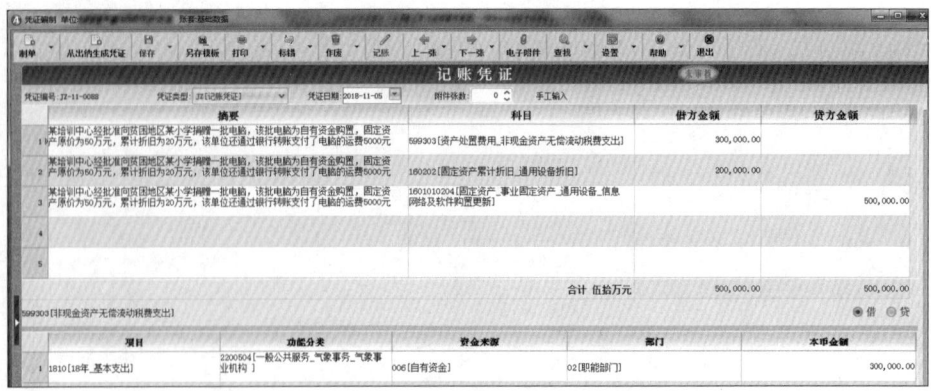

图 4-269　基础数据录入界面

财务预算平行记账如图 4-270 和图 4-271 所示。

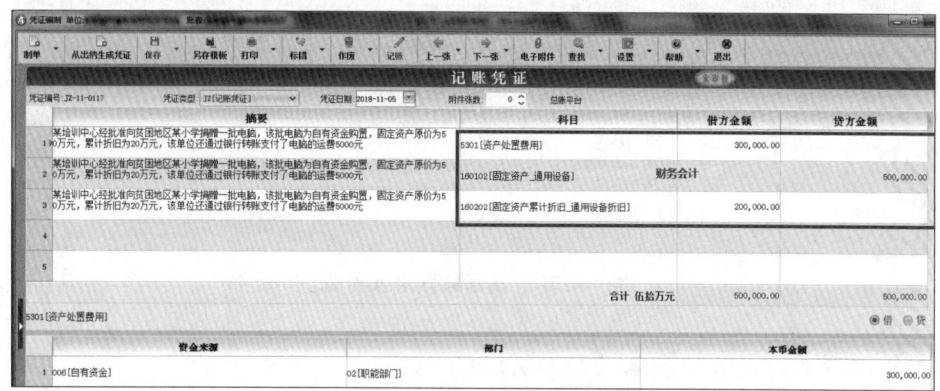

图 4-270　财务预算会计凭证 – 1

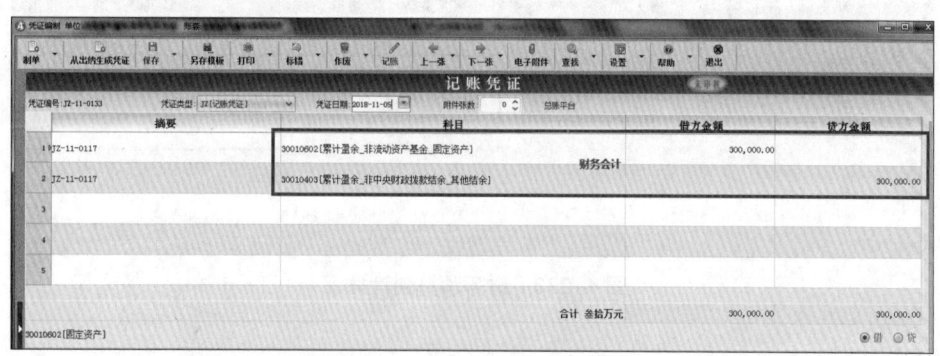

图 4-271　财务预算会计凭证 – 2

（3）报经批准无偿调出固定资产

①按照固定资产已计提的折旧，借记"固定资产累计折旧"科目，按照被处置固定资产账面余额，贷记"固定资产"科目，按照其差额，借记"无偿调拨净资产"科目

基础数据录入如图 4-272 所示。

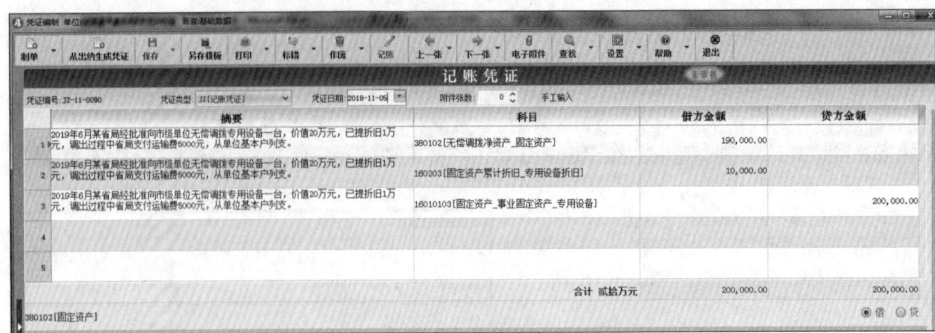

图 4-272　基础数据录入界面

财务预算平行记账如图 4-273 所示。

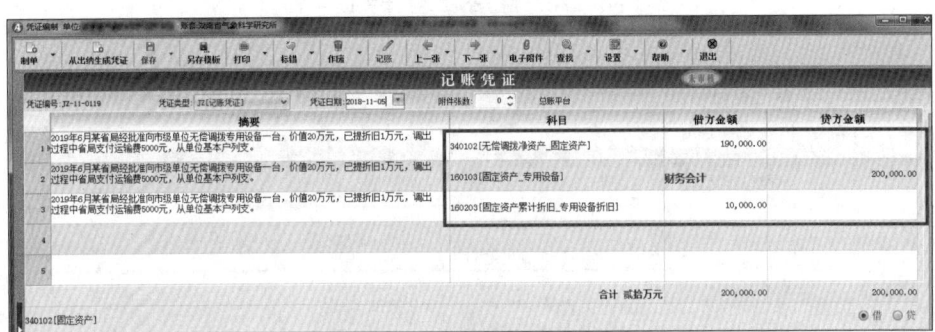

图 4-273　财务预算会计凭证

②按照无偿调出过程中发生的归属于调出方的相关费用

基础数据录入如图 4-274 所示。

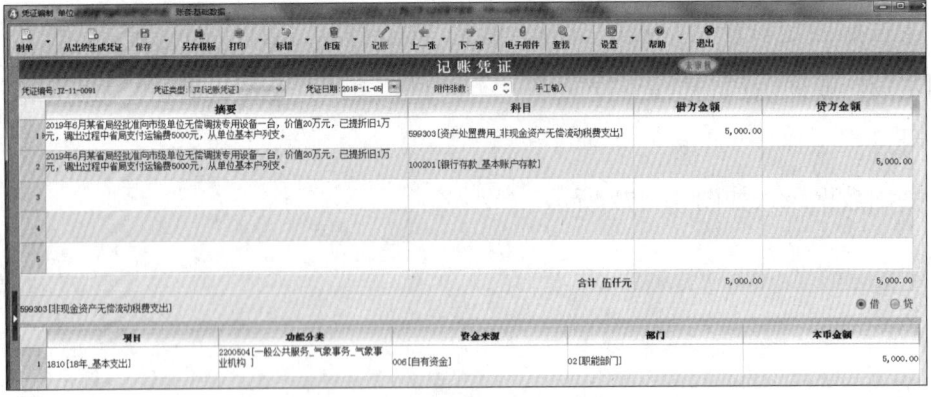

图 4-274　基础数据录入界面

财务预算平行记账如图 4-275 和图 4-276 所示。

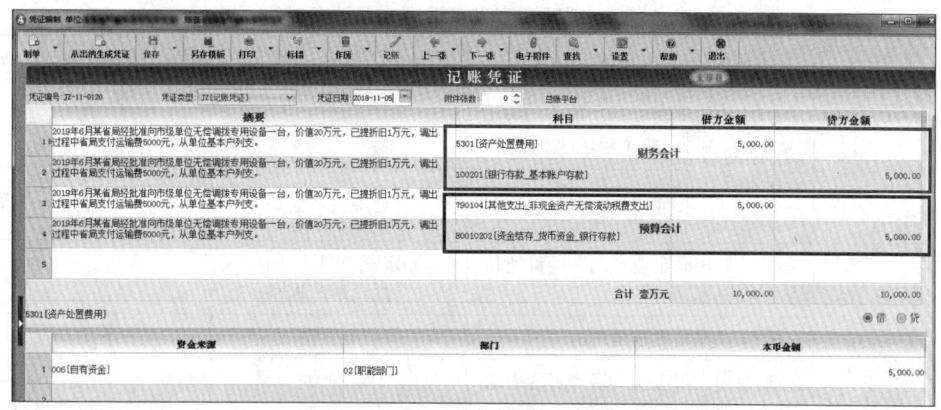

图 4-275　财务预算会计凭证平行记账分录

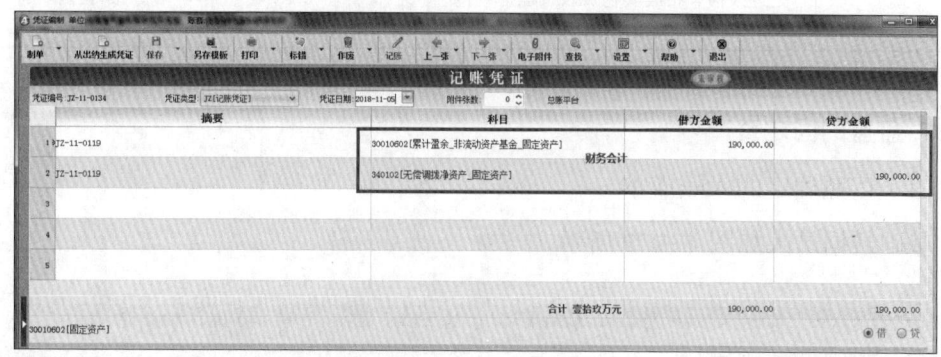

图 4-276　财务预算会计凭证

（4）报经批准置换换出固定资产

此类业务属于多借多贷业务，无法通过基础数据生成财务预算凭证，需要会计在事业账套中直接添加财务、预算凭证。通常情况下在发生这类业务时添加凭证后，可以保存模板，再次发生同类业务时直接调用模板即可。

（四）固定资产的盘点清查（表 4-23）

表 4-23　固定资产盘点清查主要账务处理

业务类型			借方	贷方
盘盈的固定资产	按照确定的入账成本		固定资产	待处理财产损益
	按照规定报经批准后处理时	属于本年度取得的	按照当年新取得相关资产进行账务处理	
		属于以前年度取得的	待处理财产损益	相关结转结余的年初调整科目
盘亏、毁损或报废的固定资产	按照待处理固定资产的账面价值和折旧		固定资产累计折旧 待处理财产损益	固定资产
	报经批准处理时		资产处置费用	待处理财产损益
	处理毁损、报废实物资产过程中取得的残值或残值变价收入、保险理赔和过失人赔偿等		库存现金、银行存款、库存物品、其他应收款等	待处理财产损益
	处理毁损、报废实物资产过程中发生的相关费用		待处理财产损益	银行存款 库存现金

1. 盘盈的固定资产

（1）按照确定的入账成本

基础数据录入如图 4-277 所示。

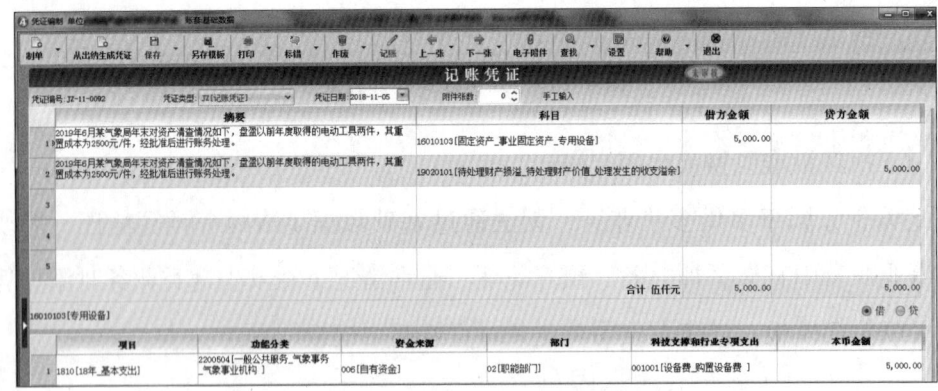

图 4-277　基础数据录入界面

财务预算平行记账如图 4-278 和图 4-279 所示。

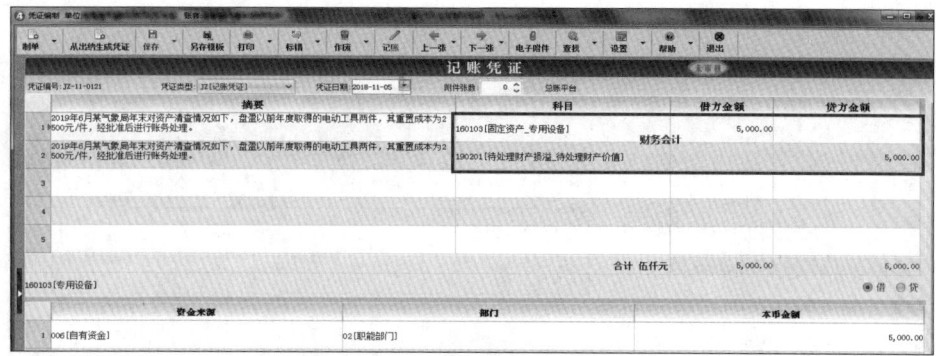

图 4-278　财务预算会计凭证-1

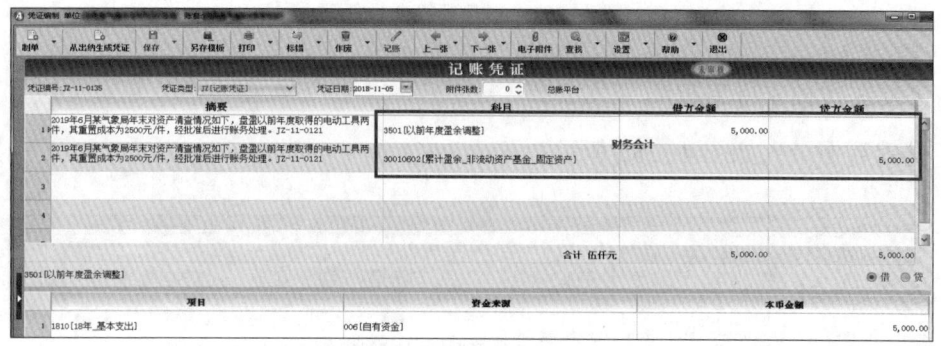

图 4-279　财务预算会计凭证-2

（2）按照规定报经批准后处理时

①属于本年度取得的

基础数据录入如图 4-280 所示。

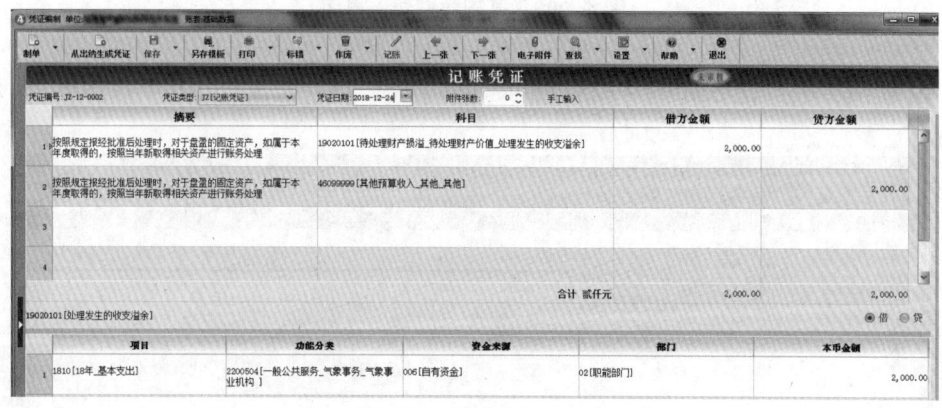

图 4-280　基础数据录入界面

财务预算平行记账如图4-281所示。

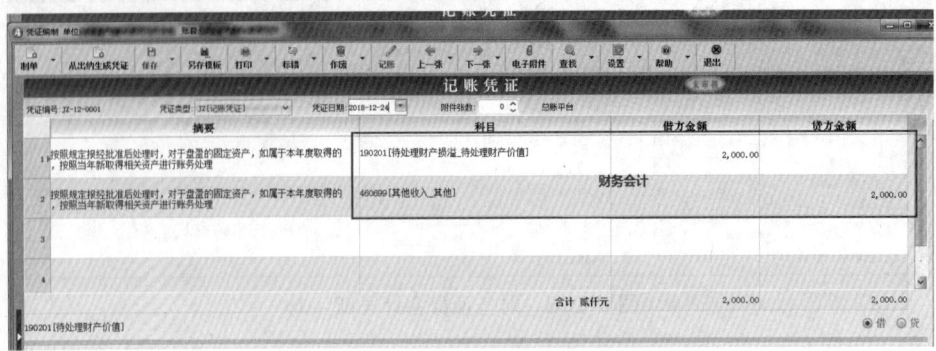

图4-281 财务预算会计凭证

②属于以前年度取得的

基础数据录入如图4-282所示。

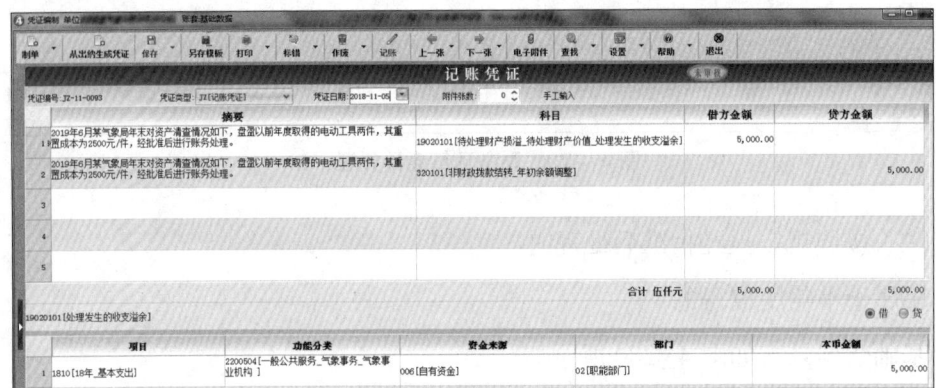

图4-282 基础数据录入界面

财务预算平行记账如图4-283所示。

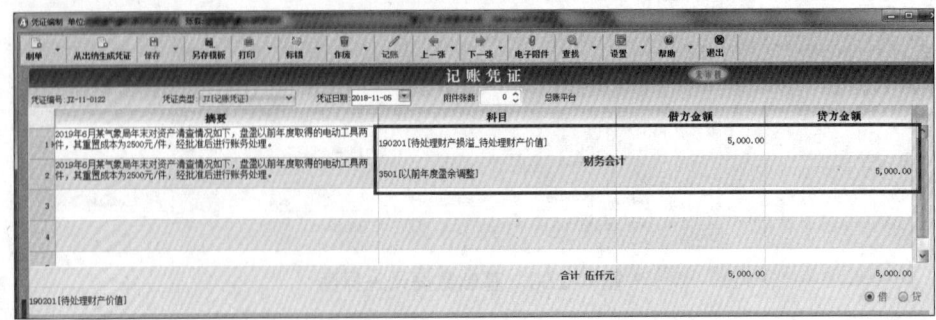

图4-283 财务预算会计凭证

2. 盘亏、毁损或报废的固定资产

（1）按照待处理固定资产的账面价值和折旧

基础数据录入如图 4-284 所示。

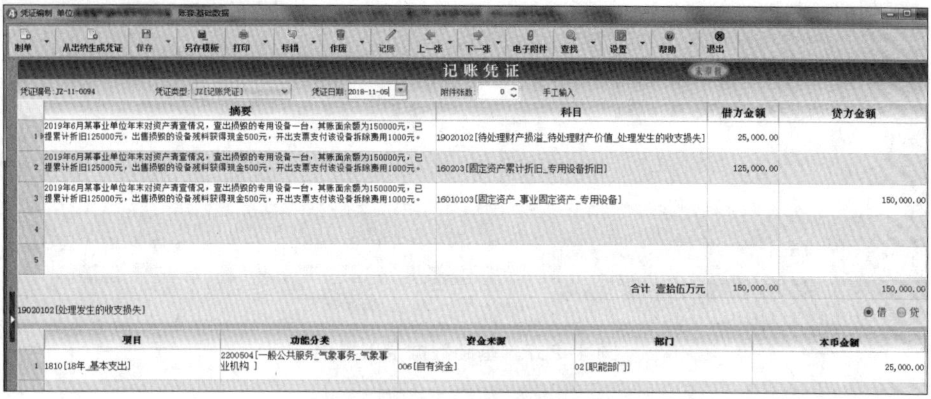

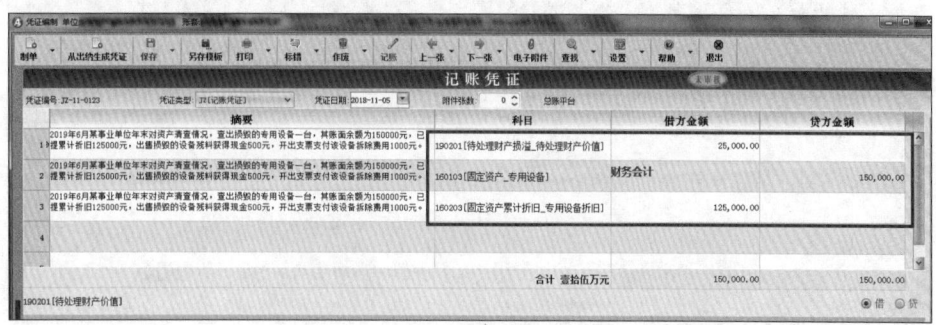

图 4-284　基础数据录入界面

财务预算平行记账如图 4-285 和图 4-286 所示。

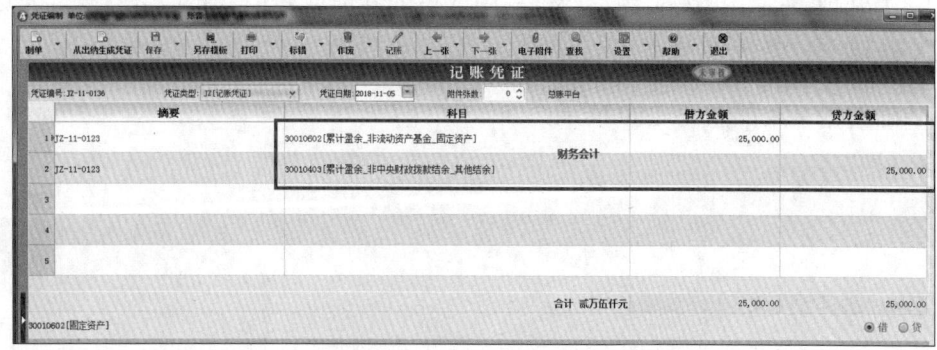

图 4-285　财务预算会计凭证-1

图 4-286　财务预算会计凭证-2

（2）报经批准处理时

基础数据录入如图4-287所示。

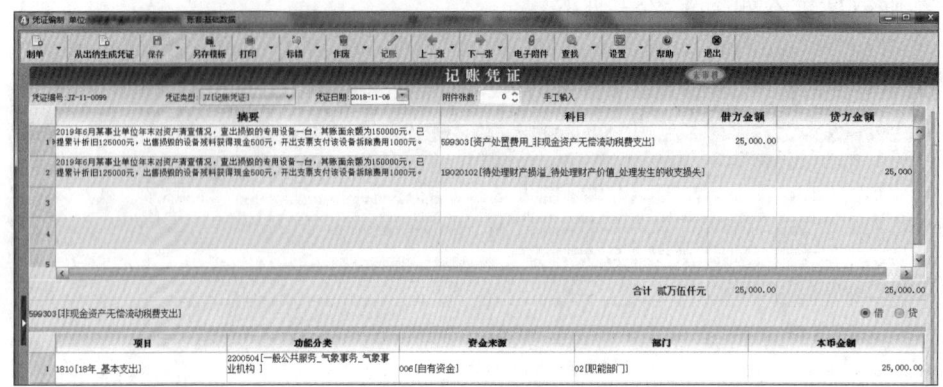

图4-287 基础数据录入界面

财务预算平行记账如图4-288所示。

图4-288 财务预算会计凭证

（3）处理毁损、报废实物资产过程中取得的残值或残值变价收入、保险理赔和过失人赔偿等

基础数据录入如图4-289所示。

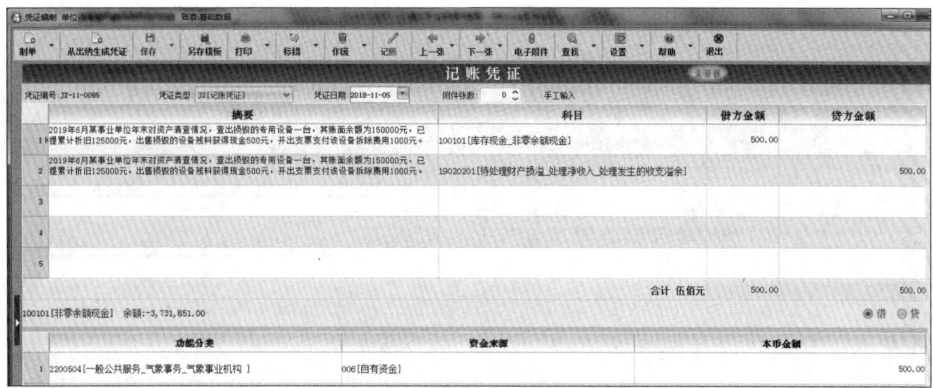

图 4-289　基础数据录入界面

财务预算平行记账如图 4-290 所示。

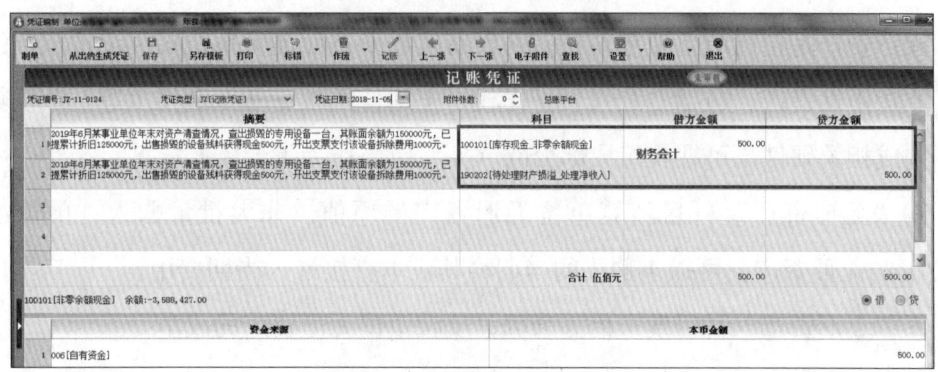

图 4-290　财务预算会计凭证

(4) 处理毁损、报废实物资产过程中发生的相关费用

基础数据录入如图 4-291 所示。

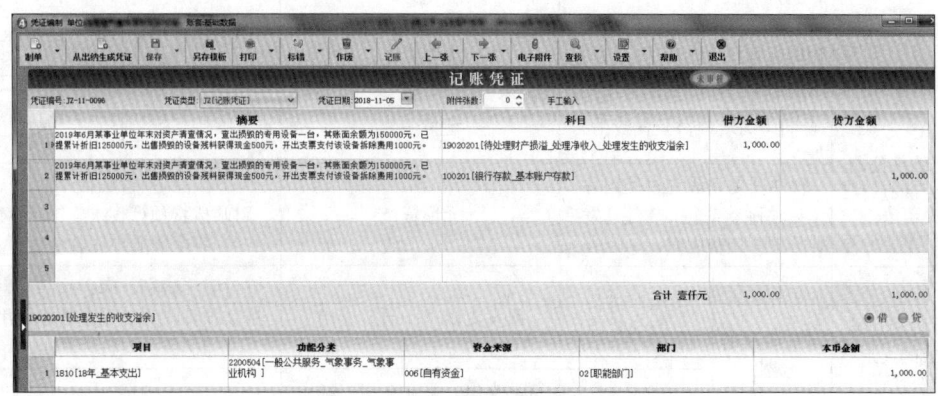

图 4-291　基础数据录入界面

财务预算平行记账如图 4-292 所示。

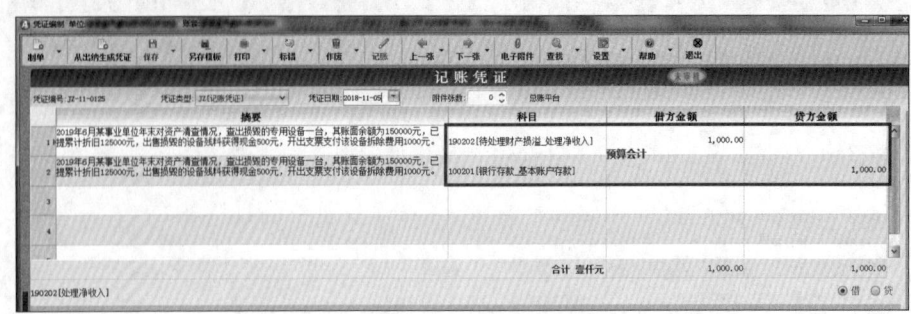

图 4-292 财务预算会计凭证

七、无形资产

无形资产是指行政事业单位持有的没有实物形态而能为单位提供某种权利的可辨认非货币性资产，包括专利权、著作权、土地使用权、非专利技术等。单位购入的不构成相关硬件不可缺少组成部分的软件，应当作为无形资产核算。

①"无形资产"科目核算单位无形资产的原值。非大批量购入、单价小于 1000 元的无形资产，可以于购买的当期将其成本直接计入当期费用。

②"无形资产"科目期末借方余额，反映单位无形资产的成本。

无形资产的主要账务处理如下。

（一）无形资产的取得（表 4-24）

表 4-24 无形资产取得时主要账务处理

业务类型			借方	贷方
外购的无形资产			无形资产	财政拨款预算收入、银行存款 零余额账户用款额度、应付账款
委托软件公司开发的软件	合同中约定预付开发费用的		预付账款	财政拨款预算收入、银行存款 零余额账户用款额度
	软件开发完成交付使用并支付剩余或全部软件开发费用时		无形资产	预付账款 财政拨款预算收入、银行存款 零余额账户用款额度
自行研究开发形成的无形资产	研究阶段的支出	发生时进行归集	研发支出——研究支出	应付职工薪酬、库存物品、财政拨款预算收入、零余额账户用款额度、银行存款等
		期末转入费用	行政支出、事业支出、经营支出等	研发支出——研究支出

续表

业务类型			借方	贷方
自行研究开发形成的无形资产	开发阶段的支出	发生时进行归集	研究支出——开发支出	应付职工薪酬、库存物品、财政拨款预算收入、零余额账户用款额度、银行存款等
		项目完成形成无形资产	无形资产	研究支出——开发支出
无法区分研究阶段和开发阶段	预计不能达到预定用途		行政支出、事业支出、经营支出等	研究支出
	按照法律程序已申请取得无形资产的		无形资产	财政拨款预算收入 零余额账户用款额度 银行存款
接受捐赠的无形资产	按照确定的无形资产成本入账		无形资产	零余额账户用款额度 银行存款 其他预算收入——捐赠预算收入
	按照名义金额入账		无形资产 其他支出	其他预算收入——捐赠预算收入 银行存款等
无偿调入的无形资产			无形资产 无偿调拨净资产	银行存款 零余额账户用款额度
置换取得的无形资产 （涉及多借多贷，无法通过记账平台自动生成，在事业账套手工录入）			无形资产 固定资产累计折旧、无形资产累计摊销 资产处置费用（借方差额）	固定资产、无形资产等、银行存款 其他预算收入（贷方差额）

1. 外购的无形资产

基础数据录入如图 4-293 所示。

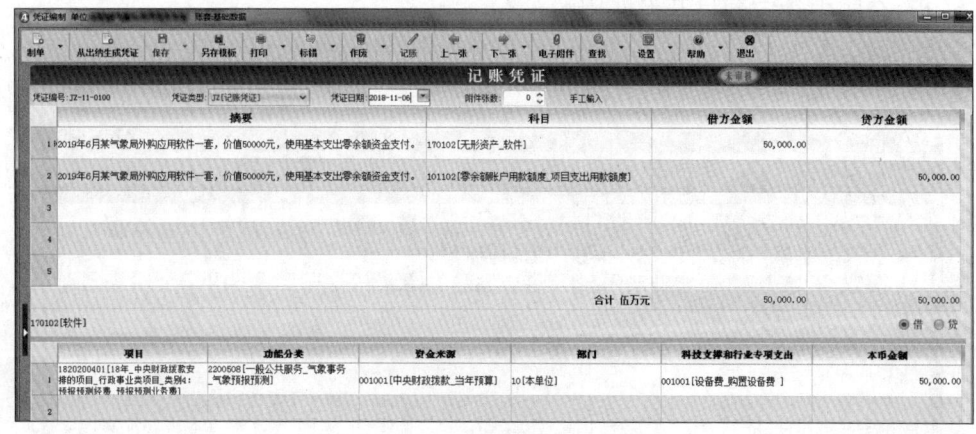

图 4-293 基础数据录入界面

财务预算平行记账如图 4-294 和图 4-295 所示。

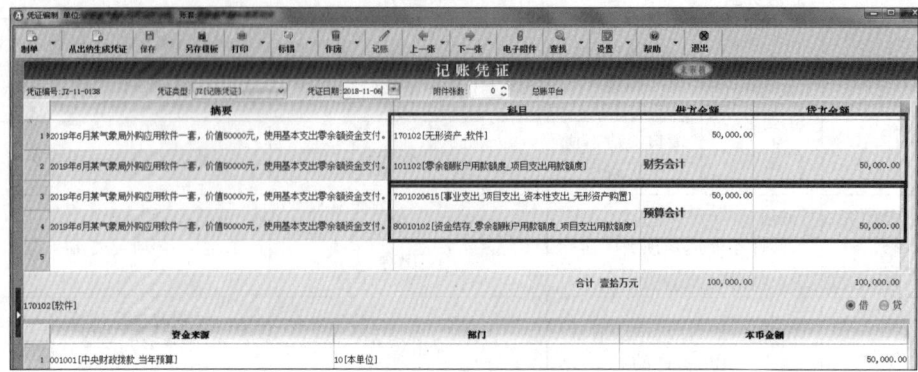

图 4-294　财务预算会计凭证平行记账分录

图 4-295　财务预算会计凭证

2. 委托软件公司开发的软件

（1）合同中约定预付开发费用的

基础数据录入如图 4-296 所示。

图 4-296　基础数据录入界面

财务预算平行记账如图 4-297 所示。

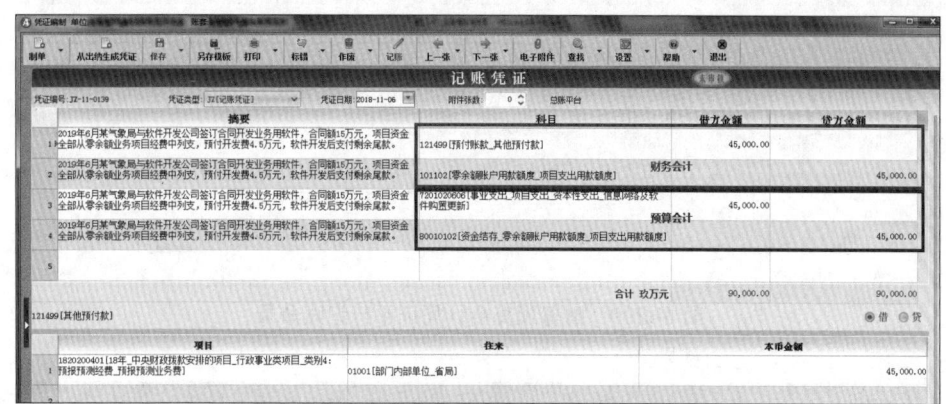

图 4-297　财务预算会计凭证平行记账分录

（2）软件开发完成交付使用并支付剩余或全部软件开发费用时，按照软件开发费用总额

基础数据录入如图 4-298 所示。

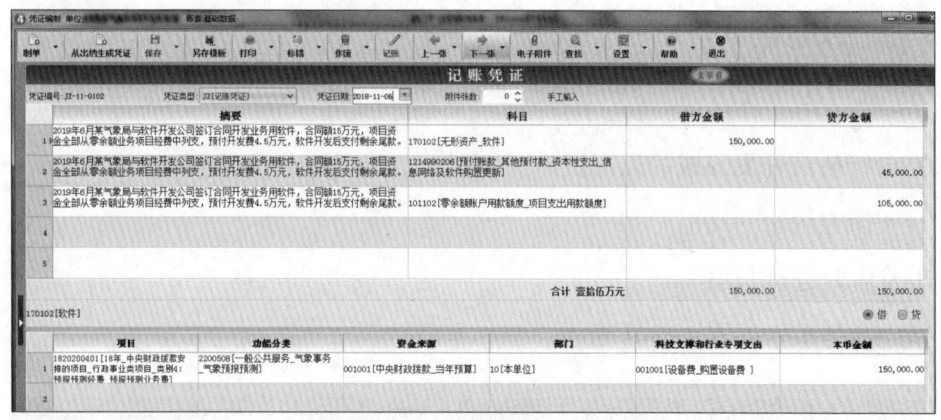

图 4-298　基础数据录入界面

财务预算平行记账如图 4-299 和图 4-300 所示。

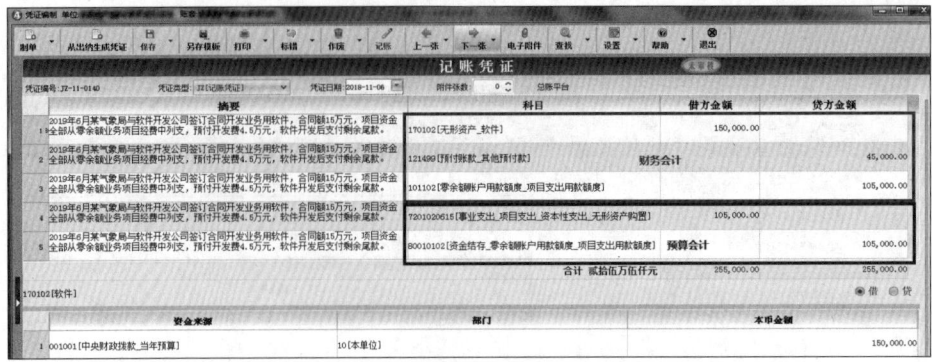

图 4-299　财务预算会计凭证平行记账分录

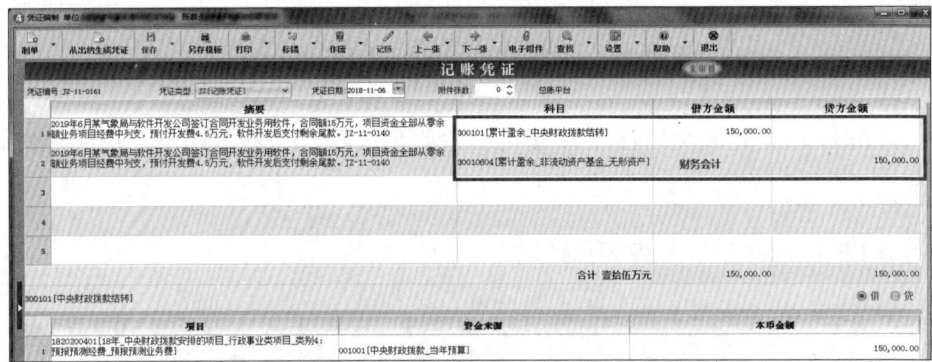

图 4-300　财务预算会计凭证

3. 自行研究开发形成的无形资产

（1）研究阶段的支出

①发生时进行归集

基础数据录入如图 4-301 所示。

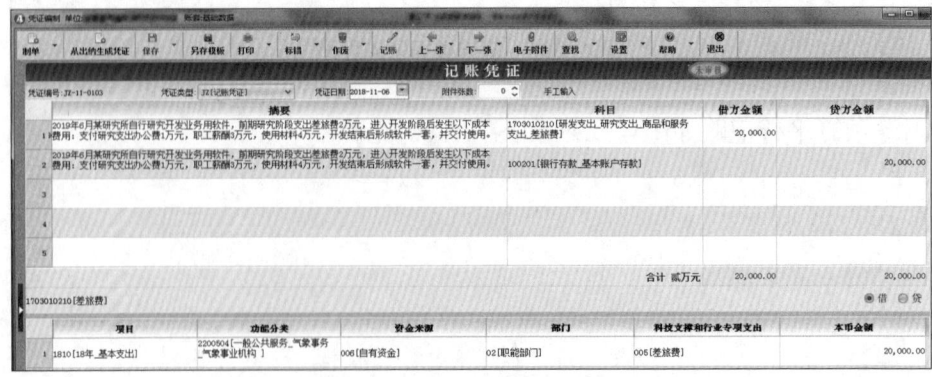

图 4-301　基础数据录入界面

财务预算平行记账如图 4-302 所示。

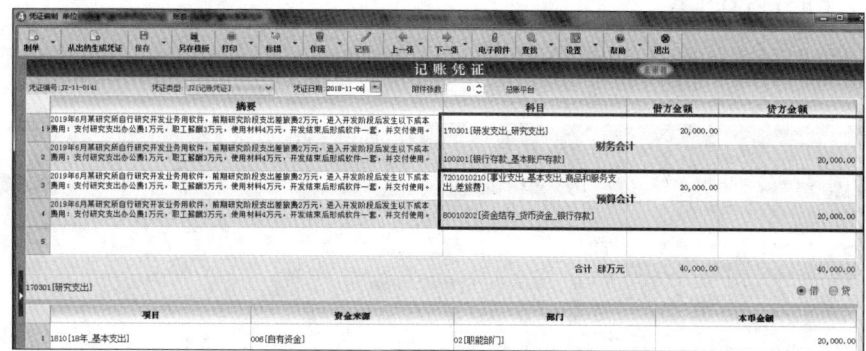

图 4-302　财务预算会计凭证平行记账分录

②期末转入费用

基础数据录入如图 4-303 所示。

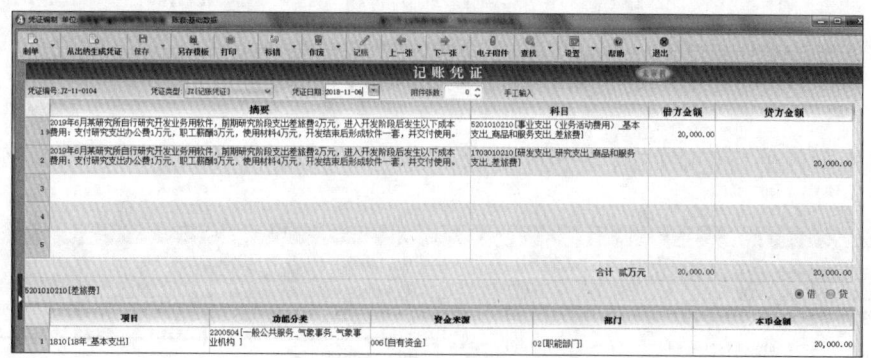

图 4-303　基础数据录入界面

财务预算平行记账如图 4-304 所示。

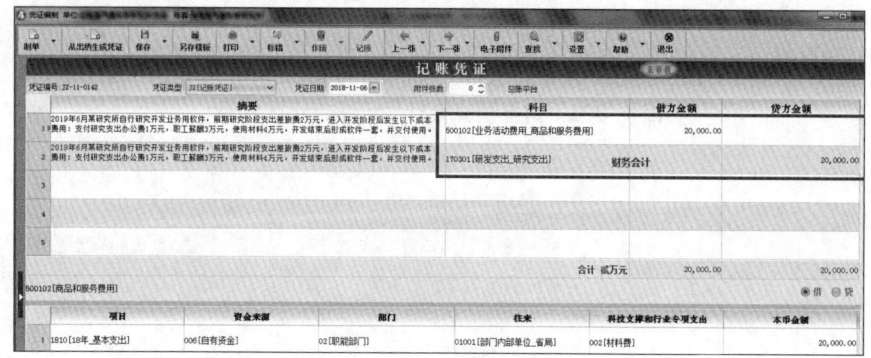

图 4-304　财务预算会计凭证

（2）开发阶段的支出

①发生时进行归集

基础数据录入如图 4-305 所示。

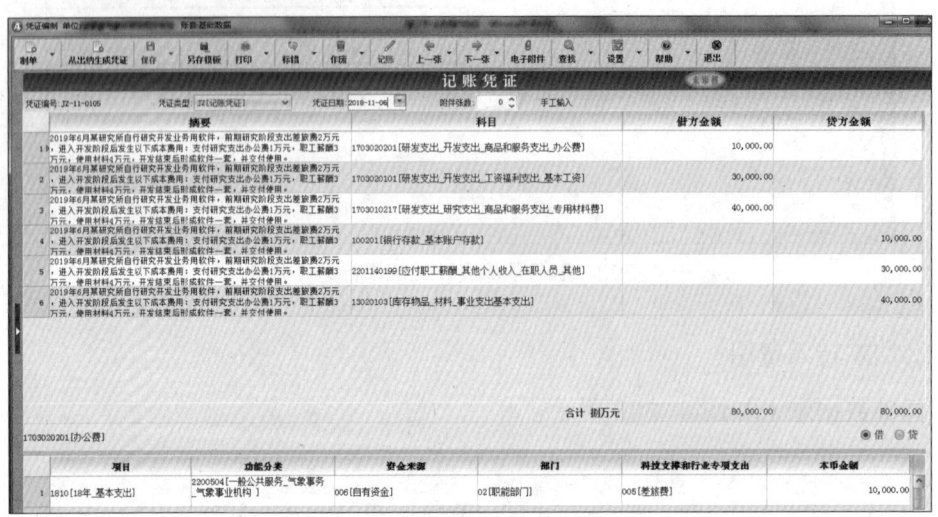

图 4-305 基础数据录入界面

财务预算平行记账如图 4-306 所示。

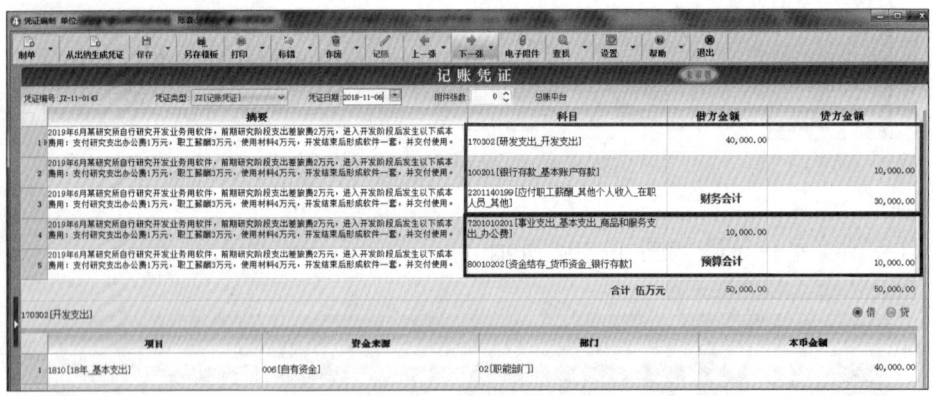

图 4-306 财务预算会计凭证平行记账分录

②项目完成形成无形资产

基础数据录入如图4-307所示。

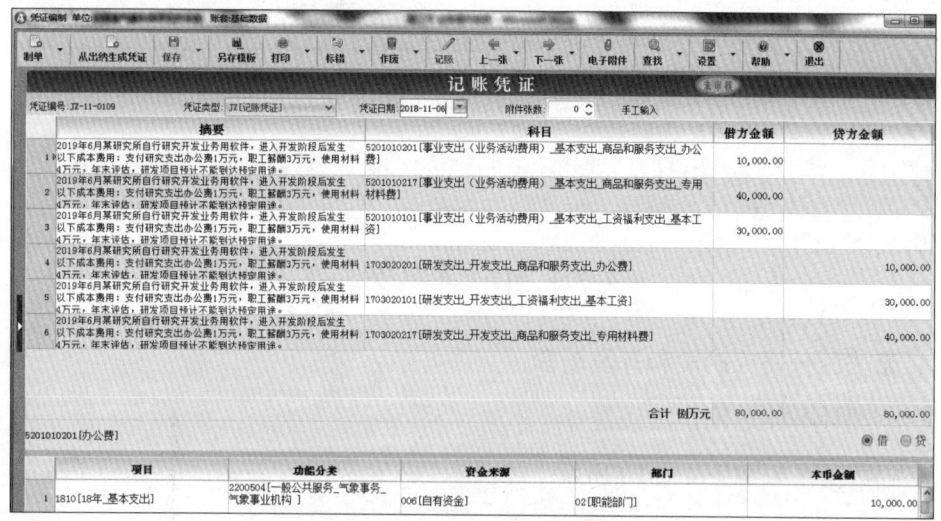

图4-307 基础数据录入界面

财务预算平行记账如图4-308和图4-309所示。

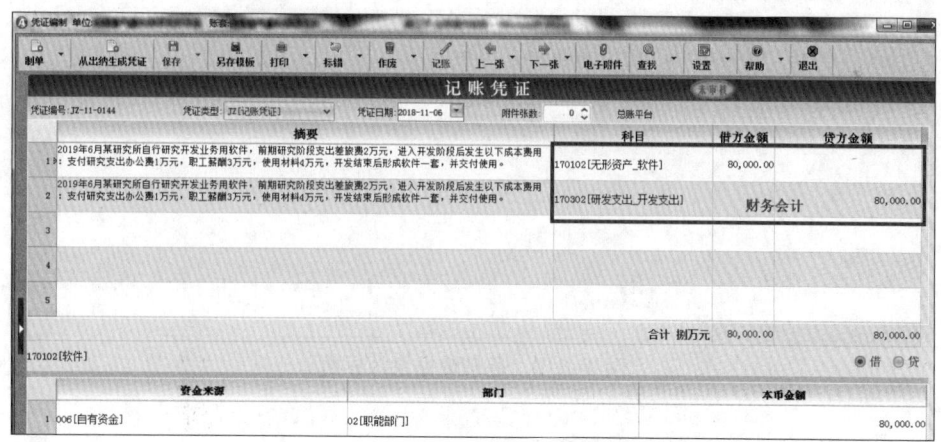

图4-308 财务预算会计凭证-1

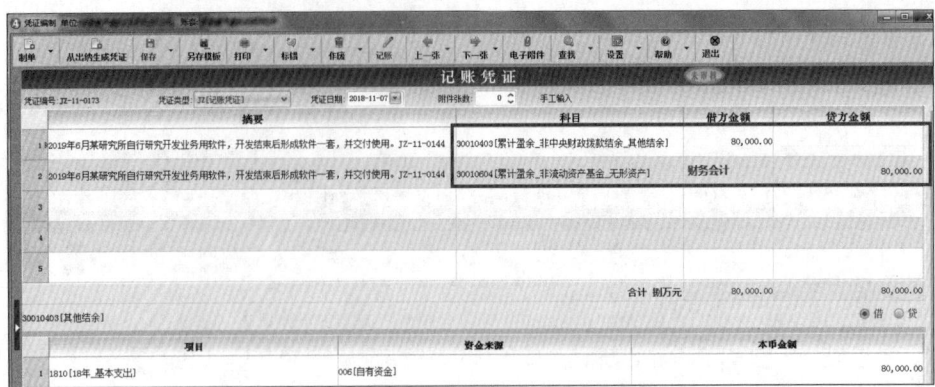

图 4-309　财务预算会计凭证-2

4. 无法区分研究阶段和开发阶段

（1）预计不能达到预定用途

基础数据录入如图 4-310 所示。

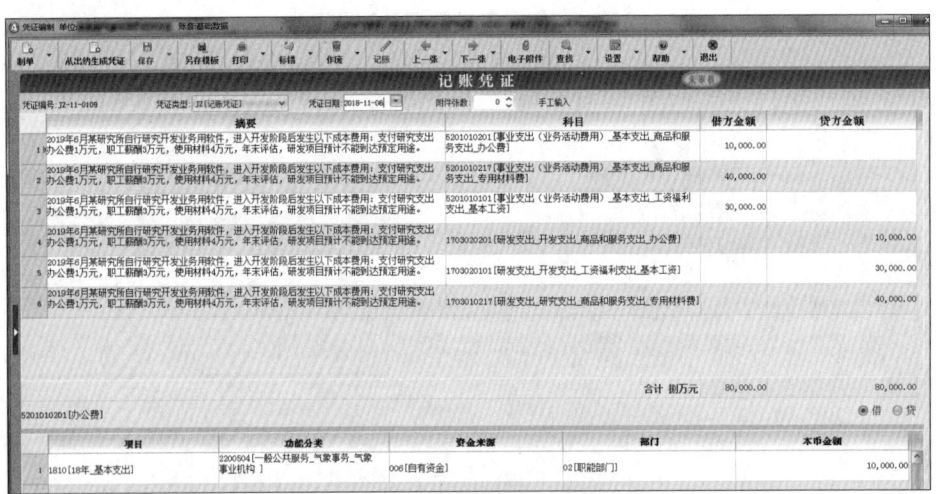

图 4-310　基础数据录入界面

财务预算平行记账如图 4-311 所示。

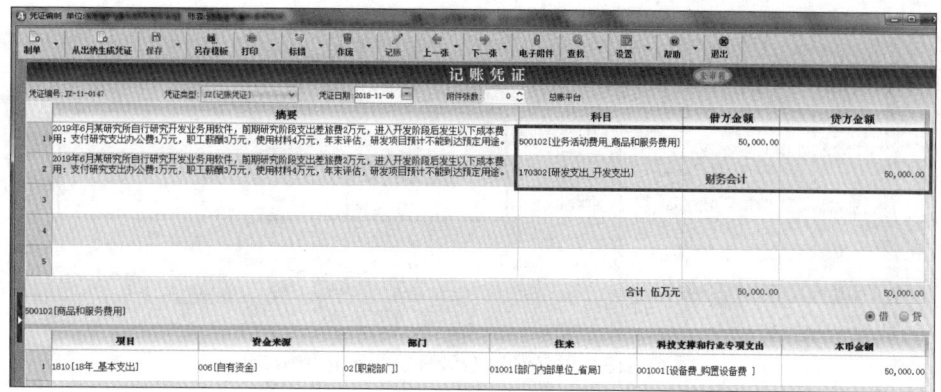

图 4-311　财务预算会计凭证

（2）按照法律程序已申请取得无形资产的

基础数据录入如图 4-312 所示。

图 4-312　基础数据录入界面

财务预算平行记账如图 4-313 和图 4-314 所示。

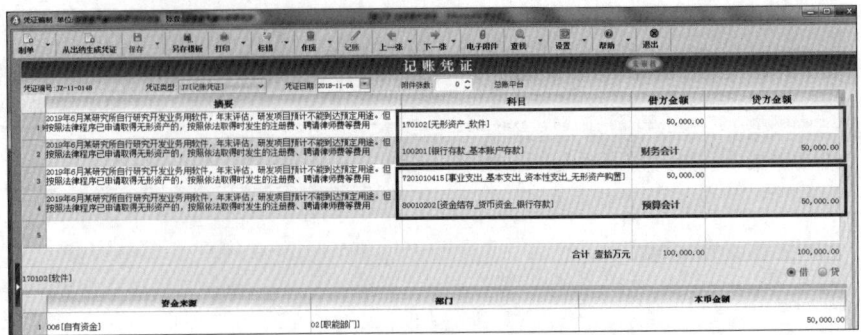

图 4-313 财务预算会计凭证平行记账分录

图 4-314 财务预算会计凭证

5. 接受捐赠的无形资产

（1）按照确定的无形资产成本入账

基础数据录入如图 4-315 所示。

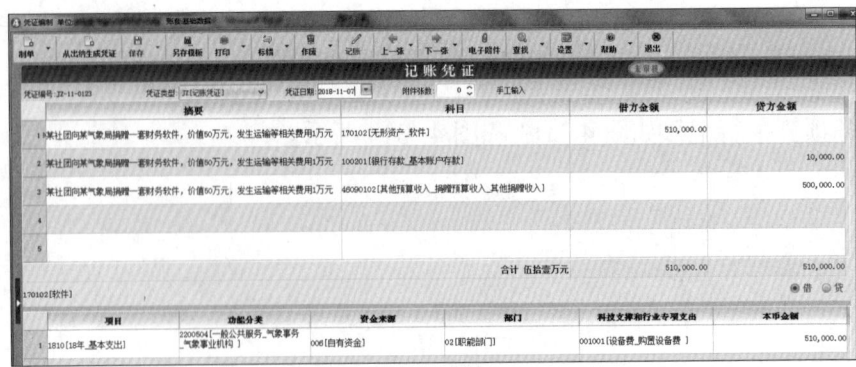

图 4-315 基础数据录入界面

财务预算平行记账如图 4-316 所示。

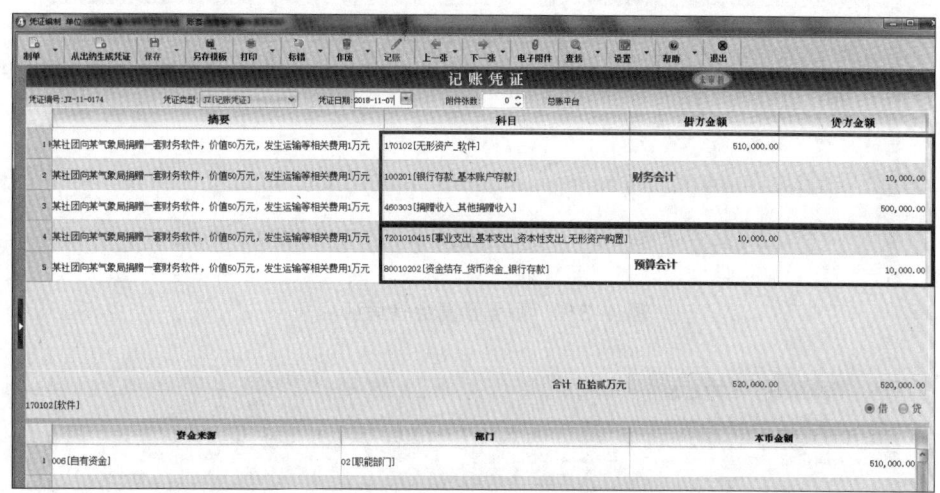

图 4-316 财务预算会计凭证平行记账分录

（2）按照名义金额入账

基础数据录入如图 4-317 所示。

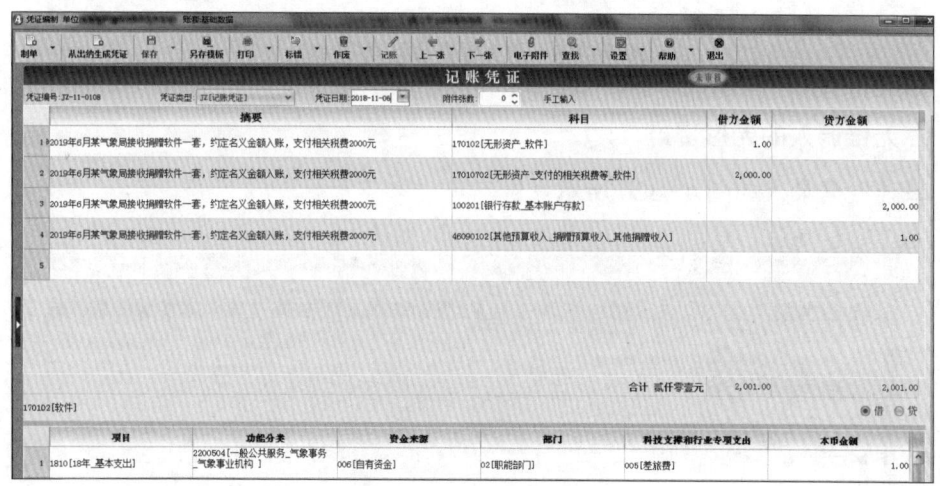

图 4-317 基础数据录入界面

财务预算平行记账如图 4-318 和图 4-319 所示。

图 4-318　财务预算会计凭证 - 1

图 4-319　财务预算会计凭证 - 2

6. 无偿调入的无形资产

基础数据录入如图 4-320 所示。

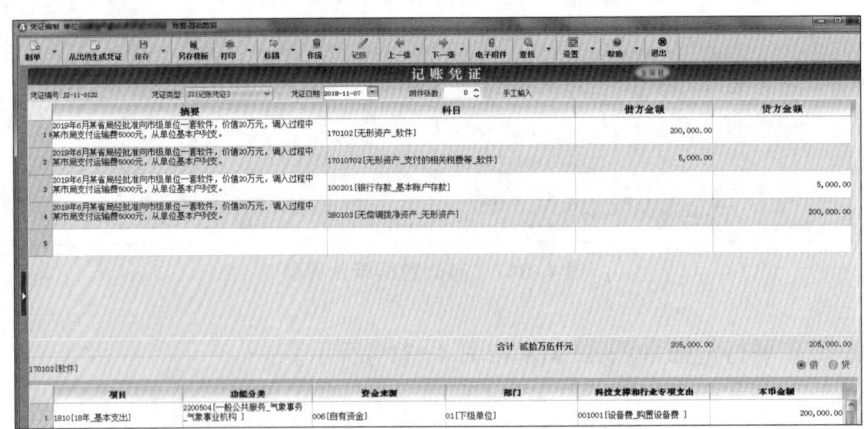

图 4-320　基础数据录入界面

财务预算平行记账如图 4-321 和图 4-322 所示。

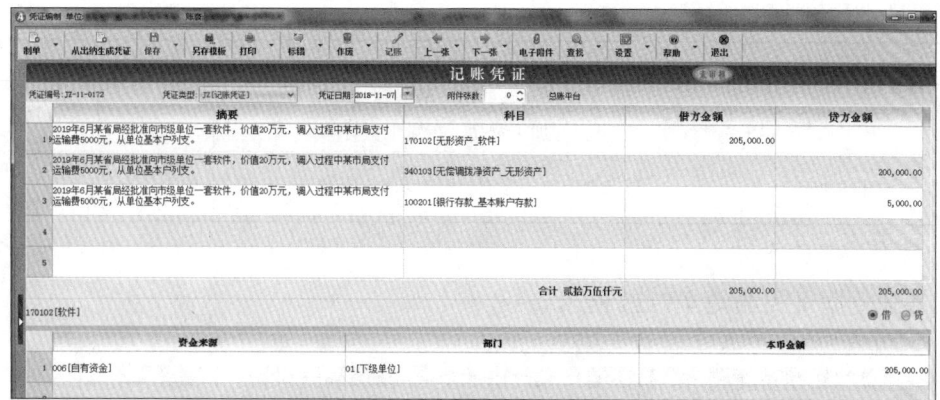

图 4-321　财务预算会计凭证 – 1

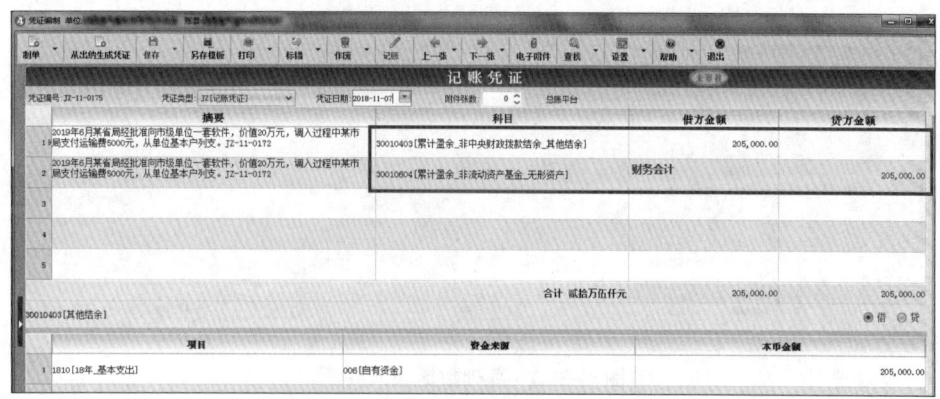

图 4-322　财务预算会计凭证 – 2

7. 置换取得的无形资产

参照"库存物品"科目中置换取得库存物品的核算。

（二）无形资产累计摊销

无形资产累计摊销是指单位对使用年限有限的无形资产计提的累计摊销。它是在无形资产使用寿命内，按照确定的方法对应摊销金额进行系统分摊。单位应当自无形资产取得当月起，按月采用年限平均法对其成本计提无形资产摊销，无形资产减少的当月，不再计提摊销。无形资产提足摊销后，无论能否继续带来服务潜力或经济利益，均不再计提摊销；核销的无形资产，如果未提足摊销，也不再补提摊销。因发生后续支出而增加无形资产成本的，应当按照重新确定的无形资产成本，重新计算摊销额（表 4-25）。

表 4-25　无形资产摊销主要账务处理

业务类型	借方	贷方
按月摊销	业务活动费用、单位管理费用 加工物品、在建工程等	无形资产累计摊销
年末处理	累计盈余——非流动资产基金——无形资产	"业务活动费用""单位管理费用"等科目

基础数据录入如图 4-323 所示。

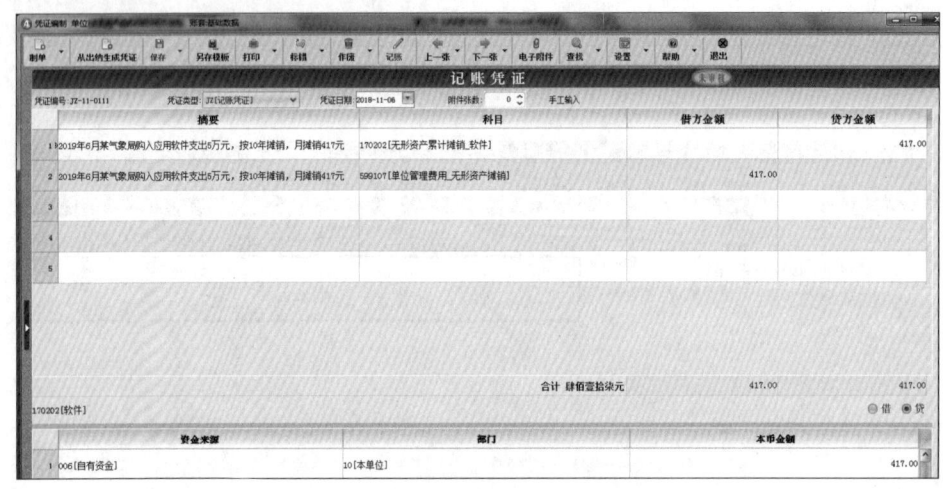

图 4-323　基础数据录入界面

财务预算平行记账。

注意：年末在事业账套借记"累计盈余—非流动资产基金—无形资产"科目，贷记"业务活动费用""单位管理费用"等科目。

（三）无形资产的后续支出（表 4-26）

表 4-26　无形资产后续支出主要账务处理

业务类型		借方	贷方
符合无形资产确认条件的后续支出	需暂停对无形资产进行摊销的	在建工程 无形资产累计摊销	无形资产
	按照支出金额	在建工程	财政拨款预算收入 零余额账户用款额度 银行存款
	完成交付使用时	无形资产	在建工程
不符合无形资产确认条件的后续支出		行政支出、事业支出、经营支出	财政拨款预算收入 零余额账户用款额度 银行存款

1. 符合无形资产确认条件的后续支出

（1）需暂停对无形资产进行摊销的

基础数据录入如图 4-324 所示。

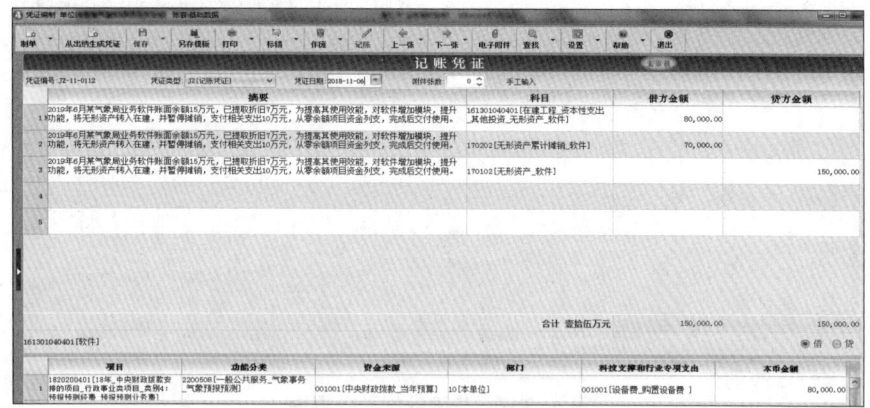

图 4-324　基础数据录入界面

财务预算平行记账如图 4-325 和图 4-326 所示。

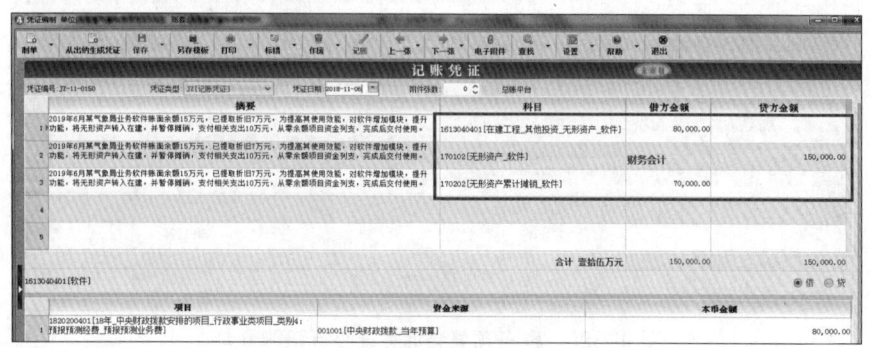

图 4-325　财务预算会计凭证-1

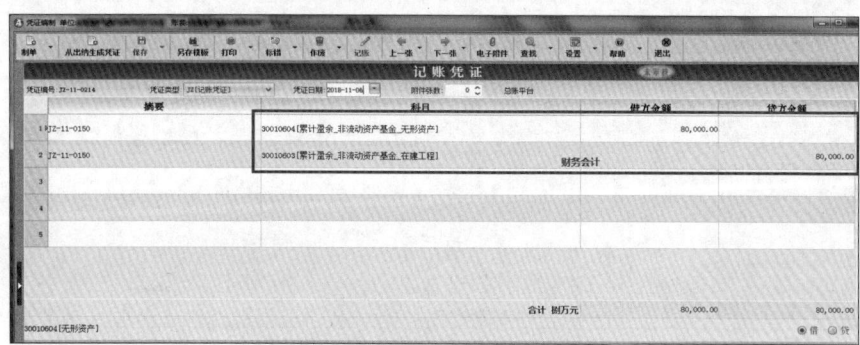

图 4-326　财务预算会计凭证-2

（2）按照支出金额

基础数据录入如图 4-327 所示。

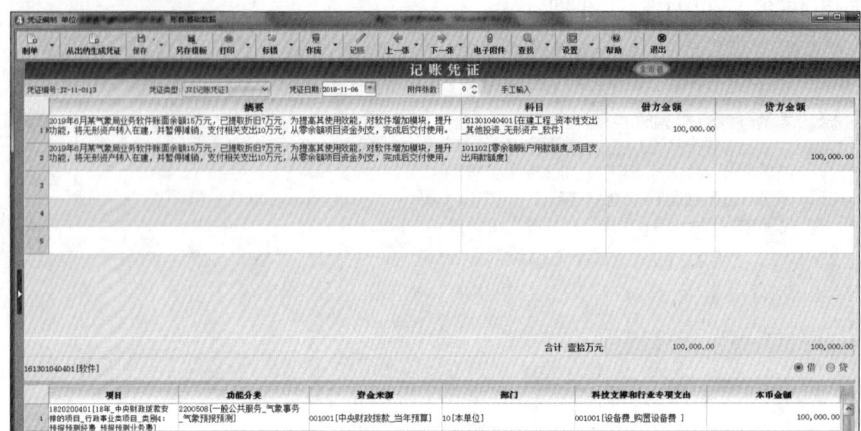

图 4-327　基础数据录入界面

财务预算平行记账如图 4-328 和图 4-329 所示。

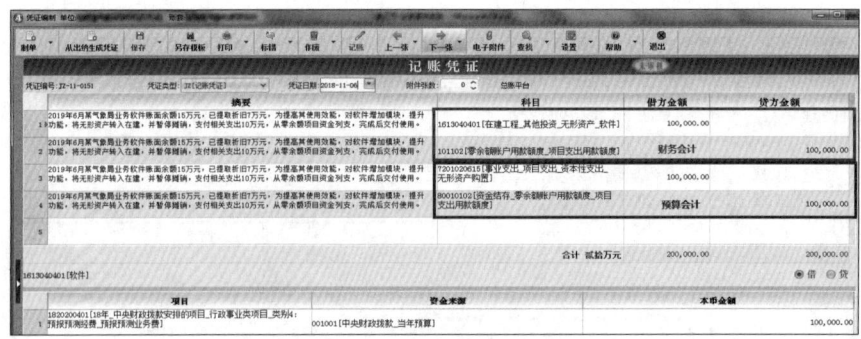

图 4-328　财务预算会计凭证平行记账分录

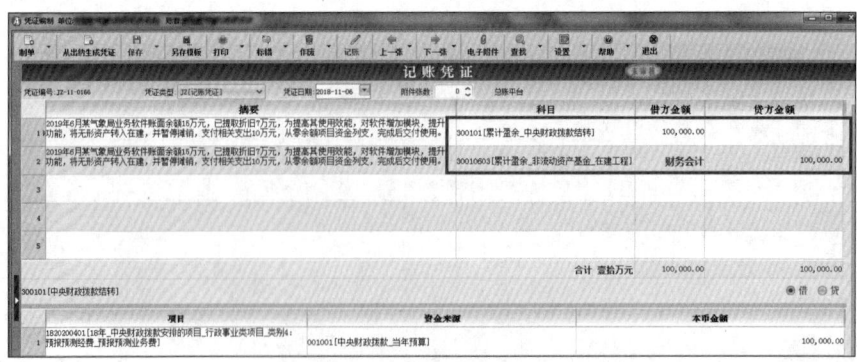

图 4-329　财务预算会计凭证

（3）完成交付使用时

基础数据录入如图 4-330 所示。

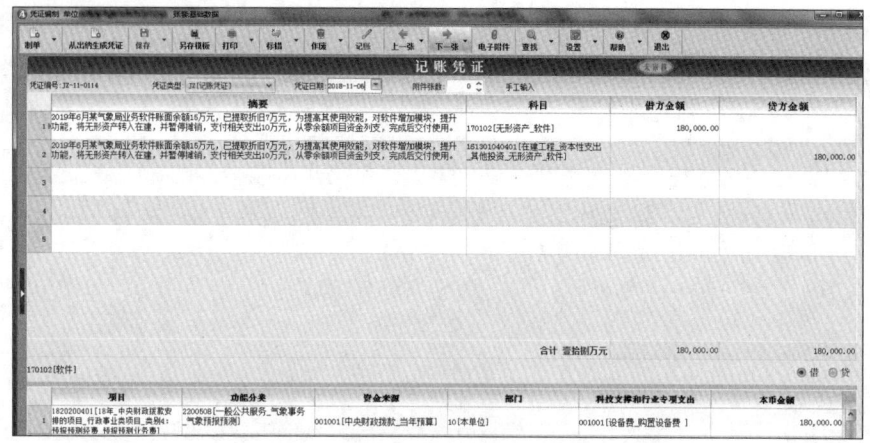

图 4-330　基础数据录入界面

财务预算平行记账如图 4-331 和图 4-332 所示。

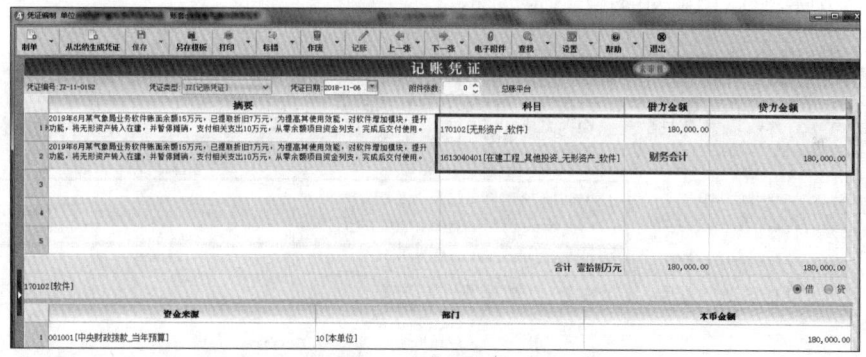

图 4-331　财务预算会计凭证 – 1

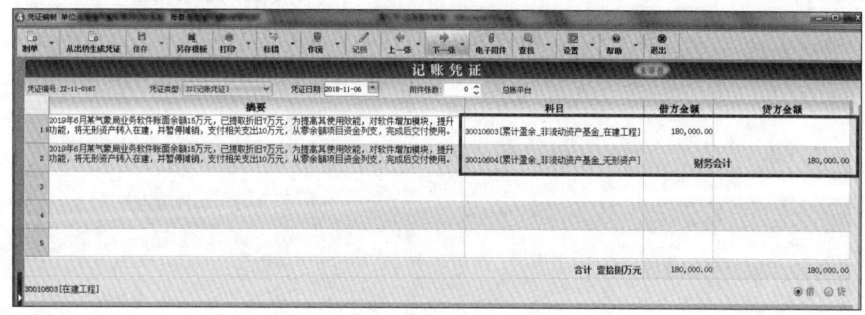

图 4-332　财务预算会计凭证 – 2

2. 不符合无形资产确认条件的后续支出

基础数据录入如图 4-333 所示。

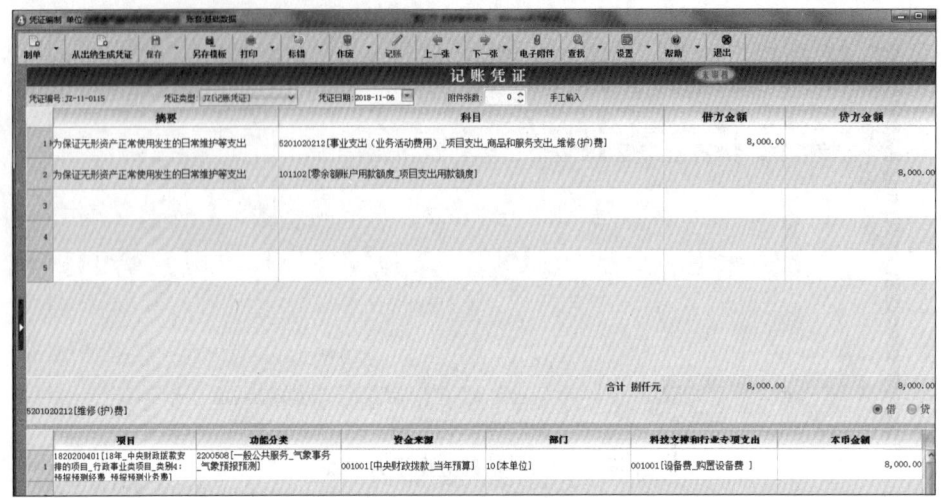

图 4-333　基础数据录入界面

财务预算平行记账如图 4-334 所示。

图 4-334　财务预算会计凭证平行记账分录

（四）无形资产的处置（表 4-27）

表 4-27 无形资产处置主要账务处理

业务类型		借方	贷方
报经批准出售、转让无形资产	按照被出售、转让无形资产的账面价值和摊销	资产处置费用 无形资产累计摊销	无形资产
	按照支付的相关税费和收到的价款	银行存款（收到的价款）	银行存款（支付的相关费用） 应缴财政款（按照规定应上缴无形资产转让净收入的） 其他预算收入（按照规定将无形资产转让收入纳入本单位预算管理的）
报经批准对外捐赠无形资产（涉及多借多贷无法通过记账平台自动生成，在事业账套手工录入）		无形资产累计摊销 资产处置费用（差额）	无形资产 银行存款
报经批准无偿调出无形资产	按照无形资产的账面余额和摊销额	无形资产累计摊销 无偿调拨净资产	无形资产
	无偿调出过程中发生的归属于调出方的相关费用	资产处置费用	银行存款等
报经批准置换换出无形资产（涉及多借多贷，无法通过记账平台自动生成，需在事业账套手工录入）		无形资产、固定资产等 无形资产累计摊销 资产处置费用（借方差额）	无形资产 银行存款 其他预算收入（贷方差额）
无形资产报经批准核销		无形资产累计摊销 资产处置费用	无形资产

1. 报经批准出售、转让无形资产

（1）按照被出售、转让无形资产的账面价值和摊销

基础数据录入如图 4-335 所示。

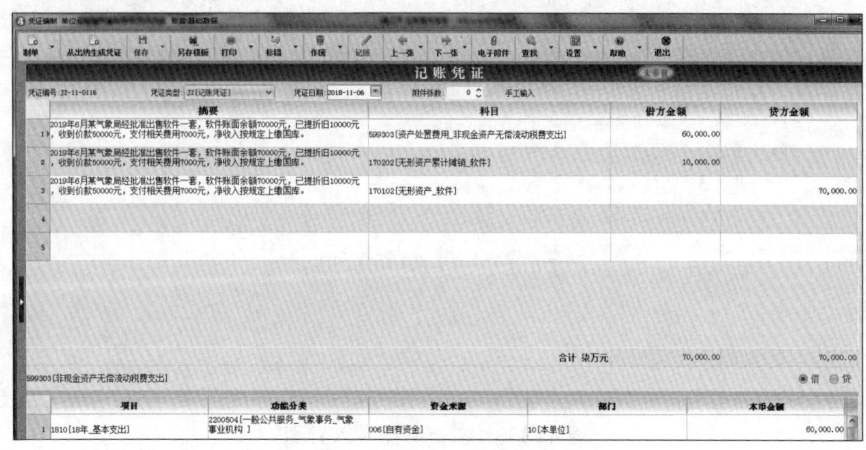

图 4-335 基础数据录入界面

财务预算平行记账如图 4-336 和图 4-337 所示。

图 4-336　财务预算会计凭证-1

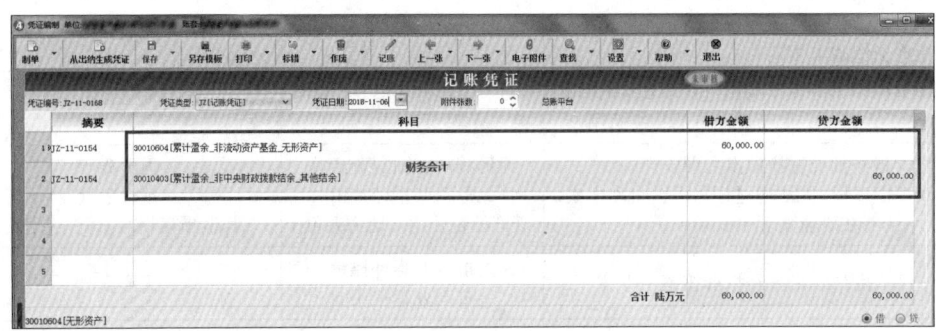

图 4-337　财务预算会计凭证-2

（2）按照支付的相关税费和收到的价款

基础数据录入如图 4-338 所示。

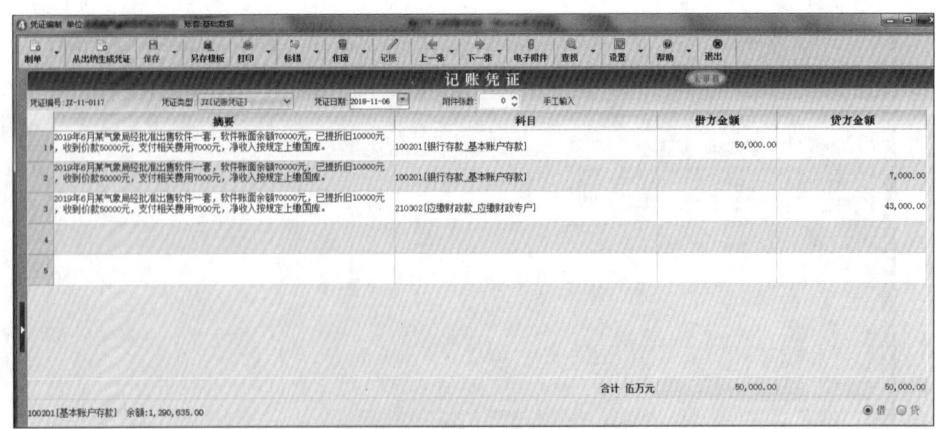

图 4-338　基础数据录入界面

财务预算平行记账如图 4-339 所示。

图 4-339　财务预算会计凭证平行记账分录

2. 报经批准对外捐赠无形资产

基础数据录入如图 4-340 所示。

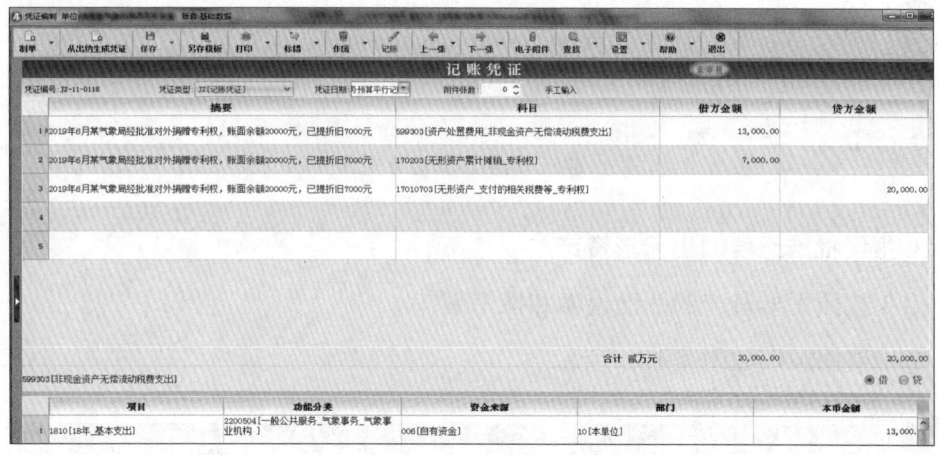

图 4-340　基础数据录入界面

财务预算平行记账如图 4-341 和图 4-342 所示。

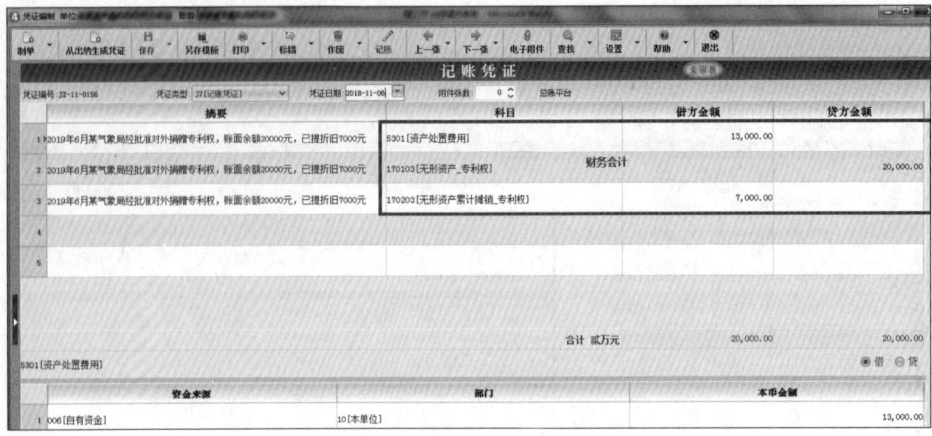

图 4-341　财务预算会计凭证-1

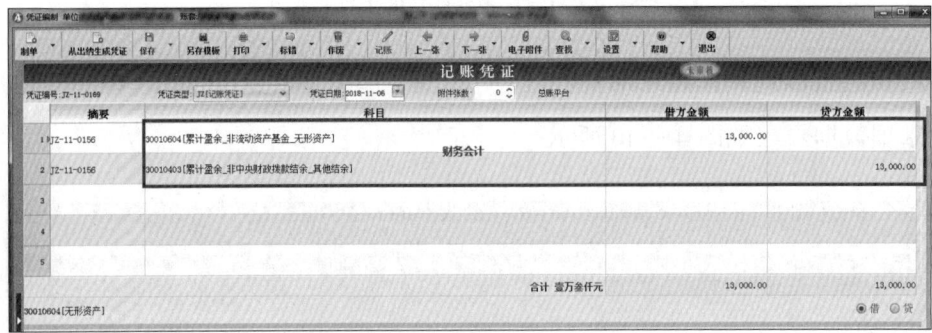

图 4-342　财务预算会计凭证-2

3. 报经批准无偿调出无形资产

（1）按照无形资产的账面余额和摊销额

基础数据录入如图 4-343 所示。

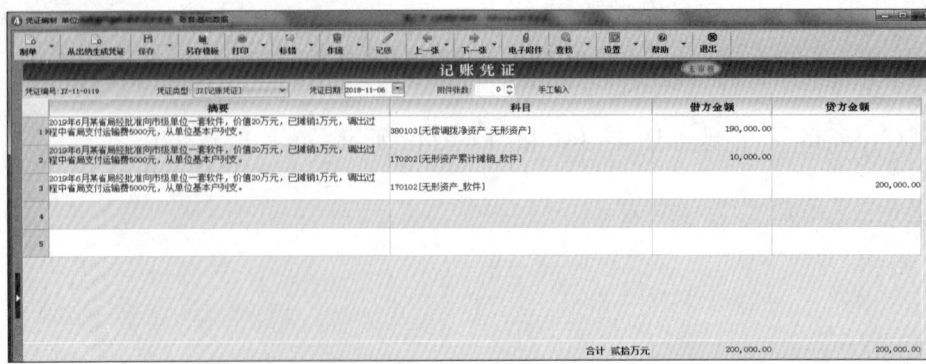

图 4-343　基础数据录入界面

财务预算平行记账如图 4-344 和图 4-345 所示。

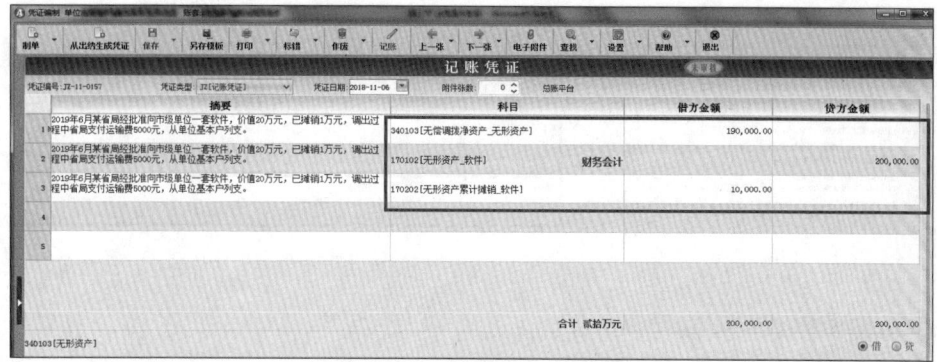

图 4-344　财务预算会计凭证－1

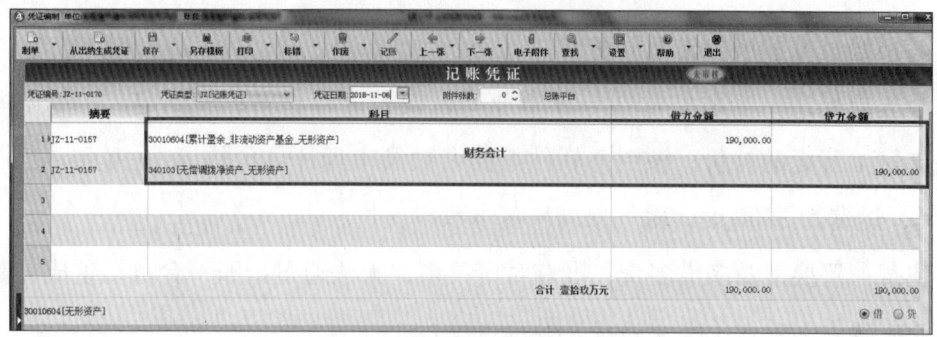

图 4-345　财务预算会计凭证－2

（2）无偿调出过程中发生的归属于调出方的相关费用

基础数据录入如图 4-346 所示。

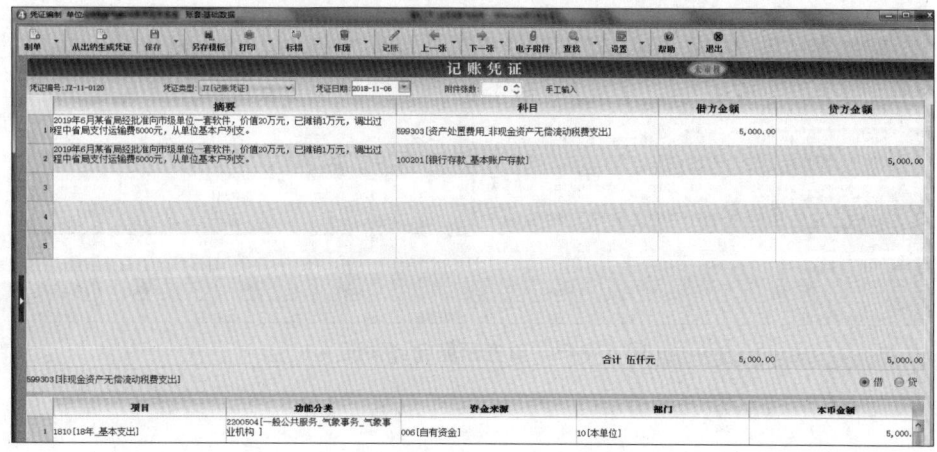

图 4-346　基础数据录入界面

财务预算平行记账如图 4-347 所示。

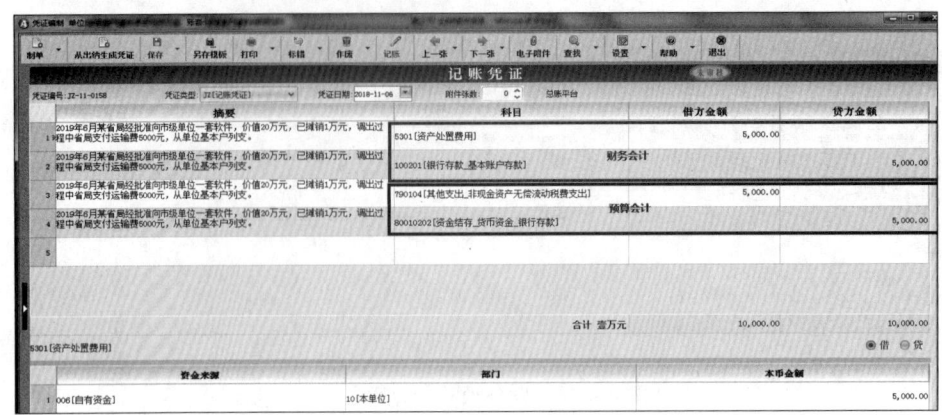

图 4-347　财务预算会计凭证平行记账分录

4. 报经批准置换换出无形资产

某气象局用一套财务软件与 B 事业单位换入库存材料；经商定，B 单位向气象局支付 1 万元的补价；该财务软件账面余额及市场评估价均为 10 万元，已摊销 4 万元，运费为 3000 元，由气象局从基本账户支付。

注意：置换涉及多借多贷，没有对应关系，无法通过记账平台自动生成，需要在事业账套手工录入（图 4-348、图 4-349）。

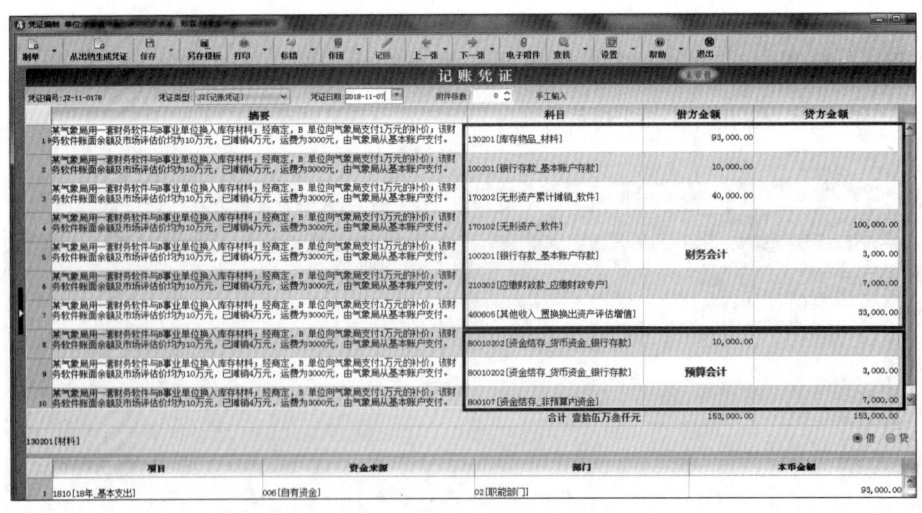

图 4-348　财务预算会计凭证 – 1

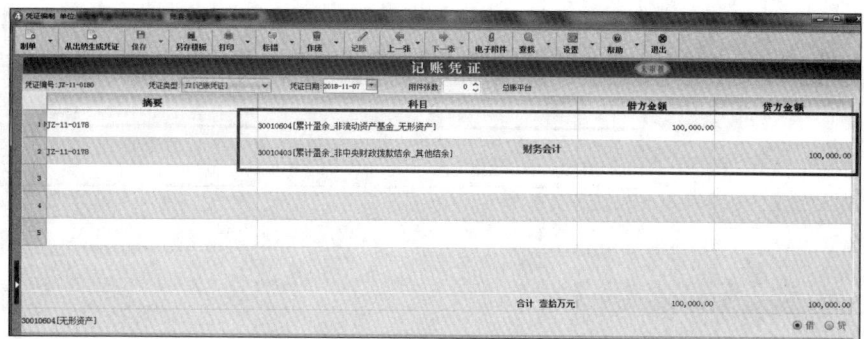

图 4-349　财务预算会计凭证 - 2

5. 无形资产报经批准核销

基础数据录入如图 4-350 所示。

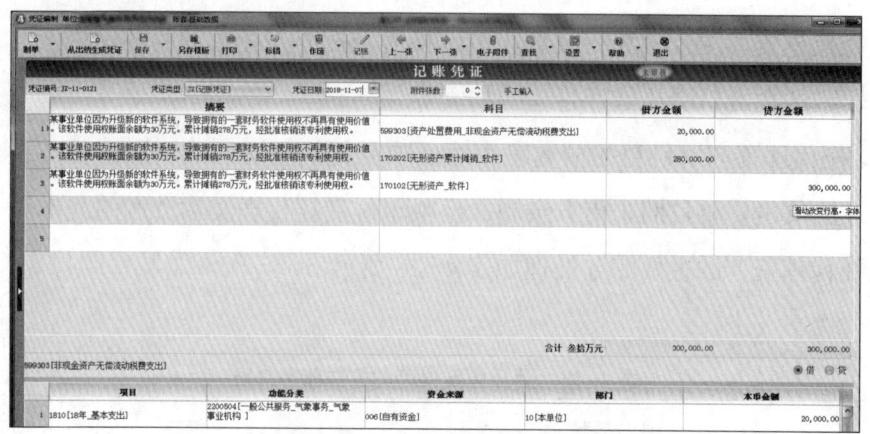

图 4-350　基础数据录入界面

财务预算平行记账如图 4-351 和图 4-352 所示。

图 4-351　财务预算会计凭证 - 1

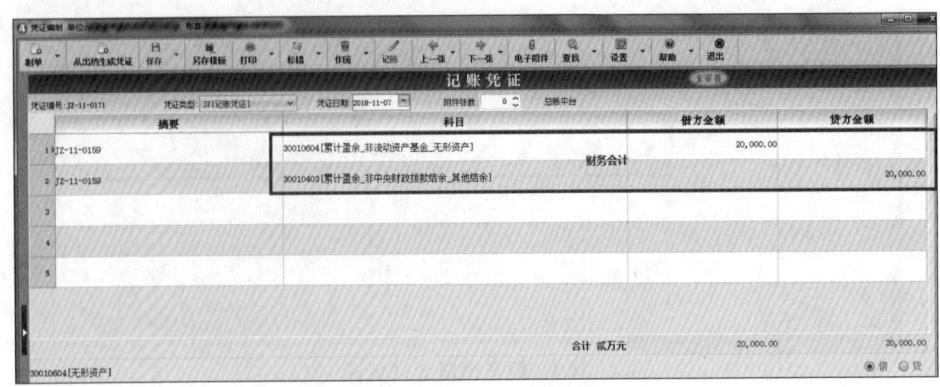

图 4-352　财务预算会计凭证 – 2

八、受托代理资产

受托代理资产主要核算行政事业单位接受委托方委托管理的各项资产，包括受托指定转赠的物资、受托储存管理的物资等。

"受托代理资产"科目的借方发生额反映受托代理资产的增加，贷方发生额反映该资产的减少。科目期末借方余额，反映单位受托代理实物资产的成本。

受托代理资产的主要账务处理如表 4-28 所示。

表 4-28　受托代理资产的主要账务处理

业务类型		借方	贷方
接受委托人委托需要转赠给受赠人的物资	受托资产时	受托代理资产	受托代理负债
	受托协议约定由受托方承担相关税费、运输费等	其他支出	银行存款
	将受托转赠物资交付受赠人或委托人取消了转赠要求时	受托代理负债 相关资产科目	受托代理资产 其他预算收入
接受委托人委托存储保管的物资	受托资产时	受托代理资产	受托代理负债
	发生由受托单位承担的与受托存储保管的物资相关的运输费、保管费等费用时	其他支出	银行存款
	根据委托人要求交付或发出受托存储保管的物资时	受托代理负债	受托代理资产
罚没物资	按照确定的成本罚没物资成本无法可靠确定的，单位应当设置备查簿进行登记	受托代理资产	受托代理负债
	按照规定处置或移交罚没物资时	受托代理负债	受托代理资产
	处置时取得款项	银行存款	应缴财政款

1. 接受委托人委托需要转赠给受赠人的物资

（1）受托资产时

基础数据录入如图 4-353 所示。

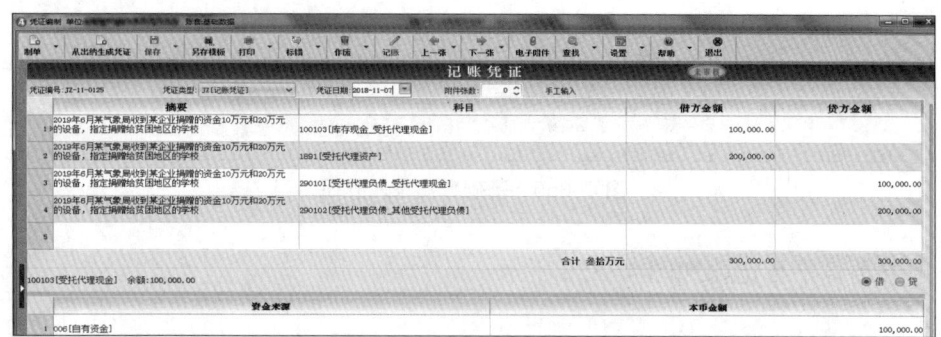

图 4-353 基础数据录入界面

财务预算平行记账如图 4-354 所示。

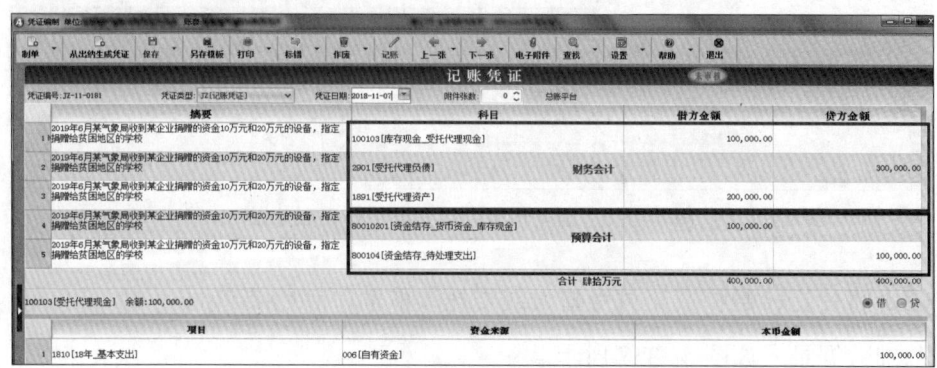

图 4-354 财务预算会计凭证平行记账分录

（2）受托协议约定由受托方承担相关税费、运输费等

基础数据录入如图 4-355 所示。

图 4-355　基础数据录入界面

财务预算平行记账如图 4-356 所示。

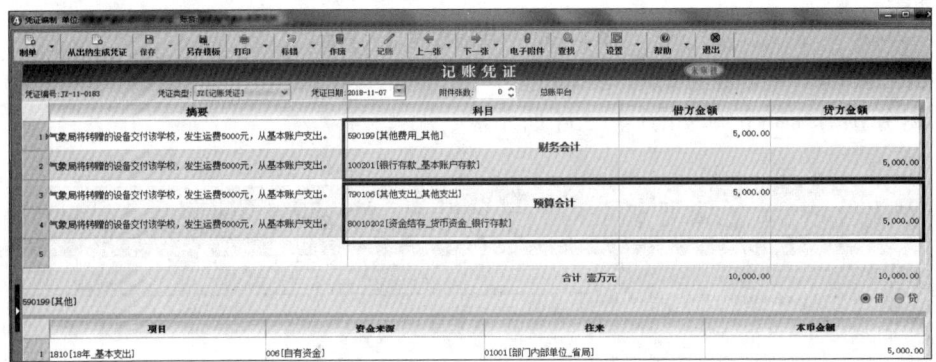

图 4-356　财务预算会计凭证平行记账分录

（3）将受托转赠物资交付受赠人或委托人取消了转赠要求时

基础数据录入如图 4-357 所示。

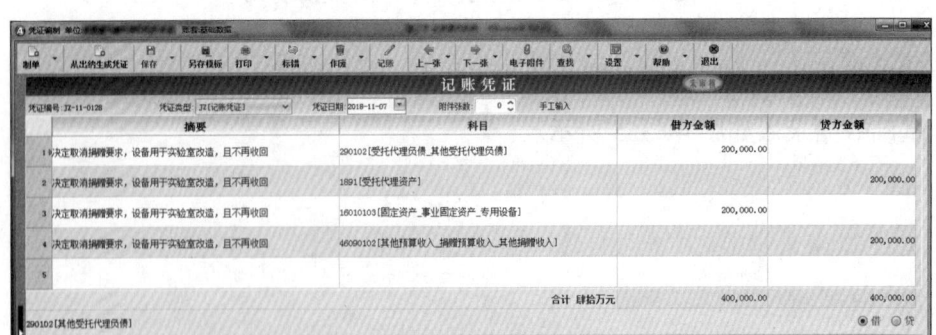

图 4-357　基础数据录入界面

财务预算平行记账如图 4-358 和图 4-359 所示。

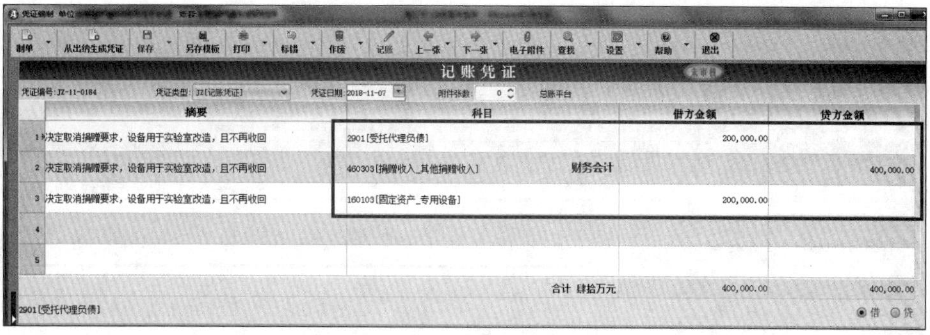

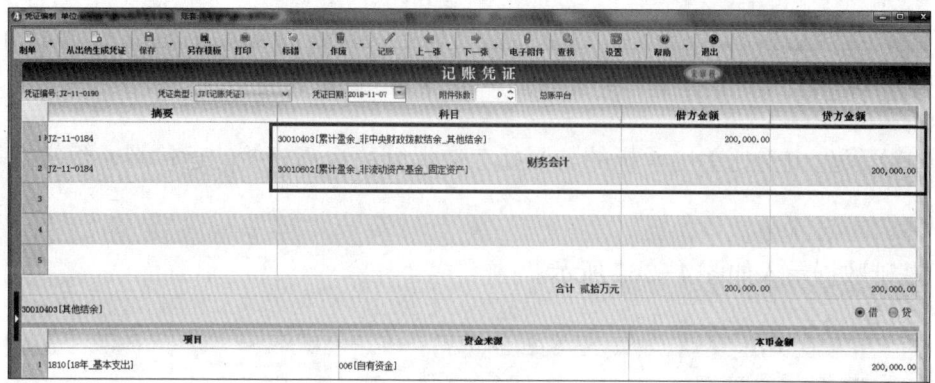

图 4-358　账务预算会计凭证-1

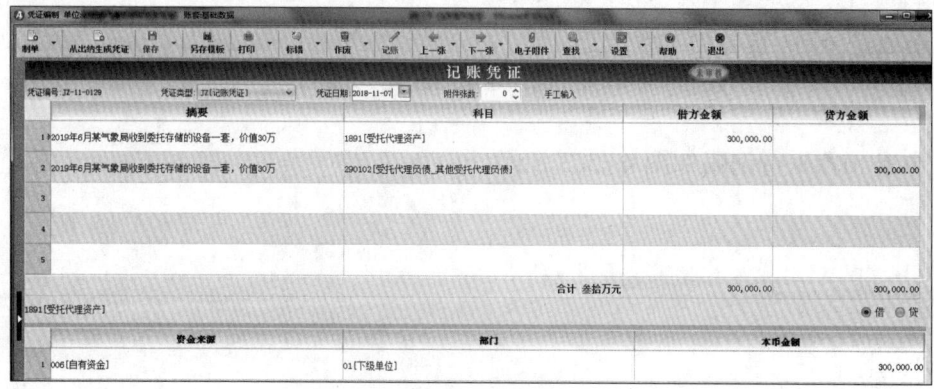

图 4-359　账务预算会计凭证-2

2. 接受委托人委托存储保管的物资

（1）受托资产时

基础数据录入如图 4-360 所示。

图 4-360　基础数据录入界面

财务预算平行记账如图4-361所示。

图4-361 财务预算会计凭证

（2）发生由受托单位承担的与受托存储保管的物资相关的运输费、保管费等费用时

基础数据录入如图4-362所示。

图4-362 基础数据录入界面

财务预算平行记账如图4-363所示。

图 4-363　财务预算会计凭证

3. 根据委托人要求交付或发出受托存储保管的物资时

基础数据录入如图 4-364 所示。

图 4-364　基础数据录入界面

财务预算平行记账如图 4-365 所示。

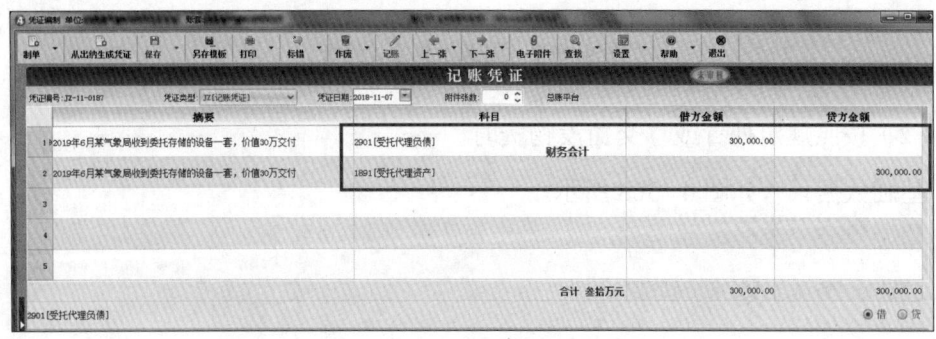

图 4-365　财务预算会计凭证

4. 罚没物资

（1）按照确定的成本罚没物资成本无法可靠确定的，单位应当设置备查簿进行登记

基础数据录入如图 4-366 所示。

图 4-366　基础数据录入界面

财务预算平行记账如图 4-367 所示。

图 4-367　财务预算会计凭证

（2）按照规定处置或移交罚没物资时

基础数据录入如图 4-368 所示。

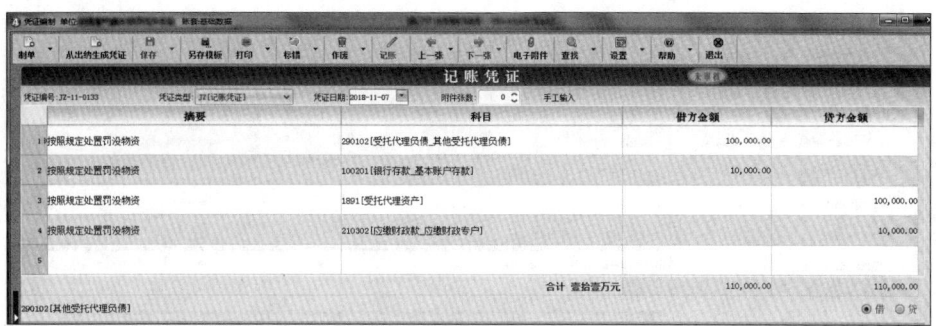

图 4-368 基础数据录入界面

财务预算平行记账如图 4-369 所示。

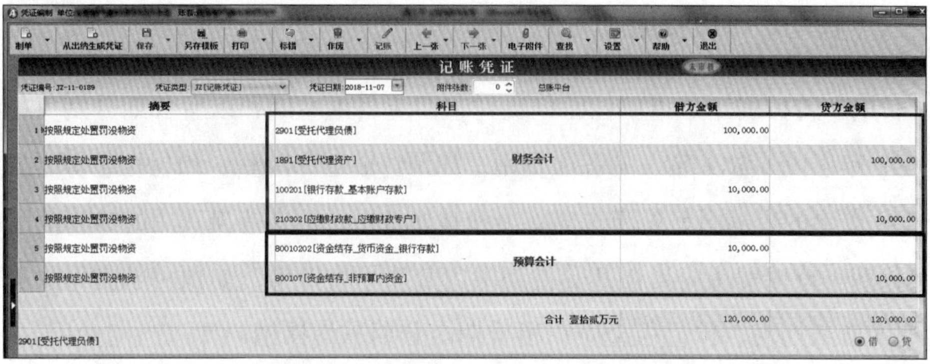

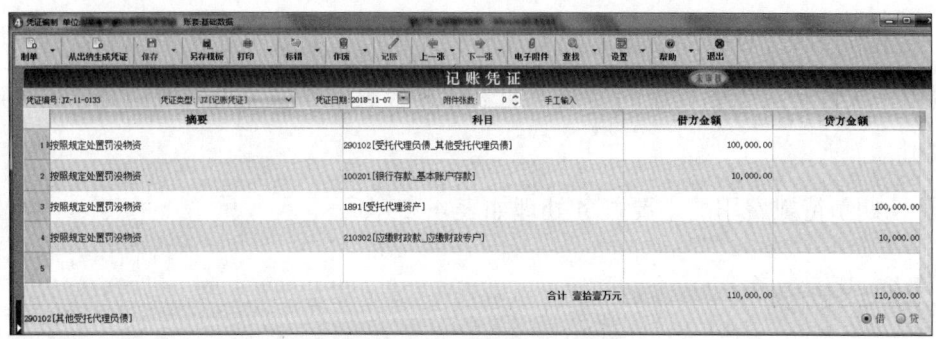

图 4-369 财务预算会计凭证平行记账分录

（3）处置时取得款项

基础数据录入如图 4-370 所示。

图 4-370 基础数据录入界面

财务预算平行记账如图 4-371 所示。

图 4-371　财务预算会计凭证平行记账分录

九、(长期)待摊费用

(长期)待摊费用是指单位已经支付,但应当由本期和以后各期分别负担的分摊期在 1 年以内(含 1 年)的各项费用,如预付航空保险费、预付租金等。摊销期限在 1 年以上的租入固定资产改良支出和其他费用,不在待摊费用的核算范围内。

(长期)待摊费用应当在其受益期限内分期平均摊销,如预付航空保险费应在保险期的有效期内、预付租金应在租赁期内分期平均摊销,计入当期费用。"待摊费用"科目的借方发生额反映发生待摊费用实际预付的金额,贷方发生额反映按照受益期限分期平均摊销时的摊销金额。期末借方余额反映单位各种已支付但尚未摊销的分摊期在 1 年以内(含 1 年)的费用。

"(长期)待摊费用"科目的借方发生额反映单位发生长期待摊费用的金额,贷方发生额反映单位按照费用的受益期间所摊销的金额及不能使单位受益的长期待摊费用一次性转入当期费用的金额,期末借方余额反映单位尚未摊销完毕的长期待摊费用。

(长期)待摊费用的主要账务处理如表 4-29 所示。

表 4-29　（长期）待摊费用主要账务处理

业务类型	借方	贷方
发生（长期）待摊费用时	待摊费用 长期待摊费用	零余额账户用款额度 银行存款 财政拨款预算收入
按照受益期限分期平均摊销时	行政支出、事业支出、经营支出	待摊费用 长期待摊费用
某项待摊费用已经不能使单位受益	行政支出、事业支出、经营支出	待摊费用 长期待摊费用

1. 发生（长期）待摊费用时

基础数据录入如图 4-372 所示。

图 4-372　基础数据录入界面

财务预算平行记账如图 4-373 所示。

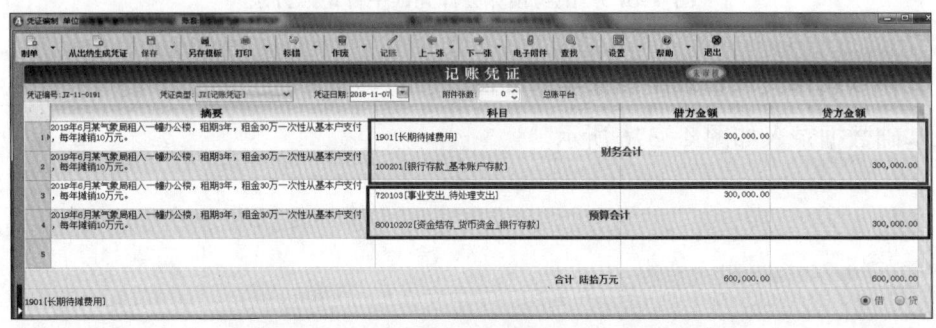

图 4-373　财务预算会计凭证平行记账分录

2. 按照受益期限分期平均摊销时

基础数据录入如图 4-374 所示。

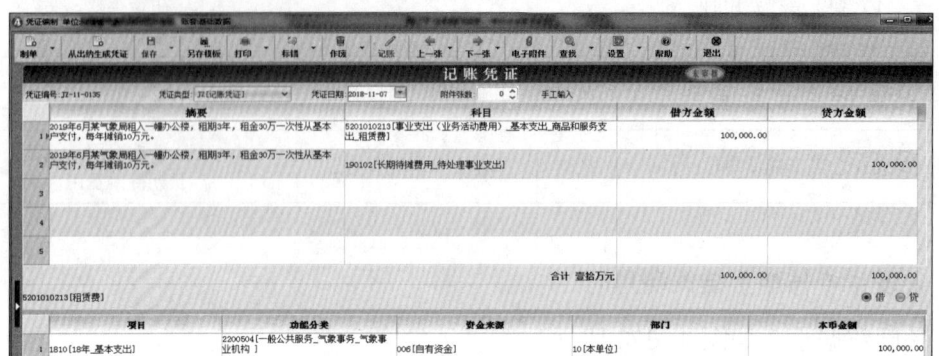

图 4-374 基础数据录入界面

财务预算平行记账如图 4-375 所示。

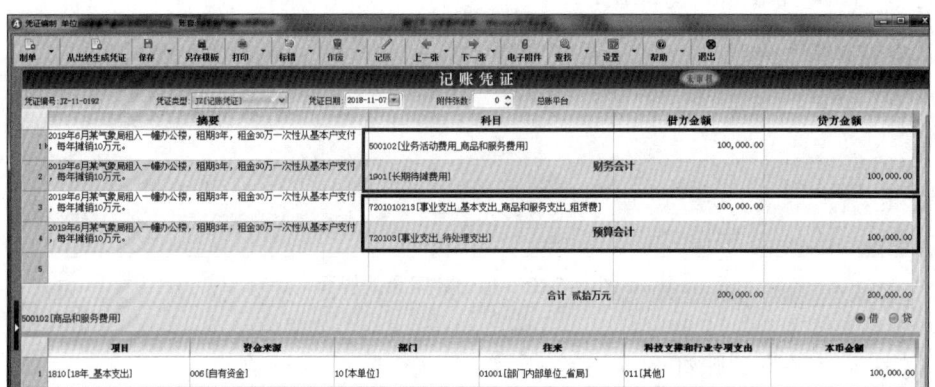

图 4-375 财务预算会计凭证平行记账分录

3. 某项待摊费用已经不能使单位受益

基础数据录入如图 4-376 所示。

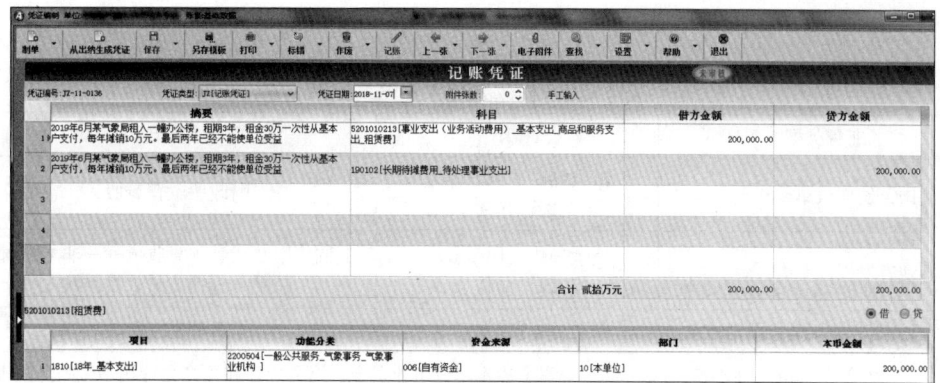

图 4-376　基础数据录入界面

财务预算平行记账如图 4-377 所示。

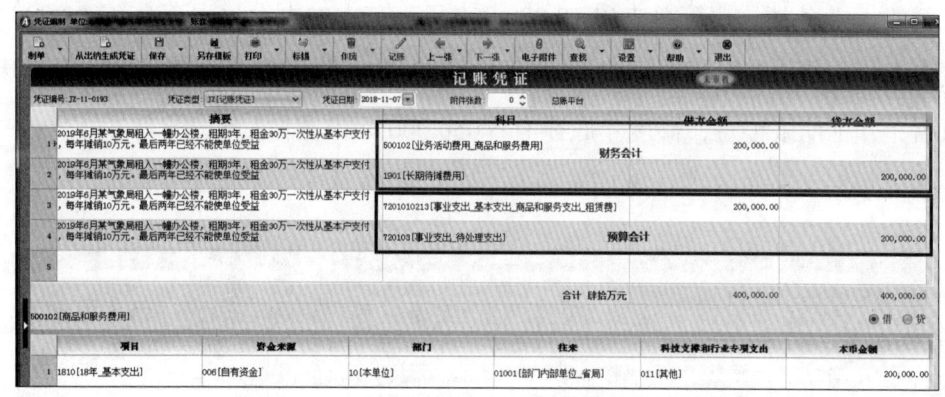

图 4-377　财务预算会计凭证平行记账分录

十、在建工程

在建工程是指单位资产的新建、改建、扩建，或技术改造、设备更新和大修理工程等尚未竣工投入使用的建设项目。

"在建工程"科目核算单位在建的建设项目工程的实际成本。本科目期末借方余额，反映单位尚未完工的建设项目工程发生的实际成本。

在建工程的主要账务处理如下。

(一) 资金的筹集 (表4-30)

表4-30 在建工程主要账务处理

业务类型		借方	贷方
国家发展改革委资金		零余额账户用款额度 银行存款	财政拨款预算收入
地方发展改革委资金		零余额账户用款额度 银行存款	非同级财政拨款预算收入——非本级财政拨款——地方财政拨款收入
自筹资金	使用上级单位拨款	银行存款	上级补助预算收入
	使用本单位事业基金	如自筹资金为本单位事业资金，财务会计和预算会计均不做账务处理	
行政事业费资金		零余额账户用款额度 银行存款	财政拨款预算收入——行政事业项目支出

新建A业务楼，概算总支出10 000 000元，其中中央发改委资金8 000 000元，以授权支付方式，自筹资金2 000 000元，中央发改委8 000 000元已到位，但因气候原因，开工期限很短，额度年底还有5 050 000元未支付。

基础数据录入如图4-378所示。

图4-378 基础数据录入界面

财务预算平行记账如图4-379所示。

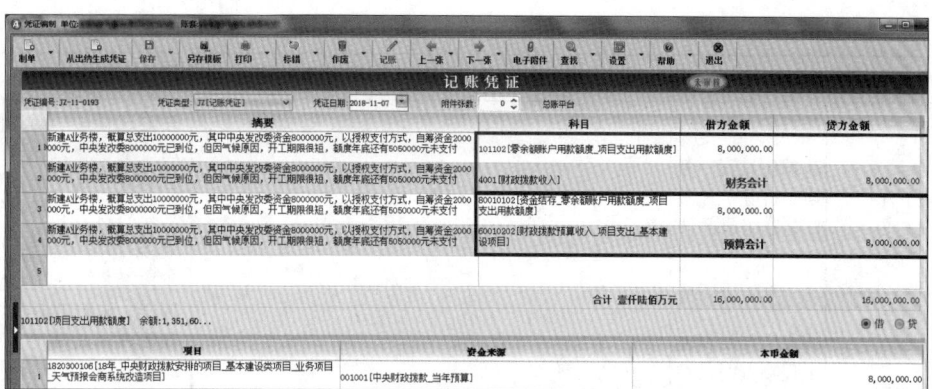

图 4-379 财务预算会计凭证平行记账分录

（二）资金的支出（表 4-31）

表 4-31 在建工程资金支出主要账务处理

业务类型		借方	贷方
房屋建筑物构建、基础设施、大型修缮类支出		在建工程——资本性支出（基本建设）——建筑安装工程投资建筑工程投资——房屋建筑物构建/基础设施建设/大型修缮	现金、银行存款、财政应返还额度、零余额账户用款额度、财政拨款预算收入、非同级财政拨款预算收入
专用设备、信用网络设备安装类支出		在建工程——资本性支出（基本建设）——建筑安装工程投资——安装工程投资——设备安装——专用设备购置/信息网络购置	
办公设备、专用设备、信用网络设备、公务用车、其他交通工具购置		在建工程——资本性支出（基本建设）——设备投资	
软件类支出		在建工程——资本性支出（基本建设）——其他投资——无形资产——软件	
著作权、商标权、专利权、土地使用权、其他无形资产类支出		在建工程——资本性支出（基本建设）——其他投资——无形资产——著作权、商标权、专利权/土地使用权/其他无形资产	
物资储备、文物和陈列品购置类支出		在建工程——资本性支出（基本建设）——其他投资——物资储备/文物和陈列品购置	现金、银行存款、财政应返还额度、零余额账户用款额度、财政拨款预算收入、非同级财政拨款预算收入
房屋购置、办公生活用家具器具购置类支出		在建工程——资本性支出（基本建设）——其他投资——房屋购置/办公生活用家具器具购置	
土地补偿、安置补助、地上附着物和青苗补偿和拆迁补偿类支出		在建工程——资本性支出（基本建设）——待摊投资——土地补偿/安置补助/地上附着物青苗补偿/拆迁补偿	
其他待摊投资类支出		在建工程——资本性支出（基本建设）——待摊投资——相关明细科目	
改扩建工程	需要改扩建的固定资产转入在建工程	在建工程——资本性支出（基本建设）——建筑安装工程投资——建筑工程投资——房屋建筑物构建/基础设施建设/大型修缮 固定资产累计折旧	固定资产

续表

业务类型		借方	贷方
改扩建工程	改扩建过程中替换（拆除）原资产某些组成部分	非流动资产基金——在建工程	在建工程——资本性支出（基本建设）——建筑安装工程——建筑工程投资——房屋建筑物构建/基础设施建设/大型修缮
购买及使用库存材料/工程物资	购买库存材料或工程物资时，按实际支付款项	工程物资	现金、银行存款、零余额账户用款额度、财政应返还额度、财政拨款预算收入、非同级财政拨款预算收入
	领用上述材料物资时	在建工程	工程物资
预付账款和按进度结算工程款	预付款项	预付账款	现金、银行存款、零余额账户用款额度、财政应返还额度、财政拨款预算收入、非同级财政拨款预算收入
	按照进度结算工程款	在建工程	预付账款 现金、银行存款、零余额账户用款额度、财政应返还额度、财政拨款预算收入、非同级财政拨款预算收入
应付款项	形成应付款项时	在建工程	应付账款、应付票据、其他应付款、应付职工薪酬——在建工程
	实际支付款项时	应付账款、应付票据、其他应付款、应付职工薪酬——在建工程	现金、银行存款、零余额账户用款额度、财政应返还额度、财政拨款预算收入、非同级财政拨款预算收入
利息收入 事业账套中预算会计分录手工调整至借方负数		银行存款	在建工程——待摊投资
跨年度项目，年末财政结转资金处理	授权支付结转	财政应返还额度——授权	零余额账户用款额度（已下达） 财政拨款预算收入（未下达）
	直接支付结转	财政应返还额度——直接	财政拨款预算收入

2019 年中央资金支出 2 950 000 元。

支出项目前期费用 1 000 000 元：三通一平费用 150 000 元，项目前期工作咨询费 100 000 元，勘察费 50 000 元，设计费 150 000 元，工程监理费 100 000 元，工程质量监督费 20 000 元，施工图审查费 15 000 元，审计费 50 000 元，工程招投标费 45 000 元，水土保持方案费用 25 000 元，环境影响咨询费用 25 000 元，市政配套设施及人防费 100 000 元，成立的基建办公室，支付施工现场津贴 50 000 元，差旅费 50 000 元，办公设备购置 60 000 元，办公费 10 000 元。

支付土地使用权地价款 1 000 000 元。

基础数据录入如图 4-380 所示。

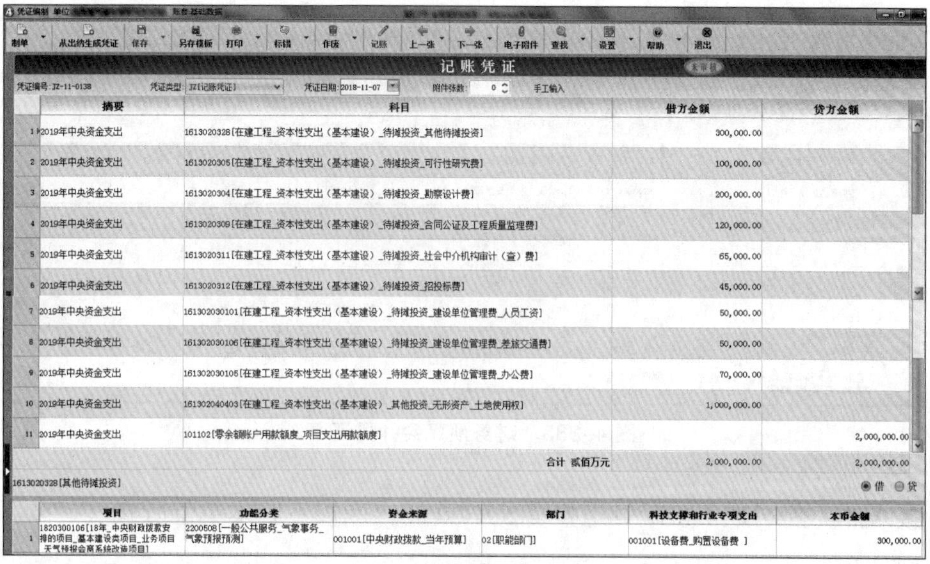

图 4-380 基础数据录入界面

财务预算平行记账如图 4-381、图 4-382 和图 4-383 所示。

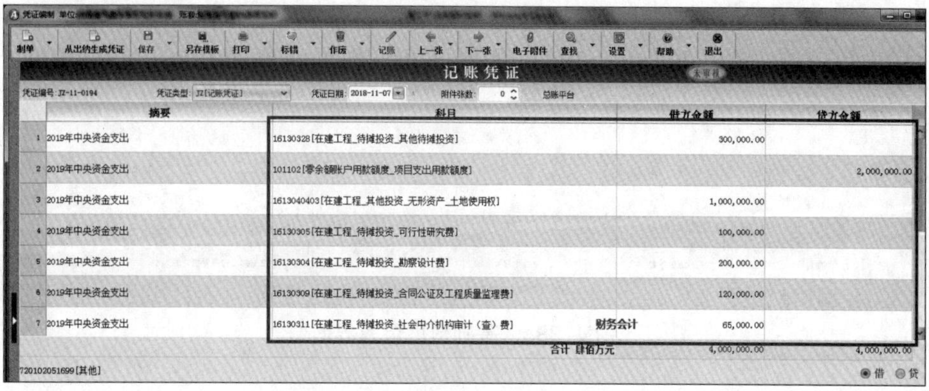

图 4-381 财务预算会计凭证-1

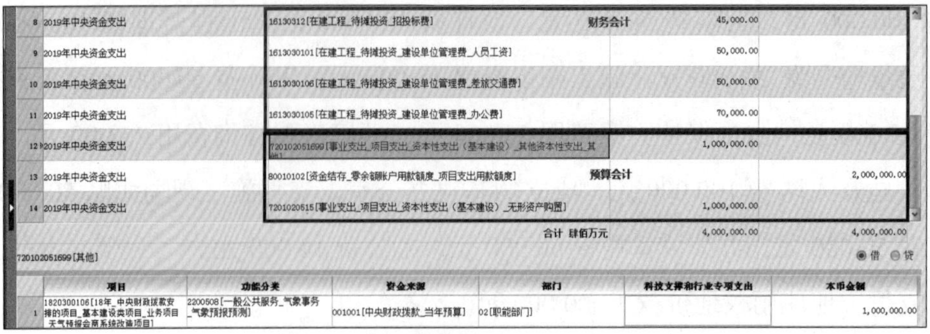

图 4-382　财务预算会计凭证平行记账分录

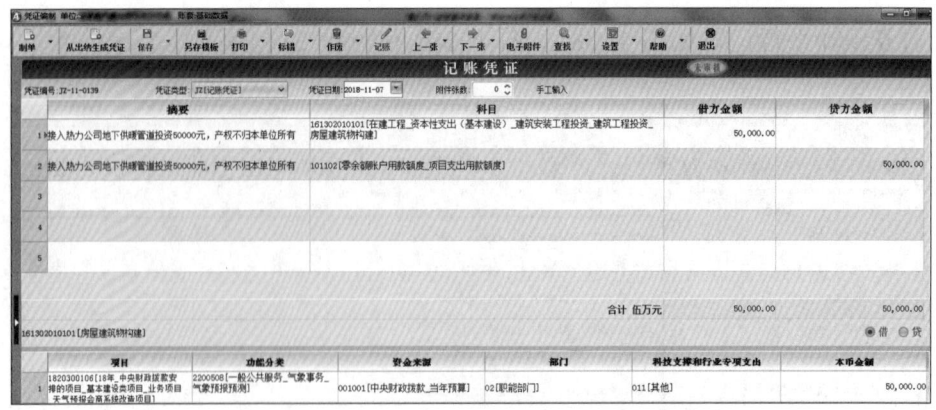

图 4-383　财务预算会计凭证 - 2

接入热力公司地下供暖管道投资 50 000 元,产权不归本单位所有。

基础数据录入如图 4-384 所示。

图 4-384　基础数据录入界面

财务预算平行记账如图 4-385 所示。

图 4-385　财务预算平行记账

业务楼主体工程合同价款 4 500 000 元，预付工程款 5%（225 000 元）。基础数据录入如图 4-386 所示。

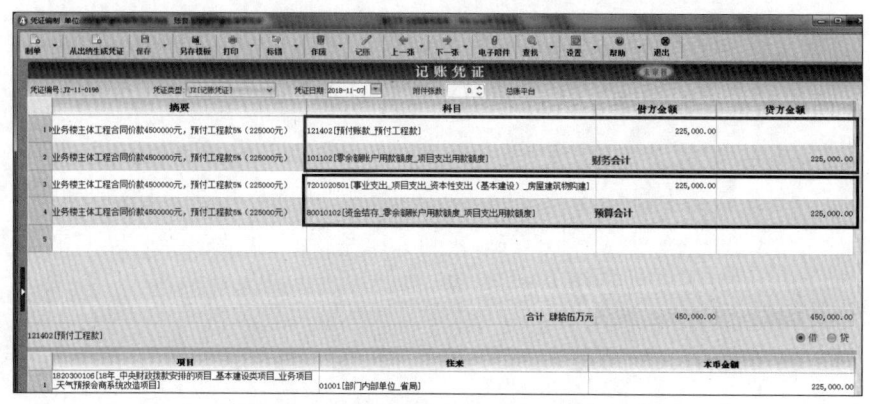

图 4-386　基础数据录入界面

财务预算平行记账如图 4-387 和图 4-388 所示。

图 4-387　财务预算会计凭证平行记账分录

图 4-388 财务预算会计凭证

业务楼主体工程合同价款 4 500 000 元，根据合同应支付 20% 进度款（900 000 元），其中已预付 225 000 元工程款，还需支付 675 000 元，施工单位出具工程价款结算单。

基础数据录入如图 4-389 所示。

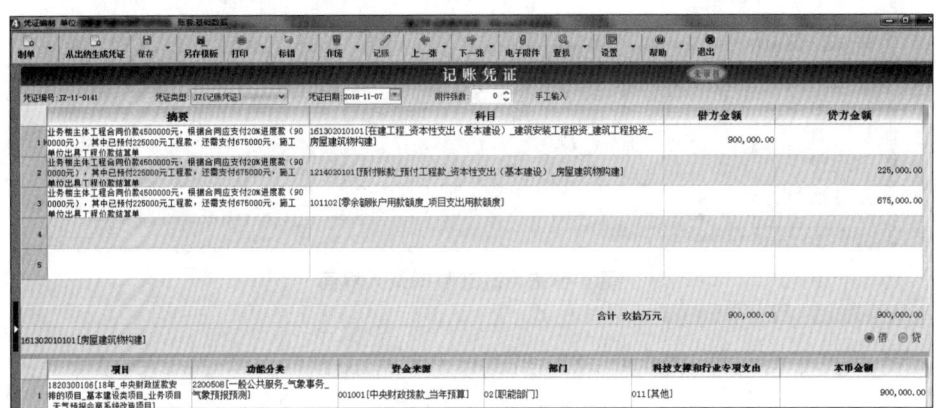

图 4-389 基础数据录入界面

财务预算平行记账如图 4-390 和图 4-391 所示。

第四章 基础核算业务

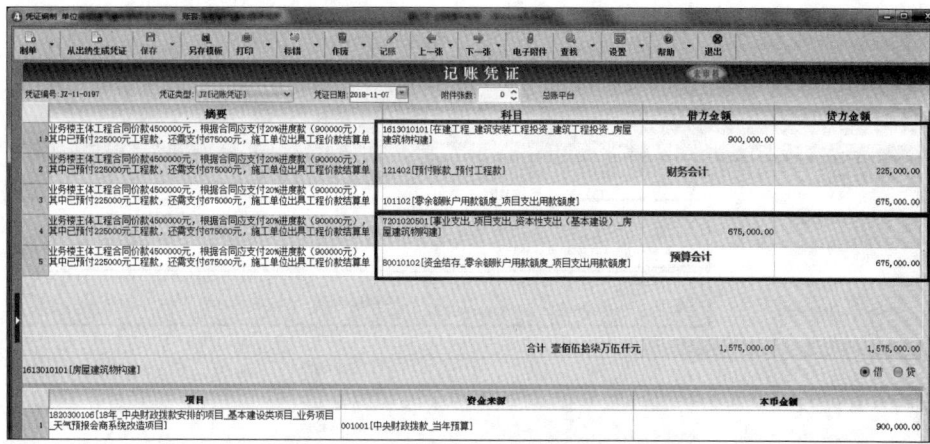

图 4-390 财务预算会计凭证平行记账分录

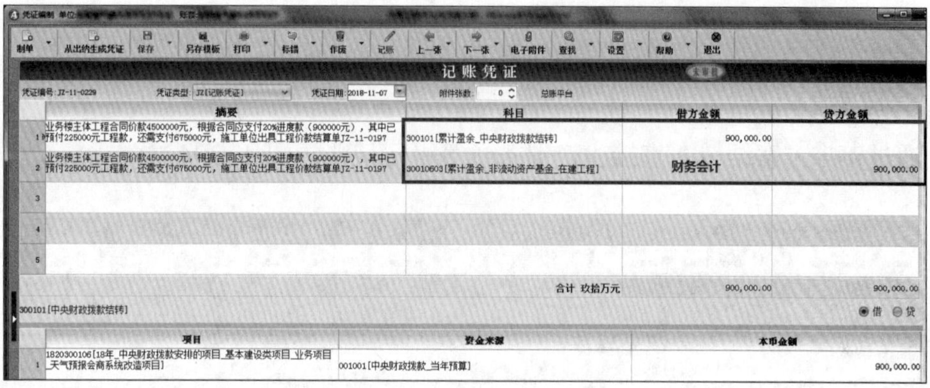

图 4-391 财务预算会计凭证

注销 2019 年未使用完额度。

基础数据录入如图 4-392 所示。

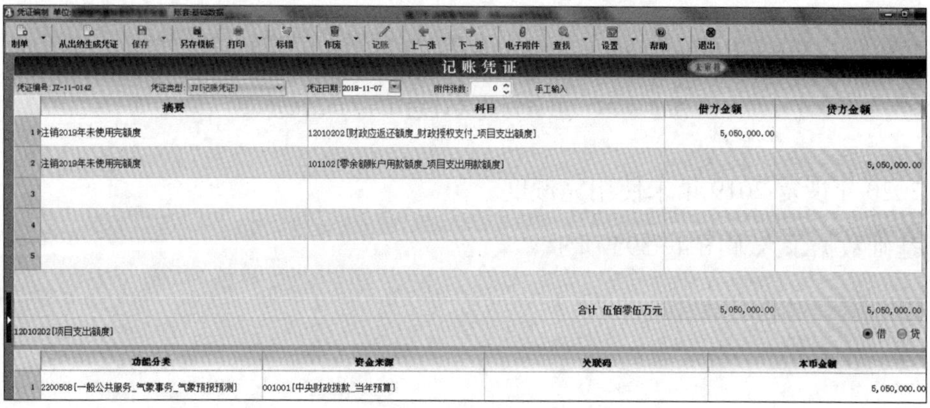

图 4-392 基础数据录入界面

财务预算平行记账如图 4-393 所示。

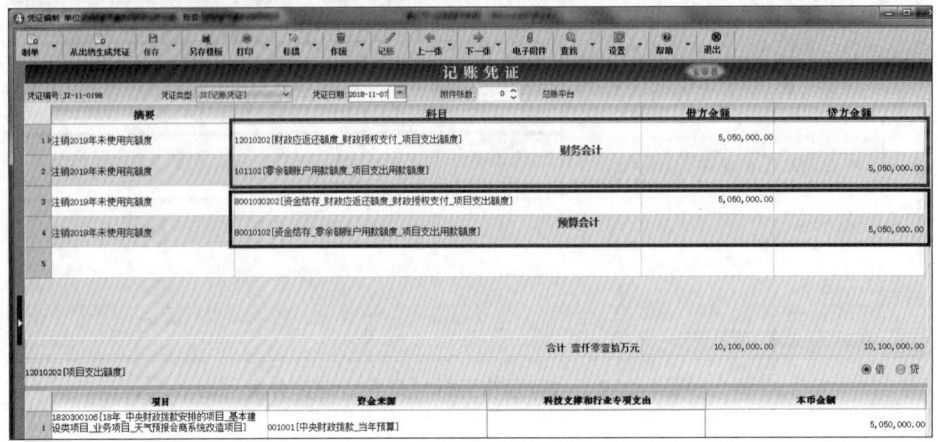

图 4-393 财务预算会计凭证平行记账分录

年末结转。

通过年末方案结转，直接生产财务预算平行记账（图 4-394）。

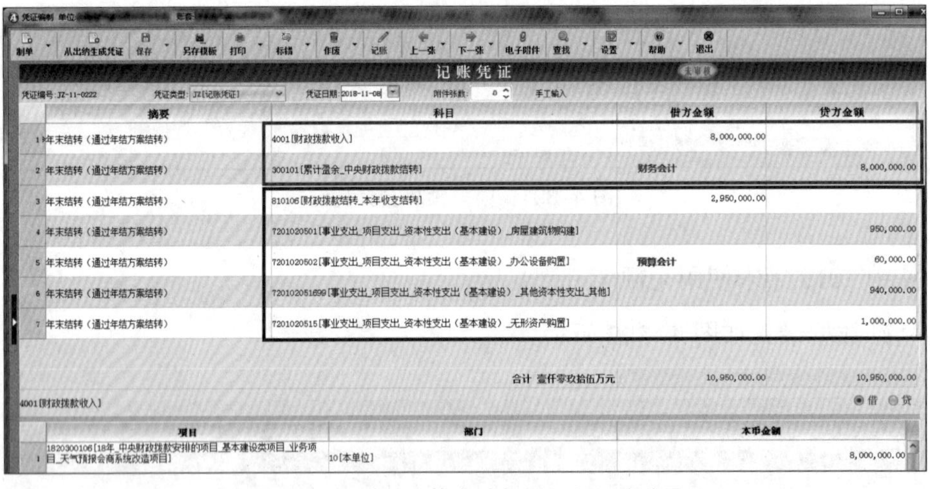

图 4-394 财务预算会计凭证平行记账分录

2020 年恢复 2019 年未使用完额度。

基础数据录入如图 4-395 所示。

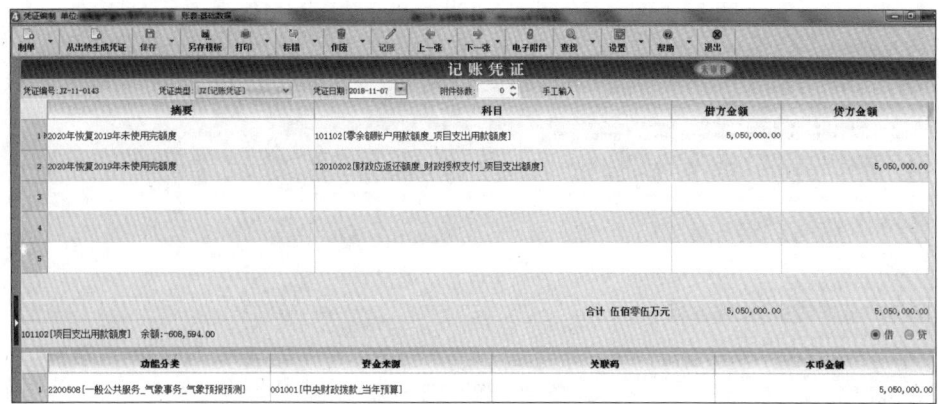

图 4-395 基础数据录入界面

财务预算平行记账如图 4-396 所示。

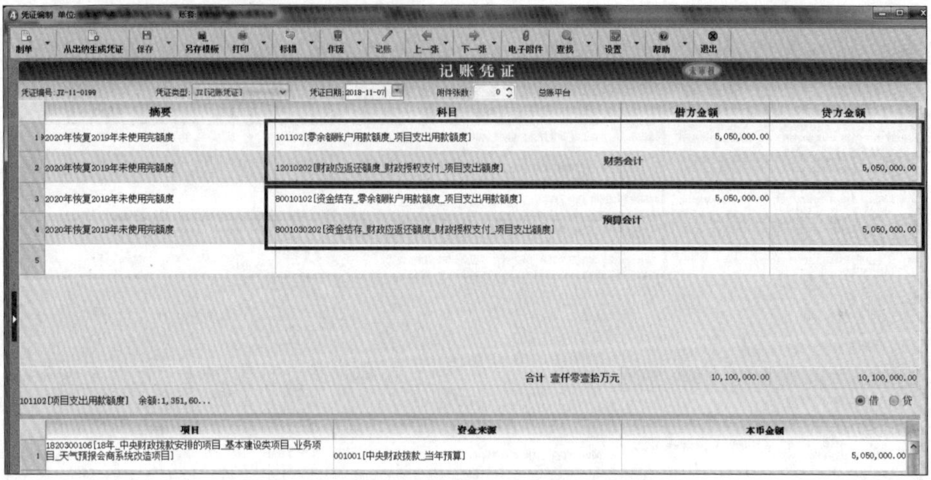

图 4-396 财务预算会计凭证平行记录分录

支付 2019 年新建业务楼项目第二批工程款,按计划支付工程合同价款 50%（2 250 000 元）,当时仅支付 2 000 000 元,剩余款项 250 000 以后支付。

基础数据录入如图 4-397 所示。

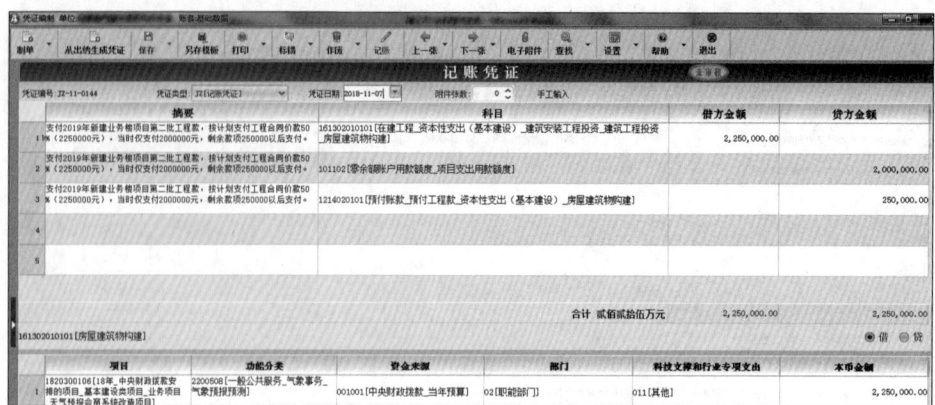

图 4-397 基础数据录入界面

财务预算平行记账如图 4-398、图 4-399 和图 4-400 所示。

图 4-398 财务预算会计凭证平行记账分录

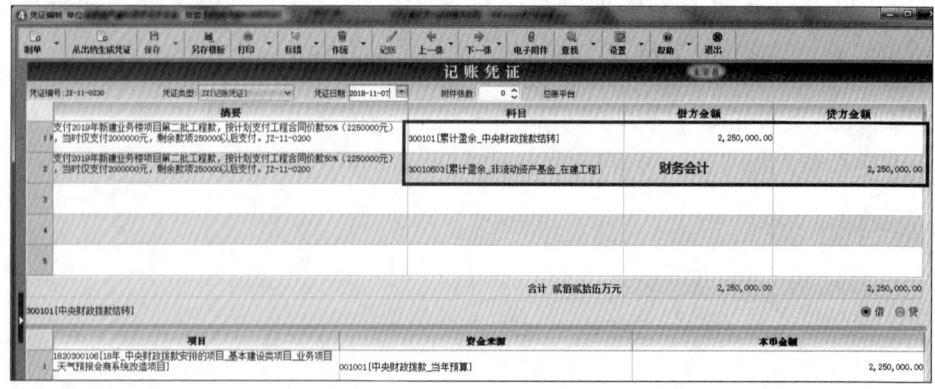

图 4-399 财务预算会计凭证 – 1

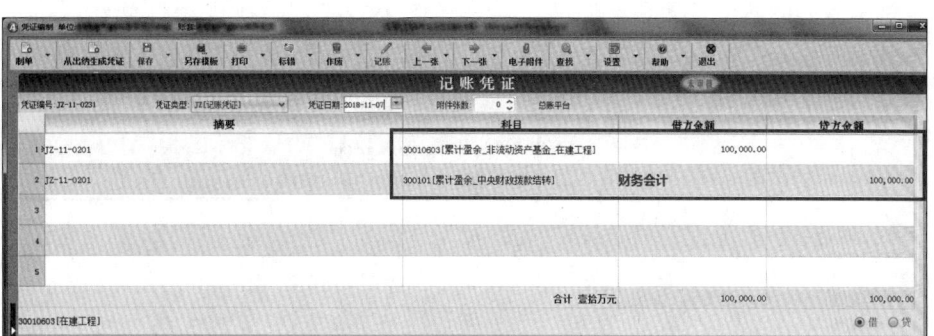

图 4-400　财务预算会计凭证 - 2

收到利息收入 100 000 元，冲减待摊投资。

基础数据录入如图 4-401 所示。

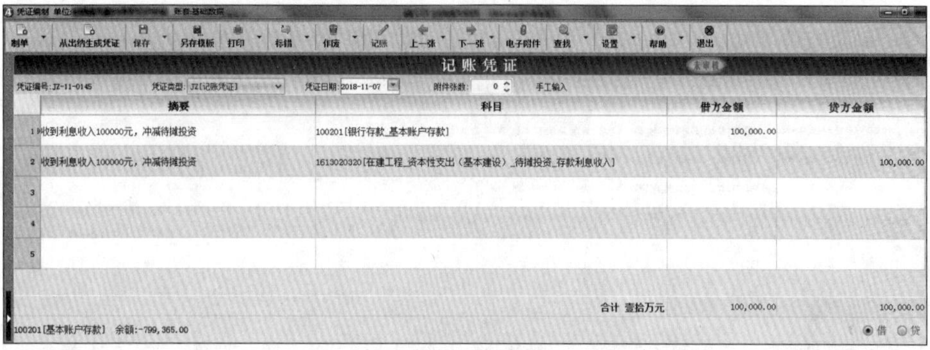

图 4-401　基础数据录入界面

财务预算平行记账如图 4-402 和图 4-403 所示。

图 4-402　财务预算会计凭证平行记账分录

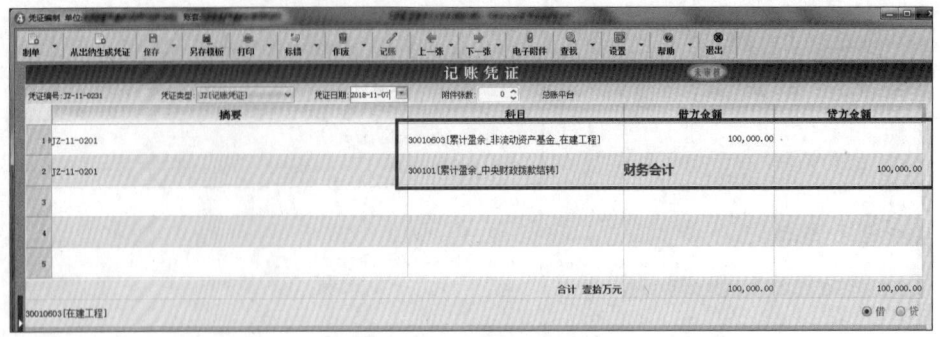

图 4-403　财务预算会计凭证

购买天气会商系统大屏 850 000 元（暂未付款），通信网络服务器 200 000 元。基础数据录入如图 4-404 所示。

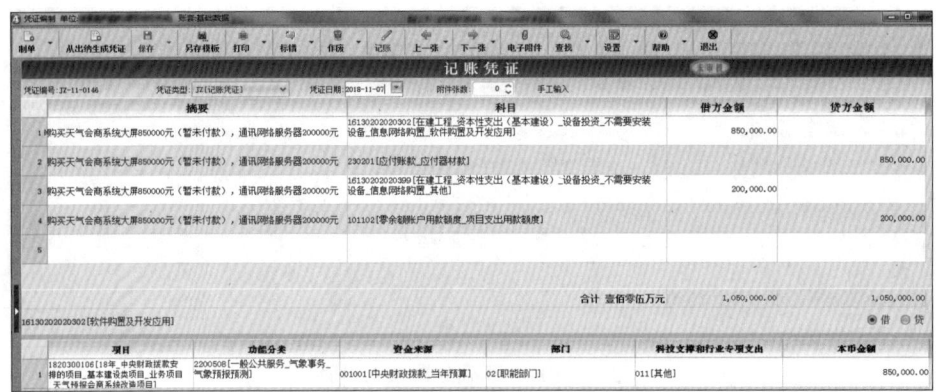

图 4-404　基础数据录入界面

财务预算平行记账如图 4-405 和图 4-406 所示。

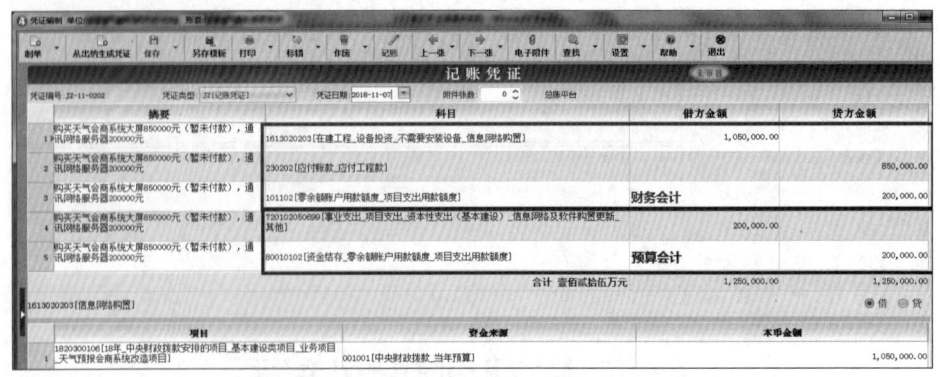

图 4-405　财务预算会计凭证平行记账分录

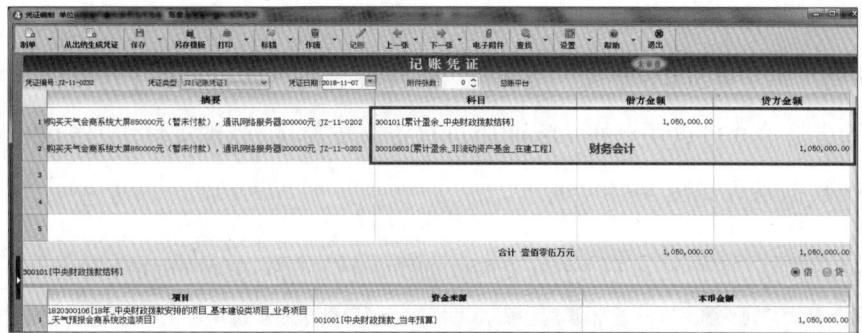

图 4-406 财务预算会计凭证

支付应付款项，包括工程款 250 000 元，显示大屏购置 850 000 元。基础数据录入如图 4-407 所示。

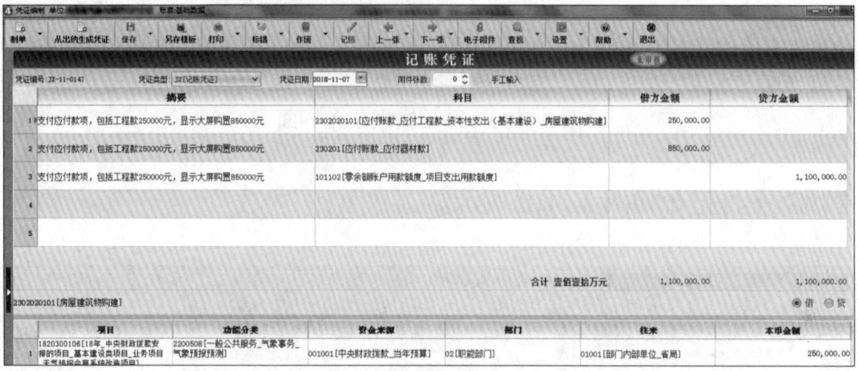

图 4-407 基础数据录入界面

财务预算平行记账如图 4-408 所示。

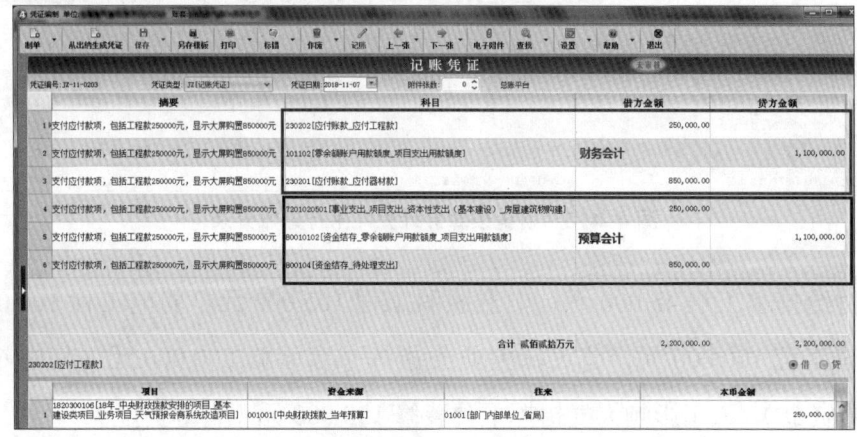

图 4-408 财务预算会计凭证平行记账分录

业务楼主体工程结束。进行工程价款结算审计，报审 5 000 000 元，审减 500 000 元，审定 4 500 000 元，支付除 3% 保证金外的工程尾款 [已支付 3 150 000 元，扣除保证金 135 000 元外（将使用自有资金支付），尚需支付 1 215 000 元]。

基础数据录入如图 4-409 所示。

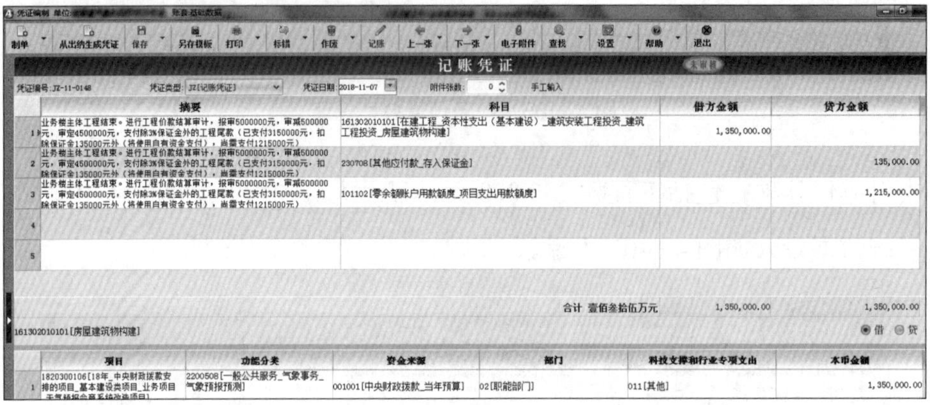

图 4-409　基础数据录入界面

财务预算平行记账如图 3-410 所示。

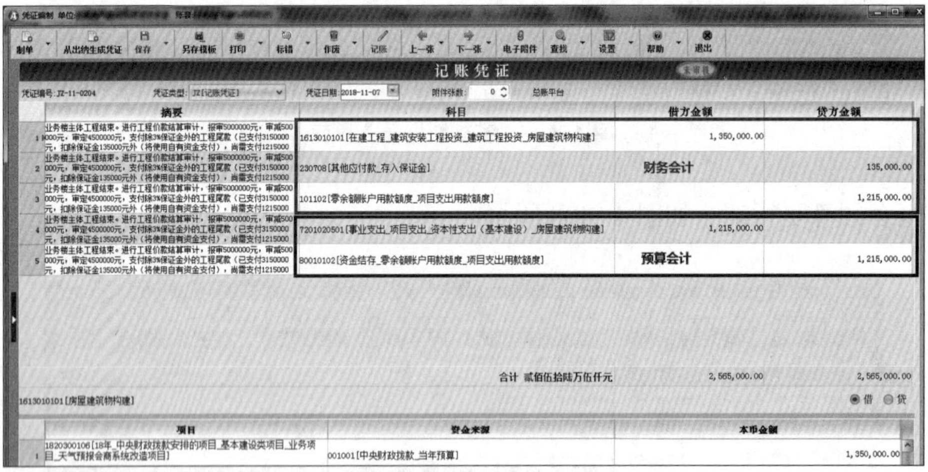

图 4-410　财务预算会计凭证平行记账分录

支付给排水工程 45 000 元，电器照明工程 105 000 元。弱电工程 100 000 元，城市供暖工程 100 000 元，防灾减灾业务指挥平台装修 800 000 元（其中 615 000 元为自筹资金），人工影响天气指挥平台装修 150 000 元（自筹资金）。

基础数据录入如图 4-411 所示。

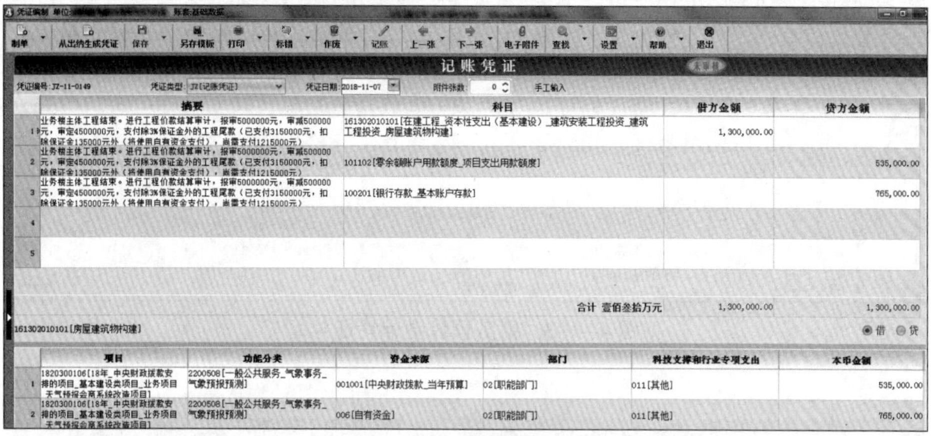

图 4-411 基础数据录入界面

财务预算平行记账如图 4-412、图 4-413 和图 4-414 所示。

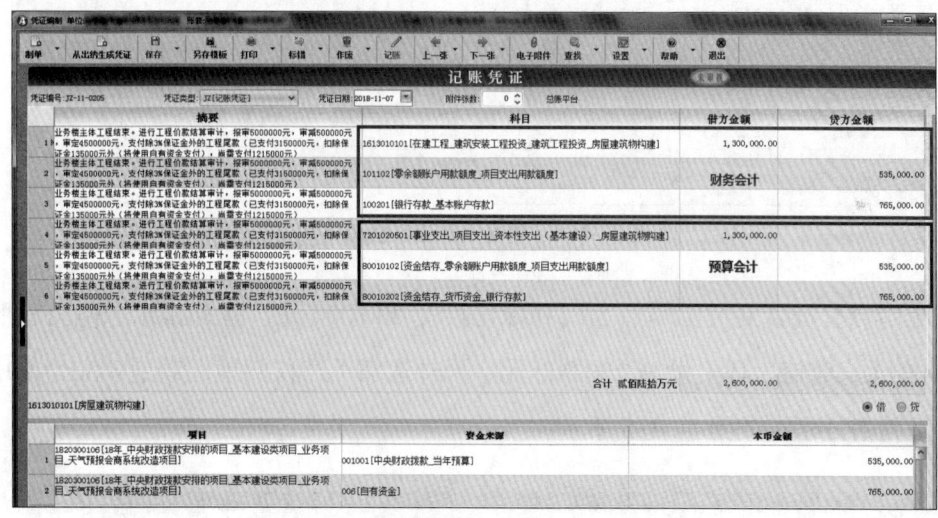

图 4-412 财务预算会计凭证平行记账分录

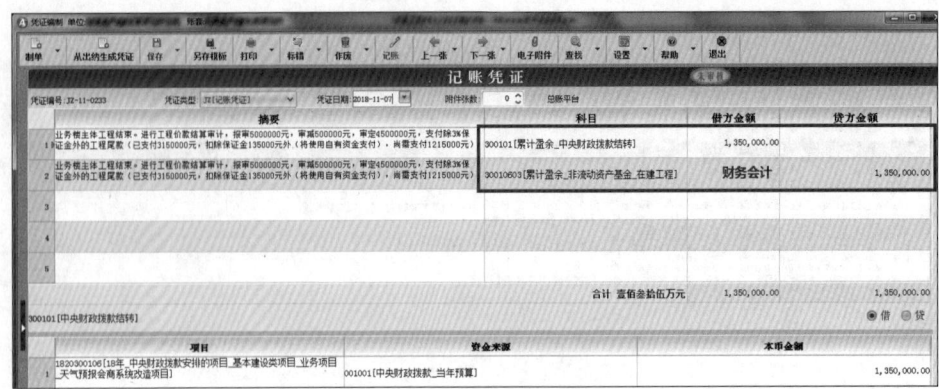

图 4-413　财务预算会计凭证-1

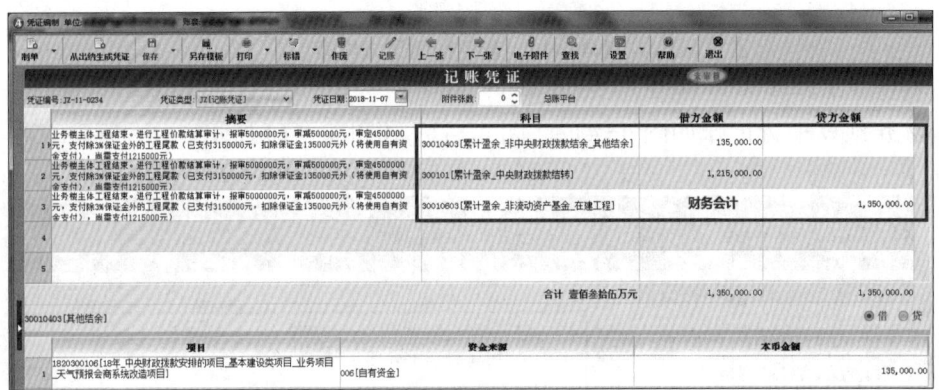

图 4-414　财务预算会计凭证-2

使用自有资金支付围墙、大门和绿化投资 400 000 元，室外排水、电力、照明 200 000 元，监控、环卫设施 200 000 元，局外道路（产权归地区政府）300 000 元。基础数据录入如图 4-415 所示。

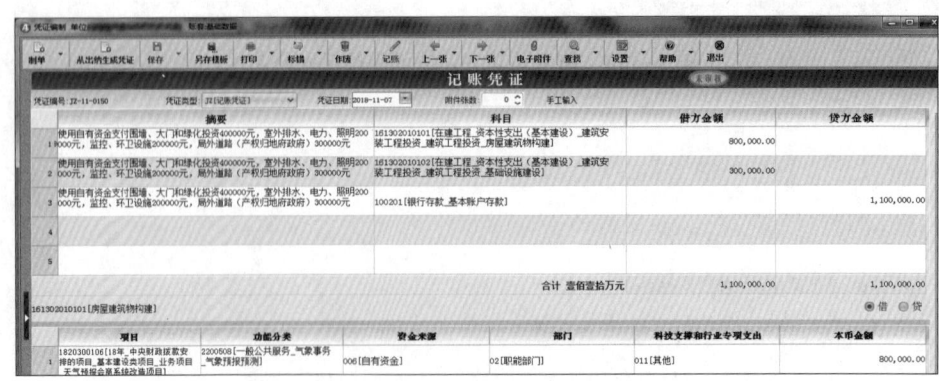

图 4-415　基础数据录入界面

财务预算平行记账如图 4-416 和图 4-417 所示。

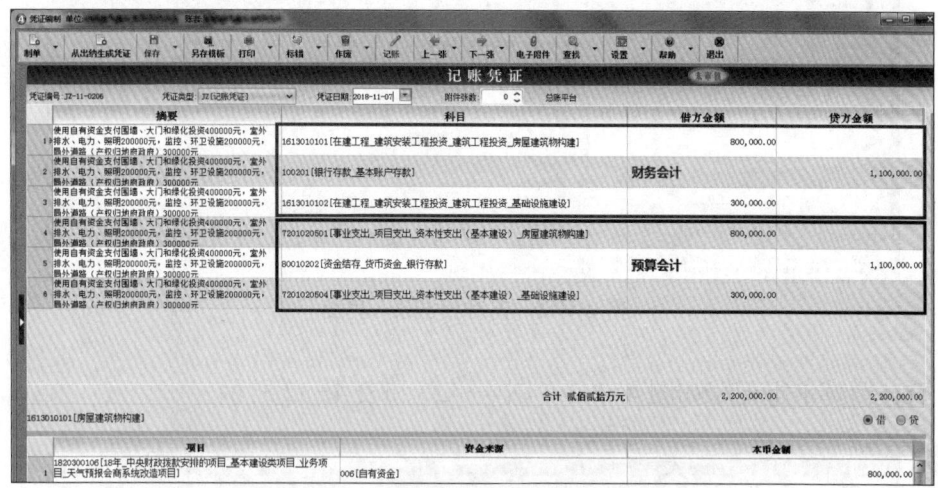

图 4-416　财务预算会计凭证平行记账分录

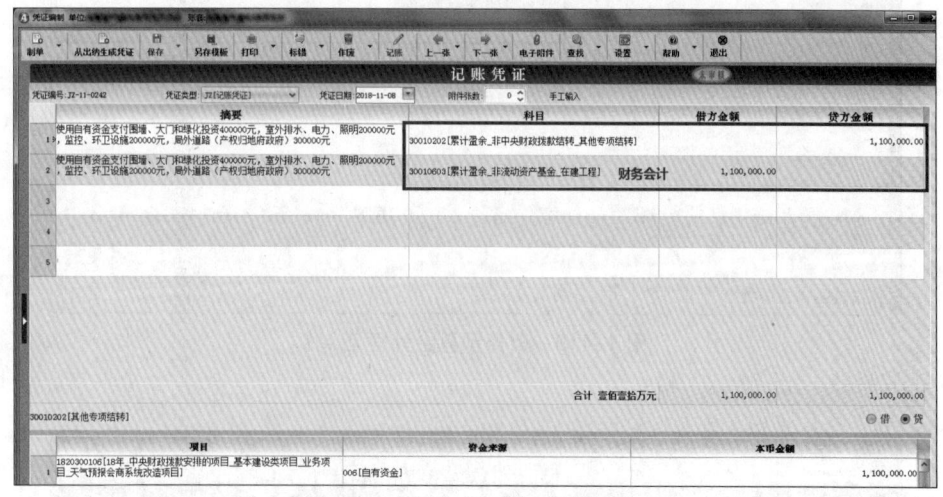

图 4-417　财务预算会计凭证

该业务楼子项目——打井项目，因某种原因，造成该项目报废，经主管部门批准后，净损失 100 000 元。

基础数据录入如图 4-418 所示。

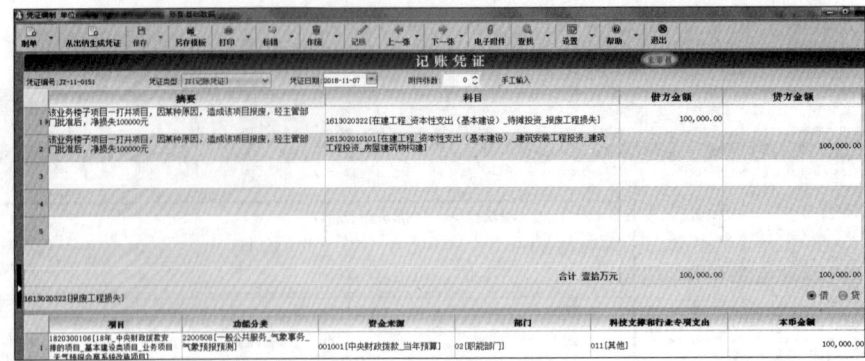

图 4-418 基础数据录入界面

财务预算平行记账如图 4-419、图 4-420 和表 4-32 所示。

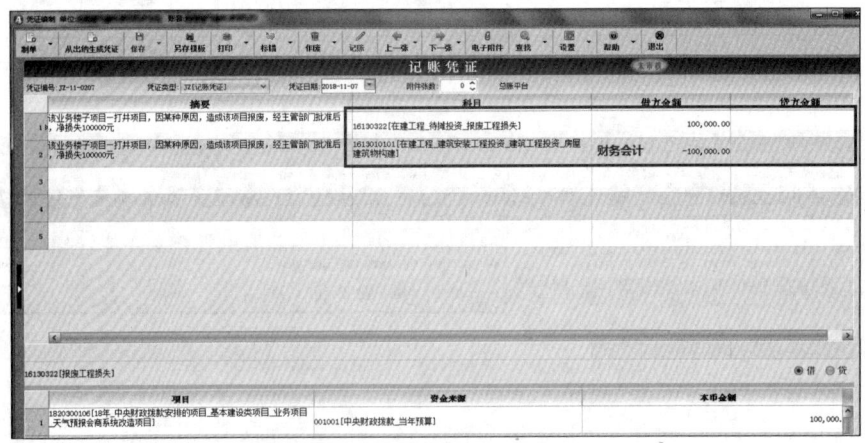

图 4-419 财务预算会计凭证-1

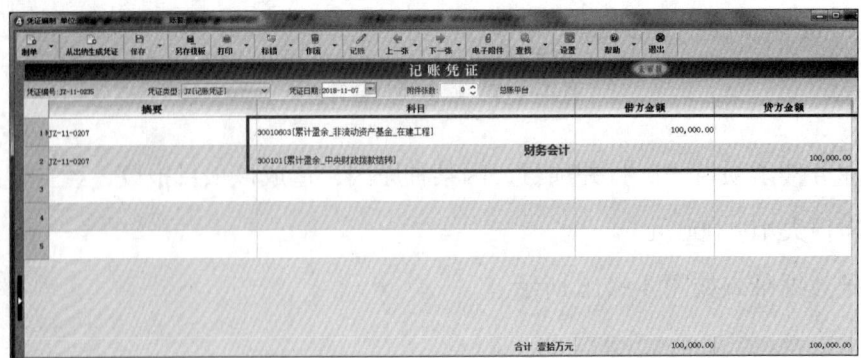

图 4-420 财务预算会计凭证-2

表 4-32 在建工程主要账务处理 – 1

业务类型		借方	贷方
应付款项	形成应付款项时	在建工程	应付账款、应付票据、其他应付款、应付职工薪酬——在建工程
	实际支付款项时	应付账款、应付票据、其他应付款、应付职工薪酬——在建工程	现金、银行存款、零余额账户用款额度、财政应返还额度、财政拨款预算收入、非同级财政拨款预算收入
利息收入 事业账套中预算会计分录手工调整至借方负数		银行存款	在建工程——待摊投资
跨年度项目，年末财政结转资金处理	授权支付结转	财政应返还额度——授权	零余额账户用款额度（已下达）财政拨款预算收入（未下达）
	直接支付结转	财政应返还额度——直接	财政拨款预算收入

（三）分摊结转（表 4-33）

表 4-33 在建工程主要账务处理 – 2

业务类型		借方	贷方
待摊费用分摊（涉及多借多贷，不能通过总账平台自动生成，需在事业账套手工录入）	建设项目编制竣工财务决算时	在建工程——资本性支出（基本建设）——交付使用资产/待核销/转出投资	在建工程——资本性支出（基本建设）——待摊投资
交付使用资产		在建工程——资本性支出（基本建设）——交付使用固定资产	在建工程——资本性支出（基本建设）——建筑安装工程投资/设备投资/待摊投资/其他投资
待核销基建类支出		在建工程——资本性支出（基本建设）——待核基建支出	在建工程——资本性支出（基本建设）——建筑安装工程投资/设备投资/待摊投资/其他投资
基建转出投资		在建工程——资本性支出（基本建设）——基建转出投资	在建工程——资本性支出（基本建设）——建筑安装工程投资/设备投资

项目竣工后，通过验收后，进行分摊费用并结转。

分摊新建业务楼项目待摊投资，待摊投资合计 1 000 000 元（100 万元 –10 万元 +10 万元），分摊到以下资产：业务楼主体 4 500 000 元，业务楼配套 350 000 元，业务楼装修 950 000 元，庭院 700 000 元（80 万元 –10 万元），供暖管道 50 000 元，基础设施建设（道路）300 000 元。注意：不需要安装设备和无形资产不分摊该费用。

（1）计算待摊投资发生额（1 000 000元）分摊率

1 000 000÷（4 500 000+350 000+950 000+700 000+50 000+300 000）×100%=14.6%

（2）业务楼主体4 500 000元，业务楼配套350 000元，业务楼装修950 000元，庭院700 000元，供暖管道50 000元，基础设施建设（道路）300 000元，计算分摊额。

①业务楼主体4 500 000元×14.6%=657 000（元）；

②业务楼配套350 000元×14.6%=51 100（元）；

③业务楼装修950 000元×14.6%=138 700（元）；

④庭院700 000元×14.6%=102 200（元）；

⑤供暖管道50 000元×14.6%=7300（元）；

⑥基础设施建设（道路）300 000元×14.6%=43 800（元）。

直接生产财务预算平行记账（图4-421、图4-422）。

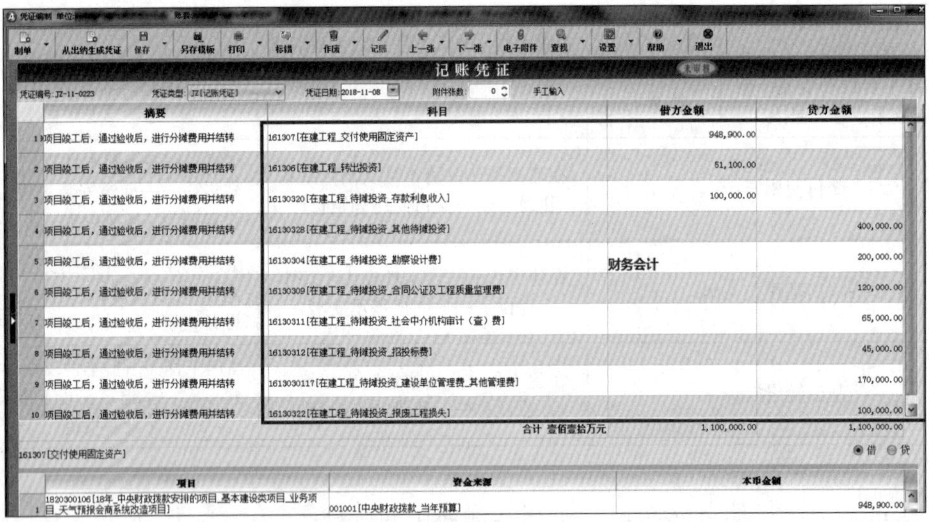

图4-421　财务预算会计凭证-1

图 4-422　财务预算会计凭证 – 2

（四）交付资产（表 4-34、图 4-423 至图 4-426）

表 4-34　在建工程交付资产主要账务处理

业务类型		借方	贷方
对于形成固定资产和无形资产的		固定资产、无形资产	在建工程——资本性支出（基本建设）——交付使用资产
对于形成待核销基建支出的		资产处置费用	在建工程——资本性支出（基本建设）——待核销基建支出
对于形成转出投资的		在建工程——资本性支出（基本建设）——基建转出投资	无偿调拨净资产
对于本部门内部资产转移的	交付单位	无偿调拨净资产	在建工程——资本性支出（基本建设）——交付使用资产
	接受单位	固定资产 在建工程——资本性支出（基本建设）——交付使用资产	无偿调拨净资产

分摊、结转完毕后，待批复后进行资产交付：

①业务楼主体 4 500 000+657 000=5 157 000（元）；

②业务楼配套 350 000+51 100=401 100（元）；

③业务楼装修 950 000+138 700=1 088 700（元）；

④庭院 700 000+102 200=802 200（元）；

⑤供暖管道 50 000+7300=57 300（元）；

⑥基础设施建设（道路）300 000+43 800=343 800（元）；

⑦大屏显示 850 000（元）；

⑧通信网络控制系统 200 000（元）；

⑨土地使用权 1 000 000（元）。

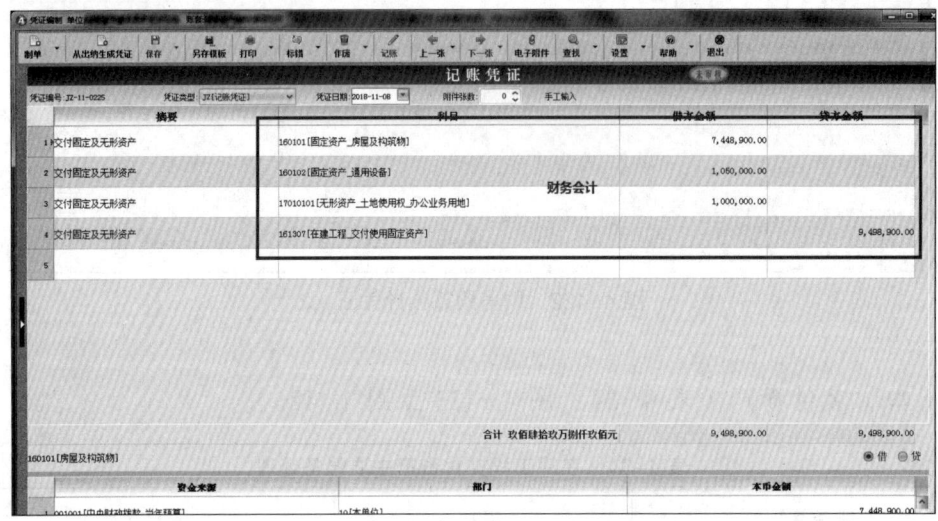

图 4-423　财务预算会计凭证 – 1

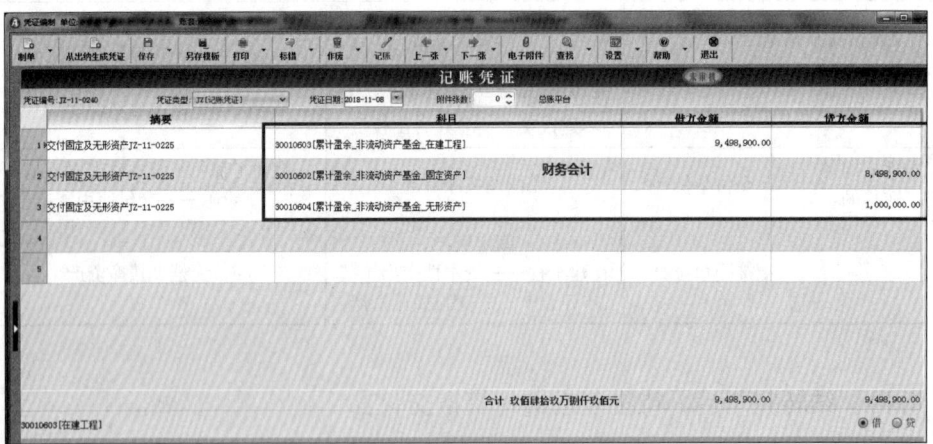

图 4-424　财务预算会计凭证 – 2

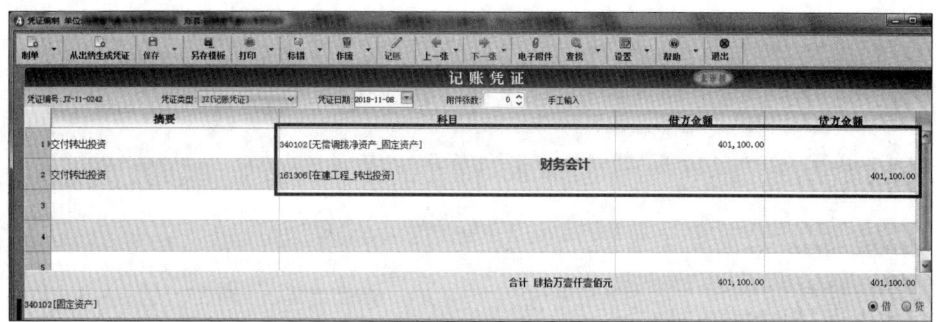

图 4-425　财务预算会计凭证-3

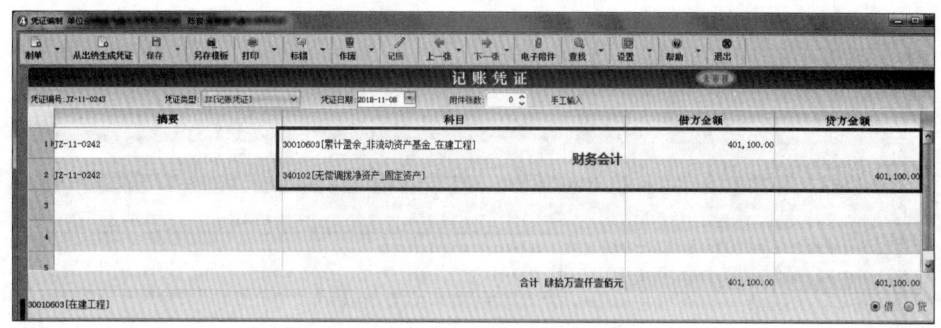

图 4-426　财务预算会计凭证-4

（五）交回结余（表 4-35）

表 4-35　在建工程交回结余主要账务处理

业务类型	借方	贷方
交回中央财政结余资金	财政拨款结余——归集上缴	银行存款、零余额用款额度、财政应返还额度
交回地方财政结余资金	非财政拨款结转——缴回资金——地方财政拨款结转	银行存款、零余额用款额度、财政应返还额度
交回自筹结余资金	非财政拨款结余——累计结余——其他专项结余	银行存款

2019 年，某县局台站拟进行搬迁，中央发改委项目，授权支付额度到位 2 000 000 元。

基础数据录入如图 4-427 所示。

图 4-427　基础数据录入界面

财务预算平行记账如图 4-428 所示。

图 4-428　财务预算会计凭证平行记账分录

当年支出可研等前期费用 80 000 元。

基础数据录入如图 4-429 所示。

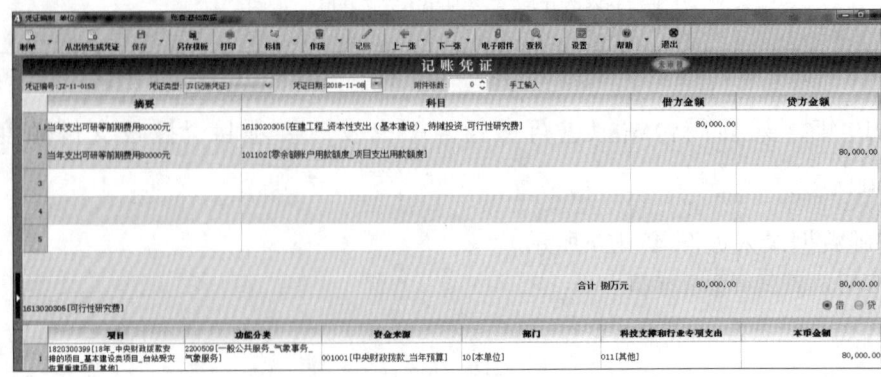

图 4-429　基础数据录入界面

财务预算平行记账如图 4-430 和图 4-431 所示。

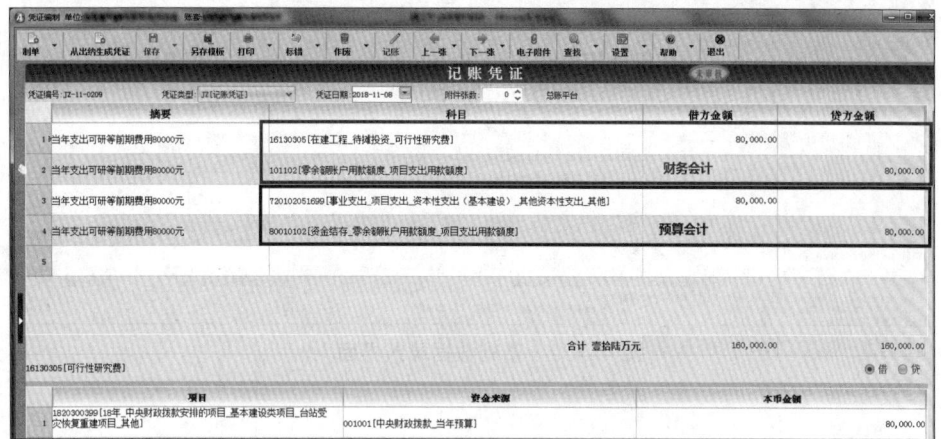

图 4-430　财务预算会计凭证平行记账分录

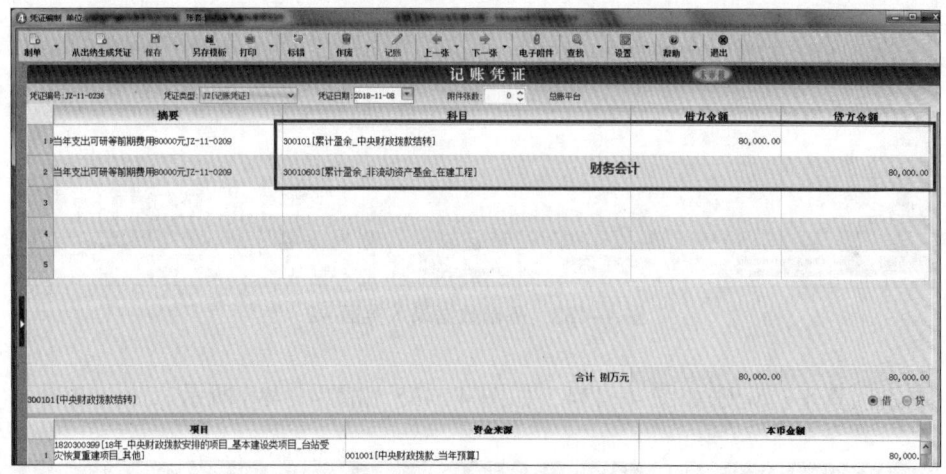

图 4-431　财务预算会计凭证

后因地方政府规划原因，搬迁工作不再进行，相关费用经审核认定为待核销。基础数据录入如图 4-432 和图 4-433 所示。

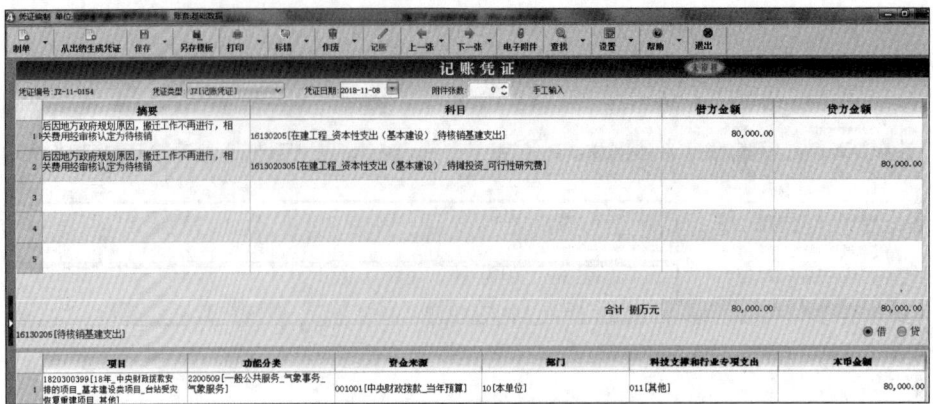

图 4-432 基础数据录入界面 -1

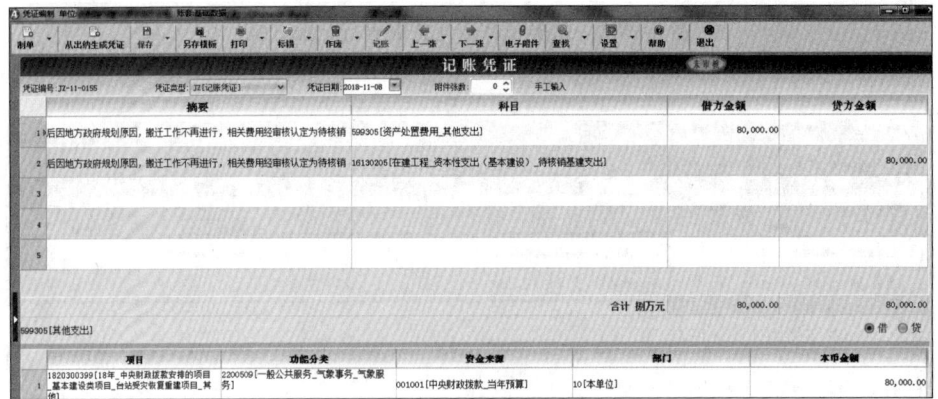

图 4-433 基础数据录入界面 -2

财务预算平行记账如图 4-434、如图 4-435 和图 4-436 所示。

图 4-434 财务预算会计凭证 - 1

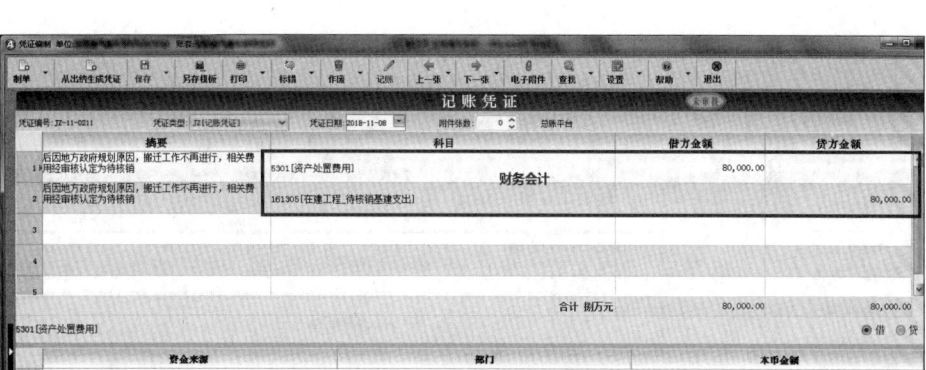

图 4-435　财务预算会计凭证 – 2

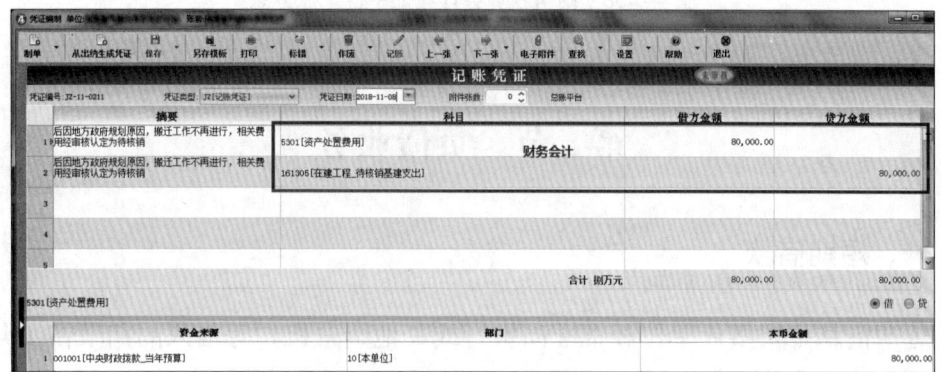

图 4-436　财务预算会计凭证 – 3

剩余款项交回中央。

基础数据录入如图 4-437 所示。

图 4-437　基础数据录入界面

财务预算平行记账如图 4-438 所示。

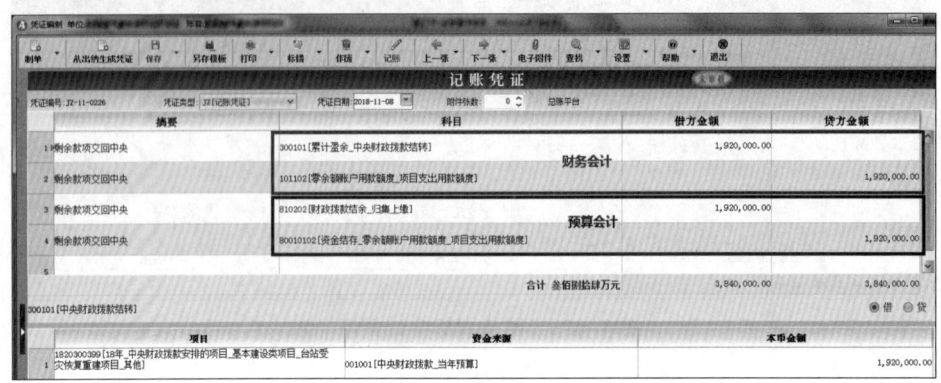

图 4-438 财务预算会计凭证平行记账分录

第二节 负债业务

一、短期借款

短期借款是指事业单位经批准向银行或其他金融机构等借入的期限在 1 年内（含 1 年）的各种借款。

"短期借款"科目核算和监督短期借款的取得和归还情况。贷方登记取得短期借款的本金数额；借方登记偿还短期借款的本金数额；期末贷方余额反映事业单位尚未偿还的短期借款本金数额。

短期借款的主要账务处理如表 4-36 所示。

表 4-36 短期借款主要账务处理

业务类型	借方	贷方
借入各种短期借款时，按照实际借入的金额	银行存款	短期借款——借入短期借款
计提短期借款利息时	其他支出——利息支出	应付利息
支付短期借款利息时	应付利息	银行存款
归还短期借款时	短期借款——归还短期借款	银行存款
银行承兑汇票到期，本单位无力支付票款的，按照应付票据的账面金额	应付票据	短期借款——借入短期借款

1. 借入各种短期借款时，按照实际借入的金额

基础数据录入如图 4-439 所示。

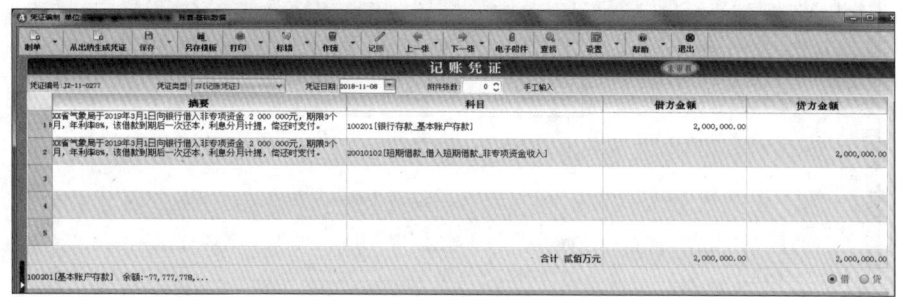

图 4-439　基础数据录入界面

财务预算平行记账如图 4-440 所示。

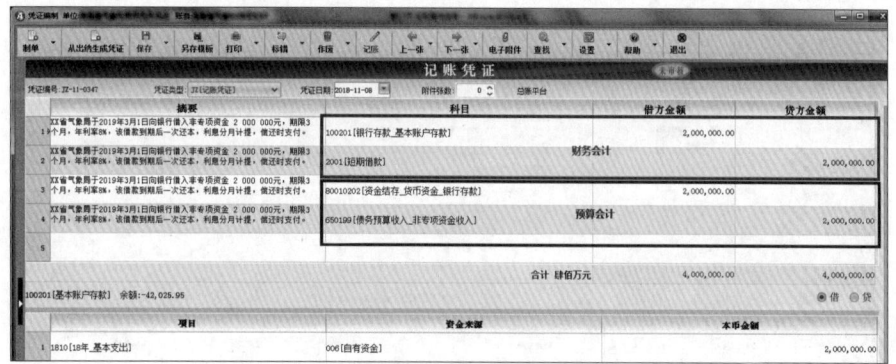

图 4-440　财务预算会计凭证平行记账分录

2. 计提短期借款利息时

基础数据录入如图 4-441 所示。

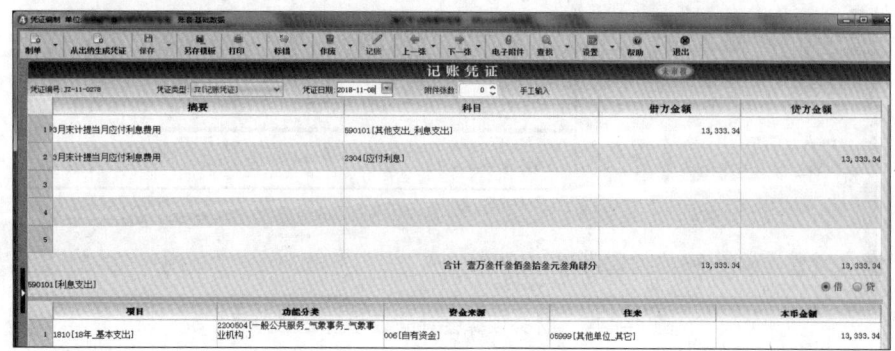

图 4-441　基础数据录入界面

财务预算平行记账如图 4-442 所示。

图 4-442　财务预算会计凭证

3. 支付短期借款利息时

基础数据录入如图 4-443 所示。

图 4-443　基础数据录入界面

财务预算平行记账如图 4-444 所示。

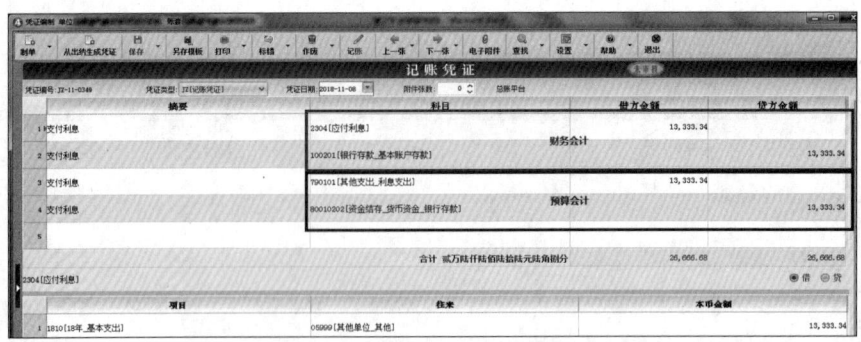

图 4-444　财务预算会计凭证平行记账分录

4. 归还短期借款时

基础数据录入如图4-445所示。

图4-445 基础数据录入界面

财务预算平行记账如图4-446所示。

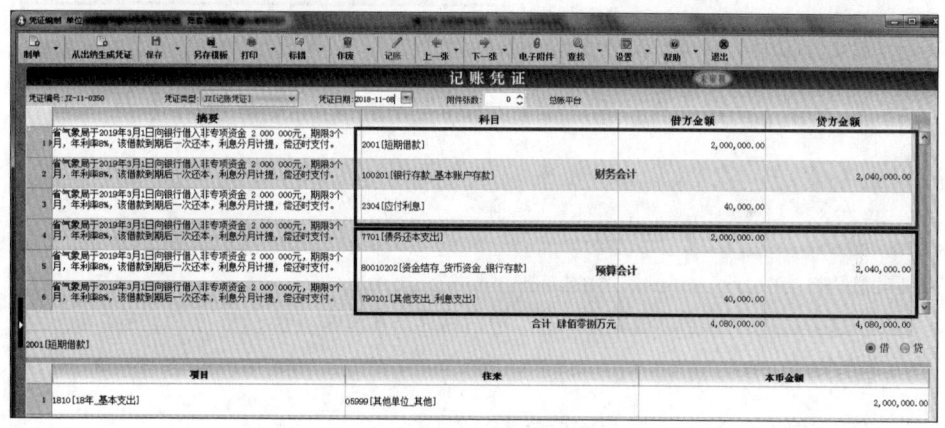

图4-446 财务预算会计凭证平行记账分录

5. 银行承兑汇票到期，本单位无力支付票款的，按照应付票据的账面余额

基础数据录入如图4-447所示。

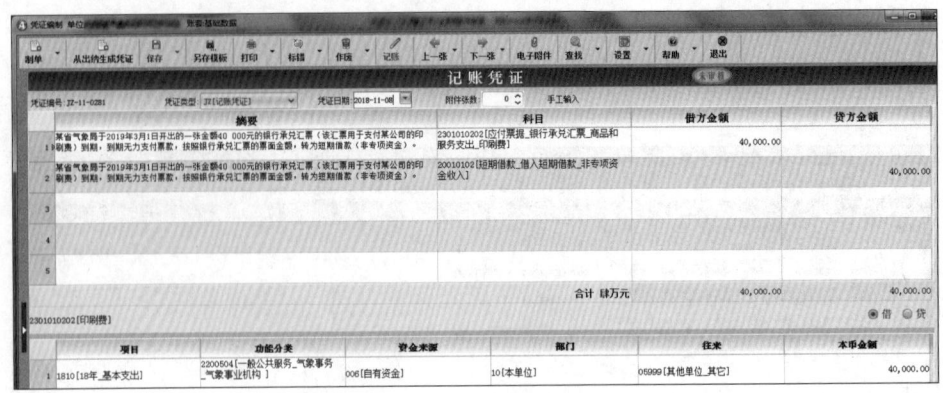

图 4-447 基础数据录入界面

财务预算平行记账如图 4-448 所示。

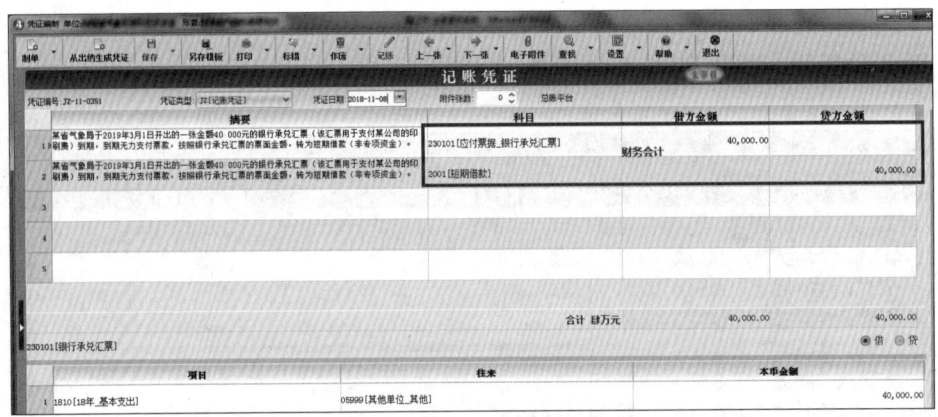

图 4-448 财务预算会计凭证

二、应缴增值税——一般纳税人

应缴增值税是指单位因发生应税事项导致承担纳税义务而形成的负债。本科目核算一般纳税人单位按照税法规定计算应缴纳的增值税。

"应缴增值税——一般纳税人"科目核算一般纳税人应缴纳的增值税的计算及上缴、抵扣情况。"应缴增值税——一般纳税人"科目期末贷方余额反映单位应缴未缴的增值税；期末如为借方余额反映单位尚未抵扣或多缴的增值税。

应缴增值税——一般纳税人的主要账务处理如下。

（一）取得资产或接受劳务（表4-37）

表4-37　应缴增值税——一般纳税人主要账务-1

业务类型		借方	贷方
采购等业务进项税额允许抵扣情形		事业支出、经营支出、固定资产、在途物品、库存物品、在建工程、无形资产等 增值税（一般纳税人）——应缴税金——进项税额 增值税（一般纳税人）——待认证进项税额	应付账款 应付票据 银行存款 零余额账户用款额度
采购等业务进项税额不得抵扣情形	单位购进资产或服务等，用于简易计税方法计税项目、免征增值税项目、集体福利或个人消费等	事业支出、经营支出、固定资产、在途物品、库存物品、在建工程、无形资产等 增值税（一般纳税人）——待认证进项税额	应付账款 应付票据 银行存款 零余额账户用款额度
	经税务机关认证为不可抵扣进项税时	增值税（一般纳税人）——应缴税金——进项税额 事业支出、经营支出、固定资产、在途物品、库存物品、在建工程、无形资产等	增值税（一般纳税人）——待认证进项税额 增值税（一般纳税人）——应缴税金——进项税额转出

1. 采购等业务进项税额允许抵扣情形

基础数据录入如图4-449所示。

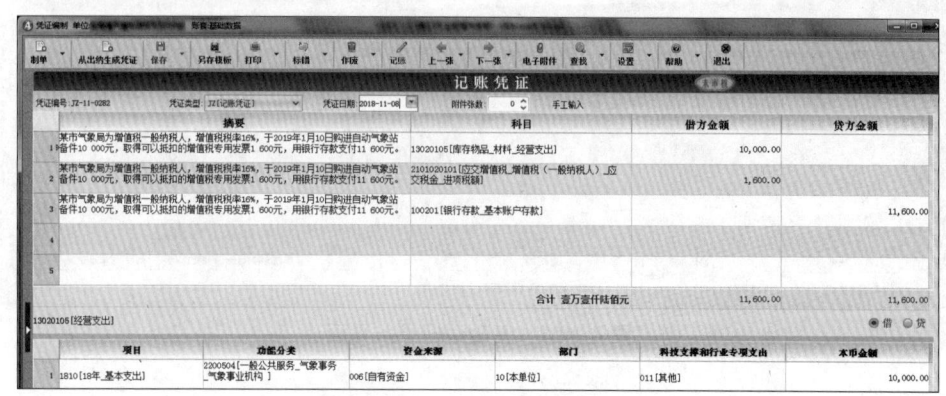

图4-449　基础数据录入界面

财务预算平行记账如图4-450所示。

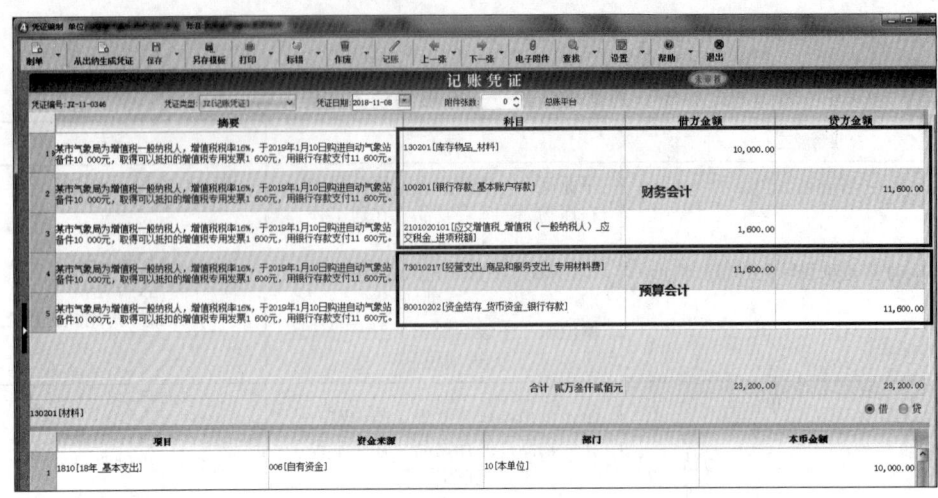

图 4-450 财务预算会计凭证平行记账分录

2. 采购等业务进项税额不得抵扣情形

（1）单位购进资产或服务等，用于简易计税方法计税项目、免征增值税项目、集体福利或个人消费等

基础数据录入如图 4-451 所示。

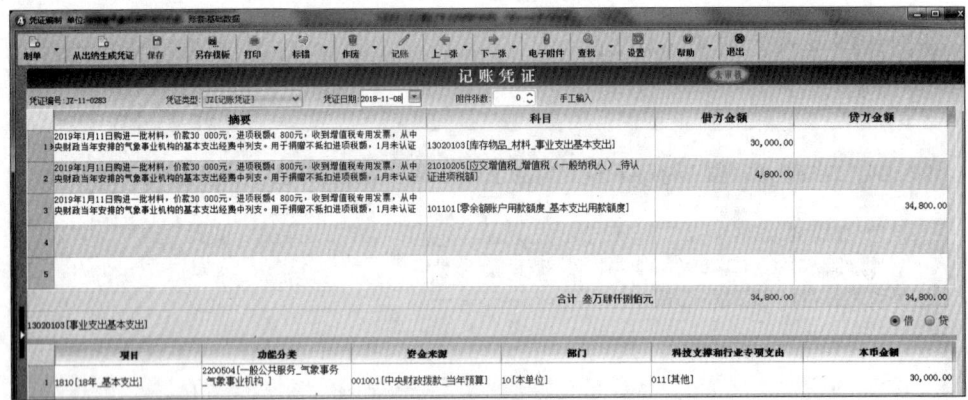

图 4-451 基础数据录入界面

财务预算平行记账如图 4-452 所示。

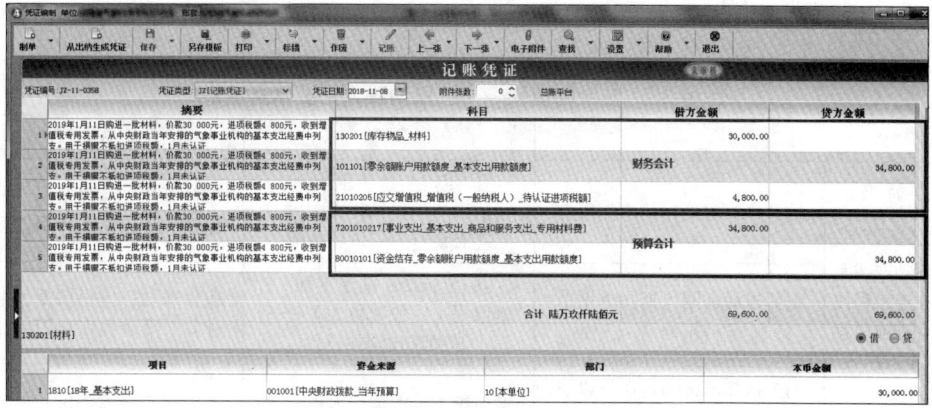

图 4-452 财务预算会计凭证平行记账分录

（2）经税务机关认证为不可抵扣进项税时

基础数据录入如图 4-453 所示。

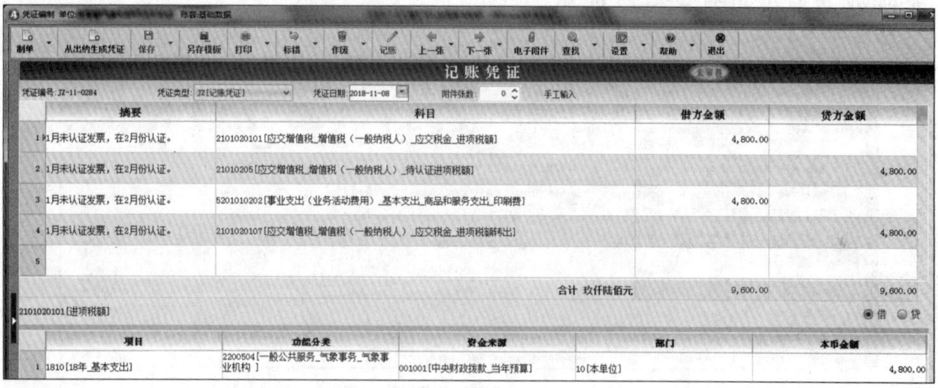

图 4-453 基础数据录入界面

财务预算平行记账如图 4-454 所示。

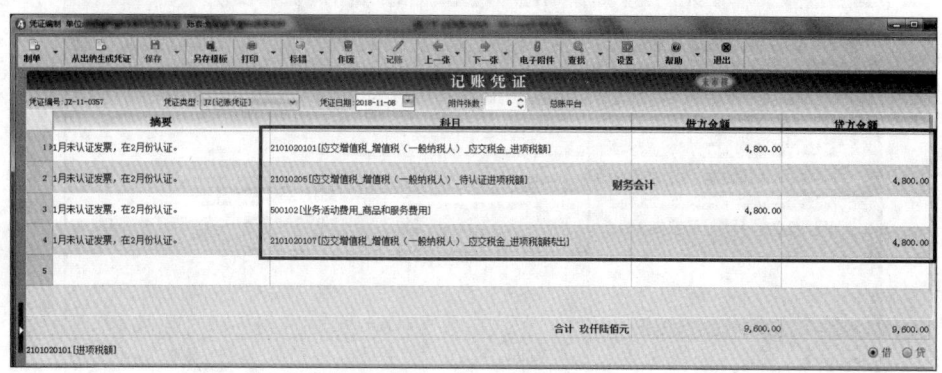

图 4-454 财务预算会计凭证

3. 购进不动产或不动产在建工程按照规定进项税额分年抵扣（表4-38）

表4-38 应缴增值税——一般纳税人主要账务-2

业务类型		借方	贷方
购进不动产或不动产在建工程按照规定进项税额分年抵扣	按照当期可抵扣的增值税额	固定资产、在建工程 增值税（一般纳税人）—— 应缴税金——进项税额	应付账款、应付票据、银行存款、零余额账户用款额度
	按照以后期间可抵扣的增值税额	固定资产、在建工程 增值税（一般纳税人）—— 待抵扣进项税额	应付账款、应付票据、银行存款、零余额账户用款额度
	尚未抵扣的进项税额待以后期间允许抵扣时，按照允许抵扣的金额	增值税（一般纳税人）—— 应缴税金——进项税额	增值税（一般纳税人）—— 待抵扣进项税额

（1）按照当期可抵扣的增值税额

基础数据录入如图4-455所示。

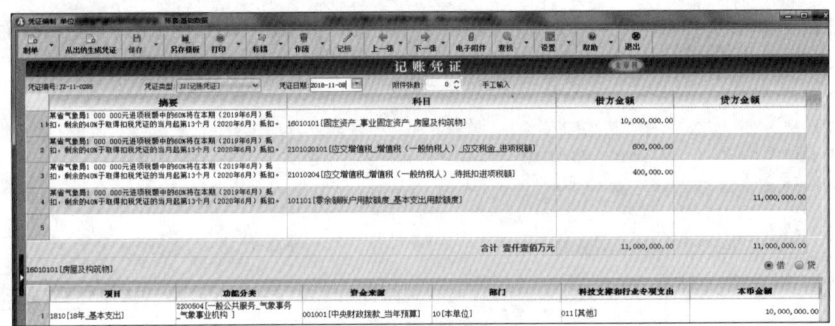

图4-455 基础数据录入界面

财务预算平行记账如图4-456和图4-457所示。

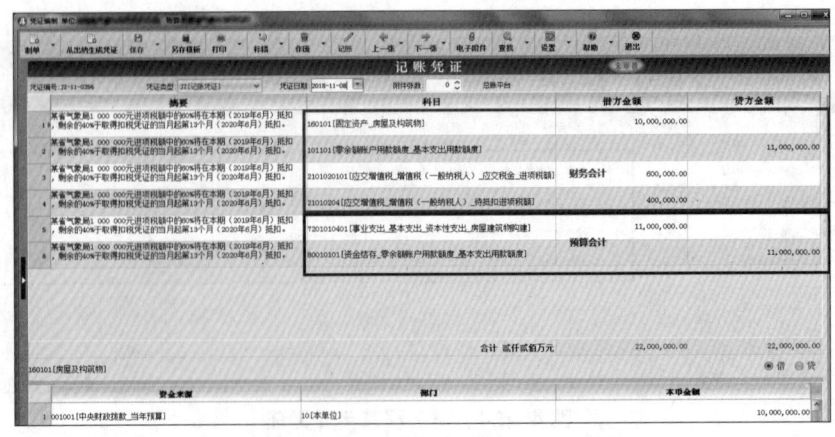

图4-456 财务预算会计凭证平行记账分录

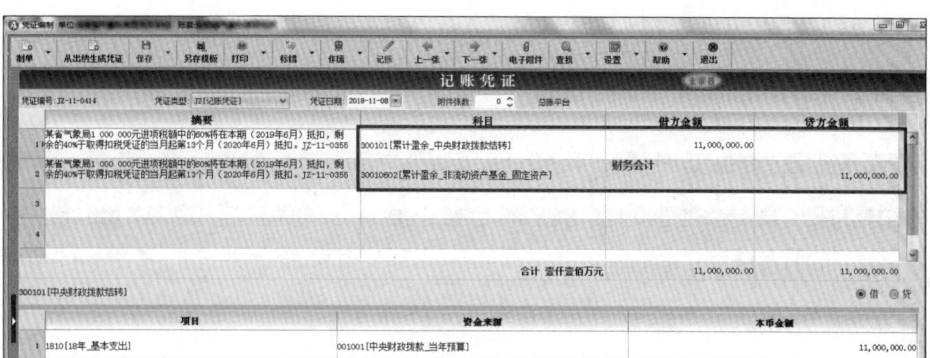

图 4-457　财务预算会计凭证

（2）按照以后期间可抵扣的增值税额

基础数据录入如图 4-458 所示。

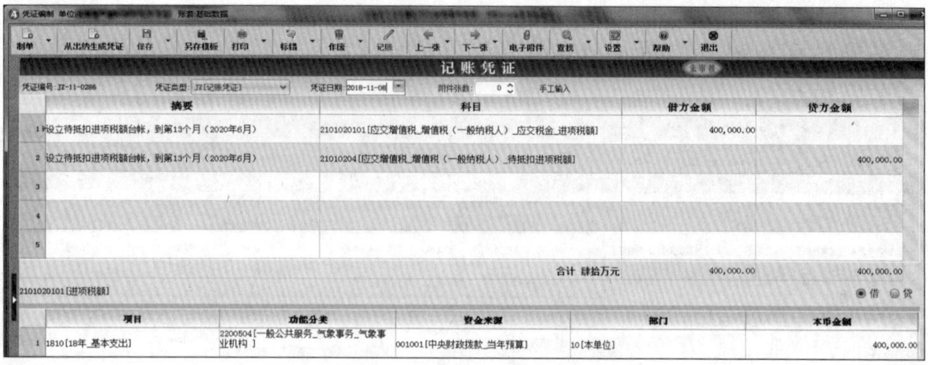

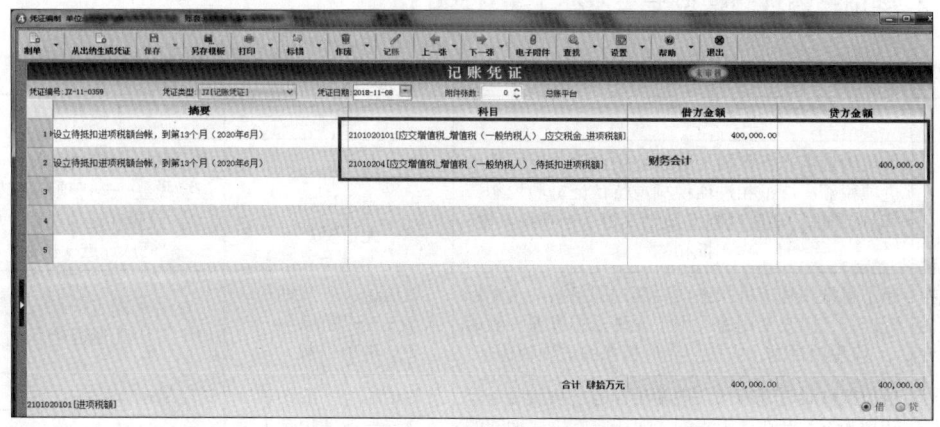

图 4-458　基础数据录入界面

财务预算平行记账如图 4-459 所示。

图 4-459　财务预算会计凭证

（3）尚未抵扣的进项税额待以后期间允许抵扣时，按照允许抵扣的金额基础数据录入如图4-460所示。

图4-460 基础数据录入界面

财务预算平行记账如图4-461所示。

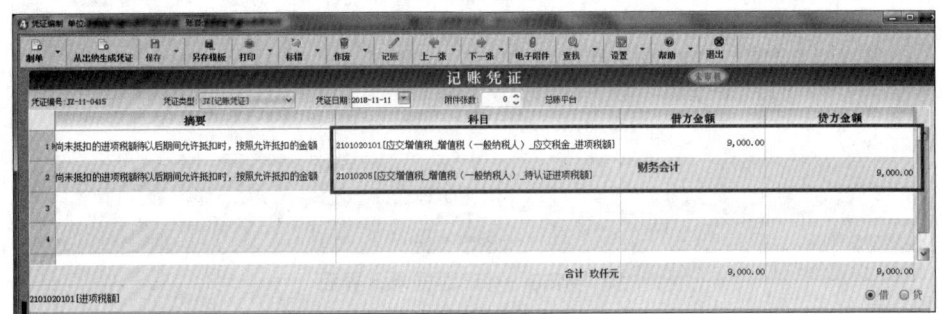

图4-461 财务预算会计凭证

4. 进项税额抵扣情况发生改变（表4-39）。

表4-39 应缴增值税——一般纳税人主要账务-3

	业务类型	借方	贷方
进项税额抵扣情况发生改变	单位因发生非正常损失或改变用途等，原已计入进项税额、待抵扣进项税额或待认证进项税额，但按照现行增值税制度规定不得从销项税额中抵扣的	待处理财产损益 固定资产 无形资产	增值税（一般纳税人）——应缴税金——进项税额转出/待抵扣进项税额/待认证进项税额
	原不得抵扣且未抵扣进项税额的固定资产、无形资产等，因改变用途等用于允许抵扣进项税额的应税项目的，应按照允许抵扣的进项税额	增值税（一般纳税人）——应缴税金——进项税额	固定资产 无形资产
	单位购进时已全额计入进项税额的货物或服务等转用于不动产在建工程的，对于结转以后期间的进项税额	增值税（一般纳税人）——应缴税金（待抵扣进项税额）	增值税（一般纳税人）——应缴税金——进项税额转出

（1）单位因发生非正常损失或改变用途等，原已计入进项税额、待抵扣进项税额或待认证进项税额，但按照现行增值税制度规定不得从销项税额中抵扣的基础数据录入如图4-462所示。

图4-462　基础数据录入界面

财务预算平行记账如图4-463和图4-464所示。

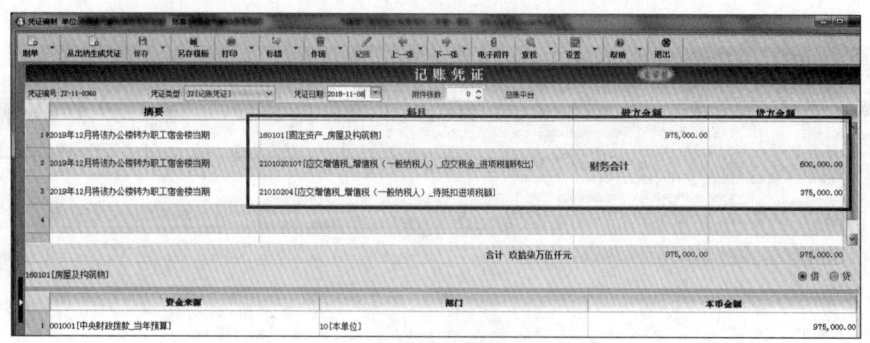

图4-463　财务预算会计凭证-1

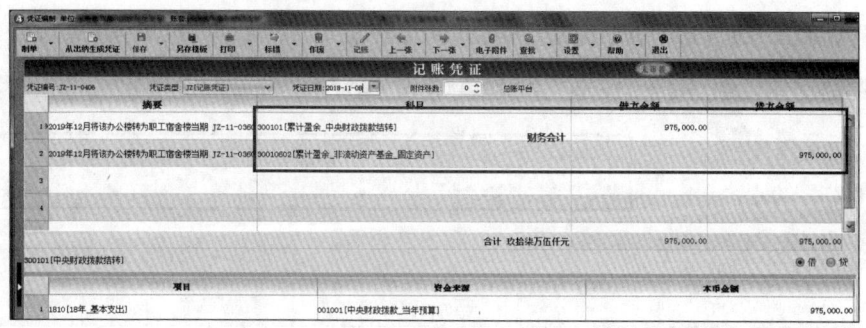

图4-464　财务预算会计凭证-2

（2）原不得抵扣且未抵扣进项税额的固定资产、无形资产等，因改变用途等用于允许抵扣进项税额的应税项目的，应按照允许抵扣的进项税额

基础数据录入如图4-465所示。

图4-465　基础数据录入界面

财务预算平行记账如图4-466和图4-467所示。

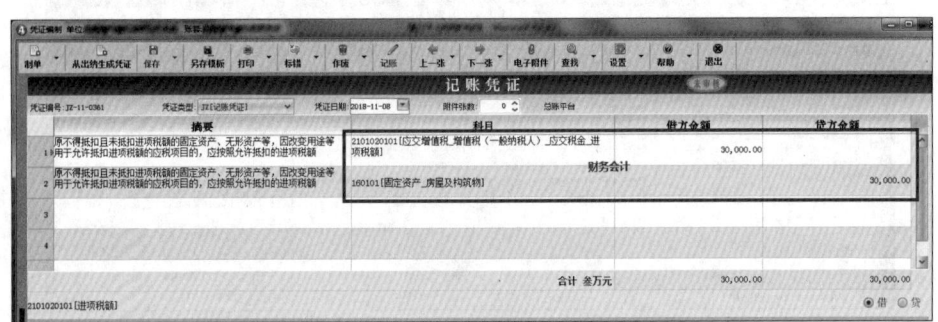

图4-466　财务预算会计凭证-1

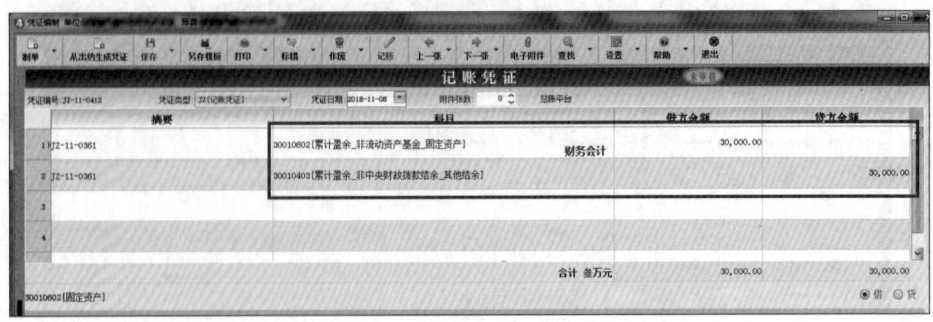

图4-467　财务预算会计凭证-2

（3）单位购进时已全额计入进项税额的货物或服务等转用于不动产在建工程的，对于结转以后期间的进项税额

基础数据录入如图 4-468 所示。

图 4-468　基础数据录入界面

财务预算平行记账如图 4-469 所示。

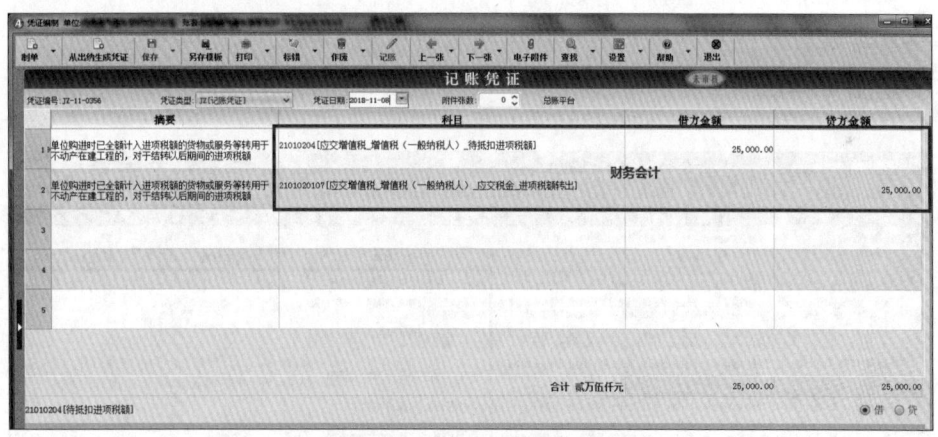

图 4-469　财务预算会计凭证

5. 购买方作为扣缴义务人（表4-40）

表4-40 应缴增值税——一般纳税人主要账务-4

业务类型		借方	贷方
购买方作为扣缴义务人	按照现行增值税制度规定，境外单位或个人在境内发生应税行为，在境内未设有经营机构的，以购买方为增值税扣缴义务人 涉及多借多贷，无法在记账平台自动生成，在事业账套手工录入	事业支出、经营支出、在途物品、库存物品、工程物资、在建工程、固定资产、无形资产 增值税（一般纳税人）——应缴税金——进项税额	银行存款、应付账款、增值税（一般纳税人）——代扣代缴增值税
	实际缴纳代扣代缴增值税时，按照代扣代缴的增值税额 代扣时在事业账套手工录入，缴纳时也在事业账套手工录入	增值税（一般纳税人）——代扣代缴增值税	银行存款 零余额账户用款额度

（1）按照现行增值税制度规定，境外单位或个人在境内发生应税行为，在境内未设有经营机构的，以购买方为增值税扣缴义务人

（2）实际缴纳代扣代缴增值税时，按照代扣代缴的增值税额

此类业务涉及多借多贷，无法在记账平台自动生成，在事业账套手工录入（图4-470至图4-472）。

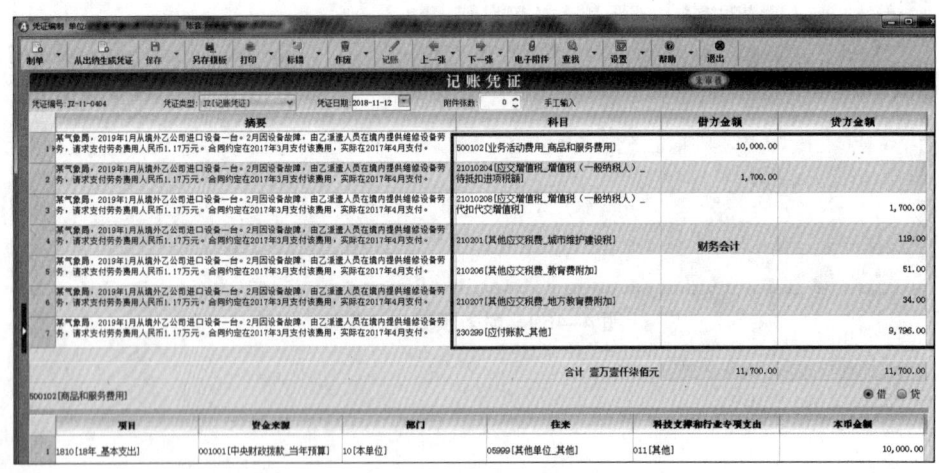

图4-470 财务预算会计凭证

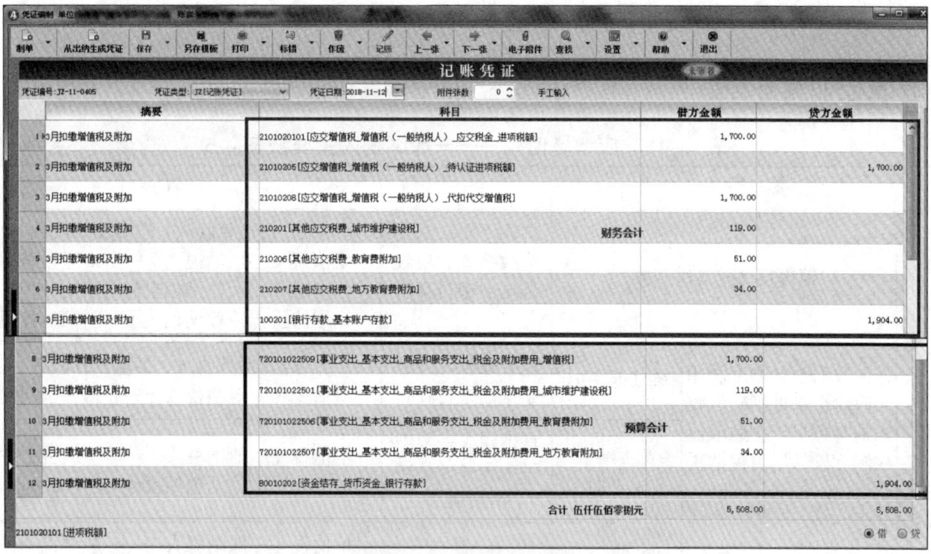

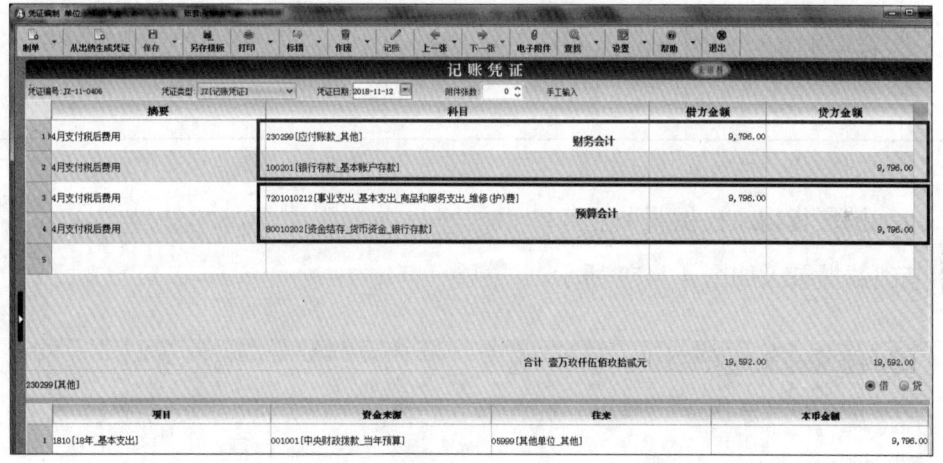

图 4-471 财务预算会计凭证平行记账分录 – 1

图 4-472 财务预算会计凭证平行记账分录 – 2

(二）销售资产或提供服务等业务（表4-41）

1. 具体业务处理

表4-41　应缴增值税——一般纳税人主要账务-5

业务类型		借方	贷方
销售资产或提供服务业务	销售货物或提供服务	应收账款、应收票据、银行存款	经营预算收入、事业预算收入 增值税（一般纳税人）——应缴税金——销项税额 增值税（一般纳税人）——简易计税
	按照政府会计制度及相关政府会计准则确认收入的时点早于按照增值税制度确认增值税纳税义务发生时点的	确认收入时	应收账款、应收票据、银行存款	经营预算收入、事业预算收入 增值税（一般纳税人）——待转销项税额
		发生纳税义务时	增值税（一般纳税人）——待转销项税额	增值税（一般纳税人）——应缴税金——销项税额
	按照增值税制度确认增值税纳税义务发生时点早于按照政府会计制度及相关政府会计准则确认收入的时点的，应按照应纳增值税额	发生纳税义务时	应收账款	增值税（一般纳税人）——应缴税金——销项税额 增值税（一般纳税人）——简易计税
		确认收入时	银行存款	经营预算收入、事业预算收入 应收账款

（1）销售货物或提供服务业务

基础数据录入如图4-473所示。

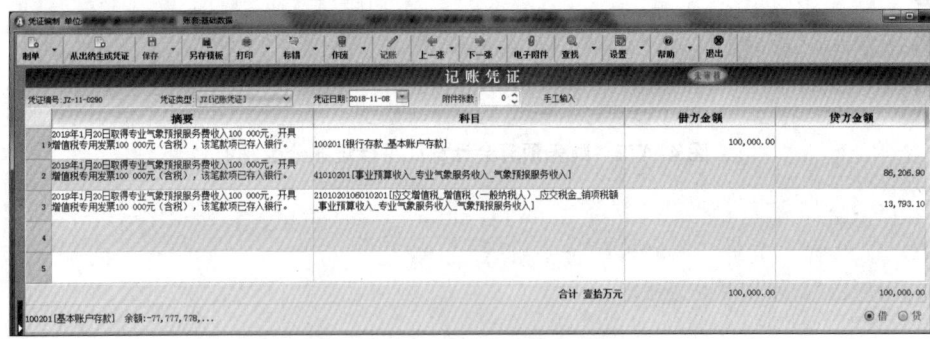

图4-473　基础数据录入界面

财务预算平行记账如图4-474所示。

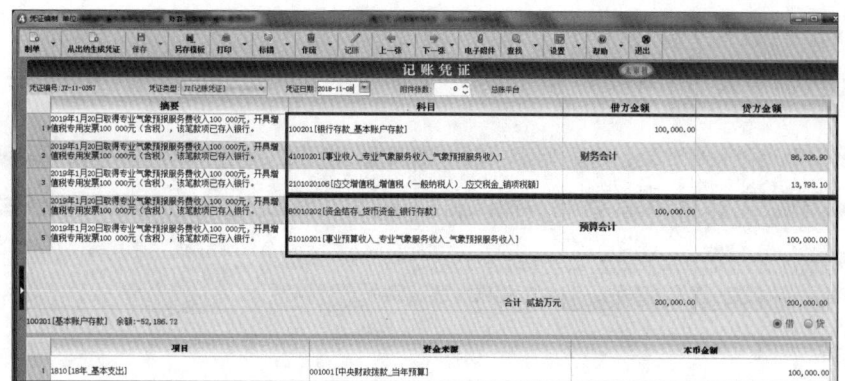

图 4-474 财务预算会计凭证平行记账分录

（2）按照政府会计制度及相关政府会计准则确认收入的时点早于按照增值税制度确认增值税纳税义务发生时点的

①确认收入时

基础数据录入如图 4-475 所示。

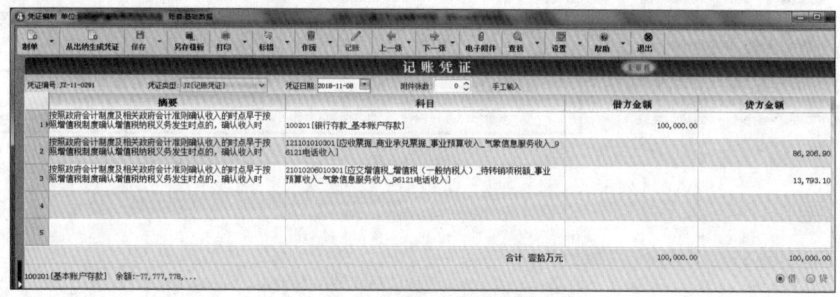

图 4-475 基础数据录入界面

财务预算平行记账如图 4-476 所示。

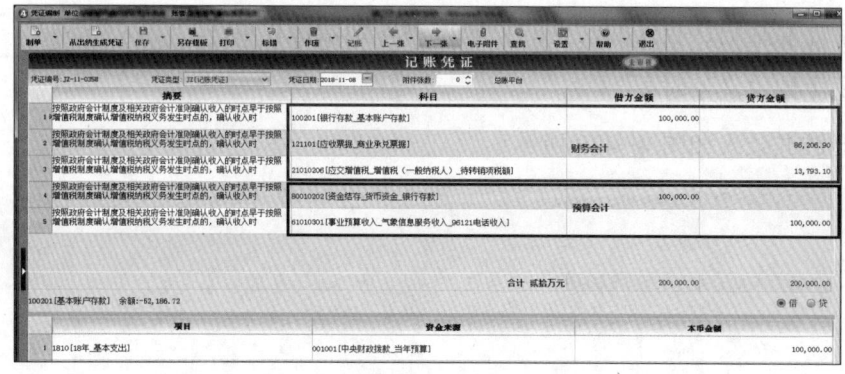

图 4-476 财务预算会计凭证平行记账分录

②发生纳税义务时

基础数据录入如图 4-477 所示。

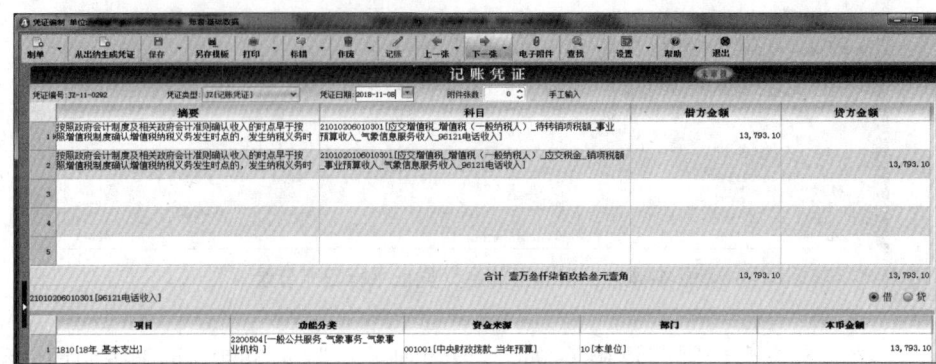

图 4-477 基础数据录入界面

财务预算平行记账如图 4-478 所示。

图 4-478 财务预算会计凭证

（3）按照增值税制度确认增值税纳税义务发生时点早于按照政府会计制度及相关政府会计准则确认收入的时点的，应按照应纳增值税额

①发生纳税义务时

基础数据录入如图 4-479 所示。

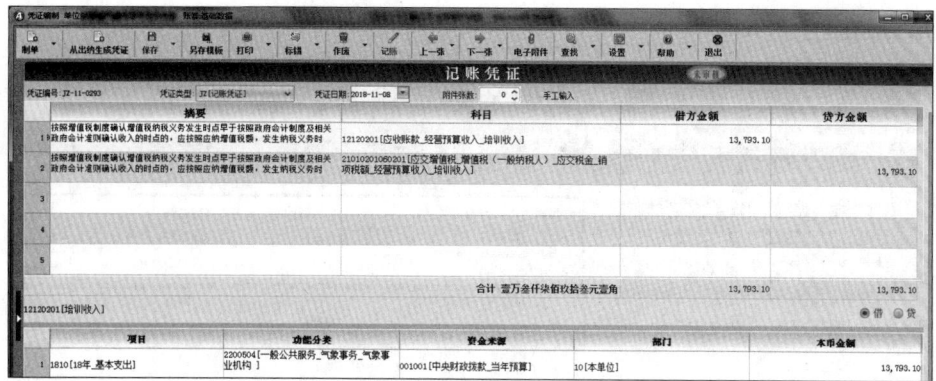

图 4-479　基础数据录入界面

财务预算平行记账如图 4-480 所示。

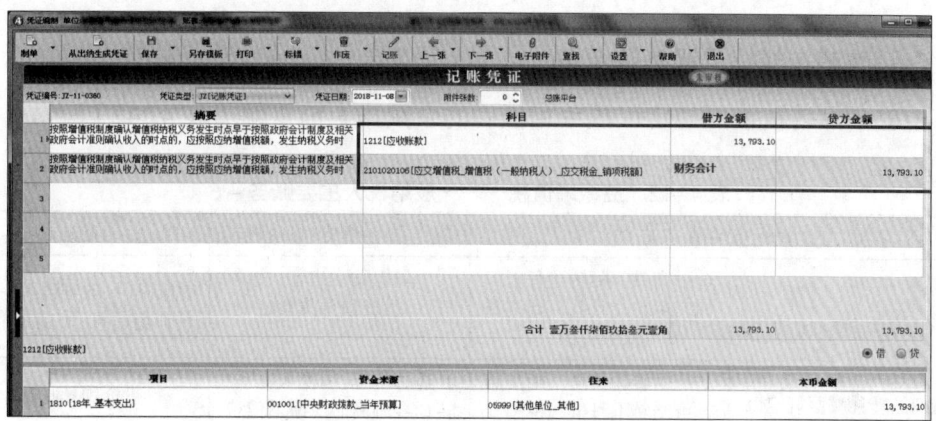

图 4-480　财务预算会计凭证

②确认收入时

基础数据录入如图 4-481 所示。

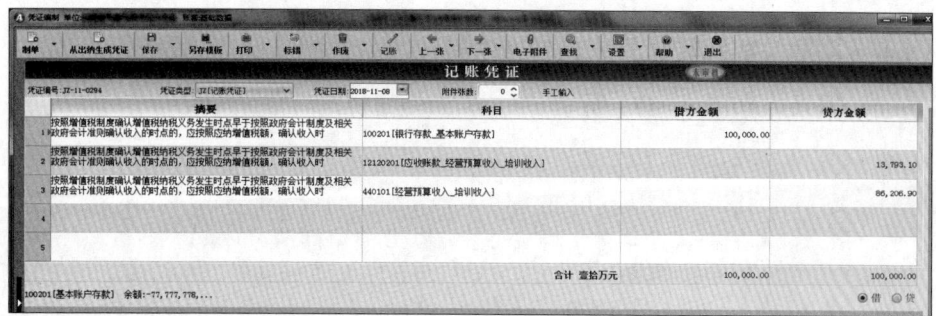

图 4-481　基础数据录入界面

财务预算平行记账如图 4-482 所示。

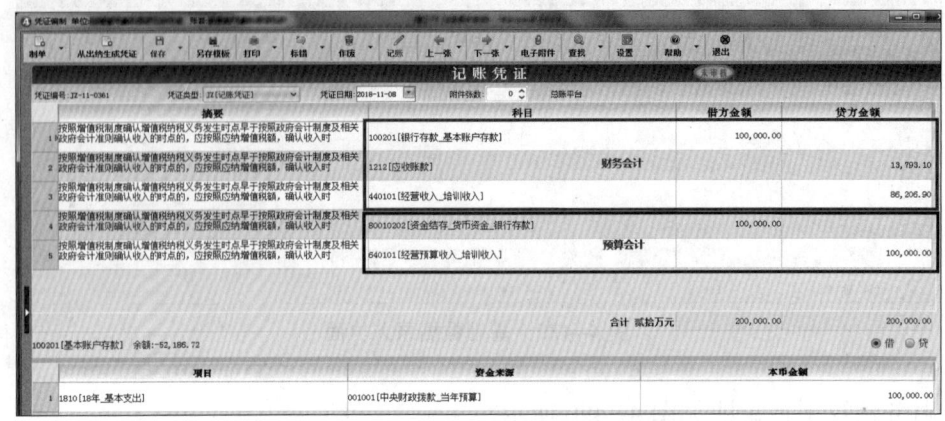

图 4-482　财务预算会计凭证平行记账分录

2. 销售资产或提供服务等业务

金融商品转让按照规定以盈亏相抵后的余额作为销售额（表 4-42）

表 4-42　应缴增值税——一般纳税人主要账务 - 6

业务类型		借方	贷方
金融商品转让按照规定以盈亏相抵后的余额作为销售额	金融商品实际转让月末，如产生转让收益，则按照应纳税额	投资预算收益	增值税（一般纳税人）——转让金融商品应缴增值税
	如产生转让损失，则按照可结转下月抵扣税额	增值税（一般纳税人）——转让金融商品应缴增值税	投资预算收益
	缴纳增值税时	增值税（一般纳税人）——转让金融商品应缴增值税	银行存款
	年末处理	增值税（一般纳税人）——转让金融商品应缴增值税 投资预算收益（借方差额）	增值税（一般纳税人）——转让金融商品应缴增值税

（1）金融商品实际转让月末，如产生转让收益，则按照应纳税额

基础数据录入如图 4-483 所示。

第四章 基础核算业务

图 4-483 基础数据录入界面

财务预算平行记账如图 4-484 所示。

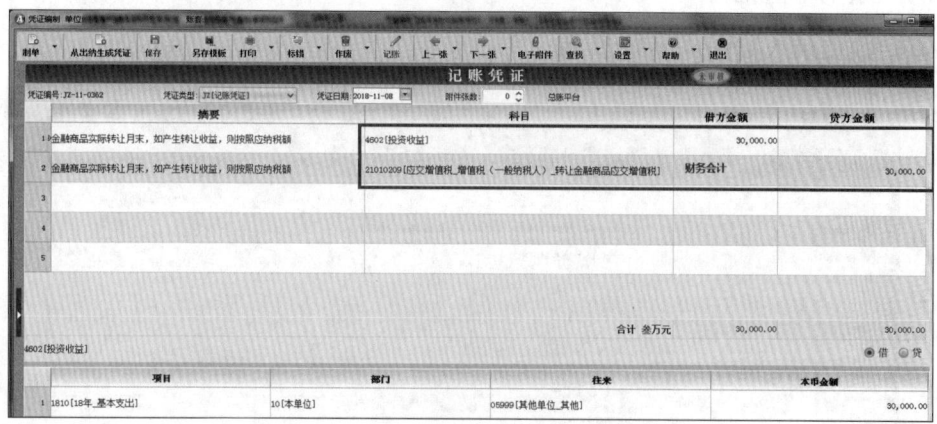

图 4-484 财务预算会计凭证

（2）如产生转让损失，则按照可结转下月抵扣税额

基础数据录入如图 4-485 所示。

图 4-485 基础数据录入界面

财务预算平行记账如图 4-486 所示。

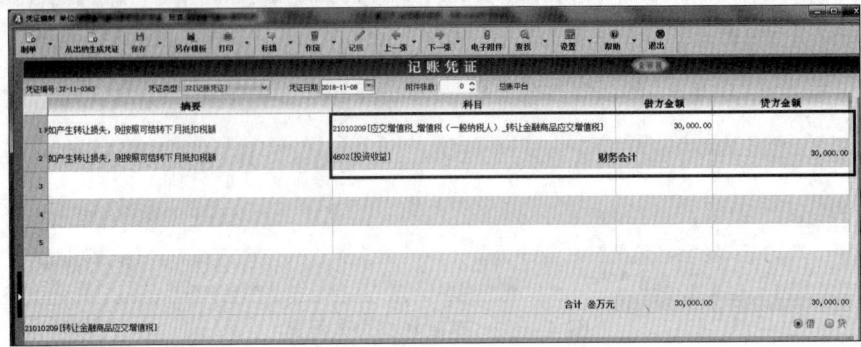

图 4-486 财务预算会计凭证

（3）缴纳增值税时

基础数据录入如图 4-487 所示。

图 4-487 基础数据录入界面

财务预算平行记账如图 4-488 所示。

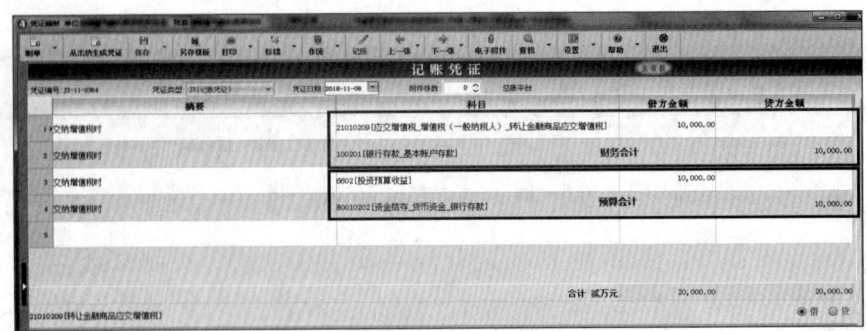

图 4-488 财务预算会计凭证平行记账分录

（4）年末处理

基础数据录入如图 4-489 所示。

图 4-489　基础数据录入界面

财务预算平行记账如图 4-490 所示。

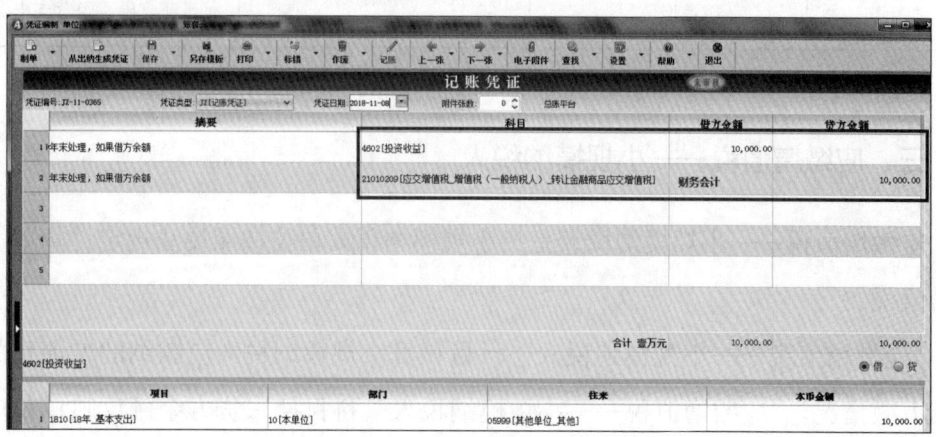

图 4-490　财务预算会计凭证

3. 缴纳增值税业务（表 4-43）

表 4-43 应缴增值税——一般纳税人主要账务 – 7

业务类型		借方	贷方
月末转出多缴增值税和未缴增值税	对于当月应缴未缴的增值税	增值税（一般纳税人）——应缴税金——转出未缴增值税	增值税（一般纳税人）——未缴税金
	对于当月多缴增值税	增值税（一般纳税人）——未缴税金	增值税（一般纳税人）——应缴税金——转出未缴增值税
缴纳增值税业务	缴纳当月应缴增值税	增值税（一般纳税人）——已缴税金	银行存款
	缴纳以前期间未缴增值税	增值税（一般纳税人）——已缴税金	银行存款
	预缴增值税，单位预缴增值税时 预缴时	增值税（一般纳税人）——预缴税金	银行存款
	预缴增值税，单位预缴增值税时 月末时	增值税（一般纳税人）——未缴税金	增值税（一般纳税人）——预缴税金
	减免增值税	增值税（一般纳税人）——减免税款	事业支出、经营支出等

三、应缴增值税——小规模纳税人

应缴增值税——小规模纳税人是指小规模纳税人单位按照税法规定计算应缴纳的增值税。

"应缴增值税——小规模纳税人"科目核算小规模纳税人应缴纳的增值税的计算及上缴情况。"应缴增值税——小规模纳税人"科目期末贷方余额反映单位应缴未缴的增值税；期末如为借方余额反映单位多缴的增值税。

应缴增值税——小规模纳税人的主要账务处理如下。

（一）取得资产或接受劳务等业务（表4-44）

表4-44　应缴增值税——小规模纳税人主要账务处理-1

业务类型	借方	贷方
购入应税资产或服务	事业支出、经营支出、在途物品、库存物品、固定资产、无形资产、在建工程、工程物资	应付账款、应付票据、银行存款、零余额账户用款额度
购买方作为扣缴义务人	事业支出、经营支出、在途物品、库存物品、固定资产、无形资产、在建工程、工程物资	银行存款、应付账款 增值税（小规模纳税人）——代扣代缴增值税

1. 取得资产或接受劳务

基础数据录入如图4-491所示。

图4-491　基础数据录入界面

财务预算平行记账如图4-492所示。

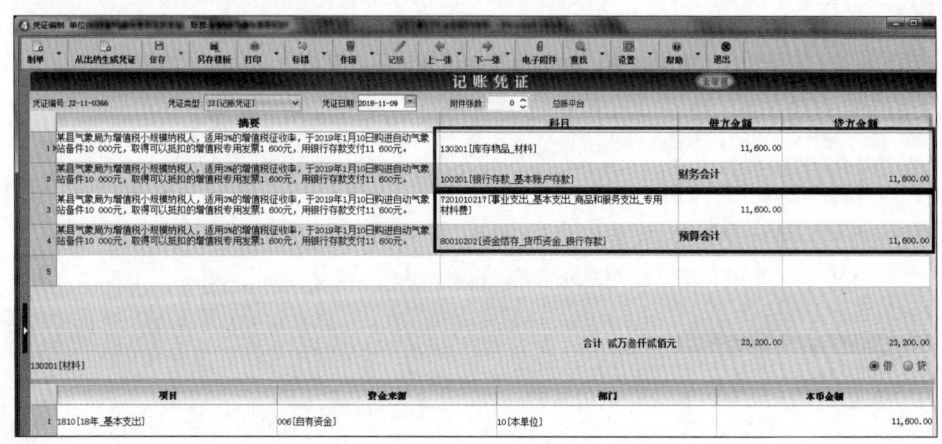

图4-492　财务预算会计凭证平行记账分录

2. 购买方作为扣缴义务人

基础数据录入如图 4-493 所示。

图 4-493 基础数据录入界面

财务预算平行记账如图 4-494 所示。

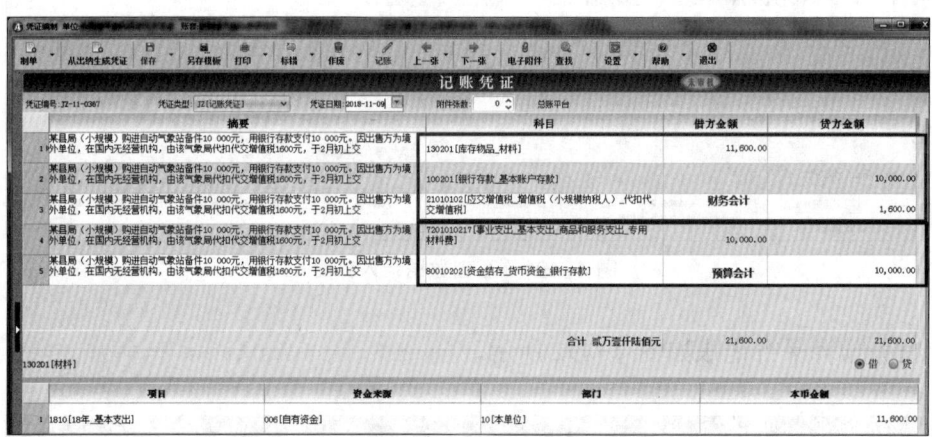

图 4-494 财务预算会计凭证平行记账分录

（二）销售资产或提供服务等业务（表 4-45）

表 4-45 应缴增值税——小规模纳税人主要账务处理 – 2

业务类型		借方	贷方
销售资产或提供服务业务		银行存款、零余额账户用款额度、应收票据、应收账款	事业预算收入、经营预算收入 增值税（小规模纳税人）——应缴税金
金融商品转让按照规定以盈亏相抵后的余额作为销售额	金融商品实际转让月末，如产生转让收益，则按照应纳税额	投资预算收益	增值税（小规模纳税人）——转让金融商品应缴增值税
	如产生转让损失，则按照可结转下月抵扣税额	增值税（小规模纳税人）——转让金融商品应缴增值税	投资预算收益
	缴纳增值税时	增值税（小规模纳税人）——转让金融商品应缴增值税	银行存款
	年末结转时	投资预算收益	增值税（小规模纳税人）——转让金融商品应缴增值税

1. 销售资产或提供服务业务

基础数据录入如图 4-495 所示。

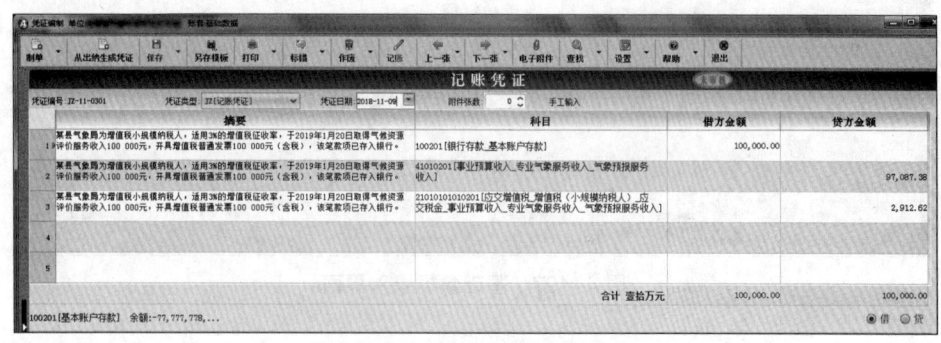

图 4-495 基础数据录入界面

财务预算平行记账如图 4-496 所示。

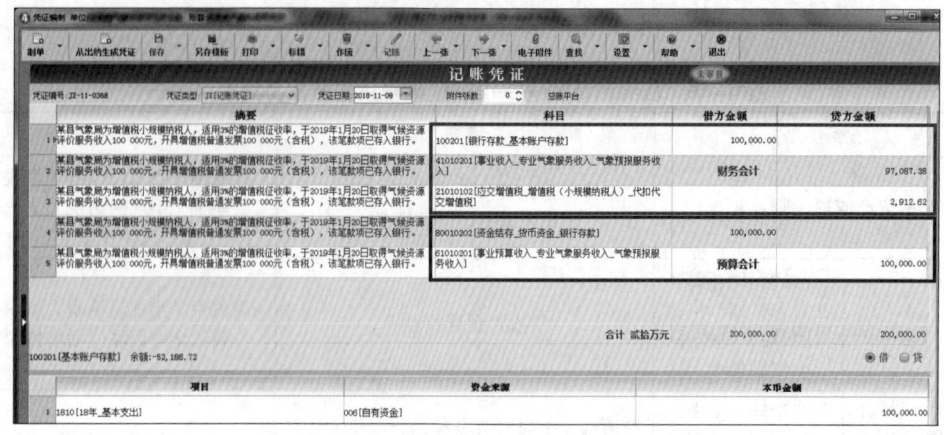

图 4-496　财务预算会计凭证平行记账分录

2. 金融商品转让按照规定以盈亏相抵后的余额作为销售额

（1）金融商品实际转让月末，如产生转让收益，则按照应纳税额基础数据录入如图 4-497 所示。

图 4-497　基础数据录入界面

财务预算平行记账如图 4-498 所示。

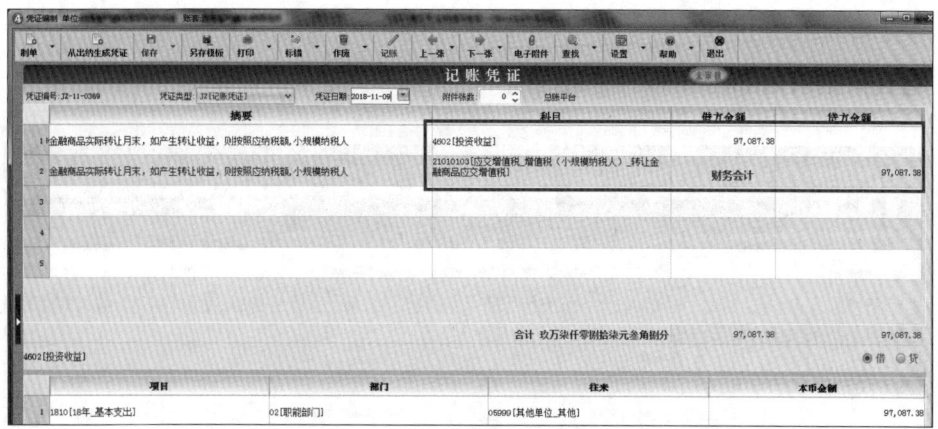

图 4-498 财务预算会计凭证

（2）如产生转让损失，则按照可结转下月抵扣税额

基础数据录入如图 4-499 所示。

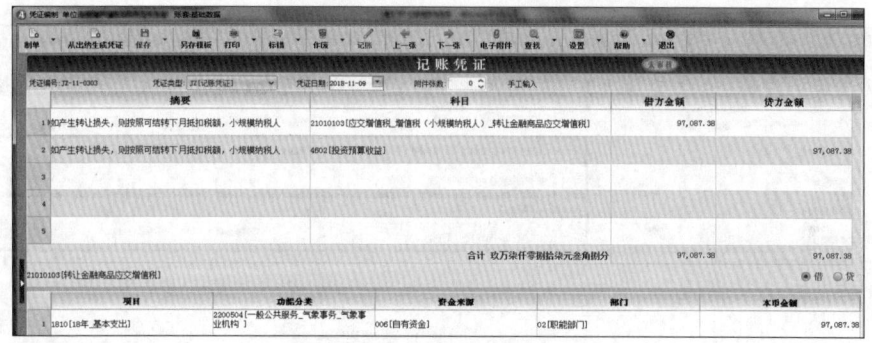

图 4-499 基础数据录入界面

财务预算平行记账如图 4-500 所示。

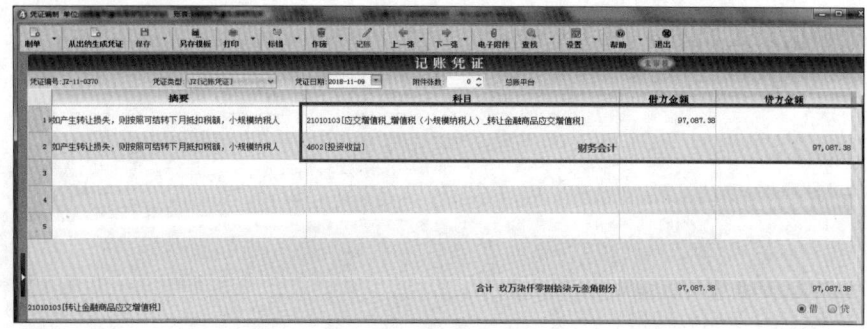

图 4-500 财务预算会计凭证

（3）缴纳增值税时

基础数据录入如图 4-501 所示。

图 4-501　基础数据录入界面

财务预算平行记账如图 4-502 所示。

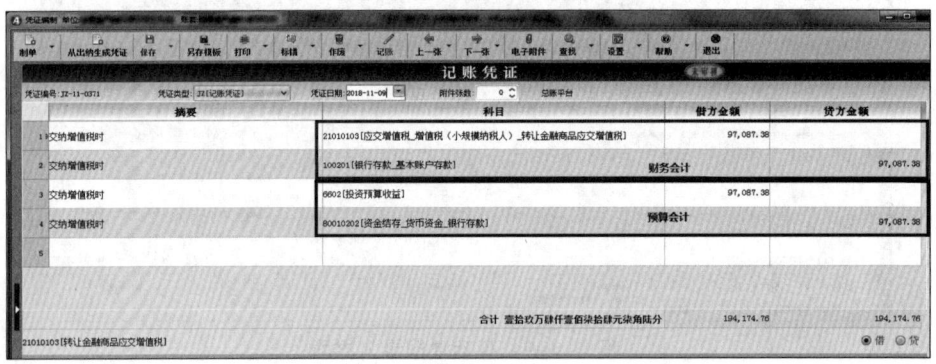

图 4-502　财务预算会计凭证平行记账分录

（4）年末处理

基础数据录入如图 4-503 所示。

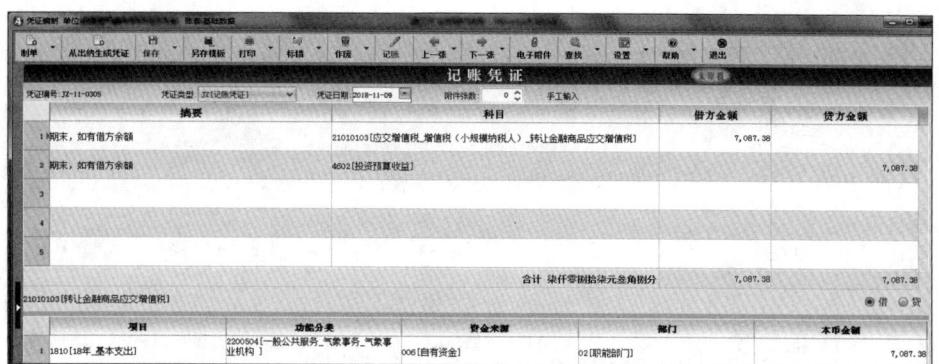

图 4-503 基础数据录入界面

财务预算平行记账如图 4-504 所示。

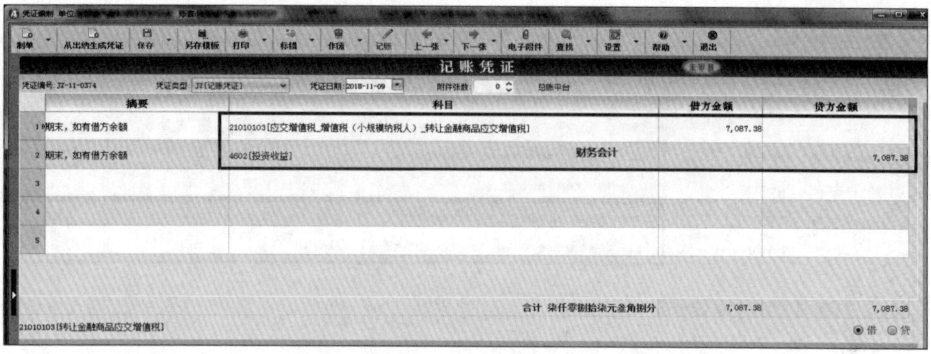

图 4-504 财务预算会计凭证

（三）缴纳增值税业务（表 4-46）

表 4-46 应缴增值税——小规模纳税人主要账务处理 – 3

业务类型	借方	贷方
缴纳当月应缴增值税	增值税（小规模纳税人）——应缴税金——缴纳税金	银行存款
缴纳以前期间未缴增值税	增值税（小规模纳税人）——代扣代缴增值税	银行存款

1. 缴纳当月应缴增值税

基础数据录入如图 4-505 所示。

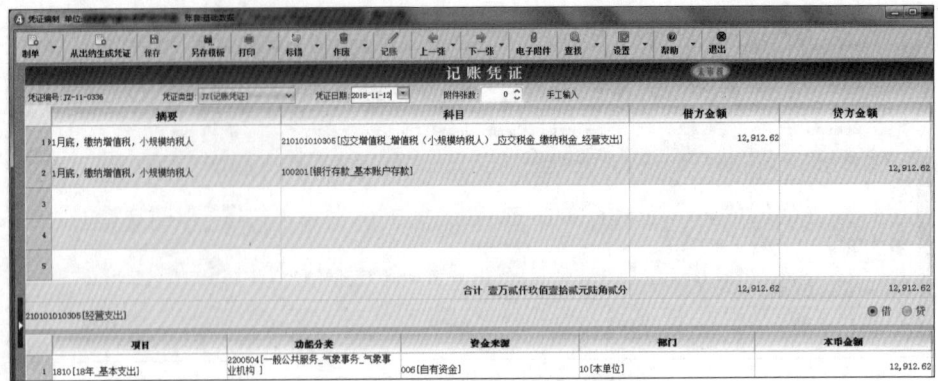

图 4-505　基础数据录入界面

财务预算平行记账如图 4-506 所示。

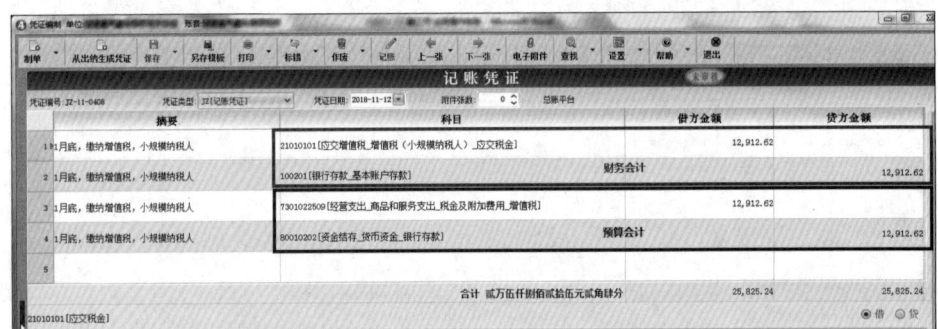

图 4-506　财务预算会计凭证平行记账分录

2. 缴纳以前期间未缴增值税

基础数据录入如图 4-507 所示。

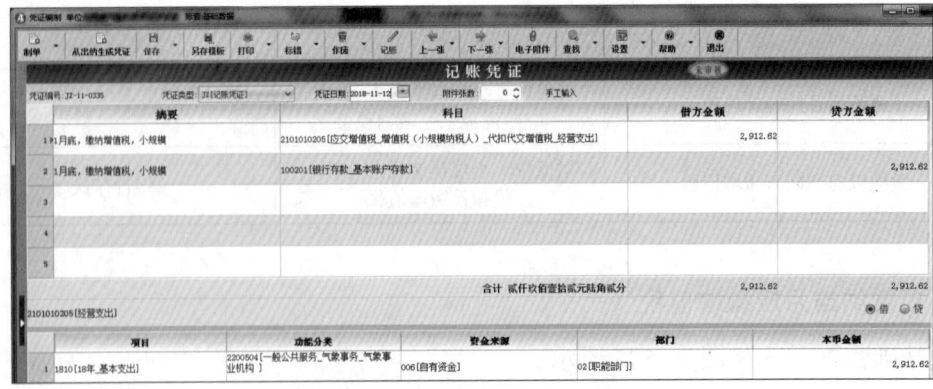

图 4-507　基础数据录入界面

财务预算平行记账如图 4-508 所示。

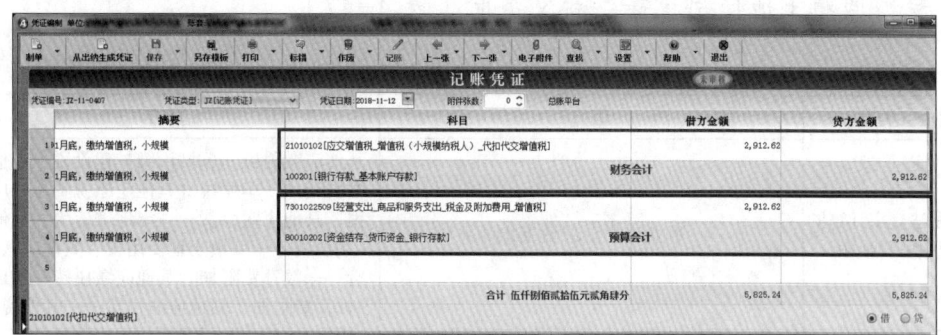

图 4-508　财务预算会计凭证平行记账分录

四、其他应缴税费

其他应缴税费是指按照税法等规定计算应缴纳的除增值税以外的各种税费，包括城市维护建设税、教育费附加、地方教育费附加、车船税、房产税、城镇土地使用税、企业所得税和单位代扣代缴的个人所得税等。

"其他应缴税费"科目核算除增值税以外的各种税费的计算及上缴情况。贷方登记计算应上缴的除增值税以外的各种税费数额；借方登记上缴的除增值税以外的各种税费数额；期末贷方余额反映单位应缴未缴的除增值税以外的各种税费数额；期末如为借方余额反映单位多缴纳的除增值税以外的税费数额。

其他应缴税费的主要账务处理如下。

（一）发生城市维护建设税、教育费附加、地方教育费附加、车船税、房产税、城镇土地使用税等纳税义务时（表4-47）。

表4-47 其他应缴税费主要账务处理

业务类型	借方	贷方
按照税法规定计算的应缴税费金额	事业支出、经营支出	其他应缴税费——城市维护建设税、其他应缴税费——车船税、其他应缴税费——房产税、其他应缴税费——土地增值税、其他应缴税费——城镇土地使用税、其他应缴税费——教育费附加、其他应缴税费——地方教育费附加、其他应缴税费——其他税费
实际缴纳时	其他应缴税费——城市维护建设税、其他应缴税费——车船税、其他应缴税费——房产税、其他应缴税费——土地增值税、其他应缴税费——城镇土地使用税、其他应缴税费——教育费附加、其他应缴税费——地方教育费附加、其他应缴税费——其他税费	银行存款

1. 按照税法规定计算的应缴税费金额

基础数据录入如图4-509所示。

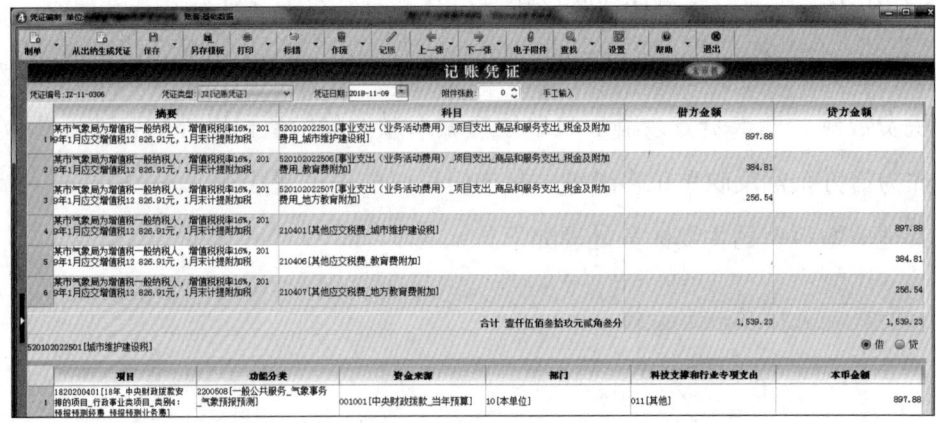

图4-509 基础数据录入界面

财务预算平行记账如图 4-510 所示。

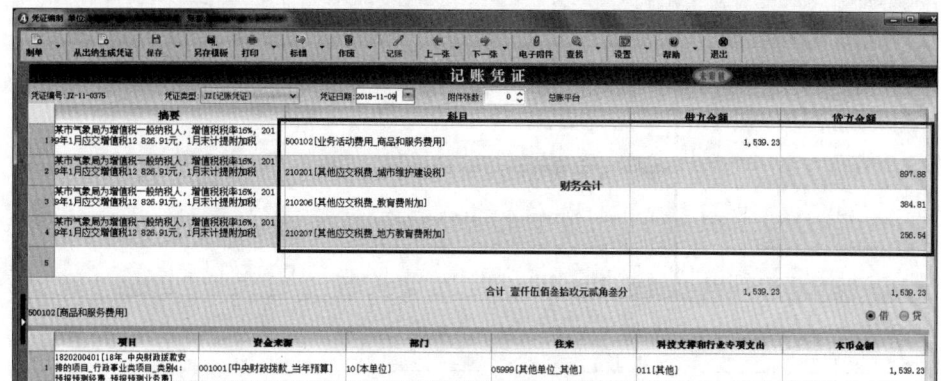

图 4-510　财务预算会计凭证

2. 实际缴纳时

基础数据录入如图 4-511 所示。

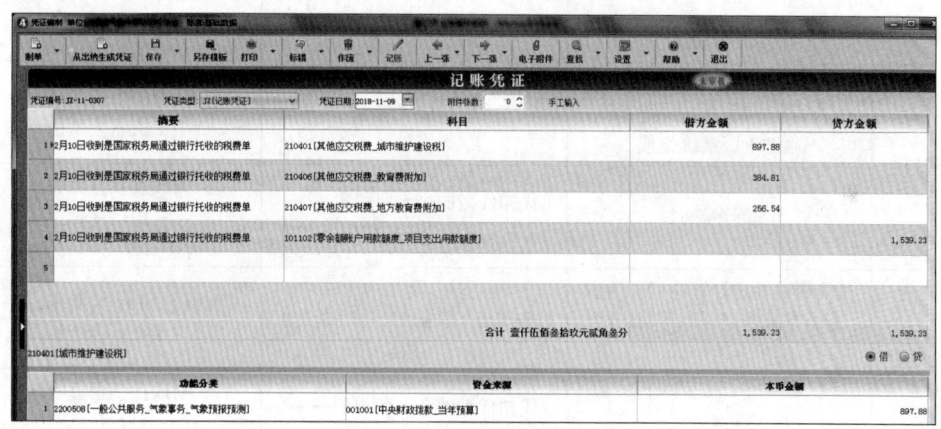

图 4-511　基础数据录入界面

财务预算平行记账如图 4-512 所示。

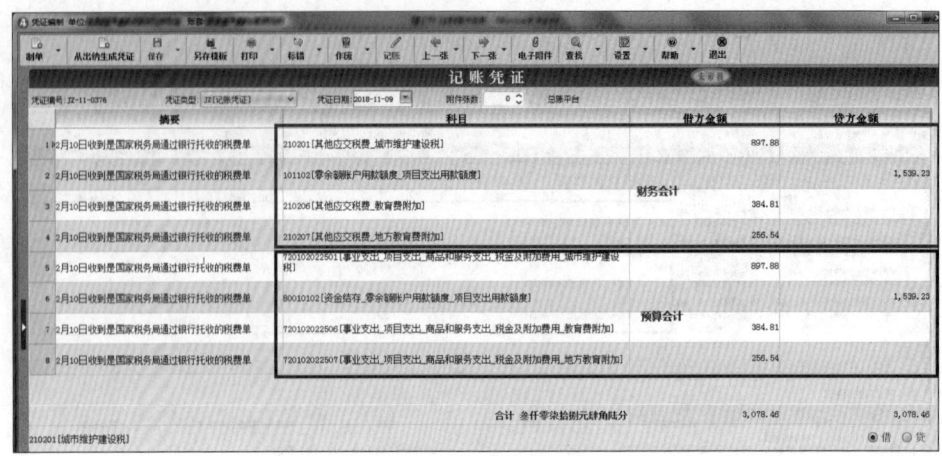

图 4-512 财务预算会计凭证平行记账分录

（二）按照税法规定计算应代扣代缴个人所得税（表 4-48）

表 4-48 代扣代缴个人所得税主要账务处理

业务类型		借方	贷方
工资计税	按照税法规定计算的应缴税费金额 通过工资系统生成	应付职工薪酬	代扣代缴的个人所得税—— 工资薪金个税
	实际缴纳时	代扣代缴的个人所得税—— 工资薪金个税	财政拨款预算收入 银行存款 零余额账户用款额度
劳务费等计税	按照税法规定计算应代扣缴劳务、专家咨询评审等费用的个人所得税	行政支出、事业支出、经营支出	代扣代缴的个人所得税—— 工资薪金个税
	实际缴纳时	代扣代缴的个人所得税—— 工资薪金个税	财政拨款预算收入 银行存款 零余额账户用款额度

1. 工资计税

参照日常业务——工资账务处理（第二章第三节）。

2. 劳务费等计税

（1）按照税法规定计算应代扣缴劳务、专家咨询评审等费用的个人所得税

基础数据录入如图 4-513 所示。

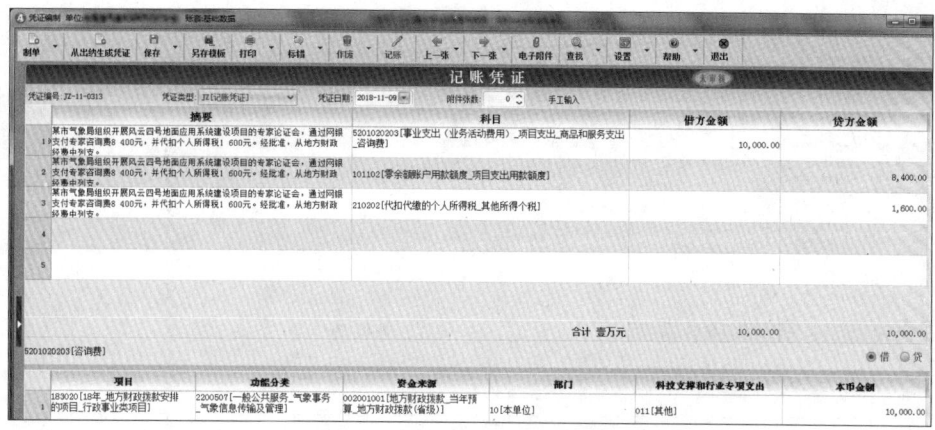

图 4-513 基础数据录入界面

财务预算平行记账如图 4-514 所示。

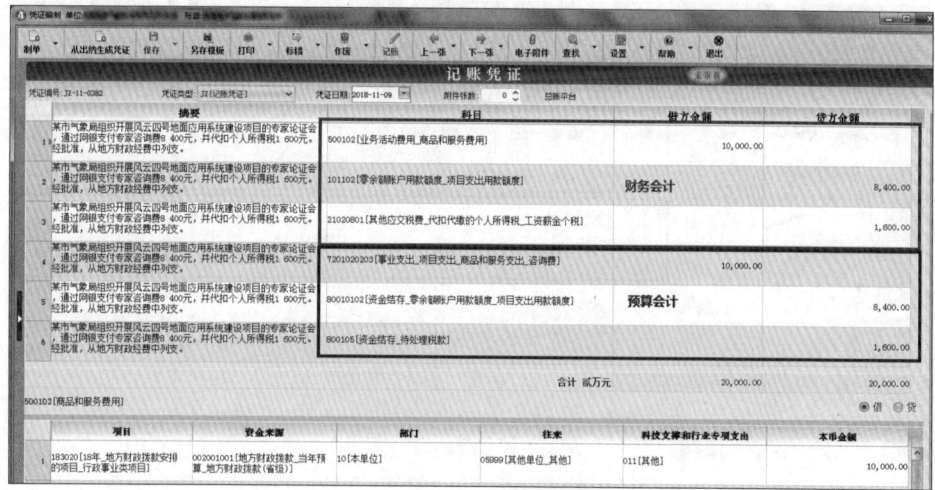

图 4-514 财务预算会计凭证平行记账分录

（2）实际缴纳时

基础数据录入如图 4-515 所示。

图 4-515　基础数据录入界面

财务预算平行记账如图 4-516 所示。

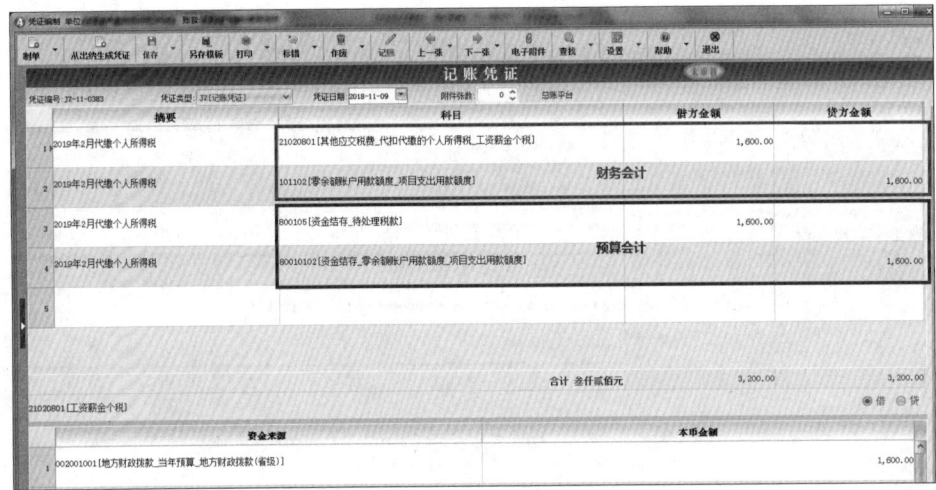

图 4-516　财务预算会计凭证平行记账分录

（三）发生企业所得税纳税义务时（表 4-49）

表 4-49　企业所得税纳税主要账务处理

业务类型	借方	贷方
按照税法规定计算的应缴税费金额	所得税费用	其他应缴税费——企业所得税
实际缴纳时	其他应缴税费——企业所得税	银行存款

1. 按照税法规定计算的应缴税费金额

基础数据录入如图 4-517 所示。

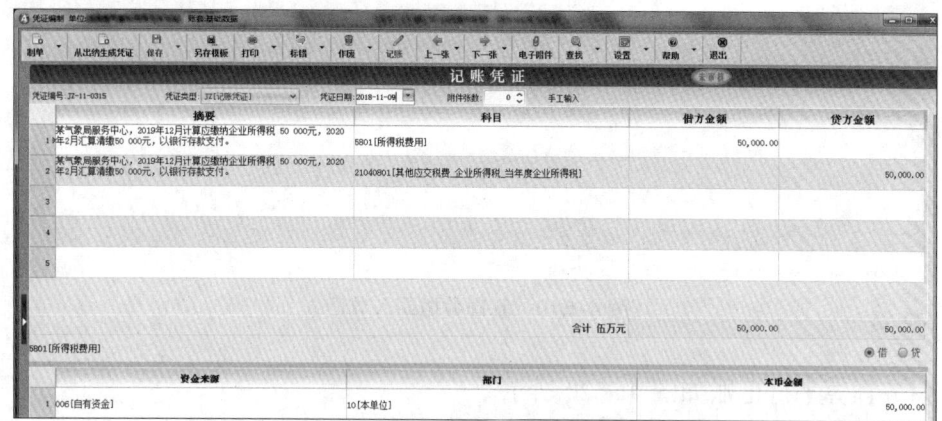

图 4-517 基础数据录入界面

财务预算平行记账如图 4-518 所示。

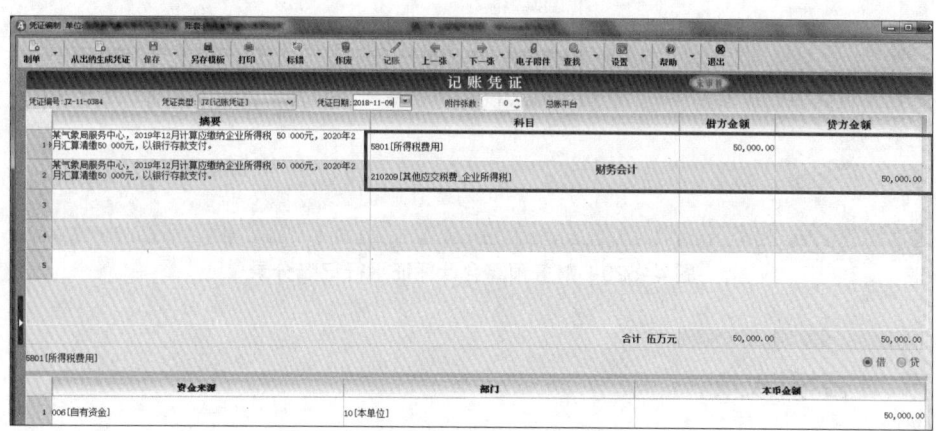

图 4-518 财务预算会计凭证

2. 实际缴纳时

基础数据录入如图 4-519 所示。

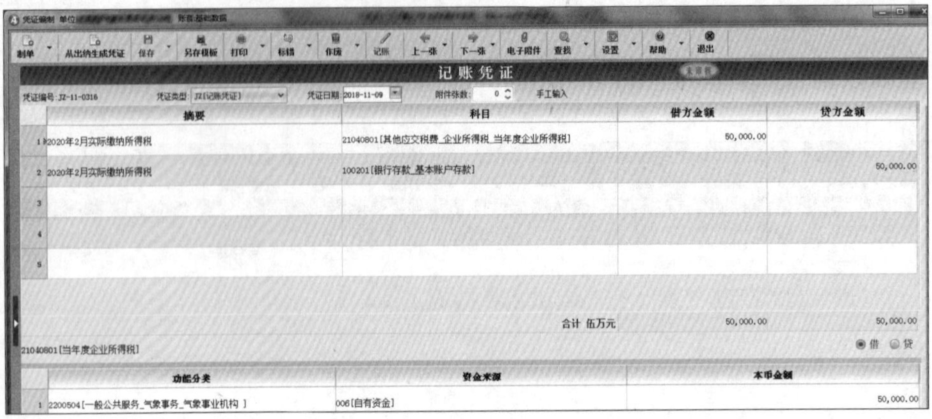

图 4-519 基础数据录入界面

财务预算平行记账如图 4-520 所示。

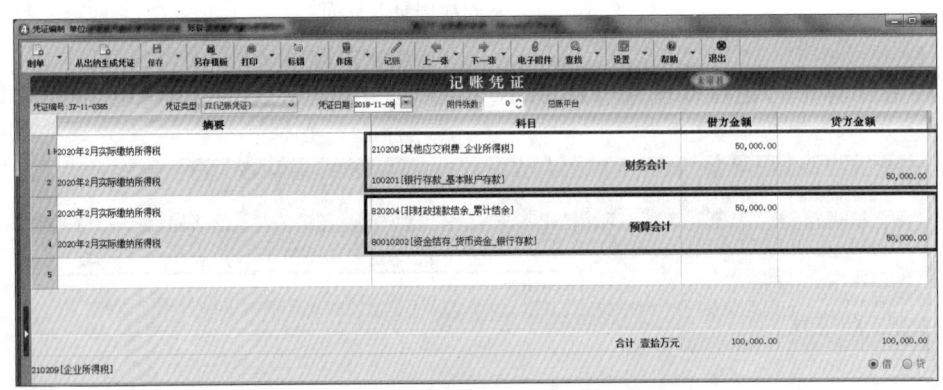

图 4-520 财务预算会计凭证平行记账分录

五、应缴财政款

应缴财政款是指单位取得或应收的按照规定应当上缴财政的款项，包括应缴国库的款项和应缴财政专户的款项。

"应缴财政款"科目核算单位应当上缴财政的款项。借方反映单位上缴的财政款项；贷方反映单位取得或应收的上缴财政款项；期末贷方余额反映单位应当上缴财政但尚未缴纳的款项。年终清缴后，"应缴财政款"科目一般应无余额。

应缴财政款的主要账务处理如表 4-50 所示。

第四章 基础核算业务

表 4-50 应缴财政款的主要账务处理

业务类型	借方	贷方
单位取得或应收按照规定应缴财政的款项时	银行存款 应收账款	应缴财政款
单位处置资产取得的应上缴财政的处置净收入	参照"待处理财产损益"等科目	
单位上缴应缴财政的款项时,按实际上缴的金额做账务处理。如涉及未入单位账直接上缴的情况,则本单位不做账务处理	应缴财政款	银行存款

1. 单位取得或应收按照规定应缴财政的款项时

基础数据录入如图 4-521 所示。

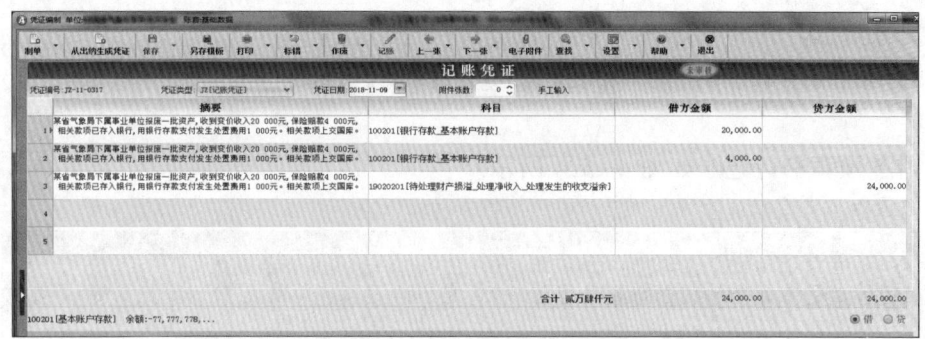

图 4-521 基础数据录入界面

财务预算平行记账如图 4-522 所示。

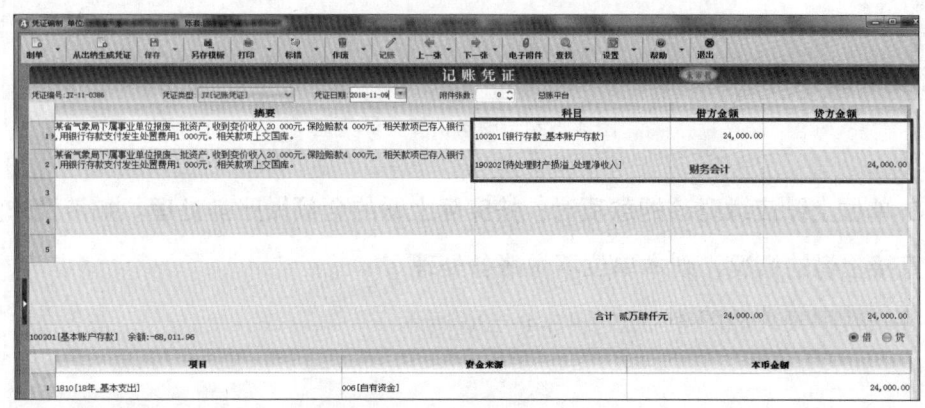

图 4-522 财务预算会计凭证

2. 单位处置资产取得的应上缴财政的处置净收入

基础数据录入如图 4-523 所示。

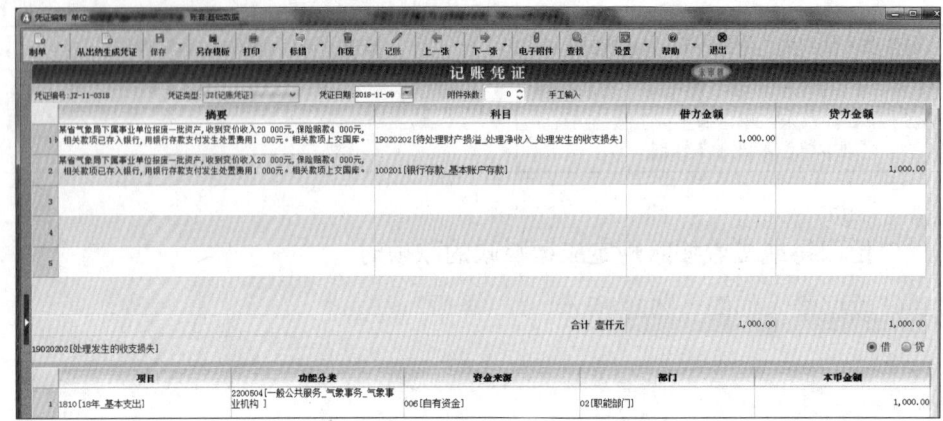

图 4-523　基础数据录入界面

财务预算平行记账如图 4-524 所示。

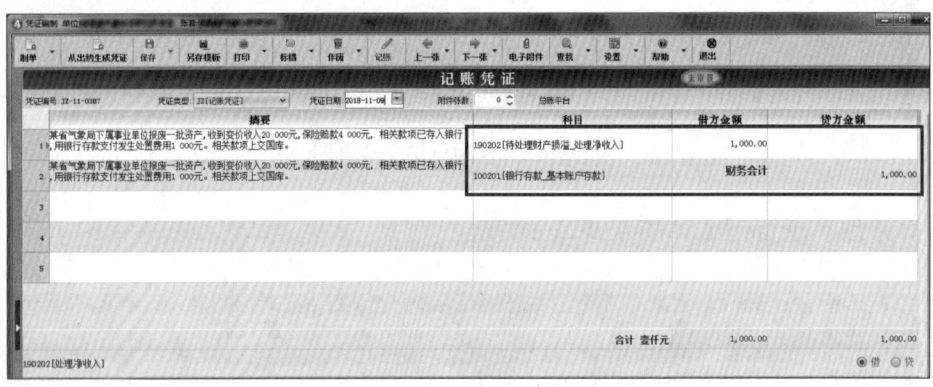

图 4-524　财务预算会计凭证

3. 单位上缴应缴财政的款项时，按实际上缴的金额做账务处理。如涉及未入单位账直接上缴的情况，则本单位不做账务处理

基础数据录入如图 4-525 和图 4-526 所示。

图 4-525 基础数据录入界面-1

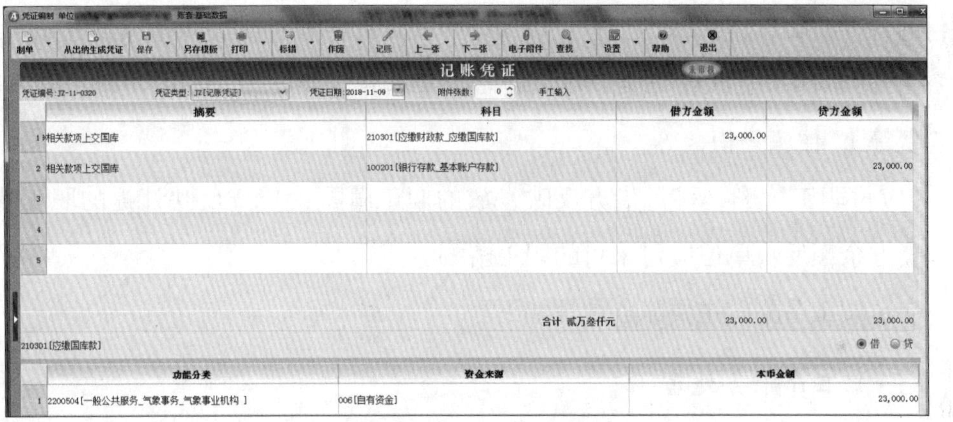

图 4-526 基础数据录入界面-2

财务预算平行记账如图 4-527 和图 4-528 所示。

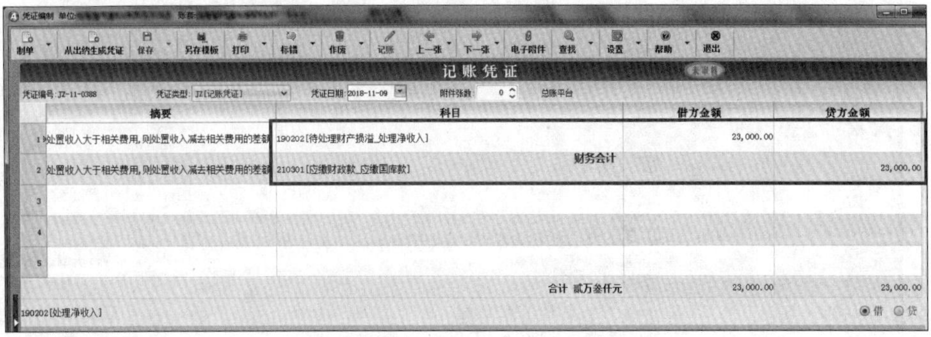

图 4-527 财务预算会计凭证

	摘要	科目	借方金额	贷方金额
1	相关款项上交国库	210301[应缴财政款_应缴国库款]	23,000.00	
2	相关款项上交国库	100201[银行存款_基本账户存款]		23,000.00
3	相关款项上交国库	800107[资金结存_非预算内资金]	23,000.00	
4	相关款项上交国库	80010202[资金结存_货币资金_银行存款]		23,000.00
5				
		合计 肆万陆仟元	46,000.00	46,000.00

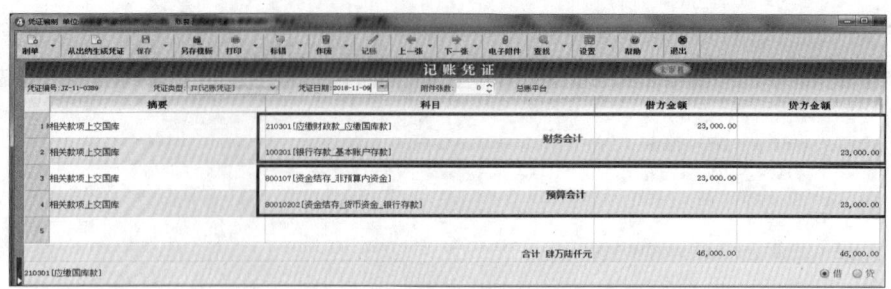

图 4–528　财务预算会计凭证平行记账分录

六、应付职工薪酬

应付职工薪酬是指单位按照有关规定应付给职工（含长期聘用人员）及为职工支付的各种薪酬，包括基本工资，国家统一规定的津贴补贴，规范津贴补贴（绩效工资），改革性补贴，社会保险费（如职工基本养老保险费、职业年金、基本医疗保险费等），住房公积金等。

“应付职工薪酬”科目借方反映发放的职工薪酬；贷方反映计提的职工薪酬；期末贷方余额反映单位应付未付的职工薪酬。

应付职工薪酬的主要账务处理如下。

（一）工资账务处理

1. 工资的录入：进入事业账套，工资模块（图 4–529）

序号	报账卡号	单位	工资项	预算科目代码	预算科目名称	支出性质	资金性质	应发金额	实发金额
1								347.60	
2								84,370.11	
3			本月应发合计					5,070,925.69	
4			本月应发合计					337,957.95	
5			本月应发合计					782,350.22	
6			本月应发合计					125,200.00	
7			扣款合计					1,313,415.80	
8			扣款合计					35,192.05	
9			扣款合计					61,355.82	
10			应发合计					5,070,925.69	
11			应发合计					337,957.95	
12			应发合计					782,350.22	
13			应发合计					125,200.00	
14			实发合计					3,757,509.89	
15			实发合计					302,765.90	
16			实发合计					720,994.40	
17			实发合计					125,200.00	
18			应纳税所得额					3,620,079.78	
19			应纳税所得额					701,463.90	
20			应纳税所得额					125,200.00	
21			其他收入					188,740.00	
22			防暑降温费					319,394.97	
23			劳务费合并扣税					105.56	
24			劳务费					500.00	
25			劳务费					10,683.60	
26			劳务费					53,605.56	
27			其他1					21,444.00	
28			扣年金					-160,000.00	
29			采暖补贴					786,850.00	
30			物业补贴					1,670.00	
31			养老保险1					-1,520.55	
32			基本工资					125,200.00	
33		合计						24,827,436.11	

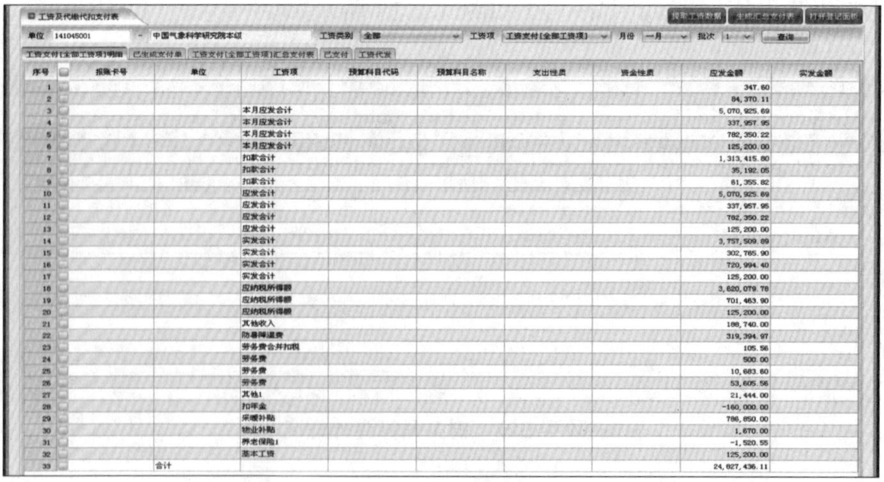

图 4–529　工资模块 – 1

2. 录入区分业务活动费用和单位管理费用。局本级和离退休人员工资均属于单位管理费用，其他直属单位等的人员工资属于业务活动费用

3. 工资录入完成后，进入记账模块，在单据类型选择"工资"，单击查询，出现工资的记账流水，单击生成凭证（图4-530）

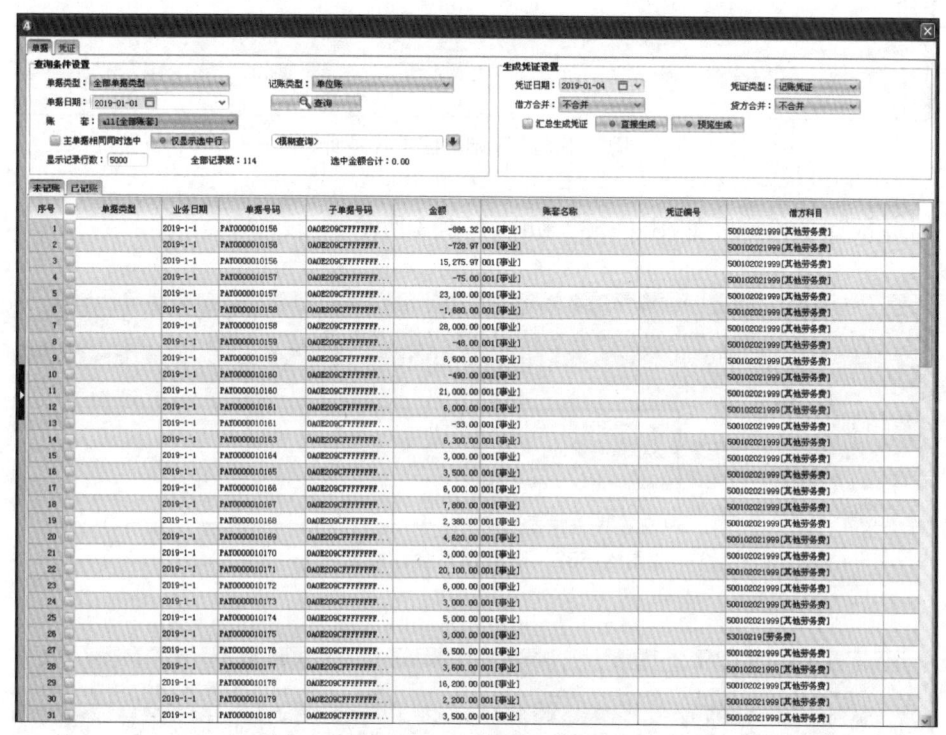

图4-530 工资模块-2

（二）按照国家有关规定缴纳职工社会保险费和住房公积金时，按照实际支付的金额（表4-51）

表4-51 应付职工薪酬主要账务处理-1

借方	贷方
应付职工薪酬——机关事业单位基本养老保险缴费、应付职工薪酬——职业年金缴费、应付职工薪酬——职工基本医疗保险缴费、应付职工薪酬——公务员医疗补助缴费、应付职工薪酬——其他社会保障缴费、应付职工薪酬——住房公积金	财政拨款预算收入、零余额账户用款额度、银行存款

基础数据录入如图4-531所示。

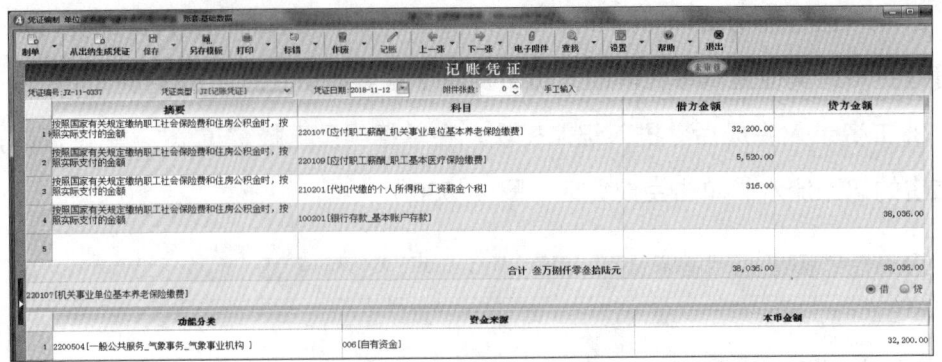

图 4-531　基础数据录入界面

财务预算平行记账如图 4-532 和图 4-533 所示。

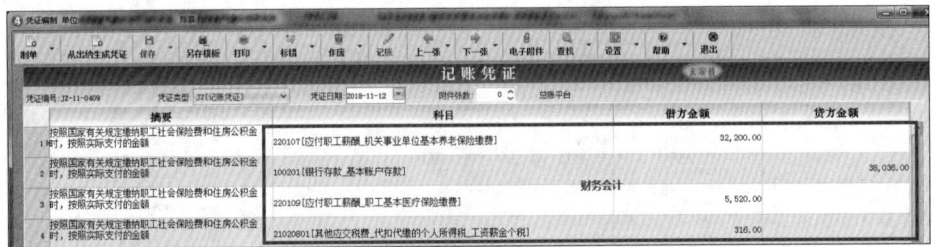

图 4-532　财务预算会计凭证 – 1

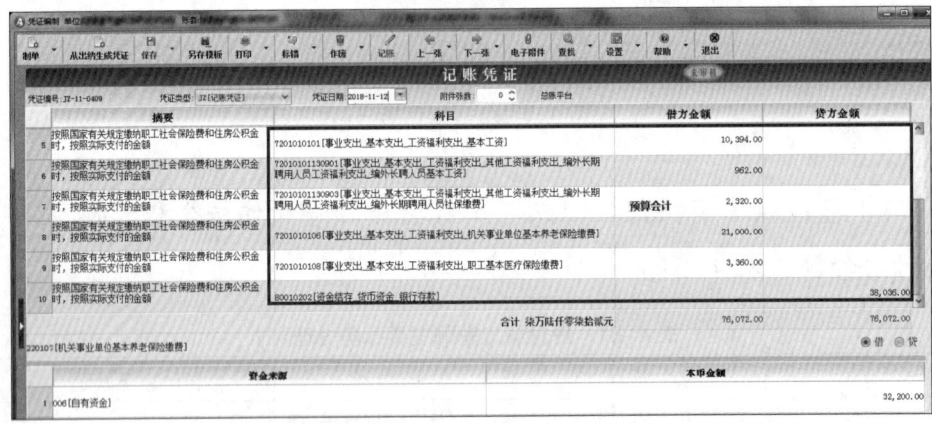

图 4-533　财务预算会计凭证 – 2

（三）从应付职工薪酬中支付的其他款项（表 4-52）

表 4-52　应付职工薪酬主要账务处理 - 2

借方	贷方
应付职工薪酬	零余额账户用款额度、银行存款

七、应付票据

应付票据是指事业单位因购买材料、物资等而开出、承兑的商业汇票，包括银行承兑汇票和商业承兑汇票。行政单位无此业务。

"应付票据"科目核算事业单位开出、承兑的商业汇票。借方反映开出、承兑的汇票；贷方反映到期的商业汇票；期末贷方余额反映开出、承兑的尚未到期的应付票据金额。

应付票据的主要账务处理如表 4-53 所示。

表 4-53　应付票据主要账务处理

业务类型		借方	贷方
	开出、承兑商业汇票时	库存物品、固定资产	应付票据
	以商业汇票抵付应付账款时	应付账款	应付票据
	支付银行承兑汇票的手续费	事业支出、经营支出	银行存款
商业汇票到期时	收到银行支付到期票据的付款通知时	应付票据	银行存款
	银行承兑汇票到期，单位无力支付票款的，按照应付票据账面余额	应付票据	短期借款——借入短期借款
	商业到期，单位无力支付票款的，按照应付票据账面余额	应付票据	应付账款

1. 开出、承兑商业汇票时

基础数据录入如图 4-534 所示。

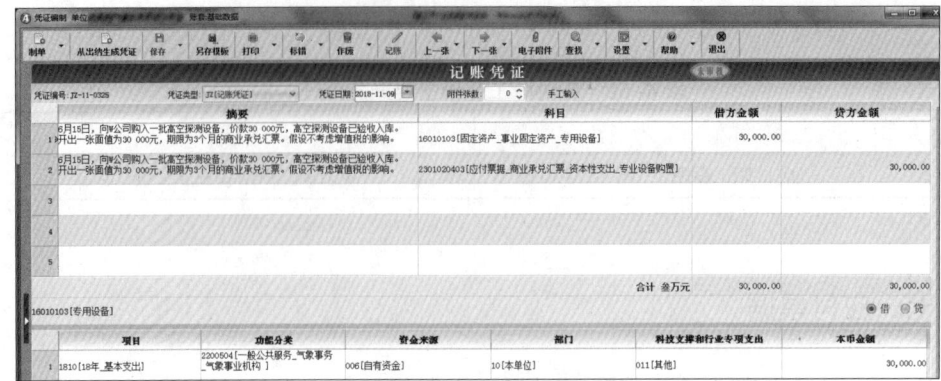

图 4-534　基础数据录入界面

财务预算平行记账如图 4-535 所示。

图 4-535　财务预算会计凭证

2. 以商业汇票抵付应付账款时

基础数据录入如图 4-536 所示。

图 4-536　基础数据录入界面

财务预算平行记账如图 4-537 所示。

图 4-537 财务预算会计凭证

3. 支付银行承兑汇票的手续费

基础数据录入如图 4-538 所示。

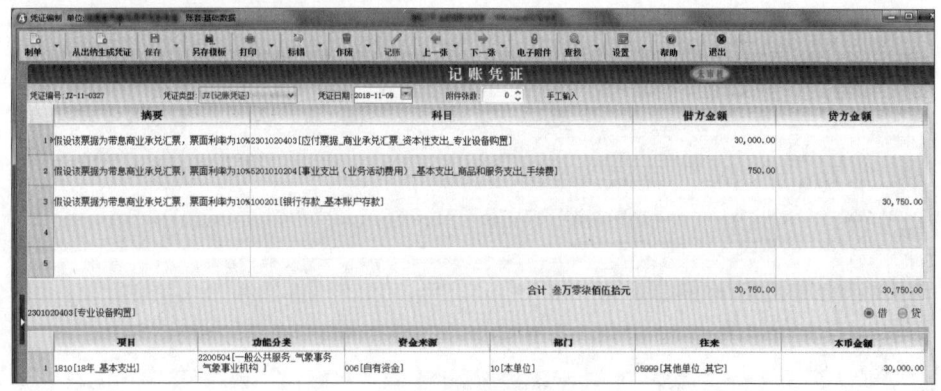

图 4-538 基础数据录入界面

财务预算平行记账如图 4-539 所示。

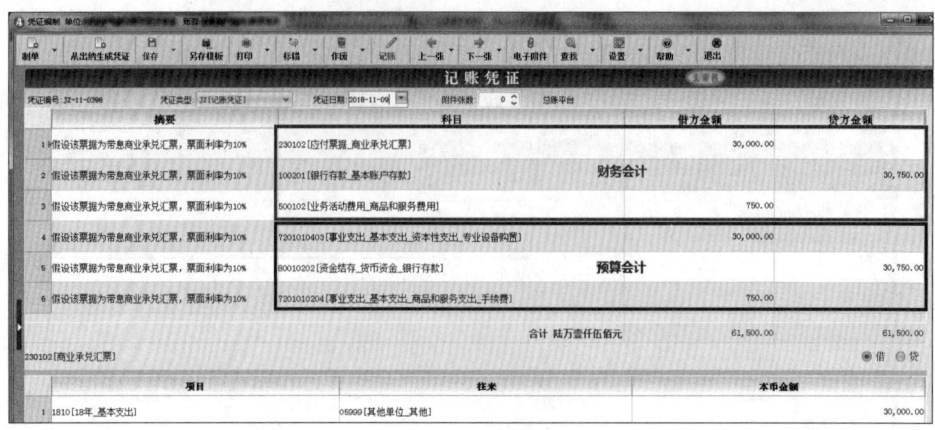

图 4-539　财务预算会计凭证平行记账分录

4. 商业汇票到期时

（1）收到银行支付到期票据的付款通知时

基础数据录入如图 4-540 所示。

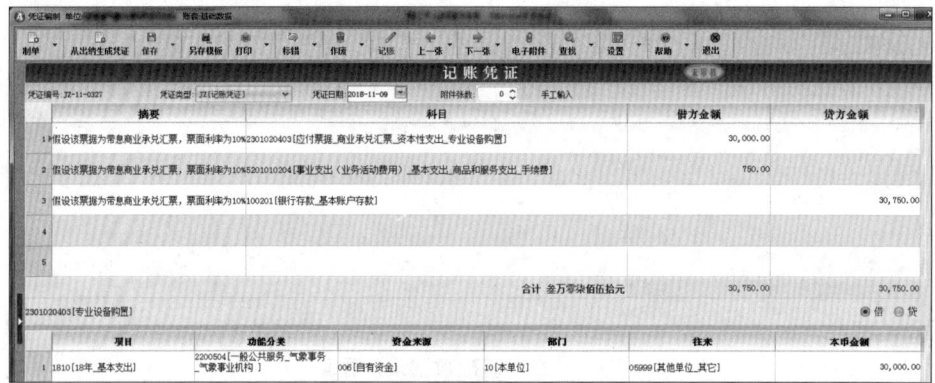

图 4-540　基础数据录入界面

财务预算平行记账如图 4-541 所示。

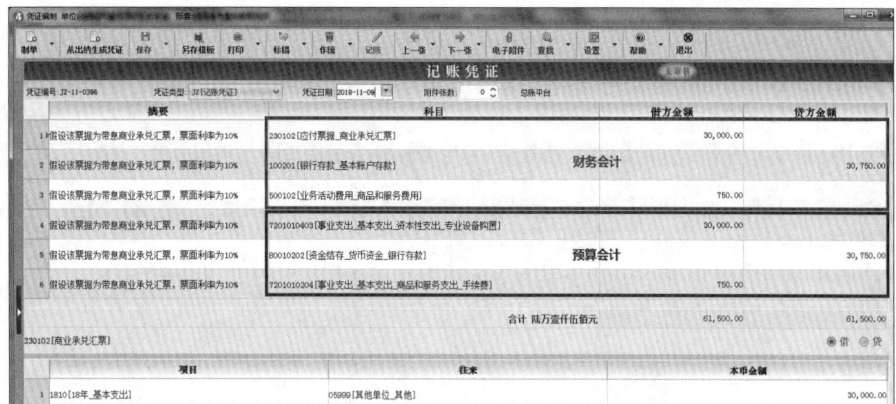

图 4-541 财务预算会计凭证平行记账分录

（2）银行承兑汇票到期，单位无力支付票款的，按照应付票据账面余额基础数据录入如图 4-542 所示。

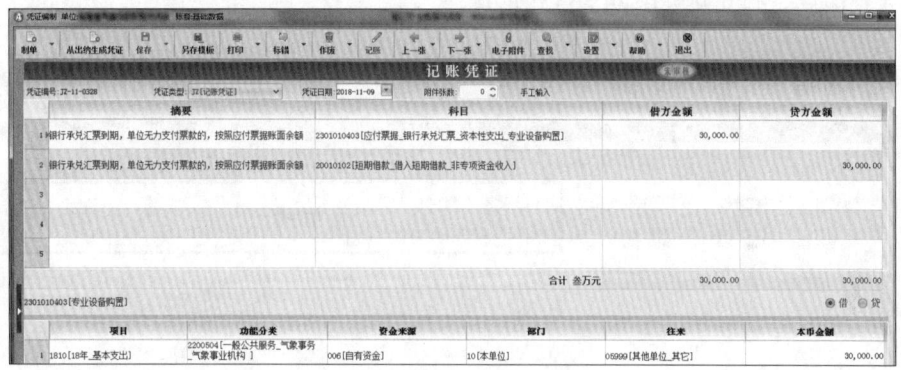

图 4-542 基础数据录入界面

财务预算平行记账如图 4-543 所示。

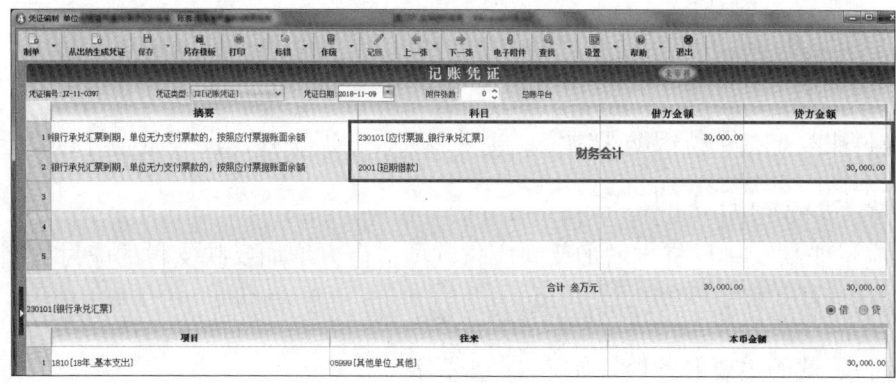

图 4-543 财务预算会计凭证

（3）商业承兑汇票到期，单位无力支付票款的，按照应付票据账面余额基础数据录入如图 4-544 所示。

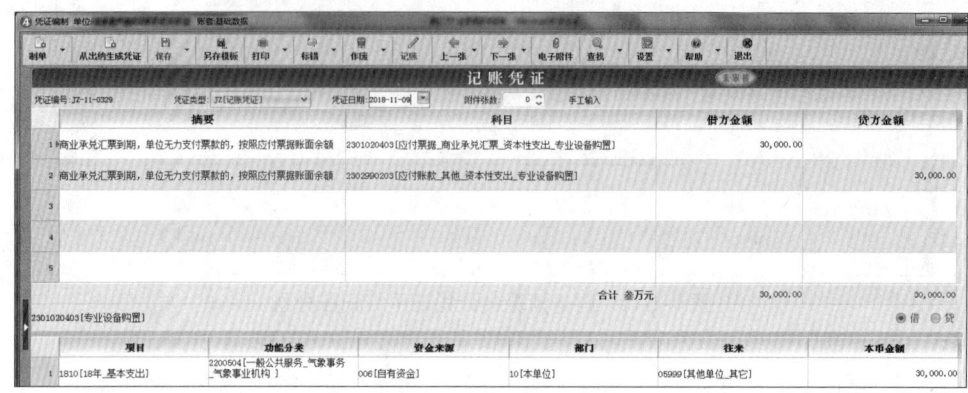

图 4-544　基础数据录入界面

财务预算平行记账如图 4-545 所示。

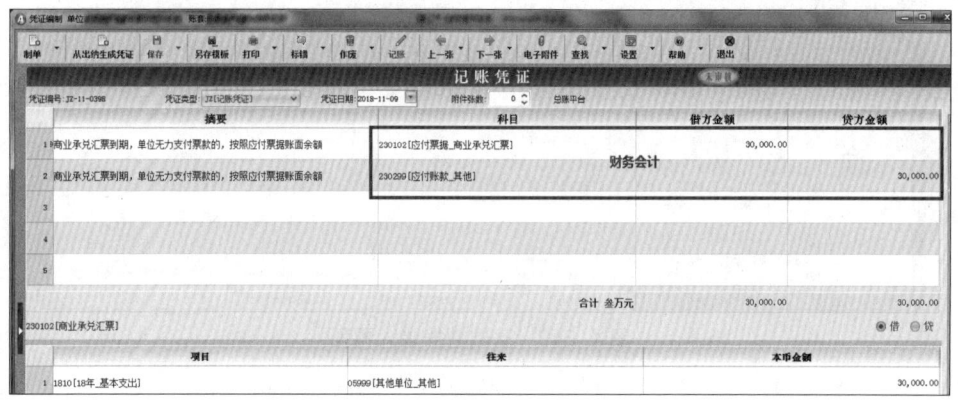

图 4-545　财务预算会计凭证

八、应付账款

应付账款是指单位因购买物资、接受服务、开展工程建设等而应付的偿还期限在 1 年以内（含 1 年）的款项。

"应付账款"科目贷方增加反映应付款项；借方增加反映支付的应付款；期末贷方余额反映单位尚未支付的应付账款金额。

应付账款的主要账务处理如表 4-54 所示。

表 4-54 应付账款主要账务处理

业务类型	借方	贷方
收到所购材料、物资、设备或服务，以及确认完成工程进度但尚未付款时	库存物品、在建工程、固定资产	应付账款
偿付应付账款时，按照实际支付的金额	应付账款	库存物品、在建工程、固定资产
开出、承兑商业汇票抵付应付账款时	应付账款	应付票据
无法偿付或债权人豁免偿还的应付账款，应当按照规定报经批准后进行账务处理。经批准核销时	应付账款	其他预算收入

1. 收到所购材料、物资、设备或服务，以及确认完成工程进度但尚未付款时，根据发票及账单等有关凭证，按照应付未付款项的金额

基础数据录入如图 4-546 所示。

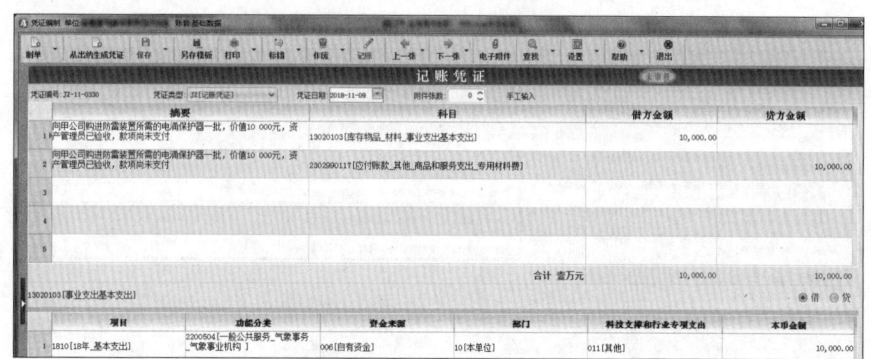

图 4-546 基础数据录入界面

财务预算平行记账如图 4-547 所示。

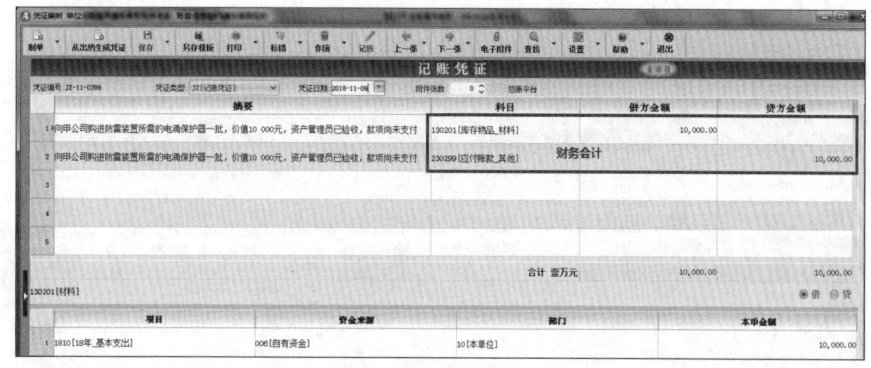

图 4-547 财务预算会计凭证

2. 偿付应付账款时，按照实际支付的金额

基础数据录入如图 4-548 所示。

图 4-548　基础数据录入界面

财务预算平行记账如图 4-549 所示。

图 4-549　财务预算会计凭证平行记账分录

3. 开出、承兑商业汇票抵付应付账款时

基础数据录入如图 4-550 所示。

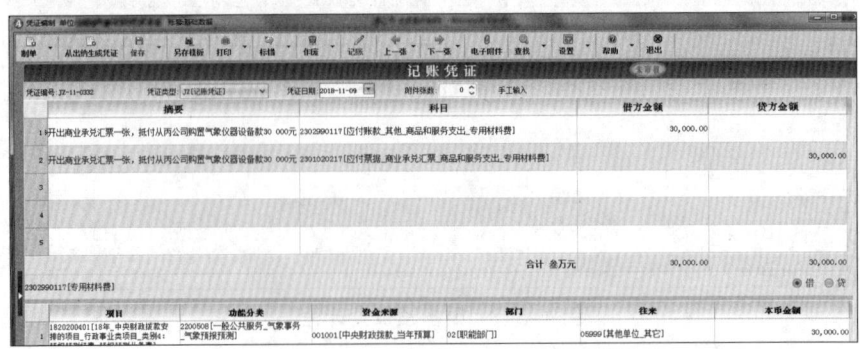

图 4-550　基础数据录入界面

财务预算平行记账如图 4-551 所示。

图 4-551 财务预算会计凭证

4. 无法偿付或债权人豁免偿还的应付账款，应当按照规定报经批准后进行账务处理。经批准核销时

基础数据录入如图 4-552 所示。

图 4-552 基础数据录入界面

财务预算平行记账如图 4-553 所示。

图 4-553　财务预算会计凭证

九、应付利息

应付利息是指事业单位按照合同约定应支付的借款利息，包括短期借款、分期付息到期还本的长期借款等应支付的利息。行政单位无此业务。

"应付利息"科目是核算事业单位应支付的借款利息。借方增加反映实际支付的借款利息；贷方增加反映按约定应支付的借款利息；期末贷方余额反映事业单位应付未付的利息金额。

应付利息的主要账务处理如表 4-55 所示。

表 4-55　应付利息的主要账务处理

业务类型		借方	贷方
为建造固定资产、公共基础设施等借入的专门借款的利息	属于建设期间发生的，按期计提利息费用时	在建工程	应付利息
	不属于建设期间发生的，按期计提利息费用时，按照计算确定的金额	其他支出——利息支出	应付利息
对于其他借款，按期计提利息费用时，按照计算确定的金额		其他支出	应付利息
实际支付应付利息时，按照支付的金额		应付利息	银行存款

1. 为建造固定资产、公共基础设施等借入的专门借款的利息

（1）属于建设期间发生的，按期计提利息费用时

基础数据录入如图 4-554 所示。

图 4-554　基础数据录入界面

财务预算平行记账如图 4-555 和图 4-556 所示。

图 4-555　财务预算会计凭证－1

图 4-556　财务预算会计凭证-2

（2）不属于建设期间发生的，按期计提利息费用时，按照计算确定的金额基础数据录入如图 4-557 所示。

图 4-557　基础数据录入界面

财务预算平行记账如图 4-558 所示。

图 4-558　财务预算会计凭证

2. 对于其他借款，按期计提利息费用时，按照计算确定的金额

基础数据录入如图 4-559 所示。

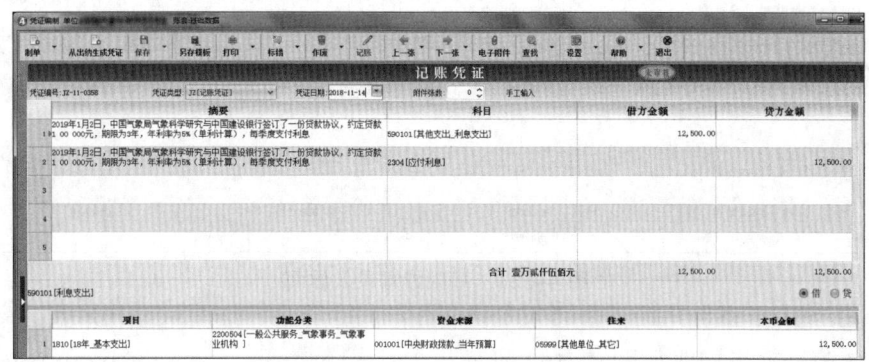

图 4-559　基础数据录入界面

财务预算平行记账如图 4-560 所示。

图 4-560　财务预算会计凭证

3. 实际支付应付利息时，按照支付的金额

基础数据录入如图 4-561 所示。

图 4-561　基础数据录入界面

财务预算平行记账如图 4-562 所示。

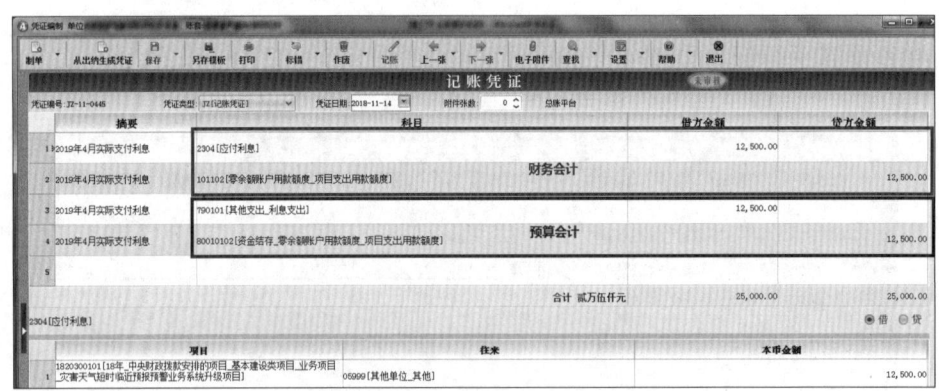

图 4-562　财务预算会计凭证平行记账分录

十、预收账款

预收账款是指事业单位预先收取但尚未结算的款项。行政单位无此业务。

"预收账款"科目核算事业单位预先收取但尚未结算的款项。贷方增加反映事业单位收到的预收款项；借方增加反映事业单位结算的款项；期末贷方余额反映事业单位预收但尚未结算的款项。

预收账款的主要账务处理如表 4-56 所示。

表 4-56 预收账款的主要账务处理

业务类型	借方	贷方
从付款方预收款项时，按照实际预收的金额	银行存款	预收账款
确认有关收入时，按照预收账款账面余额	预收账款 银行存款（退回）	事业预算收入、经营预算收入 银行存款（补付）
无法偿付或债权人豁免偿还的预收账款，应当按照规定报经批准后进行账务处理。经批准核销时	预收账款	其他预算收入

1. 从付款方预收款项时，按照实际预收的金额

基础数据录入如图 4-563 所示。

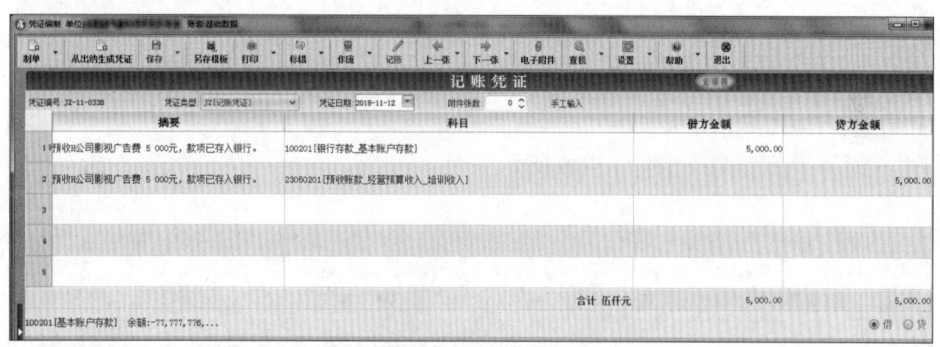

图 4-563 基础数据录入界面

财务预算平行记账如图 4-564 所示。

图 4-564 财务预算会计凭证平行记账分录

2. 确认有关收入时，按照预收账款账面余额

基础数据录入如图 4-565 所示。

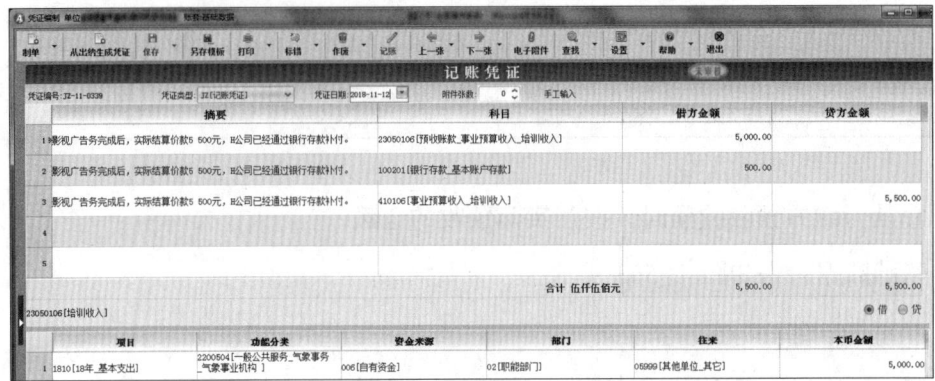

图 4-565 基础数据录入界面

财务预算平行记账如图 4-566 所示。

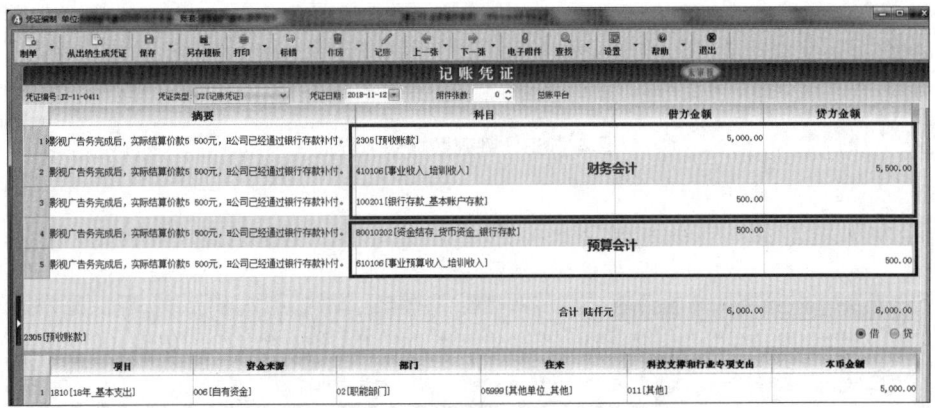

图 4-566 财务预算会计凭证平行记账分录

3. 无法偿付或债权人豁免偿还的预收账款，应当按照规定报经批准后进行账务处理。经批准核销时

基础数据录入如图 4-567 所示。

图 4-567 基础数据录入界面

财务预算平行记账如图 4-568 所示。

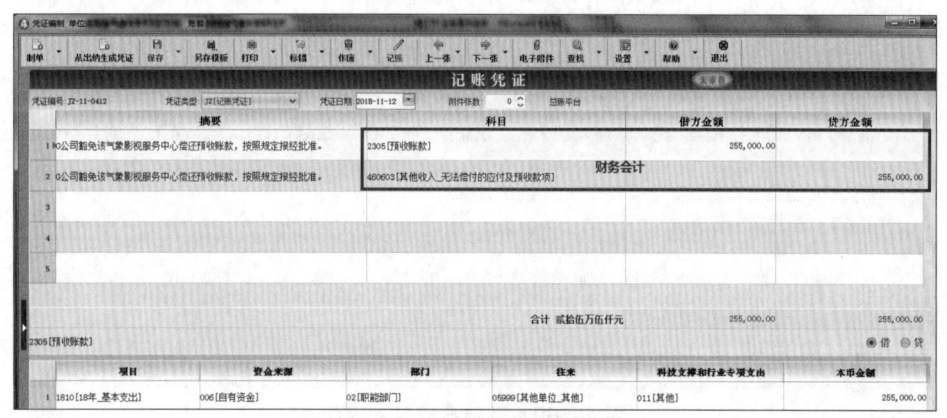

图 4-568 财务预算会计凭证

十一、其他应付款

其他应付款是指除应缴增值税、其他应缴税费、应缴财政款、应付职工薪酬、应付票据、应付账款、应付政府补贴款、应付利息、预收账款以外，其他各项偿还期限在 1 年内（含 1 年）的应付及暂收款项，如收取的押金、存入保证金、已经报销但尚未偿还银行的本单位公务卡欠款、同级政府财政部门预拨的下期预算款和没有纳入预算的暂付款项，以及采用实拨资金方式通过本单位转拨给下属单位的财政拨款等。

"其他应付款"科目的贷方增加反映发生的应付及暂收款项；借方增加反映偿

还或转销的应付及暂收款项；期末贷方余额反映单位尚未支付的其他应付款金额。

其他应付款的主要账务处理如下。

（一）发生其他应付及暂收款项时（表4-57）

表4-57 其他应付款主要账务处理-1

业务类型	借方	贷方
取得暂收款项时	银行存款	其他应付款
支付或退回其他应付及暂收款项时	其他应付款	银行存款
将暂收款项转为收入时	其他应付款	事业预算收入

1. 取得暂收款项时

基础数据录入如图4-569所示。

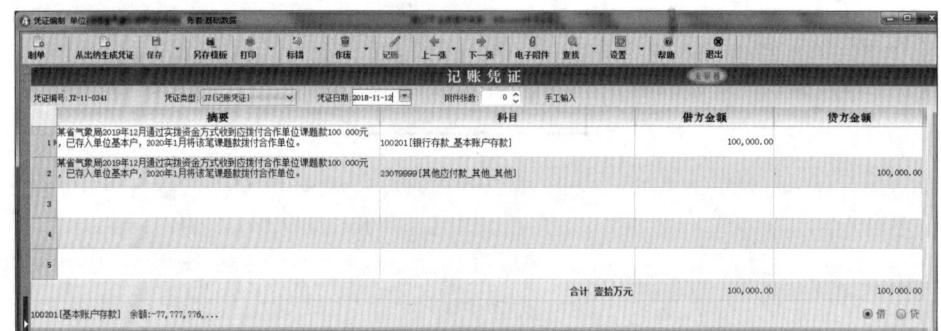

图4-569 基础数据录入界面

财务预算平行记账如图4-570所示。

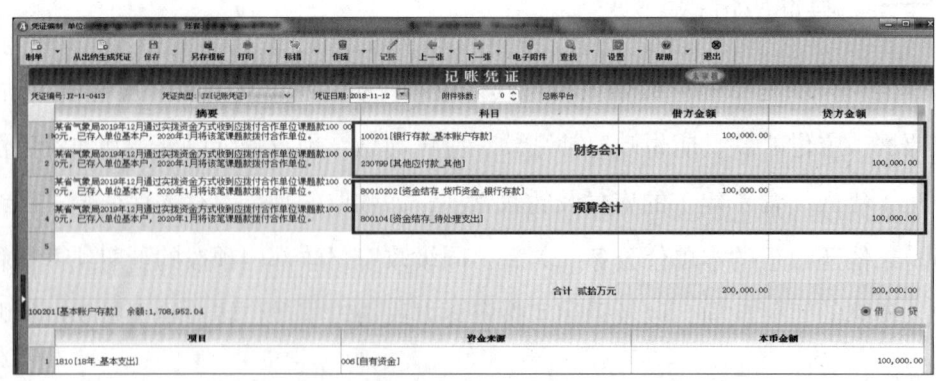

图4-570 财务预算会计凭证平行记账分录

2. 支付或退回其他应付及暂收款项时

基础数据录入如图 4-571 所示。

图 4-571　基础数据录入界面

财务预算平行记账如图 4-572 所示。

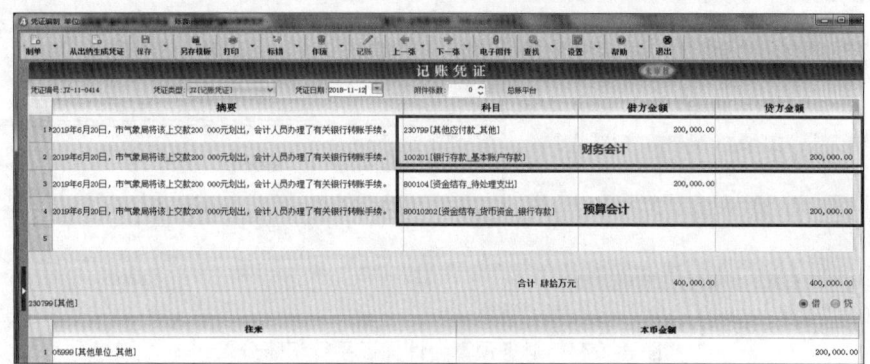

图 4-572　财务预算会计凭证平行记账分录

3. 将暂收款项转为收入时

基础数据录入如图 4-573 所示。

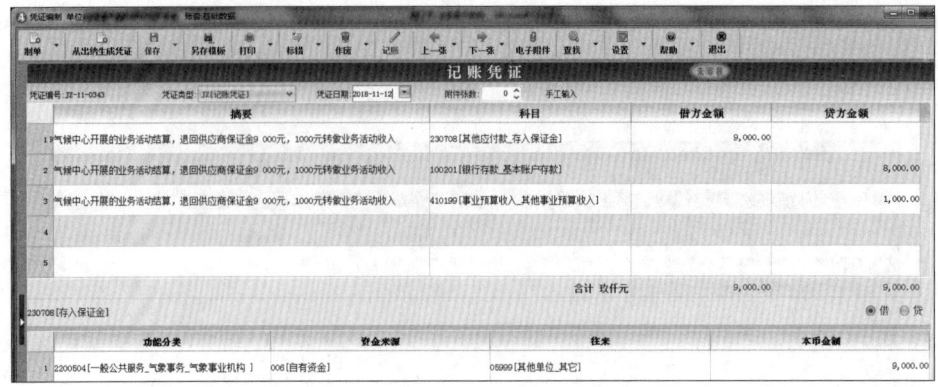

图 4-573 基础数据录入界面

财务预算平行记账如图 4-574 所示。

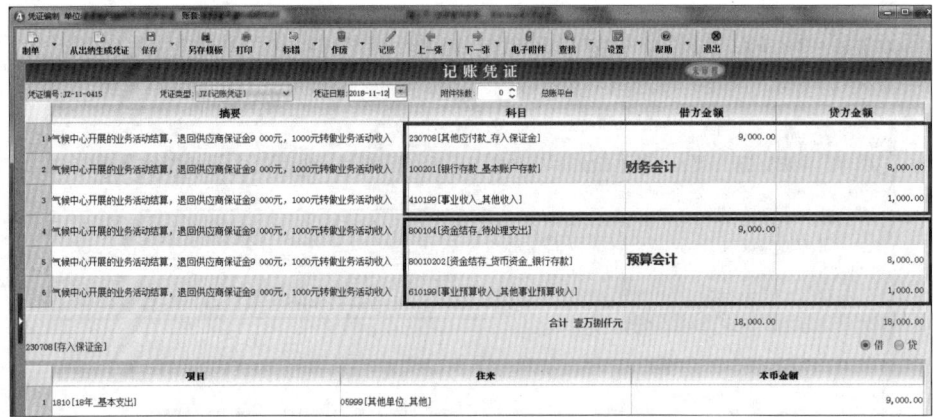

图 4-574 财务预算会计凭证平行记账分录

(二)本单位公务卡持卡人报销时(表 4-58)

表 4-58 其他应付款主要账务处理 - 2

业务类型	借方	贷方
按照审核报销的金额	行政支出、事业支出等	其他应付款
偿还公务卡欠款时	其他应付款	零余额账户用款额度

1. 按照审核报销的金额

基础数据录入如图 4-575 所示。

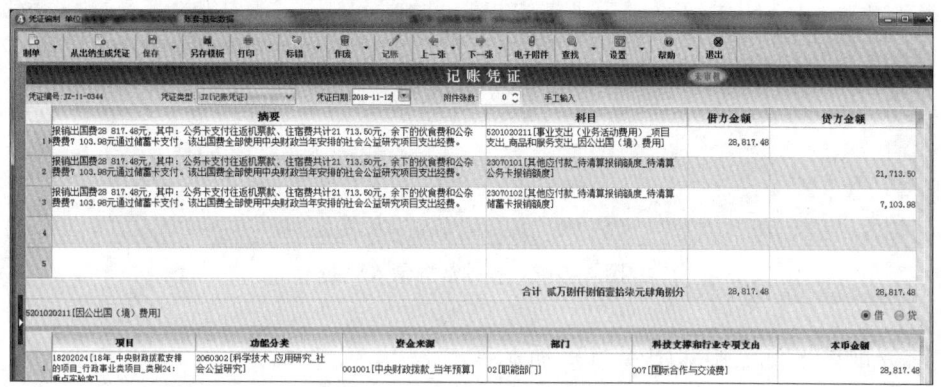

图 4-575 基础数据录入界面

财务预算平行记账如图 4-576 所示。

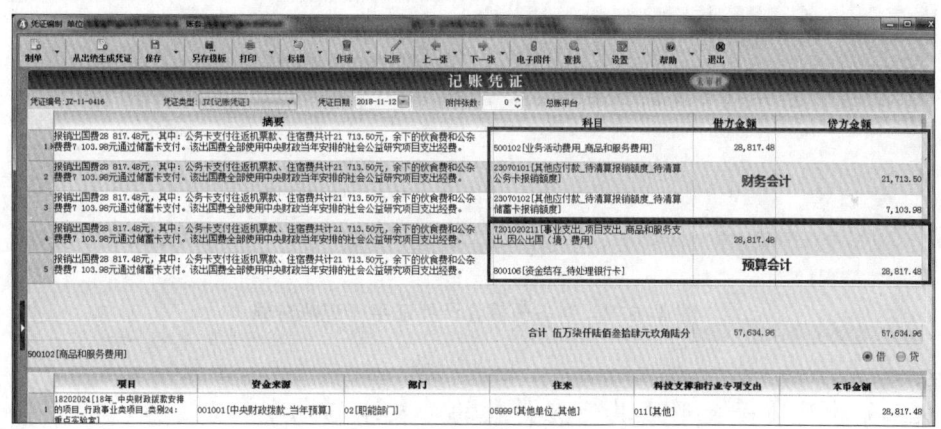

图 4-576 财务预算会计凭证平行记账分录

2. 偿还公务卡欠款时

基础数据录入如图 4-577 所示。

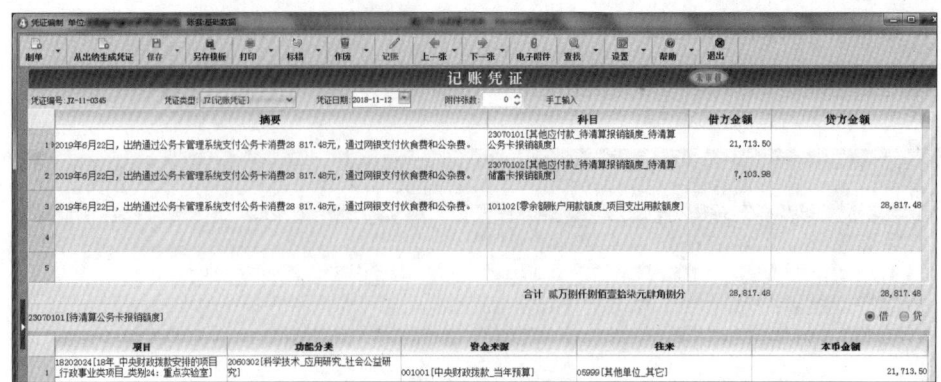

图 4-577 基础数据录入界面

财务预算平行记账如图 4-578 所示。

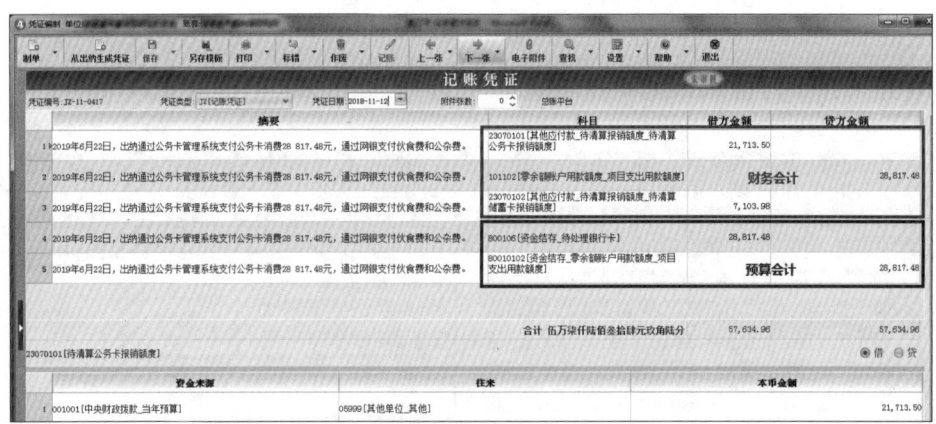

图 4-578 财务预算会计凭证平行记账分录

(三)涉及质保金形成其他应付款的(表 4-59)

表 4-59 其他应付款主要账务处理-3

业务类型	借方	贷方
形成质保金	在建工程、固定资产	其他应付款
支付质保金	其他应付款	银行存款

1. 形成质保金

基础数据录入如图 4-579 所示。

图 4-579 基础数据录入界面

财务预算平行记账如图 4-580 所示。

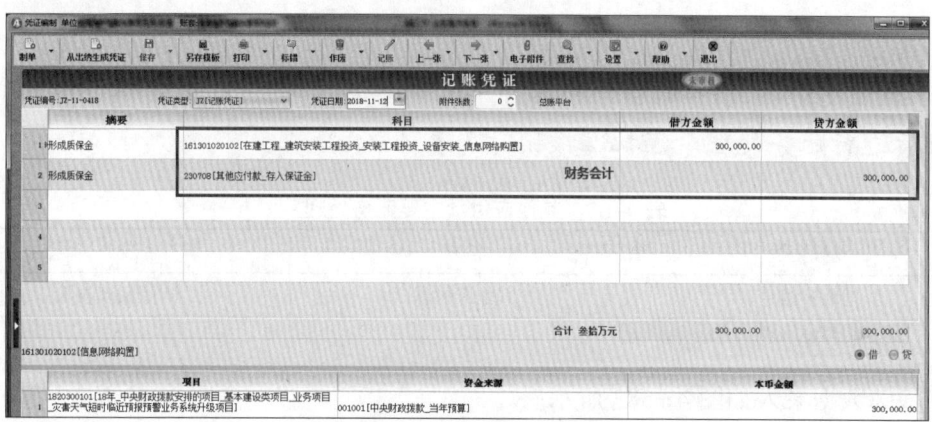

图 4-580 财务预算会计凭证

2. 支付质保金

基础数据录入如图 4-581 所示。

图 4-581 基础数据录入界面

财务预算平行记账如图 4-582 所示。

图 4-582　财务预算会计凭证平行记账分录

（四）无法偿付或债权人豁免偿还的其他应付款项，应当按照规定报经批准后进行账务处理。经批准核销时（表 4-60）

表 4-60　其他应付款主要账务处理 - 4

业务类型	借方	贷方
批准核销时	其他应付款	其他预算收入

基础数据录入如图 4-583 所示。

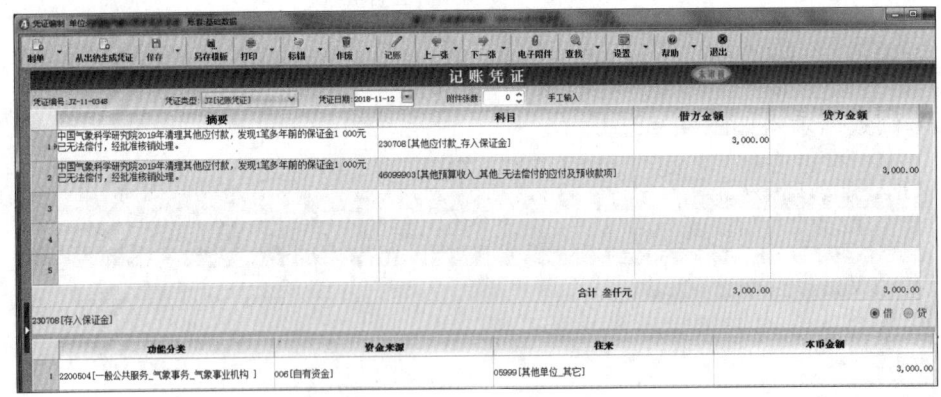

图 4-583　基础数据录入界面

财务预算平行记账如图 4-584 所示。

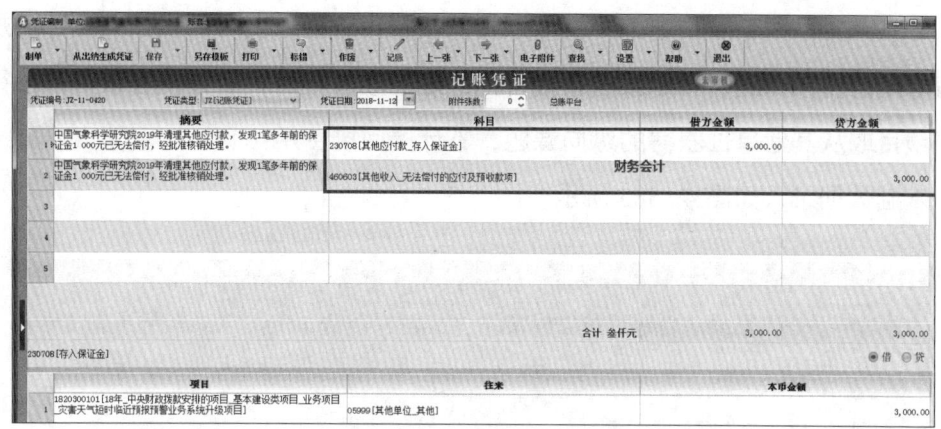

图 4-584 财务预算会计凭证

十二、预提费用

预提费用是指预先提取的已经发生但尚未支付的费用，如预提租金费用、事业单位按规定从科研项目收入中提取的项目间接费用或管理费等。

为了核算和监督预提费用的提取及支付情况，单位应设置"预提费用"科目，"预提费用"科目属于负债类科目。贷方登记单位预先提取的费用；借方登记实际支付的费用；期末贷方余额反映单位已预提但尚未支付的各项费用。

预提费用的主要账务处理如下。

（一）项目间接费用或管理费（表 4-61）

表 4-61 预提费用主要账务处理 – 1

业务类型	借方	贷方
按规定从科研项目收入中提取项目间接费用或管理费时，根据气象部门规定只有取得的横向课题，可以按规定或合同约定提取管理费；直接从各级财政获得的科研项目或从其他单位获得的纵向课题，不计提间接费用	单位管理费用——其他支出——项目间接费用或管理费	预提费用——项目间接费用或管理费
实际使用计提的项目间接费用或管理费时，按照实际支付的金额	事业支出	银行存款、库存现金

注意：在计提和使用管理费时，项目需选择 18404097 管理费。

1. 按规定从科研项目收入中提取项目间接费用或管理费时，根据气象部门规定只有取得的横向课题，可以按规定或合同约定提取管理费；直接从各级财政获得的科研项目或从其他单位获得的纵向课题，不计提间接费用

基础数据录入如图 4-585 所示。

图 4-585 基础数据录入界面

财务预算平行记账如图 4-586 所示。

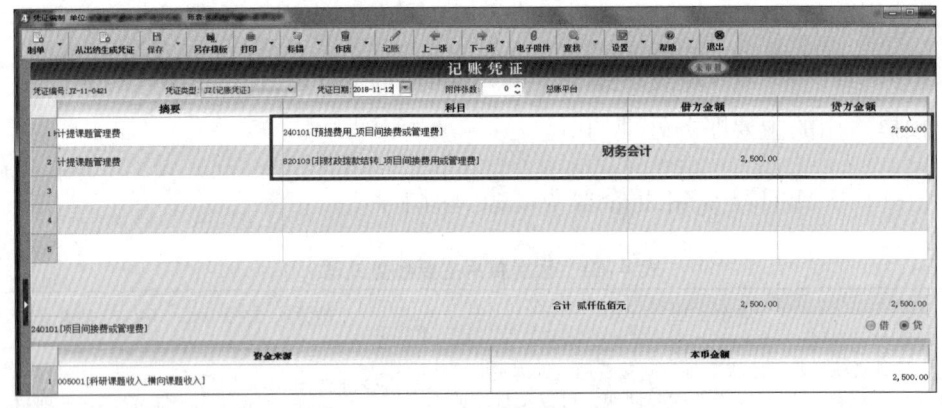

图 4-586 财务预算会计凭证

2. 实际使用计提的项目间接费用或管理费时，按照实际支付的金额

基础数据录入如图 4-587 所示。

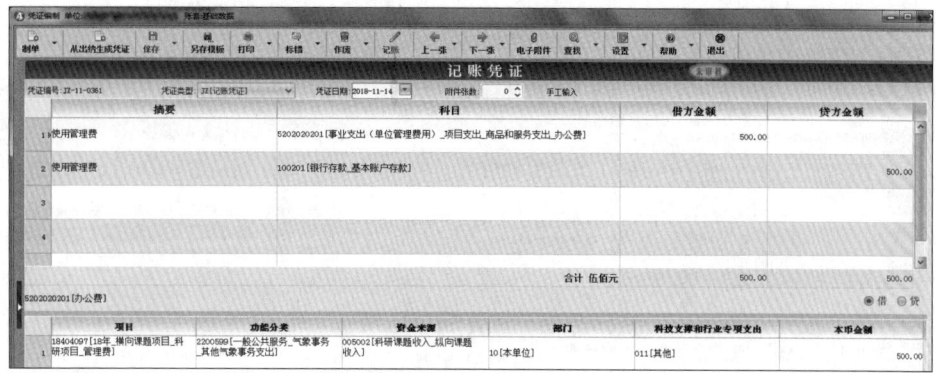

图 4-587 基础数据录入界面

财务预算平行记账如图 4-588 所示。

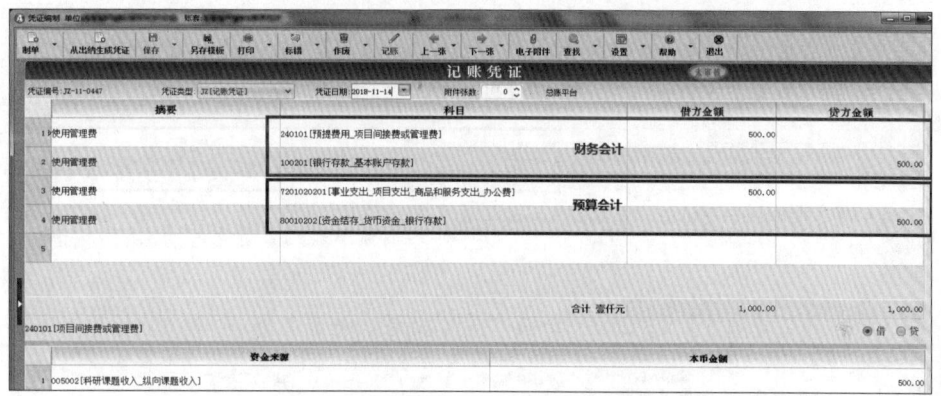

图 4-588 财务预算会计凭证平行记账分录

（二）其他预提费用（表 4-62）

表 4-62 预提费用主要账务处理 - 2

业务类型	借方	贷方
按照预提的金额	事业支出、经营支出等	预提费用
实际支付款项时，按照支付金额	预提费用	零余额账户用款额度 银行存款

1. 按照预提的金额

基础数据录入如图 4-589 所示。

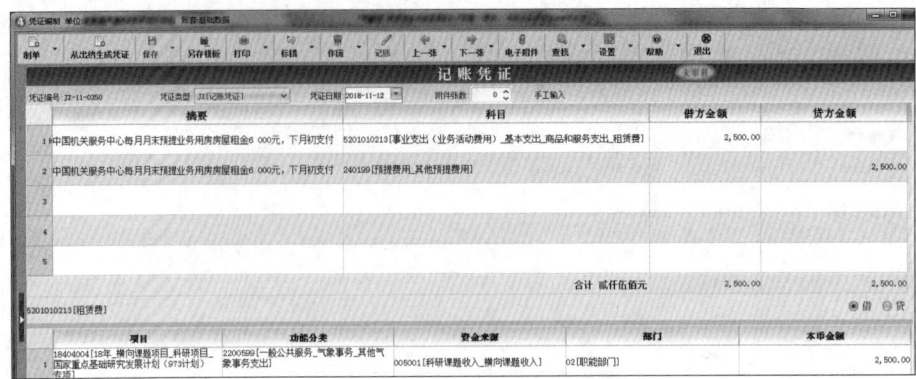

图 4-589　基础数据录入界面

财务预算平行记账如图 4-590 所示。

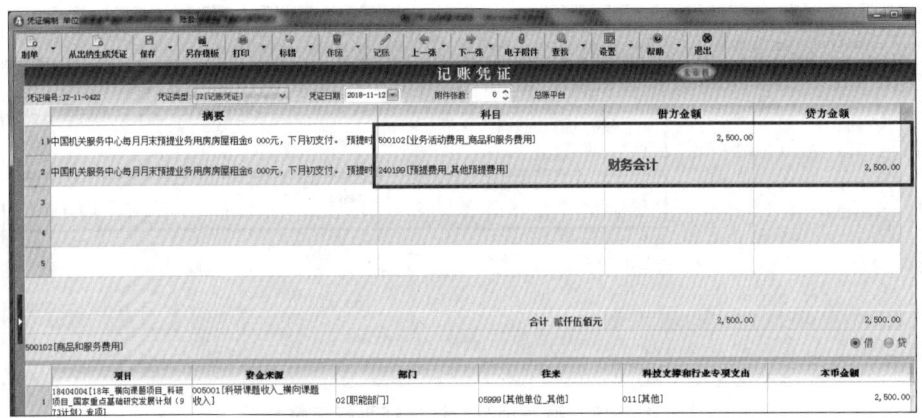

图 4-590　财务预算会计凭证

2. 实际支付款项时，按照支付金额

基础数据录入如图 4-591 所示。

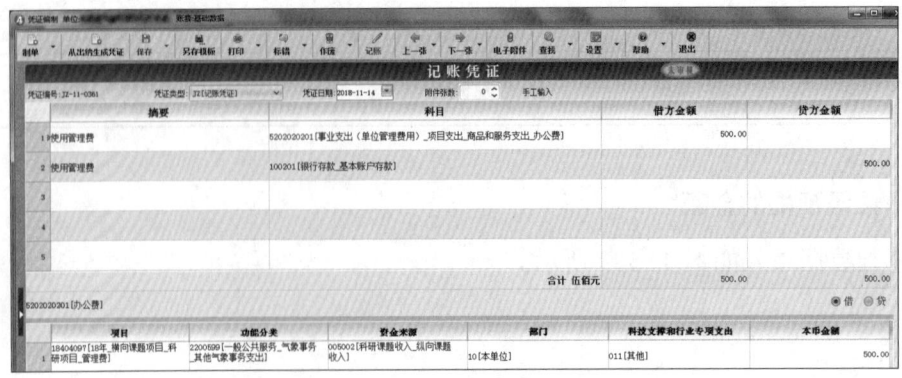

图 4-591　基础数据录入界面

财务预算平行记账如图 4-592 所示。

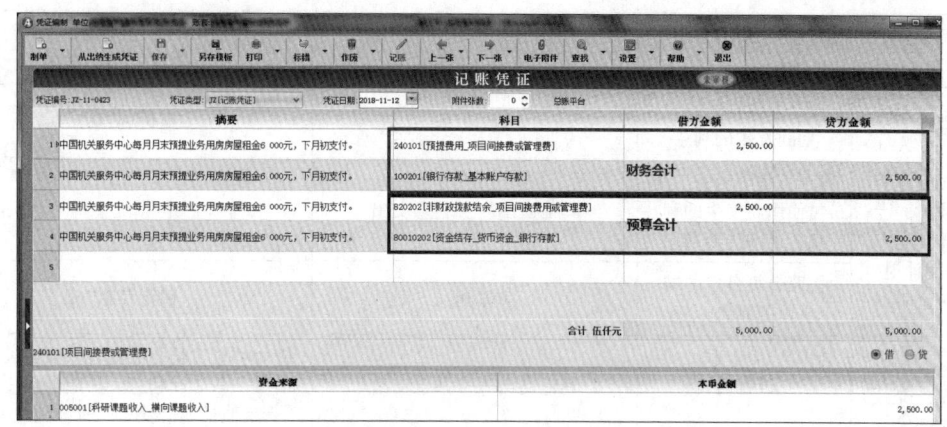

图 4-592　财务预算会计凭证平行记账分录

十三、长期借款

长期借款是指事业单位经批准向银行或其他金融机构等借入的期限超过 1 年（不含 1 年）的各种借款本息。行政单位无此业务。

为了核算和监督长期借款的借入及归还情况，单位应设置"长期借款"科目，"长期借款"科目属于负债类科目。贷方登记事业单位长期借款本息的增加额；借方登记事业单位长期借款本息的减少额；期末贷方余额反映事业单位尚未偿还的长期借款本息金额。

长期借款的主要账务处理如表 4-63 所示。

表 4-63 长期借款主要账务处理

业务类型		借方	贷方
借入各项长期借款时，按照实际借入的金额		银行存款	长期借款——项目长期借款（其他长期借款）——本金
为建造固定资产、公共基础设施等应支付的专门借款利息，按期计提利息时	属于工程项目建设期间发生的利息	在建工程	应付利息
	属于工程项目完工交付使用后发生的利息，计入当期费用	其他支出——利息支出	应付利息
	按照计算确定的应支付的利息金额	应付利息	银行存款
按期计提其他长期借款的利息时	计提时	其他支出——利息支出	应付利息、长期借款——项目长期借款——应计利息、长期借款——其他长期借款——应计利息
	按照计算确定的应支付的利息金额	应付利息	银行存款
到期归还长期借款本金、利息时		长期借款——项目长期借（其他长期借款）——本金 长期借款——项目长期借（其他长期借款）——应计利息	银行存款

1. 借入各项长期借款时，按照实际借入的金额

基础数据录入如图 4-593 所示。

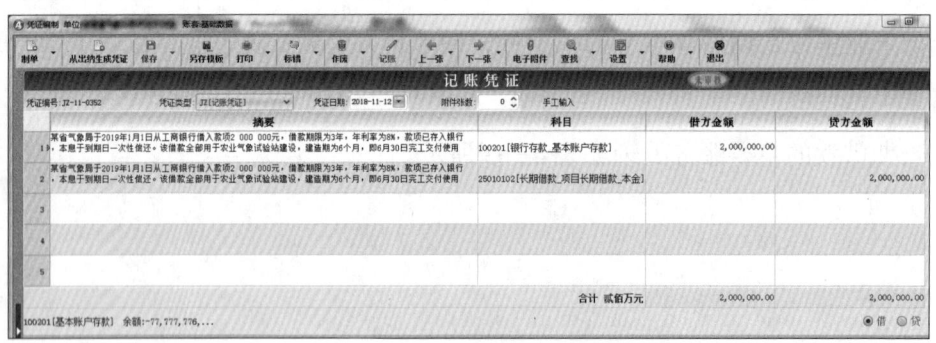

图 4-593 基础数据录入界面

财务预算平行记账如图 4-594 所示。

第四章 基础核算业务

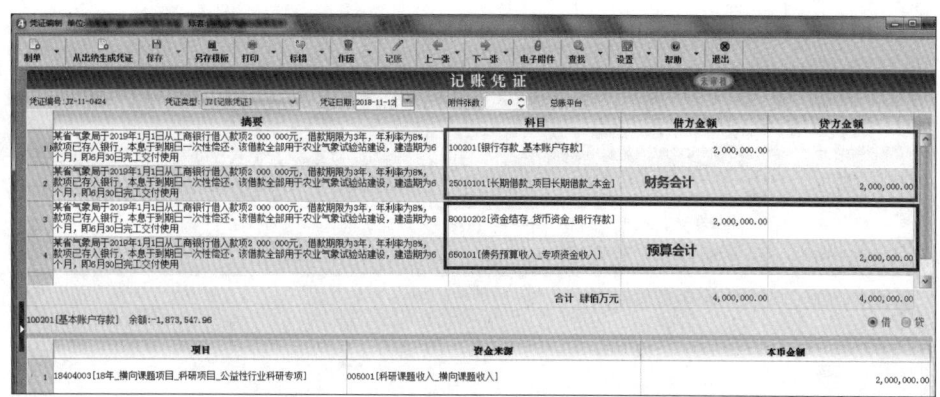

图 4-594 财务预算会计凭证平行记账分录

2. 为建造固定资产、公共基础设施等应支付的专门借款利息，按期计提利息时

（1）属于工程项目建设期间发生的利息，计入工程成本，按照计算确定的应支付的利息金额

基础数据录入如图 4-595 所示。

图 4-595 基础数据录入界面

财务预算平行记账如图 4-596 和图 4-597 所示。

图 4-596　财务预算会计凭证-1

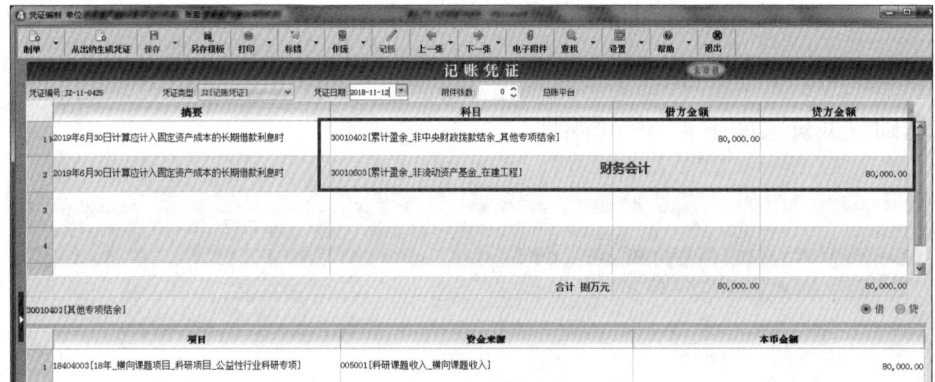

图 4-597　财务预算会计凭证-2

（2）属于工程项目完工交付使用后发生的利息，计入当期费用

基础数据录入如图 4-598 所示。

图 4-598　基础数据录入界面

财务预算平行记账如图 4-599 所示。

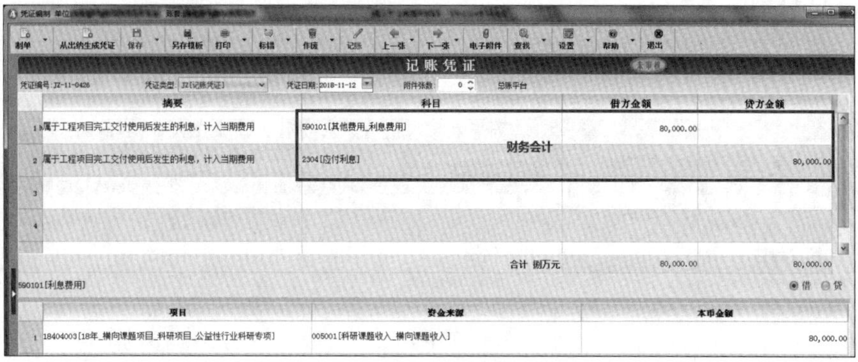

图 4-599 财务预算会计凭证

（3）按照计算确定的应支付的利息金额

基础数据录入如图 4-600 所示。

图 4-600 财务预算会计凭证

财务预算平行记账如图 4-601 所示。

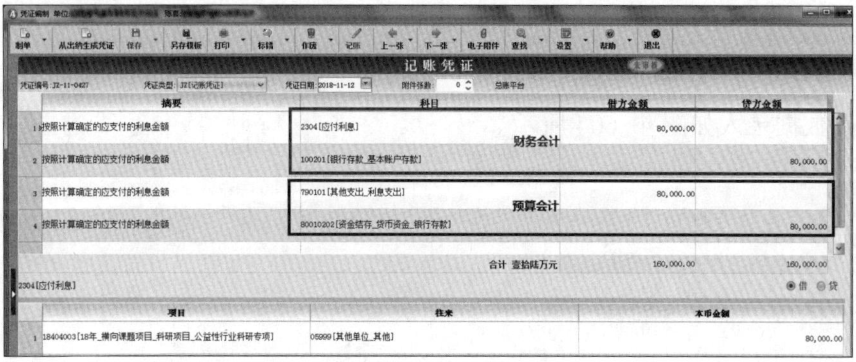

图 4-601 财务预算会计凭证平行记账分录

3. 按期计提其他长期借款的利息时

（1）计提时

基础数据录入如图 4-602 所示。

图 4-602　基础数据录入界面

财务预算平行记账如图 4-603 所示。

图 4-603　财务预算会计凭证

（2）按照计算确定的应支付的利息金额

基础数据录入如图 4-604 所示。

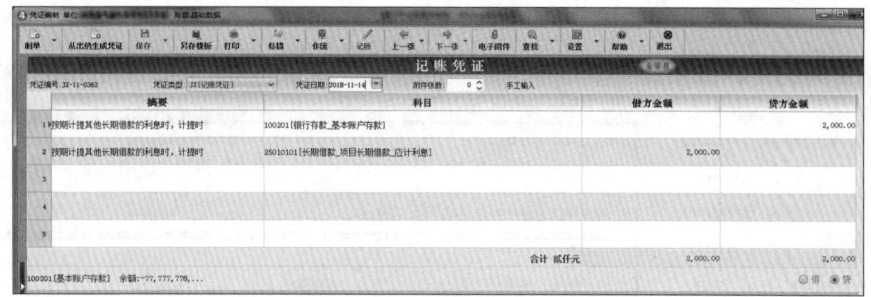

图 4-604　基础数据录入界面

财务预算平行记账如图 4-605 所示。

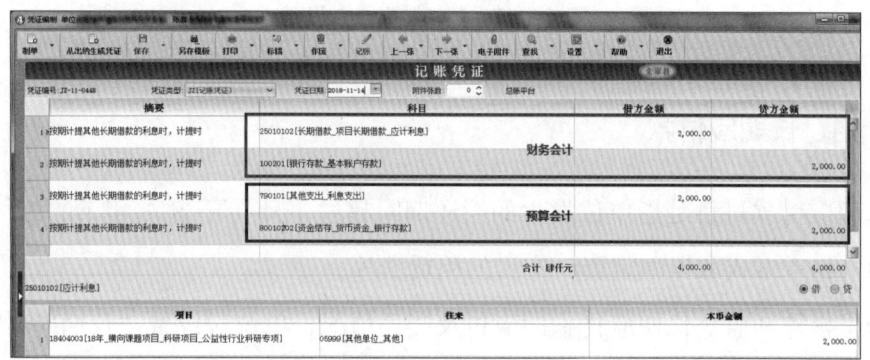

图 4-605　财务预算会计凭证平行记账分录

4. 到期归还长期借款本金、利息时

基础数据录入如图 4-606 所示。

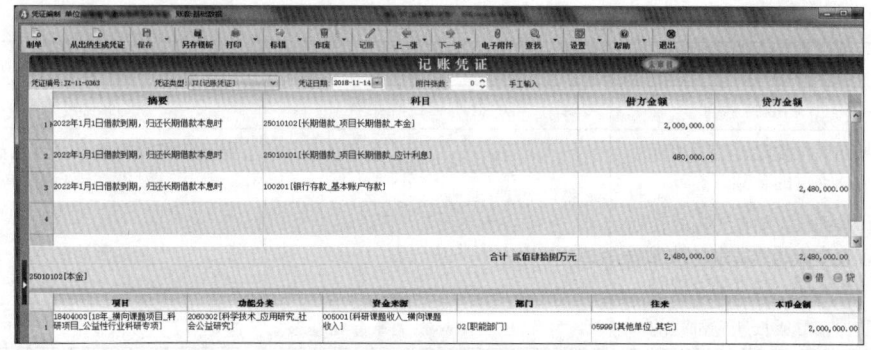

图 4-606　基础数据录入界面

财务预算平行记账如图 4-607 所示。

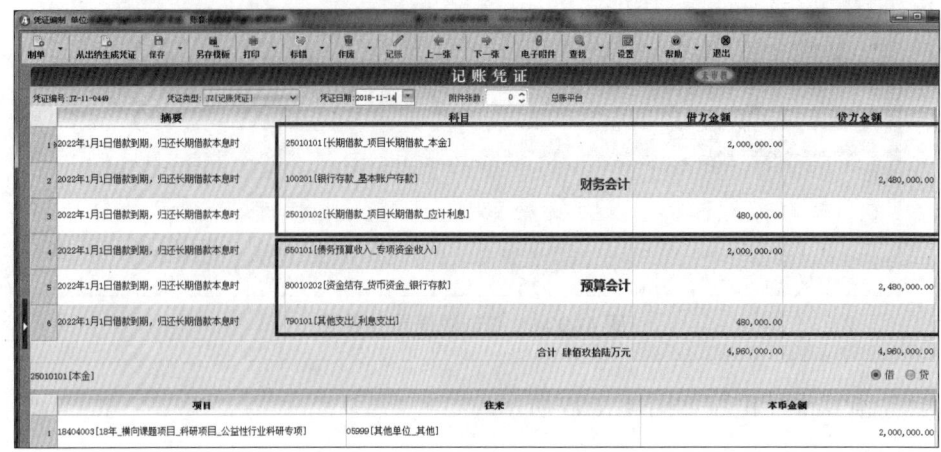

图 4-607 基础数据录入界面

十四、长期应付款

长期应付款科目是指单位发生的偿还期限超过 1 年（不含 1 年）的应付款项，如以融资租赁方式取得固定资产应付的租赁费等。

为了核算和监督长期应付款的应付及偿还情况，单位应设置"长期应付款"科目，"长期应付款"科目属于负债类科目。贷方登记单位应付的长期应付款金额；借方登记单位偿还的长期应付款金额；期末贷方余额反映事业单位尚未偿还的长期应付款金额。

长期应付款的主要账务处理如表 4-64 所示。

表 4-64 长期应付款主要账务处理

业务类型	借方	贷方
发生长期应付款时	固定资产、在建工程	长期应付款
支付长期应付款时，按照实际支付的金额	长期应付款	财政拨款预算收入、零余额账户用款额度、银行存款等
无法偿付或债权人豁免偿还的长期应付款，应当按照规定报经批准后进行账务处理。经批准核销时	长期应付款	其他预算收入
涉及质保金形成长期应付款的	相关账务处理参见"固定资产"科目	

1. 发生长期应付款时

基础数据录入如图 4-608 所示。

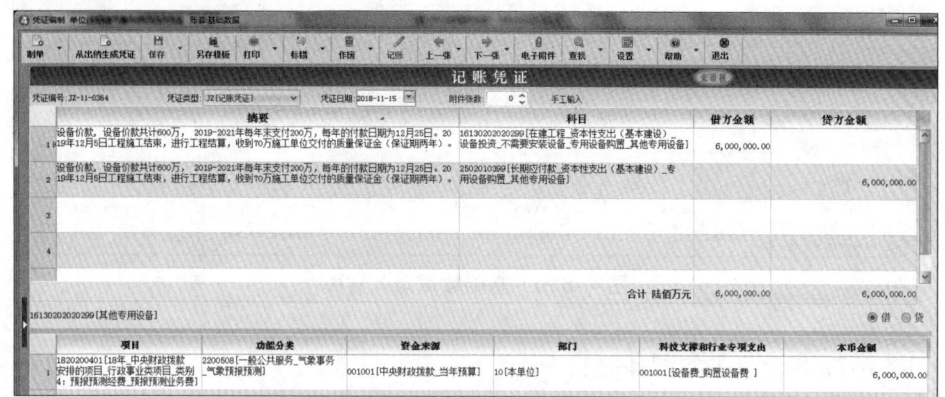

图 4-608　基础数据录入界面

财务预算平行记账如图 4-609 所示。

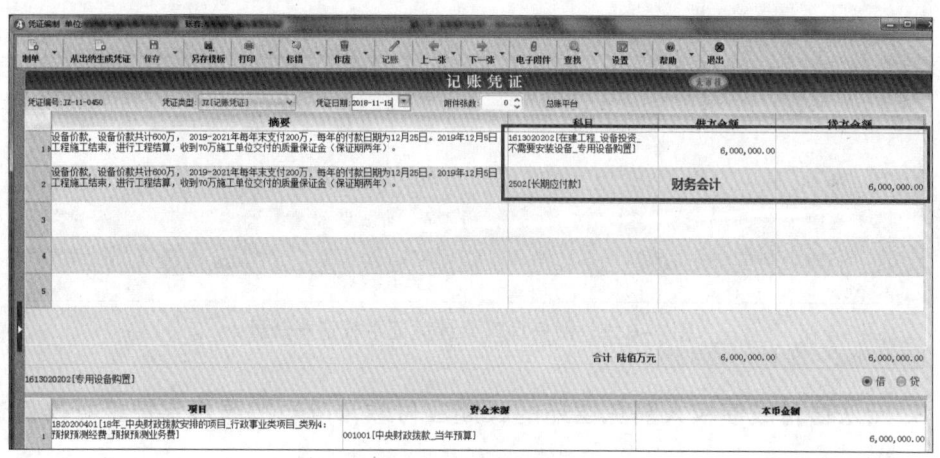

图 4-609　财务预算会计凭证

2. 支付长期应付款时，按照实际支付的金额

基础数据录入如图 4-610 所示。

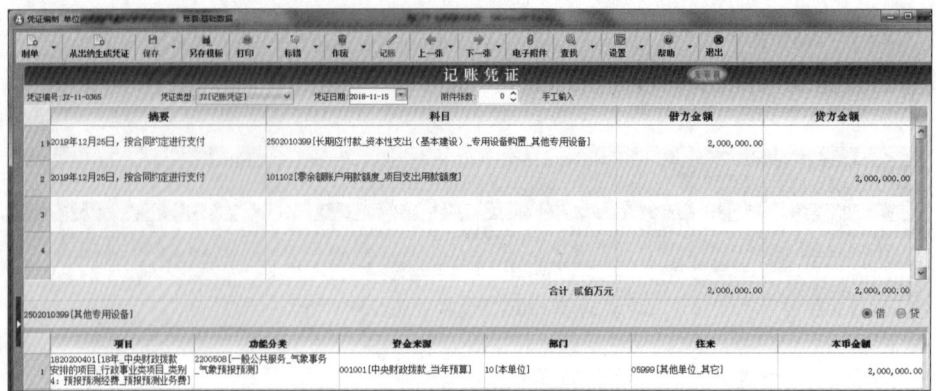

图 4-610 基础数据录入界面

财务预算平行记账如图 4-611 所示。

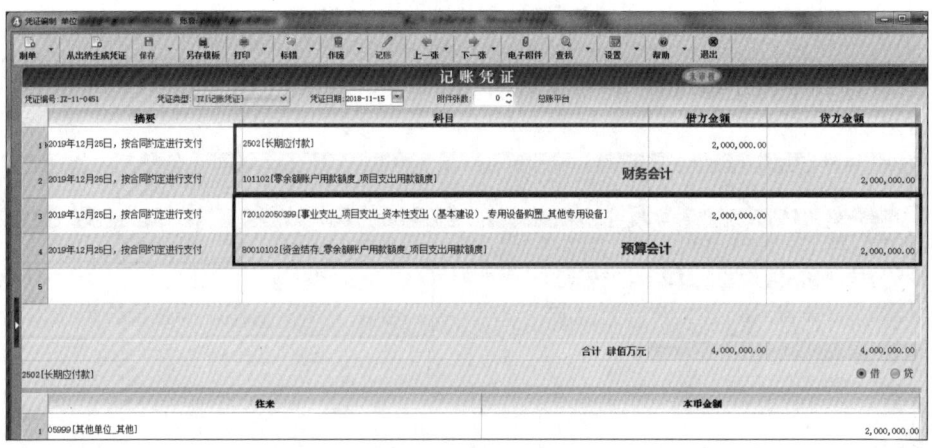

图 4-611 财务预算会计凭证平行记账分录

3. 无法偿付或债权人豁免偿还的长期应付款，应当按照规定报经批准后进行账务处理。经批准核销时

基础数据录入如图 4-612 所示。

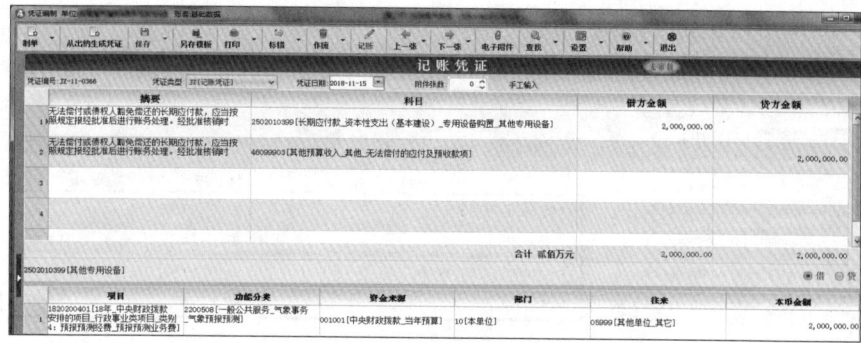

图 4-612　基础数据录入界面

财务预算平行记账如图 4-613 所示。

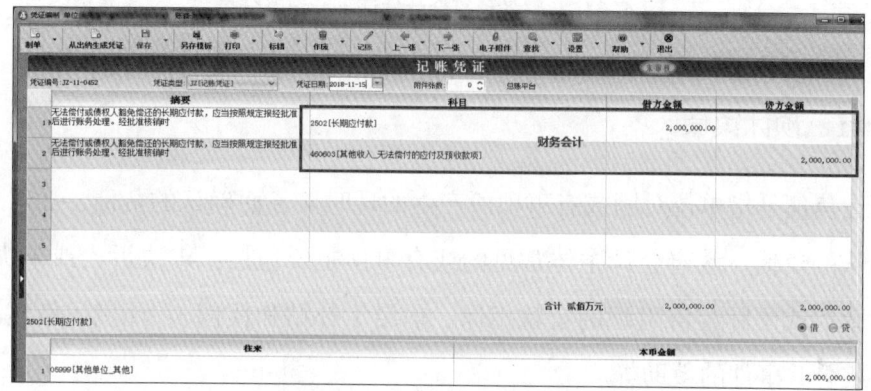

图 4-613　财务预算会计凭证

4. 涉及质保金形成长期应付款的

基础数据录入如图 4-614 所示。

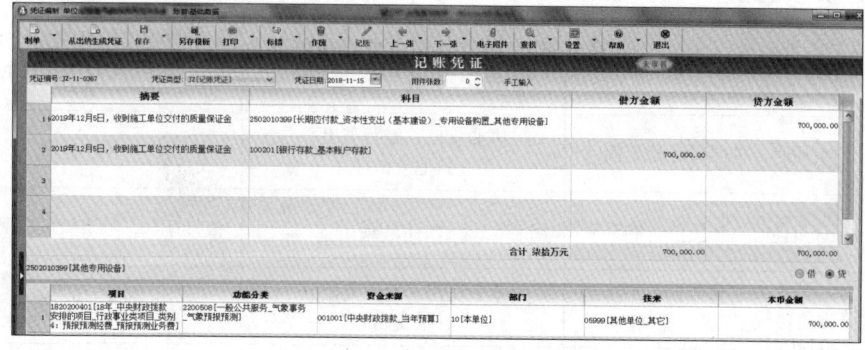

图 4-614　基础数据录入界面

财务预算平行记账如图 4-615 所示。

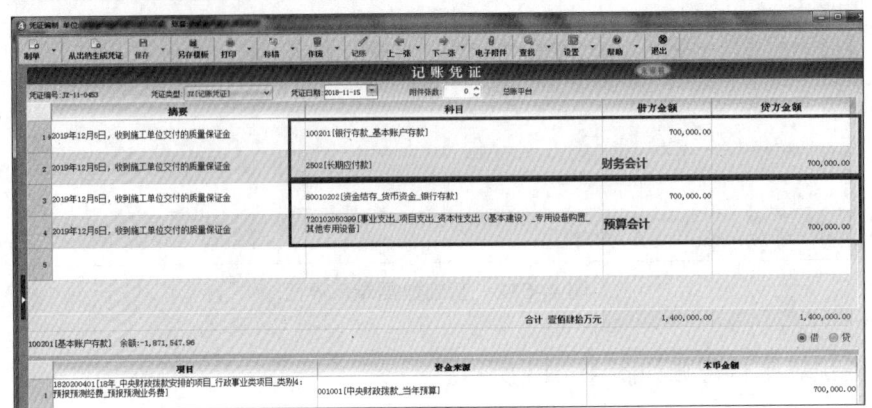

图 4-615　财务预算会计凭证平行记账分录

十五、预计负债

预计负债是指单位对因或有事项所产生的现时义务而确认的负债，如对未决诉讼等确认的负债。政府会计主体常见的或有事项主要包括：未决诉讼或未决仲裁，对外国政府或国际经济组织的贷款担保、承诺（补贴和代偿），环境污染整治，自然灾害或公共事件的救助等。

为核算预计负债的计算及支付情况，单位应设置"预计负债"科目，属于负债类科目。贷方登记确认的预计负债；借方登记支付的预计负债；期末贷方余额，反映单位已确认但尚未支付的预计负债金额。

预计负债的主要账务处理如表 4-65 所示。

表 4-65　预计负债主要账务处理

业务类型		借方	贷方
确认预计负债时，按照预计的金额		事业支出、经营支出、其他支出等	预计负债
实际偿付预计负债时，按照偿付的金额		预计负债	银行存款、零余额账户用款额度
根据确凿证据需要对已确认的预计负债账面余额进行调整的	按照调整增加的金额	事业支出、经营支出、其他支出等	预计负债
	按照调整减少的金额	预计负债	事业支出、经营支出、其他支出等

1. 确认预计负债时，按照预计的金额

基础数据录入如图4-616所示。

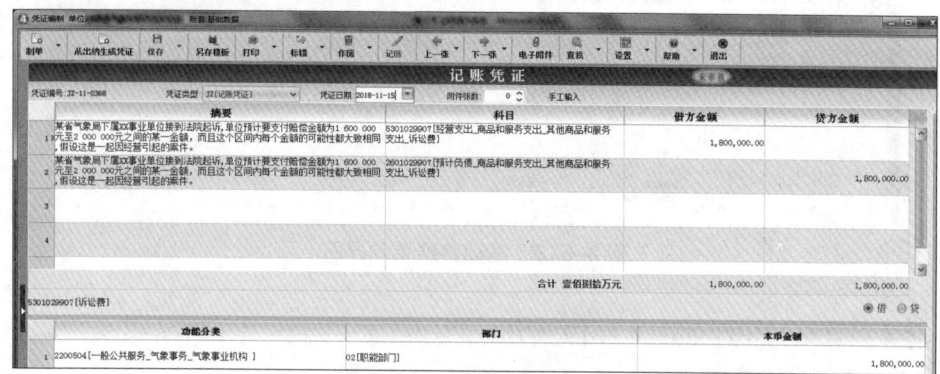

图4-616　基础数据录入界面

财务预算平行记账如图4-617所示。

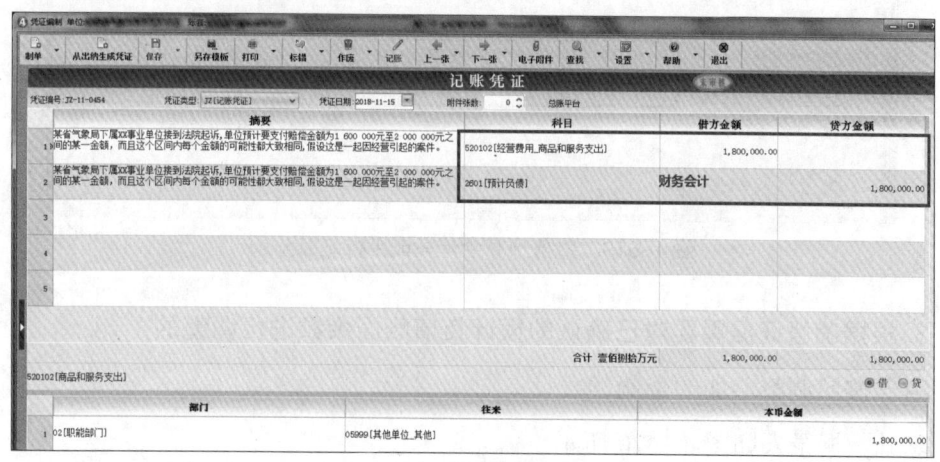

图4-617　财务预算会计凭证

2. 实际偿付预计负债时，按照偿付的金额

基础数据录入如图4-618所示。

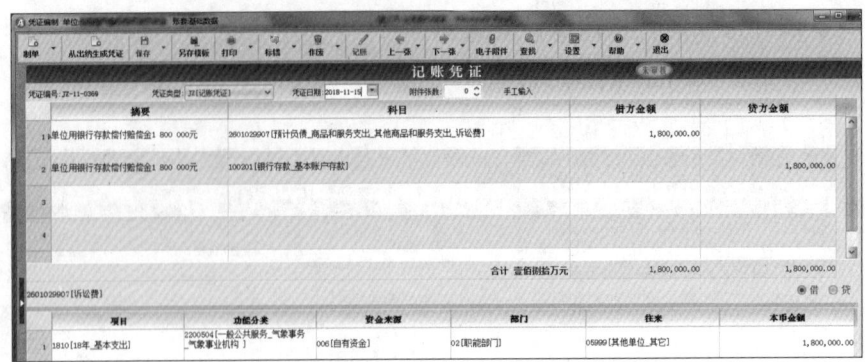

图 4-618 基础数据录入界面

财务预算平行记账如图 4-619 所示。

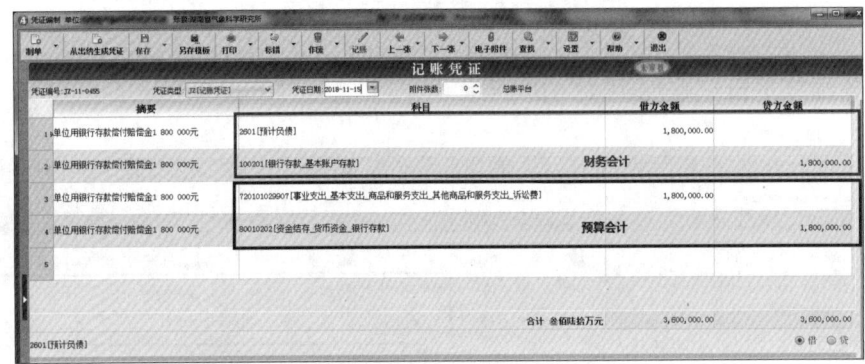

图 4-619 财务预算会计凭证平行记账分录

3. 根据确凿证据需要对已确认的预计负债账面余额进行调整的

（1）按照调整增加的金额

基础数据录入如图 4-620 所示。

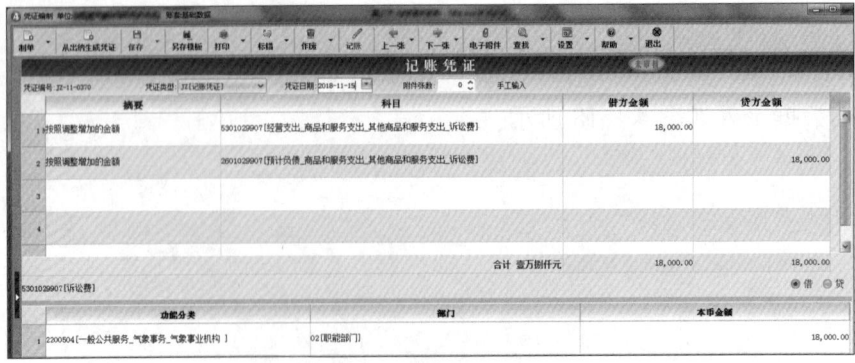

图 4-620 基础数据录入界面

财务预算平行记账如图 4-621 所示。

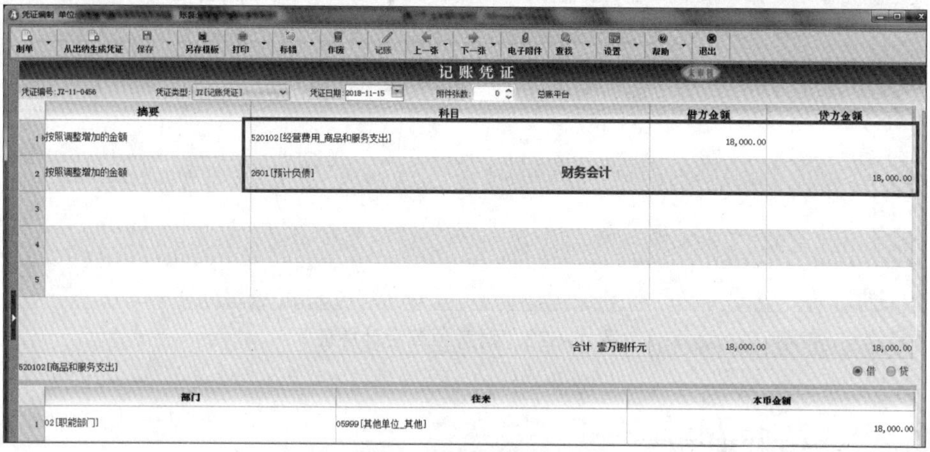

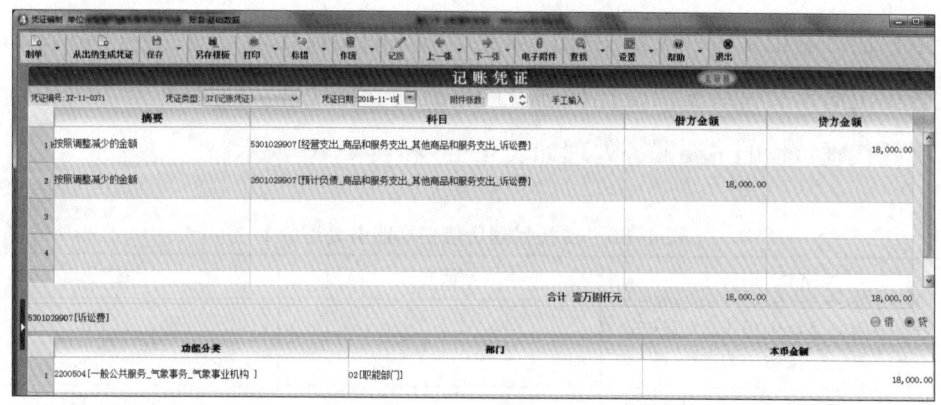

图 4-621　财务预算会计凭证

（2）按照调整减少的金额

基础数据录入如图 4-622 所示。

图 4-622　基础数据录入界面

财务预算平行记账如图 4-623 所示。

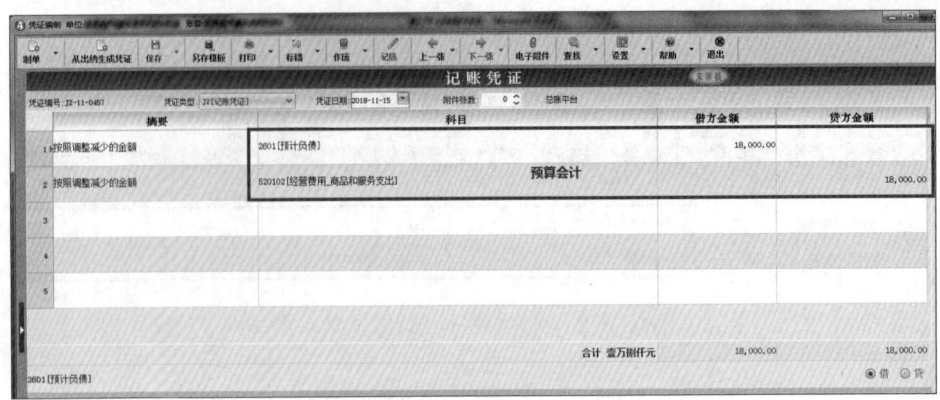

图 4-623　财务预算会计凭证

十六、受托代理负债

受托代理负债是指单位接受委托，取得受托代理资产时形成的负债。

为核算和监督单位受托代理资产形成的负债情况，设置"预计负债"科目，属负债类科目。"受托代理负债"科目贷方登记确认受托代理资产形成的受托代理负债金额；借方登记交付或发出受托代理资产形成的受托代理负债金额；期末贷方余额反映单位尚未交付或发出受托代理资产形成的受托代理负债金额。

受托代理负债的主要账务处理如表4-66和表4-67所示。

表 4-66　受托代理负债主要账务处理 – 1

业务类型		借方	贷方
受托转赠物资时形成的负债	接受委托人委托需要转赠给受赠人的物资	受托代理资产	受托代理负债
	将受托转赠物资交付受赠人时，按照转赠物资的成本	受托代理负债	受托代理资产
	转赠物资的委托人取消了对捐赠物资的转赠要求，且不再收回捐赠物资的，应当将转赠物资转为单位的存货、固定资产等	受托代理负债（分录一） 库存物品、固定资产（分录二）	受托代理资产（分录一） 其他预算收入（分录二）

表 4-67　受托代理负债主要账务处理 – 2

业务类型		借方	贷方
受托存储保管物资形成的负债	接受委托人委托存储保管的物资	受托代理资产	受托代理负债
	根据委托人要求交付或发出受托存储保管的物资时	受托代理负债	受托代理资产
罚没物资形成的负债	取得罚没物资时	受托代理资产	受托代理负债
	按照规定处置或移交罚没物资时	受托代理负债	受托代理资产

受托代理负债的举例参照"受托代理资产"。

第三节　费用和支出

费用（财务会计）及预算支出（预算会计）是政府会计主体依法履职、开展业务及其他活动发生的资金耗费和损失，是政府会计主体经济活动和财务管理的重要内容，也是政府会计的重要核算对象。

费用主要反映政府会计主体的各项财务运行成本、现金流出量等，可以为财务报告使用者做出决策或者监督和管理提供依据。

预算支出主要反映政府会计主体的预算年度执行结果，有助于决算报告使用者监督和管理，是财政、上级等部门考核预算执行情况的依据，也为编制后续年度预算提供参考和依据。

一、业务活动费用和单位管理费用（行政支出、事业支出）

业务活动费是指单位为实现其职能目标，依法履职或开展专业业务活动及其辅助活动所发生的各项费用。

为核算单位专业业务活动及其辅助活动所发生的各项费用情况，应设置"业务活动费用"科目，该账户属于费用类账户。借方登记应计或者实际支出的业务活动费用；贷方登记当年购货退回等业务；平时该账户的借方余额反映累计发生的各项费用。年终结账时，将该账户的借方余额转入"本期盈余"账户。结账后，该账户无余额。

单位管理费用是指事业单位本级行政及后勤管理部门开展管理活动发生的各项费用，包括单位行政及后勤管理部门发生的人员经费、公用经费、资产折旧（摊销）等费用，以及由单位统一负担的离退休人员经费、工会经费、诉讼费、中介费等。

为核算事业单位本级行政及后勤管理部门开展管理活动发生的各项费用情况，应设置"单位管理费用"科目，该账户属于费用类账户。借方登记应计或者实际支出的单位管理费用；贷方登记当年购货退回等业务；平时该账户的借方余额反映累计发生的各项费用。年终结账时，将该账户的借方余额转入"本期盈余"账户。结账后，该账户无余额。

行政支出是指行政单位履行其职责实际发生的各项现金流出。"行政支出"科目核算行政单位履行其职责实际发生的各项现金流出。借方反映实际支出的各项现金流出；贷方登记当年购货退回等业务。年终结转时，该账户的借方余额转入预算结转结余科目。结账后，该科目无余额。

事业支出是指事业单位开展专业业务活动及其辅助活动实际发生的各项现金流出。"事业支出"科目核算事业单位开展专业业务活动及其辅助活动实际发生的各项现金流出。借方反映实际支出的各项现金流出；贷方登记当年购货退回等业务。年终结转时，该账户的借方余额转入预算结转结余科目。结账后，该科目无余额。

业务活动费用和单位管理费用（行政支出、事业支出）的主要账务处理如下。

（一）支付职工薪酬

①通过工资系统直接生成事业账套中的财务和预算凭证。

②不通过工资系统发放的职工薪酬，通过报销端选择经费报销单进行资金支付，选择基础数据中事业支出、经营支出的工资和福利支出，对个人和家庭补助支出中的具体明细科目，计提科目应付职工薪酬由系统自动生成（表4-68，图4-624至图4-627）。

支付职工薪酬案例：2019年1月7日，县局人事干部李某通过工资发放系统转来本月工资发放表，会计陈某做好发放前准备，并据此做应发额、代扣代缴费用的账务处理。

表4-68 县气象局工资发放情况

姓名	应发项目					代扣代缴项目					实发
	基本工资	规范性津补贴	住房补贴	公务交通补贴	合计	养老保险	医疗保险	住房公积金	个税	合计	
谢某	3300	4500	1300	650	9750	1360	272	816	80	2528	7222
王某	3100	4300	1200	500	9100	1280	256	786	55	2359	6741
张某	3100	4200	1200	500	9000	1260	252	756	48	2316	6684
李某	2800	4200	1100		8100	1200	240	720	40	2200	5900
陈某	2800	4100	1100		8000	1180	236	708	38	2162	5838
赖某	2800	4000	1100		7900	1160	232	696	36	2124	5776
姜某	2300	3500	900		6700	960	192	576	17	1745	4955
徐某	2000	3000			5000	800	160	480	2	1442	3558
冯某		1000	1200		2200						2200
黄某		1000	1200		2200						2200
许某		1000	1100		2100						2100
董某		1000	1100		2100						2100
叶某		1000	1000		2000						2000
合计	22 200	36 800	13 500	1650	74 150	9200	1840	5520	316	16 876	57 274

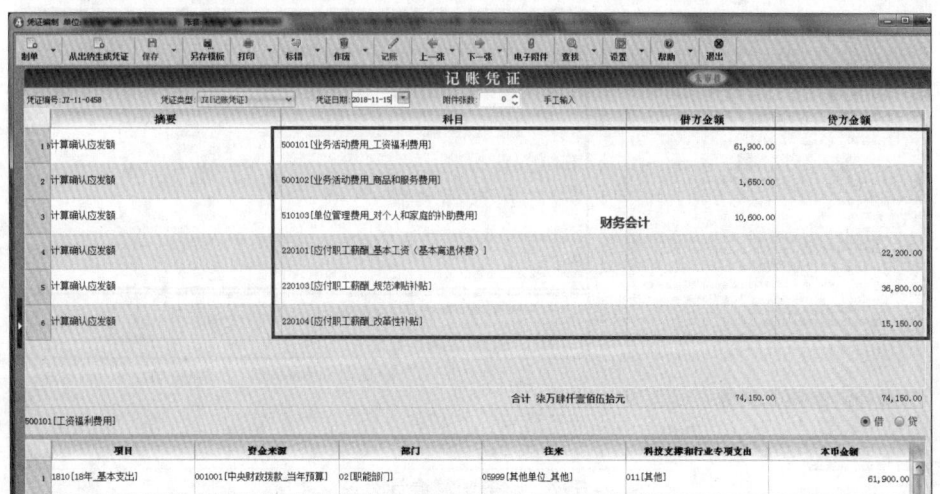

图4-624 财务预算会计凭证-1

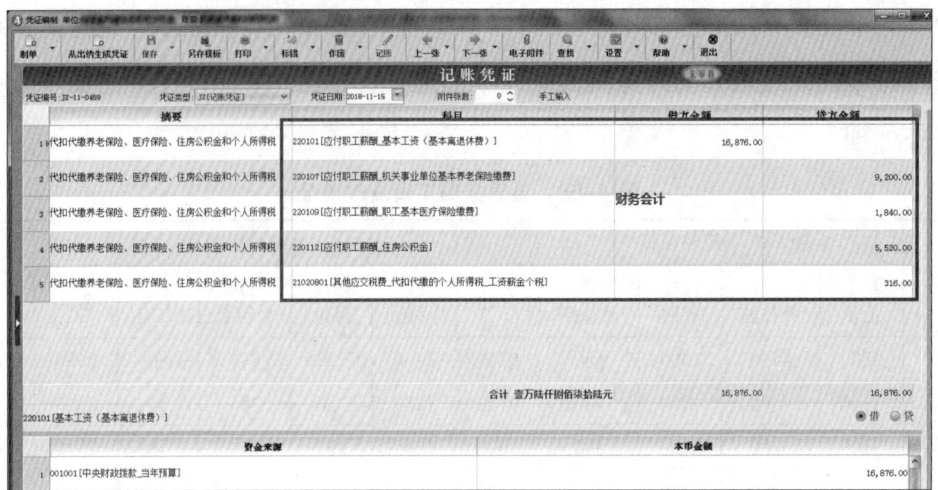

图 4-625　财务预算会计凭证－2

图 4-626　财务预算会计凭证－3

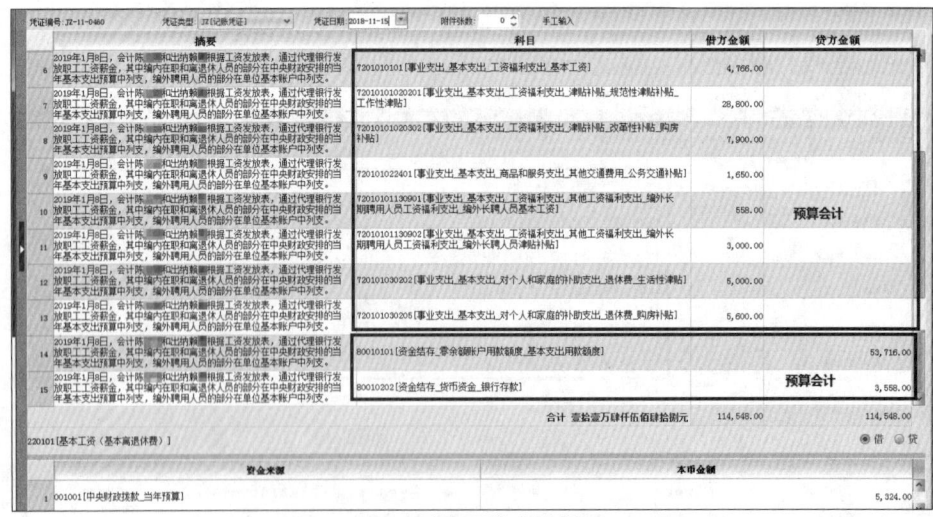

图 4-627　财务预算会计凭证－4

③对代扣代缴款项通过"资金结存——待处理工资扣款"进行处理的话,预算会计的账务处理如图4-628所示。

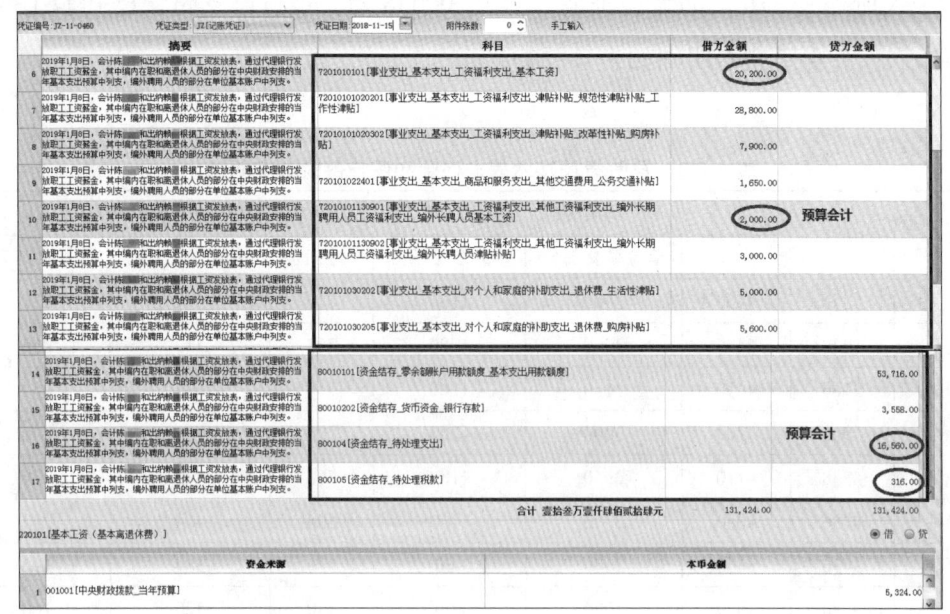

图4-628 财务预算会计凭证-5

(二)为职工缴交社保费用及住房公积金(表4-69)

表4-69 缴交社保费用及住房公积金主要账务处理

业务类型	借方	贷方
为职工缴交社保费用及住房公积金	事业支出——工资福利支出、经营支出——工资福利支出	财政拨款预算收入、零余额账户用款额度、银行存款

①计提单位为职工缴纳社保费用及住房公积金所使用的应付职工薪酬(机关事业单位基本养老保险缴费、职业年金缴费、职工基本医疗保险缴费、公务员医疗补助缴费、住房公积金及其他社会保障缴费等)科目,由系统自动带出,基础数据账套中无须录入。

②单位代扣的社保费用及住房公积金所使用的代扣科目应付职工薪酬(机关事业单位基本养老保险缴费、职业年金缴费、职工基本医疗保险缴费、公务员医疗补助缴费、住房公积金及其他社会保障缴费等),需要在基础数据中录入(图4-629和图4-630)。

代扣社保费案例：2019年2月10日，收到县税务局通过代理银行转来的1月在职职工的基本养老保险缴费32 200元和医疗保险缴费5520元托收单，以及代扣代缴个人所得税316元的完税证明，合计38 036元，银行已支付。已知职工的养老保险和医疗保险缴费明细如表4-70所示。

表4-70 县气象局基本养老保险和医疗保险缴费明细

姓名	合计	养老保险			医疗保险		
		小计	单位缴交部分	个人缴交部分	小计	单位缴交部分	个人缴交部分
谢某	5576	4760	3400	1360	816	544	272
王某	5248	4480	3200	1280	768	512	256
张某	5166	4410	3150	1260	756	504	252
李某	4920	4200	3000	1200	720	480	240
陈某	4838	4130	2950	1180	708	472	236
赖某	4756	4060	2900	1160	696	464	232
姜某	3936	3360	2400	960	576	384	192
徐某	3280	2800	2000	800	480	320	160
合计	37 720	32 200	23 000	9200	5520	3680	1840

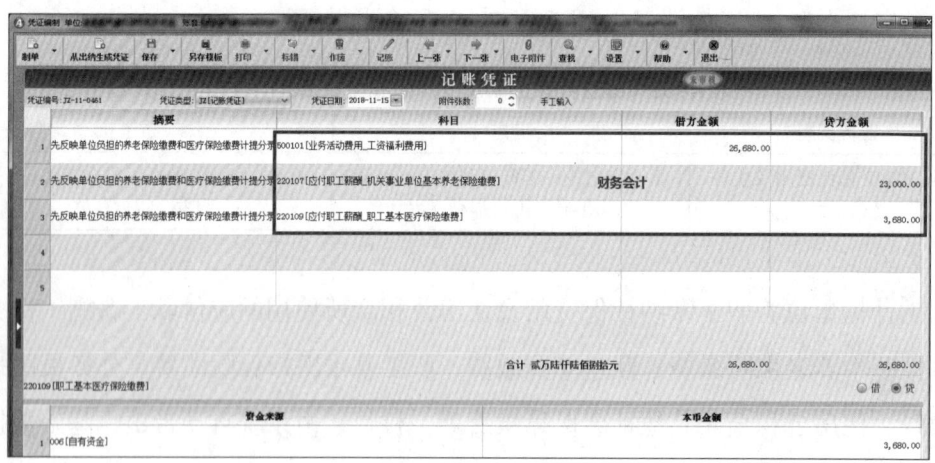

图4-629 财务预算会计凭证

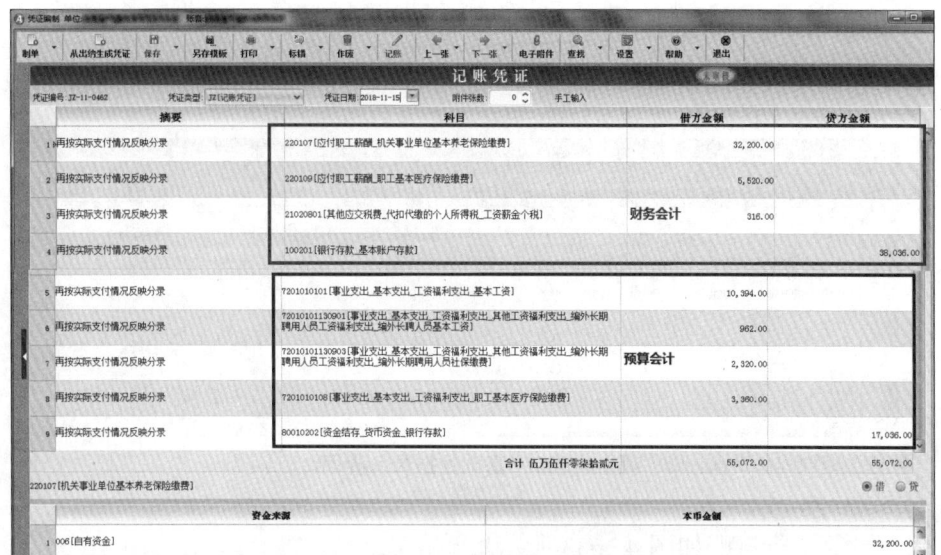

图 4-630　财务预算会计凭证平行记账分录

③对代扣代缴款项通过"资金结存——待处理工资扣款"进行处理的话，预算会计的账务处理如图 4-631 所示。

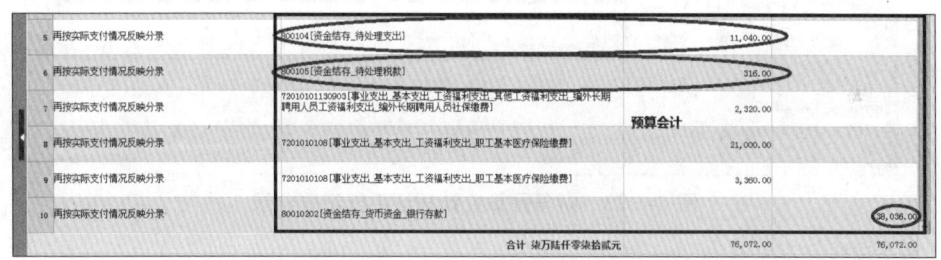

图 4-631　财务预算会计凭证

（三）为社保局代发离退休人员的基本养老金（表 4-71）

表 4-71　代发离退休人员基本养老金主要账务处理

业务类型	借方	贷方
收到代发的基本养老保险	银行存款	其他应付款——其他——离退休人员养老金
实际发放时	其他应付款——其他——离退休人员养老金	银行存款

1. 收到代发的基本养老保险

基础数据录入如图 4-632 所示。

图 4-632　基础数据录入界面

财务预算平行记账如图 4-633 所示。

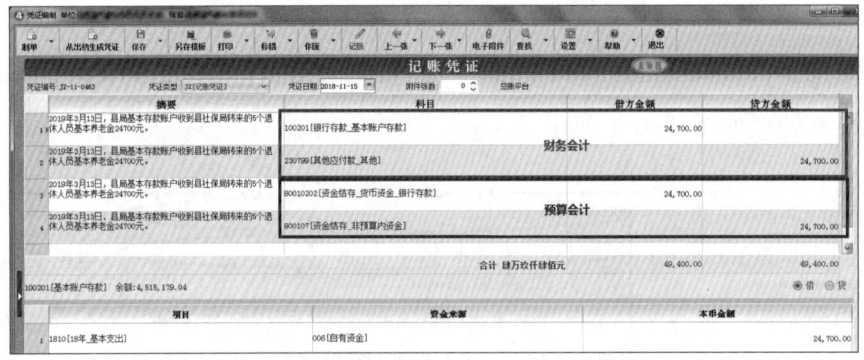

图 4-633　财务预算会计凭证平行记账分录

2. 实际发放时

基础数据录入如图 4-634 所示。

图 4-634　基础数据录入界面

财务预算平行记账如图 4-635 所示。

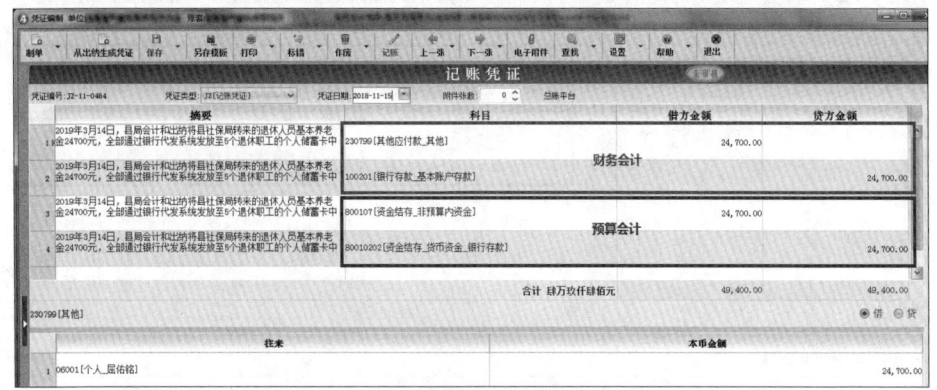

图 4-635　财务预算会计凭证平行记账分录

（四）支付外部人员劳务费（表 4-72）

表 4-72　支付外部人员劳务费主要账务处理

业务类型	借方	贷方
支付外部人员劳务费	事业支出、经营支出	代扣代缴的个人所得税——其他所得个税 财政拨款预算收入、零余额账户用款额度、 银行存款、库存现金、其他应付款

基础数据录入如图 4-636 所示。

图 4-636　基础数据录入界面

财务预算平行记账如图 4-637 所示。

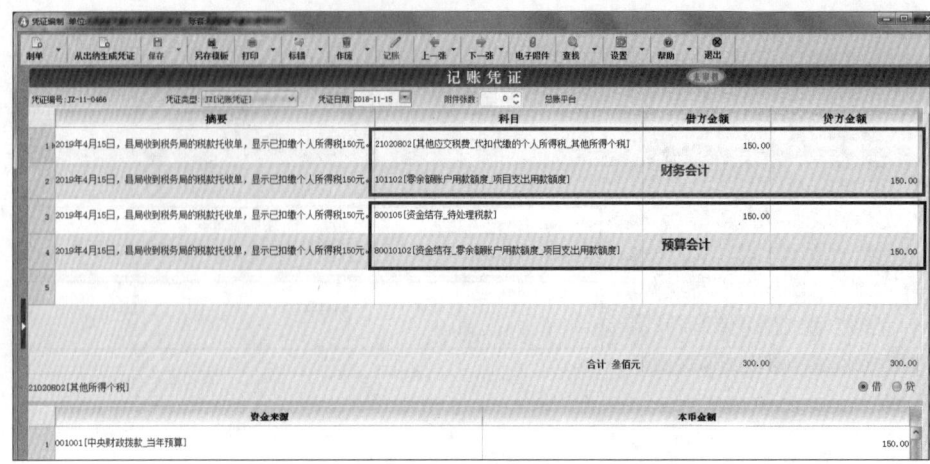

图 4-637 财务预算会计凭证平行记账分录

（五）领用库存物品（表 4-73）

表 4-73 领用库存物品主要账务处理

业务类型	借方	贷方
领用当年购入的库存物品	行政支出、事业支出	库存物品
领用以前年度购入的库存物品	累计盈余——非流动资产基金——库存物品	库存物品

1. 领用当年购入的库存物品

基础数据录入如图 4-638 所示。

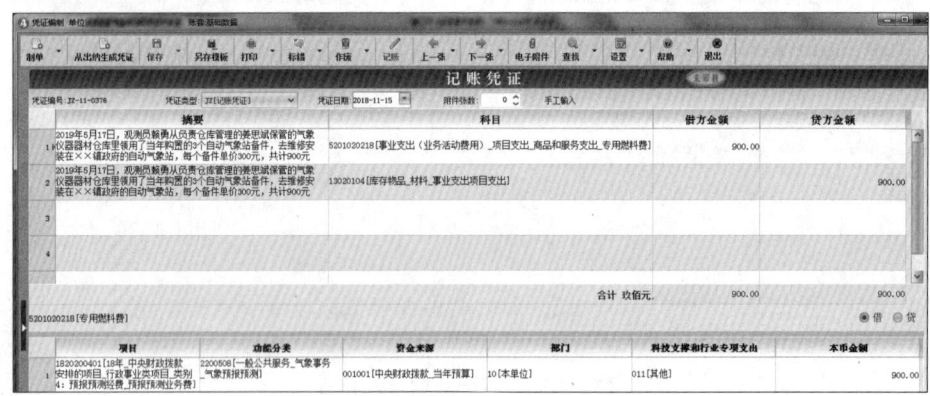

图 4-638 基础数据录入界面

财务预算平行记账如图 4-639 所示。

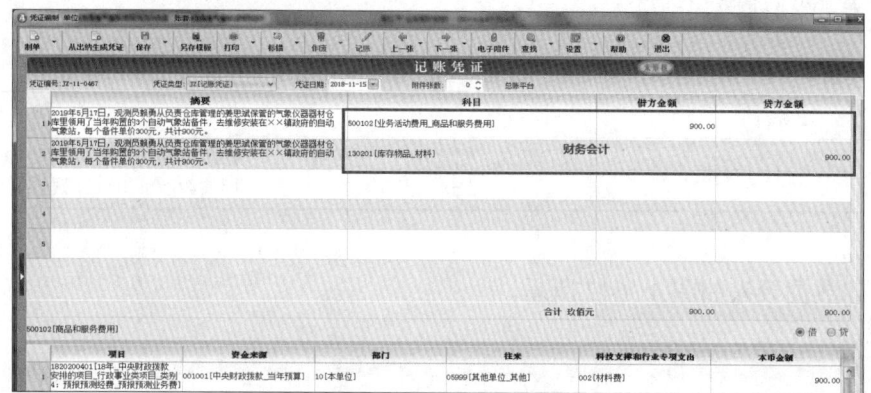

图 4-639　财务预算会计凭证

2. 领用以前年度购入的库存物品

基础数据录入如图 4-640 所示。

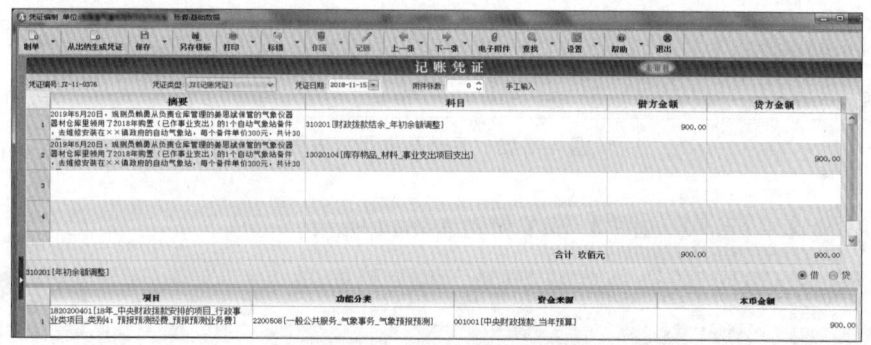

图 4-640　基础数据录入界面

财务预算平行记账如图 4-641 所示。

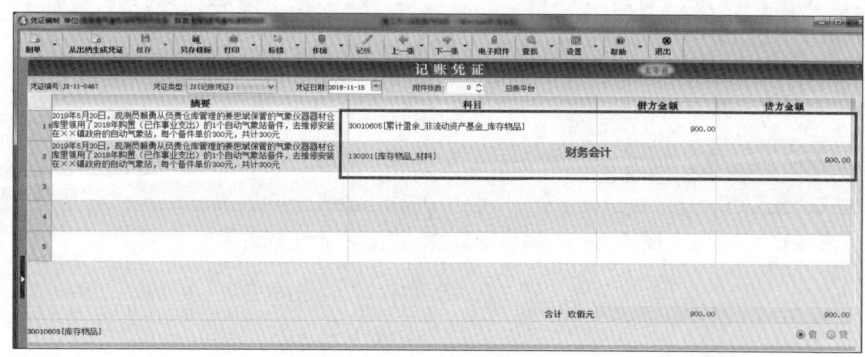

图 4-641　财务预算会计凭证

（六）为履职或开展业务活动购买存货、固定资产、无形资产等及支付在建工程款项（表 4-74）

表 4-74　购买存货、固定资产、无形资产等及支付在建工程款项主要账务处理

业务类型	借方	贷方
按照实际支付或应付的价款	库存物品、固定资产、无形资产、在建工程等	财政拨款预算收入、零余额账户用款额度、银行存款、应付账款

基础数据录入如图 4-642 所示。

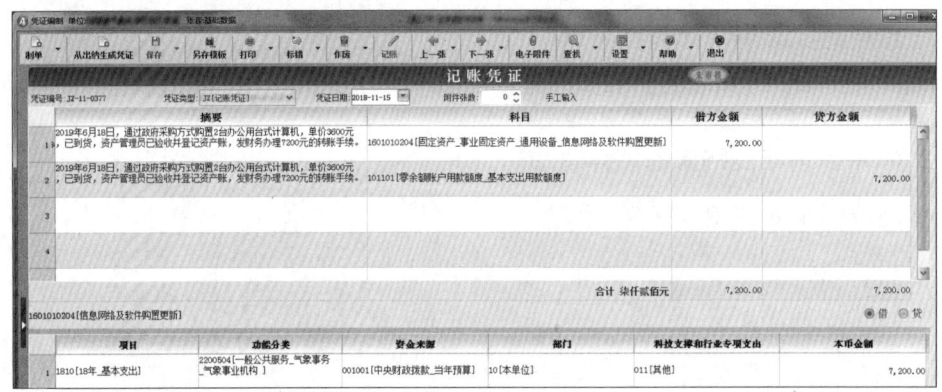

图 4-642　基础数据录入界面

账务预算平行记账如图 4-643 和图 4-644 所示。

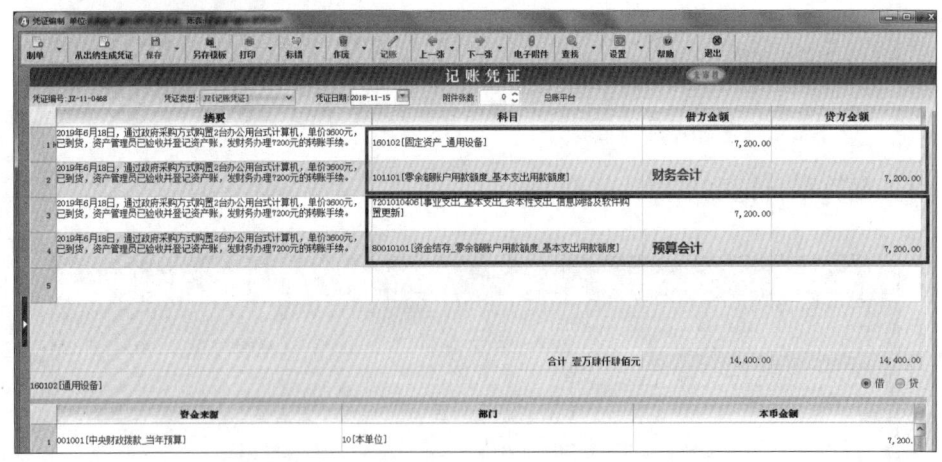

图 4-643　财务预算会计凭证平行记账分录

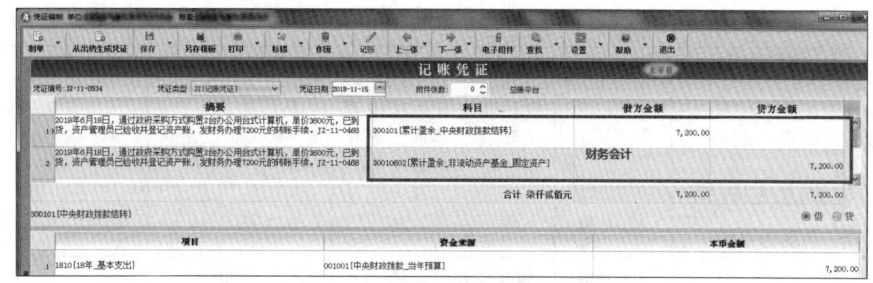

图 4-644　财务预算会计凭证

注意：财务会计累计盈余的调整分录，由系统自动带出，在基础数据中无须录入。

（七）计提固定资产折旧或无形资产摊销（表 4-75 和表 4-76）

表 4-75　计提固定资产折旧或无形资产摊销主要账务处理

业务类型	借方	贷方
计提固定资产折旧或无形资产摊销	业务活动费用——固定资产折旧费、无形资产摊销 单位管理费用——固定资产折旧费、无形资产摊销	固定资产累计折旧、无形资产累计摊销
年终结转时	累计盈余——非流动资产基金——固定资产、无形资产	业务活动费用——固定资产折旧费、无形资产摊销、 单位管理费用——固定资产折旧费、无形资产摊销

计提固定资产折旧或无形资产摊销案例：2019 年 7 月 31 日，会计根据月末资产情况，列出下列固定资产折旧和无形资产摊销表，计提当月固定资产折旧和无形资产摊销。

表 4-76　固定资产折旧和无形资产摊销明细

固定资产折旧（金额单位：元）						
资产类别	资产名称	资产原值	规定折旧期限（月）	截至 2018 年年底已使用期限（月）	2019 年 1 月起每月应计提折旧	备注
房屋	业务办公用房	6 000 000	600	240	10 000	计提至 2048 年 12 月
通用设备	雅阁牌汽车	240 000	120	60	2000	计提至 2023 年 12 月
通用设备	联想台式计算机	36 000	120	96	300	计提至 2020 年 12 月
通用设备	联想台式计算机	7200	120	0	60	2019 年 5 月新增，计提至 2029 年 4 月
	合计	6 283 200			12 360	

续表

无形资产摊销（金额单位：元）						
资产类别	资产名称	资产原值	规定摊销期限（月）	截至2018年年底已使用期限（月）	2019年1月起每月应计提摊销	备注
无形资产	智慧气象一体化业务系统	450 000	60	36	7500	摊销至2020年12月
合计		450 000	60	36	7500	

1. 计提固定资产折旧或无形资产摊销

基础数据录入如图4-645所示。

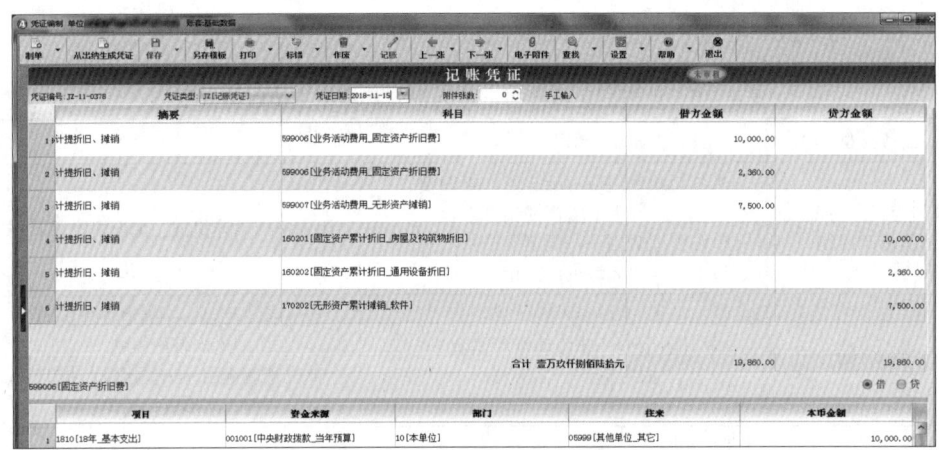

图4-645 基础数据录入界面

财务预算平行记账如图4-646所示。

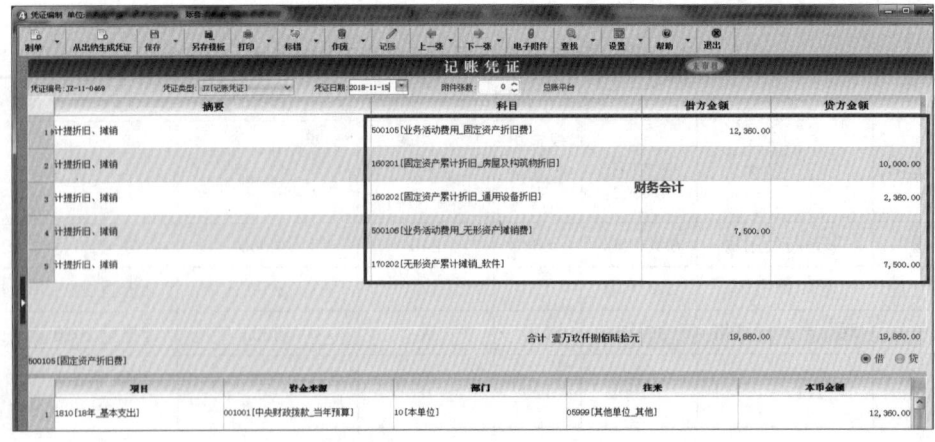

图4-646 财务预算会计凭证

2. 年终结转时

基础数据录入如图 4-647 所示。

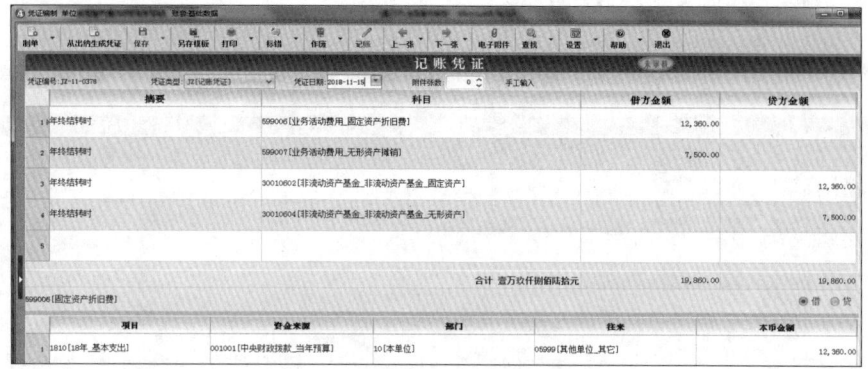

图 4-647 基础数据录入界面

财务预算平行记账如图 4-648 所示。

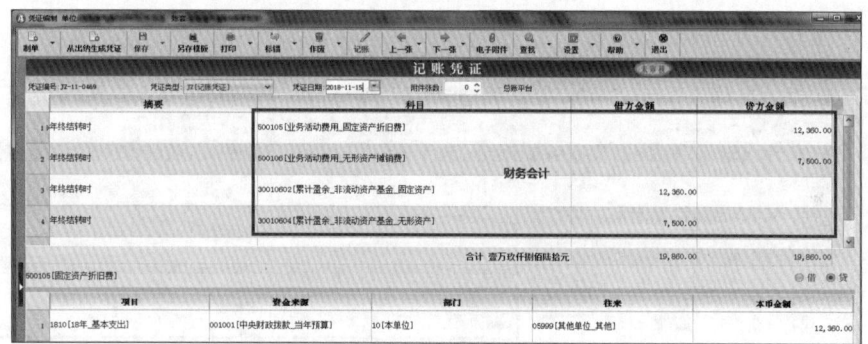

图 4-648 财务预算会计凭证

(八) 为履职或开展业务活动发生的预付款项 (表 4-77)

表 4-77 预付款项主要账务处理

	业务类型	借方	贷方
预付账款	发生预付账款时，按照实际支付的金额	预付账款	财政拨款预算收入、零余额账户用款额度、银行存款
	结算时	行政支出、事业支出	预付账款 财政拨款预算收入、零余额账户用款额度、银行存款
暂付款项	在支付款项时	其他应收款——其他	零余额账户用款额度、银行存款
	待结算或报销时	行政支出、事业支出	其他应收款——其他 零余额账户用款额度、银行存款

1. 预付账款

（1）发生预付账款时，按照实际支付的金额

基础数据录入如图4-649所示。

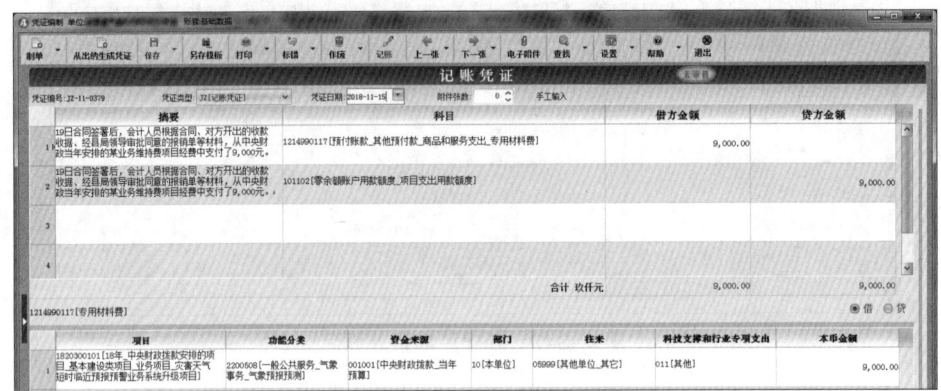

图4-649　基础数据录入界面

财务预算平行记账如图4-650所示。

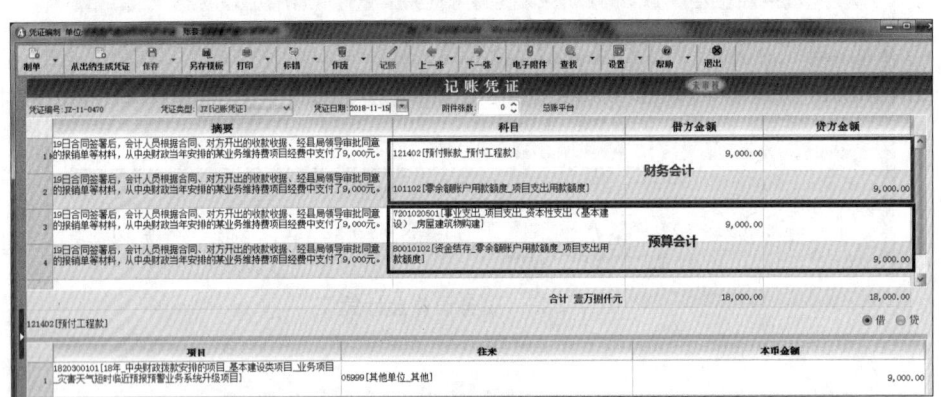

图4-650　财务预算会计凭证平行记账分录

（2）结算时

基础数据录入如图4-651和图4-652所示。

图 4-651 基础数据录入界面 – 1

图 4-652 基础数据录入界面 – 2

财务预算平行记账如图 4-653 和图 4-654 所示。

图 4-653 财务预算会计凭证平行记账分录 – 1

图 4-654　财务预算会计凭证平行记账分录－2

2. 暂付款项

（1）在支付款项时

基础数据录入如图 4-655 所示。

图 4-655　基础数据录入界面

财务预算平行记账如图 4-656 所示。

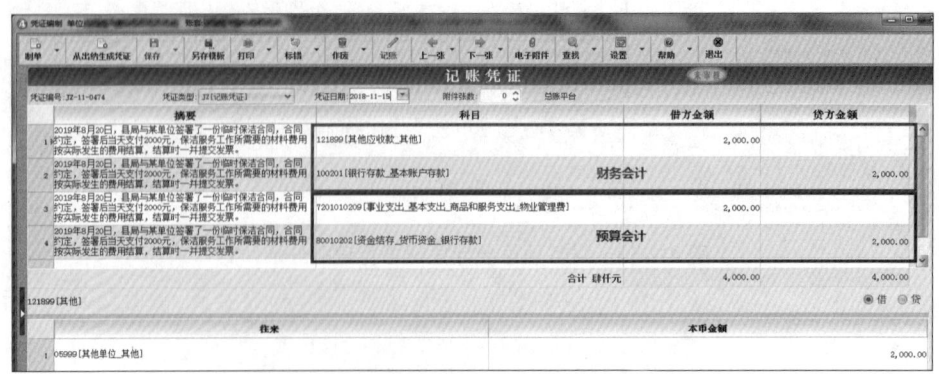

图 4-656　财务预算会计凭证平行记账分录

（2）待结算或报销时

基础数据录入如图 4-657 所示。

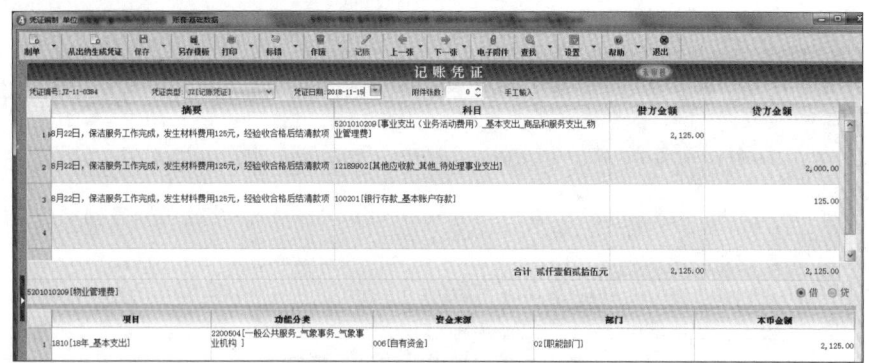

图 4-657 基础数据录入界面

财务预算平行记账如图 4-658 所示。

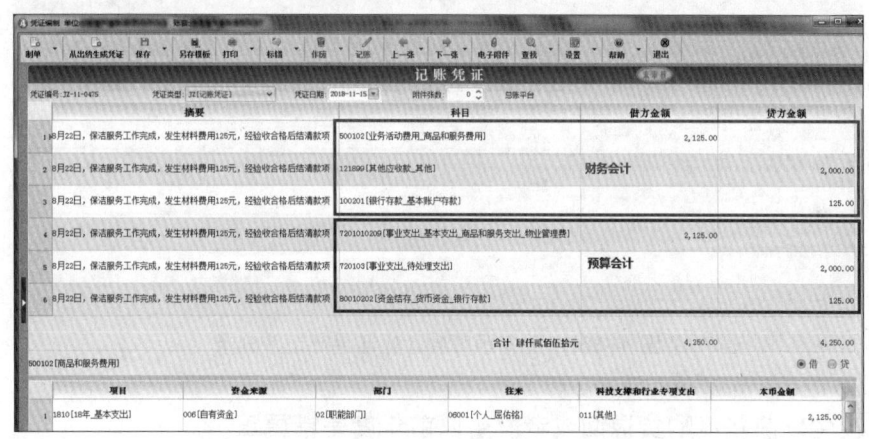

图 4-658 财务预算会计凭证平行记账分录

（九）发生购货退回或差错更正（表 4-78）

表 4-78 购货退回或差错更正主要账务处理

业务类型	借方	贷方
发生当年购货退回或者发生当年差错更正	财政拨款预算收入、零余额账户用款额度、银行存款、其他应收款	行政支出、事业支出
发生以前年度购货退回或者发生以前年度差错更正	财政拨款预算收入、零余额账户用款额度、银行存款、其他应收款	财政拨款结转——年初余额调整、财政拨款结余——年初余额调整、非财政拨款结转——年初余额调整、非财政拨款结余——年初余额调整

1. 发生当年购货退回或者发生当年差错更正

基础数据录入如图 4-659 所示。

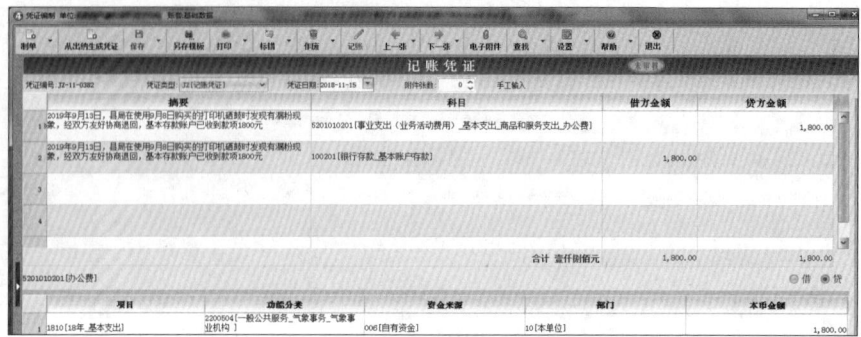

图 4-659 基础数据录入界面

财务预算平行记账如图 4-660 所示。

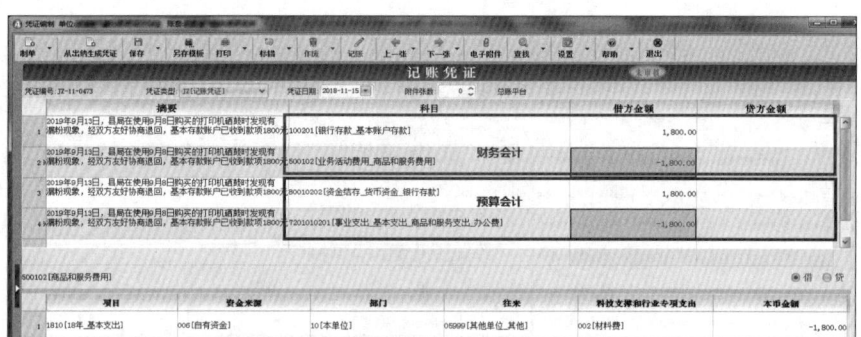

图 4-660 财务预算会计凭证平行记账分录

2. 发生以前年度购货退回或者发生以前年度差错更正

基础数据录入如图 4-661 所示。

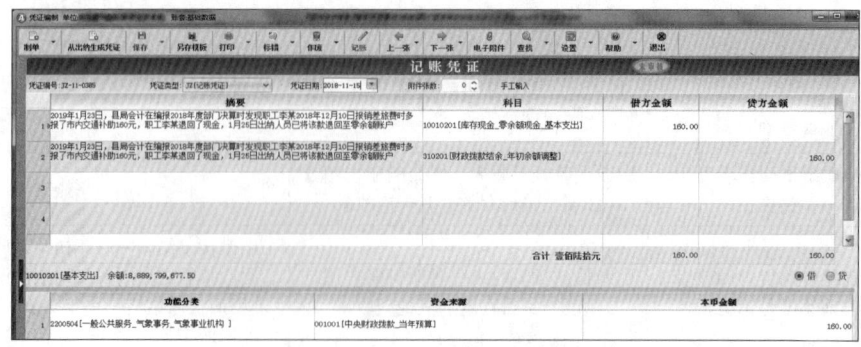

图 4-661 基础数据录入界面

财务预算平行记账如图 4-662 所示。

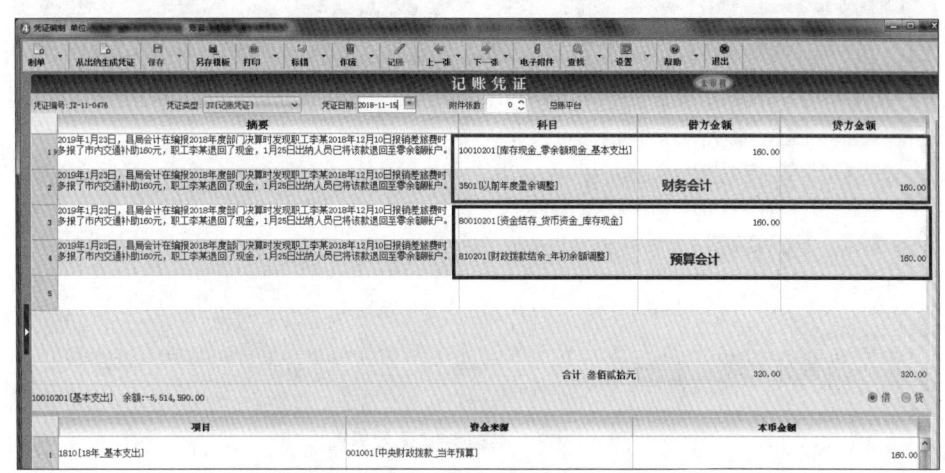

图 4-662　财务预算会计凭证平行记账分录

注意：从基础数据账生成事业账套的财务会计和预算会计分录后，需要修改贷方支出至借方负数。

（十）发生应负担的税金及附加（表 4-79）

表 4-79　应负担税金及附加主要账务处理

业务类型		借方	贷方
单位开展活动发生应缴城市维护建设税、教育费附加、地方教育费附加、车船税、房产税、城镇土地使用税等	计提时	行政支出、事业支出	其他应缴税费
	缴纳时	其他应缴税费	银行存款
缴纳印花税		行政支出、事业支出、经营支出	银行存款

1. 单位开展活动发生应缴城市维护建设税、教育费附加、地方教育费附加、车船税、房产税、城镇土地使用税等

（1）计提时

基础数据录入如图 4-663 所示。

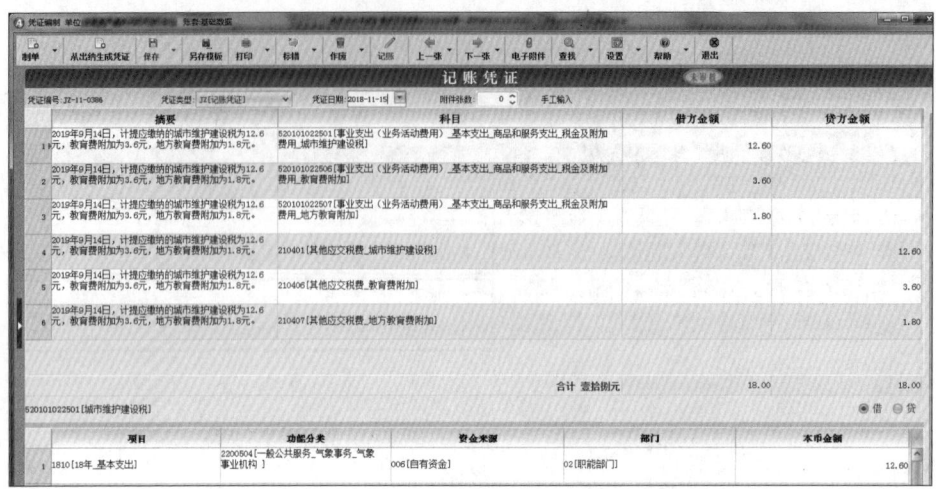

图 4-663 基础数据录入界面

财务预算平行记账如图 4-664 所示。

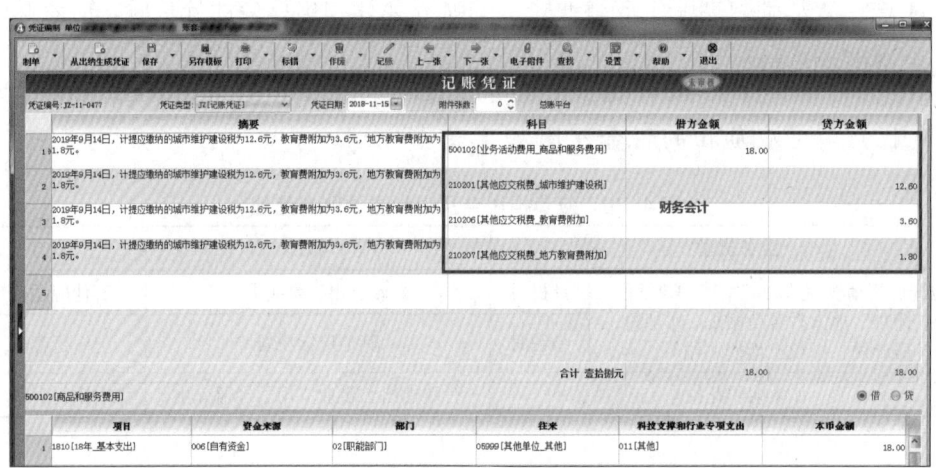

图 4-664 财务预算会计凭证

（2）缴纳时

基础数据录入如图 4-665 所示。

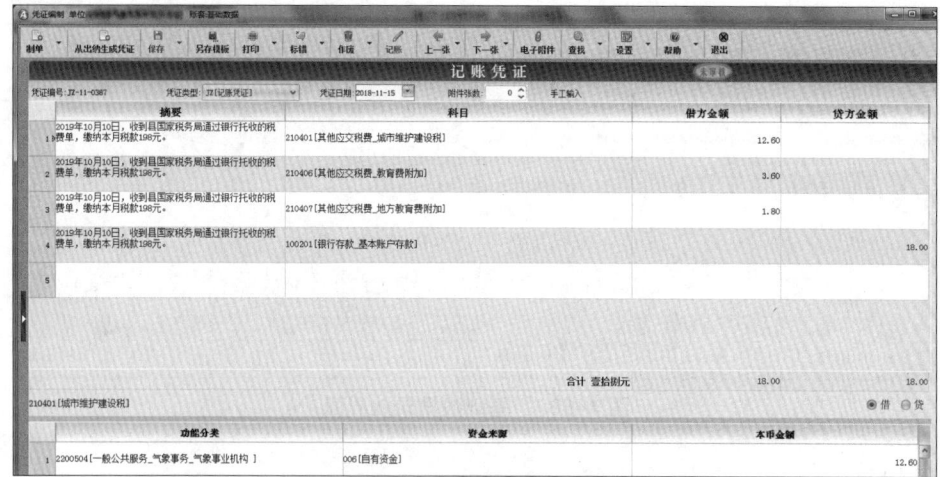

图 4-665　基础数据录入界面

财务预算平行记账如图 4-666 所示。

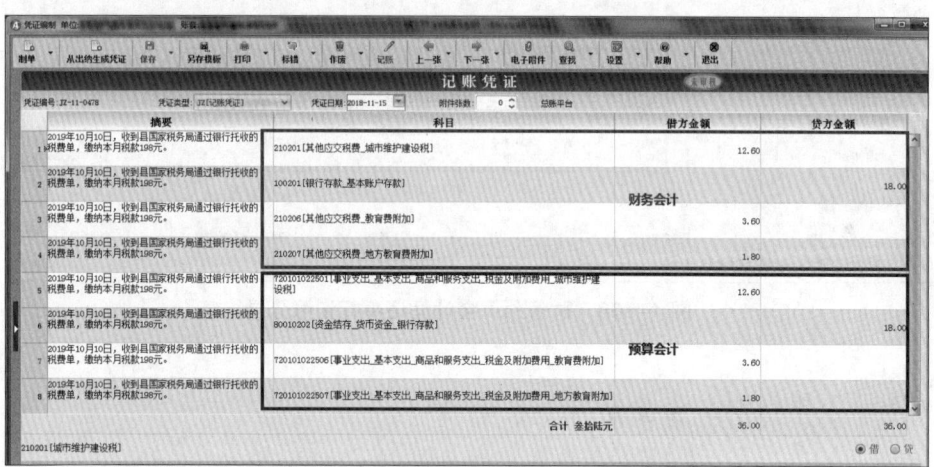

图 4-666　财务预算会计凭证平行记账分录

2. 缴纳印花税

基础数据录入如图 4-667 所示。

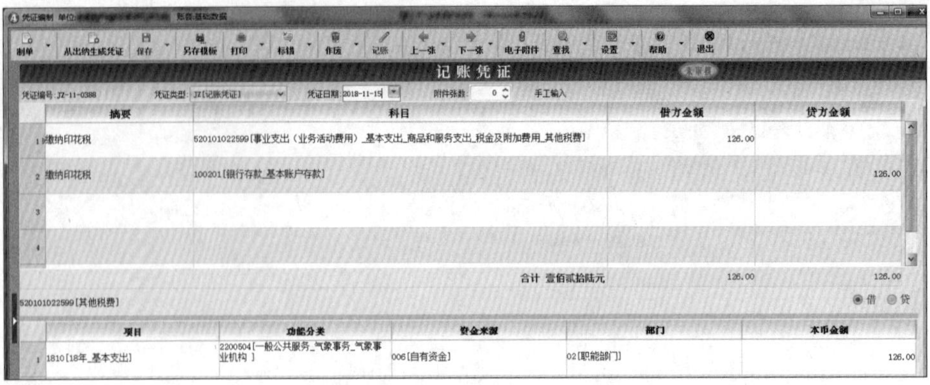

图 4-667 基础数据录入界面

财务预算平行记账如图 4-668 所示。

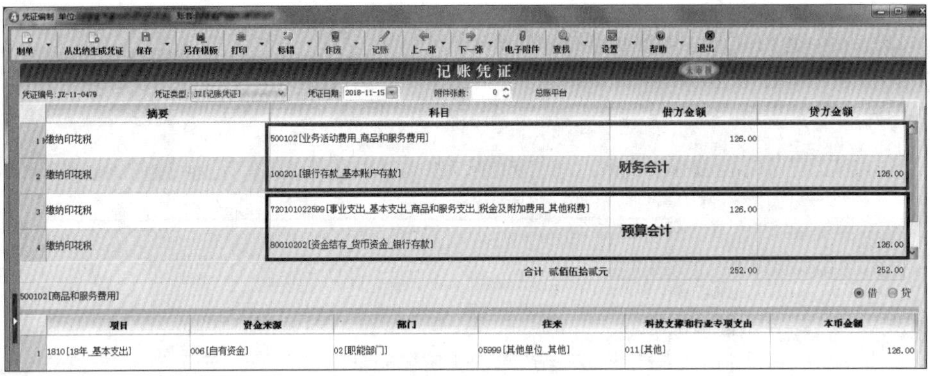

图 4-668 财务预算会计凭证平行记账分录

（十一）单位职工食堂费用（表 4-80）

表 4-80 单位职工食堂费用主要账务处理

业务类型	借方	贷方
按实际支付的金额	专用结余——职工福利基金	银行存款、库存现金
按实际收到单位在职职工个人缴纳的餐费时	银行存款、库存现金	专用结余——职工福利基金

1. 按实际支付的金额

基础数据录入如图 4-669 所示。

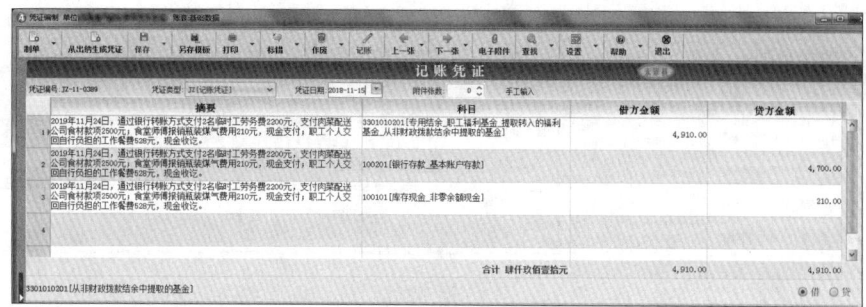

图 4-669　基础数据录入界面

财务预算平行记账如图 4-670 所示。

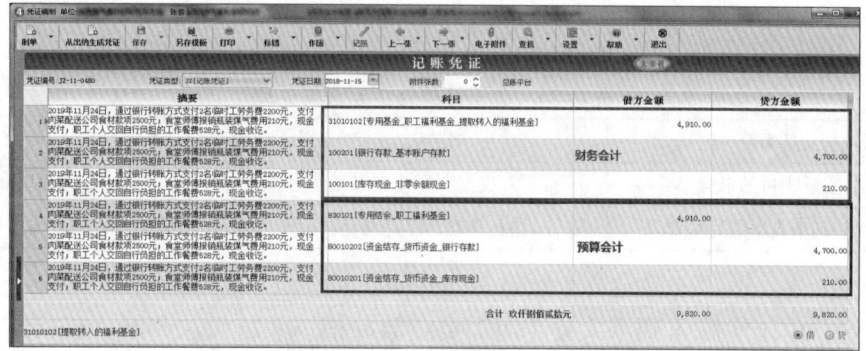

图 4-670　财务预算会计凭证平行记账分录

2. 按实际收到单位在职工个人缴纳的餐费时

基础数据录入如图 4-671 所示。

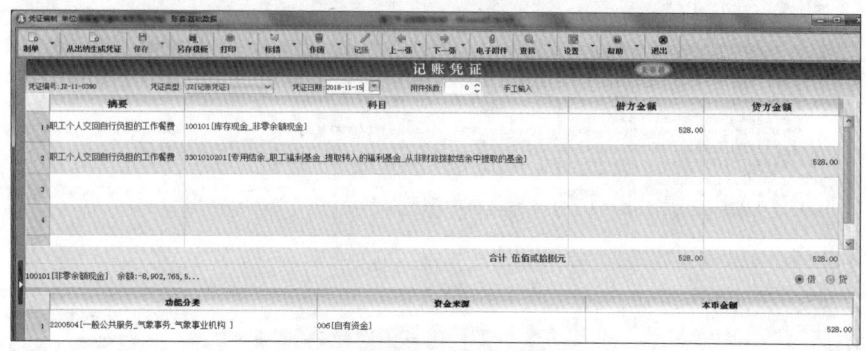

图 4-671　基础数据录入界面

财务预算平行记账如图 4-672 所示。

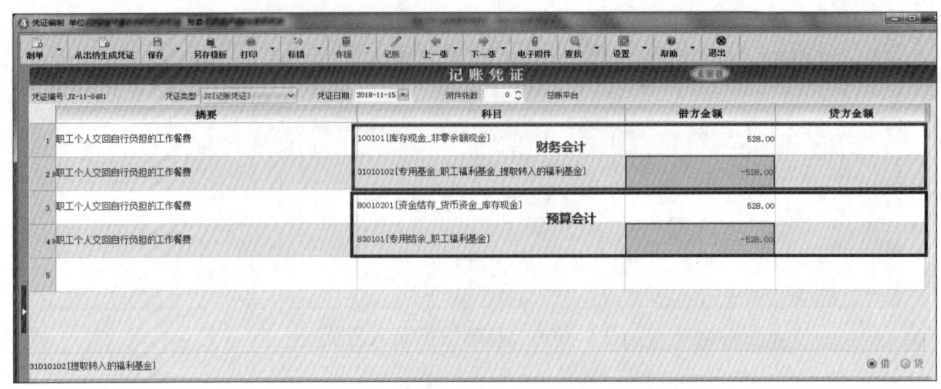

图 4-672　财务预算会计凭证平行记账分录

（十二）公务接待费（表 4-81）

表 4-81　公务接待费主要账务处理

业务类型	借方	贷方
按实际支付的金额	行政支出、事业支出等	银行存款、库存现金
按实际收到个人缴纳的餐费时	银行存款、库存现金	行政支出、事业支出等

注意：由于实际收到个人餐费时需要负数冲销，系统无法判断生成相同方向的凭证，因此在事业账套生成凭证后需要会计将贷方改为借方负数。

1. 按实际支付的金额

基础数据录入如图 4-673 所示。

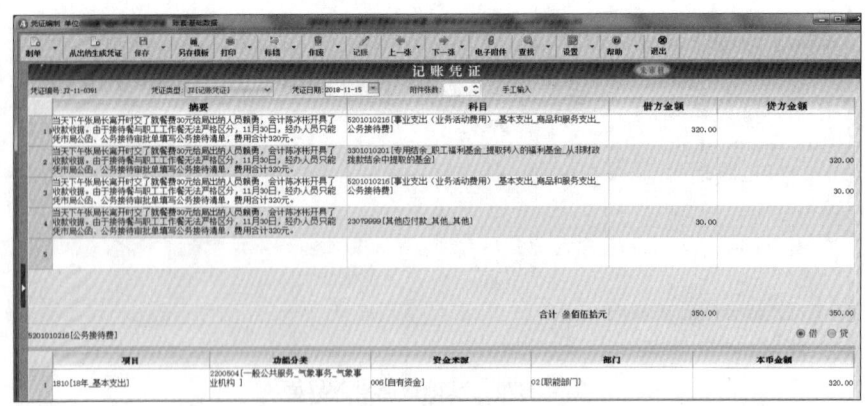

图 4-673　基础数据录入界面

财务预算平行记账如图 4-674 所示。

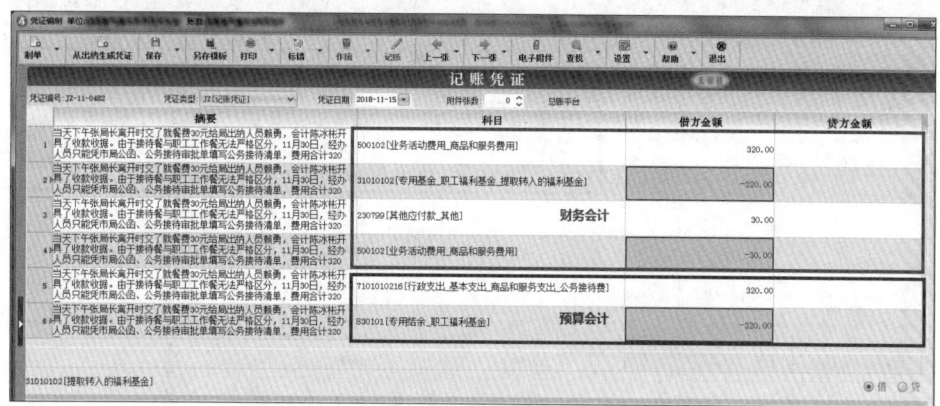

图 4-674　财务预算会计凭证平行记账分录

2. 按实际收到个人缴纳的餐费时

基础数据录入如图 4-675 所示。

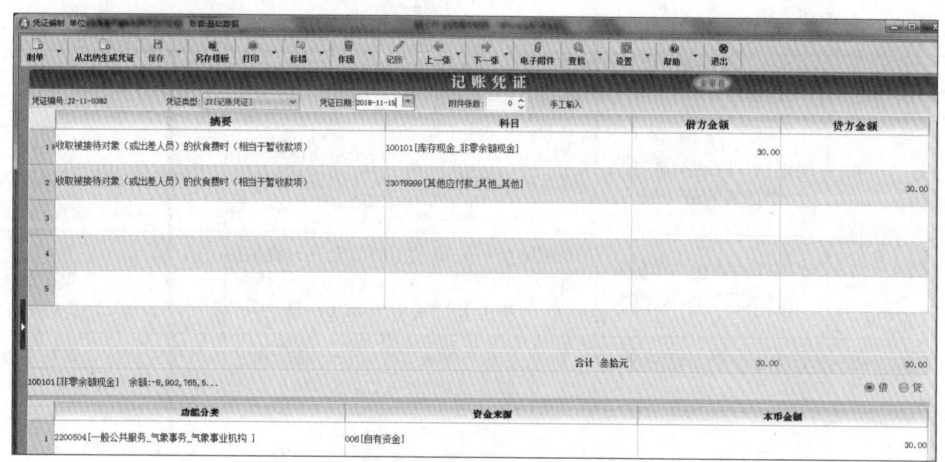

图 4-675　基础数据录入界面

财务预算平行记账如图 4-676 所示。

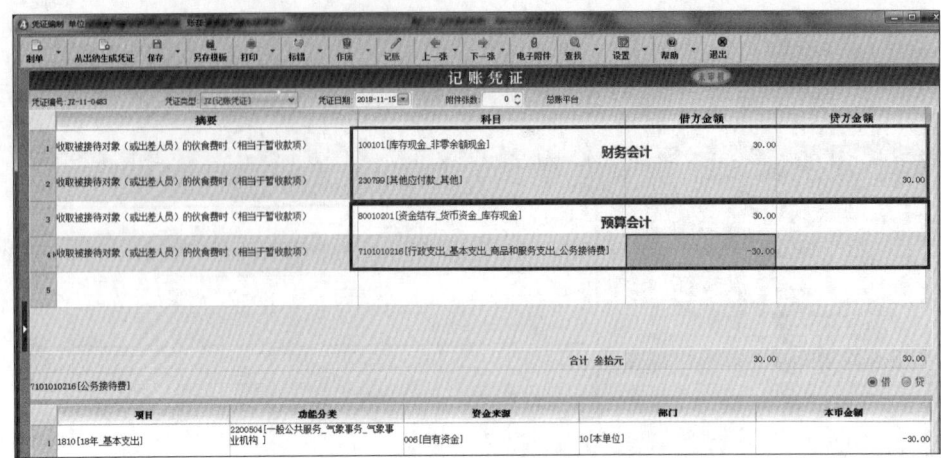

图 4-676 财务预算会计凭证平行记账分录

（十三）福利费、工会经费（表 4-82）

表 4-82 福利费、工会经费主要账务处理

业务类型			借方	贷方
福利费	计提时		业务活动费用——计提专用基金 单位管理费用——计提专用基金	专用结余——职工福利基金——提取转入的福利基金
	使用时	使用从非财政拨款结余中提取的基金时	专用结余——职工福利基金——提取转入的福利基金——从非财政拨款结余中提取的基金	银行存款、库存现金
		使用从预算收入中提取并计入费用的基金时	专用结余——职工福利基金——提取转入的福利基金——从预算收入中提取并计入费用的基金	银行存款、库存现金
工会经费			事业支出（行政支出）——商品和服务支出——工会经费	其他应付款、银行存款、库存现金

1. 福利费

（1）计提时

基础数据录入如图 4-677 所示。

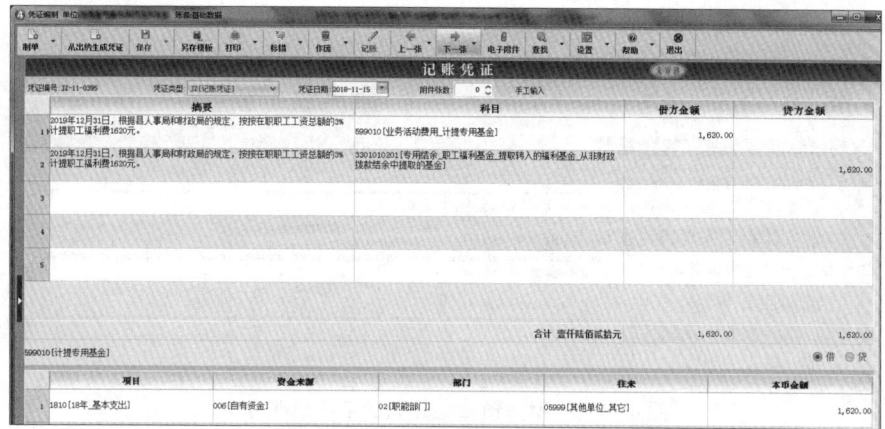

图 4-677 基础数据录入界面

财务预算平行记账如图 4-678 所示。

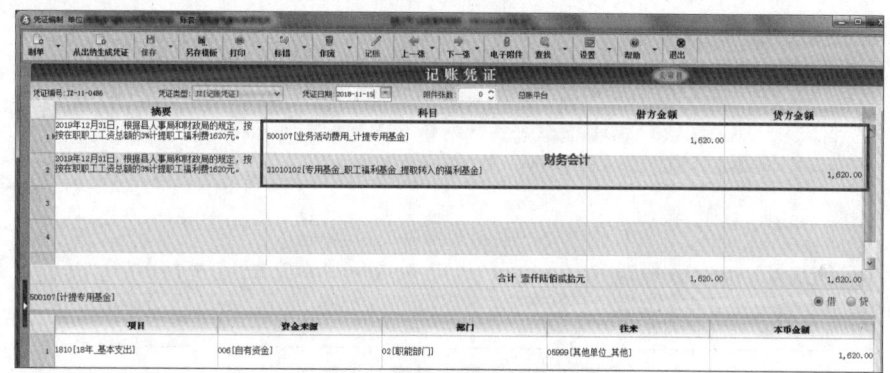

图 4-678 财务预算会计凭证

（2）使用时

①从本年度非财政拨款结余或经营结余中提取的职工福利基金

基础数据录入如图 4-679 所示。

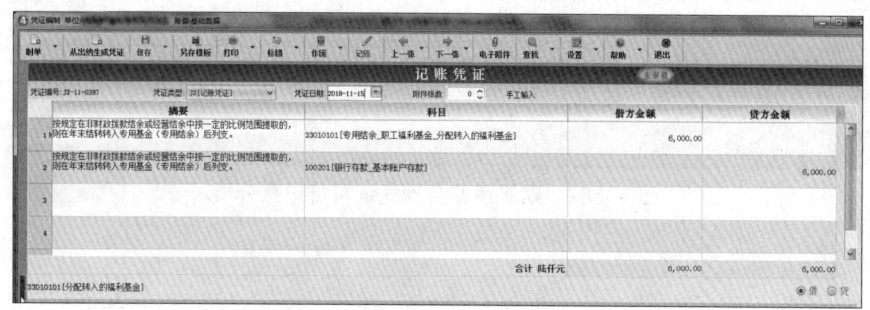

图 4-679 基础数据录入界面

财务预算平行记账如图 4-680 所示。

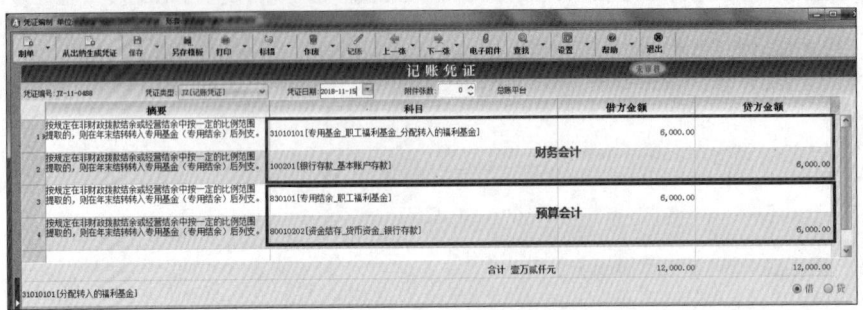

图 4-680　财务预算会计凭证平行记账分录

②使用从预算收入中提取并计入费用的基金时

基础数据录入如图 4-681 所示。

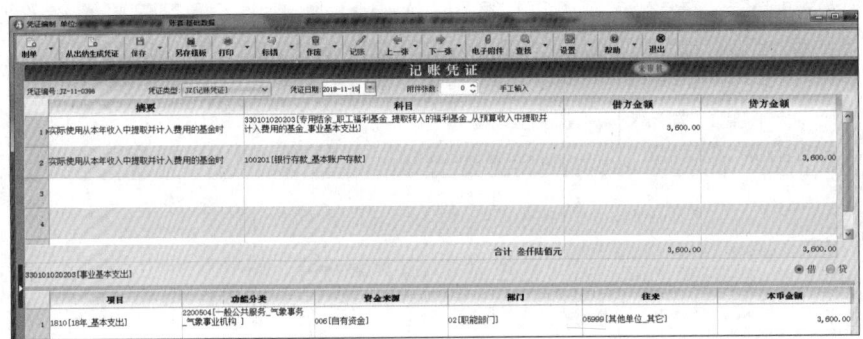

图 4-681　基础数据录入界面

财务预算平行记账如图 4-682 所示。

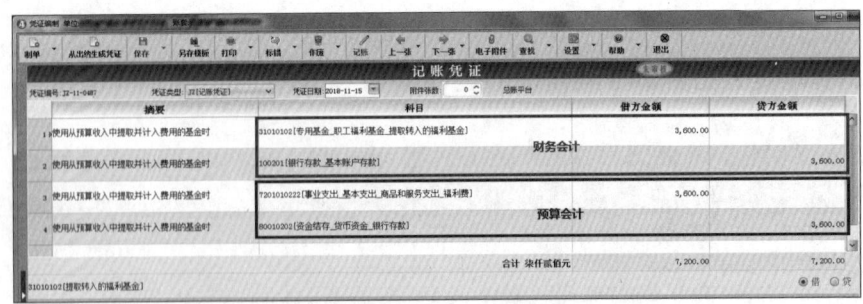

图 4-682　财务预算会计凭证平行记账分录

2. 工会经费

基础数据录入如图 4-683 所示。

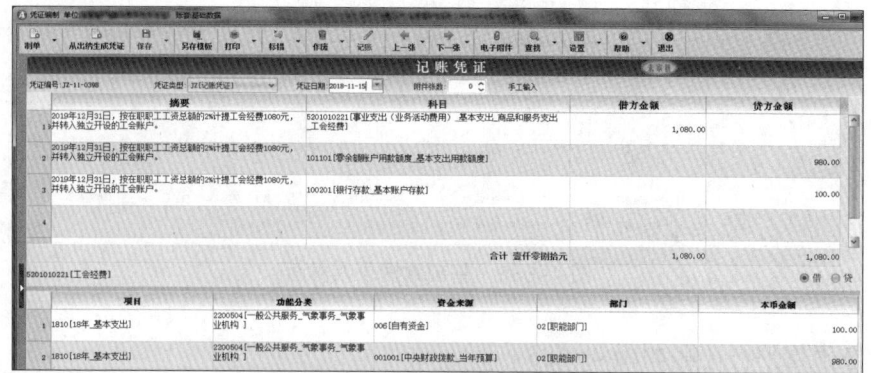

图 4-683 基础数据录入界面

财务预算平行记账如图 4-684 所示。

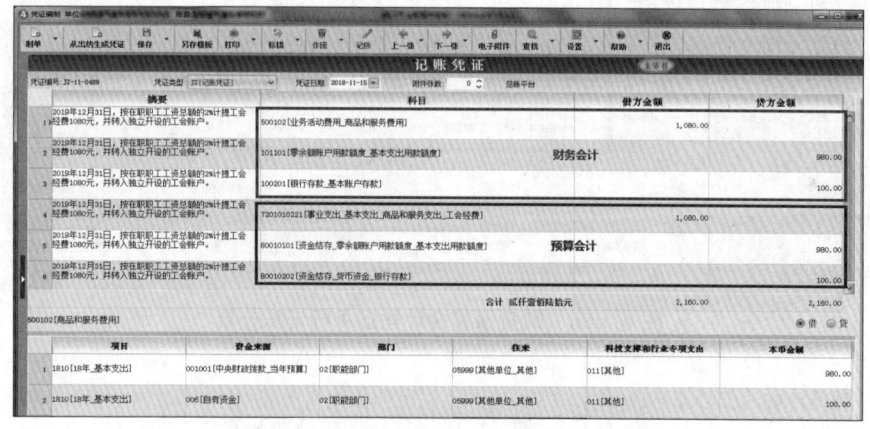

图 4-684 财务预算会计凭证平行记账分录

（十四）为履职或开展业务活动发生其他各项费用（表 4-83）

表 4-83 其他各项费用主要账务处理

业务类型	借方	贷方
按照费用确认金额	行政支出、事业支出	财政拨款预算收入、零余额账户用款额度、银行存款、应付账款、其他应付款、其他应收款

基础数据录入如图 4-685 所示。

图 4-685　基础数据录入界面

财务预算平行记账如图 4-686 所示。

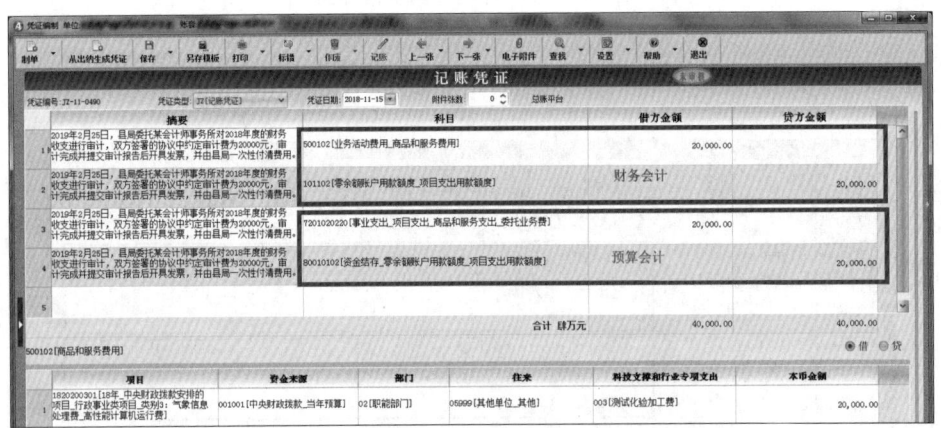

图 4-686　财务预算会计凭证平行记账分录

（十五）公务卡、单位卡、储蓄卡报销业务（表 4-84）

表 4-84　公务卡、单位卡、储蓄卡报销业务主要账务处理

业务类型	借方	贷方
报销时	行政支出 事业支出	其他应付款——待清算报销额度—— 待清算公务卡报销额度 其他应付款——待清算报销额度—— 待清算储蓄卡报销额度
还公务卡、储蓄卡时	其他应付款——待清算报销额度—— 待清算公务卡报销额度 其他应付款——待清算报销额度—— 待清算储蓄卡报销额度	零余额账户用款额度 银行存款

1. 公务卡

（1）报销时

基础数据录入如图 4-687 所示。

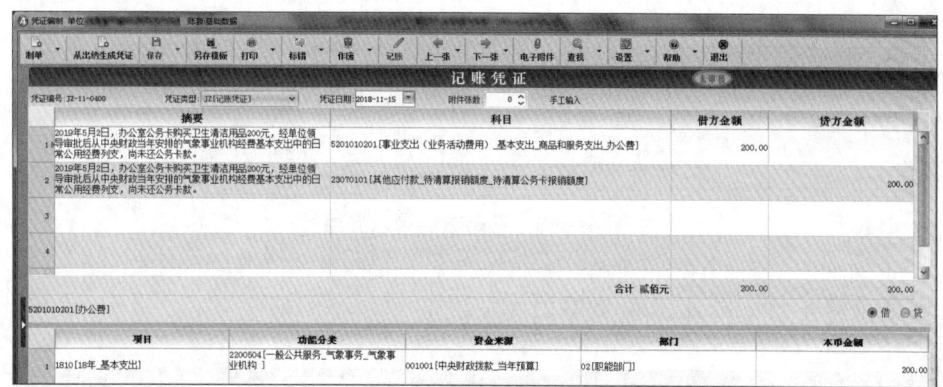

图 4-687　基础数据录入界面

财务预算平行记账如图 4-688 所示。

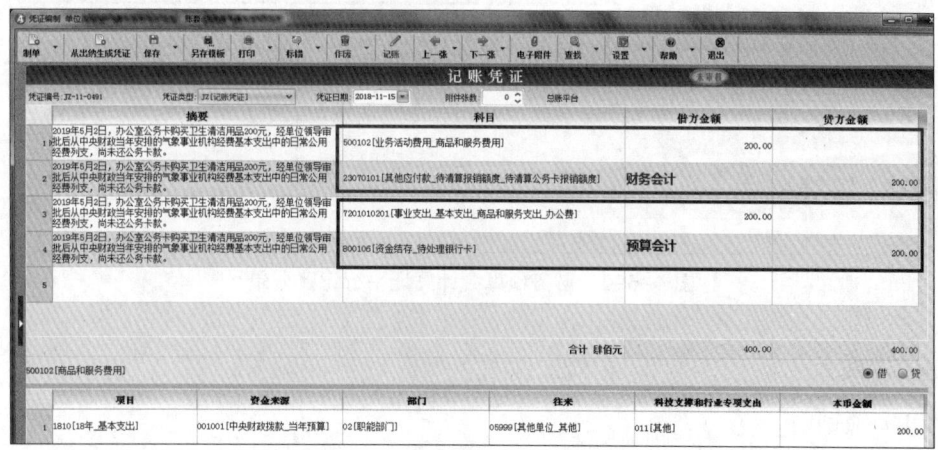

图 4-688　财务预算会计凭证平行记账分录

（2）还款时

基础数据录入如图 4-689 所示。

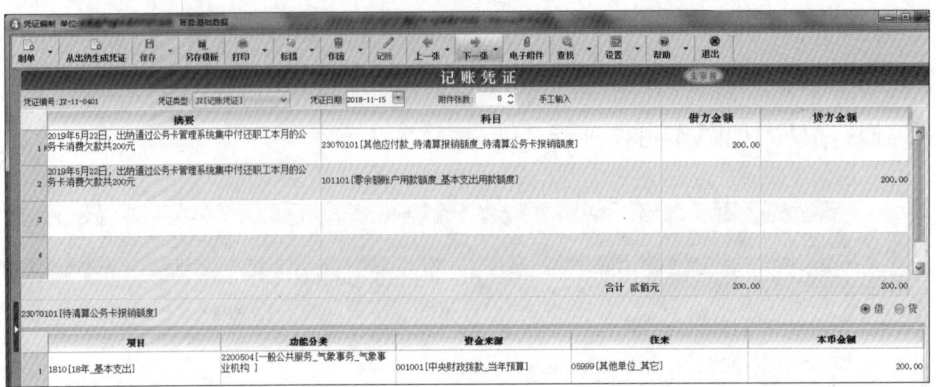

图 4-689　基础数据录入界面

财务预算平行记账如图 4-690 所示。

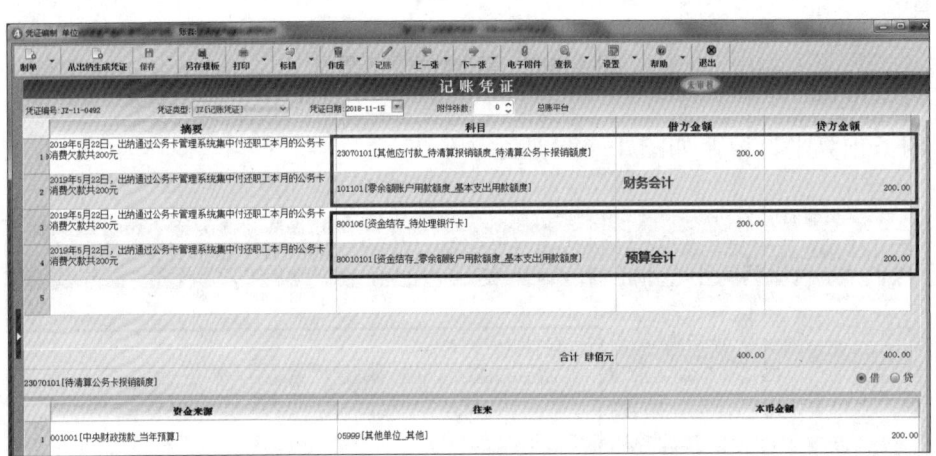

图 4-690　财务预算会计凭证平行记账分录

2. 储蓄卡

（1）报销时

基础数据录入如图 4-691 所示。

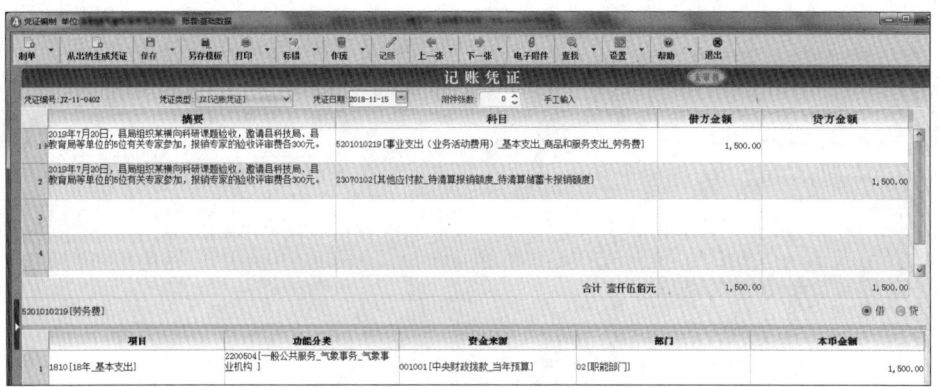

图 4-691　基础数据录入界面

财务预算平行记账如图 4-692 所示。

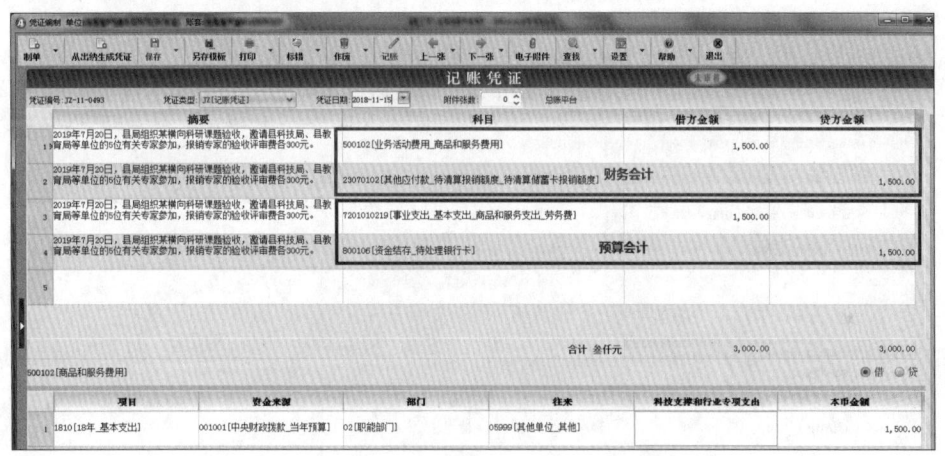

图 4-692　财务预算会计凭证平行记账分录

（2）还款时

基础数据录入如图 4-693 所示。

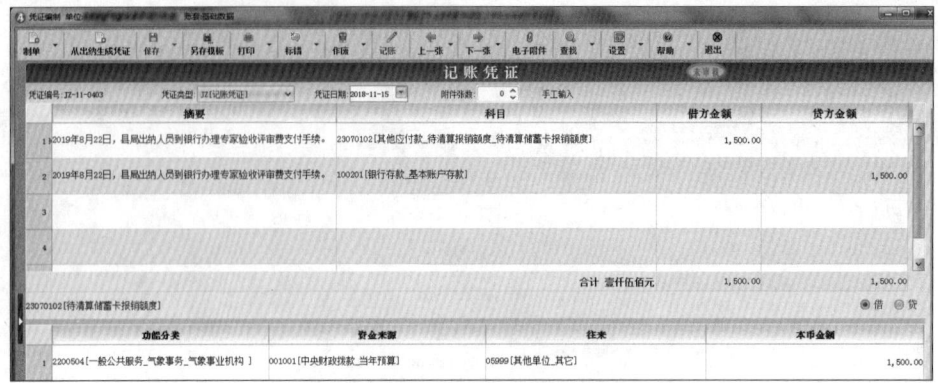

图 4-693 基础数据录入界面

财务预算平行记账如图 4-694 所示。

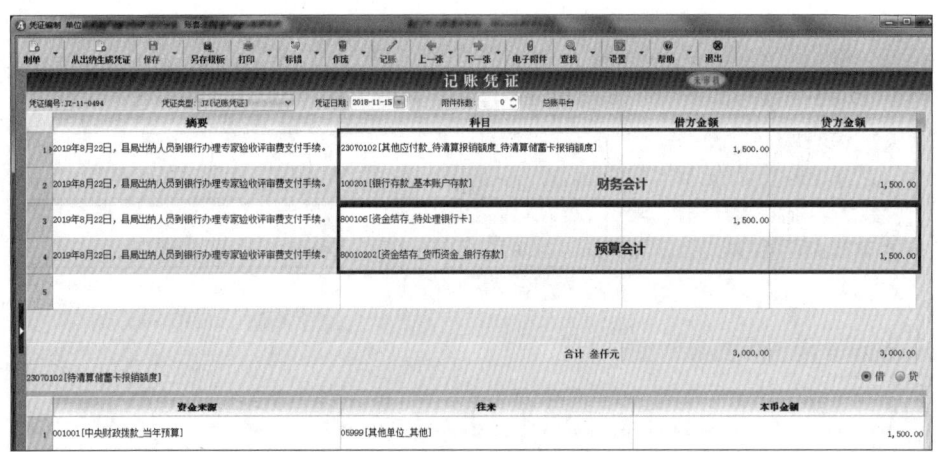

图 4-694 财务预算会计凭证平行记账分录

二、上缴上级费用（上缴上级支出）

上缴上级费用是指事业单位按照财政部门和主管部门的规定上缴上级单位款项发生的费用。

为核算事业单位按照财政部门和主管部门的规定上缴上级单位款项发生的费用，应设置"上缴上级费用"科目，该账户属于费用类账户。借方登记实际上缴的金额或者按照规定计算出应当上缴上级单位的金额；贷方登记转回或结转数；平时"上缴上级费用"科目的借方余额反映事业单位按照财政部门和主管部门的规定上缴上级单位款项发生的费用累计数。年终结账时，将该账户的借方余额转入"本期盈余"账户。结账后,该账户无余额。

"上缴上级支出"科目核算事业单位按照财政部门和主管部门的规定上缴上级单位款项发生的现金流出。

上缴上级费用(上缴上级支出)的主要账务处理如表 4-85 所示。

表 4-85 上缴上级费用(上缴上级支出)主要账务处理

业务类型			借方	贷方
按照实际上缴的金额或者按照规定计算出应当上缴的金额	直接缴纳		上缴上级支出	银行存款
	资金困难需要周转	计提时	上缴上级支出	其他应付款——其他——上缴上级支出
		缴纳时	其他应付款——其他——上缴上级支出	银行存款

1. 直接缴纳

基础数据录入如图 4-695 所示。

图 4-695 基础数据录入界面

财务预算平行记账如图 4-696 所示。

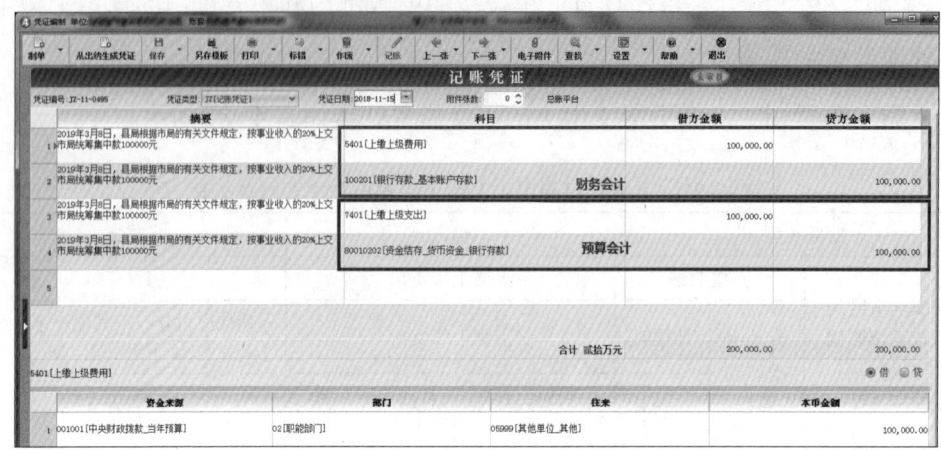

图 4-696　财务预算会计凭证平行记账分录

2. 资金周转困难需要周转

（1）计提时

基础数据录入如图 4-697 所示。

图 4-697　基础数据录入界面

财务预算平行记账如图 4-698 所示。

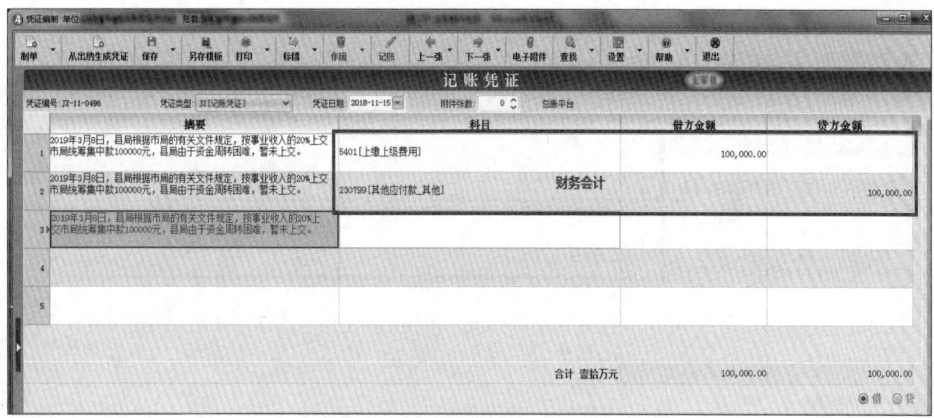

图 4-698　财务预算会计凭证

（2）缴纳时

基础数据录入如图 4-699 所示。

图 4-699　基础数据录入界面

财务预算平行记账如图 4-700 所示。

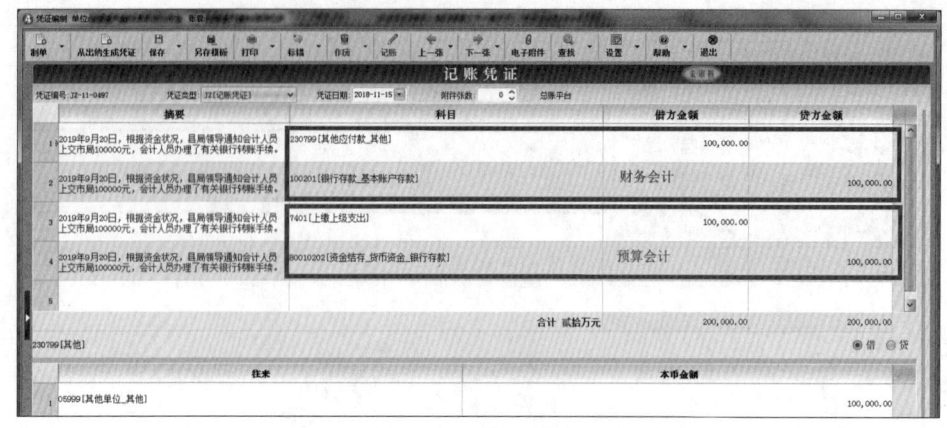

图 4-700 财务预算会计凭证平行记账分录

三、对附属单位补助费用（对附属单位补助支出）

对附属单位补助费用是指事业单位用财政拨款收入之外的收入对附属单位补助发生的费用。为核算事业单位用财政拨款收入之外的收入对附属单位补助发生的费用，应设置"对附属单位补助费用"科目，该账户属于费用类账户。借方登记实际补助的金额或者按照规定计算出应当对附属单位补助的金额；贷方登记转回数或结转数；平时"对附属单位补助费用"科目的借方余额反映事业单位用财政拨款收入之外的收入对附属单位补助发生的费用累计数。年终结账时，将该账户的借方余额转入"本期盈余"账户。结账后，该账户无余额。

对附属单位补助支出是指事业单位用财政拨款预算收入之外的收入对附属单位补助发生的现金流出。对附属单位补助支出科目借方核算实际补助的金额。年末，将本科目本年发生额转入其他结余，借记"其他结余"科目，贷记"对附属单位补助支出"科目。年末结转后，"对附属单位补助支出"科目应无余额。

对附属单位补助费用（对附属单位补助支出）的主要账务处理如表 4-86 所示。

表 4–86　对附属单位补助费用（对附属单位补助支出）主要账务处理

业务类型		借方	贷方
按照实际补助的金额或者按照规定计算出应当补助的金额	直接拨款	对附属单位补助支出	银行存款
	未能拨款 计提时	对附属单位补助支出	其他应付款——其他——对附属单位的补助支出
	未能拨款 拨付时	其他应付款——其他——对附属单位的补助支出	银行存款

1. 直接拨款

基础数据录入如图 4–701 所示。

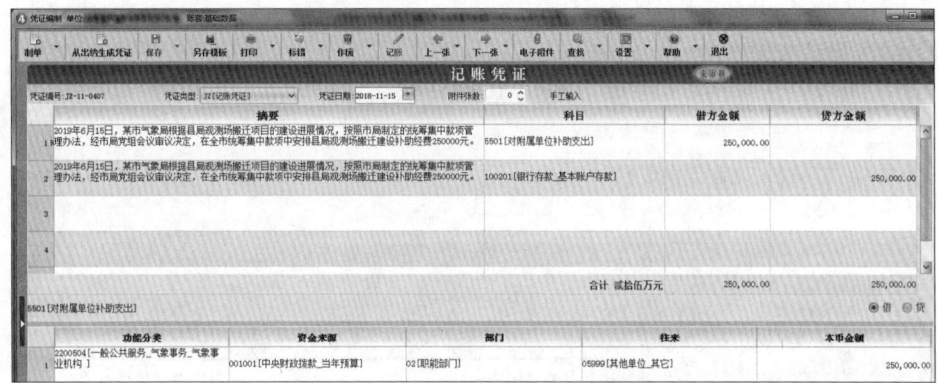

图 4–701　基础数据录入界面

财务预算平行记账如图 4–702 所示。

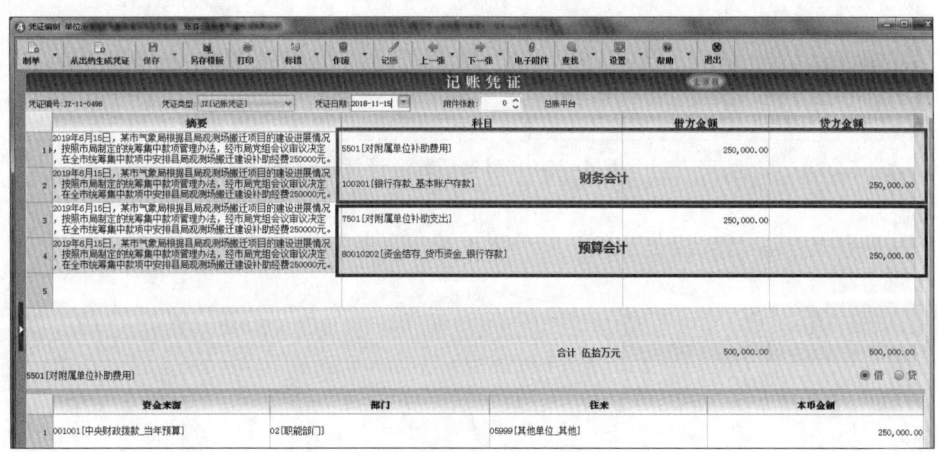

图 4–702　财务预算会计凭证平行记账分录

2. 未能拨款

（1）计提时

基础数据录入如图 4-703 所示。

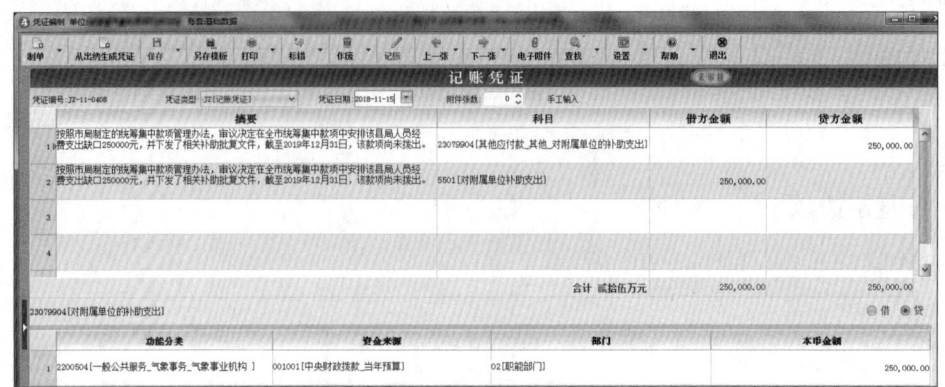

图 4-703　基础数据录入界面

财务预算平行记账如图 4-704 所示。

图 4-704　财务预算会计凭证

（2）拨付时

基础数据录入如图 4-705 所示。

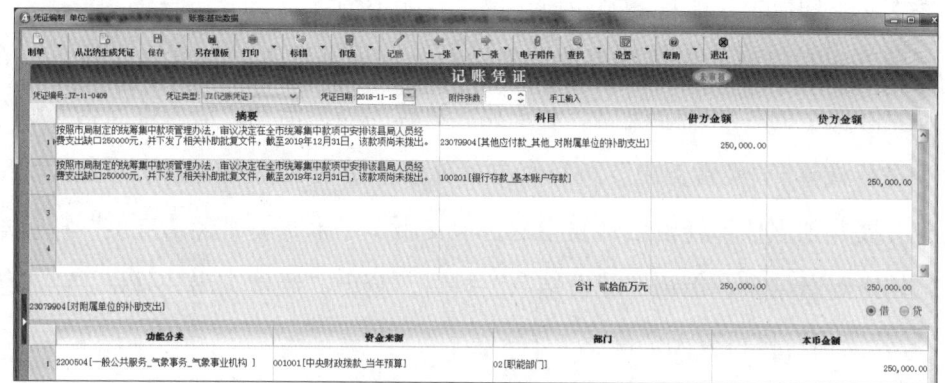

图 4-705　基础数据录入界面

财务预算平行记账如图 4-706 所示。

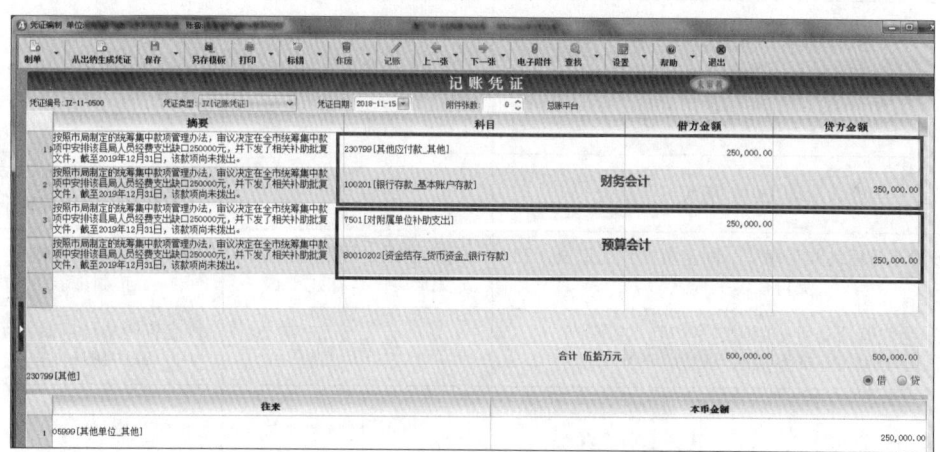

图 4-706　财务预算会计凭证平行记账分录

四、经营费用（经营支出）（见事业支出的具体要求）

经营费用是指事业单位在专业业务活动及其辅助活动之外开展非独立核算经营活动发生的各项费用。为核算事业单位在专业业务活动及其辅助活动之外开展非独立核算经营活动发生的各项费用情况，应设置"经营费用"科目，该账户属于费用类账户。借方登记应计或者实际的经营费用；贷方登记当年购货退回等业务结转数;平时"经营费用"科目的借方余额反映事业单位在专业业务活动及其辅助活动之外开展非独立核算经营活动发生经营费用累计数。年终结账时,将该账户的借方余额转入"本期盈余"账户。结账后,该账户无余额。

经营支出是指事业单位在专业业务活动及其辅助活动之外开展非独立核算经营活动实际发生的各项现金流出。对于独立核算的经营活动,应当按照企业财务制度单独进行核算。"经营支出"科目借方核算事业单位在专业业务活动及其辅助活动之外开展非独立核算经营活动发生的各项支出。年末,将"经营支出"科目本年发生额转入经营结余,借记"经营结余"科目,贷记"经营支出"科目。年末结转后,"经营支出"科目应无余额。

经营费用(经营支出)的主要账务处理如表4-87和表4-88所示。

表4-87 经营费用(经营支出)主要账务处理-1

业务类型			借方	贷方
为经营活动人员支付职工薪酬			见事业支出的具体要求	
开展经营活动领用或发出库存物品等			经营支出	库存物品
为经营活动支付外部人员劳务费			经营支出	代扣代缴的个人所得税、银行存款、库存现金
为开展经营活动购买存货、固定资产、无形资产和支付在建工程款			库存物品、固定资产、无形资产、在建工程	银行存款、库存现金、应付账款
为经营活动所使用固定资产和无形资产计提折旧、摊销			经营费用	固定资产累计折旧、无形资产累计摊销
开展经营活动发生的预付款项	预付账款	按照实际支付的金额	预付账款	银行存款
		结算时	经营支出	预付账款、银行存款
	暂付款项	在支付款项时	其他应收款——其他	银行存款
		待结算或报销时	经营支出	其他应收款——其他银行存款

表 4-88　经营费用（经营支出）主要账务处理 - 2

业务类型		借方	贷方
开展经营活动发生应负担的相关税费	发生相关税费时	经营支出	其他应缴税费
	缴纳时	其他应缴税费	银行存款
开展经营活动发生购货退回或差错更正	发生当年购货退回或者当年差错更正	银行存款、其他应收款	经营支出
	发生以前年度购货退回或者以前年度差错更正	银行存款、库存现金、其他应收款	非财政拨款结余——年初余额调整

注意：财务会计中的累计盈余调整通过系统自动带出。涉及负数冲销业务，系统无法准确判断借贷方，因此在生成事业后需要会计将贷方改为借方负数。

五、资产处置费用

资产处置费用是指单位经批准处置资产时发生的费用，包括转销的被处置资产价值，以及在处置过程中发生的相关费用或者处置收入小于相关费用形成的净支出。资产处置的形式按照规定包括无偿调拨、出售、出让、转让、置换、对外捐赠、报废、毁损及货币性资产损失核销等。

为核算单位经批准处置资产时发生的费用，应设置"资产处置费用"科目，该账户属于费用类账户。借方登记处置支出资产的账面价值、处置资产过程中发生的费用及处置收入小于相关费用形成的净支出等；贷方登记转出数或结转数；平时"资产处置费用"科目的借方余额反映核算单位经批准处置资产时发生的费用累计数。年终结账时，将该账户的借方余额转入"本期盈余"账户。结账后，该账户无余额。

资产处置费用的主要账务处理如下。

（一）不通过"待处理财产损益"科目核算的资产处置（表 4-89）

表 4-89　资产处置费用主要账务处理 - 1

业务类型	借方	贷方
处置资产过程中不发生相关收入和费用的	资产处置费用、固定资产累计折旧、无形资产累计摊销	固定资产、无形资产、其他应收款、在建工程
处置资产过程中仅发生相关费用的，除了上述分录外，还应按照实际支付的金额	资产处置费用	银行存款、库存现金
处置资产过程中取得收入和发生相关费用的 涉及多借多贷，不能通过记账平台自动生成，需要在事业账套手工录入	资产处置费用（借方差额）、固定资产累计折旧、无形资产累计摊销、银行存款、库存现金（取得收入）	固定资产、无形资产、其他应收款、在建工程、银行存款、库存现金（支付相关费用）、其他预算收入（贷方差额）

1. 处置资产过程中不发生相关收入和费用的

基础数据录入如图 4-707 所示。

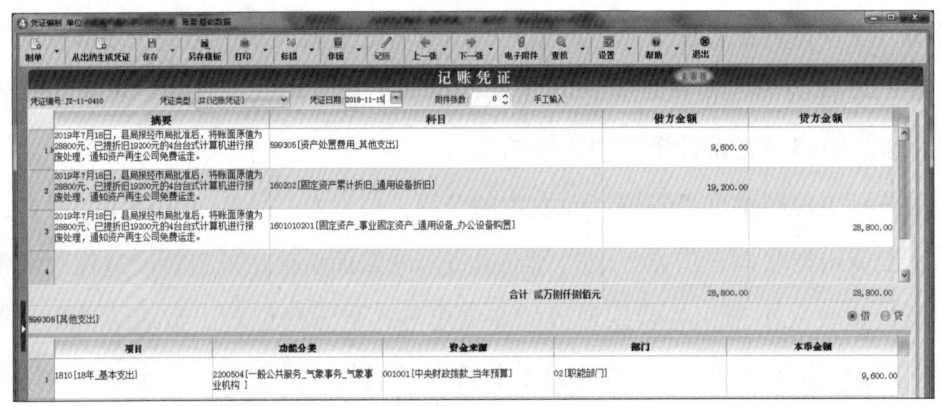

图 4-707　基础数据录入界面

财务预算平行记账如图 4-708 和图 4-709 所示。

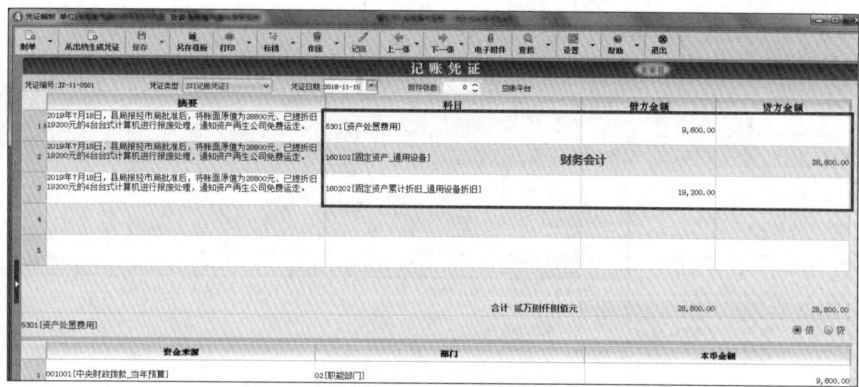

图 4-708　财务预算会计凭证 – 1

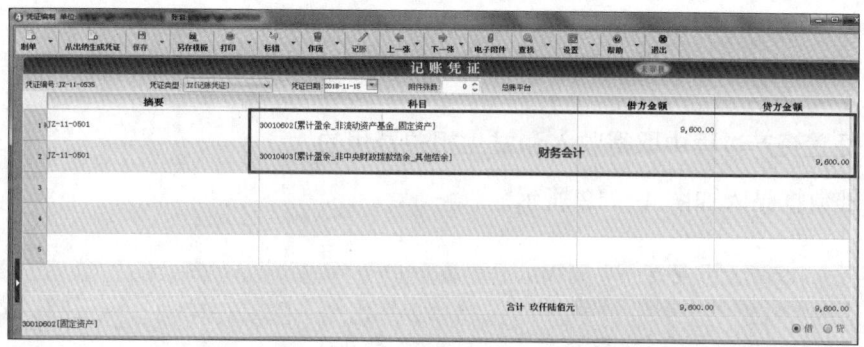

图 4-709　财务预算会计凭证 – 2

2. 处置资产过程中仅发生相关费用的，除按上述的账务处理外，还应按照实际发生的费用金额

基础数据录入如图 4-710 所示。

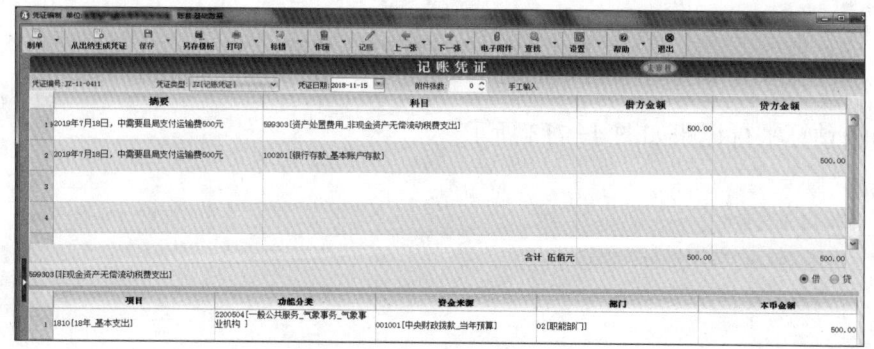

图 4-710　基础数据录入界面

财务预算平行记账如图4-711所示。

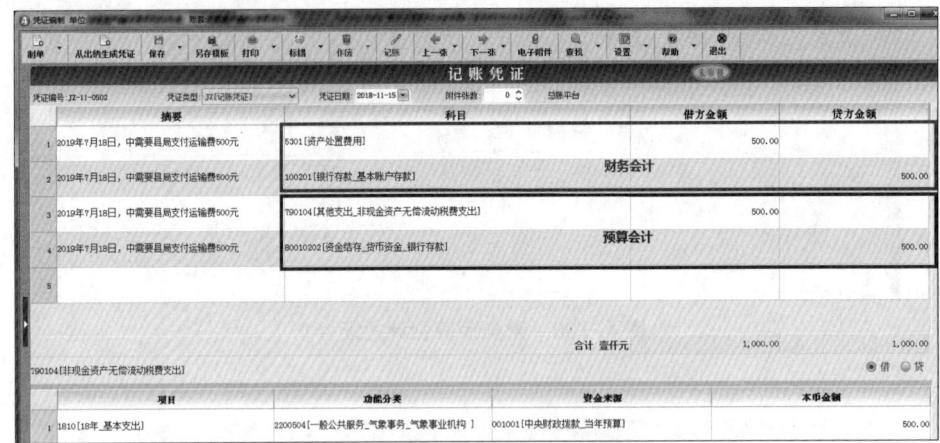

图4-711　财务预算会计凭证平行记账分录

3.处置资产过程中取得收入和发生相关费用的

基础数据录入如图4-712所示。

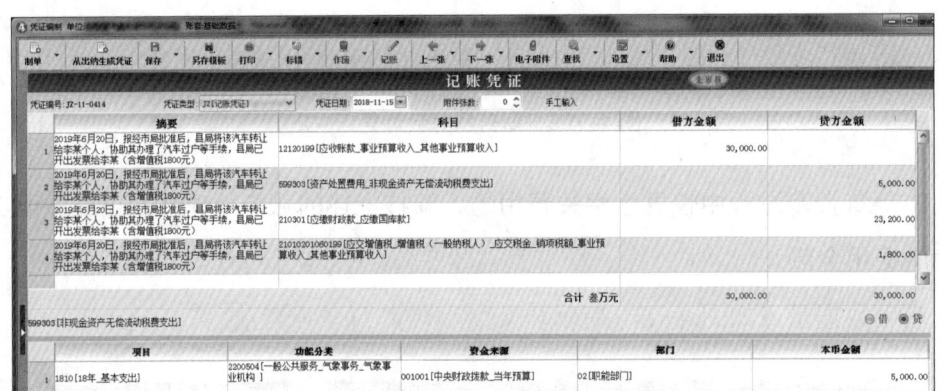

图4-712　基础数据录入界面

财务预算平行记账如图4-713所示。

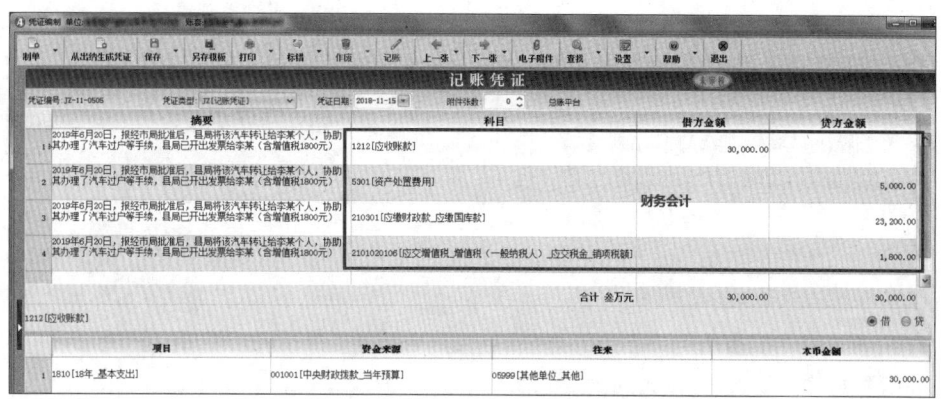

图 4-713　财务预算会计凭证

(二)通过"待处理财产损益"科目核算的资产处置(表 4-90)

表 4-90　资产处置费用主要账务处理 - 2

业务类型		借方	贷方
单位账款核对中发现现金短缺,属于无法查明原因,报经批准核销的		资产处置费用	待处理财产损益
单位资产清查过程中盘亏或者毁损、报废的存货、固定资产、无形资产、文物文化资产等,报经批准处理的	按照处理资产价值	资产处置费用	待处理财产损益
	处理收支结算时	资产处置费用	待处理财产损益

1. 单位账款核对中发现现金短缺,属于无法查明原因,报经批准核销的

基础数据录入如图 4-714 所示。

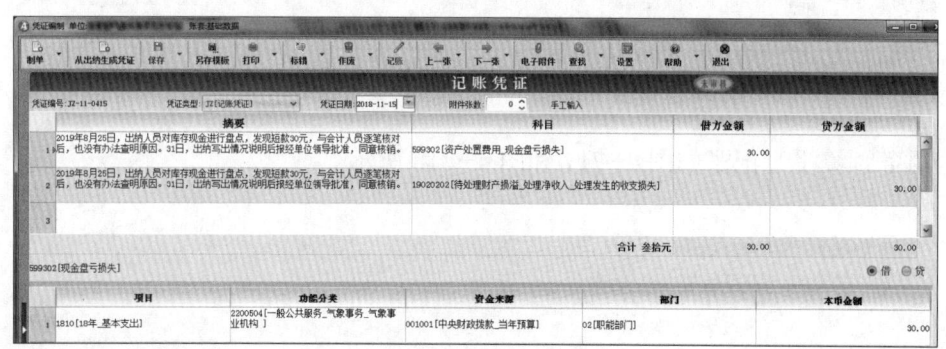

图 4-714　基础数据录入界面

财务预算平行记账如图 4-715 所示。

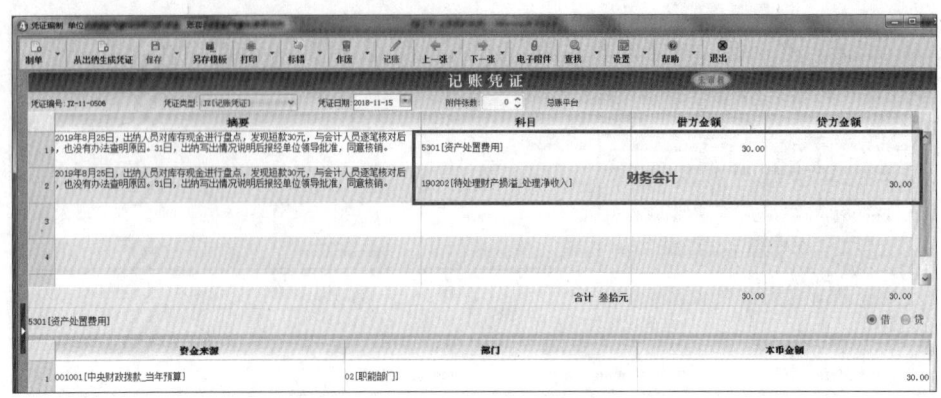

图 4-715 财务预算会计凭证

2. 单位资产清查过程中盘亏或者毁损、报废的存货、固定资产、无形资产、文物文化资产等，报经批准处理的

（1）按照处理资产价值

基础数据录入如图 4-716 所示。

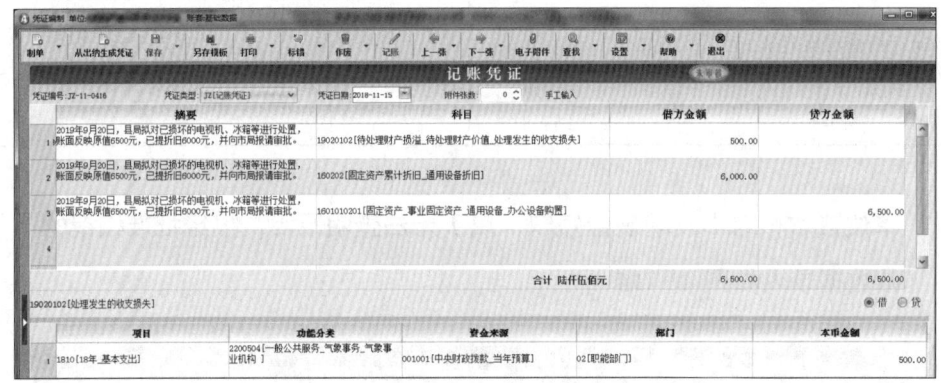

图 4-716 基础数据录入界面

财务预算平行记账如图 4-717 和图 4-718 所示。

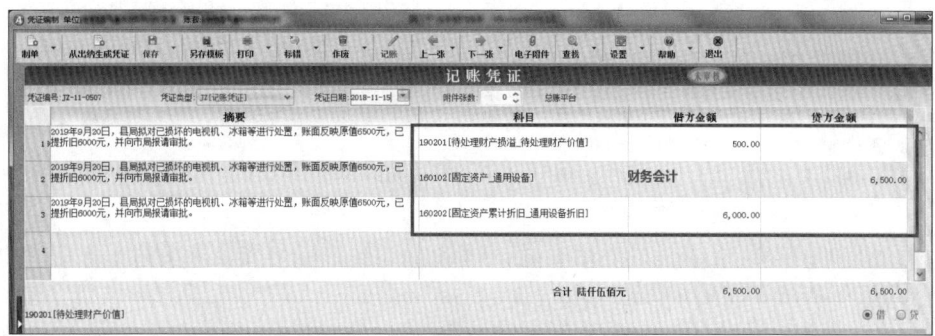

图4-717　财务预算会计凭证－1

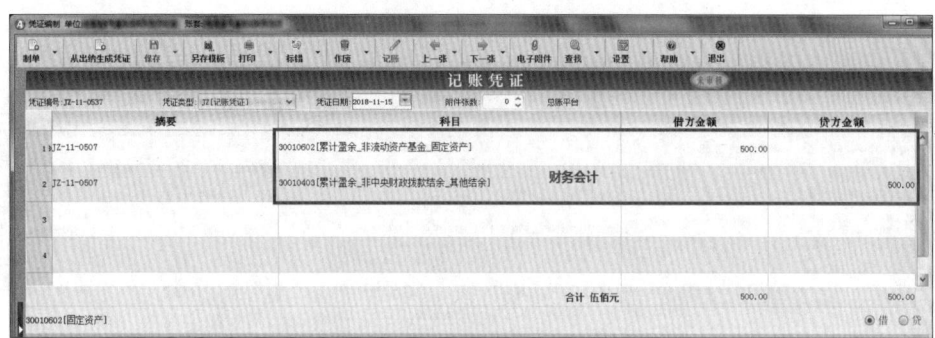

图4-718　财务预算会计凭证－2

（2）处理收支结算时

基础数据录入如图4-719至图4-721所示。

图4-719　基础数据录入界面－1

图 4-720　基础数据录入界面 -2

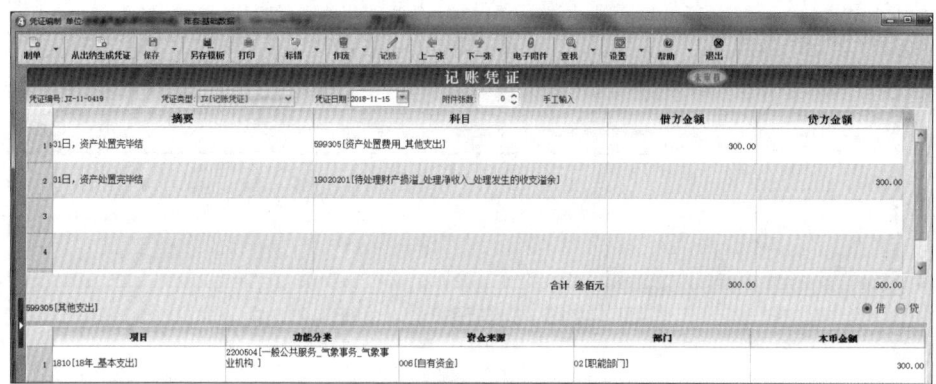

图 4-721　基础数据录入界面 -3

财务预算平行记账如图 4-722 至图 4-724 所示。

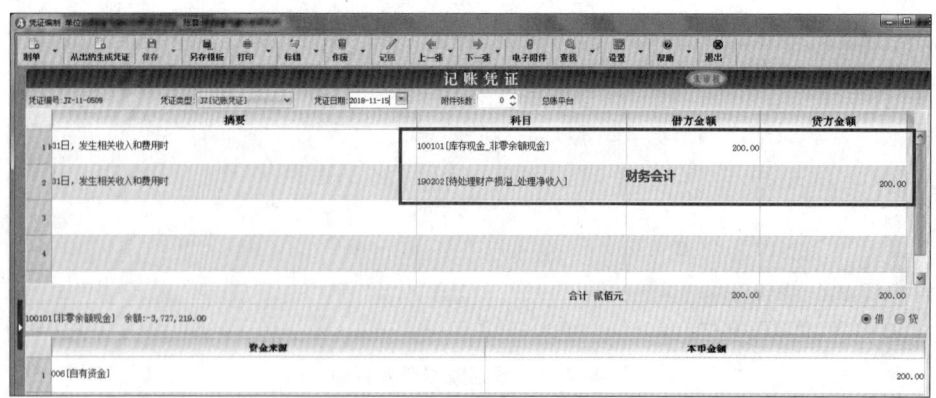

图 4-722　财务预算会计凭证 - 1

图 4-723　财务预算会计凭证-2

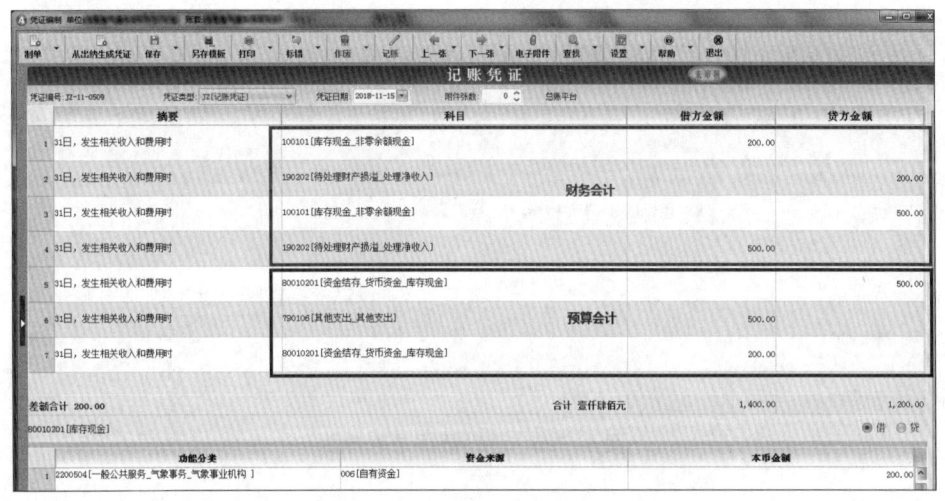

图 4-724　财务预算会计凭证平行记账分录-3

六、所得税费用

所得税费用是指有企业所得税缴纳义务的事业单位按规定缴纳企业所得税所形成的费用。

为核算事业单位按规定缴纳企业所得税所形成的费用，应设置"所得税费用"科目，该账户属于费用类账户。借方登记发生的所得税费用；贷方登记转回数或结转数；平时该账户的借方余额反映累计发生的所得税金额。年终结账时，将该账户的借方余额转入"本期盈余"账户。结账后，该账户无余额。

所得税费用的主要账务处理如表 4-91 所示。

表 4-91　所得税费用主要账务处理

业务类型		借方	贷方
计算应缴纳企业所得税		所得税费用	其他应缴税费——企业所得税
实际缴纳企业所得税		其他应缴税费——企业所得税	银行存款
汇算清缴发生以前年度企业所得税补缴	申报时	非财政拨款结余——年初余额调整	其他应缴税费——企业所得税——以前年度企业所得税
	缴纳时	其他应缴税费——企业所得税——以前年度企业所得税	银行存款

1. 计算应缴纳企业所得税

基础数据录入如图 4-725 所示。

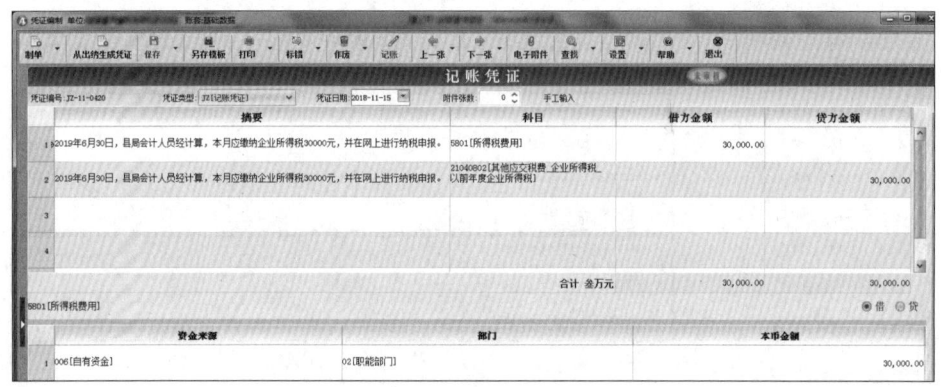

图 4-725　基础数据录入界面

财务预算平行记账如图 4-726 所示。

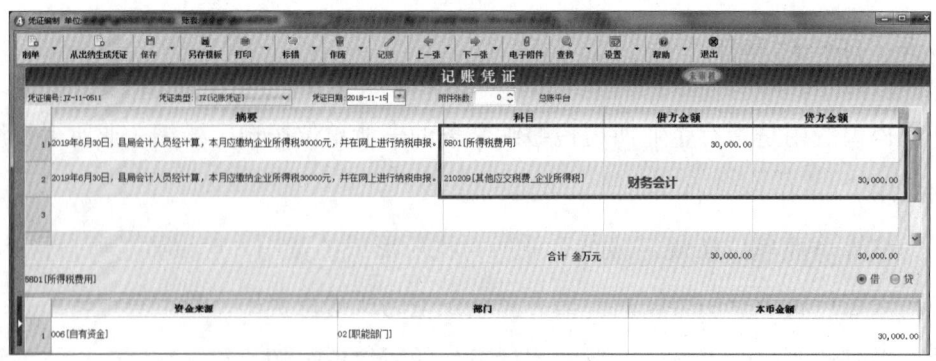

图 4-726　财务预算会计凭证

2. 实际缴纳企业所得税

基础数据录入如图 4-727 所示。

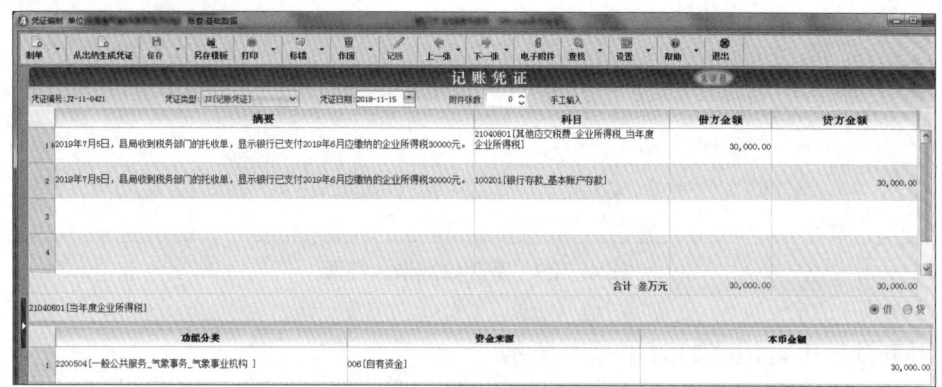

图 4-727　基础数据录入界面

财务预算平行记账如图 4-728 所示。

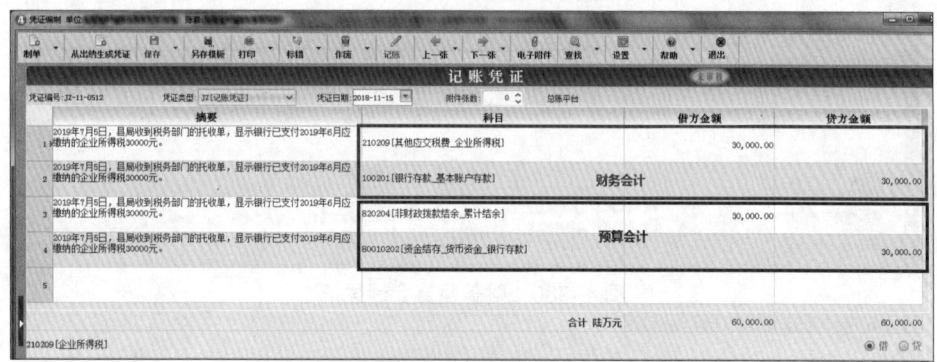

图 4-728　财务预算会计凭证平行记账分录

3. 汇算清缴发生以前年度所得税补缴

（1）申报时

基础数据录入如图 4-729 所示。

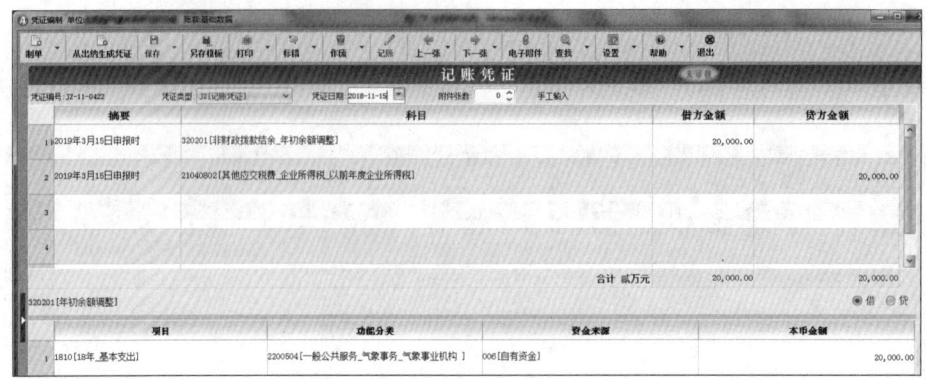

图 4-729 基础数据录入界面

财务预算平行记账如图 4-730 所示。

图 4-730 财务预算会计凭证

（2）缴纳时

基础数据录入如图 4-731 所示。

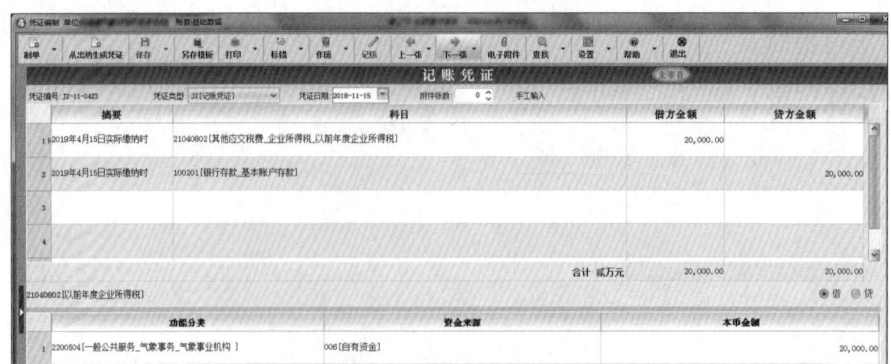

图 4-731 基础数据录入界面

财务预算平行记账如图 4-732 所示。

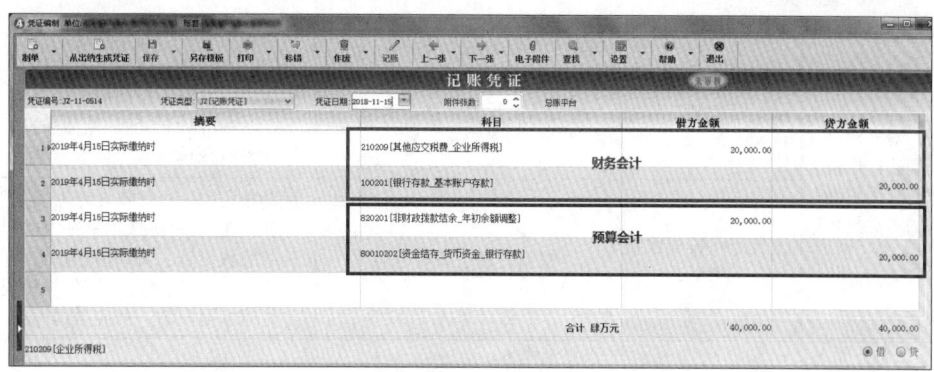

图 4-732　财务预算会计凭证平行记账分录

七、投资支出

投资支出是指事业单位以货币资金对外投资发生的现金流出。

"投资支出"科目核算事业单位以货币资金对外投资发生的现金流出。

"投资支出"科目应当按照投资类型、投资对象、《政府收支分类科目》中"支出功能分类科目"的项级科目和"部门预算支出经济分类科目"的款级科目等进行明细核算。年末，将"投资支出"科目本年发生额转入其他结余，借记"其他结余"科目，贷记"投资支出"科目。年末结转后，"投资支出"科目应无余额。

投资支出的主要账务处理如表 4-92 所示。

表 4-92　投资支出主要账务处理

业务类型		借方	贷方
以货币资金对外投资		短期投资、长期股权投资、长期债券投资	银行存款、库存现金
出售、对外转让或到期收回本年度以货币资金取得的对外投资	按规定将投资收益纳入单位预算管理	银行存款、库存现金 投资预算收益（借方差额）	短期投资、长期股权投资、长期债券投资 投资预算收益（贷方差额）
	按规定将投资收益上缴财政	银行存款、库存现金	短期投资、长期股权投资、长期债券投资 应缴财政款——应缴国库款

续表

业务类型		借方	贷方
出售、对外转让或到期收回以前年度以货币资金取得的对外投资	按规定将投资收益纳入单位预算管理	银行存款、库存现金 投资预算收益（贷方差额）	短期投资——以前年度短期投资、长期股权投资——成本——以前年度长期股权投资、长期债券投资——成本——以前年度长期债券投资 投资预算收益（贷方差额）
	按规定将投资收益上缴财政	银行存款、库存现金	短期投资——以前年度短期投资、长期股权投资——成本——以前年度长期股权投资、长期债券投资——成本——以前年度长期债券投资 应缴财政款——应缴国库款

1. 以货币资金对外投资

基础数据录入如图 4-733 所示。

图 4-733 基础数据录入界面

财务预算平行记账如图 4-734 和图 4-735 所示。

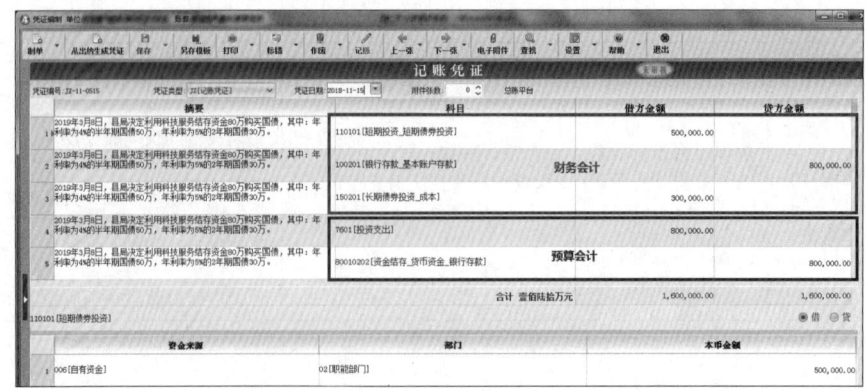

图 4-734 财务预算会计凭证平行记账分录

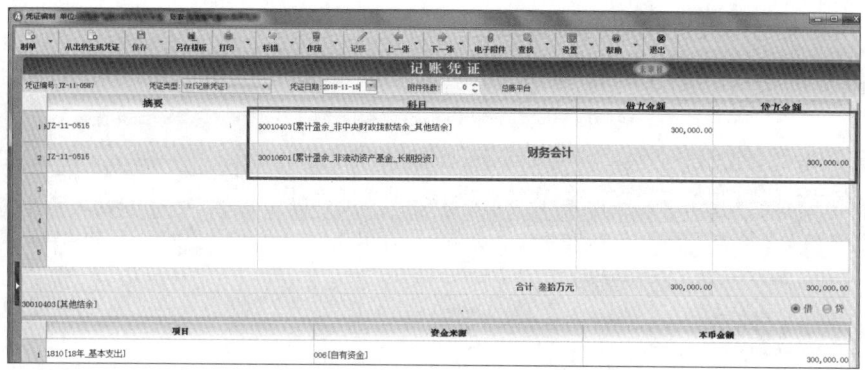

图 4-735　财务预算会计凭证

2. 出售、对外转让或到期收回本年度以货币资金取得的对外投资

（1）按规定将投资收益纳入单位预算管理

基础数据录入如图 4-736 所示。

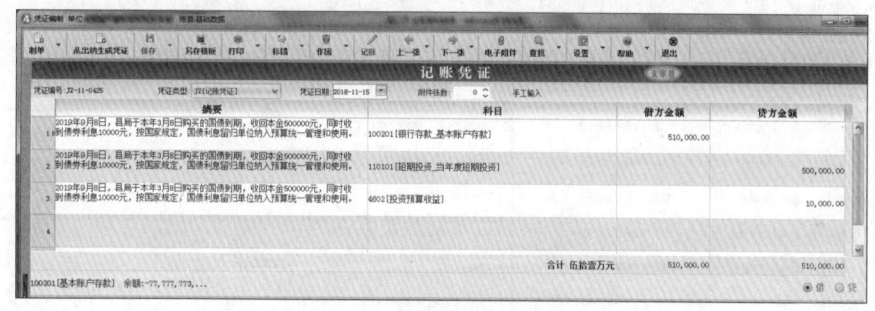

图 4-736　基础数据录入界面

财务预算平行记账如图 4-737 所示。

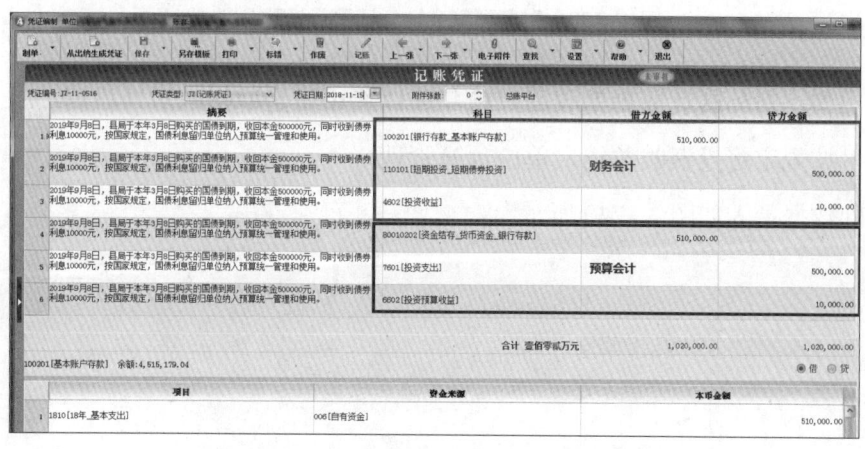

图 4-737　财务预算会计凭证平行记账分录

（2）按规定将投资收益上缴财政

基础数据录入如图4-738所示。

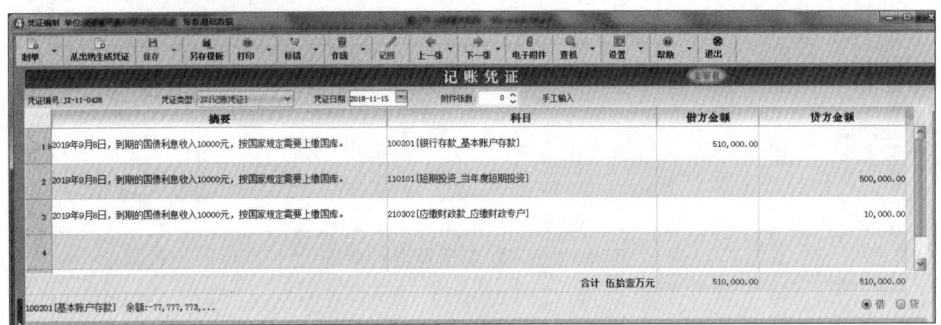

图4-738 基础数据录入界面

财务预算平行记账如图4-739所示。

图4-739 财务预算会计凭证平行记账分录

3. 出售、对外转让或到期收回以前年度以货币资金取得的对外投资

（1）按规定将投资收益纳入单位预算管理

基础数据录入如图4-740所示。

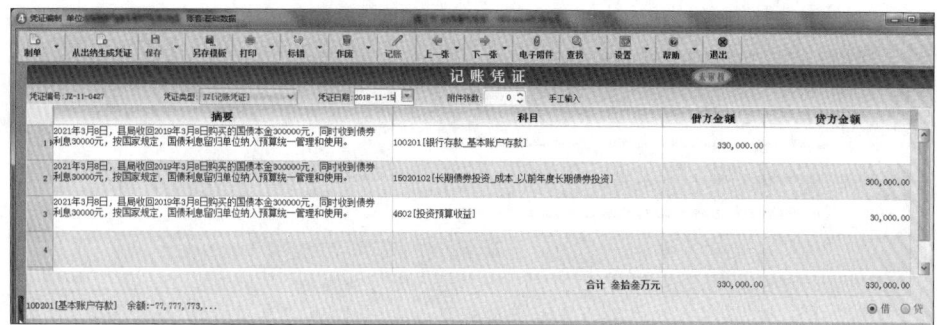

图 4-740 基础数据录入界面

财务预算平行记账如图 4-741 和图 4-742 所示。

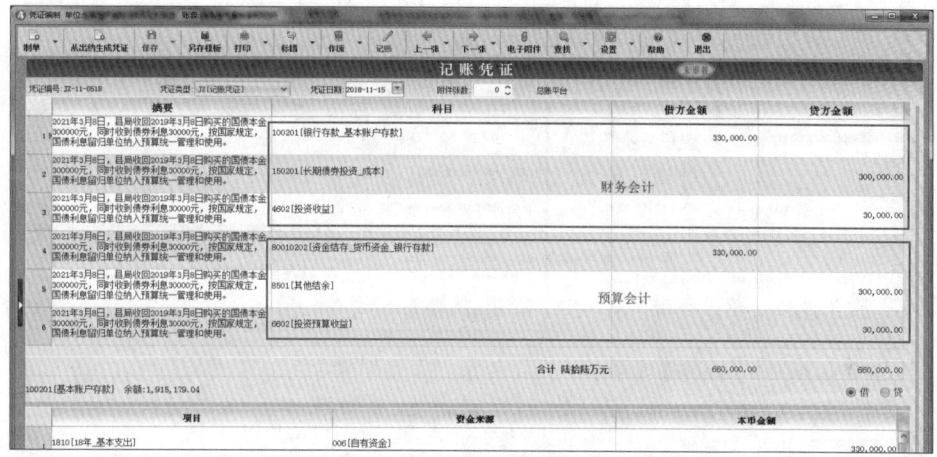

图 4-741 财务预算会计凭证平行记账分录

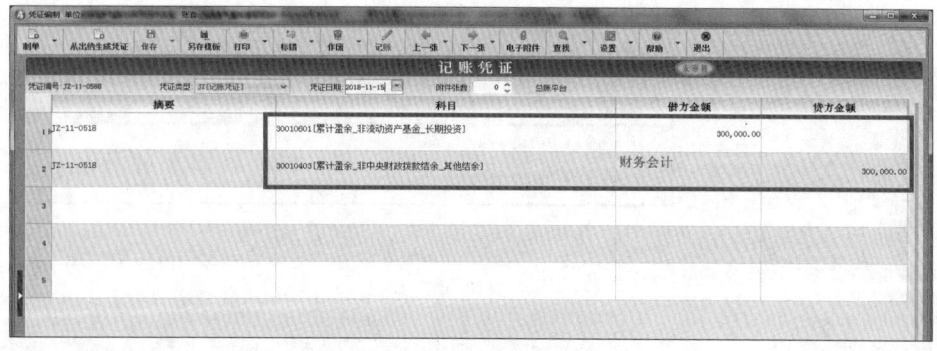

图 4-742 财务预算会计凭证

（2）按规定将投资收益上缴财政

基础数据录入如图 4-743 所示。

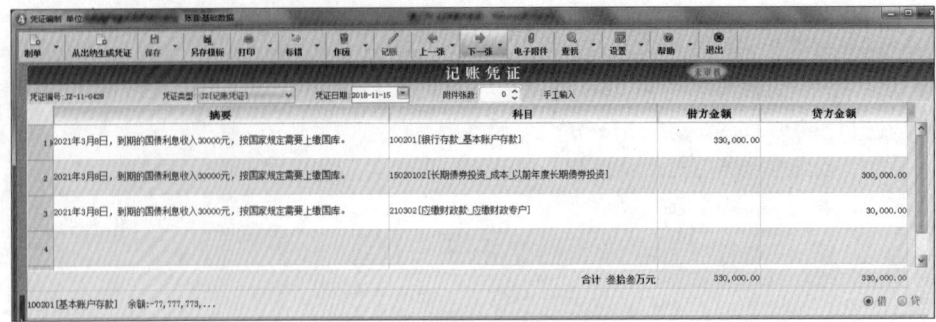

图 4-743 基础数据录入界面

财务预算平行记账如图 4-744 和图 4-745 所示。

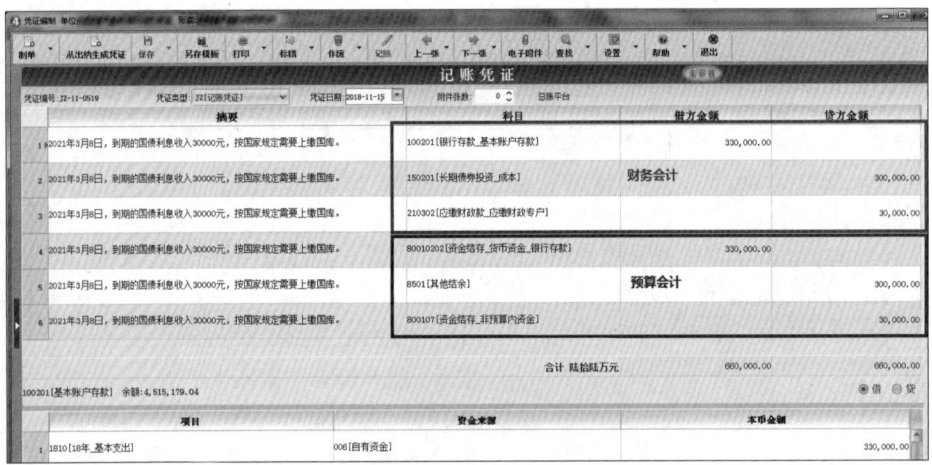

图 4-744 财务预算会计凭证平行记账分录

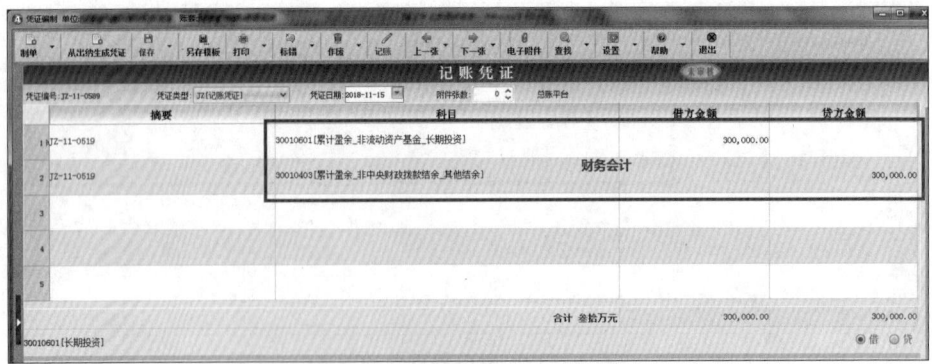

图 4-745 财务预算会计凭证

八、债务还本支出

债务还本支出是指事业单位偿还自身承担的纳入预算管理的从金融机构举借的债务本金的现金流出。

"债务还本支出"科目核算事业单位偿还自身承担的纳入预算管理的从金融机构举借的债务本金的现金流出。

"债务还本支出"科目应当按照贷款单位、贷款种类、《政府收支分类科目》中"支出功能分类科目"的项级科目和"部门预算支出经济分类科目"的款级科目等进行明细核算。年末，将"债务还本支出"科目本年发生额转入其他结余，借记"其他结余"科目，贷记"债务还本支出"科目。年末结转后，"债务还本支出"科目应无余额。

债务还本支出的主要账务处理如表 4-93 所示。

表 4-93 债务还本支出的主要账务处理

业务类型	借方	贷方
偿还借款本金	短期借款、长期借款	银行存款、库存现金

基础数据录入如图 4-746 所示。

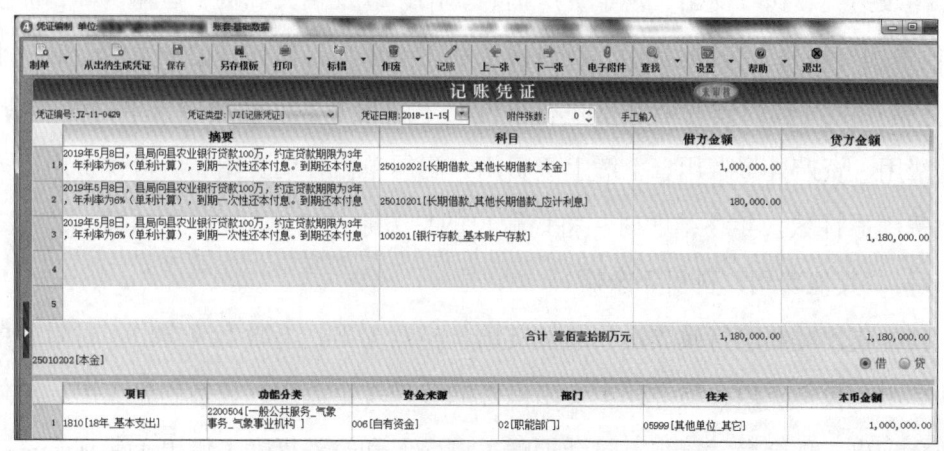

图 4-746 基础数据录入界面

财务预算平行记账如图 4-747 所示。

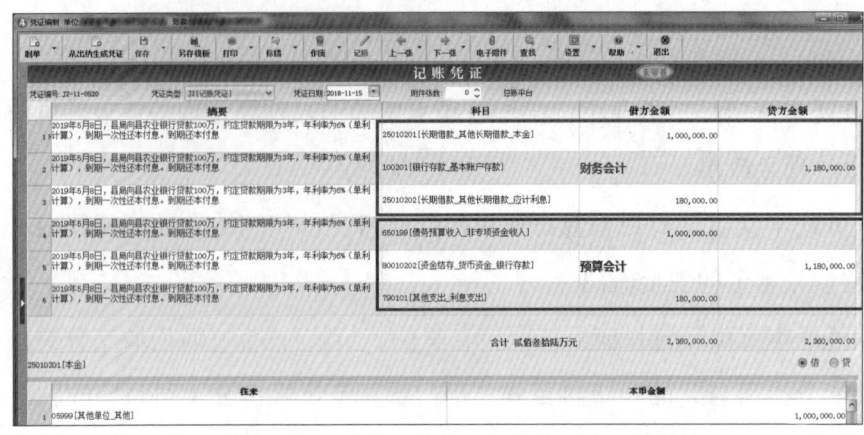

图 4-747　财务预算会计凭证平行记账分录

九、其他费用（其他支出）

其他费用核算单位发生的除业务活动费用、单位管理费用、经营费用、资产处置费用、上缴上级费用、附属单位补助费用、所得税费用以外的各项费用，包括利息费用、坏账损失、罚没支出、现金资产捐赠支出，以及相关税费、运输费等。

为核算单位发生的除业务活动费用、单位管理费用、经营费用、资产处置费用、上缴上级费用、附属单位补助费用、所得税费用以外的各项费用，包括利息费用、坏账损失、罚没支出、现金资产捐赠支出，以及相关税费、运输费等，应设置"其他费用"科目。"其他费用"科目属于费用类账户。借方登记发生的金额，平时"其他费用"科目的借方余额反映有单位发生的除业务活动费用、单位管理费用、经营费用、资产处置费用、上缴上级费用、附属单位补助费用、所得税费用以外的各项费用累计数。年终结账时，将该账户的借方余额全部转入"本期盈余"账户。结账后，"其他费用"科目无余额。

其他支出是指除行政支出、事业支出、经营支出、上缴上级支出、对附属单位补助支出、投资支出、债务还本支出以外的各项现金流出，包括利息支出、对外捐赠现金支出、现金盘亏损失、接受捐赠（调入）和对外捐赠（调出）非现金资产发生的税费支出、资产置换过程中发生的相关税费支出、罚没支出等。

"其他支出"科目应当按照其他支出的类别，"财政拨款支出""非财政专项资金支出"和"其他资金支出"，《政府收支分类科目》中"支出功能分类科目"的项级科目和"部门预算支出经济分类科目"的款级科目等进行明细核算。其他支出中如有专项资金支出，还应按照具体项目进行明细核算。

年末，将"其他支出"科目本年发生额中的财政拨款支出转入财政拨款结转，借记"财政拨款结转——本年收支结转"科目，贷记"其他支出"科目下各财政拨款支出明细科目；将"其他支出"科目本年发生额中的非财政专项资金支出转入非财政拨款结转，借记"非财政拨款结转——本年收支结转"科目，贷记"其他支出"科目下各非财政专项资金支出明细科目；将"其他支出"科目本年发生额中的其他资金支出（非财政非专项资金支出）转入其他结余，借记"其他结余"科目，贷记"其他支出"科目下其他资金支出明细科目。年末结转后，"其他支出"科目应无余额。

其他费用（其他支出）的主要账务处理如表 4-94 所示。

表 4-94 其他费用（其他支出）主要账务处理 – 1

业务类型		借方	贷方
利息费用	按期计算确认借款利息费用时	在建工程、其他支出——利息支出	应付利息、长期借款——应计利息
	支付银行借款利息时	应付利息、长期借款——应计利息	银行存款、库存现金
坏账损失	年末，事业单位按照规定对收回后不需上缴财政的应收账款和其他应收款计提坏账准备时	其他费用——坏账损失	坏账准备
	冲减多提的坏账准备时	坏账准备	其他费用——坏账损失
罚没支出		其他费用——罚没支出	银行存款、库存现金、其他应付款

1. 利息费用

（1）按期计算确认借款利息费用时

基础数据录入如图 4-748 所示。

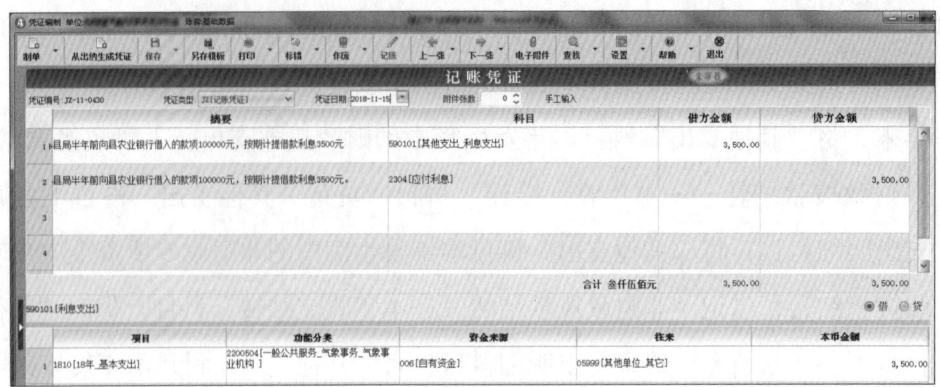

图 4-748 基础数据录入界面

财务预算平行记账如图 4-749 所示。

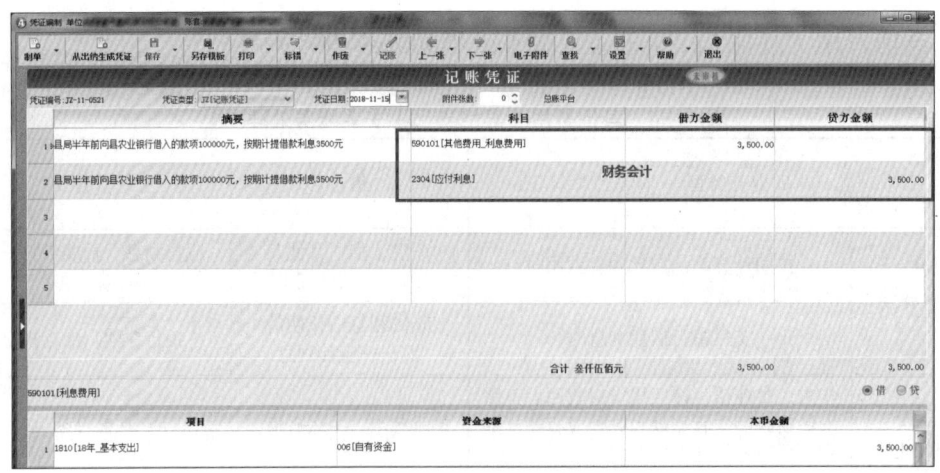

图 4-749 财务预算会计凭证

（2）支付银行借款利息时

基础数据录入如图 4-750 所示。

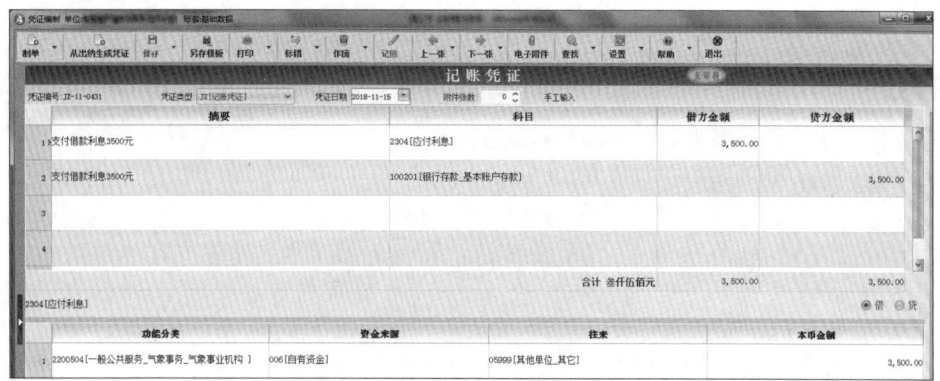

图 4–750　基础数据录入界面

财务预算平行记账如图 4–751 所示。

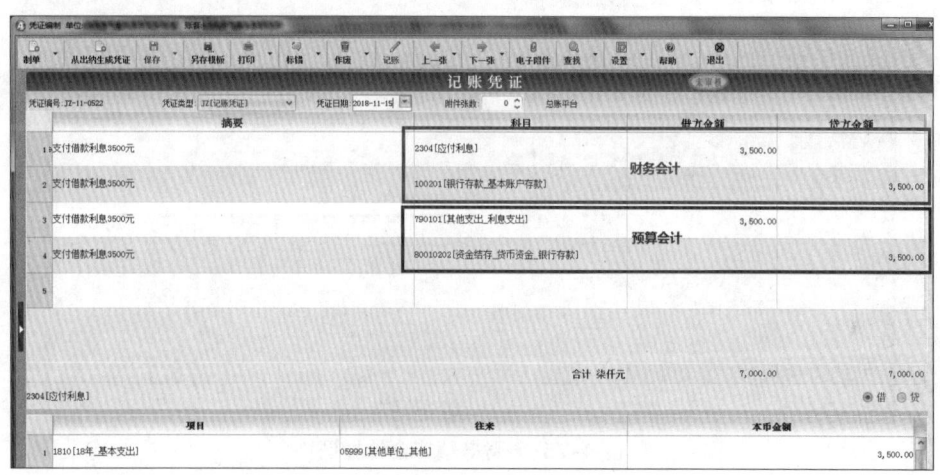

图 4–751　财务预算会计凭证平行记账分录

2. 坏账损失

（1）年末，事业单位按照规定对收回后不需上缴财政的应收账款和其他应收款计提坏账准备时，按照计提金额

基础数据录入如图 4–752 所示。

图 4–752　基础数据录入界面

财务预算平行记账如图 4–753 所示。

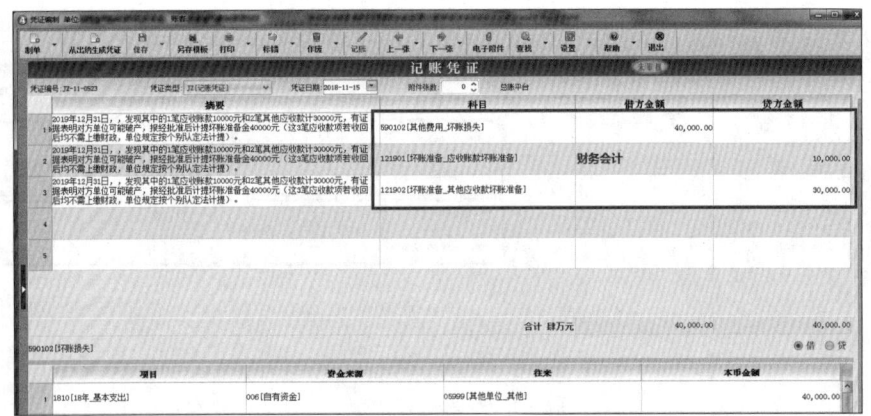

图 4–753　财务预算会计凭证

（2）冲减多提的坏账准备时

基础数据录入如图 4–754 所示。

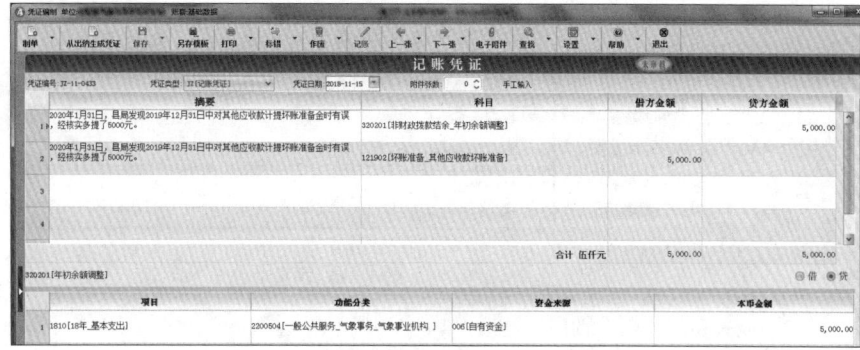

图 4-754　基础数据录入界面

财务预算平行记账如图 4-755 所示。

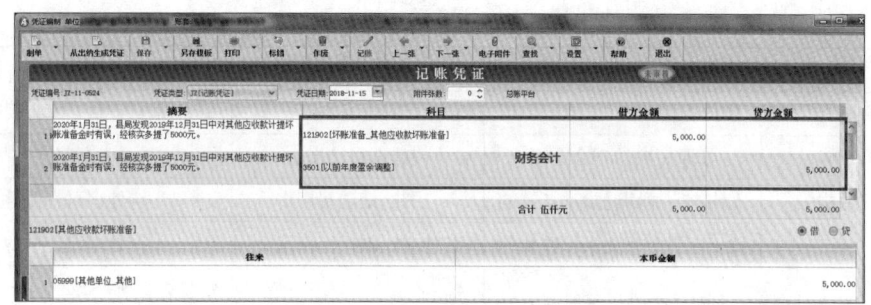

图 4-755　财务预算会计凭证

3. 罚没支出

基础数据录入如图 4-756 所示。

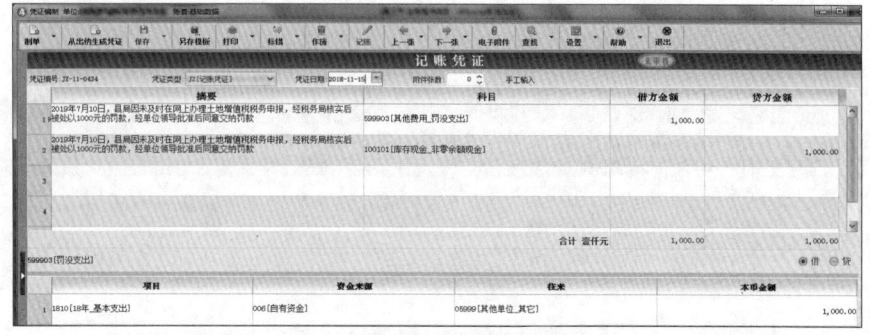

图 4-756　基础数据录入界面

财务预算平行记账如图 4-757 所示。

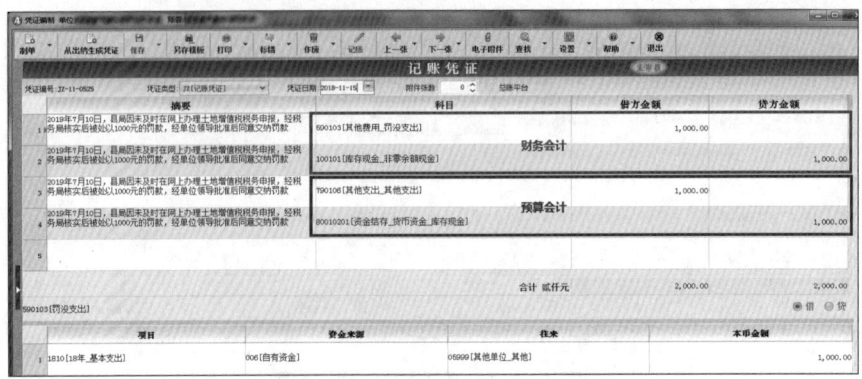

图 4-757 财务预算会计凭证平行记账分录

4. 现金资产捐赠（表 4-95）

表 4-95 其他费用（其他支出）主要账务处理 - 2

业务类型		借方	贷方
现金资产捐赠		其他支出	银行存款、库存现金
现金盘亏损失	按照短缺的现金金额	待处理财产损溢	库存现金
	无法查明原因经批准核销的	资产处置费用	待处理财产损溢
	属于应当由有关人员赔偿的	其他应收款、库存现金	待处理财产损溢
接受捐赠（无偿调入）和对外捐赠（无偿调出）非现金资产发生的税费支出		其他支出	财政拨款预算收入、零余额账户用款额度、银行存款、库存现金、其他应付款
与受托代理资产相关的税费、运输费、保管费等支出		其他支出	零余额账户用款额度、银行存款、库存现金、其他应付款
资产置换过程中发生的相关税费支出		资产处置费用	银行存款

基础数据录入如图 4-758 所示。

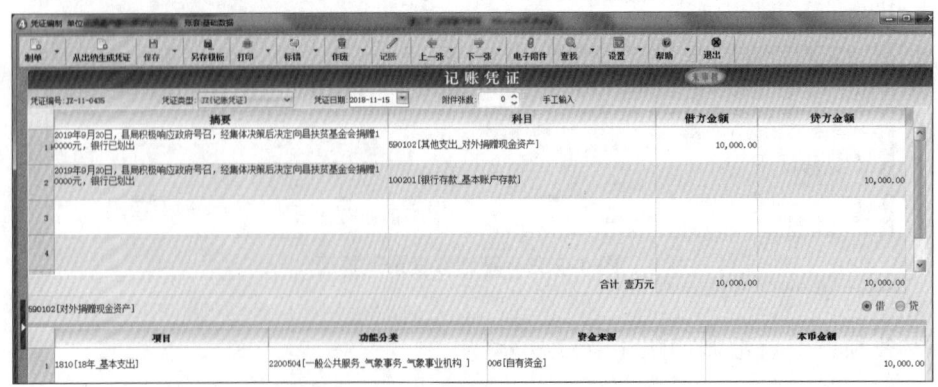

图 4-758 基础数据录入界面

财务预算平行记账如图 4-759 所示。

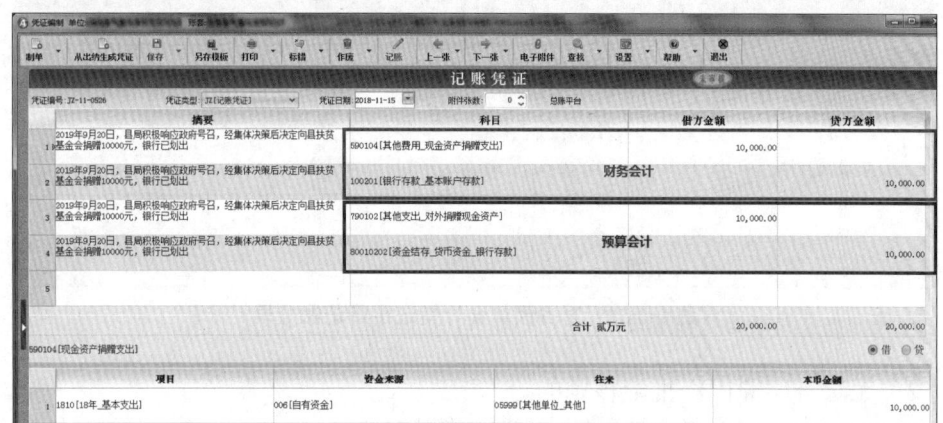

图 4-759　财务预算会计凭证平行记账分录

5. 现金盘亏损失

（1）按照短缺的现金金额

基础数据录入如图 4-760 所示。

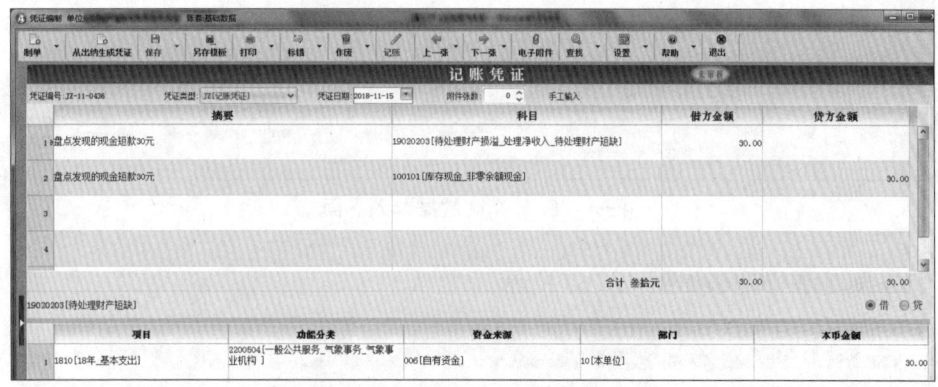

图 4-760　基础数据录入界面

财务预算平行记账如图 4-761 所示。

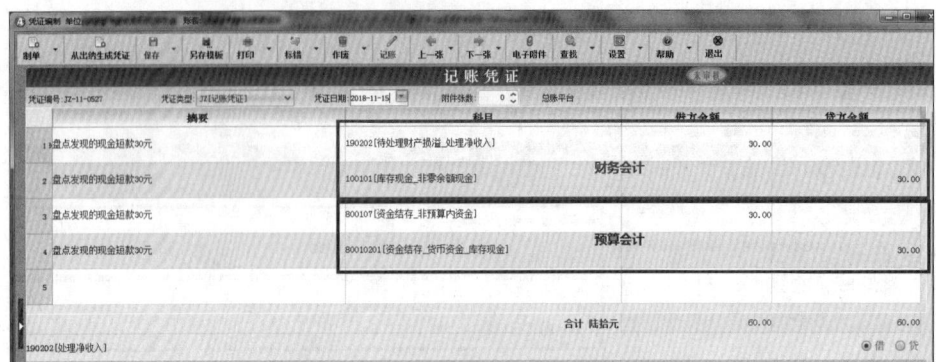

图 4-761　财务预算会计凭证平行记账分录

（2）无法查明原因经批准核销的

基础数据录入如图 4-762 所示。

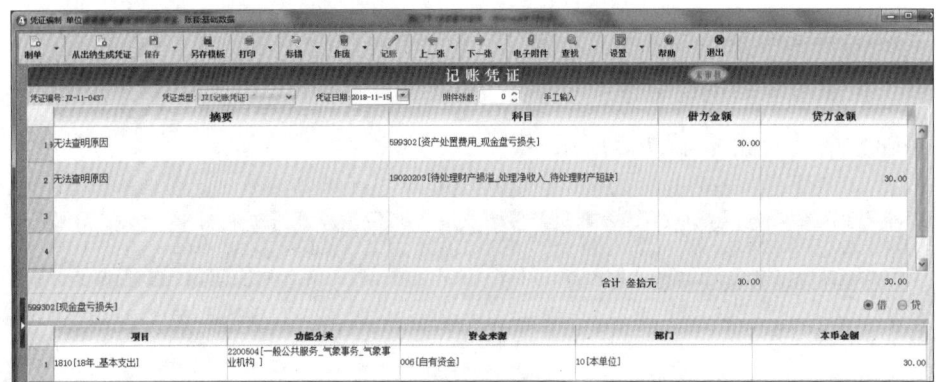

图 4-762　基础数据录入界面

财务预算平行记账如图 4-763 所示。

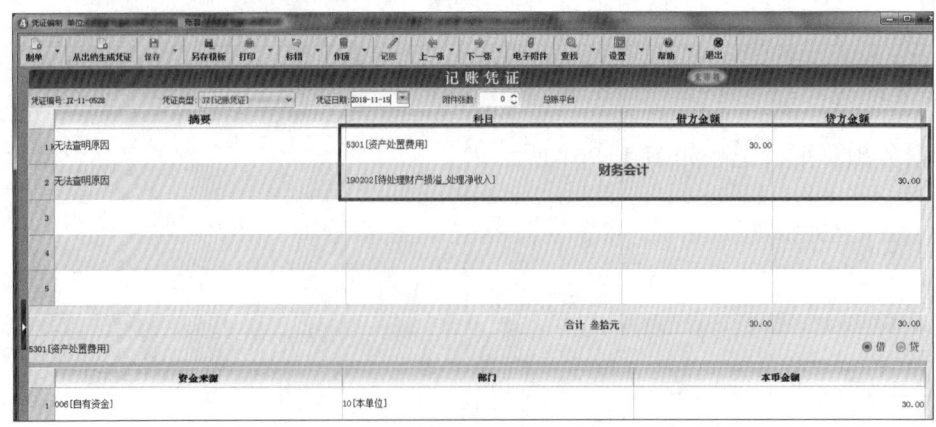

图 4-763　财务预算会计凭证

（3）应当由有关人员赔偿的

基础数据录入如图 4-764 所示。

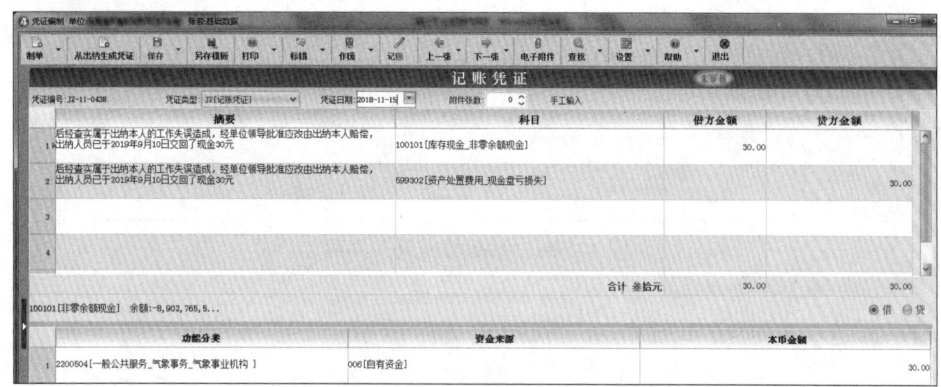

图 4-764　基础数据录入界面

财务预算平行记账如图 4-765 所示。

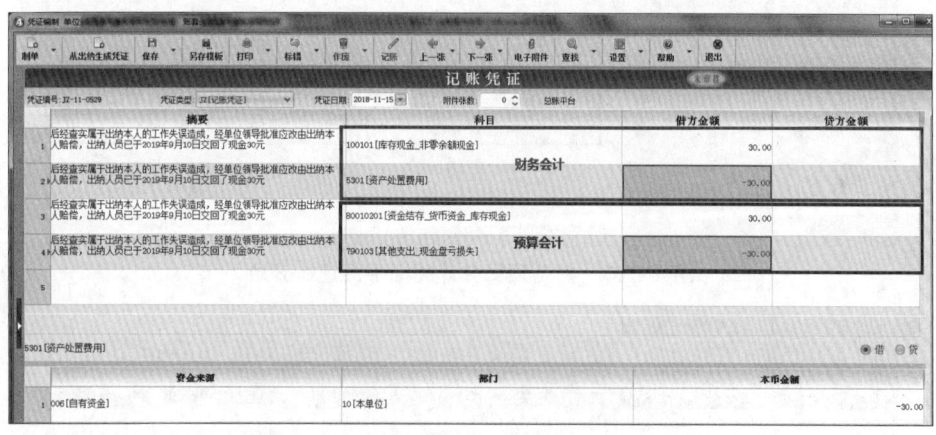

图 4-765　财务预算会计凭证平行记账分录

6. 接受捐赠（无偿调入）和对外捐赠（无偿调出）非现金资产发生的税费支出

基础数据录入如图 4-766 所示。

图 4-766　基础数据录入界面

财务预算平行记账如图 4-767 和图 4-768 所示。

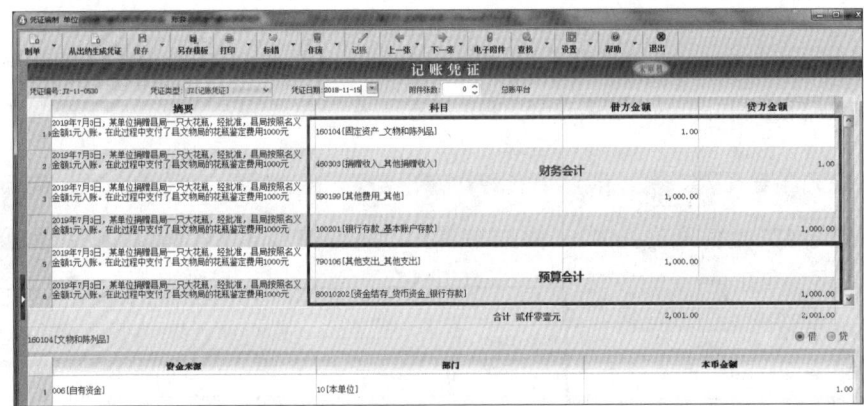

图 4-767　财务预算会计凭证平行记账分录

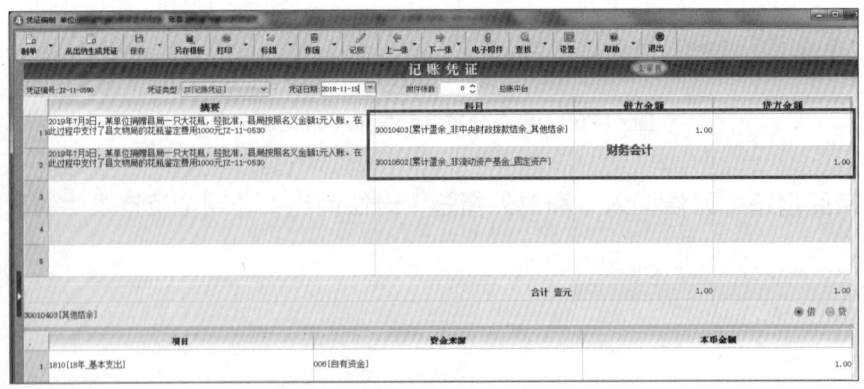

图 4-768　财务预算会计凭证

7. 与受托代理资产相关的税费、运输费、保管费等支出

基础数据录入如图 4-769 所示。

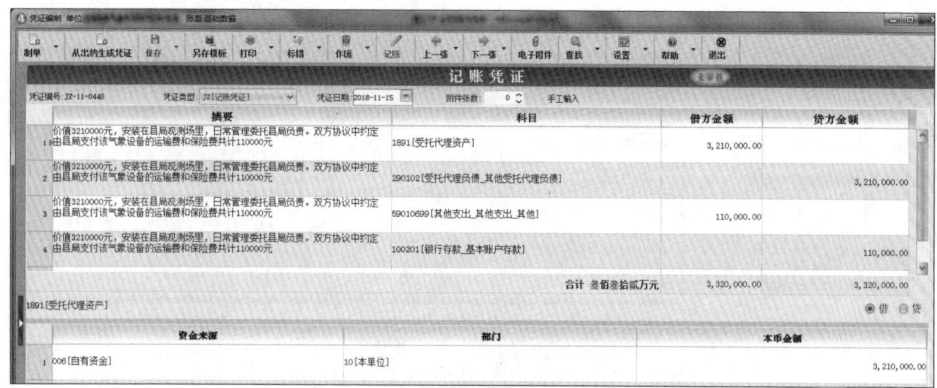

图 4-769　基础数据录入界面

财务预算平行记账如图 4-770 所示。

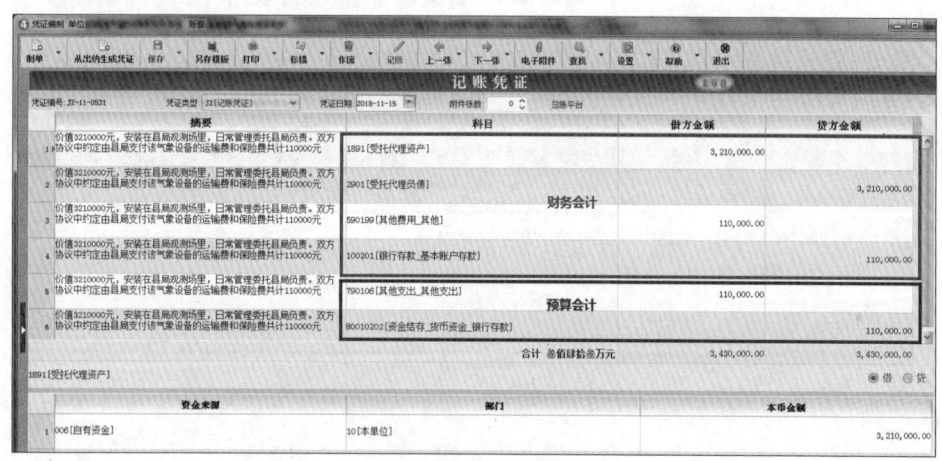

图 4-770　财务预算会计凭证平行记账分录

8. 资产置换过程中发生的相关税费支出

多借多贷，没有对应关系，需要在事业账套中手工录入（图 4-771 和图 4-772）。

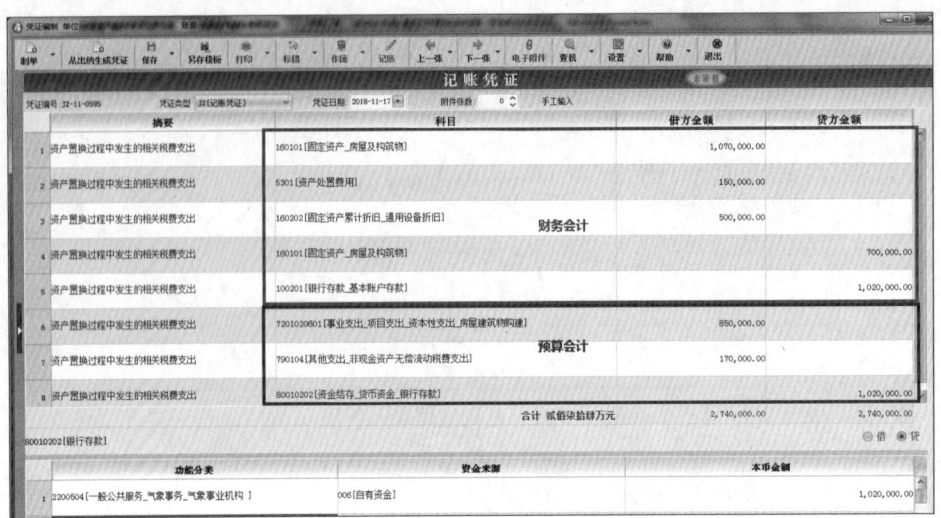

图 4-771　财务预算会计凭证平行记账分录

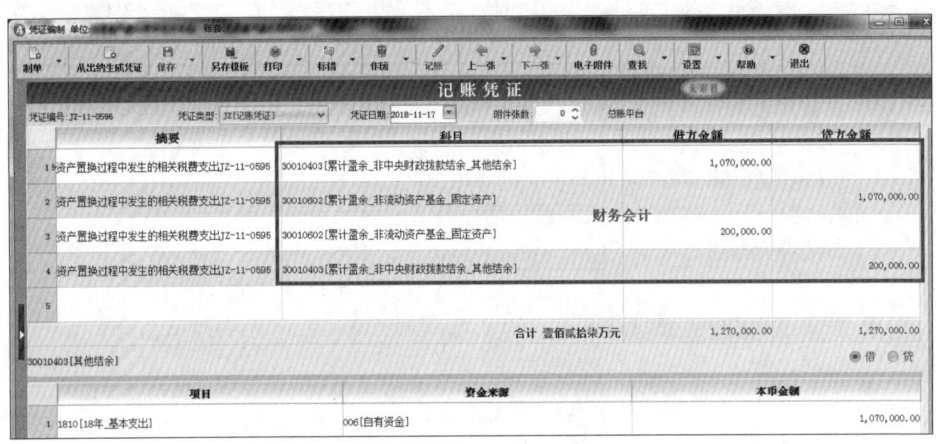

图 4-772　财务预算会计凭证

假设上述例子中，县局的业务用房 A（原值 700 000 元，已提折旧 500 000 元）经评估后价值为 300 000 元，需支付县公安局差价 600 000 元，其他条件和情况不变（图 4-773 至图 4-775）。

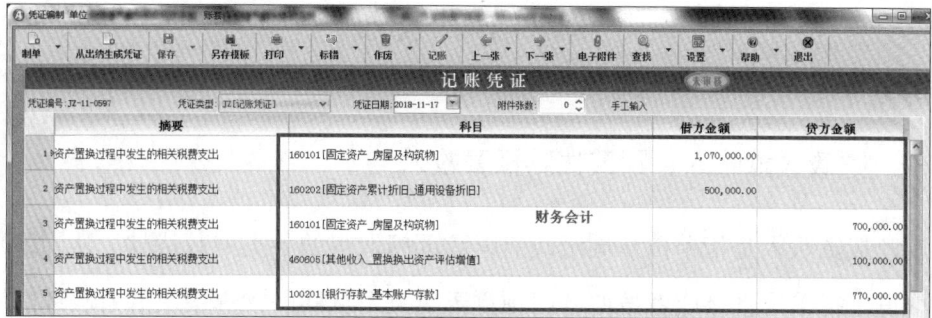

图 4-773　财务预算会计凭证-1

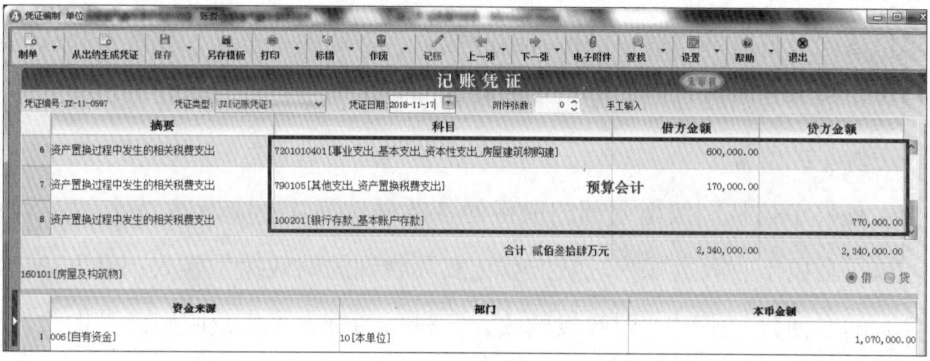

图 4-774　财务预算会计凭证-2

图 4-775　财务预算会计凭证-3

第四节 收入

一、财政拨款收入、财政拨款预算收入

财政拨款收入是指单位从同级政府财政部门取得的各类财政拨款。从同级财政部门取得是指单位直接或者按照部门预算隶属关系从同一预算级次的财政部门取得的财政拨款,对于一级预算单位,一般是从同级财政部门取得,对于二级及二级以下预算单位,一般是按照部门隶属关系通过一级预算单位取得;各类财政拨款是指预算单位从同级财政部门取得的所有财政拨款,强调的是全面、完整反映从同级财政部门获得的各类财政补助,既包括财政补助收入,也包括基本建设投资、社会保障、住房改革经费等。

为了核算单位从同级财政部门取得的各类财政拨款,应设置"财政拨款收入"科目。该科目属于收入类账户。贷方登记实际收到的财政拨款收入;借方登记财政补助收入的缴回数;平时"财政拨款收入"科目的贷方余额反映财政补助收入累计数。年终结账时,将该账户的贷方余额全部转入"本期盈余"账户。结账后,"财政拨款收入"科目无余额。

财政拨款预算收入是指单位从同级政府财政部门取得的各类财政拨款。

"财政拨款预算收入"科目核算单位从同级政府财政部门取得的各类财政拨款。

"财政拨款预算收入"科目应当设置"基本支出"和"项目支出"2个明细科目,并按照《政府收支分类科目》中"支出功能分类科目"的项级科目进行明细核算;同时,在"基本支出"明细科目下按照"人员经费"和"日常公用经费"进行明细核算,在"项目支出"明细科目下按照具体项目进行明细核算。

年末,将"财政拨款预算收入"科目本年发生额转入财政拨款结转,借记"财政拨款预算收入"科目,贷记"财政拨款结转——本年收支结转"科目。

年末结转后,"财政拨款预算收入"科目无余额。

财政拨款收入(财政拨款预算收入)的主要账务处理如表4-96所示。

表 4-96　财政拨款收入（财政拨款预算收入）主要账务处理 – 1

业务类型		借方	贷方
财政直接支付下的账务处理	根据收到的"财政直接支付入账通知书"及相关原始凭证，按照通知书中的直接支付金额确认入账金额	库存物品、固定资产、行政支出、事业支出	财政拨款预算收入
	年末，根据本年度财政直接支付预算指标数与当年财政直接支付实际支付数的差额	财政应返还额度——财政直接支付	财政拨款预算收入
财政授权支付下的账务处理	根据收到的"财政授权支付额度到账通知书"，按照通知书中的授权支付额度	零余额账户用款额度	财政拨款预算收入
	年末，本年度财政授权支付预算指标数大于零余额账户用款额度下达数的，根据未下达的用款额度	财政应返还额度——财政授权支付	财政拨款预算收入

1. 财政直接支付下的账务处理

（1）收到的"财政直接支付入账通知书"及相关原始凭证，按照通知书中的直接支付金额确认入账金额

基础数据录入如图 4-776。

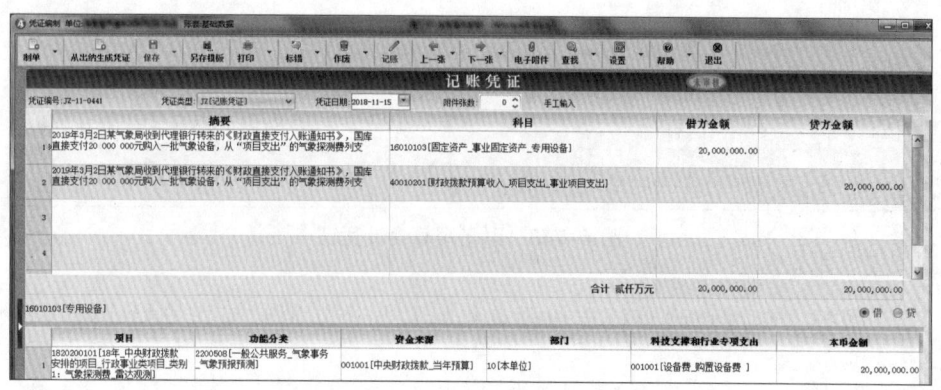

图 4-776　基础数据录入界面

财务预算平行记账如图 4-777 和图 4-778 所示。

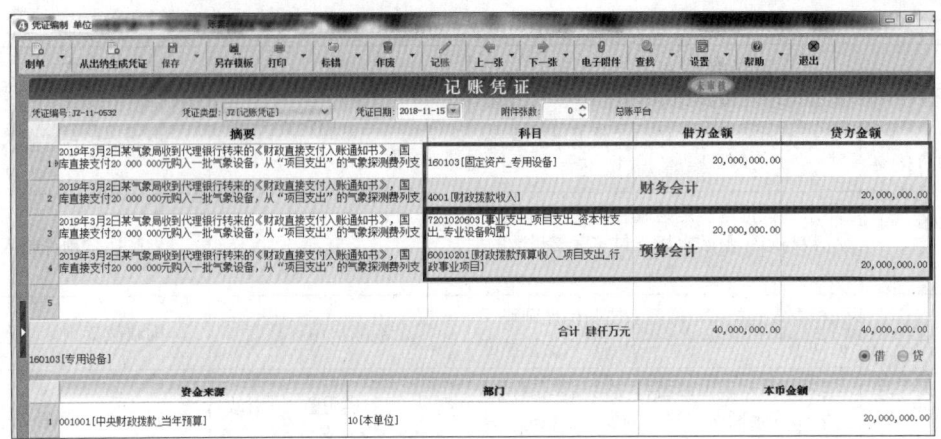

图 4-777　财务预算会计凭证平行记账分录

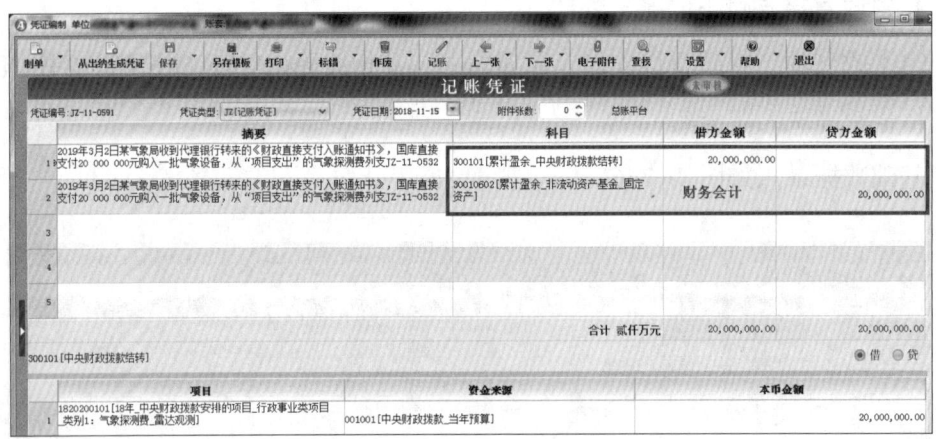

图 4-778　财务预算会计凭证

（2）根据本年度财政直接支付预算指标数与当年财政直接支付实际支付数的差额

基础数据录入如图 4-779 所示。

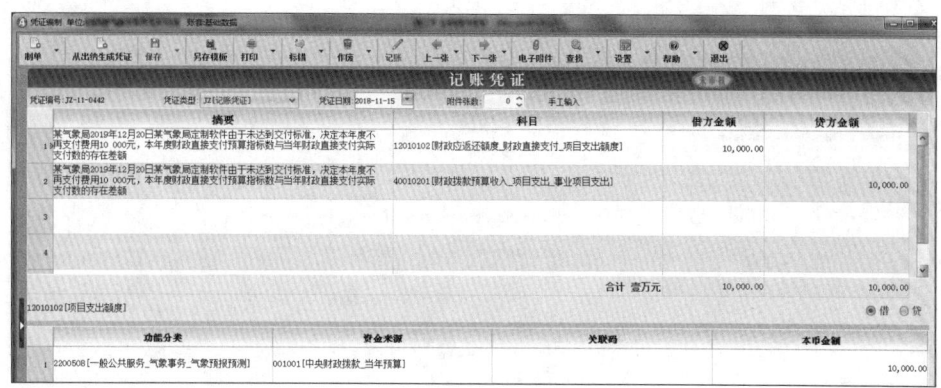

图 4-779　基础数据录入界面

财务预算平行记账如图 4-780 所示。

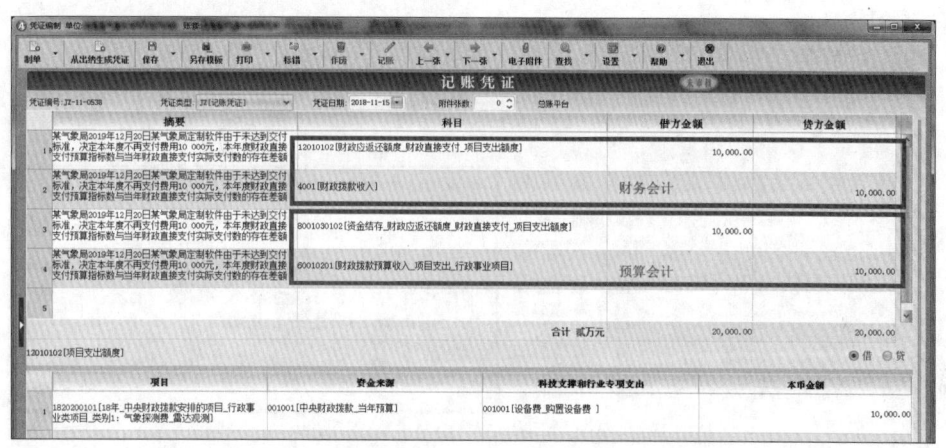

图 4-780　财务预算会计凭证平行记账分录

2. 财政授权支付下的账务处理

（1）根据收到的"财政授权支付额度到账通知书"，按照通知书中的授权支付额度

基础数据录入如图 4-781 所示。

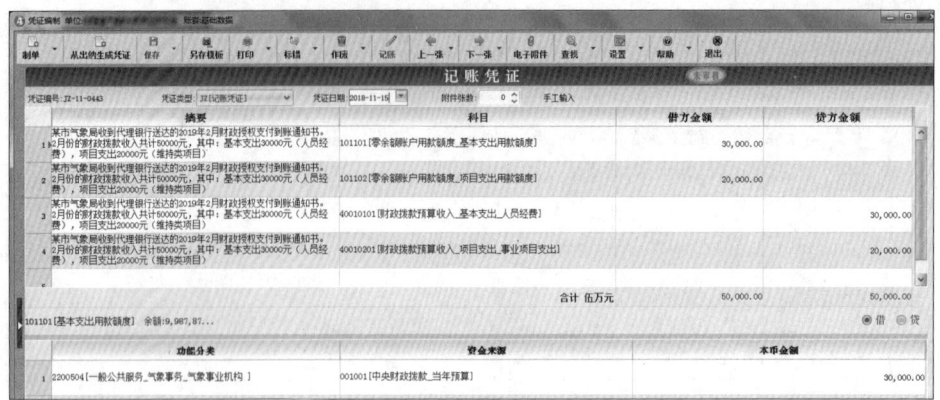

图 4-781　基础数据录入界面

财务预算平行记账如图 4-782 所示。

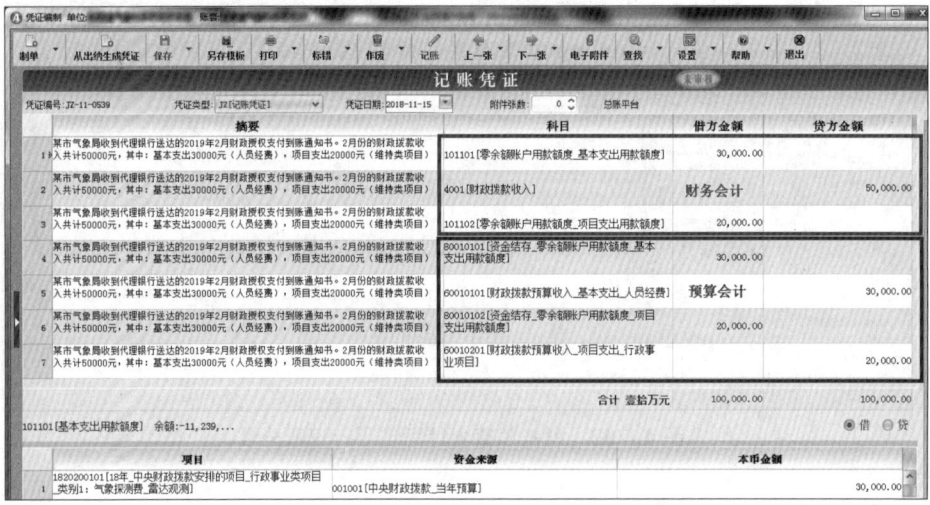

图 4-782　财务预算会计凭证平行记账分录

（2）年末，本年度财政授权支付预算指标数大于零余额账户用款额度下达数的，根据未下达的用款额度

基础数据录入如图 4-783 所示。

图 4-783 基础数据录入界面

财务预算平行记账如图 4-784 所示。

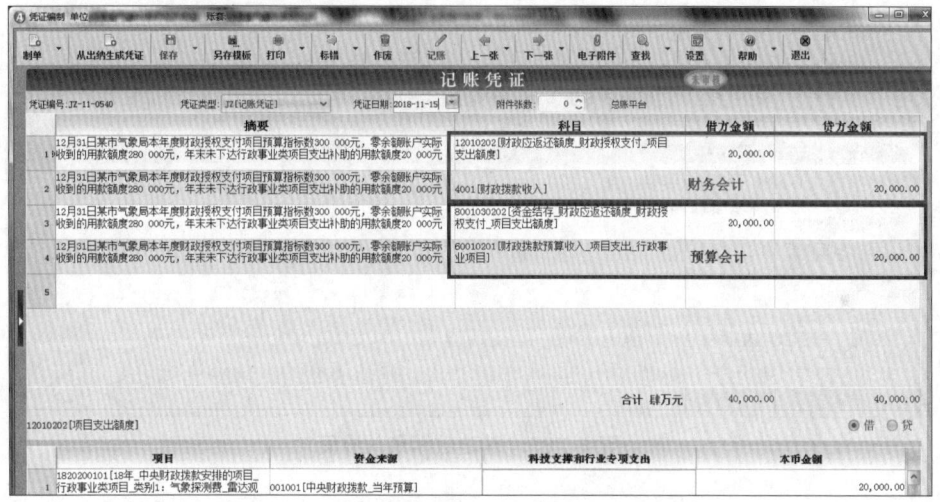

图 4-784 财务预算会计凭证平行记账分录

3. 其他方式下的账务处理，收到财政拨入时，按照实际收到金额（表4-97）

表4-97 财政拨款收入（财政拨款预算收入）主要账务处理–2

业务类型		借方	贷方
其他方式下的账务处理	收到财政拨款收入时，按照实际收到的金额	银行存款	财政拨款预算收入
因差错更正或购货退回等发生的账务处理	因差错更正、购货退回等原因造成国库直接支付款项退回的，属于以前年度支付的款项，按照退回金额	财政应返还额度——财政直接支付	财政拨款结转/财政拨款结余——年初余额调整
	因差错更正、购货退回等原因造成属于本年度直接支付的款项，按照退回金额	财政拨款预算收入	库存物品、行政支出、事业支出

基础数据录入如图4-785所示。

图4-785 基础数据录入界面

财务预算平行记账如图4-786所示。

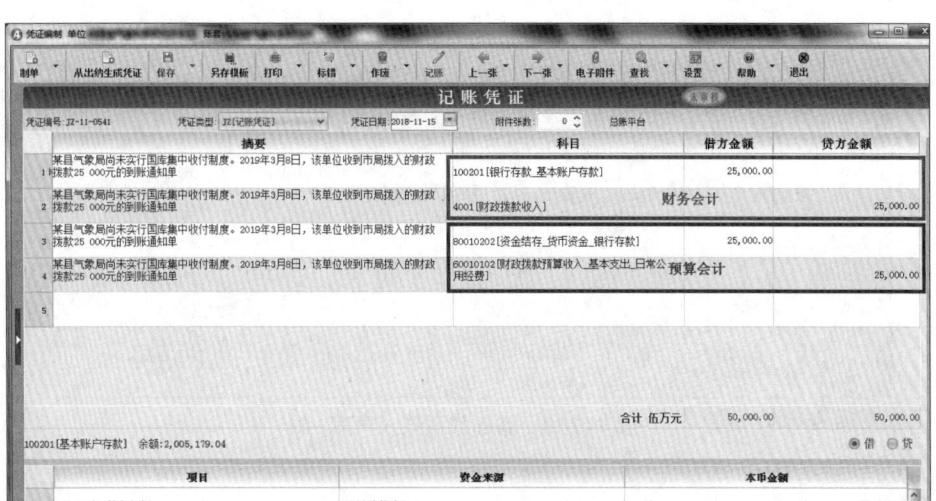

图 4-786　财务预算会计凭证平行记账分录

4. 直接支付差错更正的账务处理

（1）属于以前年度的直接支付差错更正

基础数据录入如图 4-787 和图 4-788 所示。

图 4-787　基础数据录入界面 -1

图 4-788　基础数据录入界面 -2

财务预算平行记账如图 4-789 所示。

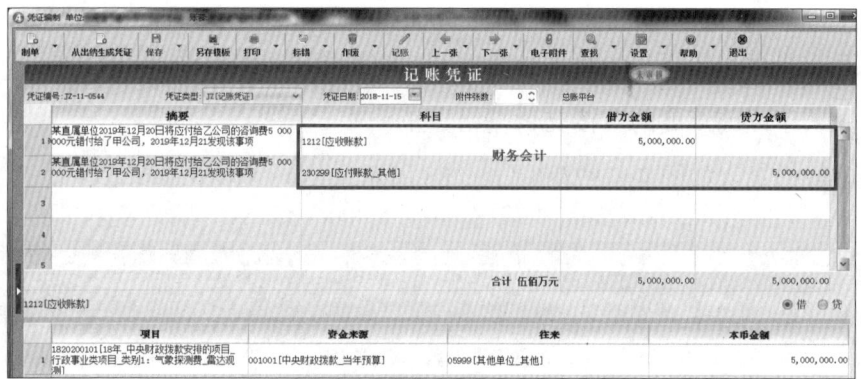

图 4-789　财务预算会计凭证

（2）属于本年度发生直接支付差错更正

基础数据录入如图 4-790 和图 4-791 所示。

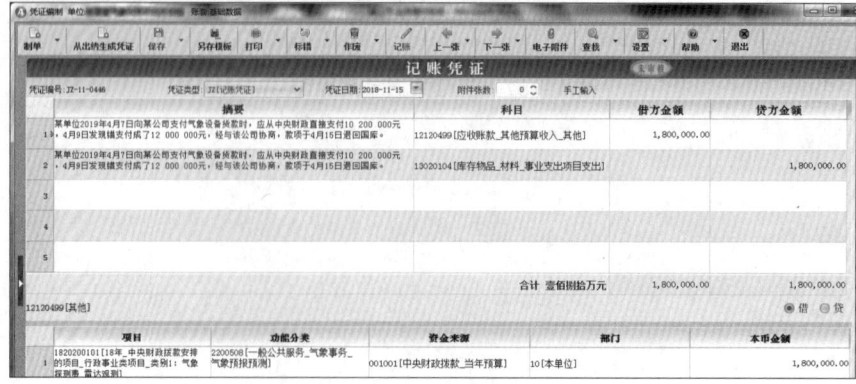

图 4-790　基础数据录入界面 - 1

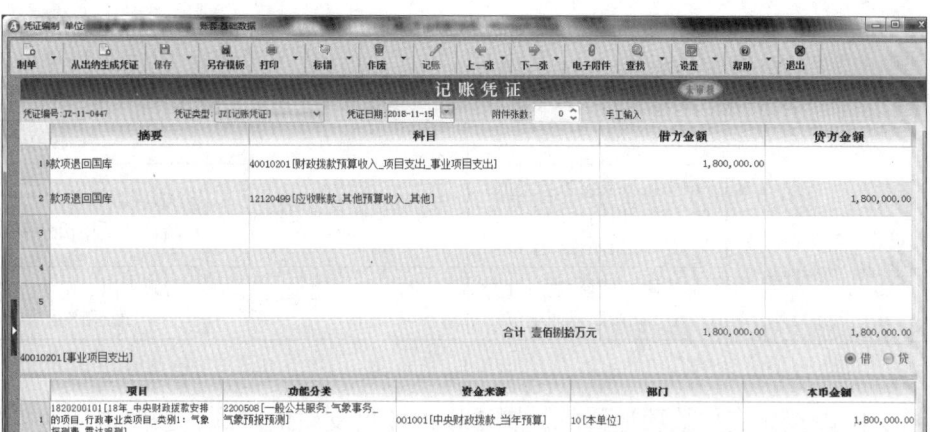

图 4-791 基础数据录入界面-2

财务预算平行记账如图 4-792 和图 4-793 所示。

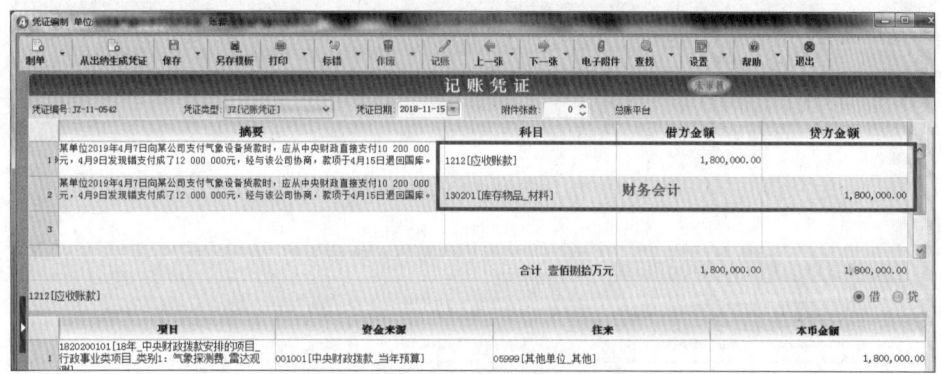

图 4-792 财务预算会计凭证

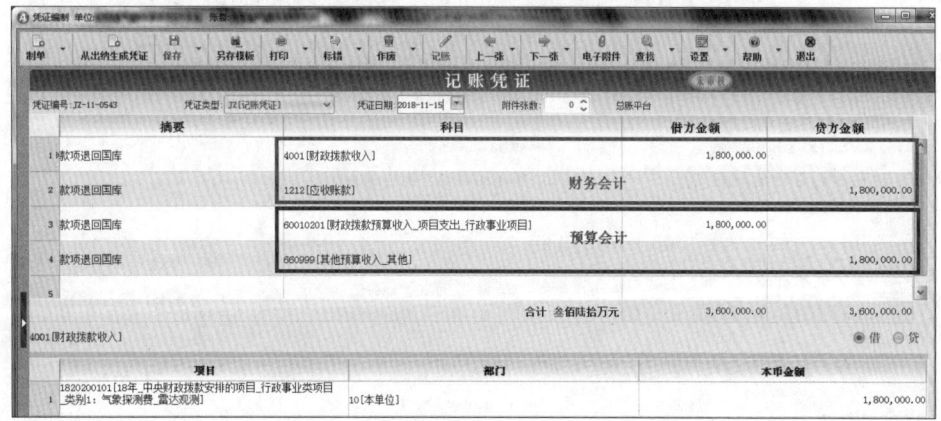

图 4-793 财务预算会计凭证平行记账分录

5. 因差错更正或购货退回等发生的账务处理（表 4-98）

表 4-98 财政拨款收入（财政拨款预算收入）主要账务处理 – 3

业务类型		借方	贷方
因差错更正或购货退回等发生的账务处理	国库授权支付款项退回的，属于以前年度支付的款项，按照退回金额	零余额账户用款额度	财政拨款结转/财政拨款结余——年初余额调整
	属于本年度授权支付的款项，按照退回金额	零余额账户用款额度	行政支出、事业支出、库存物品等

（1）国库授权支付款项退回的，属于以前年度支付的款项，按照退回金额基础数据录入如图 4-794 和图 4-795 所示。

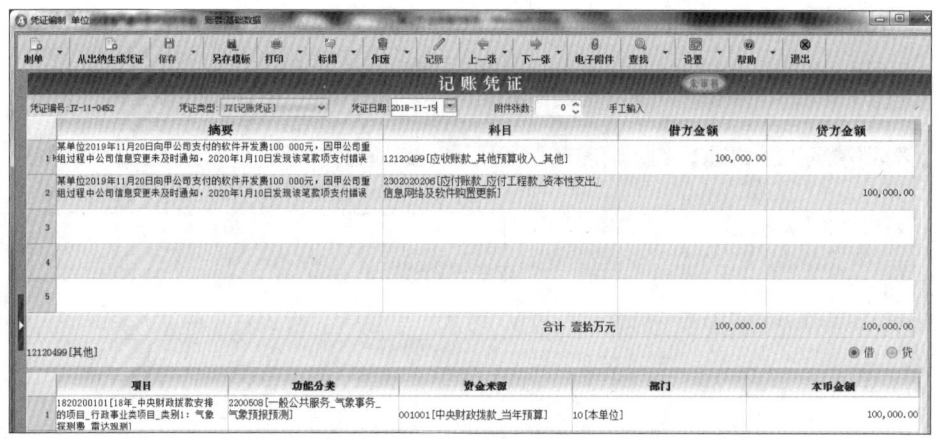

图 4-794 基础数据录入界面 –1

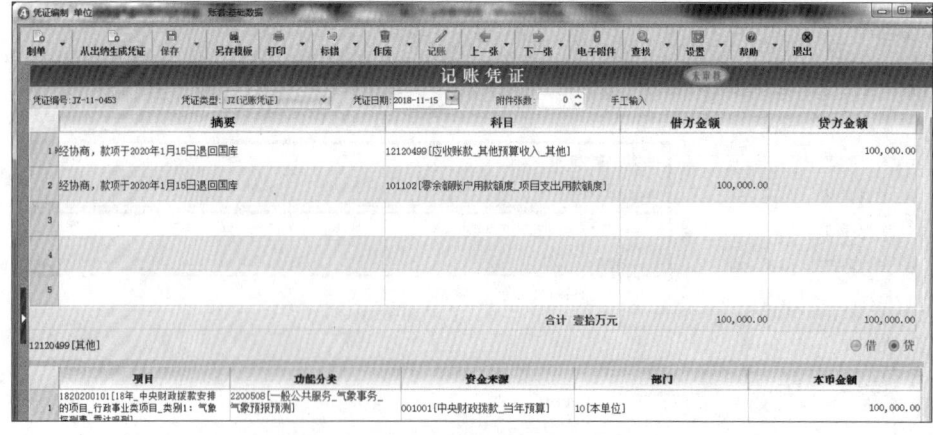

图 4-795 基础数据录入界面 –2

财务预算平行记账如图 4-796 和图 4-797 所示。

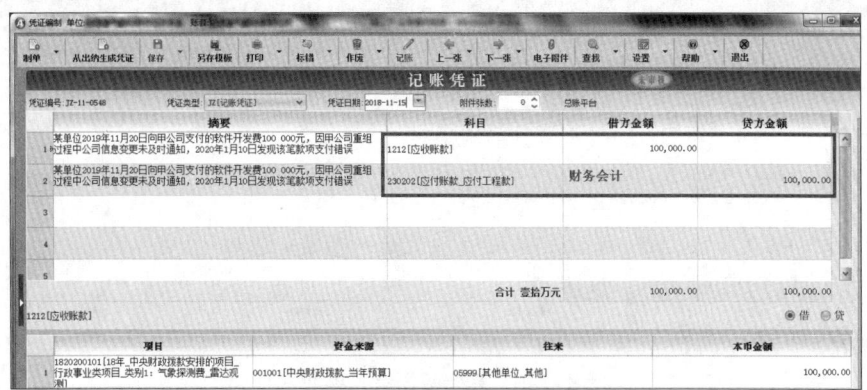

图 4-796　财务预算会计凭证

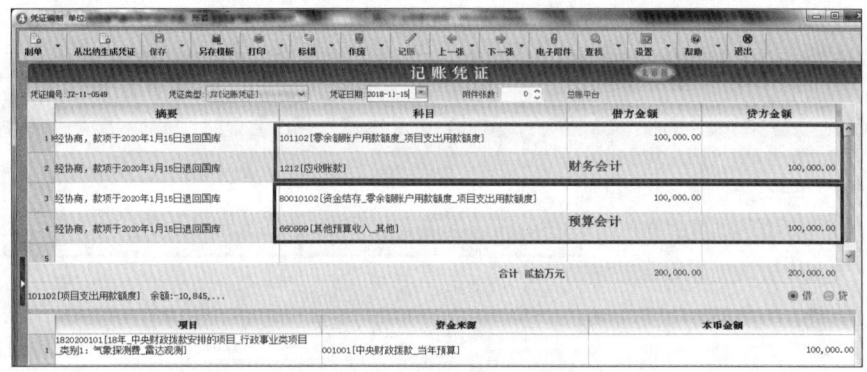

图 4-797　财务预算会计凭证平行记账分录

（2）属于本年度授权支付的款项，按照退回金额

基础数据录入如图 4-798 和图 4-799 所示。

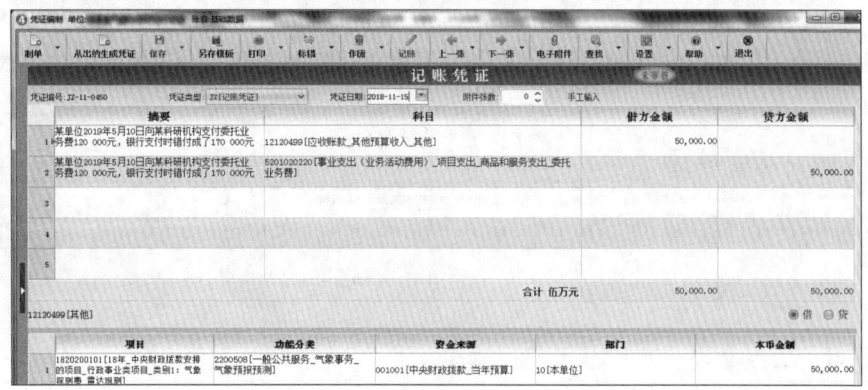

图 4-798　基础数据录入界面 – 1

图 4-799　基础数据录入界面 -2

财务预算平行记账如图 4-800 和图 4-801 所示。

图 4-800　财务预算会计凭证

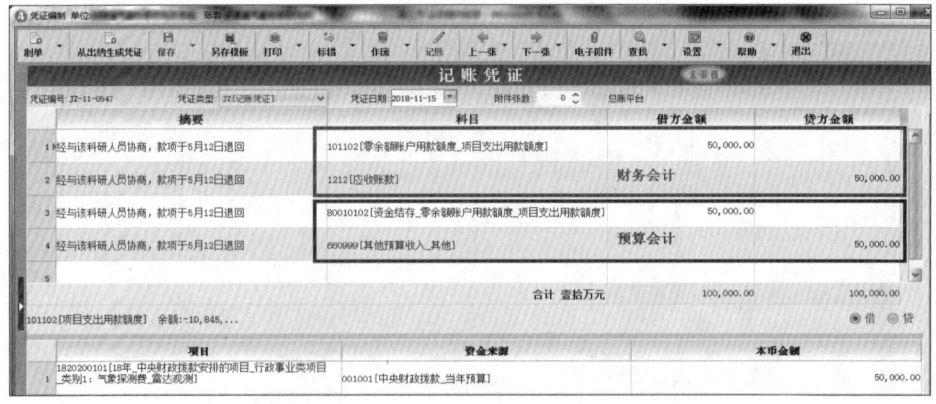

图 4-801　财务预算会计凭证平行记账分录

注意：涉及冲销业务，在事业账套中生成凭证后需要会计改为借方负数和贷方负数作为红字冲销。

二、事业收入、事业预算收入

事业收入是指事业单位开展专业业务活动及其辅助活动实现的收入，不包括从同级政府财政部门取得的各类财政拨款。专业业务活动指事业单位根据本单位专业特点所从事或开展的业务活动，如科研单位开展技术转让、技术咨询、技术服务等取得的收入。辅助活动指与专业业务活动相关、直接为专业活动服务的活动，如单位的行政管理活动、后勤服务活动。

为核算事业单位开展专业业务活动及其辅助活动取得的收入，应设置"事业收入"科目，该科目属于收入类账户。贷方登记实际收到的事业收入；借方登记收入退回数；平时该账户的贷方余额反映事业收入累计数。年终结账时，将该账户的贷方余额转入"事业收入"账户。期末，将本科目本期发生额转入本期盈余，期末结账后，该账户无余额。

"事业预算收入"科目核算事业单位开展专业业务活动及其辅助活动取得的现金流入。事业单位因开展科研及其辅助活动从非同级政府财政部门取得的经费拨款，也通过"事业预算收入"科目核算。

"事业预算收入"科目应当按照事业预算收入类别、项目、来源、《政府收支分类科目》中"支出功能分类科目"项级科目等进行明细核算。对于因开展科研及其辅助活动从非同级政府财政部门取得的经费拨款，应当在本科目下单设"非同级财政拨款"明细科目进行明细核算；事业预算收入中如有专项资金收入，还应按照具体项目进行明细核算。

年末，将"事业预算收入"科目本年发生额中的专项资金收入转入非财政拨款结转，借记"事业预算收入"科目下各专项资金收入明细科目，贷记"非财政拨款结转——本年收支结转"科目；将"事业预算收入"科目本年发生额中的非专项资金收入转入其他结余，借记"事业预算收入"科目下各非专项资金收入明细科目，贷记"其他结余"科目。

年末结转后，本科目应无余额。

事业收入（事业预算收入）的主要账务处理如表 4-99 所示。

表 4-99 事业收入（事业预算收入）主要账务处理

业务类型		借方	贷方
采用财政专户返还方式管理的事业收入	实现应上缴财政专户的事业收入时	应收账款	应缴财政款
	向财政专户上缴款项时	应缴财政款	银行存款
	收到从财政专户返还的事业收入时	银行存款	事业预算收入
采用预收款方式确认的事业收入	实际收到预收款时	银行存款等	预收账款
	以合同完成进度确认事业收入时	预收账款	事业预算收入
采用应收款方式确认的事业收入	根据合同完成进度计算本期应收的款项	应收账款	事业预算收入
	实际收到款项时	银行存款	应收账款
其他方式下确认的事业收入		银行存款、库存现金	事业预算收入

1. 采用财政专户返还方式管理的事业收入

（1）实现应上缴财政专户的事业收入时

基础数据录入如图 4-802 所示。

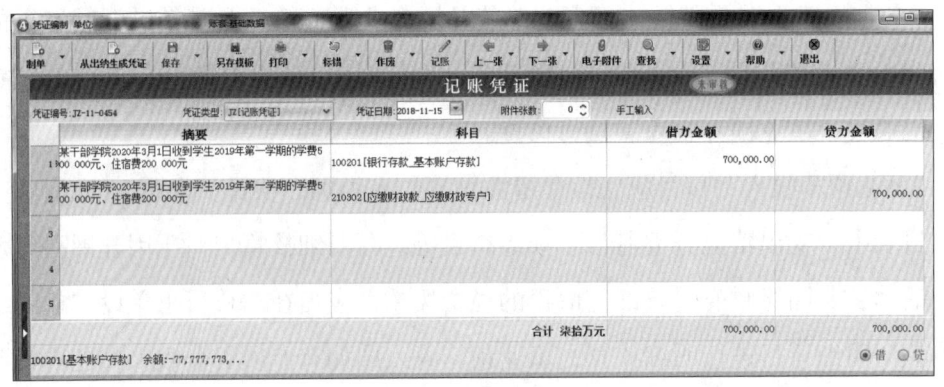

图 4-802 基础数据录入界面

财务预算平行记账如图 4-803 所示。

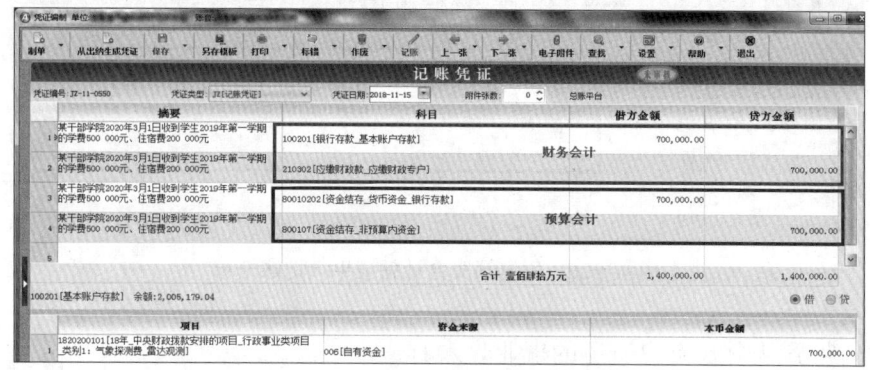

图 4-803　财务预算会计凭证平行记账分录

（2）向财政专户上缴款项时

基础数据录入如图 4-804 所示。

图 4-804　基础数据录入界面

财务预算平行记账如图 4-805 所示。

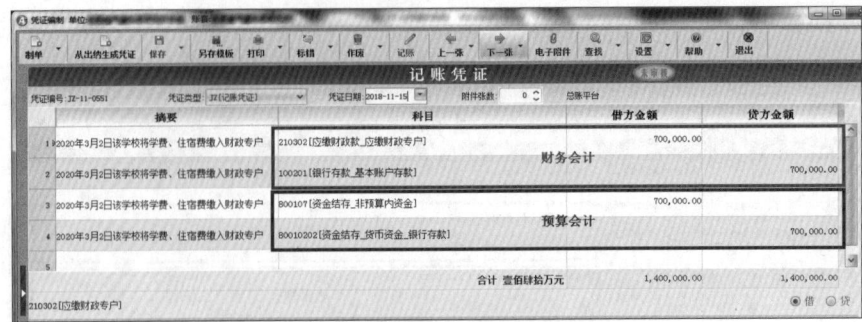

图 4-805 财务预算会计凭证平行记账分录

（3）收到从财政专户返还的事业收入时

基础数据录入如图 4-806 所示。

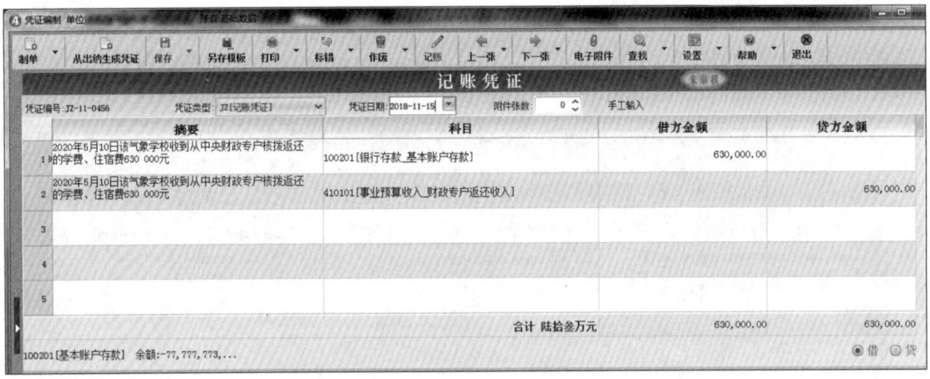

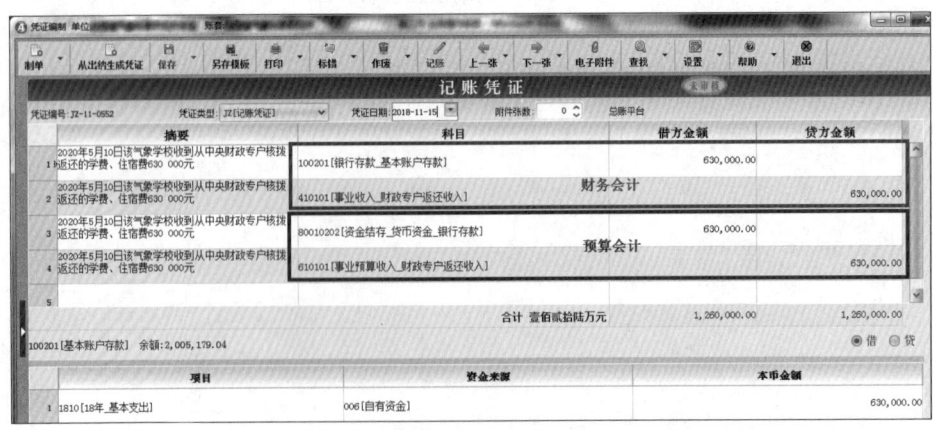

图 4-806 基础数据录入界面

财务预算平行记账如图 4-807 所示。

图 4-807 财务预算会计凭证平行记账分录

2. 采用预收款方式确认的事业收入

（1）实际收到预收款时

基础数据录入如图 4-808 所示。

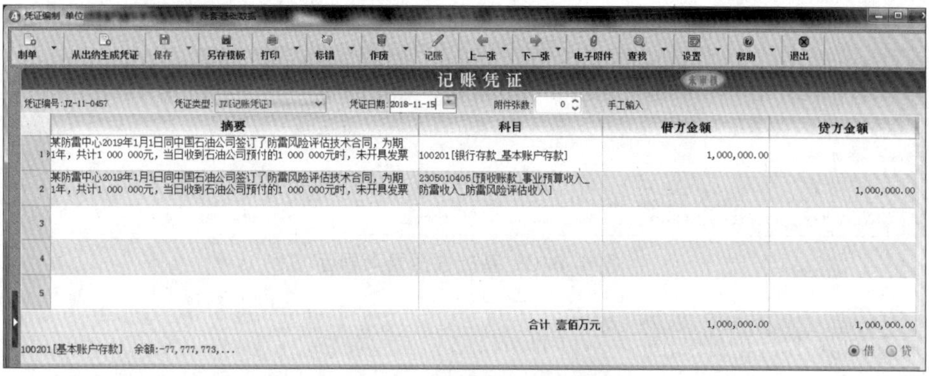

图 4-808　基础数据录入界面

财务预算平行记账如图 4-809 所示。

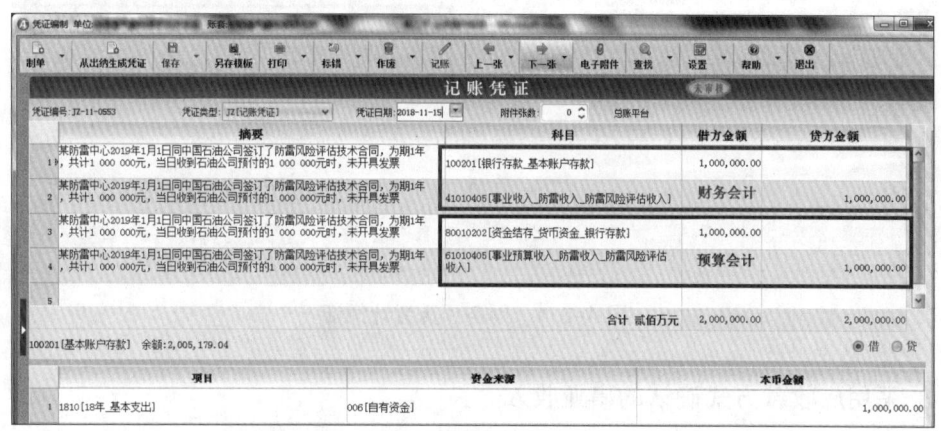

图 4-809　财务预算会计凭证平行记账分录

（2）以合同完成进度确认事业收入时

基础数据录入如图 4-810 所示。

图 4-810　基础数据录入界面

财务预算平行记账如图 4-811 所示。

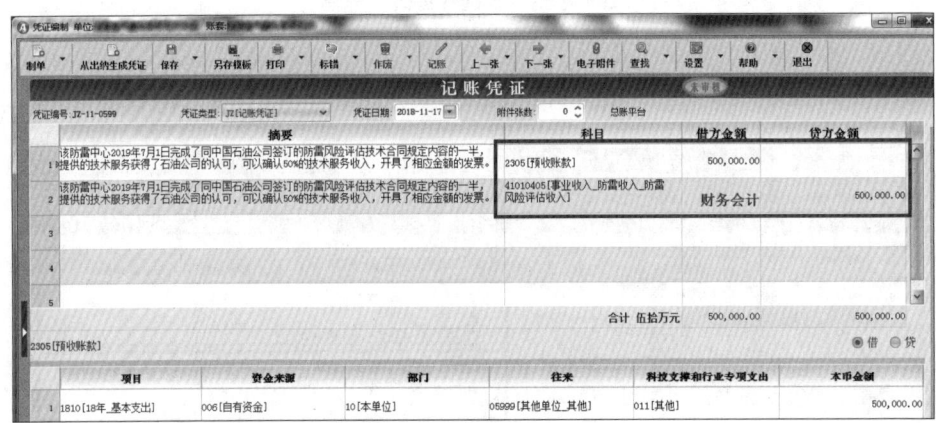

图 4-811　财务预算会计凭证

3. 采用应收款方式确认的事业收入

（1）根据合同完成进度计算本期应收的款项

基础数据录入如图 4-812 所示。

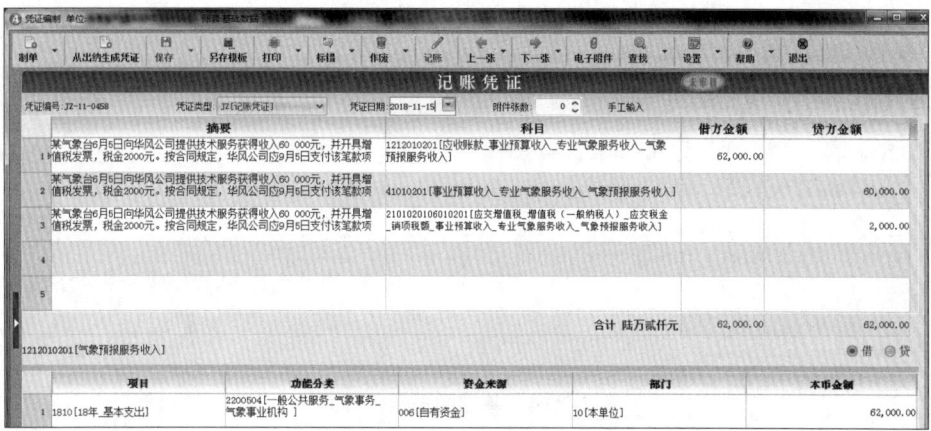

图 4-812　基础数据录入界面

财务预算平行记账如图 4-813 所示。

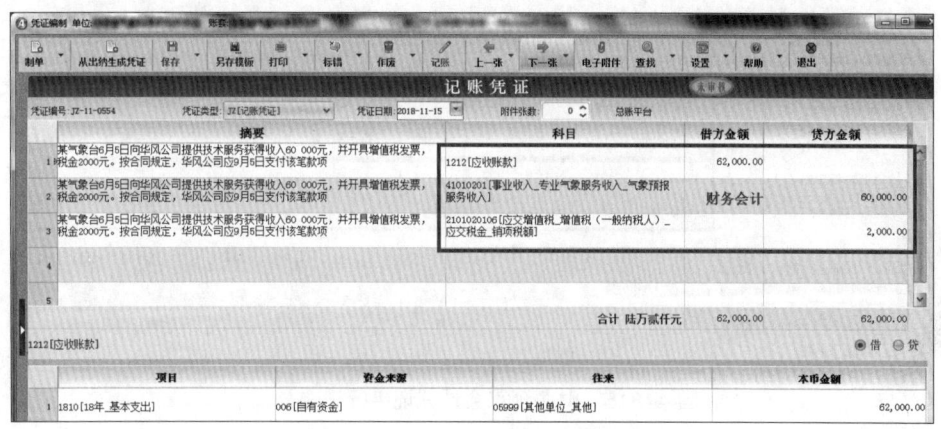

图 4-813　财务预算会计凭证

（2）实际收到款项时

基础数据录入如图 4-814 所示。

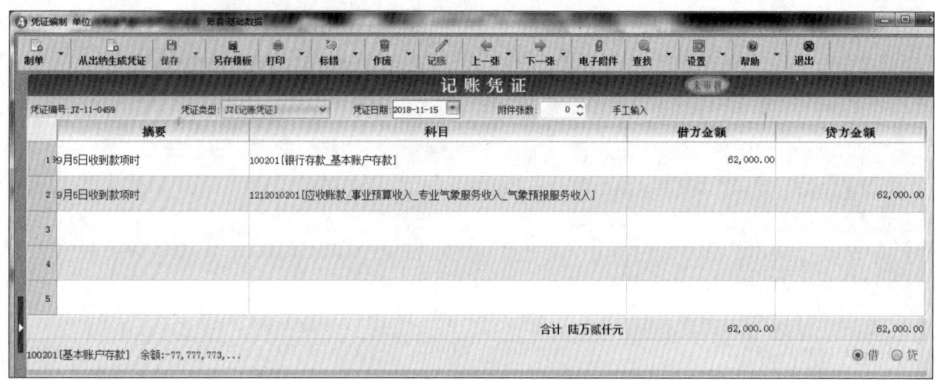

图 4-814　基础数据录入界面

财务预算平行记账如图 4-815 所示。

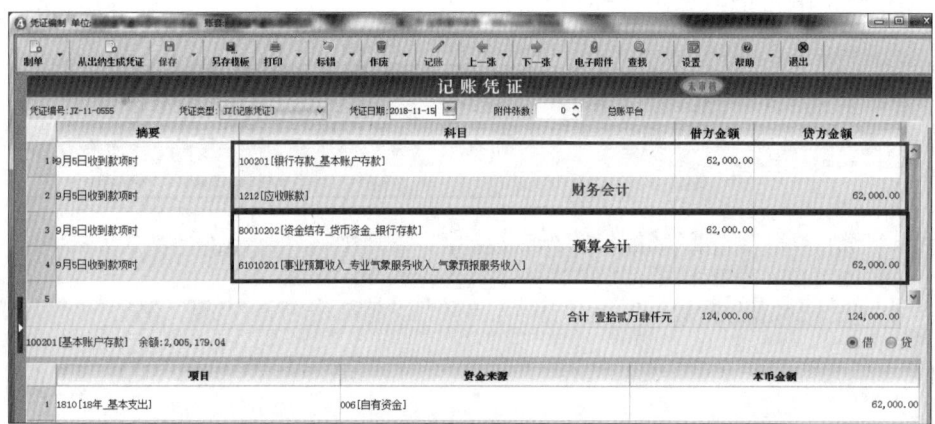

图 4-815　财务预算会计凭证平行记账分录

4. 其他方式下确认的事业收入

基础数据录入如图 4-816 所示。

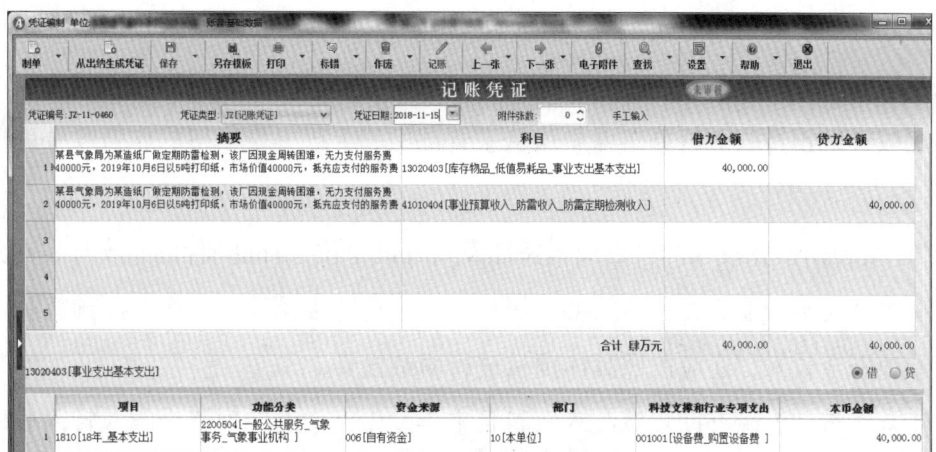

图 4-816 基础数据录入界面

财务预算平行记账如图 4-817 所示。

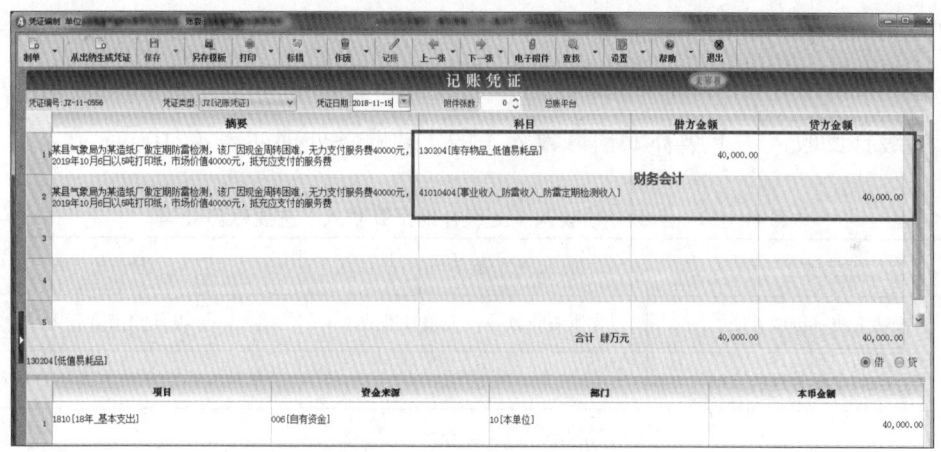

图 4-817 财务预算会计凭证

三、上级补助收入、上级补助预算收入

上级补助收入是指事业单位从主管部门和上级单位取得的非财政补助收入。

为核算事业单位从主管部门和上级单位取得的非财政补助收入，应设置"上级补助收入"科目，该账户属于收入类账户。贷方登记实际收到的上级补助收入；借方登记收入退回数及结转数；平时该账户的贷方余额反映上级补助收入累计数。期末，将"上级补助收入"科目本期发生额转入本期盈余。结账后，该账户无余额。

上级补助预算收入是指事业单位从主管部门和上级单位取得的非财政补助现金流入。

上级补助预算收入核算事业单位从主管部门和上级单位取得的非财政补助现金流入。

"上级补助预算收入"科目应当按照发放补助单位、补助项目、《政府收支分类科目》中"支出功能分类科目"的项级科目等进行明细核算。上级补助预算收入中如有专项资金收入，还应按照具体项目进行明细核算。

年末，将"上级补助预算收入"科目本年发生额中的专项资金收入转入非财政拨款结转，借记"上级补助预算收入"科目下各专项资金收入明细科目，贷记"非财政拨款结转——本年收支结转"科目；将"上级补助预算收入"科目本年发生额中的非专项资金收入转入其他结余，借记"上级补助预算收入"科目下各非专项资金收入明细科目，贷记"其他结余"科目。

年末结转后，"上级补助预算收入"科目应无余额。

上级补助收入（上级补助预算收入）的主要账务处理如表4-100所示。

表4-100 上级补助收入（上级补助预算收入）主要账务处理

业务类型	借方	贷方
确认上级补助收入时	其他应收款——上级补助收入	上级补助预算收入
实际收到上级补助收入时	银行存款	其他应收款——上级补助收入

1. 确认上级补助收入时

基础数据录入如图4-818所示。

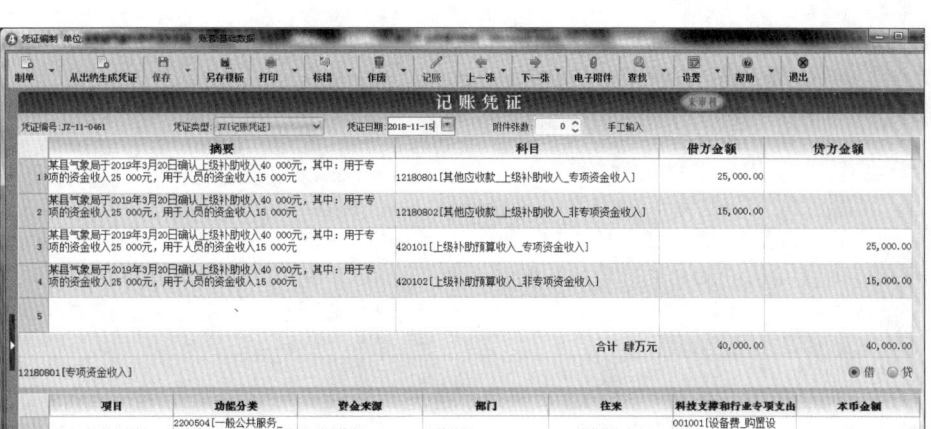

图 4-818　基础数据录入界面

财务预算平行记账如图 4-819 所示。

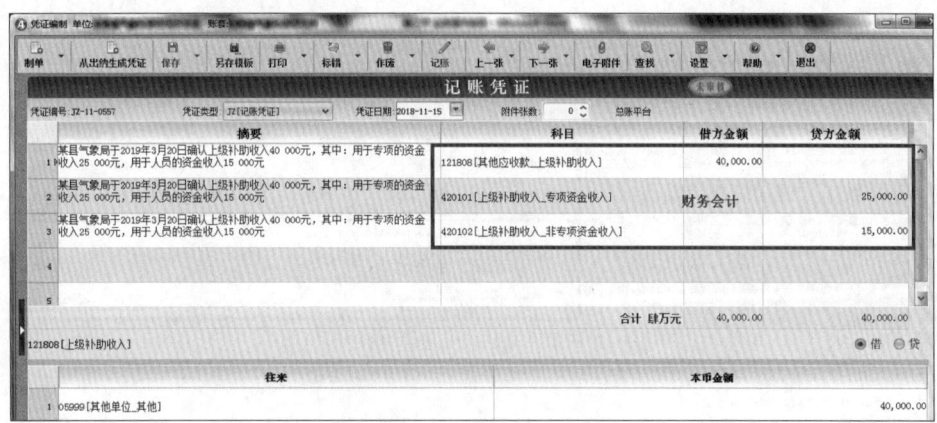

图 4-819　财务预算会计凭证

2. 实际收到上级补助收入时

基础数据录入如图 4-820 所示。

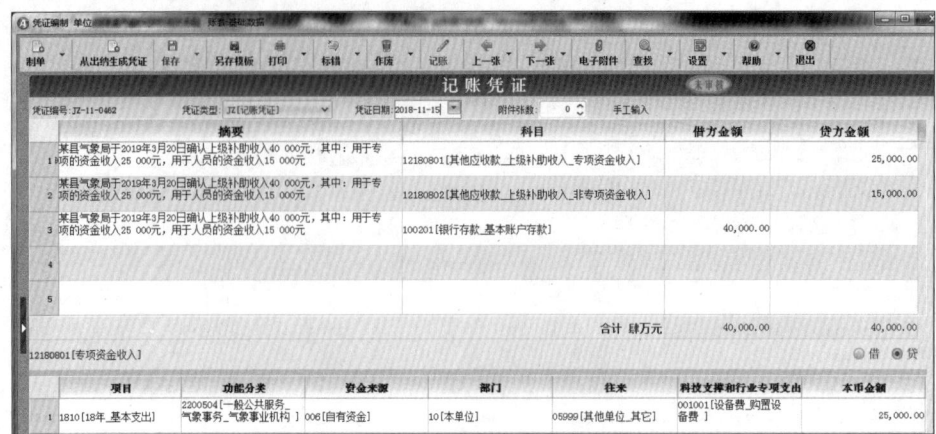

图 4-820 基础数据录入界面

财务预算平行记账如图 4-821 所示。

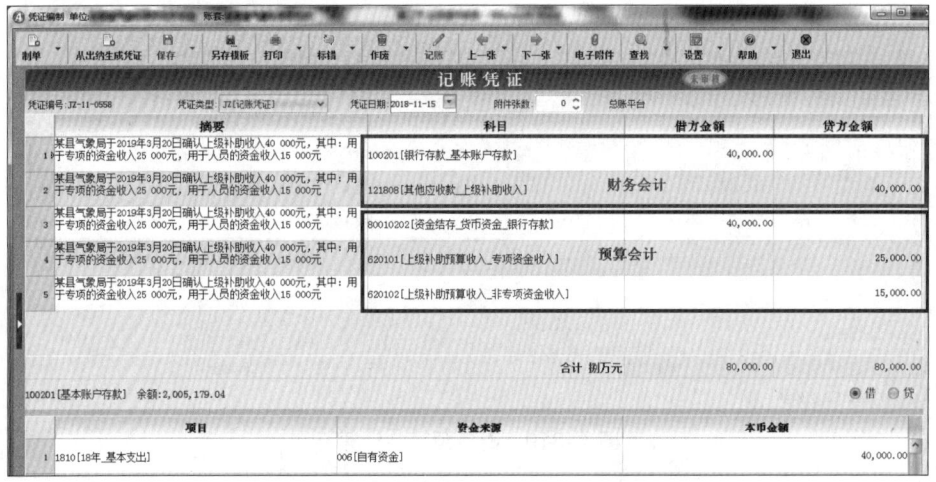

图 4-821 财务预算会计凭证平行记账分录

四、附属单位上缴收入、附属单位上缴预算收入

附属单位上缴收入是指事业单位取得的附属独立核算单位按照有关规定上缴的收入。

为核算事业单位附属独立核算单位按照有关规定上缴的收入，应设置"附属单位上缴收入"科目，该账户属于收入类账户。贷方登记实际收到的附属单位上缴收入；借方登记收入退回数及结转数；平时该账户的贷方余额反映附属单位上缴收入累计数。年终结账时，将该账户的贷方余额转入本期盈余。结账后，该账户无余额。

附属单位上缴预算收入是指事业单位取得附属独立核算单位根据有关规定上缴的现金流入。

附属单位上缴预算收入核算事业单位取得附属独立核算单位根据有关规定上缴的现金流入。

"附属单位上缴预算收入"科目应当按照附属单位、缴款项目、《政府收支分类科目》中"支出功能分类科目"的项级科目等进行明细核算。附属单位上缴预算收入中如有专项资金收入，还应按照具体项目进行明细核算。

年末，将"附属单位上缴预算收入"科目本年发生额中的专项资金收入转入非财政拨款结转，借记"附属单位上缴预算收入"科目下各专项资金收入明细科目，贷记"非财政拨款结转——本年收支结转"科目；将"附属单位上缴预算收入"科目本年发生额中的非专项资金收入转入其他结余，借记"附属单位上缴预算收入"科目下各非专项资金收入明细科目，贷记"其他结余"科目。

年末结转后，"附属单位上缴预算收入"科目应无余额。

附属单位上缴收入（附属单位上缴预算收入）的主要账务处理如表4-101所示。

表4-101　附属单位上缴收入（附属单位上缴预算收入）主要账务处理

业务类型	借方	贷方
确认附属单位上缴收入时	其他应收款——附属单位上缴款项	附属单位上缴预算收入
实际收到应收附属单位上缴收入时	银行存款	其他应收款——附属单位上缴款项

1. 确认附属单位上缴收入时

基础数据录入如图4-822所示。

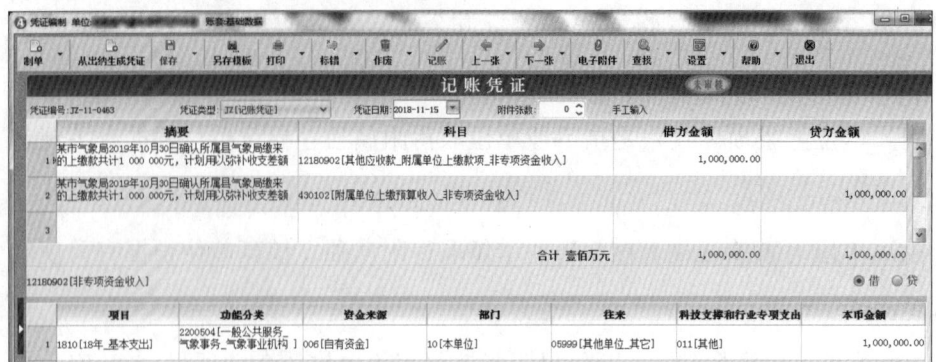

图 4-822　基础数据录入界面

财务预算平行记账如图 4-823 所示。

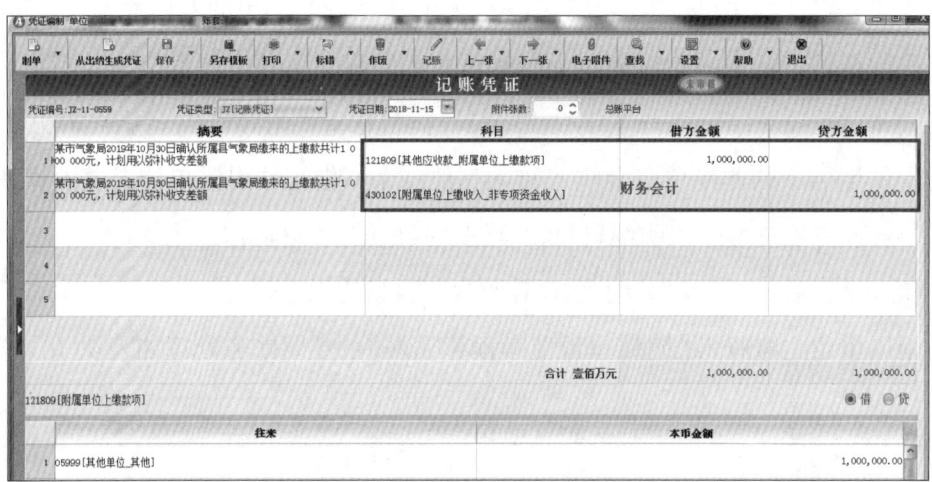

图 4-823　财务预算会计凭证

2. 实际收到应收附属单位上缴收入时

基础数据录入如图 4-824 所示。

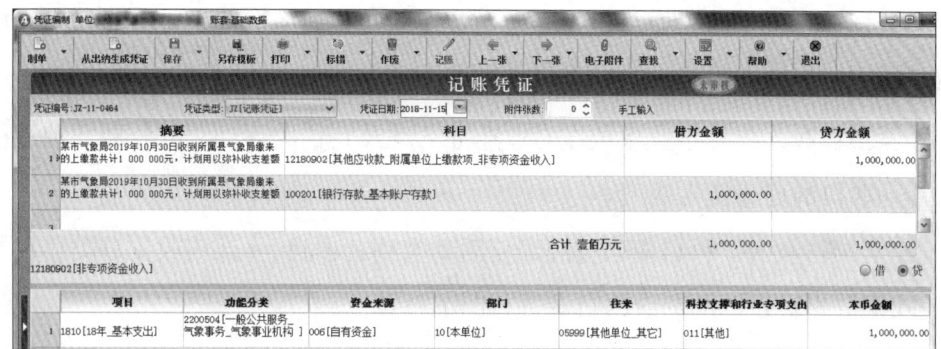

图 4-824　基础数据录入界面

财务预算平行记账如图 4-825 所示。

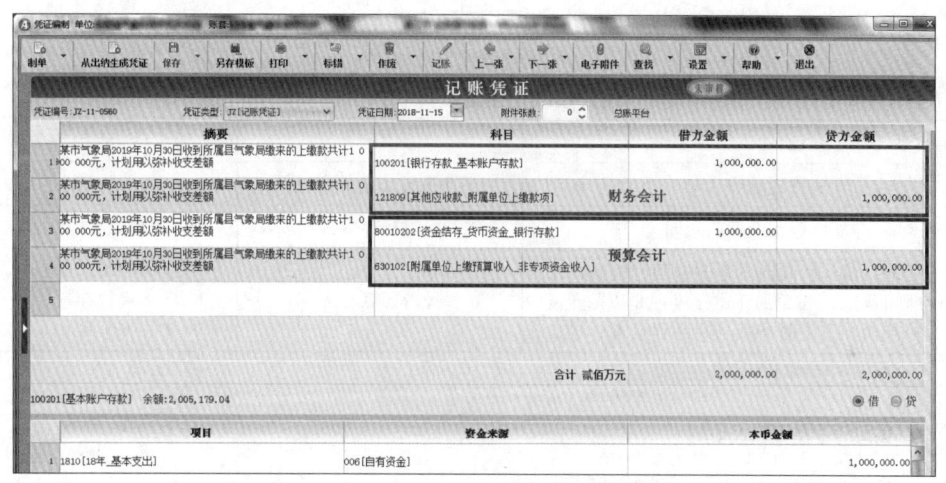

图 4-825　财务预算会计凭证平行记账分录

五、经营收入、经营预算收入

经营收入是指事业单位在专业业务活动及其辅助活动之外开展非独立核算经营活动取得的收入。

为核算事业单位在专业业务活动及其辅助活动之外开展非独立核算经营活动取得的收入，应设置"经营收入"科目，该账户属于收入类账户。贷方登记实际收到的经营收入；借方登记收入退回数及结转数；平时该账户的贷方余额反映经营收入累计数。年终结账时，将该账户的贷方余额转入"本期盈余"账户。结账后，该账户无余额。

经营预算收入是指事业单位在专业业务活动及其辅助活动之外开展非独立核算经营活动取得的现金流入。

经营预算收入核算事业单位在专业业务活动及其辅助活动之外开展非独立核算经营活动取得的现金流入。

"经营预算收入"科目应当按照经营活动类别、项目、《政府收支分类科目》中"支出功能分类科目"的项级科目等进行明细核算。

年末,将"经营预算收入"科目本年发生额转入经营结余,借记"经营预算收入"科目,贷记"经营结余"科目。

年末结转后,"经营预算收入"科目应无余额。

经营收入(经营预算收入)的主要账务处理如表 4-102 所示。

表 4-102　经营收入(经营预算收入)主要账务处理

业务类型	借方	贷方
实现经营收入时	应收账款、应收票据	经营预算收入
实际收到经营收入时	银行存款	应收账款、应收票据
对已经确认的经营收入发生的退回,根据政府会计准则的要求,不论属于本年度还是以前年度,应当在发生时冲减当期经营收入	经营预算收入	银行存款

1. 实现经营收入时

基础数据录入如图 4-826 所示。

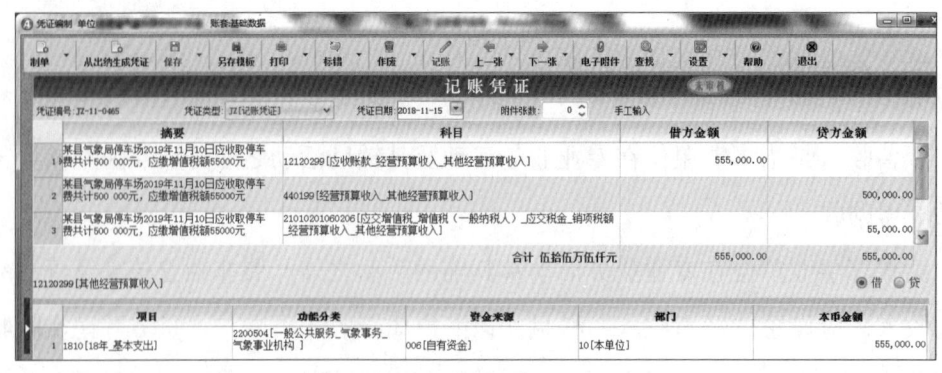

图 4-826　基础数据录入界面

财务预算平行记账如图 4-827 所示。

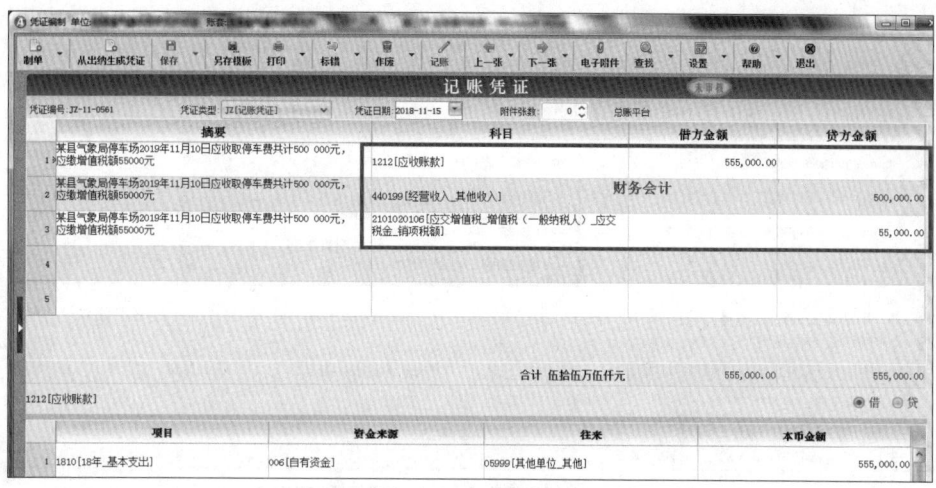

图 4-827　财务预算会计凭证

2. 实际收到经营收入时

基础数据录入如图 4-828 所示。

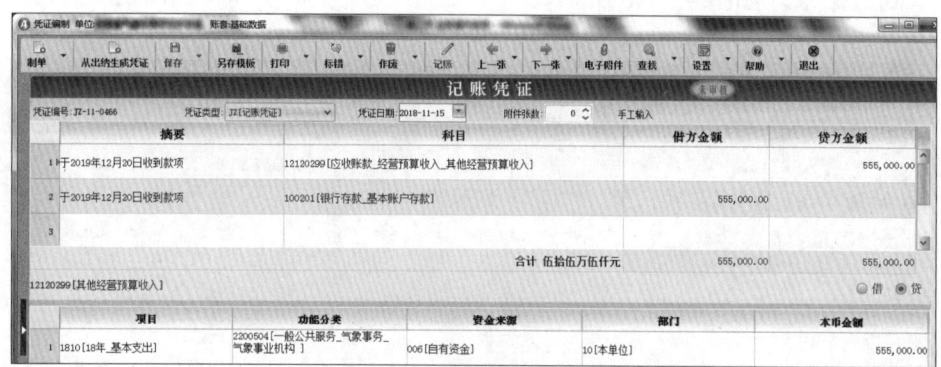

图 4-828　基础数据录入界面

财务预算平行记账如图 4-829 所示。

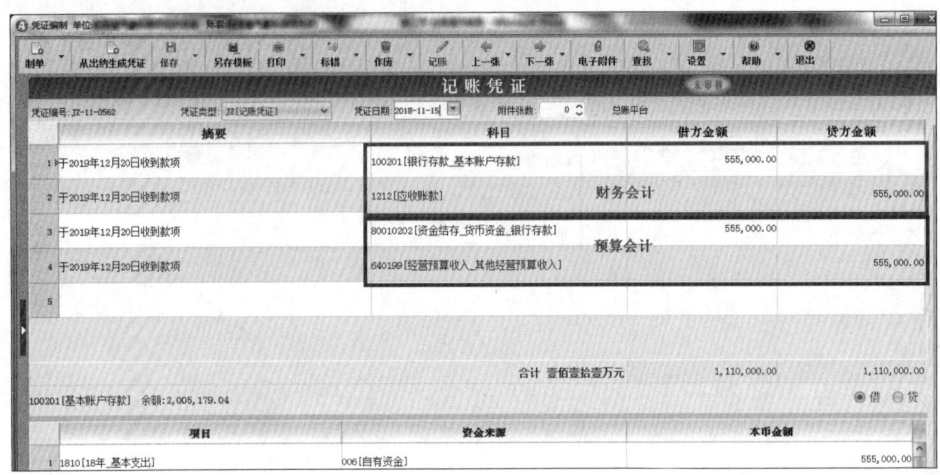

图 4-829　财务预算会计凭证平行记账分录

3. 对已经确认的经营收入发生的退回，根据政府会计准则的要求，不论属于本年度还是以前年度，应当在发生时冲减当期经营收入

基础数据录入如图 4-830 所示。

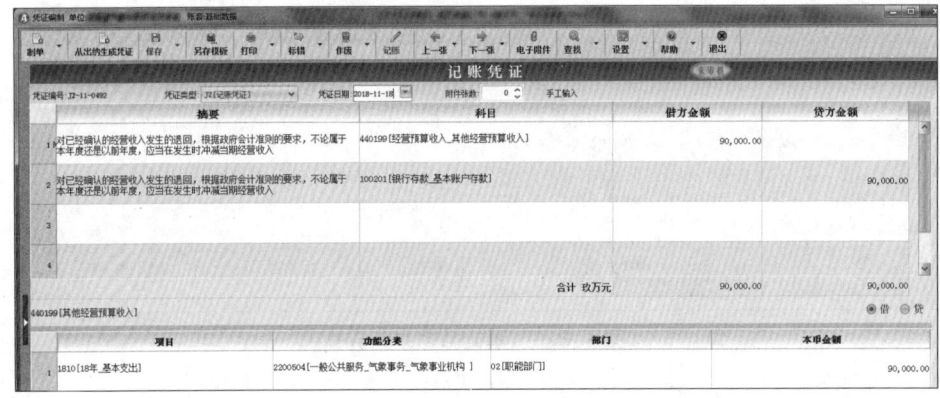

图 4-830　基础数据录入界面

财务预算平行记账如图 4-831 所示。

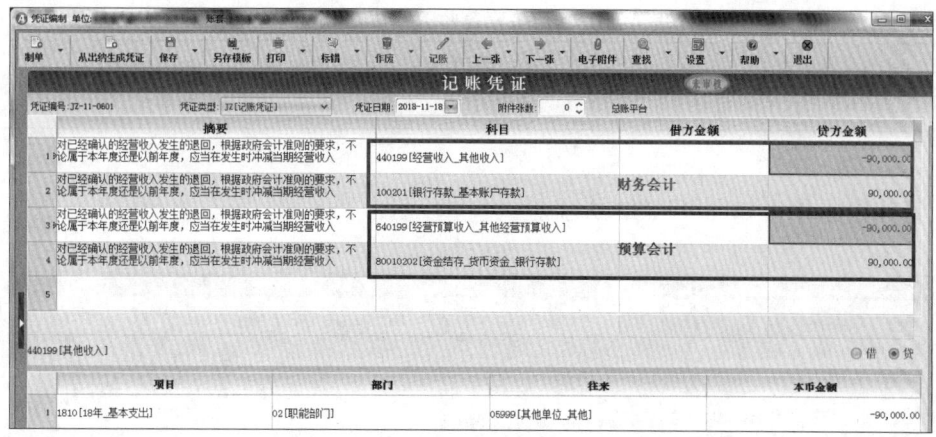

图 4-831　财务预算会计凭证平行记账分录

六、债务预算收入

债务预算收入是指事业单位在专业业务活动及其辅助活动之外开展非独立核算经营活动取得的现金流入。

债务预算收入核算事业单位按照规定从银行和其他金融机构等借入的、纳入部门预算管理的、不以财政资金作为偿还来源的债务本金。

"债务预算收入"科目应当按照贷款单位、贷款种类、《政府收支分类科目》中"支出功能分类科目"的项级科目等进行明细核算。债务预算收入中如有专项资金收入，还应按照具体项目进行明细核算。

年末，将"债务预算收入"科目本年发生额中的专项资金收入转入非财政拨款结转，借记"债务预算收入"科目下各专项资金收入明细科目，贷记"非财政拨款结转——本年收支结转"科目；将"债务预算收入"科目本年发生额中的非专项资金收入转入其他结余，借记"债务预算收入"科目下各非专项资金收入明细科目，贷记"其他结余"科目。

年末结转后，本科目应无余额。

债务预算收入的主要账务处理如表 4-103 所示。

表 4-103 债务预算收入主要账务处理

业务类型	借方	贷方
借入各项短期或长期借款时	银行存款	短期借款、长期借款

基础数据录入如图 4-832 所示。

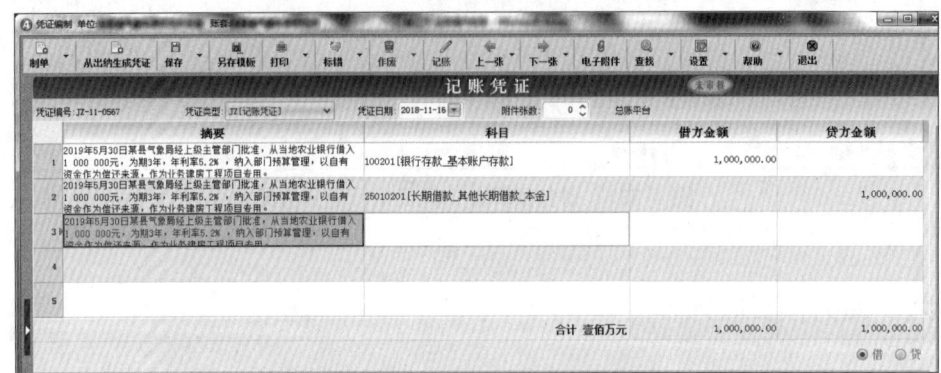

图 4-832 基础数据录入界面

财务预算平行记账如图 4-833 所示。

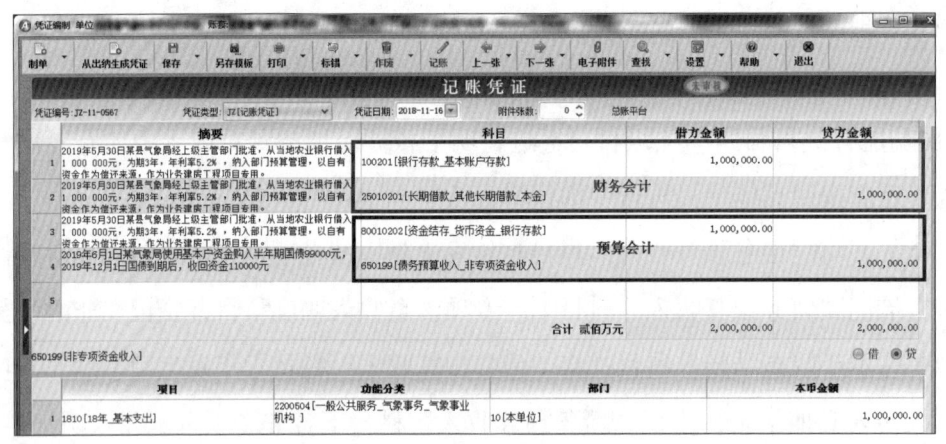

图 4-833 财务预算会计凭证平行记账分录

七、非同级财政拨款收入、非同级财政拨款预算收入

非同级财政拨款收入是指单位从非同级政府财政部门取得的经费拨款，包括从同级政府其他部门取得的横向转拨财政款、从上级或下级政府财政部门取得的经费

拨款等。

为核算单位从非同级政府财政部门取得的经费拨款，应设置"非同级财政拨款收入"科目，该账户属于收入类账户。贷方登记实际收到的非同级财政拨款收入；借方登记收入退回数及结转数；平时该账户的贷方余额反映非同级财政拨款收入累计数。年终结账时，将该账户的贷方余额转入"本期盈余"账户。结账后，该账户无余额。

非同级财政拨款预算收入是指行政事业单位从非同级政府财政部门取得的财政拨款，包括本级横向转拨财政款和非本级财政拨款。

非同级财政拨款预算收入核算单位从非同级政府财政部门取得的财政拨款，包括本级横向转拨财政款和非本级财政拨款。对于因开展科研及其辅助活动从非同级政府财政部门取得的经费拨款，应当通过"事业预算收入——非同级财政拨款"科目进行核算，不通过本科目核算。

"非同级财政拨款预算收入"科目应当按照非同级财政拨款预算收入的类别、来源、《政府收支分类科目》中"支出功能分类科目"的项级科目等进行明细核算。非同级财政拨款预算收入中如有专项资金收入，还应按照具体项目进行明细核算。

年末，将"非同级财政拨款预算收入"科目本年发生额中的专项资金收入转入非财政拨款结转，借记"非同级财政拨款预算收入"科目下各专项资金收入明细科目，贷记"非财政拨款结转——本年收支结转"科目；将"非同级财政拨款预算收入"科目本年发生额中的非专项资金收入转入其他结余，借记"非同级财政拨款预算收入"科目下各非专项资金收入明细科目，贷记"其他结余"科目。

年末结转后，本科目应无余额。

非同级财政拨款收入（非同级拨款预算收入）的主要账务处理如表4-104所示。

表 4-104 非同级财政拨款收入（非同级拨款预算收入）主要账务处理

业务类型	借方	贷方
确认非同级财政拨款收入时	其他应收款——非同级财政拨款收入	非统计财政拨款预算收入
收到非同级财政拨款收入时	银行存款	其他应收款——非同级财政拨款收入
收到上级部门要求转拨下级单位的款项，作为其他应付款处理	银行存款	他应付款——其他——非同级财政拨款收入

1. 确认非同级财政拨款收入时

基础数据录入如图 4-834 所示。

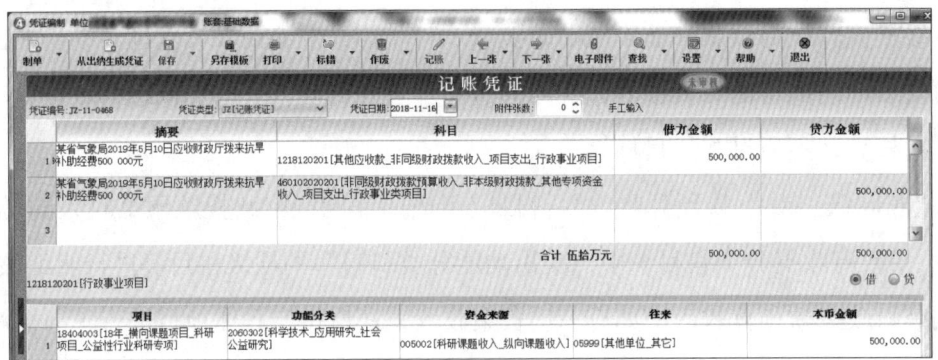

图 4-834 基础数据录入界面

财务预算平行记账如图 4-835 所示。

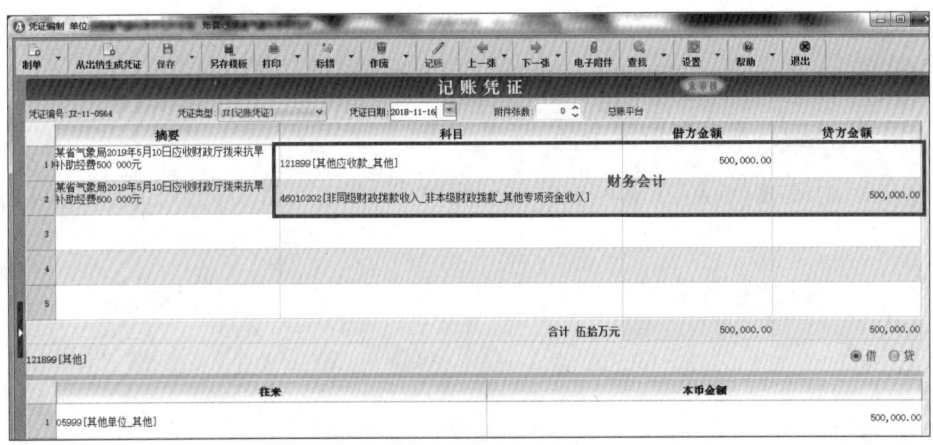

图 4-835 财务预算会计凭证

2. 收到非同级财政拨款收入时

基础数据录入如图 4-836 所示。

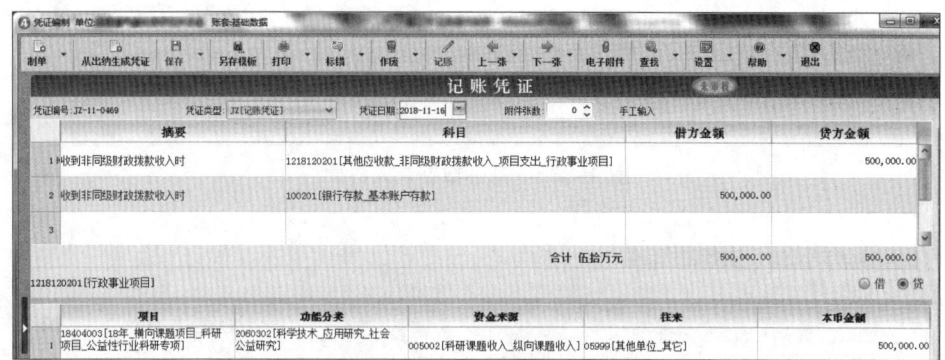

图 4-836　基础数据录入界面

财务预算平行记账如图 4-837 所示。

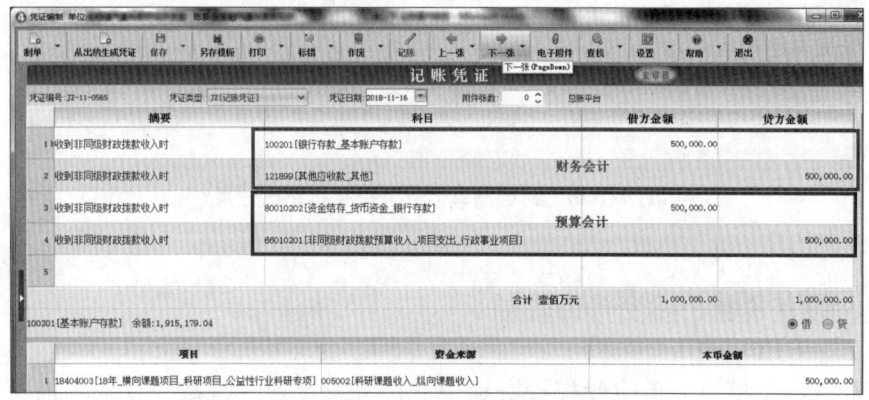

图 4-837　财务预算会计凭证平行记账分录

3. 收到上级部门要求转拨下级单位的款项，作为其他应付款处理

基础数据录入如图 4-838 所示。

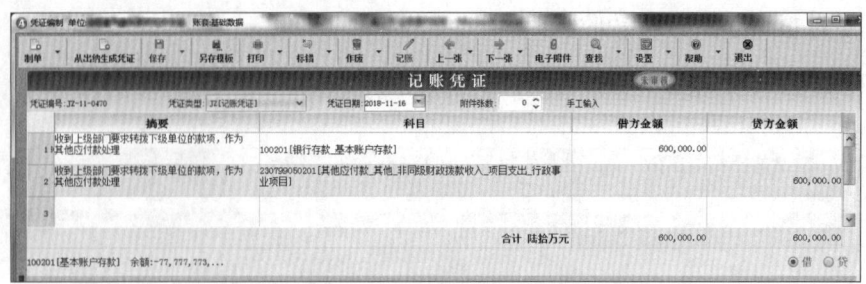

图 4-838 基础数据录入界面

财务预算平行记账如图 4-839 所示。

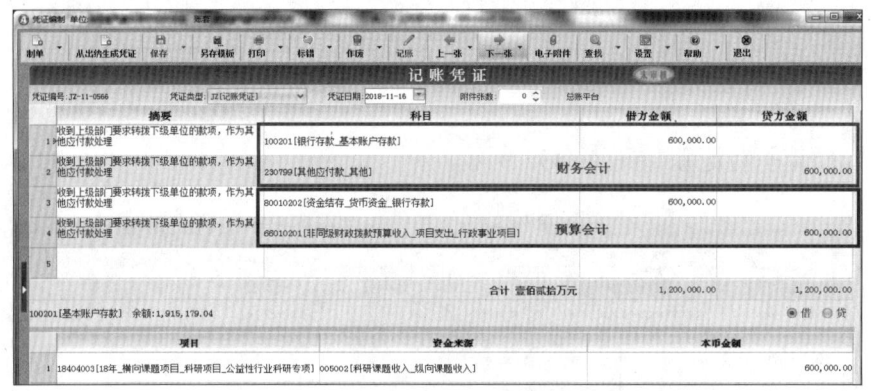

图 4-839 财务预算会计凭证平行记账分录

八、投资收益、投资预算收益

投资收益是指事业单位股权投资和债券投资所实现的收益或发生的损失。行政单位无此业务。

为核算事业单位股权投资和债券投资所实现的收益或发生的损失，应设置"投资收益"科目，该账户属于收入类账户。贷方登记投资所实现的收益；借方登记投资所发生的损失；平时该账户的贷方余额反映累计实现的收益，借方余额反映累计发生的损失。年终结账时，将该账户的贷方（借方）余额转入"本期盈余"账户。结账后，该账户无余额。

投资预算收益核算事业单位取得的按照规定纳入部门预算管理的属于投资收益性质的现金流入，包括股权投资收益、出售或收回债券投资所取得的收益和债券投资利息收入。

"投资预算收益"科目应当按照《政府收支分类科目》中"支出功能分类科目"的项级科目等进行明细核算。

年末,将"投资预算收益"科目本年发生额转入其他结余,借记或贷记"投资预算收益"科目,贷记或借记"其他结余"科目。

年末结转后,本科目应无余额。

投资收益(投资预算收益)的主要账务处理如表4-105所示。

表4-105 投资收益(投资预算收益)主要账务处理-1

业务类型			借方	贷方
出售或到期收回短期债券本息	出售或到期收回本年度取得的短期债券		银行存款 投资预算收益(借方差额)	短期投资——当年短期投资 投资预算收益(贷方差额)
	出售或到期收回以前年度取得的短期债券		银行存款 投资预算收益(借方差额)	短期投资——以前年度短期投资 投资预算收益(贷方差额)
出售长期债券投资或到期收回长期债券投资本息	到期一次还本付息债券	出售或到期收回本年度取得的长期债券	银行存款 投资预算收益(借方差额)	长期债券投资——成本——当年长期债券投资 长期债券投资——应计利息 投资预算收益(贷方差额)
		出售或到期收回以前年度取得的长期债券	银行存款 投资预算收益(借方差额)	期债券投资——成本——以前年度长期债券投资 长期债券投资——应计利息 投资预算收益(贷方差额)
出售长期债券投资或到期收回长期债券投资本息	分期付息债券	出售或到期收回本年度取得的长期债券	银行存款 投资预算收益(借方差额)	长期债券投资——成本——当年长期债券投资 应收利息 投资预算收益(贷方差额)
		出售或到期收回以前年度取得的长期债券	银行存款 投资预算收益(借方差额)	长期债券投资——成本——以前年度长期债券投资 应收利息 投资预算收益(贷方差额)
短期投资持有期间收到利息			银行存款	投资预算收益
持有的分期付息、一次还本的长期债券投资收到利息	按期确认利息收入时		应收利息	投资预算收益
	收到利息时		银行存款	应收利息
持有的一次还本付息的长期债券投资收到利息			长期债券投资——应计利息	投资预算收益
采用成本法核算的长期股权投资持有期间	按照宣告分派的现金股利或利润中属于单位应享有的份额		应收股利	投资预算收益
	单位宣告分派利润或股利时		银行存款	应收股利

续表

业务类型			借方	贷方
采用权益法核算的长期股权投资持有期间	按照应享有或分担的被投资单位实现净损益的份额	被投资单位实现净利润	长期股权投资——损益调整	投资预算收益
		被投资单位发生净亏损	投资预算收益	长期股权投资——损益调整

资产"长期债券投资"核算如表 4-106 所示。

注意：涉及多借多贷，需要在事业账套手工录入，或者拆分成多个简单一借一贷在基础数据录入。

表 4-106 投资收益（投资预算收益）主要账务处理-2

业务类型			借方	贷方
采用权益法核算的长期股权投资持有期间	收到被投资单位发放的现金股利	被投资单位宣告发放现金股利	应收股利	长期股权投资——损益调整
		实际收到被投资单位发放的现金股利	银行存款	应收股利
	被投资单位发生净亏损，但以后年度又实现净利润的，单位在其收益分享额弥补未确认的亏损分担额等后，恢复确认投资收益		长期股权投资——损益调整	投资预算收益
出售、转让长期股权投资	处置以现金取得的长期股权投资		银行存款 投资预算收益（借方差额）	长期股权投资 应收股利 银行存款 投资预算收益（贷方差额）

九、捐款收入、利息收入、租金收入、其他收入及其他预算收入

其他预算收入核算单位除财政拨款预算收入、事业预算收入、上级补助预算收入、附属单位上缴预算收入、经营预算收入、债务预算收入、非同级财政拨款预算收入、投资预算收益之外的纳入部门预算管理的现金流入，包括捐赠预算收入、利息预算收入、租金预算收入、现金盘盈收入等。

"其他预算收入"科目应当按照其他收入类别、《政府收支分类科目》中"支出功能分类科目"的项级科目等进行明细核算。其他预算收入中如有专项资金收入，还应按照具体项目进行明细核算。

年末,将"其他预算收入"科目本年发生额中的专项资金收入转入非财政拨款结转,借记"其他预算收入"科目下各专项资金收入明细科目,贷记"非财政拨款结转——本年收支结转"科目;将"其他预算收入"科目本年发生额中的非专项资金收入转入其他结余,借记"其他预算收入"科目下各非专项资金收入明细科目,贷记"其他结余"科目。

年末结转后,本科目应无余额。

其他收入(其他预算收入)的主要账务处理如下。

（一）捐赠收入

捐赠收入是指单位接受其他单位或者个人捐赠取得的收入。

为核算单位接受其他单位或者个人捐赠取得的收入,应设置"捐赠收入"科目,该账户属于收入类账户。贷方登记取得的收入;借方登记转出数或结转数;平时该账户的贷方余额反映累计取得的收入。年终结账时,将该账户的贷方余额转入"本期盈余"账户。结账后,该账户无余额。

捐赠收入的主要账务处理如表4-107所示。

表4-107 捐赠收入主要账务处理

业务类型		借方	贷方
接受捐赠现金资产、收到银行存款利息、收到资产承租人支付的租金		银行存款、库存现金	其他预算收入——捐赠预算收入
接受存货、固定资产等实物捐赠	存货、固定资产等非流动资产成本可以确定的	库存物品、固定资产 库存物品——涉及资金的其他支出 固定资产——支付的相关税费等	银行存款 其他预算收入——捐赠预算收入
	成本无法确定,只能以名义金额入账的	库存物品、固定资产 其他支出（支付的相关税费）	银行存款 其他预算收入——捐赠预算收入

1. 接受捐赠现金资产、收到银行存款利息、收到资产承租人支付的租金

基础数据录入如图 4-840 所示。

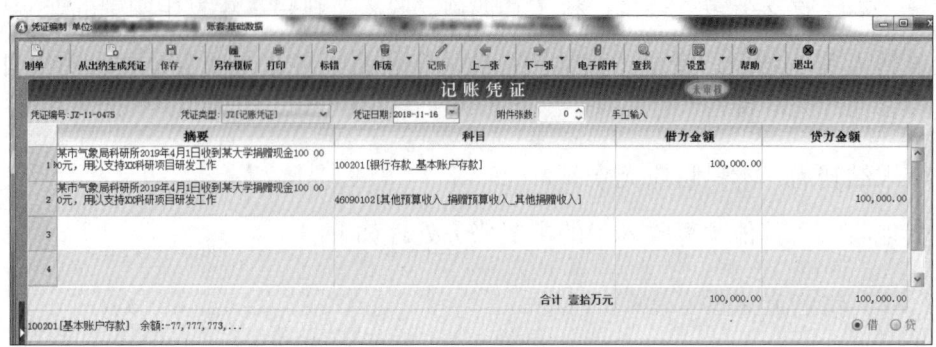

图 4-840　基础数据录入界面

财务预算平行记账如图 4-841 所示。

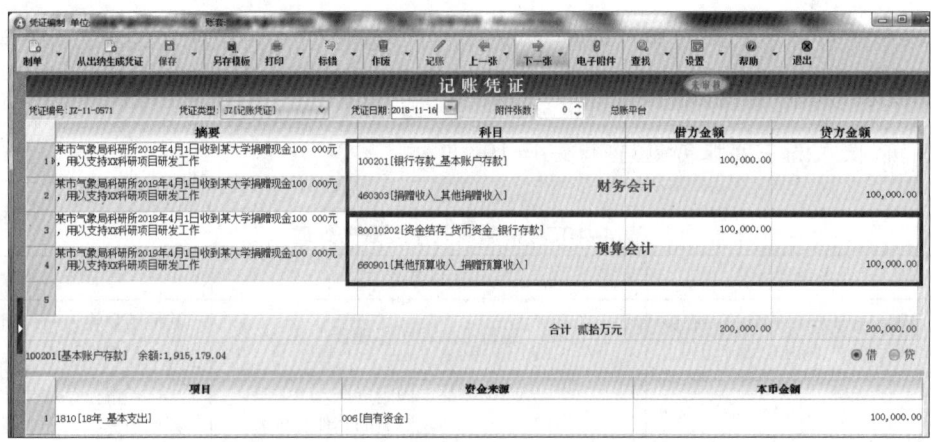

图 4-841　财务预算会计凭证平行记账分录

2. 接受存货、固定资产等实物捐赠

（1）存货、固定资产等非流动资产成本可以确定的

基础数据录入如图 4-842 所示。

第四章 基础核算业务

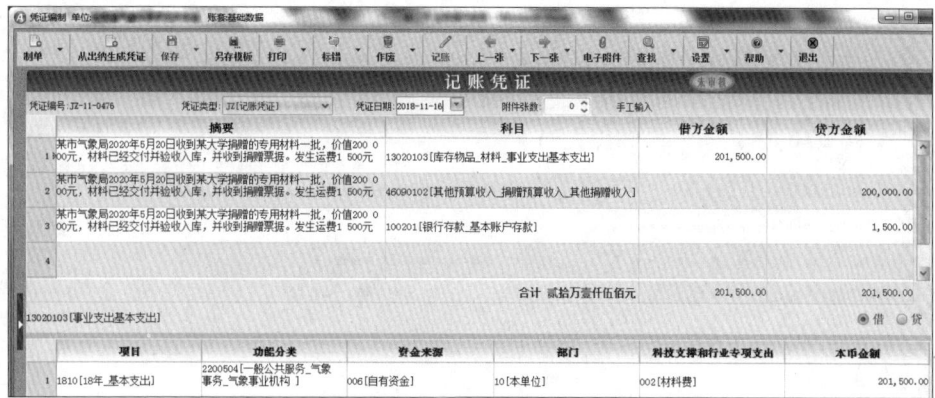

图 4-842　基础数据录入界面

财务预算平行记账如图 4-843 所示。

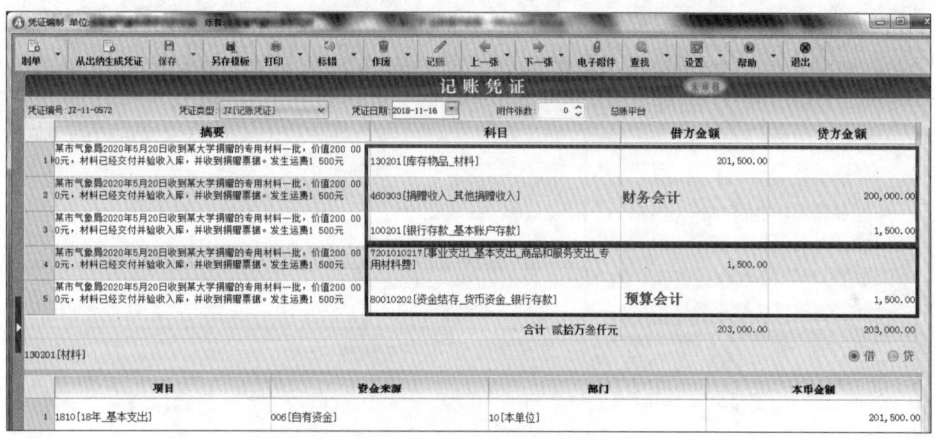

图 4-843　财务预算会计凭证平行记账分录

（2）成本无法确定，只能以名义金额入账

基础数据录入如图 4-844 所示。

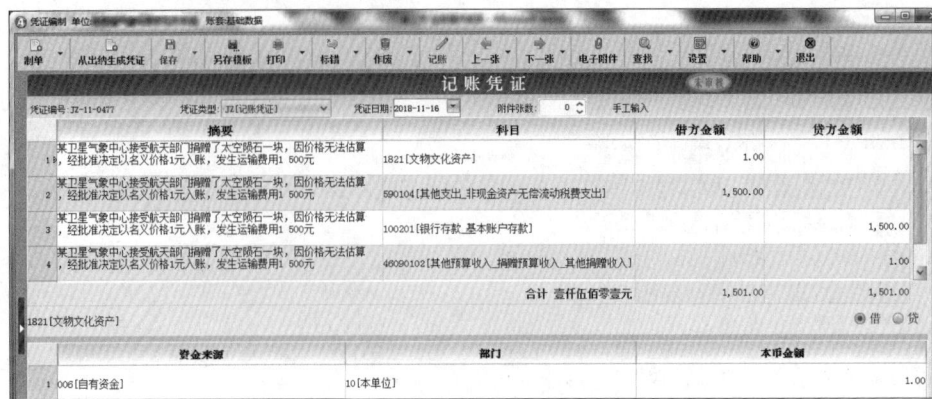

图 4-844　基础数据录入界面

财务预算平行记账如图 4-845 和图 4-846 所示。

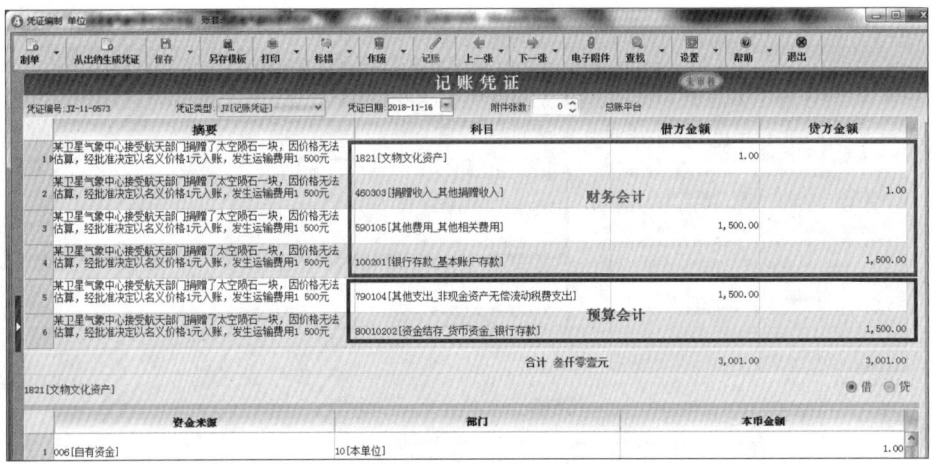

图 4-845　财务预算会计凭证平行记账分录

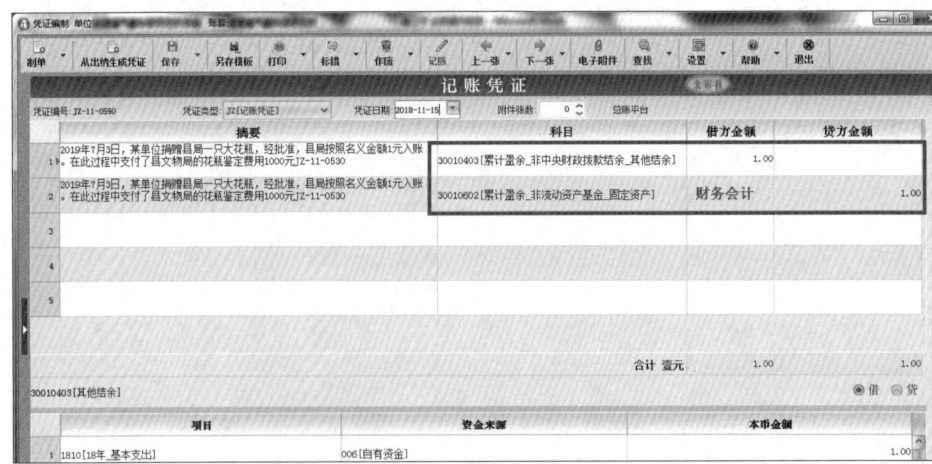

图 4-846　财务预算会计凭证

（二）利息收入

利息收入是指单位取得的银行存款利息收入。

为核算单位取得的银行存款利息收入情况，应设置"利息收入"科目，该账户属于收入类账户。贷方登记应计或取得的利息收入；借方登记转出数或结转数；平时该账户的贷方余额反映累计取得的利息。年终结账时，将该账户的贷方余额转入"本期盈余"账户。结账后，该账户无余额。

利息收入的主要账务处理如表4-108所示。

表4-108 利息收入主要账务处理

业务类型	借方	贷方
取得银行存款利息时	银行存款	其他预算收入——利息预算收入

基础数据录入如图4-847所示。

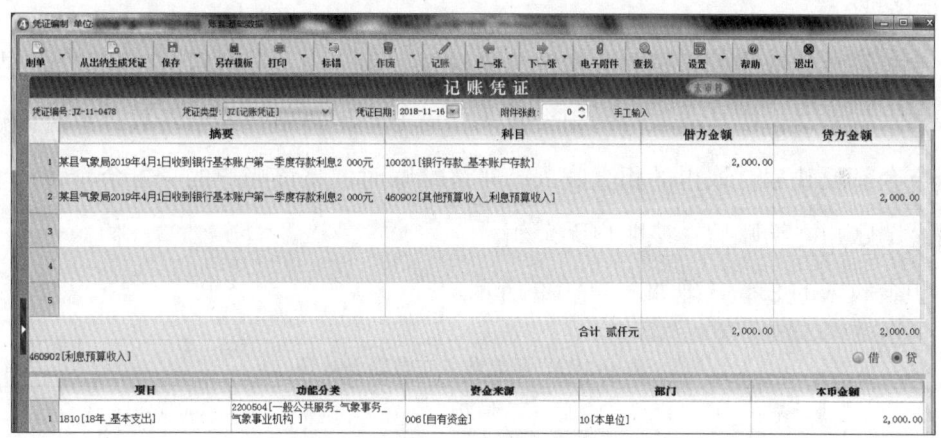

图4-847 基础数据录入界面

财务预算平行记账如图4-848所示。

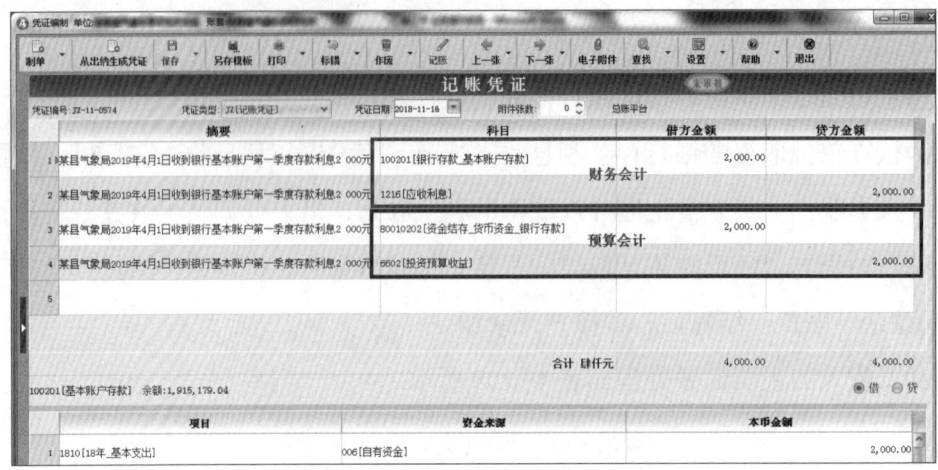

图 4-848 财务预算会计凭证平行记账分录

(三) 租金收入

租金收入是指单位经批准利用国有资产出租取得并按照规定纳入本单位预算管理的租金收入。

为核算单位取得的租金收入情况,应设置"租金收入"科目,该账户属于收入类账户。贷方登记应计或取得的租金收入;借方登记转出数或结转数;平时该账户的贷方余额反映累计取得的租金收入。年终结账时,将该账户的贷方余额转入"本期盈余"账户。结账后,该账户无余额。

租金收入的账务处理如表 4-109 所示。

表 4-109 租金收入主要账务处理

	业务类型	借方	贷方
采用预收租金方式	预收租金时	银行存款	预收账款
	分期确认租金收入时	预收账款	其他预算收入——租金预算收入
采用后付租金方式	每期确认租金收入时	应收账款	其他预算收入——租金预算收入
	收到租金时	银行存款	应收账款
采用分期收取租金方式		银行存款	其他预算收入——租金预算收入

1. 采用预收租金方式

(1) 预收租金时

基础数据录入如图 4-849 所示。

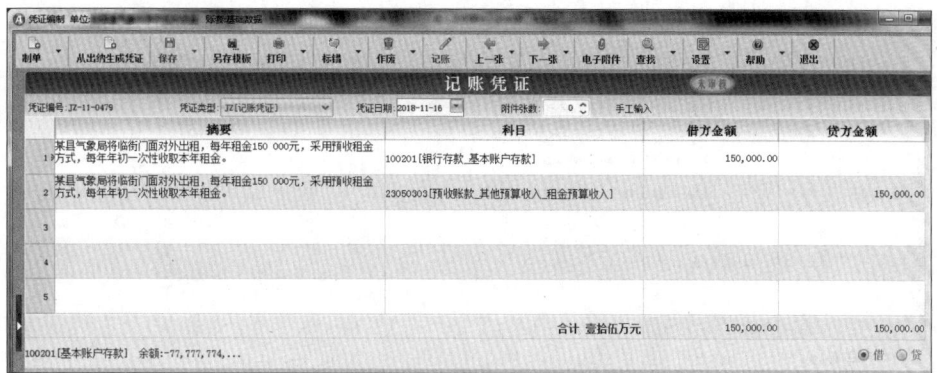

图 4-849 基础数据录入界面

财务预算平行记账如图 4-850 所示。

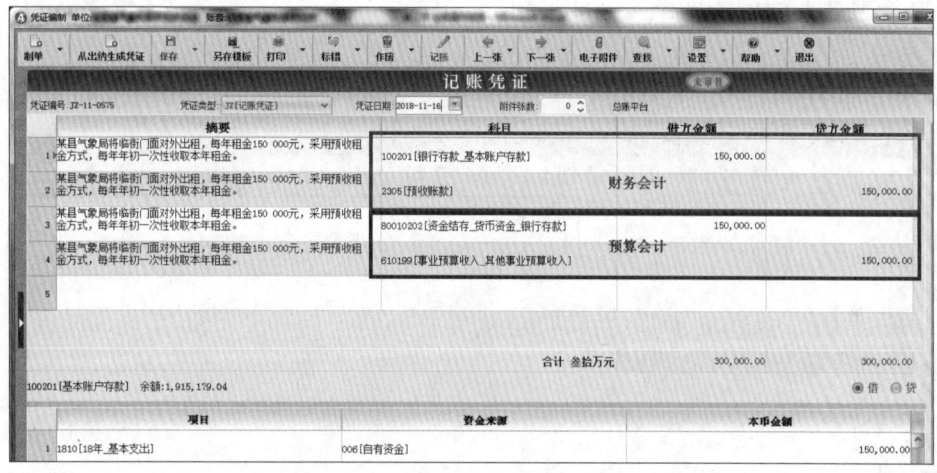

图 4-850 财务预算会计凭证平行记账分录

(2) 分期确认租金收入时

基础数据录入如图 4-851 所示。

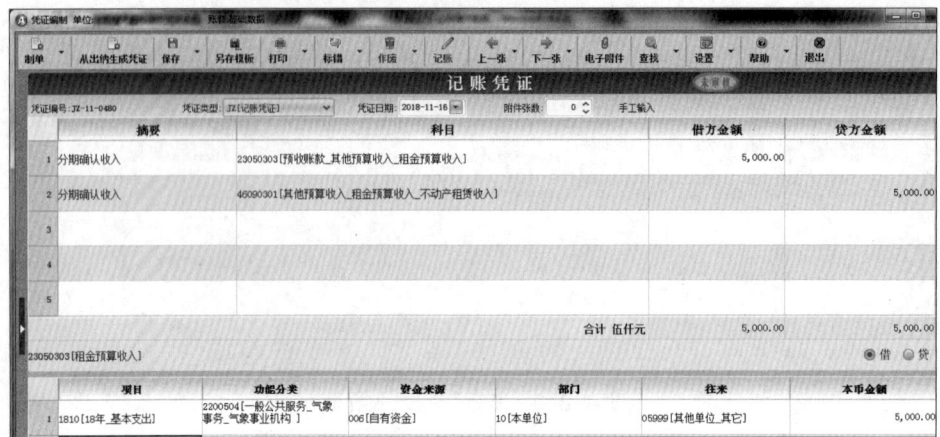

图 4-851　基础数据录入界面

财务预算平行记账如图 4-852 所示。

图 4-852　财务预算会计凭证

2. 采用后付租金方式

（1）每期确认租金收入时

基础数据录入如图 4-853 所示。

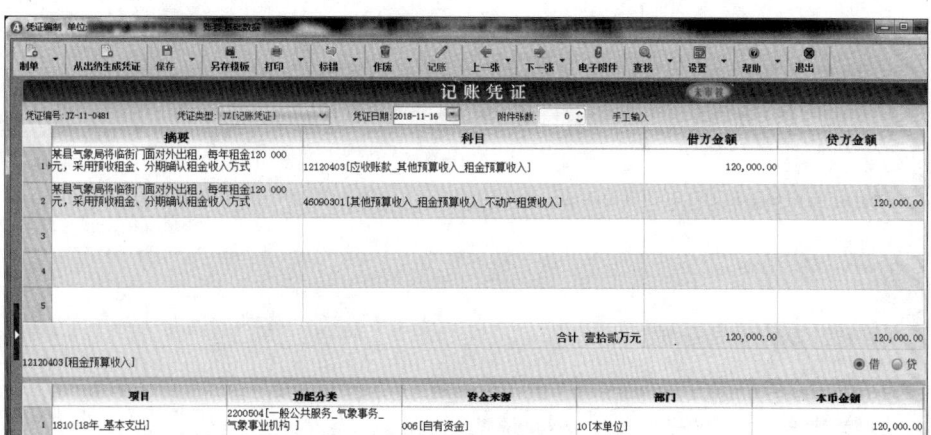

图 4-853 基础数据录入界面

财务预算平行记账如图 4-854 所示。

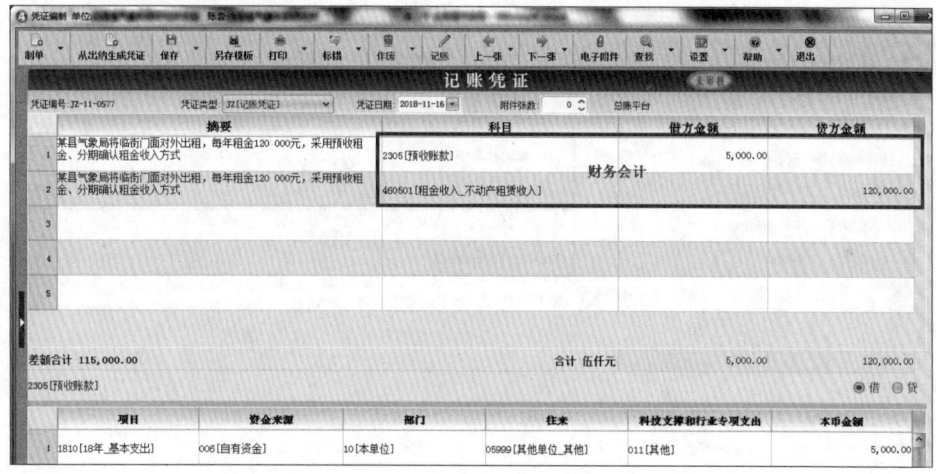

图 4-854 财务预算会计凭证

（2）收到租金时

基础数据录入如图 4-855 所示。

图 4-855 基础数据录入界面

财务预算平行记账如图 4-856 所示。

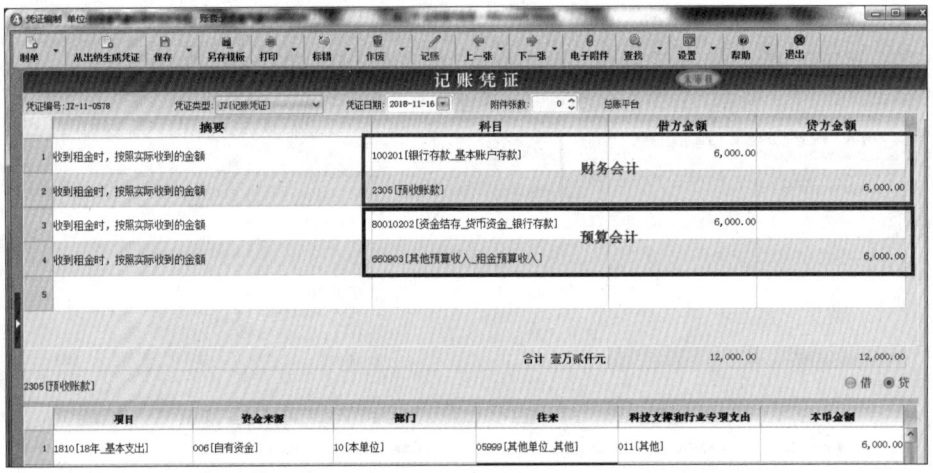

图 4-856 财务预算会计凭证平行记账分录

3. 采用分期收取租金方式

基础数据录入如图 4-857 所示。

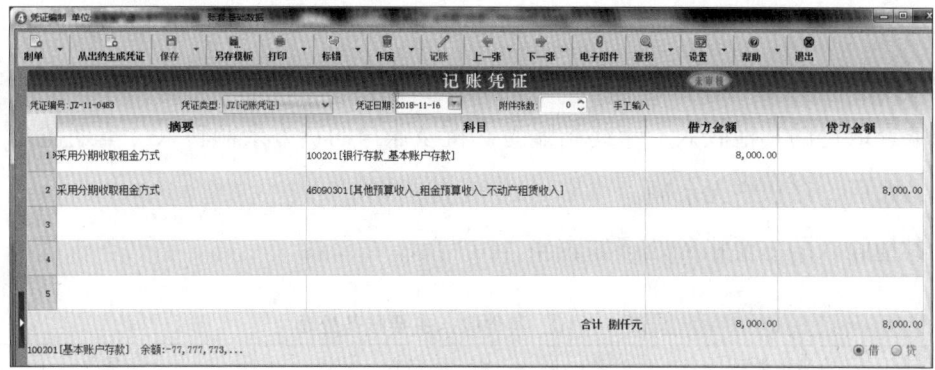

图 4-857　基础数据录入界面

财务预算平行记账如图 4-858 所示。

图 4-858　财务预算会计凭证平行记账分录

（四）其他收入

其他收入是指单位取得的除财政拨款收入、事业收入、上级补助收入、附属单位上缴收入、经营收入、非同级财政拨款收入、投资收益、捐赠收入、利息收入、租金收入以外的各项收入，包括现金盘盈收入、按照规定纳入单位预算管理的科技成果转化收入、行政单位收回已核销的其他应收款、无法偿付的应付及预收款项、置换换出资产评估增值等。

为核算单位取得的除财政拨款收入、事业收入、上级补助收入、附属单位上缴收入、经营收入、非同级财政拨款收入、投资收益、捐赠收入、利息收入、租金收入以外的各项收入情况，应设置"其他收入"科目，该账户属于收入类账户。贷方登记应计或取得的其他收入；借方登记转出数或结转数；平时该账户的贷方余额反映累计取得的其他收入。年终结账时，将该账户的贷方余额转入"本期盈余"账户。结账后，该账户无余额。

其他收入的主要账务处理如表4-110所示。

表4-110 其他收入主要账务处理

业务类型		借方	贷方
现金盘盈收入	每日现金账款核对中如发现现金益余，属于无法查明原因的部分	库存现金 待处理财产损益	其他预算收入 待处理财产损益
	经核实，属于应支付给有关个人和单位的部分	其他预算收入——现金盘盈收入 其他应付款——其他——现金盘盈收入	其他应付款——其他——现金盘盈收入 库存现金
科技成果转化收入		银行存款	其他预算收入——其他——科技成果转化收入
行政单位收回已核销的其他应收款		银行存款	其他预算收入
无法偿付的应付及预收款项		应付账款、预收账款、其他应付款、长期应付款	其他预算收入——其他——无法偿付的应付及预收款项
置换换出资产评估增值		相关资产	其他预算收入——其他——置换换出资产评估增值
其他情况		其他应收款、银行存款、库存现金	其他预算收入——其他

1. 现金盘盈收入

（1）每日现金账款核对中如发现现金益余，属于无法查明原因的部分

基础数据录入如图4-859所示。

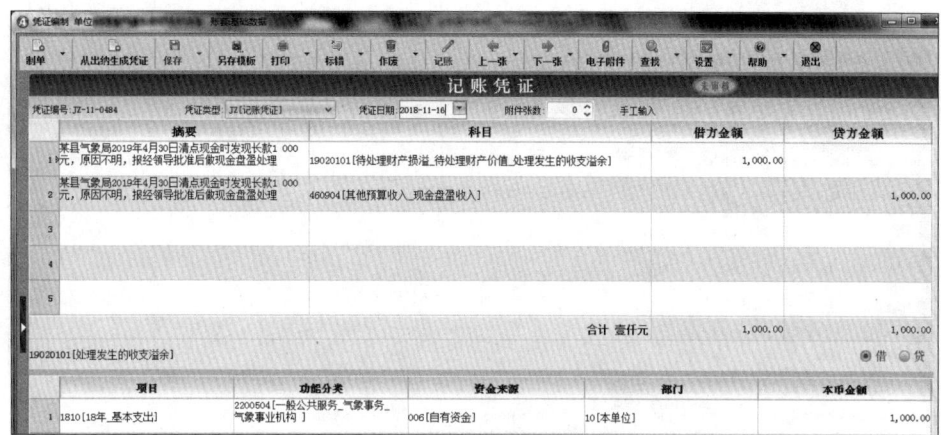

图 4-859　基础数据录入界面

财务预算平行记账如图 4-860 所示。

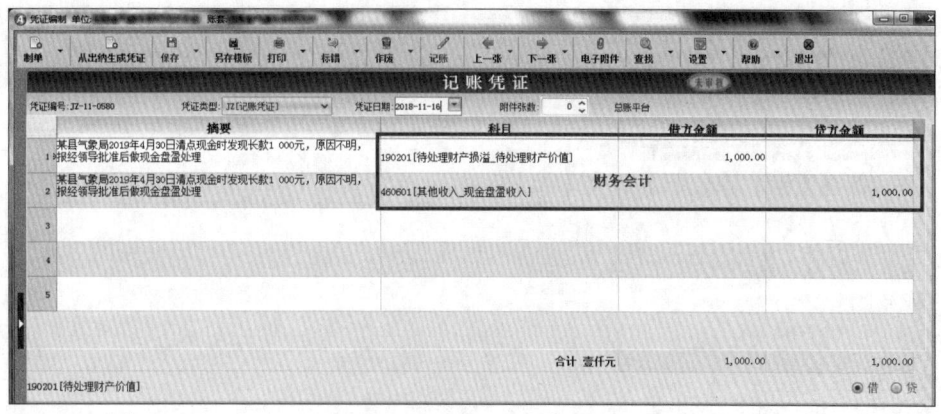

图 4-860　财务预算会计凭证

（2）经核实，属于应支付给有关个人和单位的部分

基础数据录入如图 4-861 所示。

图 4-861　基础数据录入界面

财务预算平行记账如图 4-862 所示。

图 4-862　财务预算会计凭证

2. 科技成果转化收入

基础数据录入如图 4-863 所示。

图 4-863　基础数据录入界面

财务预算平行记账如图 4-864 所示。

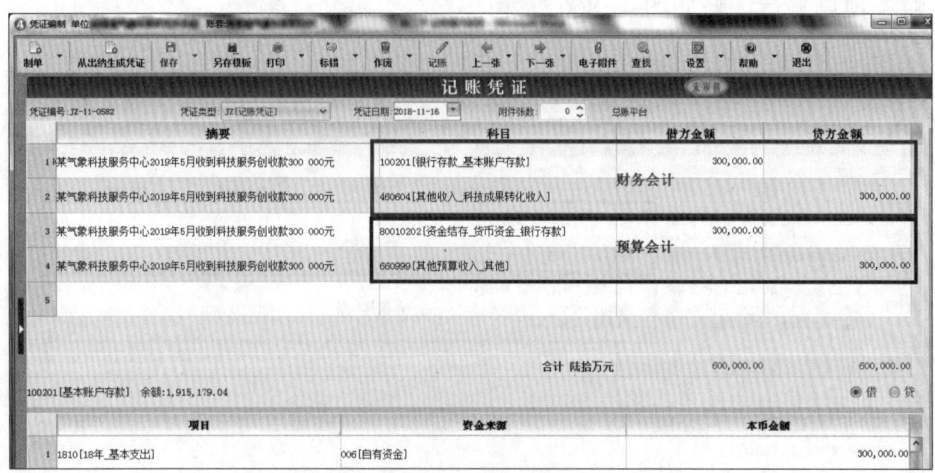

图 4-864　财务预算会计凭证平行记账分录

3.行政单位收回已核销的其他应收款

基础数据录入如图 4-865 所示。

图 4-865 基础数据录入界面

财务预算平行记账如图 4-866 所示。

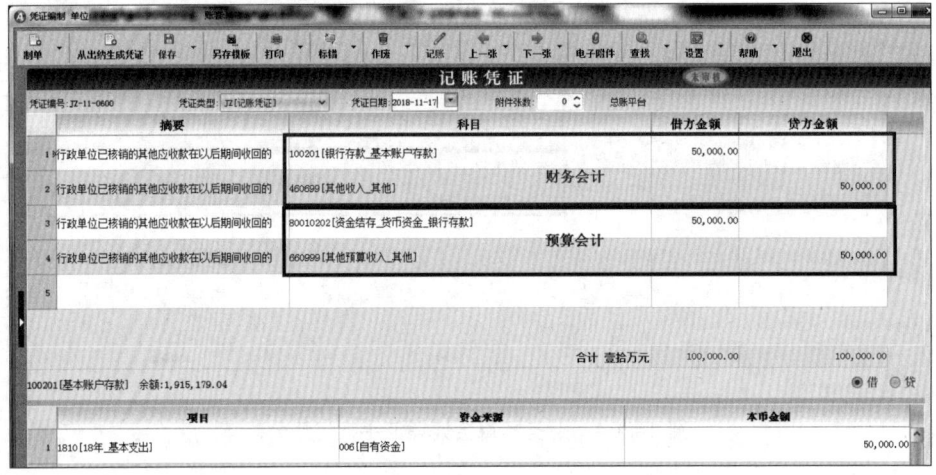

图 4-866 财务预算会计凭证平行记账分录

4. 无法偿付的应付及预收款项

基础数据录入如图 4-867 所示。

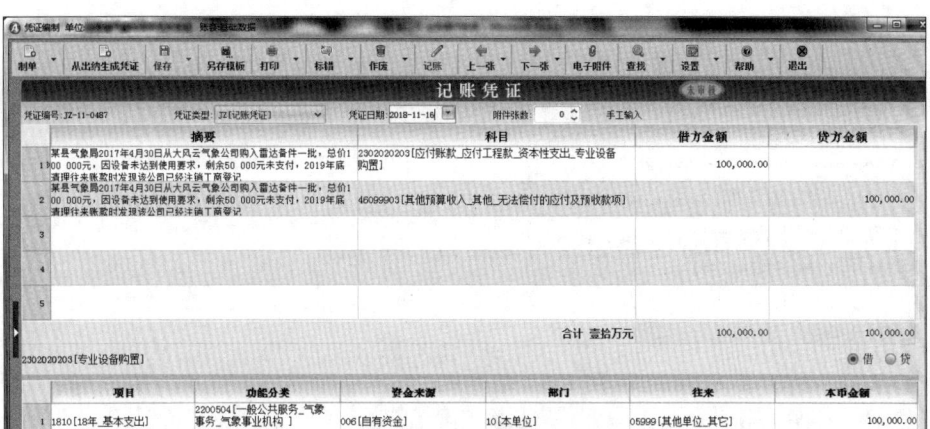

图 4-867　基础数据录入界面

财务预算平行记账如图 4-868 所示。

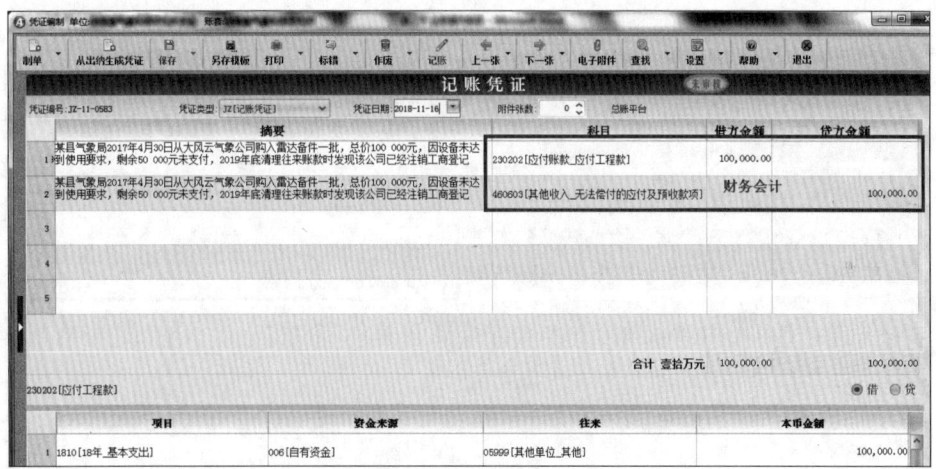

图 4-868　财务预算会计凭证

5. 置换换出资产评估增值

基础数据录入如图 4-869 所示。

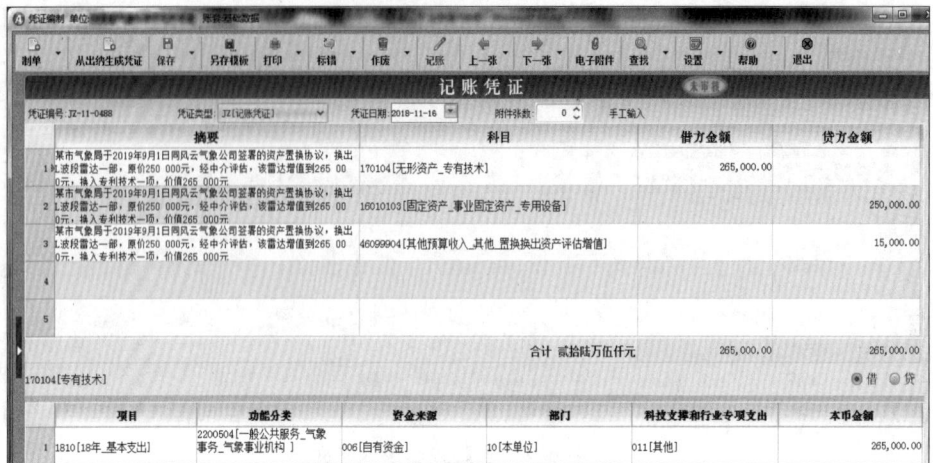

图 4-869　基础数据录入界面

财务预算平行记账如图 4-870 和图 4-871 所示。

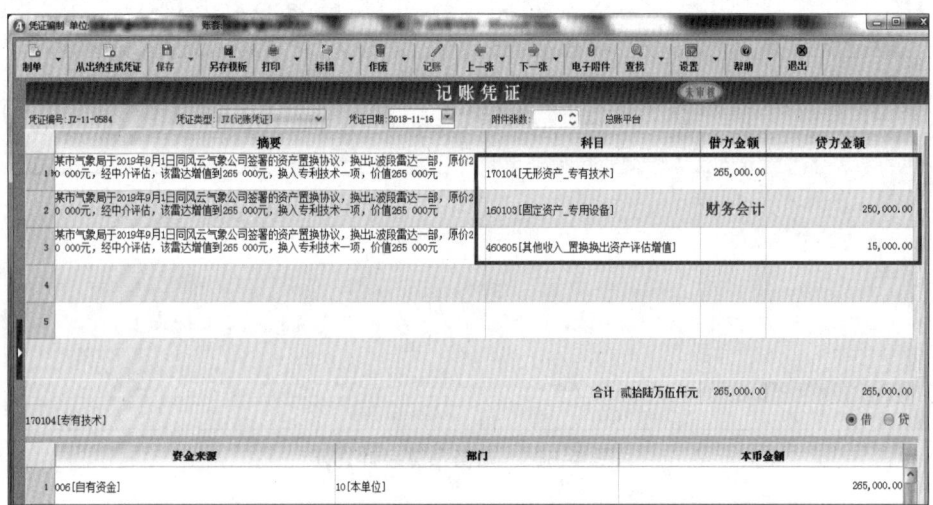

图 4-870　财务预算会计凭证 - 1

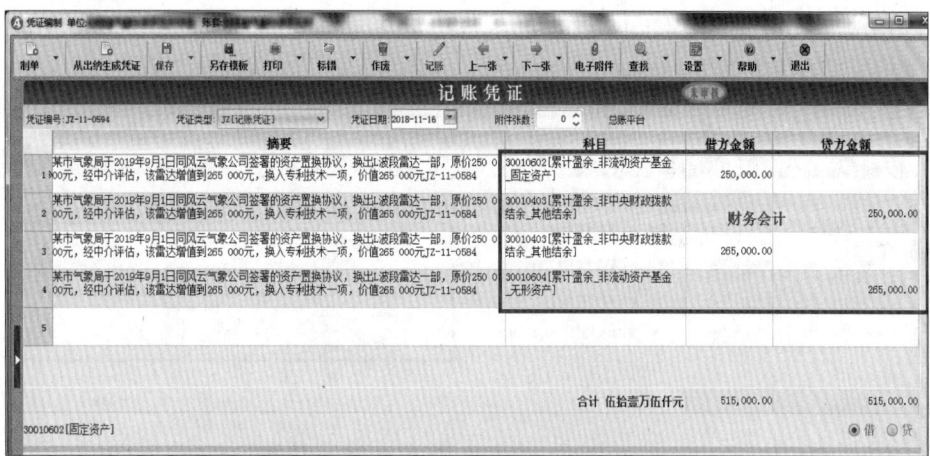

图 4-871　财务预算会计凭证-2

6. 其他情况

基础数据录入如图 4-872 所示。

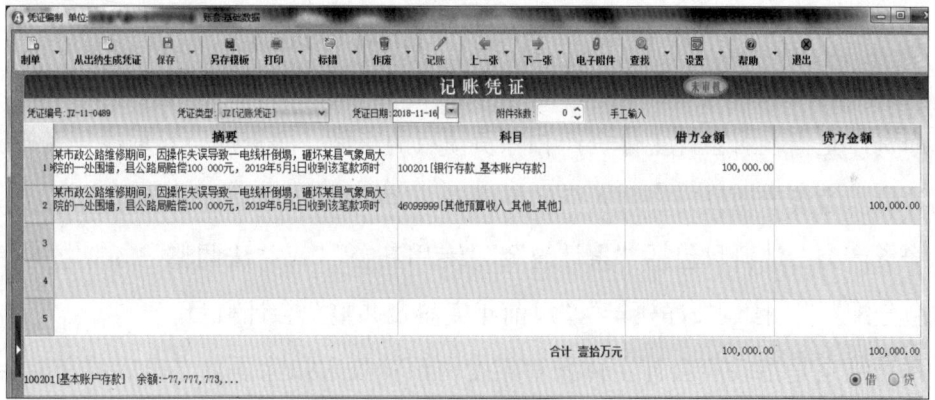

图 4-872　基础数据录入界面

财务预算平行记账如图 4-873 所示。

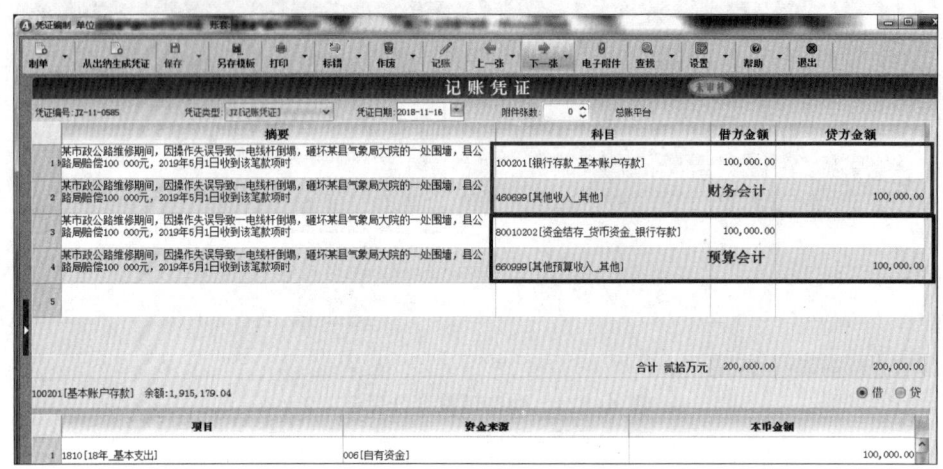

图 4-873 财务预算会计凭证平行记账分录

第五节 净资产和预算结余

净资产是指政府会计主体资产扣除负债后的净额。净资产金额取决于资产和负债的计量。净资产项目应当列入资产负债表。

净资产类会计科目包括"累计盈余""专用基金""权益法调整""本期盈余""本年盈余分配""无偿调拨净资产""以前年度盈余调整"会计科目。

预算结余是指政府会计主体预算年度内预算收入扣除预算支出后的资金余额，以及历年滚存的资金余额。

预算结余包括结余资金和结转资金。结余资金是指年度预算执行终了，预算收入实际完成数扣除预算支出和结转资金后剩余的资金，根据资金的性质可分为财政拨款结余资金和非财政拨款结余资金。结转资金是指预算安排的项目至年末尚未执行完毕或者因故未执行，且下年需要按原用途继续使用的资金，根据资金的性质可分为财政拨款结转资金和非财政拨款结转资金。符合预算结余定义及其确认条件的项目应当列入政府决算报表。

政府会计主体的预算结余包括资金结存、财政拨款结转、财政拨款结余、非财政拨款结转、非财政拨款结余、专用结余、经营结余、其他结余、非财政拨款结余分配。

净资产和预算结余的主要账务处理如下。

一、年末处理

年末处理主要包括收支结转、无偿调拨净资产等业务。

注意：涉及复杂的多借多贷，需要在事业账套中手工添加凭证。

二、在基础数据录入的经济业务

1. 专用基金的相关业务（表4-111）

注意：涉及净资产科目的调整由系统自动带出。

表4-111 专用基金相关业务主要账务处理

业务类型		借方	贷方
从收入中提取专用基金		事业支出等	专用结余
专用基金的使用	购买固定资产、无形资产等非流动资产以外的货物或服务	专用结余	银行存款
	购买固定资产、无形资产等非流动资产	固定资产、无形资产等	银行存款等

2. 权益法的调整（表4-112）

表4-112 权益法调整主要账务处理

业务类型	借方	贷方
年末，按照被投资单位除净损益和利润分配以外的所有者权益变动应享有（或应分担）的份额	长期股权投资——其他权益变动	权益法调整
采用权益法核算的长期股权投资，因被投资单位除净损益和利润分配以外的所有者权益变动而将应享有（或应分担）的份额计入单位净资产的，处置该项投资时，按照原计入净资产的相应部分金额	权益法调整	投资收益

3. 以前年度盈余调整（表 4-113）

表 4-113　以前年度盈余调整主要账务处理

业务类型	借方	贷方
调整增加以前年度收入、减少费用时，按照调整增加的金额	银行存款、零余额账户用款额度等	财政拨款结转——年初余额调整 财政拨款结余——年初余额调整 非财政拨款结转——年初余额调整 非财政拨款结余——年初余额调整
调整增加以前年度费用、减少收入时，按照调整增加的金额	财政拨款结转——年初余额调整 财政拨款结余——年初余额调整 非财政拨款结转——年初余额调整 非财政拨款结余——年初余额调整	银行存款、零余额账户用款额度等
盘盈的各种非流动资产，报经批准后处理	待处理财产损益	财政拨款结转——年初余额调整 财政拨款结余——年初余额调整 非财政拨款结转——年初余额调整 非财政拨款结余——年初余额调整

4. 预算结转结余的调整（表 4-114）

表 4-114　预算结转结余调整主要账务处理

业务类型	借方	贷方
按规定上缴财政拨款结转结余资金或注销财政拨款结转结余资金额度的按照实际上缴资金数额或注销的资金额度数额	财政拨款结转——归集上缴 财政拨款结余——归集上缴	财政应返还额度 零余额账户用款额度 银行存款
按规定向原资金拨入单位缴回非财政拨款结转资金的	非财政拨款结转——缴回资金	银行存款
收到从其他单位调入的财政拨款结转资金的，按照实际调入资金数额	财政应返还额度 零余额账户用款额度 银行存款	财政拨款结转——归集调入

第五章 会计报表

《新制度》的创新点之一在于其"双报告"的特点。所谓"双报告"即通过财务会计核算形成财务会计报表，通过预算会计核算形成决算会计报表。

财务会计报表是反映单位一定时期财务状况、收支情况和现金流量的书面文件，同时也是上级部门了解下级单位各方面财务信息的重要渠道，所以财务会计报表应包括财务报表和其他应当在财务报表中披露的相关信息和资料。财务会计报表的构成包括资产负债表、收入费用表、净资产变动表、现金流量表及其附注，其中：资产负债表、收入费用表均为月度、年度报表；净资产变动表、现金流量表及附注均为年度报表。

决算会计报表是综合反映单位预算收支年度执行结果的文件，应当包括决算报表和其他应当在决算报告中反映的相关信息和资料。决算会计报表的构成包括预收收入支出表、预算结转结余变动表，均为年度报表。

第一节 财务报表的编制基础

一、基础要求

政府会计主体应当以持续运行为基础，根据实际发生的经济业务或事项，按照准则和制度要求进行确认和计量，在此基础上编制财务报表。财务报表的编制以权责发生制为基础，以财务会计核算生成的数据为准；预算会计报表的编制以收付实现制为基础，以预算会计核算生成的数据为准。因此，财务报表和预算会计报表两套并行报表体系的编制基础是不相同的。

二、编制口径

部门(单位)应当根据政府会计制度基本准则的规定编制真实、完整的财务报表和预算会计报表,不得违反基本准则规定随意改变财务报表和预算会计报表的编制基础、编制依据、编制原则和方法,不得随意改变财务报表和预算会计报表有关数据的会计口径。财务报表项目的列报应当在各个会计期间保持一致,不得随意变更,除了政府会计制度要求改变财务报表项目的列报、政府会计主体业务性质发生重大变化或者对政府会计主体影响较大的经济业务或事项发生。

三、程序要求

部门(单位)的财务报表和预算会计报表应当根据登记完整、核对无误的账簿记录和其他有关资料编制,做到数字真实、计算准确、内容完整、编报及时。部门(单位)应当严格按照相关财政管理制度及会计制度规定,组织所属单位全面清查核实管理的资产负债等,做到账实相符、账证相符、账账相符、账表相符。部门(单位)的财务报表和预算会计报表必须按照国家或上级机关规定的期限和程序,在保证报表真实、完整的前提下,在规定的期限内报送上级单位。

四、重要性要求

性质或功能类似的项目,其所属类别具有重要性的,应当按其类别在财务报表中单独列报。某些项目的重要性程度不足以在资产负债表、收入费用表等报表单独列示,但对附注具有重要性的,应当在附注中单独披露。

五、责任明确

财务报表和预算会计报表应当由单位负责人和主管会计工作的负责人、会计机构负责人(会计主管人员)签名并盖章。

六、制度要求

部门(单位)应当严格按照相关财政管理制度及会计制度规定,组织所属单位全面清查核实管理的资产负债等，做到账实相符、账证相符、账账相符、账表相符。

七、标准口径

会计账簿相关数据不符合权责发生制原则的，应当提取数据后按照相关报告标准进行调整，数据调整应当符合重要性原则，并编制调整分录。除现金流量表按照收付实现制原则编制外，财务报表均按照权责发生制编制。

八、合并程序

部门（单位）在编制合并财务报表时，经确认后，应当对被合并报表之间经济业务或事项进行抵销，并编制抵销分录，在此基础上分项加总财务报表项目。合并财务报表与被合并报表之间、财务报表各项目之间，凡有对应关系的数字，应当相互一致；报表中本期与上期有关的数字应当衔接。

九、财务报表包括财务会计报表和报表附注

财务会计报表包括资产负债表、收入费用表、净资产差异表、现金流量表（选编）。财务报表中的资产项目或负债项目的金额、收入项目和费用项目的金额不得互相抵销，其他政府会计准则另有规定的除外。但资产或负债项目按扣除备抵项目后的净额列示，不属于抵销。

十、时间要求

部门（单位）应当至少按照年度编制财务报表和预算会计报表。

第二节　财务报表的内容与填列

一、资产负债表的内容与填列要求

（一）资产负债表期初数填列注意事项

资产负债表"年初余额"栏内各项数字，应当根据上年年末资产负债表"期末

余额"栏内数字填列。如果本年度资产负债表规定的项目名称和内容同上年度不一致，应当对上年年末资产负债表项目名称和数字按照本年度的规定进行调整，将调整后的数字填入"年初余额"栏内。如果本年度单位发生了因前期差错更正、会计政策变更等调整以前年度盈余的事项，还应当对"年初余额"栏中的有关项目金额进行相应调整。

（二）资产负债表填列要求

资产负债表中"资产总计"项目期末（年初）余额应当与"负债和净资产总计"项目期末（年初）余额相等。

（三）资产负债表"期末余额"栏各项目的内容和填列方法

1. 资产类项目

①"货币资金"项目，反映单位期末库存现金、银行存款、零余额账户用款额度、其他货币资金的合计数。本项目应当根据"库存现金""银行存款""零余额账户用款额度""其他货币资金"科目的期末余额的合计数填列；若单位存在通过"库存现金""银行存款"科目核算的受托代理资产还应当按照前述合计数扣减"库存现金""银行存款"科目下"受托代理资产"明细科目的期末余额后的金额填列。

"货币资金"=（"1001 库存现金"+"1002 银行存款"+"1011 零余额账户用款额度"+"1021 其他货币资金"）借方余额-（"1001 库存现金"+"1002 银行存款"）科目下"1891 受托代理资产"

②"短期投资"项目，反映事业单位期末持有的短期投资账面余额。本项目应当根据"短期投资"科目的期末余额填列。

"短期投资"="1101 短期投资"借方余额

③"财政应返还额度"项目，反映单位期末财政应返还额度的金额。本项目应当根据"财政应返还额度"科目的期末余额填列。

"财政应返还额度"="1201 财政应返还额度"借方余额

④"应收票据"项目，反映事业单位期末持有的应收票据的票面金额。本项目应当根据"应收票据"科目的期末余额填列。

"应收票据"="1211 应收票据"借方余额

⑤ "应收账款净额"项目，反映单位期末尚未收回的应收账款减去已计提的坏账准备后的净额。本项目应当根据"应收账款"科目的期末余额，减去"坏账准备"科目中对应收账款计提的坏账准备的期末余额后的金额填列。

"应收账款净额"＝"1212 应收账款"借方余额－"121901 应收账款坏账准备"借方余额

⑥ "预付账款"项目，反映单位期末预付给商品或者劳务供应单位的款项。本项目应当根据"预付账款"科目的期末余额填列。

"预付账款"＝"1214 预付账款"借方余额

⑦ "应收股利"项目，反映事业单位期末因股权投资而应收取的现金股利或应当分得的利润。本项目应当根据"应收股利"科目的期末余额填列。

"应收股利"＝"1215 应收股利"借方余额

⑧ "应收利息"项目，反映事业单位期末因债券投资等而应收取的利息。事业单位购入的到期一次还本付息的长期债券投资持有期间应收的利息，不包括在本项目内。本项目应当根据"应收利息"科目的期末余额填列。

"应收利息"＝"1216 应收利息"借方余额

⑨ "其他应收款净额"项目，反映单位期末尚未收回的其他应收款减去已计提的坏账准备后的净额。本项目应当根据"其他应收款"科目的期末余额减去"坏账准备"科目中对其他应收款计提的坏账准备的期末余额后的金额填列。

"其他应收款净额"＝"1218 其他应收款"借方余额－"121902 其他应收账款坏账准备"借方余额

⑩ "存货"项目，反映单位期末存储的存货的实际成本。本项目应当根据"在途物品""库存物品""加工物品"科目的期末余额的合计数填列。

"存货"＝（"1301 在途物品"＋"1302 库存物品"＋"1303 加工物品"）借方余额

⑪ "待摊费用"项目，反映单位期末已经支出，但应当由本期和以后各期负担的分摊期在 1 年以内（含 1 年）的各项费用。本项目应当根据"待摊费用"科目的期末余额填列。

"待摊费用"＝"1401 待摊费用"借方余额

⑫"1年内到期的非流动资产"项目，反映单位期末非流动资产项目中将在1年内（含1年）到期的金额，如事业单位将在1年内（含1年）到期的长期债券投资金额。本项目应当根据"长期债券投资"等科目的明细科目期末余额分析填列。

"1年内到期的非流动资产"＝"1502长期债券投资"借方余额分析填列

⑬"其他流动资产"项目，反映单位期末除资产负债表中上述各项之外的其他流动资产的合计金额。本项目应当根据有关科目期末余额的合计数填列。

⑭"流动资产合计"项目，反映单位期末流动资产的合计数。

本项目应当根据"库存资金""短期投资""财政应返还额度""应收票据""应收账款净额""预付账款""应收股利""应收利息""其他应收款净额""存货""待摊费用""1年内到期的非流动资产""其他流动资产"项目金额的合计数填列。

"流动资产合计"＝"1001库存现金"＋"1101短期投资"＋"1201财政应返还额度"＋"1211应收票据"＋"应收账款净额"＋"1214预付账款"＋"1215应收股利"＋"1216应收利息"＋"其他应收款净额"＋"存货"＋"1401待摊费用"＋"1年内到期的非流动资产"＋"其他流动资产"

⑮"长期股权投资"项目，反映事业单位期末持有的长期股权投资的账面余额。本项目应当根据"长期股权投资"科目的期末余额填列。

"长期股权投资"＝"1501长期股权投资"借方余额

⑯"长期债券投资"项目，反映事业单位期末持有的长期债券投资的账面余额。本项目应当根据"长期债券投资"科目的期末余额减去其中将于1年内（含1年）到期的长期债券投资余额后的金额填列。

"长期债券投资"＝"1502长期债券投资"借方余额－1年内到期的长期债券投资借方余额

⑰"固定资产原值"项目，反映单位期末固定资产的原值。本项目应当根据"固定资产"科目的期末余额填列。

"固定资产累计折旧"项目，反映单位期末固定资产已计提的累计折旧金额。本项目应当根据"固定资产累计折旧"科目的期末余额填列。

"固定资产净值"项目，反映单位期末固定资产的账面价值。本项目应当根据"固定资产"科目期末余额减去"固定资产累计折旧"科目期末余额后的金额填列。

"固定资产原值"="1601 固定资产"借方余额

"固定资产累计折旧"="1602 固定资产累计折旧"贷方余额

"固定资产累计净值"="1601 固定资产"借方余额－"1602 固定资产累计折旧"贷方余额

⑱"工程物资"项目，反映单位期末为在建工程准备的各种物资的实际成本。本项目应当根据"工程物资"科目的期末余额填列。

"工程物资"="1611 工程物资"借方余额

⑲"在建工程"项目，反映单位期末所有的建设项目工程的实际成本。本项目应当根据"在建工程"科目的期末余额填列。

"在建工程"="1613 在建工程"借方余额

⑳"无形资产原值"项目，反映单位期末无形资产的原值。本项目应当根据"无形资产"科目的期末余额填列。

"无形资产累计摊销"项目，反映单位期末无形资产已计提的累计摊销金额。本项目应当根据"无形资产累计摊销"科目的期末余额填列。

"无形资产净值"项目，反映单位期末无形资产的账面价值。本项目应当根据"无形资产"科目期末余额减去"无形资产累计摊销"科目期末余额后的金额填列。

"无形资产原值"="1701 无形资产"借方余额

"无形资产累计摊销"="1702 无形资产累计摊销"贷方余额

"无形资产净值"="1701 无形资产"借方余额－"1702 无形资产累计摊销"贷方余额

㉑"研发支出"项目，反映单位期末正在进行的无形资产开发项目开发阶段发生的累计支出数。本项目应当根据"研发支出"科目的期末余额填列。

"研发支出"="1703 研发支出"借方余额

㉒"公共基础设施原值"项目，反映单位期末控制的公共基础设施的原值。本项目应当根据"公共基础设施"科目的期末余额填列。

"公共基础设施累计折旧（摊销）"项目，反映单位期末控制的公共基础设施已计提的累计折旧和累计摊销金额。本项目应当根据"公共基础设施累计折旧（摊销）"科目的期末余额填列。

"公共基础设施净值"项目，反映单位期末控制的公共基础设施的账面价值。本项目应当根据"公共基础设施"科目期末余额减去"公共基础设施累计折旧（摊销）"科目期末余额后的金额填列。

"公共基础设施原值"＝"1801 公共基础设施" 借方余额

"公共基础设施累计折旧（摊销）"＝"1802 公共基础设施累计折旧（摊销）"贷方余额

"公共基础设施净值"＝"1801 公共基础设施" 借方余额 －"1802 公共基础设施累计折旧（摊销）"贷方余额

㉓"政府储备物资"项目，反映单位期末控制的政府储备物资的实际成本。本项目应当根据"政府储备物资"科目的期末余额填列。

"政府储备物资"＝"1811 政府储备物资" 借方余额

㉔"文物文化资产"项目，反映单位期末控制的文物文化资产的成本。本项目应当根据"文物文化资产"科目的期末余额填列。

"文物文化资产"＝"1821 文物文化资产"借方余额

㉕"保障性住房原值"项目，反映单位期末控制的保障性住房的原值。本项目应当根据"保障性住房"科目的期末余额填列。

"保障性住房累计折旧"项目，反映单位期末控制的保障性住房已计提的累计折旧金额。本项目应当根据"保障性住房累计折旧"科目的期末余额填列。

"保障性住房净值"项目，反映单位期末控制的保障性住房的账面价值。本项目应当根据"保障性住房"科目期末余额减去"保障性住房累计折旧"科目期末余额后的金额填列。

"保障性住房原值"＝"1831 保障性住房"借方余额

"保障性住房累计折旧"＝"1832 保障性住房累计折旧"贷方余额

"保障性住房净值"＝"1831 保障性住房"借方余额 －"1832 保障性住房累计折旧"贷方余额

㉖"长期待摊费用"项目，反映单位期末已经支出，但应由本期和以后各期负担的分摊期限在1年以上（不含1年）的各项费用。

本项目应当根据"长期待摊费用"科目的期末余额填列。

"长期待摊费用"="1901 长期待摊费用"借方余额

㉗"待处理财产损益"项目，反映单位期末尚未处理完毕的各种资产的净损失或净益余。本项目应当根据"待处理财产损益"科目的期末借方余额填列；如"待处理财产损益"科目期末为贷方余额，以"－"号填列。

"待处理财产损益"="1902 待处理财产损益"科目余额

㉘"其他非流动资产"项目，反映单位期末除资产负债表中上述各项之外的其他非流动资产的合计数。本项目应当根据有关科目的期末余额合计数填列。

㉙"非流动资产合计"项目，反映单位期末非流动资产的合计数。本项目应当根据"长期股权投资""长期债券投资""固定资产净值""工程物资""在建工程""无形资产净值""研发支出""公共基础设施净值""政府储备物资""文物文化资产""保障性住房净值""长期待摊费用""待处理财产损益""其他非流动资产"项目金额的合计数填列。

"非流动资产合计"="1501 长期股权投资"+"1502 长期债券投资"+"固定资产净值"+"1611 工程物资"+"1613 在建工程"+"无形资产净值"+"1703 研发支出"+"公共基础设施净值"+"政府储备物资"+"1821 文物文化资产"+"保障性住房净值"+"1901 长期待摊费用"+"待处理财产损益"+"其他非流动资产"

㉚"受托代理资产"项目，反映单位期末受托代理资产的价值。本项目应当根据"受托代理资产"科目的期末余额与"库存现金""银行存款"科目下"受托代理资产"明细科目的期末余额的合计数填列。

"受托代理资产"="受托代理资产"科目期末余额+（"1001 库存现金"+"1002 银行存款"）科目下受托代理资产部分借方余额 1891 受托代理资产

㉛"资产总计"项目，反映单位期末资产的合计数。本项目应当根据"流动资产合计""非流动资产合计""受托代理资产"项目金额的合计数填列。

"资产总计"="流动资产合计"+"非流动资产合计"+"受托代理资产"

2. 负债类项目

①"短期借款"项目，反映事业单位期末短期借款的余额。本项目应当根据"短期借款"科目的期末余额填列。

"短期借款"="2001 短期借款"贷方余额

②"应缴增值税"项目，反映单位期末应缴未缴的增值税税额。

本项目应当根据"应缴增值税"科目的期末余额填列；如"应缴增值税"科目期末为借方余额，以"-"号填列。

"应缴增值税"="2101 应缴增值税"贷方余额

③"其他应缴税费"项目，反映单位期末应缴未缴的除增值税以外的税费金额。本项目应当根据"其他应缴税费"科目的期末余额填列；如"其他应缴税费"科目期末为借方余额，以"-"号填列。

"其他应缴税费"="2102 其他应缴税费"贷方余额

④"应缴财政款"项目，反映单位期末应当上缴财政但尚未缴纳的款项。本项目应当根据"应缴财政款"科目的期末余额填列。

"应缴财政款"="2103 应缴财政款"贷方余额

⑤"应付职工薪酬"项目，反映单位期末按有关规定应付给职工及为职工支付的各种薪酬。本项目应当根据"应付职工薪酬"科目的期末余额填列。

"应付职工薪酬"="2201 应付职工薪酬"贷方余额

⑥"应付票据"项目，反映事业单位期末应付票据的金额。本项目应当根据"应付票据"科目的期末余额填列。

"应付票据"="2301 应付票据"贷方余额

⑦"应付账款"项目，反映单位期末应当支付但尚未支付的偿还期限在 1 年以内（含 1 年）的应付账款的金额。本项目应当根据"应付账款"科目的期末余额填列。

"应付账款"="2302 应付账款"贷方余额

⑧"应付政府补贴款"项目，反映负责发放政府补贴的行政单位期末按照规定应当支付给政府补贴接受者的各种政府补贴款余额。本项目应当根据"应付政府补贴款"科目的期末余额填列。

"应付政府补贴款"="2303 应付政府补贴款" 贷方余额

⑨"应付利息"项目，反映事业单位期末按照合同约定应支付的借款利息。事业单位到期一次还本付息的长期借款利息不包括在本项目内。本项目应当根据"应付利息"科目的期末余额填列。

"应付利息"="2304 应付利息"贷方余额

⑩"预收账款"项目，反映事业单位期末预先收取但尚未确认收入和实际结算的款项余额。本项目应当根据"预收账款"科目的期末余额填列。

"预收账款"="2305 预收账款"贷方余额

⑪"其他应付款"项目，反映单位期末其他各项偿还期限在 1 年内（含 1 年）的应付及暂收款项余额。本项目应当根据"其他应付款"科目的期末余额填列。

"其他应付款"="2307 其他应付款"贷方余额

⑫"预提费用"项目，反映单位期末已预先提取的已经发生但尚未支付的各项费用。本项目应当根据"预提费用"科目的期末余额填列。

"预提费用"="2401 预提费用" 贷方余额

⑬"1 年内到期的非流动负债"项目，反映单位期末将于 1 年内（含 1 年）偿还的非流动负债的余额。本项目应当根据"长期应付款""长期借款"等科目的明细科目的期末余额分析填列。

"1 年内到期的非流动负债"="长期应付款"长期借款等科目余额分析填列

⑭"其他流动负债"项目，反映单位期末除资产负债表中上述各项之外的其他流动负债的合计数。本项目应当根据有关科目的期末余额的合计数填列。

⑮"流动负债合计"项目，反映单位期末流动负债合计数。本项目应当根据"短期借款""应缴增值税""其他应缴税费""应缴财政款""应付职工薪酬""应付票据""应付账款""应付政府补贴款""应付利息""预收账款""其他应付款""预提费用""1 年内到期的非流动负债""其他流动负债"项目金额的合计数填列。

"流动负债合计"="2001 短期借款"+"2101 应缴增值税"+"2102 其他应缴税费"+"2103 应缴财政款"+"2201 应付职工薪酬"+"2301 应付票据"+"2302 应付账款"+"2303 应付政府补贴款"+"2304 应付利息"+"2305 预收账款"+"2307 其他应付款"+"2401 预提费用"+"1 年内到期的非流动负债"+"其他流动负债"

⑯"长期借款"项目，反映事业单位期末长期借款的余额。本项目应当根据"长期借款"科目的期末余额减去其中将于1年内（含1年）到期的长期借款余额后的金额填列。

"长期借款"＝"2501长期借款"贷方余额－1年内（含1年）到期的长期借款余额后分析填列

⑰"长期应付款"项目，反映单位期末长期应付款的余额。本项目应当根据"长期应付款"科目的期末余额减去其中将于1年内（含1年）到期的长期应付款余额后的金额填列。

"长期应付款"＝"2502长期应付款"贷方余额－1年内（含1年）到期的长期应付款余额

⑱"预计负债"项目，反映单位期末已确认但尚未偿付的预计负债的余额。本项目应当根据"预计负债"科目的期末余额填列。

"预计负债"＝"2601预计负债"贷方余额

⑲"其他非流动负债"项目，反映单位期末除资产负债表中上述各项之外的其他非流动负债的合计数。本项目应当根据有关科目的期末余额合计数填列。

⑳"非流动负债合计"项目，反映单位期末非流动负债合计数。本项目应当根据"长期借款""长期应付款""预计负债""其他非流动负债"项目金额的合计数填列。

"非流动负债合计"＝"2501长期借款"＋"2502长期应付款"＋"2601预计负债"＋"其他非流动负债"

㉑"受托代理负债"项目，反映单位期末受托代理负债的金额。本项目应当根据"受托代理负债"科目的期末余额填列。

"受托代理负债"＝"2901受托代理负债"贷方余额

㉒"负债合计"项目，反映单位期末负债的合计数。本项目应当根据"流动负债合计""非流动负债合计""受托代理负债"项目金额的合计数填列。

"负债合计"＝"流动负债合计"＋"非流动负债合计"＋"受托代理负债"

3. 净资产类项目

①"累计盈余"项目，反映单位期末未分配盈余（或未弥补亏损）及无偿调拨

净资产变动的累计数。本项目应当根据"累计盈余"科目的期末余额填列。

"累计盈余"="3001 累计盈余"贷方余额

② "专用基金"项目,反映事业单位期末累计提取或设置但尚未使用的专用基金余额。本项目应当根据"专用基金"科目的期末余额填列。

"专用基金"="3101 专用基金"贷方余额

③ "权益法调整"项目,反映事业单位期末在被投资单位除净损益和利润分配以外的所有者权益变动中累积享有的份额。本项目应当根据"权益法调整"科目的期末余额填列;如"权益法调整"科目期末为借方余额,以"-"号填列。

"权益法调整"="3201 权益法调整" 期末余额

④ "无偿调拨净资产"项目,反映单位本年度截至报告期期末无偿调入的非现金资产价值扣减无偿调出的非现金资产价值后的净值。本项目仅在月度报表中列示,年度报表中不列示。月度报表中本项目应当根据"无偿调拨净资产"科目的期末余额填列;如"无偿调拨净资产"科目期末为借方余额时,以"-"号填列。

"无偿调拨净资产"="3401 无偿调拨净资产" 期末余额

⑤ "本期盈余"项目,反映单位本年度截至报告期期末实现的累计盈余或亏损。本项目仅在月度报表中列示,年度报表中不列示。月度报表中本项目应当根据"本期盈余"科目的期末余额填列;如"本期盈余"科目期末为借方余额时,以"-"号填列。

"本期盈余"="3301 本期盈余"期末余额

⑥ "净资产合计"项目,反映单位期末净资产合计数。本项目应当根据"累计盈余""专用基金""权益法调整""无偿调拨净资产"(月度报表)、"本期盈余"(月度报表)项目金额的合计数填列。

"净资产合计"="3001 累计盈余"+"3101 专用基金"+"3201 权益法调整"+"3401 无偿调拨净资产"(月度报表)+"3301 本期盈余"(月度报表)项目金额

⑦ "负债和净资产总计"项目,应当按照"负债合计""净资产合计"项目金额的合计数填列。

"负债和净资产总计"="负债合计"+"净资产合计"

资产负债表(与会计科目对应关系)如表 5-1 所示。

表 5-1 资产负债表（与会计科目对应关系）

会政财 01 表

××省气象局 ×××事业单位　　　　　　　　　　　　　　　　　　　　　　　　　　单位：元

资产	科目编码	科目名称	负债和净资产	科目编码	科目名称
流动资产：			流动负债：		
货币资金	1001	库存现金	短期借款	2001	短期借款
	1002	银行存款	应缴增值税	2101	应缴增值税
	1011	零余额账户用款额度	其他应缴税费	2102	其他应缴税费
	1021	其他货币资金	应缴财政款	2103	应缴财政款
短期投资	1101	短期投资	应付职工薪酬	2201	应付职工薪酬
财政应返还额度	1201	财政应返还额度	应付票据	2301	应付票据
应收票据	1211	应收票据	应付账款	2302	应付账款
应收账款净额	1212	应收账款	应付政府补贴款	2303	应付政府补贴款
预付账款	1214	预付账款	应付利息	2304	应付利息
应收股利	1215	应收股利	预收账款	2305	预收账款
应收利息	1216	应收利息	其他应付款	2307	其他应付款
其他应收款净额	1218	其他应收款	预提费用	2401	预提费用
	1219	坏账准备	1年内到期的非流动负债		
	121901	应收账款坏账准备			
	121902	其他应收款坏账准备			
	1301	在途物品	其他流动负债		
存货	1302	库存物品	流动负债合计		
	1303	加工物品	非流动负债：		
			长期借款	2501	长期借款
			长期应付款	2502	长期应付款
待摊费用	1401	待摊费用	预计负债	2601	预计负债
1年内到期的非流动资产			其他非流动负债		
其他流动资产			非流动负债合计		
流动资产合计			受托代理负债	2901	受托代理负债
非流动资产：			负债合计		
长期股权投资	1501	长期股权投资			
长期债券投资	1502	长期债券投资			
固定资产原值	1601	固定资产			

续表

资产	科目编码	科目名称	负债和净资产	科目编码	科目名称
减：固定资产累计折旧	1602	固定资产累计折旧			
固定资产净值					
工程物资	1611	工程物资			
在建工程	1613	在建工程			
无形资产原值	1701	无形资产			
减：无形资产累计摊销	1702	无形资产累计摊销			
无形资产净值			净资产：		
研发支出	1703	研发支出	累计盈余	3001	累计盈余
公共基础设施原值	1801	公共基础设施	专用基金	3101	专用基金
减：公共基础设施累计折旧（摊销）	1802	公共基础设施累计折旧（摊销）	权益法调整	3201	权益法调整
公共基础设施净值			无偿调拨净资产*	3401	无偿调拨净资产
政府储备物资	1811	政府储备物资	本期盈余*	3301	本期盈余
文物文化资产	1821	文物文化资产			
保障性住房原值	1831	保障性住房			
减：保障性住房累计折旧	1832	保障性住房累计折旧			
保障性住房净值					
长期待摊费用	1901	长期待摊费用			
待处理财产损益	1902	待处理财产损益			
其他非流动资产				3302	本年盈余分配
非流动资产合计				3501	以前年度盈余调整
受托代理资产	1891	受托代理资产	净资产合计		
资产总计			负债和净资产总计		0

注："*"标识项目为月报项目，年报中不需列示。

二、收入费用表的内容与填列

收入费用表反映单位在某一会计期间内发生的收入、费用及当期盈余情况。

（一）收入费用表填列要求

1. 本月数

"本月数"栏反映各项目的本月实际发生数。

如果需要编制年度收入费用表时，应当将本栏改为"本年数"，反映本年度各项目的实际发生数。

2. 本年累计数

"本年累计数"栏反映各项目自年初至报告期期末的累计实际发生数。如果需要编制年度收入费用表时，应当将本栏改为"上年数"，反映上年度各项目的实际发生数，"上年数"栏应当根据上年度收入费用表中"本年数"栏内所列数字填列。

如果本年度收入费用表规定的项目名称和内容同上年度不一致，应当对上年度收入费用表项目名称和数字按照本年度的规定进行调整，将调整后的金额填入本年度收入费用表的"上年数"栏内。

如果本年度单位发生了因前期差错更正、会计政策变更等调整以前年度盈余的事项，还应当对年度收入费用表中"上年数"栏中的有关项目金额进行相应调整。

（二）收入费用表各项目的填列内容和要求

1. 本期收入

①"本期收入"项目，反映单位本期收入总额。本项目应当根据"财政拨款收入""事业收入""上级补助收入""附属单位上缴收入""经营收入""非同级财政拨款收入""投资收益""捐赠收入""利息收入""租金收入""其他收入"项目金额的合计数填列。

②"财政拨款收入"项目，反映单位本期从同级政府财政部门取得的各类财政拨款。本项目应当根据"财政拨款收入"科目的本期发生额填列。

"财政拨款收入" = "4001 财政拨款收入" 本期发生额

"政府性基金收入"项目，反映单位本期取得的财政拨款收入中属于政府性基金预算拨款的金额。本项目应当根据"财政拨款收入"相关明细科目的本期发生额填列。

③"事业收入"项目,反映事业单位本期开展专业业务活动及其辅助活动实现的收入。本项目应当根据"事业收入"科目的本期发生额填列。

"事业收入"="4101 事业收入"本期发生额

④"上级补助收入"项目,反映事业单位本期从主管部门和上级单位收到或应收的非财政拨款收入。本项目应当根据"上级补助收入"科目的本期发生额填列。

"上级补助收入"="4201 上级补助收入"本期发生额

⑤"附属单位上缴收入"项目,反映事业单位本期收到或应收的独立核算的附属单位按照有关规定上缴的收入。本项目应当根据"附属单位上缴收入"科目的本期发生额填列。

"附属单位上缴收入"="4301 附属单位上缴收入" 本期发生额

⑥"经营收入"项目,反映事业单位本期在专业业务活动及其辅助活动之外开展非独立核算经营活动实现的收入。本项目应当根据"经营收入"科目的本期发生额填列。

"经营收入"="4401 经营收入"本期发生额

⑦"非同级财政拨款收入"项目,反映单位本期从非同级政府财政部门取得的财政拨款,不包括事业单位因开展科研及其辅助活动从非同级财政部门取得的经费拨款。本项目应当根据"非同级财政拨款收入"科目的本期发生额填列。

"非同级财政拨款收入"="4601 非同级财政拨款收入" 本期发生额

⑧"投资收益"项目,反映事业单位本期股权投资和债券投资所实现的收益或发生的损失。本项目应当根据"投资收益"科目的本期发生额填列;如为投资净损失,以"-"号填列。

"投资收益"="4602 投资收益"本期发生额

⑨"捐赠收入"项目,反映单位本期接受捐赠取得的收入。本项目应当根据"捐赠收入"科目的本期发生额填列。

"捐赠收入"="4603 捐赠收入"本期发生额

⑩"利息收入"项目,反映单位本期取得的银行存款利息收入。本项目应当根据"利息收入"科目的本期发生额填列。

"利息收入"="4604 利息收入"本期发生额

⑪"租金收入"项目，反映单位本期经批准利用国有资产出租取得并按规定纳入本单位预算管理的租金收入。本项目应当根据"租金收入"科目的本期发生额填列。

"租金收入"＝"4605 租金收入"本期发生额

⑫"其他收入"项目，反映单位本期取得的除以上收入项目外的其他收入的总额。本项目应当根据"其他收入"科目的本期发生额填列。

"其他收入"＝"4609 其他收入"本期发生额

2. 本期费用

①"本期费用"项目，反映单位本期费用总额。本项目应当根据"业务活动费用""单位管理费用""经营费用""资产处置费用""上缴上级费用""对附属单位补助费用""所得税费用""其他费用"项目金额的合计数填列。

②"业务活动费用"项目，反映单位本期为实现其职能目标，依法履职或开展专业业务活动及其辅助活动所发生的各项费用。本项目应当根据"业务活动费用"科目本期发生额填列。

"业务活动费用"＝"5001 业务活动费用"本期发生额

③"单位管理费用"项目，反映事业单位本期本级行政及后勤管理部门开展管理活动发生的各项费用，以及由单位统一负担的离退休人员经费、工会经费、诉讼费、中介费等。本项目应当根据"单位管理费用"科目的本期发生额填列。

"单位管理费用"＝"5101 单位管理费用"本期发生额

④"经营费用"项目，反映事业单位本期在专业业务活动及其辅助活动之外开展非独立核算经营活动发生的各项费用。本项目应当根据"经营费用"科目的本期发生额填列。

"经营费用"＝"5201 经营费用"本期发生额

⑤"资产处置费用"项目，反映单位本期经批准处置资产时转销的资产价值及在处置过程中发生的相关费用或者处置收入小于处置费用形成的净支出。本项目应当根据"资产处置费用"科目的本期发生额填列。

"资产处置费用"＝"5301 资产处置费用"本期发生额

⑥"上缴上级费用"项目，反映事业单位按照规定上缴上级单位款项发生的费

用。本项目应当根据"上缴上级费用"科目的本期发生额填列。

"上缴上级费用"="5401 上缴上级费用" 本期发生额

⑦"对附属单位补助费用"项目,反映事业单位用财政拨款收入之外的收入对附属单位补助发生的费用。本项目应当根据"对附属单位补助费用"科目的本期发生额填列。

"对附属单位补助费用"="5501 对附属单位补助费用" 本期发生额

⑧"所得税费用"项目,反映有企业所得税缴纳义务的事业单位本期计算应缴纳的企业所得税。本项目应当根据"所得税费用"科目的本期发生额填列。

"所得税费用"="5801 所得税费用"本期发生额

⑨"其他费用"项目,反映单位本期发生的除以上费用项目外的其他费用的总额。本项目应当根据"其他费用"科目的本期发生额填列。

"其他费用"="5901 其他费用"本期发生额

3. 本期盈余

"本期盈余"项目,反映单位本期收入扣除本期费用后的净额。本项目应当根据"本期收入"项目金额减去"本期费用"项目金额后的金额填列;如为负数,以"-"号填列。

"本期盈余"="3301 本期盈余"

收入费用表(与会计科目对应关系)如表 5-2 所示。

表 5-2 收入费用表(与会计科目对应关系)

会政财 02 表

××省气象局 ×××事业单位

项目	科目编码	科目名称
一、本期收入		
(一)财政拨款收入	4001	财政拨款收入
其中:政府性基金收入		
(二)事业收入	4101	事业收入
(三)上级补助收入	4201	上级补助收入
(四)附属单位上缴收入	4301	附属单位上缴收入
(五)经营收入	4401	经营收入

续表

项目	科目编码	科目名称
（六）非同级财政拨款收入	4601	非同级财政拨款收入
（七）投资收益	4602	投资收益
（八）捐赠收入	4603	捐赠收入
（九）利息收入	4604	利息收入
（十）租金收入	4605	租金收入
（十一）其他收入	4609	其他收入
二、本期费用		
（一）业务活动费用	5001	业务活动费用
（二）单位管理费用	5101	单位管理费用
（三）经营费用	5201	经营费用
（四）资产处置费用	5301	资产处置费用
（五）上缴上级费用	5401	上缴上级费用
（六）对附属单位补助费用	5501	对附属单位补助费用
（七）所得税费用	5801	所得税费用
（八）其他费用	5901	其他费用
三、本期盈余	3301	本期盈余

注：气象部门月报统一采用表结方式，年度中间不做账结处理。年度结束时才进行账结处理。如有税务申报需要月报表或季报表，报表通过账务取数后，在报表上通过相关计算实现表结。

三、净资产变动表的内容与填列要求

净资产变动表反映单位在某一会计年度内净资产项目的变动情况（表 5-3）。

（一）净资产变动表填列内容

1. 本年数

"本年数"栏反映本年度各项目的实际变动数。

2. 上年数

"上年数"栏反映上年度各项目的实际变动数，应当根据上年度净资产变动表中"本年数"栏内所列数字填列。

如果上年度净资产变动表规定的项目名称和内容与本年度不一致，应对上年度净资产变动表项目名称和数字按照本年度的规定进行调整，将调整后的金额填入本年度净资产变动表"上年数"栏内。

(二)净资产变动表"本年数"栏各项目的内容和填列方法

①"上年年末余额"行,反映单位净资产各项目上年年末的余额。本行各项目应当根据"累计盈余""专用基金""权益法调整"科目上年年末余额填列。

②"以前年度盈余调整"行,反映单位本年度调整以前年度盈余的事项对累计盈余进行调整的金额。本行"累计盈余"项目应当根据本年度"以前年度盈余调整"科目转入"累计盈余"科目的金额填列;如调整减少累计盈余,以"–"号填列。

③"本年年初余额"行,反映经过以前年度盈余调整后,单位净资产各项目的本年年初余额。本行"累计盈余""专用基金""权益法调整"项目应当根据其各自在"上年年末余额"和"以前年度盈余调整"行对应项目金额的合计数填列。

④"本年变动金额"行,反映单位净资产各项目本年变动总金额。本行"累计盈余""专用基金""权益法调整"项目应当根据其各自在"本年盈余""无偿调拨净资产""归集调整预算结转结余""提取或设置专用基金""使用专用基金""权益法调整"行对应项目金额的合计数填列。

⑤"本年盈余"行,反映单位本年发生的收入、费用对净资产的影响。本行"累计盈余"项目应当根据年末由"本期盈余"科目转入"本年盈余分配"科目的金额填列;如转入时借记"本年盈余分配"科目,则以"–"号填列。

⑥"无偿调拨净资产"行,反映单位本年无偿调入、调出非现金资产事项对净资产的影响。本行"累计盈余"项目应当根据年末由"无偿调拨净资产"科目转入"累计盈余"科目的金额填列;如转入时借记"累计盈余"科目,则以"–"号填列。

⑦"归集调整预算结转结余"行,反映单位本年财政拨款结转结余资金归集调入、归集上缴或调出,以及非财政拨款结转资金缴回对净资产的影响。本行"累计盈余"项目应当根据"累计盈余"科目明细账记录分析填列;如归集调整减少预算结转结余,则以"–"号填列。

⑧"提取或设置专用基金"行,反映单位本年提取或设置专用基金对净资产的

影响。本行"累计盈余"项目应当根据"从预算结余中提取"行"累计盈余"项目的金额填列。本行"专用基金"项目应当根据"从预算收入中提取""从预算结余中提取""设置的专用基金"行"专用基金"项目金额的合计数填列。

"从预算收入中提取"行，反映单位本年从预算收入中提取专用基金对净资产的影响。本行"专用基金"项目应当通过对"专用基金"科目明细账记录的分析，根据本年按有关规定从预算收入中提取基金的金额填列。

"从预算结余中提取"行，反映单位本年根据有关规定从本年度非财政拨款结余或经营结余中提取专用基金对净资产的影响。本行"累计盈余""专用基金"项目应当通过对"专用基金"科目明细账记录的分析，根据本年按有关规定从本年度非财政拨款结余或经营结余中提取专用基金的金额填列；本行"累计盈余"项目以"-"号填列。

"设置的专用基金"行，反映单位本年根据有关规定设置的其他专用基金对净资产的影响。本行"专用基金"项目应当通过对"专用基金"科目明细账记录的分析，根据本年按有关规定设置的其他专用基金的金额填列。

⑨"使用专用基金"行，反映单位本年按规定使用专用基金对净资产的影响。本行"累计盈余""专用基金"项目应当通过对"专用基金"科目明细账记录的分析，根据本年按规定使用专用基金的金额填列；本行"专用基金"项目以"-"号填列。

⑩"权益法调整"行，反映单位本年按照被投资单位除净损益和利润分配以外的所有者权益变动份额而调整长期股权投资账面余额对净资产的影响。本行"权益法调整"项目应当根据"权益法调整"科目本年发生额填列；如本年净发生额为借方时，以"-"号填列。

⑪"本年年末余额"行，反映单位本年各净资产项目的年末余额。本行"累计盈余""专用基金""权益法调整"项目应当根据其各自在"本年年初余额""本年变动金额"行对应项目金额的合计数填列。

⑫各行"净资产合计"项目，应当根据所在行"累计盈余""专用基金""权益法调整"项目金额的合计数填列。

表 5-3 净资产变动表（单位在某一会计年度内净资产项目的变动情况）

会政财 03 表

编制单位：　　　　　　　　　　　××××年　　　　　　　　　　　单位：元

项目	本年数——本年度各项目的实际变动数				上年数——根据上年度净资产变动表中"本年数"栏内所列数字填列			
	累计盈余	专用基金	权益法调整	净资产合计	累计盈余	专用基金	权益法调整	净资产合计
一、上年年末余额	上年年末数填3001累计盈余	上年年末数填3101专用基金	上年年末数填3201权益法调整	自动计算				自动计算
二、以前年度盈余调整（减少以"-"号填列）	根据本年度"以前年度盈余调整"科目转入"累计盈余"科目的金额填列	—	—	自动计算		—	—	自动计算
三、本年年初余额	反映经过以前年度盈余调整后，单位净资产各项目的本年年初余额	"上年年末余额"和"以前年度盈余调整"行对应项目金额的合计数填列	"上年年末余额"和"以前年度盈余调整"行对应项目金额的合计数填列	自动计算				自动计算
四、本年变动金额（减少以"-"号填列）	自动计算	自动计算	自动计算	自动计算				自动计算
（一）本年盈余	"本期盈余"科目转入"本年盈余分配"科目的金额	—	—	自动计算		—	—	自动计算
（二）无偿调拨净资产	据年末由"无偿调拨净资产"科目转入"累计盈余"科目的金额	—	—	自动计算		—	—	自动计算

续表

项目	本年数——本年度各项目的实际变动数				上年数——根据上年度净资产变动表中"本年数"栏内所列数字填列			
	累计盈余	专用基金	权益法调整	净资产合计	累计盈余	专用基金	权益法调整	净资产合计
（三）归集调整预算结转结余	本年财政拨款结转结余资金归集调入、归集上缴或调出，以及非财政拨款结转资金缴回对净资产的影响	—	—	自动计算		—	—	自动计算
（四）提取或设置专用基金	自动计算	自动计算	—	自动计算			—	自动计算
其中：从预算收入中提取	—	按有关规定从预算收入中提取基金的金额填列	—	自动计算			—	自动计算
从预算结余中提取	通过对"专用基金"科目明细账记录的分析，根据本年按有关规定从本年度非财政拨款结余或经营结余中提取专用基金的金额填列；本行"累计盈余"项目以"-"号填列	通过对"专用基金"科目明细账记录的分析，根据本年按有关规定从本年度非财政拨款结余或经营结余中提取专用基金的金额填列；本行"累计盈余"项目以"-"号填列	—	自动计算			—	自动计算
设置的专用基金	—	根据有关规定设置的其他专用基金对净资产的影响	—	自动计算			—	自动计算

续表

项目	本年数——本年度各项目的实际变动数				上年数——根据上年度净资产变动表中"本年数"栏内所列数字填列			
	累计盈余	专用基金	权益法调整	净资产合计	累计盈余	专用基金	权益法调整	净资产合计
（五）使用专用基金	本年按规定使用专用基金的金额填列	本年按规定使用专用基金的金额填列	—	自动计算			—	自动计算
（六）权益法调整	—	—	按照被投资单位除净损益和利润分配以外的所有者权益变动份额而调整长期股权投资账面余额对净资产的影响	自动计算				自动计算
五、本年年末余额	根据其在"本年年初余额""本年变动金额"行对应项目金额的合计数	根据其在"本年年初余额""本年变动金额"行对应项目金额的合计数	根据其在"本年年初余额""本年变动金额"行对应项目金额的合计数	自动计算				自动计算

注："—"标识单元格不需填列。如果上年度净资产变动表规定的项目名称和内容与本年度不一致，应对上年度净资产变动表项目名称和数字按照本年度的规定进行调整，将调整后金额填入本年度净资产变动表"上年数"栏内。

四、现金流量表的内容和填列要求（一般不需编制）

现金流量表反映单位在某一会计年度内现金流入和流出的信息。

（一）现金流量表填列内容

1. 范围

现金流量表所指的现金，是指单位的库存现金及其他可以随时用于支付的款项，包括库存现金、可以随时用于支付的银行存款、其他货币资金、零余额账户用款额度、财政应返还额度,以及通过财政直接支付方式支付的款项。

2. 内容

①现金流量表应当按照日常活动、投资活动、筹资活动的现金流量分别反映。现金流量表所指的现金流量,是指现金的流入和流出。

②现金流量表的"本年金额"栏反映各项目的本年实际发生数。"上年金额"栏反映各项目的上年实际发生数,应当根据上年现金流量表中"本年金额"栏内所列数字填列。

③单位应当采用直接法编制现金流量表。

(二)现金流量表"本年金额"栏各项目的内容和填列方法

1. 日常活动产生的现金流量

①"财政基本支出拨款收到的现金"项目,反映单位本年接受财政基本支出拨款取得的现金。本项目应当根据"零余额账户用款额度""财政拨款收入""银行存款"等科目及其所属明细科目的记录分析填列。

②"财政非资本性项目拨款收到的现金"项目,反映单位本年接受除用于购建固定资产、无形资产、公共基础设施等资本性项目以外的财政项目拨款取得的现金。本项目应当根据"银行存款""零余额账户用款额度""财政拨款收入"等科目及其所属明细科目的记录分析填列。

③"事业活动收到的除财政拨款以外的现金"项目,反映事业单位本年开展专业业务活动及其辅助活动取得的除财政拨款以外的现金。本项目应当根据"库存现金""银行存款""其他货币资金""应收账款""应收票据""预收账款""事业收入"等科目及其所属明细科目的记录分析填列。

④"收到的其他与日常活动有关的现金"项目,反映单位本年收到的除以上项目之外的与日常活动有关的现金。本项目应当根据"库存现金""银行存款""其他货币资金""上级补助收入""附属单位上缴收入""经营收入""非同级财政拨款收入""捐赠收入""利息收入""租金收入""其他收入"等科目及其所属明细科目的记录分析填列。

⑤"日常活动的现金流入小计"项目,反映单位本年日常活动产生的现金流入

的合计数。本项目应当根据"财政基本支出拨款收到的现金""财政非资本性项目拨款收到的现金""事业活动收到的除财政拨款以外的现金""收到的其他与日常活动有关的现金"项目金额的合计数填列。

⑥"购买商品、接受劳务支付的现金"项目，反映单位本年在日常活动中用于购买商品、接受劳务支付的现金。本项目应当根据"库存现金""银行存款""财政拨款收入""零余额账户用款额度""预付账款""在途物品""库存物品""应付账款""应付票据""业务活动费用""单位管理费用""经营费用"等科目及其所属明细科目的记录分析填列。

⑦"支付给职工及为职工支付的现金"项目，反映单位本年支付给职工及为职工支付的现金。本项目应当根据"库存现金""银行存款""零余额账户用款额度""财政拨款收入""应付职工薪酬""业务活动费用""单位管理费用""经营费用"等科目及其所属明细科目的记录分析填列。

⑧"支付的各项税费"项目，反映单位本年用于缴纳日常活动相关税费而支付的现金。本项目应当根据"库存现金""银行存款""零余额账户用款额度""应缴增值税""其他应缴税费""业务活动费用""单位管理费用""经营费用""所得税费用"等科目及其所属明细科目的记录分析填列。

⑨"支付的其他与日常活动有关的现金"项目，反映单位本年支付的除上述项目之外与日常活动有关的现金。本项目应当根据"库存现金""银行存款""零余额账户用款额度""财政拨款收入""其他应付款""业务活动费用""单位管理费用""经营费用""其他费用"等科目及其所属明细科目的记录分析填列。

⑩"日常活动的现金流出小计"项目，反映单位本年日常活动产生的现金流出的合计数。本项目应当根据"购买商品、接受劳务支付的现金""支付给职工及为职工支付的现金""支付的各项税费""支付的其他与日常活动有关的现金"项目金额的合计数填列。

⑪"日常活动产生的现金流量净额"项目，应当按照"日常活动的现金流入小计"项目金额减去"日常活动的现金流出小计"项目金额后的金额填列；如为负数，以"-"号填列。

2. 投资活动产生的现金流量

①"收回投资收到的现金"项目，反映单位本年出售、转让或者收回投资收到的现金。本项目应该根据"库存现金""银行存款""短期投资""长期股权投资""长期债券投资"等科目的记录分析填列。

②"取得投资收益收到的现金"项目，反映单位本年因对外投资而收到被投资单位分配的股利或利润，以及收到投资利息而取得的现金。本项目应当根据"库存现金""银行存款""应收股利""应收利息""投资收益"等科目的记录分析填列。

③"处置固定资产、无形资产、公共基础设施等收回的现金净额"项目，反映单位本年处置固定资产、无形资产、公共基础设施等非流动资产所取得的现金，减去为处置这些资产而支付的有关费用之后的净额。由于自然灾害所造成的固定资产等长期资产损失而收到的保险赔款收入，也在本项目反映。本项目应当根据"库存现金""银行存款""待处理财产损益"等科目的记录分析填列。

④"收到的其他与投资活动有关的现金"项目，反映单位本年收到的除上述项目之外与投资活动有关的现金。对于金额较大的现金流入，应当单列项目反映。本项目应当根据"库存现金""银行存款"等有关科目的记录分析填列。

⑤"投资活动的现金流入小计"项目，反映单位本年投资活动产生的现金流入的合计数。本项目应当根据现金流量表中"收回投资收到的现金""取得投资收益收到的现金""处置固定资产、无形资产、公共基础设施等收回的现金净额""收到的其他与投资活动有关的现金"项目金额的合计数填列。

⑥"购建固定资产、无形资产、公共基础设施等支付的现金"项目，反映单位本年购买和建造固定资产、无形资产、公共基础设施等非流动资产所支付的现金；融资租入固定资产支付的租赁费不在本项目反映，在筹资活动的现金流量中反映。本项目应当根据"库存现金""银行存款""固定资产""工程物资""在建工程""无形资产""研发支出""公共基础设施""保障性住房"等科目的记录分析填列。

⑦"对外投资支付的现金"项目，反映单位本年为取得短期投资、长期股权投资、长期债券投资而支付的现金。本项目应当根据"库存现金""银行存款""短期投资""长期股权投资""长期债券投资"等科目的记录分析填列。

⑧"上缴处置固定资产、无形资产、公共基础设施等净收入支付的现金"项

目，反映本年单位将处置固定资产、无形资产、公共基础设施等非流动资产所收回的现金净额予以上缴财政所支付的现金。本项目应当根据"库存现金""银行存款""应缴财政款"等科目的记录分析填列。

⑨"支付的其他与投资活动有关的现金"项目，反映单位本年支付的除上述项目之外与投资活动有关的现金。对于金额较大的现金流出，应当单列项目反映。本项目应当根据"库存现金""银行存款"等有关科目的记录分析填列。

⑩"投资活动的现金流出小计"项目，反映单位本年投资活动产生的现金流出的合计数。本项目应当根据现金流量表中"购建固定资产、无形资产、公共基础设施等支付的现金""对外投资支付的现金""上缴处置固定资产、无形资产、公共基础设施等净收入支付的现金""支付的其他与投资活动有关的现金"项目金额的合计数填列。

⑪"投资活动产生的现金流量净额"项目，应当按照"投资活动的现金流入小计"项目金额减去"投资活动的现金流出小计"项目金额后的金额填列；如为负数，以"-"号填列。

3. 筹资活动产生的现金流量

①"财政资本性项目拨款收到的现金"项目，反映单位本年接受用于购建固定资产、无形资产、公共基础设施等资本性项目的财政项目拨款取得的现金。本项目应当根据"银行存款""零余额账户用款额度""财政拨款收入"等科目及其所属明细科目的记录分析填列。

②"取得借款收到的现金"项目，反映事业单位本年举借短期、长期借款所收到的现金。本项目应当根据"库存现金""银行存款""短期借款""长期借款"等科目记录分析填列。

③"收到的其他与筹资活动有关的现金"项目，反映单位本年收到的除上述项目之外与筹资活动有关的现金。对于金额较大的现金流入，应当单列项目反映。本项目应当根据"库存现金""银行存款"等有关科目的记录分析填列。

④"筹资活动的现金流入小计"项目，反映单位本年筹资活动产生的现金流入的合计数。本项目应当根据现金流量表中"财政资本性项目拨款收到的现金""取得借款收到的现金""收到的其他与筹资活动有关的现金"项目金额的合计数填列。

⑤ "偿还借款支付的现金"项目,反映事业单位本年偿还借款本金所支付的现金。本项目应当根据"库存现金""银行存款""短期借款""长期借款"等科目的记录分析填列。

⑥ "偿付利息支付的现金"项目,反映事业单位本年支付的借款利息等。本项目应当根据"库存现金""银行存款""应付利息""长期借款"等科目的记录分析填列。

⑦ "支付的其他与筹资活动有关的现金"项目,反映单位本年支付的除上述项目之外与筹资活动有关的现金,如融资租入固定资产所支付的租赁费。本项目应当根据"库存现金""银行存款""长期应付款"等科目的记录分析填列。

⑧ "筹资活动的现金流出小计"项目,反映单位本年筹资活动产生的现金流出的合计数。本项目应当根据现金流量表中"偿还借款支付的现金""偿付利息支付的现金""支付的其他与筹资活动有关的现金"项目金额的合计数填列。

⑨ "筹资活动产生的现金流量净额"项目,应当按照现金流量表中"筹资活动的现金流入小计"项目金额减去"筹资活动的现金流出小计"金额后的金额填列;如为负数,以"-"号填列。

4. "汇率变动对现金的影响额"项目填写注意事项

"汇率变动对现金的影响额"项目,反映单位本年外币现金流量折算为人民币时,所采用的现金流量发生日的汇率折算的人民币金额与外币现金流量净额按期末汇率折算的人民币金额之间的差额。

5. "现金净增加额"项目填写注意事项

"现金净增加额"项目,反映单位本年现金变动的净额。本项目应当根据现金流量表中"日常活动产生的现金流量净额""投资活动产生的现金流量净额""筹资活动产生的现金流量净额""汇率变动对现金的影响额"项目金额的合计数填列;如为负数,以"-"号填列。

第三节　合并财务报表

一、合并财务报表的基本概念

部门（单位）合并财务报表，是指以政府部门（单位）本级作为合并主体，将部门（单位）及其合并范围内会计主体的财务报表进行合并后形成的，反映部门（单位）整体财务状况与运行情况的财务报表。

①合并财务报表，是指反映合并主体和其全部被合并主体形成的报告主体整体财务状况与运行情况的财务报表。

②合并主体，是指有一个或一个以上被合并主体的部门（单位）主体。

③被合并主体，是指符合本准则规定的纳入合并主体合并范围的会计主体。

④合并财务报表至少应当包括下列组成部分：合并资产负债表；合并收入费用表；附注。

⑤合并财务报表应当以财政预算领拨关系为基础予以确定。有下级预算单位的部门（单位）为合并主体，其下级预算单位为被合并主体。合并主体应当将其全部被合并主体纳入合并财务报表的合并范围。下级单位与上级部门（单位）不存在预算领拨关系但存在行政隶属关系的，也应当纳入上级部门（单位）合并财务报表的合并范围。

⑥合并财务报表应当以合并主体和其被合并主体的财务报表为基础，根据其他有关资料加以编制。

⑦合并财务报表的编制采用权责发生制基础。合并范围内被合并主体个别财务报表未采用权责发生制基础的，应当先调整为权责发生制基础的财务报表，然后再进行合并。

⑧编制合并财务报表时，应当将合并主体和其全部被合并主体视为一个会计主体，遵循政府会计准则制度规定的统一会计政策。合并范围内被合并主体个别财务报表未遵循政府会计准则制度规定的统一会计政策的，应当先调整为遵循统一会计政策的财务报表，然后再进行合并。有关被合并主体财务报表调整的办法或操作指南由财政部另行规定。

二、合并财务报表的程序要求

(一)编制合并财务报表的程序

①根据财务报表编制和列报准则规定,对需要进行调整的个别财务报表进行调整,以调整后的个别财务报表作为编制合并财务报表的基础。

②将合并主体和被合并主体个别财务报表中的资产、负债、净资产、收入和费用项目进行逐项合并。

③抵销合并主体和被合并主体之间、被合并主体相互之间发生的债权债务、收入费用等内部业务或事项对财务报表的影响。

需要注意的是,在对内部业务或事项进行抵销时,不考虑合并主体和被合并主体之间、被合并主体相互之间出售物品(或提供劳务)或其他方式形成的存货、固定资产、无形资产等所包含的未实现内部出售损益。

(二)资产负债表涉及单位划转时编制注意事项

对于在报告期内因划转而纳入合并范围的被合并主体,应当视同其从期初就纳入合并范围,将其期初资产、负债和净资产项目金额包括在合并资产负债表的期初数中。对于在报告期内因划转而不再纳入合并范围的被合并主体,应当视同其从期初就不纳入合并范围,其期初资产、负债和净资产项目金额不包括在合并资产负债表的期初数中。在报告期内,被合并主体撤销的,其期初资产、负债和净资产项目金额应当包括在合并资产负债表的期初数中。

(三)收入费用表涉及单位划转时编制注意事项

对于在报告期内因划转而纳入合并范围的被合并主体,应当视同其从期初就纳入合并范围,将其报告期内的收入、费用项目金额包括在合并收入费用表的本期数中。对于在报告期内因划转而不再纳入合并范围的被合并主体,应当视同其从期初就不纳入合并范围,其报告期内的收入、费用项目金额不包括在合并收入费用表的本期数中。在报告期内,被合并主体撤销的,其期初至撤销日的收入、费用项目金额应当包括在合并收入费用表的本期数中。

（四）合并财务报表涉及被合并主体时编制主要事项

在编制合并财务报表时，被合并主体除了应当向合并主体提供财务报表外，还应提供下列有关资料：

①采用的与政府会计准则制度规定的统一的会计政策不一致的会计政策及其影响金额。

②其与合并主体、其他被合并主体之间发生的所有内部业务或事项的相关资料。

③编制合并财务报表所需要的其他资料。

（五）合并资产负债表注意事项

部门（单位）合并资产负债表应当以部门（单位）本级和其被合并主体符合财库〔2018〕29号文件要求的资产负债表为基础，在抵销内部业务或事项对合并资产负债表的影响后，由部门（单位）本级合并编制。

（六）抵销的内部业务注意事项

编制部门（单位）合并资产负债表时需要抵销的内部业务或事项包括：

①部门（单位）本级和其被合并主体之间、被合并主体相互之间的债权（含应收账款坏账准备，下同）、债务项目。

②部门（单位）本级和其被合并主体之间、被合并主体相互之间其他业务或事项对部门（单位）合并资产负债表的影响。

合并报表对于合并主体与被合并主体，均不改变单户表的收支结转结果，只是对于合并过程中虚增的收入和费用（支出）及债权债务抵销。

合并资产负债表、合并收入费用表如表5-4至表5-6所示。

表5-4 合并资产负债表

会政财合01表

编制单位：_____　　　　　　　___年___月___日　　　　　　　　　　单位：元

资产	期末余额	年初余额	负债和净资产	期末余额	年初余额
流动资产：			流动负债：		
货币资金			短期借款		
短期投资			应缴税费		
财政应返还额度			应缴财政款		
应收及预付款项			应付及预收款项		
存货			应付职工薪酬		
1年内到期的非流动资产			应付政府补贴款		
其他流动资产			1年内到期的非流动负债		
流动资产合计			其他流动负债		
非流动资产：			流动负债合计		
长期投资			非流动负债：		
固定资产净值			长期借款		
在建工程			长期应付款		
无形资产净值			预计负债		
研发支出			其他非流动负债		
公共基础设施净值			非流动负债合计		
政府储备物资			负债合计		
文物文化资产			净资产：		
保障性住房净值			累计盈余		
待处理财产损益			专用基金		
其他非流动资产			权益法调整		
非流动资产合计			净资产合计		
资产总计			负债和净资产总计		

注：1. "应收及预付款项"项目应当根据个别资产负债表中"应收票据""应收账款净额""预付账款""应收利息""应收股利""其他应收款净额""待摊费用"项目金额的合计数填列。

2. "长期投资"项目应当根据个别资产负债表中的"长期股权投资"和"长期债券投资"项目金额的合计数填列。

3. "在建工程"项目应当根据个别资产负债表中的"在建工程"和"工程物资"项目金额的合计数填列。

4. "应缴税费"项目应当根据个别资产负债表中的"应缴增值税"和"其他应缴税费"项目金额的合计数填列。

5. "应付及预收款项"项目应当根据个别资产负债表中的"应付票据""应付账款""应付利息""预收账款""其他应付款""预提费用"项目金额的合计数填列。

表 5-5　合并收入费用表 – 1

会政财合 02-1 表

编制单位：_____　　　　　___年___月___日　　　　　单位：元

项目	本期金额	上期金额
一、本期收入		
（一）财政拨款收入		
（二）事业收入		
其中：非同级财政拨款收入		
（三）经营收入		
（四）其他收入		
其中：非同级财政拨款收入		
上级补助收入		
附属单位上缴收入		
投资收益		
二、本期费用		
（一）业务活动费用		
（二）单位管理费用		
（三）经营费用		
（四）资产处置费用		
（五）其他费用		
其中：上缴上级费用		
对附属单位补助费用		
三、本期盈余		

注：1. 本表按照费用功能编制。

2. "（四）其他收入"项目应当根据个别收入费用表中"非同级财政拨款收入""上级补助收入""附属单位上缴收入""投资收益""捐赠收入""利息收入""租金收入""其他收入"项目金额的合计数填列。

3. "（五）其他费用"项目应当根据个别收入费用表中"上缴上级费用""对附属单位补助费用""所得税费用""其他费用"项目金额的合计数填列。

表 5-6　合并收入费用表 – 2

会政财合 02-2 表

编制单位：_____　　　　　___年___月___日　　　　　单位：元

项目	本期金额	上期金额
一、本期收入		
（一）财政拨款收入		
（二）事业收入		
其中：非同级财政拨款收入		
（三）经营收入		

续表

项目	本期金额	上期金额
（四）其他收入		
其中：非同级财政拨款收入		
上级补助收入		
附属单位上缴收入		
投资收益		
二、本期费用		
（一）工资福利费用		
（二）商品和服务费用		
（三）对个人和家庭补助费用		
（四）对企业补助费用		
（五）折旧费用		
（六）摊销费用		
（七）计提专用基金		
（八）所得税费用		
（九）资产处置费用		
（十）上缴上级费用		
（十一）对附属单位补助费用		
（十二）其他费用		
三、本期盈余		

注：1. 本表按照费用性质编制。
2. "本期收入"各项目的填列方式同表 5-5。
3. "本期费用"各项目应当根据个别财务报表附注中"本期费用按照经济分类的披露格式"所提供的信息合并填列。

三、抵销调整事项清单

抵销调整事项清单如表 5-7 所示。

表 5-7　抵销事项清单

序号	抵销事项	抵销分录
1	部门内部单位之间发生的债权债务事项，应予以抵销	借：应付账款、预收账款、其他应付款、长期应付款
		贷：应收账款、预付账款、其他应收款
2	部门内部单位之间发生的上级补助收入与对附属单位补助支出，应予以抵销	借：上级补助收入
		贷：对附属单位补助支出
3	部门内部单位之间发生的上缴上级支出与附属单位上缴收入，应予以抵销	借：附属单位上缴收入
		贷：上缴上级支出

续表

序号	抵销事项	抵销分录
4	支付给部门内部单位的商品和服务费用、经营费用和来自部门内部单位的事业收入、经营收入、其他收入，应予以抵销。对涉及增值税的应税业务，按扣除增值税后的净额抵销	借：事业收入、经营收入、其他收入 贷：商品和服务费用、经营费用

注：本表中未涵盖的抵销事项，可根据实际情况自行增设抵销分录。

第四节 会计报表附注编制

一、会计报表附注的概念

会计报表附注是对在会计报表中列示的项目所做的进一步说明，以及对未能在会计报表中列示项目的说明。附注是财务会计报表的重要组成部分。凡对报表使用者的决策有重要影响的会计信息，单位均应当充分披露。具体应包括下列内容：会计报表编制基础、遵循相关规定的声明、会计报表包含的主体范围、重要会计政策与会计估计、报表重要项目明细信息及说明、未在报表中列示的重大项目，以及需要说明的其他事项。《政府综合财务报告编制操作指南（试行）》第十五条规定："政府财政部门应当声明编制的会计报表符合政府会计准则、相关会计制度和财务报告编制规定的要求，如实反映政府整体的财务状况、运行情况等有关信息。"

部门（单位）主体应当以持续运行为基础，根据实际发生的经济业务或事项，按照政府会计准则制度的规定进行确认和计量，在此基础上编制财务报表。不应以附注披露代替确认和计量，不恰当的确认和计量也不能通过充分披露相关会计政策而纠正。如果按照政府会计准则制度规定披露的信息不足以让报表使用者了解特定经济业务或事项对政府会计主体财务状况和运行情况的影响时，部门（单位）还应当披露其他必要信息。

二、气象部门会计报表附注的主要内容

气象部门财务报表附注的主要内容有：

①会计报表编制基础。以权责发生制为基础编制。

②单位的基本情况。单位应当简要披露其基本情况,包括单位主要职能、主要业务活动、所在地与预算管理关系,以及纳入政府综合财务报告编报范围的单位清单及其所属的行政、事业单位和社会团体的数量、人员编制情况等。

③遵循政府会计准则、制度的声明。

④部门重要会计政策和会计估计。单位应当采用与其业务特点相适应的具体会计政策,并充分披露报告期内采用的重要会计政策和会计估计。主要包括会计期间、记账本位币、外币折算汇率、坏账准备的计提方法。

⑤存货核算要求。主要包括存货类别及发出存货的计价方法、存货的盘存制度,以及低值易耗品和包装物的摊销方法。

⑥长期股权投资的核算方法。长期股权投资应当说明相应的确认原则。

⑦固定资产。单位应说明融资租入固定资产的计价和折旧方法,以及固定资产的类别、折旧年限及折旧方法。

⑧无形资产的计价方法。单位应说明无形资产的类别、摊销年限及摊销方法。主要包括:使用寿命有限的无形资产,其使用寿命估计年限;使用寿命不确定的无形资产,其使用寿命不确定的判断依据;单位内部研究开发项目划分研究阶段和开发阶段的具体标准。

⑨其他重要的会计政策和会计估计。

⑩会计政策和会计估计变更。本期发生重要会计政策和会计估计变更的,应说明变更的内容和原因、受其重要影响的报表项目名称和金额、相关审批程序,以及会计估计变更开始适用的时点。

三、气象部门财务报表附注要求

按照资产负债表和收入费用表项目列示顺序,采用文字和数字描述相结合的方式披露重要项目的明细信息。报表重要项目明细信息的金额合计,应当与会计报表中的相应项目金额衔接一致。

四、会计报表重要项目明细信息及说明

①货币资金明细信息如表 5-8 所示。

表 5-8　货币资金明细

单位：万元

项目	年初数	年末数
库存现金		
国库存款		
国库现金管理存款		
其他财政存款		
银行存款		
其中：土地储备资金存款		
物资储备资金存款		
其他货币资金		
合计		

②应收及预付款项明细信息如表 5-9 所示。

表 5-9　应收及预付款项明细

单位：万元

主体	年初数	年末数
财政		
政府部门		
部门 1		
部门 2		
……		
其他		
合计		

注：1."财政"是指承担核算财政预算资金、农业综合开发资金等各类资金职能的政府财政部门。"政府部门"是指纳入本级政府综合财务报告合并范围的部门。"其他"是指土地储备资金和物资储备资金等资金主体。
2. 本表反映被合并主体抵销后的应收及预付款项金额。

③短期投资明细信息如表 5-10 所示。

表 5-10 短期投资明细

单位：万元

主体	年初数	年末数
财政		
政府部门		
部门 1		
部门 2		
……		
合计		

注："财政"是指承担核算财政预算资金、农业综合开发资金等各类资金职能的政府财政部门。"政府部门"是指纳入本级政府综合财务报告合并范围的部门。

④长期投资及投资收益明细信息如表 5-11 所示。

表 5-11 长期投资及投资收益明细

单位：万元

项目	长期投资				投资收益	
	年初数	本年增加	本年减少	年末数	上年数	本年数
股权投资（××家）						
对企业股权投资（××家）						
企业 1						
企业 2						
企业 3						
……						
其他企业（××家）						
对投资基金股权投资（××家）						
投资基金 1						
投资基金 2						
投资基金 3						
……						
其他股权投资						
债券投资						
合计						

注：1. 本表按照长期投资年末数从大到小排列。
2. 对企业股权投资原则上列示前 50 家，超过部分合并填入其他企业。

⑤应收转贷款明细信息如表 5-12 所示。

表 5-12　应收转贷款明细

单位：万元

项目	年初数	年末数
应收地方政府债券转贷款		
地区 1		
地区 2		
地区 3		
……		
应收主权外债转贷款		
地区 1		
地区 2		
地区 3		
……		
合计		

注：1. 本表按照转贷对象列示明细。
　　2. 本表仅包含本金金额。

⑥固定资产明细信息如表 5-13 所示。

表 5-13　固定资产明细

单位：万元

项目	年初数	本年增加	本年减少	年末数
原值合计				
房屋及构筑物				
通用设备				
专用设备				
文物和陈列品				
图书、档案				
家具、用具、装具及动植物				
累计折旧合计				
房屋及构筑物				
通用设备				
专用设备				
文物和陈列品	—	—	—	—
图书、档案	—	—	—	—
家具、用具、装具及动植物				
净值合计				
房屋及构筑物				

续表

项目	年初数	本年增加	本年减少	年末数
通用设备				
专用设备				
文物和陈列品				
图书、档案				
家具、用具、装具及动植物				

⑦在建工程明细信息如表 5-14 所示。

表 5-14 在建工程明细

单位：万元

主体	年初数	本年增加	本年减少	年末数
部门 1				
部门 2				
……				
合计				

⑧无形资产明细信息如表 5-15 所示。

表 5-15 无形资产明细

单位：万元

项目	年初数	本年增加	本年减少	年末数
原值合计				
著作权				
土地使用权				
专利权				
非专利技术				
其他				
累计摊销合计				
著作权				
土地使用权				
专利权				
非专利技术				
其他				
净值合计				

续表

项目	年初数	本年增加	本年减少	年末数
著作权				
土地使用权				
专利权				
非专利技术				
其他				

⑨政府储备资产明细信息如表5-16和表5-17所示。

表5-16 政府储备资产明细-1

单位：万元

主体	年初数	本年增加	本年减少	年末数
部门1				
部门2				
……				
合计				

注：本表按照政府储备资产持有部门列示明细。

表5-17 政府储备资产明细-2

单位：万元

项目	年初数	本年增加	本年减少	年末数
战略储备物资				
综合物资				
成品油				
火工物资				
天然铀				
其他				
粮、棉、糖、肉、药				
粮食				
棉花				
食糖				
肉				
医药				
自然灾害救助物资				
防汛抗旱储备物资				
森林（草原）防火储备物资				

续表

项目	年初数	本年增加	本年减少	年末数
城市排水防涝设备物资				
应急储备物资				
石油				
其他储备物资				
合计				

注：本表按照政府储备资产种类列示明细。

⑩公共基础设施明细信息如表5-18至表5-20所示。

表5-18　政府基础设施明细（原值）

单位：万元

项目	年初数	本年增加	本年减少	年末数
交通运输基础设施				
公路				
航道				
港口				
水利基础设施				
市政基础设施				
市政道路设施				
城市轨道交通				
城市排水与污水处理				
城市公共供水				
城市环卫				
城市道路照明				
公园绿地				
公共文化体育				
其他公共基础设施				
原值合计				

表5-19　公共基础设施明细（累计折旧）

单位：万元

项目	年初数	本年增加	本年减少	年末数
交通运输基础设施				
公路				
航道				

续表

项目	年初数	本年增加	本年减少	年末数
港口				
水利基础设施				
市政基础设施				
市政道路设施				
城市轨道交通				
城市排水与污水处理				
城市公共供水				
城市环卫				
城市道路照明				
公园绿地				
公共文化体育				
其他公共基础设施				
累计折旧合计				

表 5-20 公共基础设施明细（净值）

单位：万元

项目	年初数	本年增加	本年减少	年末数
交通运输基础设施				
公路				
航道				
港口				
水利基础设施				
市政基础设施				
市政道路设施				
城市轨道交通				
城市排水与污水处理				
城市公共供水				
城市环卫				
城市道路照明				
公园绿地				
公共文化体育				
其他公共基础设施				
净值合计				

⑪公共基础设施在建工程明细信息如表5-21所示。

表5-21 公共基础设施在建工程明细

单位：万元

项目	年初数	本年增加	本年减少	年末数
交通运输基础设施				
公路				
航道				
港口				
水利基础设施				
市政基础设施				
市政道路				
城市轨道交通				
城市排水与污水处理				
城市公共供水				
城市环卫				
城市道路照明				
公园绿地				
公共文化体育				
其他公共基础设施				
合计				

⑫应付及预收款项明细信息如表5-22所示。

表5-22 应付及预收款项明细

单位：万元

主体	年初数	年末数
财政		
政府部门		
部门1		
部门2		
……		
其他		
合计		

注：1."财政"是指承担核算财政预算资金、农业综合开发资金等各类资金职能的政府财政部门。"政府部门"是指纳入本级政府综合财务报告合并范围的部门。"其他"是指土地储备资金和物资储备资金等资金主体。

2.本表反映被合并主体抵销后的应付及预收款项金额。

⑬应付长期政府债券明细信息如表5-23和表5-24所示。

表5-23 应付长期政府债券明细-1

单位：万元

项目	年初数	年末数
国债		
地方政府一般债券		
地方政府专项债券		
合计		

注：本表按照长期政府债券种类列示明细。

表5-24 应付长期政府债券明细-2

单位：万元

到期期限	年初数	年末数
1～3年（不含1年）		
3～5年（不含3年）		
5年以上（不含5年）		
合计		

注：本表按照长期政府债券到期期限列示明细。

⑭应付转贷款明细信息如表5-25和表5-26所示。

表5-25 应付转贷款明细-1

单位：万元

项目	年初数	年末数
应付地方政府债券转贷款		
其中：地方政府一般债券		
地方政府专项债券		
应付主权外债转贷款		
合计		

注：1.本表按照应付转贷款种类列示明细。
2.本表仅列示本金金额。

表5-26 应付转贷款明细-2

单位：万元

到期期限	年初数	年末数
1～3年（不含1年）		
3～5年（不含3年）		

续表

到期期限	年初数	年末数
5年以上（不含5年）		
合计		

注：本表按照应付转贷款到期期限列示。

⑮长期借款明细信息如表5-27至表5-29所示。

表5-27　长期借款明细–1

单位：万元

债务人	年初数	年末数
财政		
政府部门		
部门1		
部门2		
……		
其他		
合计		

注：1."财政"是指承担核算财政预算资金、农业综合开发资金等各类资金职能的政府财政部门。"政府部门"是指纳入本级政府综合财务报告合并范围的部门。"其他"是指土地储备资金和物资储备资金等资金主体。
2. 本表按照债务人列示明细，并按长期借款年末数从大到小排列。

表5-28　长期借款明细–2

单位：万元

债权人	年初数	年末数
机构1		
机构2		
机构3		
……		
其他机构		
合计		

注：1. 本表按照债权人列示明细，并按长期借款年末数从大到小排列。
2. 本表债权人原则上列示前100家，超过部分合并填入其他机构。

表 5-29　长期借款明细-3

单位：万元

到期期限	年初数	年末数
1～3 年（不含 1 年）		
3～5 年（不含 3 年）		
5 年以上（不含 5 年）		
合计		

注：本表按照长期借款到期期限列示明细。

⑯政府间转移性收入明细信息如表 5-30 所示。

表 5-30　政府间转移性收入明细

单位：万元

主体	上年数	本年数
上级政府		
下级政府		
其他		
合计		

注：本表按照政府间转移性收入来源主体列示明细。其中，上下级政府转移性收入填列上下级政府财政间的转移性收入。

⑰政府间转移性支出明细信息如表 5-31 所示。

表 5-31　政府间转移性支出明细

单位：万元

对象	上年数	本年数
上级政府		
下级政府		
其他		
合计		

注：本表按照政府间转移性支出对象列示明细。其中，上下级政府转移性支出填列上下级政府财政间的转移性支出。

五、未在会计报表中列示的重大事项

①政府部门股权投资的投资成本。按照投资对象分别列示股权投资成本。

②资产负债表后重大事项。没有重大事项的也应说明。

③或有事项说明。没有或有事项的也应说明。

④以名义金额计量的资产名称、数量，以及以名义金额计量理由的说明。

⑤通过债务资金形成的固定资产、公共基础设施、保障性住房等资产的账面价值、使用情况。

⑥收益情况及与此相关的债务偿还情况等的说明。

⑦重要资产置换、无偿调入（出）、捐入（出）、报废、重大毁损等情况的说明。

⑧事业单位将单位内部独立核算单位的会计信息纳入本单位财务报表情况的说明。

⑨其他未在报表中列示，但对政府部门财务状况有重大影响的事项。

六、需要说明的其他事项

①本期发生重要会计政策和会计估计变更的，变更的内容和原因、受其重要影响的报表项目名称和金额、相关审批程序，以及会计估计变更开始适用的时点。

②以前年度差错更正等其他需要说明的事项。

七、财务报表分析

财务报表分析，是对财务报表提供的数据进行加工、分解、比较、评价和解释。报表分析是报表编制工作的延续。对报表中的数据资料、各项指标内在的相互关系进行全面分析，可以不断提高财务管理和预算管理水平。分析方法主要有比较分析法、因素分析法等。分析内容主要包括：

①分析单位工作开展、预算计划完成情况。

②分析单位收入、支出具体情况。

③财务状况分析，如重点财务指标等。

其他待报表编制细则下发后按照要求分析。

八、运行情况分析

①收入方面，重点分析部门（单位）收入规模、结构及来源分布，重点收入项目的比重及变化趋势，特别是宏观经济运行、相关行业发展、税收政策、非税收入政策等对政府收入变动的影响。

②费用方面，重点按照经济分类分析政府费用规模及构成，特别是部门（单位）投融资情况对费用变动的影响。

③运用收入费用率等指标，分析部门（单位）财务运行质量和效率。

九、财务状况分析

（一）财务状况分析包含的内容

①资产方面，重点分析政府资产的构成及分布，对于货币资金、长期投资、政府储备资产、公共基础设施、保障性住房等重要项目，分析各项目比重、变化趋势及对于政府偿债能力和公共服务能力的影响。

②负债方面，重点分析政府负债规模、结构及变化趋势。

③通过政府资产负债率、现金比率、流动比率等指标，分析政府财务风险及可控程度、需要采取的措施等。

（二）财务状况指标包含的内容

①资产负债率（负债总额/资产总额），反映政府偿付债务的能力。

②流动比率（流动资产/流动负债），反映政府利用流动资产偿还短期负债的能力。

③现金比率（货币资金/流动负债），反映政府利用货币资金偿还短期负债的能力。

④收入费用率（年度总费用/年度总收入），反映政府总费用与总收入的比率。

⑤固定资产成新率（固定资产账面净值/固定资产原值），反映政府固定资产的持续服务能力。

第六章 新旧会计制度衔接

第一节 新旧衔接概述

一、总体要求

财政部对政府会计制度的实施提出了一系列具体规范和要求,中国气象局根据要求,为在部门内顺利实施《新制度》,做了大量的工作。2019年1月1日开始气象部门行政事业单位全面实施《新制度》,首先应当严格按照新制度的规定进行会计核算、编制财务报表和预算会计报表;其次必须按照国家和部门的要求做好新旧制度的衔接。

(一)新旧制度衔接规定

①根据原账编制2018年12月31日的科目余额表,并按照本规定要求,编制原账的部分科目余额明细表(表6-1和表6-2)。

表6-1 事业单位原会计科目余额明细-1

总账科目	明细分类	金额	备注
库存现金	库存现金		
	其中:受托代理现金		
银行存款	银行存款		
	其中:受托代理银行存款		
	其他货币资金		
其他应收款	在途物资		已经付款或已开出商业汇票,尚未收到物资
	其他		

续表

总账科目	明细分类	金额	备注
存货	在加工存货		
	非在加工存货		
	工程物资		
	受托代理资产		
长期投资	长期股权投资		
	长期债券投资		
固定资产	固定资产		
累计折旧	固定资产累计折旧		
在建工程	在建工程		
	工程物资		
	预付工程款、预付备料款		
应缴税费	应缴增值税		
	其他应缴税费		
其他应付款	受托代理负债		因接受代管资金形成的应付款
	其他		

表6-2　事业单位原会计科目余额明细-2

总账科目	明细分类	金额	备注
应收票据、应收账款	发生时不计入预算收入		如转让资产的应收票据、应收账款
	发生时计入预算收入		
	其中：专项收入		
	其他		
预付账款	财政补助资金预付		
	非财政补助专项资金预付		
	非财政补助非专项资金预付		
其他应收款	预付款项		如职工预借的差旅费等
	其中：财政补助资金预付		
	非财政补助专项资金预付		
	非财政补助非专项资金预付		
	需要收回及其他		如支付的押金、应收为职工垫付的款项等

续表

总账科目	明细分类	金额	备注
存货	购入存货		
	其中：使用财政补助资金购入		
	使用非财政补助专项资金购入		
	使用非财政补助非专项资金购入		
	非购入存货		如无偿调入、接受捐赠的存货等
长期投资	长期股权投资		
	其中：用现金资产取得		
	用非现金资产或其他方式取得		
	长期债券投资		
应付票据、应付账款	发生时不计入预算支出		
	发生时计入预算支出		
	其中：财政补助资金应付		
	非财政补助专项资金应付		
	非财政补助非专项资金应付		
预收账款	预收专项资金		
	预收非专项资金		

②按照《新制度》设立2019年1月1日的新账。

③按照财政部新旧衔接规定要求，登记新账的财务会计科目余额和预算结余科目余额，包括将原账科目余额转入新账财务会计科目、按照原账科目余额登记新账预算结余会计科目（表6-3），将未入账事项登记新账科目，并对相关新账科目余额进行调整。原账科目是指按照原制度规定设置的会计科目。

表6-3 事业单位新旧会计制度转账、登记新账科目对照

新制度科目		原制度科目	
编号	名称	编号	名称
一、资产类			
1001	库存现金	1001	库存现金
1002	银行存款	1002	银行存款
1021	其他货币资金		

续表

新制度科目		原制度科目	
编号	名称	编号	名称
1011	零余额账户用款额度	1011	零余额账户用款额度
1201	财政应返还额度	1201	财政应返还额度
1101	短期投资	1101	短期投资
1211	应收票据	1211	应收票据
1212	应收账款	1212	应收账款
1214	预付账款	1213	预付账款
		1511	在建工程
1218	其他应收款	1215	其他应收款
1301	在途物品		
1302	库存物品		
1303	加工物品	1301	存货
1611	工程物资		
1891	受托代理资产		
1501	长期股权投资	1401	长期投资
1502	长期债券投资		
1601	固定资产	1501	固定资产
1602	固定资产累计折旧	1502	累计折旧
1611	工程物资	1511	在建工程
1613	在建工程		
1701	无形资产	1601	无形资产
1702	无形资产累计摊销	1602	累计摊销
1902	待处理财产损益	1701	待处置资产损益
二、负债类			
2001	短期借款	2001	短期借款
2101	应缴增值税	2101	应缴税费
2102	其他应缴税费		
2103	应缴财政款	2102	应缴国库款
		2103	应缴财政专户款
2201	应付职工薪酬	2201	应付职工薪酬
2301	应付票据	2301	应付票据
2302	应付账款	2302	应付账款
2305	预收账款	2303	预收账款

续表

新制度科目		原制度科目	
编号	名称	编号	名称
2307	其他应付款	2305	其他应付款
2901	受托代理负债		
2501	长期借款	2401	长期借款
2502	长期应付款	2402	长期应付款
三、净资产类			
3001	累计盈余	3001	事业基金
		3101	非流动资产基金
		3301	财政补助结转
		3302	财政补助结余
		3401	非财政补助结转
		3403	经营结余
3101	专用基金	3201	专用基金
四、预算结余类			
8101	财政拨款结转	3301	财政补助结转
8102	财政拨款结余	3302	财政补助结余
8201	非财政拨款结转	3401	非财政补助结转
8202	非财政拨款结余	3001	事业基金
8301	专用结余	3201	专用基金
8401	经营结余	3403	经营结余
8001	资金结存（借方）	3301	财政补助结转
		3302	财政补助结余
		3401	非财政补助结转
		3001	事业基金
		3201	专用基金
		3403	经营结余

④按照登记及调整后新账的各会计科目余额，编制2019年1月1日的科目余额表，作为新账各会计科目的期初余额。

⑤根据新账各会计科目期初余额，按照《新制度》编制2019年1月1日《资产负债表》。

（二）信息系统的调整与适配

气象部门根据财政部的要求，结合本部门实际，按照《新制度》要求对计财业务系统进行及时更新和调试，实现数据正确转换，确保新旧账套的有序衔接。

①账务核算要求。必须在结转前完成本单位 2018 年全年的凭证录入、审核、记账工作。

②结转方式。2019 年年底的结转与往年一致，首先进行年底结转、生成期初凭证；其次执行新旧转换脚本，将期初凭证中的科目自动转换为《新制度》的财务会计科目和预算会计科目。此项工作需要计财处和系统管理员的统一规划，各单位会计的配合，运维服务商的协助。

③年底收支结转（图 6-1）。打开年底收支结转，结转期间选择"12"，凭证日期选择"2018-12-31"，凭证类型代码选择"记账凭证"，进行结转。

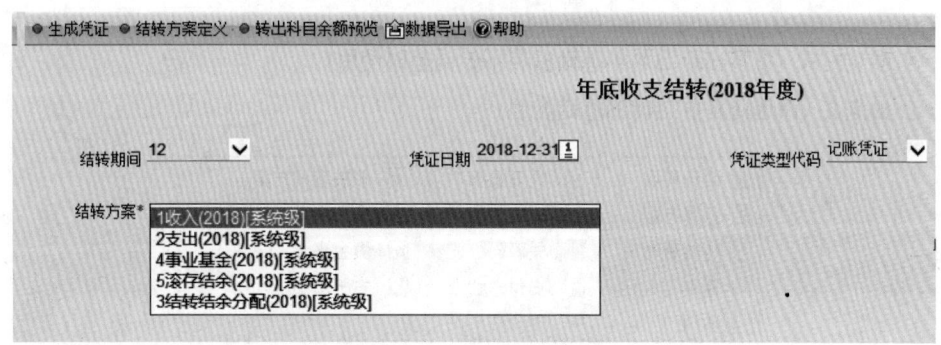

图 6-1 收支结转系统

④生成新年度基础资料和科目余额。打开"2019 年度建账向导"（图 6-2），做如下工作：

选择"生成新年度基础资料"，单击"下一步"（图 6-2）。

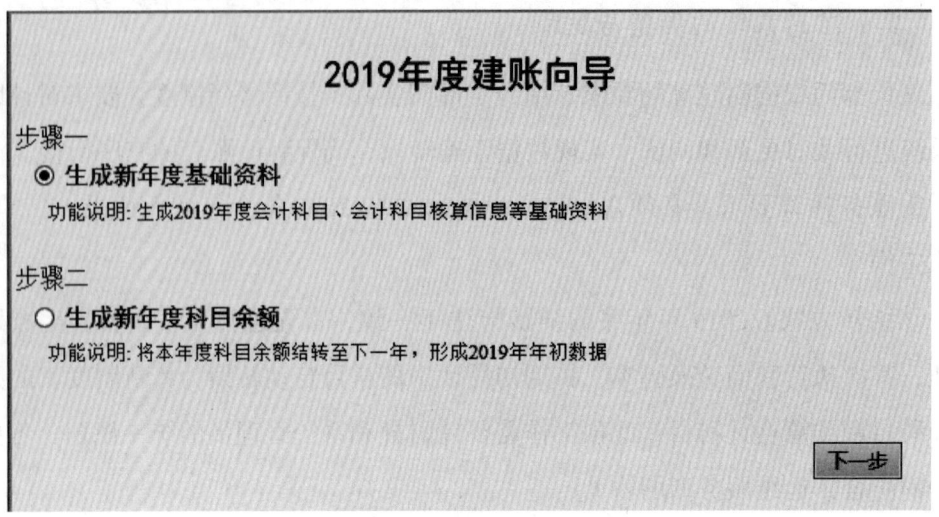

图 6-2 建账向导系统

选择"默认方式",将所有的基础资料都结转到 2019 年(图 6-3)。

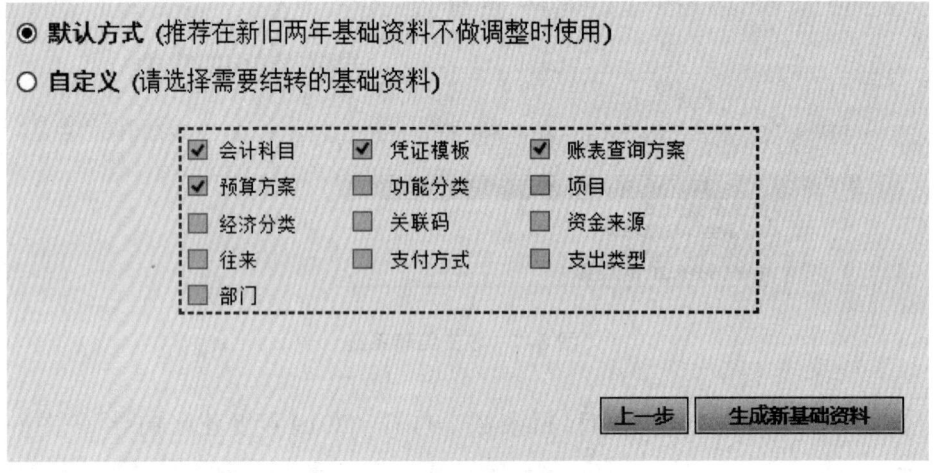

图 6-3 生成新年度基础资料

选择"生成新年度科目余额",选择"完全结转",同时必须勾选"生成期初凭证方式",以凭证的方式结转期初余额,后续的新旧转换是在期初凭证中进行(图 6-4)。

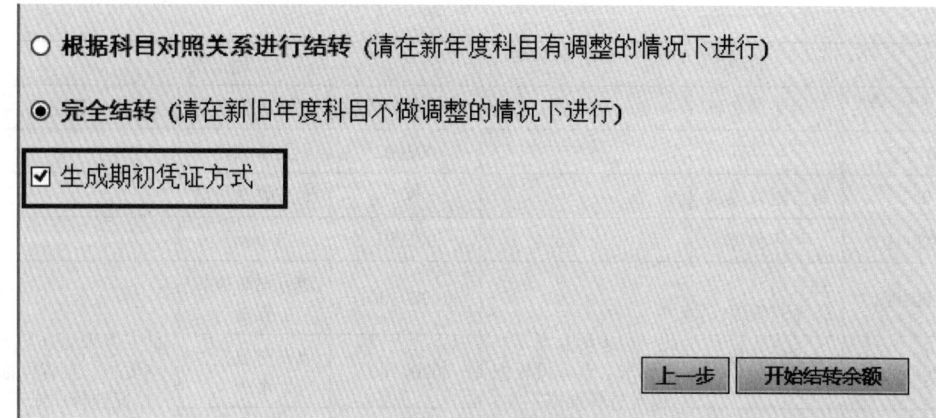

图 6-4 生成期初凭证

二、新旧制度衔接初始设置

（一）系统初始工作

1. 基础资料更新

2019年新年度开账前，各单位要对基础资料模块中变更的信息进行修改，未填完整的要补充完整。新增（减少）单位、账套要保证财务、资产、项目库、综合统计各子系统单位树形结构一致。

事业账套的单位下增加账套000基础数据，删除基建（通过初始化脚本自动完成）。

2. 会计科目更新

2019年会计科目变化如下：新增基础数据科目体系，科目性质为5类；修改事业科目体系，原科目性质为5类，修改为8类；基础数据科目分别与财务会计科目和预算会计科目对应。此外，资金来源辅助核算项均有变化（表6-4）。

表 6-4 资金来源辅助核算项的变化

原制度			新制度		
资金来源代码	资金来源名称	备注	资金来源代码	资金来源名称	备注
001	中央财政拨款		001	中央财政拨款	
001001	当年预算		001001	当年预算	

续表

原制度			新制度		
资金来源代码	资金来源名称	备注	资金来源代码	资金来源名称	备注
001002	上年结转		001002	上年结转	
002	地方财政拨款		002	地方财政拨款	
002001	当年预算		002001	当年预算	
002001001	地方财政拨款（省级）	此三级来源分类不严格要求，各省可根据情况选择加或不加	002001001	地方财政拨款（省级）	此三级来源分类不严格要求，各省可根据情况选择加或不加
002001002	地方财政拨款（市级）		002001002	地方财政拨款（市级）	
002001003	地方财政拨款（县级）		002001003	地方财政拨款（县级）	
002002	上年结转		002002	上年结转	
002002001	地方财政拨款（省级）	此三级来源分类不严格要求，各省可根据情况选择加或不加	002002001	地方财政拨款（省级）	此三级来源分类不严格要求，各省可根据情况选择加或不加
002002002	地方财政拨款（市级）		002002002	地方财政拨款（市级）	
002002003	地方财政拨款（县级）		002002003	地方财政拨款（县级）	
003	上级补助收入		003	科研课题收入	
004	附属单位上缴收入		003001	横向课题收入	签订合同取得的需要缴税的课题收入
005	科研课题收入		003002	纵向课题收入	预算内下达的属于协作单位取得的收入，不需要缴税
005001	横向课题收入	签订合同取得的需要缴税的课题收入	004	其他资金	
005002	纵向课题收入	预算内下达的属于协作单位取得的收入，不需要缴税			
006	自有资金				
007	借款				
008	非税收入				
009	其他资金	其他资金主要指上述资金来源未包含的资金，如地震捐款、对口支援资金等			
010	事业费配套基建	仅用于基建平行记账			

以上变化均通过初始化脚本自动完成。如果单位自行增加或减少科目，需要

手工调整基础数据科目、财务科目及相应的辅助核算项，保持3套科目体系的一致性。

（二）系统年度结转要求

1. 平台结转

新年度开始，省级系统管理员首先要进行平台结转。以2019年期初建账为例：以系统管理员（sa）身份登录到2018年，进入"应用平台—系统设置—基础资料结转"。平台结转完成后，再调整2019年单位树形结构，否则会将调整后的单位树形覆盖。调整完成后代码有变化的单位，机构、人员权限需要重新设置。

2. 账务结转

①系统级基础资料。以系统管理员身份（sa）登录2018年，进入"账务处理系统—系统级基础资料—结转基础资料"，选择"全部结转、覆盖"，可将"同时结转主管级基础资料"的钩去掉。

②单位级基础资料。此项工作需要由省局计财处和系统管理员统筹安排时间，要求各单位在规定时间内必须完成事业账套的单位级基础资料期初结转工作。各单位会计在2018年通过"定期处理—生成新年度账"的"步骤一生成新年度基础资料"进行结转，一般选择"默认方式"，有特殊需要的可选择"自定义"方式进行分项结转。

③期初余额。此项工作与单位级基础资料要求相同，各单位务必在规定时间内完成事业账套的期初余额结转工作。各单位会计在2018年通过"定期处理—生成新年度账"的"生成新年度科目余额"进行结转，一般选择"完全结转"，同时必须勾选"生成期初凭证方式"，以凭证的方式结转期初余额，后续的新旧转换是在期初凭证中进行的。

以上工作完成后，确认所有事业账套都已生成期初凭证，再导入新科目脚本（2019年基础数据科目体系和事业科目体系的系统级科目）并下发。

④新旧转换。执行期初凭证的新旧转换脚本，将期初凭证中的科目自动转换为《新制度》的财务会计科目和预算会计科目。

第二节 会计科目新旧衔接

一、财务会计科目的新旧衔接

（一）将 2018 年 12 月 31 日原账会计科目余额转入新账财务会计科目

1. 资产类

（1）"库存现金""零余额账户用款额度""财政应返还额度""短期投资""应收票据""应收账款""预付账款""无形资产"科目

《新制度》设置了"库存现金""零余额账户用款额度""财政应返还额度""短期投资""应收票据""应收账款""预付账款""无形资产"科目，其核算内容与原账的上述相应科目的核算内容基本相同。转账时，单位应当将原账的上述科目余额直接转入新账的相应科目。其中，还应当将原账的"库存现金"科目余额中属于《新制度》规定受托代理资产的金额，转入新账"库存现金"科目下的"受托代理资产"明细科目（表 6-5）。

表 6-5 新旧会计科目对照 – 1

2018 年科目		2019 年财务会计科目	
科目编码	科目名称	科目编码	科目名称
1001	库存现金	1001	库存现金
100101	非零余额现金	100101	非零余额现金
100102	零余额现金	100102	零余额现金
		10010201	基本支出
		10010202	项目支出
		100103	受托代理现金
1011	零余额账户用款额度	1011	零余额账户用款额度
101101	基本支出用款额度	101101	基本支出用款额度
101102	项目支出用款额度	101102	项目支出用款额度
1101	短期投资	1101	短期投资
110101	短期债券投资	110101	短期债券投资
110199	其他投资	110199	其他投资
1102	短期投资跌价准备		

续表

2018 年科目		2019 年财务会计科目	
科目编码	科目名称	科目编码	科目名称
1201	财政应返还额度	1201	财政应返还额度
120101	财政直接支付	120101	财政直接支付
12010101	基本支出额度	12010101	基本支出额度
12010102	项目支出额度	12010102	项目支出额度
120102	财政授权支付	120102	财政授权支付
12010201	基本支出额度	12010201	基本支出额度
12010202	项目支出额度	12010202	项目支出额度
1211	应收票据	1211	应收票据
		121101	商业承兑票据
		121102	银行承兑票据
1212	应收账款	1212	应收账款
1213	预付账款	1214	预付账款
		121401	预付备料款
		121402	预付工程款
		121499	其他预付款
		1215	应收股利
		1216	应收利息
1601	无形资产	1701	无形资产
160101	土地使用权	170101	土地使用权
16010101	办公业务用地	17010101	办公业务用地
16010102	住宅用地	17010102	住宅用地
16010103	其他用地	17010199	其他用地
160102	软件	170102	软件
160103	专利权	170103	专利权
160104	专有技术	170104	专有技术
160105	商标权	170105	商标权
160106	著作权	170106	著作权
160199	其他无形资产	170199	其他无形资产

（2）"银行存款"科目

《新制度》设置了"银行存款"和"其他货币资金"科目，原制度设置了"银行存款"科目。转账时，单位应当将原账"银行存款"科目中核算的属于《新制度》规定的其他货币资金的金额，转入新账"其他货币资金"科目；将原账"银行存款"科目余额减去其中属于其他货币资金余额后的差额，转入新账的"银行存款"科目。其中，还应当将原账的"银行存款"科目余额中属于《新制度》规定受托代理资产的金额，转入新账"银行存款"科目下的"受托代理资产"明细科目（表6-6）。

表6-6 新旧会计科目对照-2

2018年科目		2019年财务会计科目	
科目编码	科目名称	科目编码	科目名称
1002	银行存款	1002	银行存款
100201	基本账户存款	100201	基本账户存款
100202	住房基金专户存款	100202	住房基金专户存款
100203	单位卡存款	100203	单位卡存款
100205	其他账户存款	100205	其他账户存款
		100206	受托代理银行存款

（3）"其他应收款"科目

《新制度》设置了"其他应收款"科目，该科目的核算内容与原账"其他应收款"科目的核算内容基本相同。转账时，单位应当将原账的"其他应收款"科目余额，转入新账的"其他应收款"科目。

《新制度》设置了"在途物品"科目，单位在原账"其他应收款"科目中核算了已经付款或开出商业汇票、尚未收到物资的，应当将原账的"其他应收款"科目余额中已经付款或开出商业汇票、尚未收到物资的金额，转入新账的"在途物品"科目（表6-7）。

表6-7 新旧会计科目对照-3

2018年科目		2019年财务会计科目	
科目编码	科目名称	科目编码	科目名称
1215	其他应收款	1218	其他应收款
121501	备用金	121801	备用金
121502	差旅费	121802	差旅费

续表

2018 年科目		2019 年财务会计科目	
科目编码	科目名称	科目编码	科目名称
121503	医药费	121804	医药费
121506	职业年金	121805	职业年金
121507	养老保险	121806	养老保险
121599	其他	121899	其他
		121803	公务卡欠款
		121807	订金/押金
		121808	上级补助收入
		121809	附属单位上缴款项

（4）"存货"科目

《新制度》设置了"库存物品""加工物品"科目，原制度设置了"存货"科目。转账时，单位应当将原账的"存货"科目余额中属于在加工存货的金额，转入新账的"加工物品"科目；将原账的"存货"科目余额减去属于在加工存货的金额后的差额，转入新账的"库存物品"科目。

单位在原账的"存货"科目中核算了属于新制度规定的工程物资、政府储备物资、受托代理物资的，应当将原账的"存货"科目余额中属于工程物资、政府储备物资、受托代理物资的金额，分别转入新账的"工程物资""政府储备物资""受托代理资产"科目（表6-8）。

表 6-8 新旧会计科目对照 – 4

2018 年科目		2019 年财务会计科目	
科目编码	科目名称	科目编码	科目名称
130104	在途物品	1301	在途物品
1301	存货	1302	库存物品
130101	材料	130201	材料
130102	产成品	130202	产成品
130103	生产成本	130203	包装物
		130204	低值易耗品
		130299	其他

续表

2018 年科目		2019 年财务会计科目	
科目编码	科目名称	科目编码	科目名称
130105	加工物品	1303	加工物品
		130301	自制物品
		13030101	直接材料
		13030102	直接人工
		13030103	其他直接费用
		13030104	间接费用
130199	其他	130302	委托加工物品

（5）"长期投资"科目

《新制度》设置了"长期股权投资"和"长期债券投资"科目，原制度设置了"长期投资"科目。转账时，单位应当将原账的"长期投资"科目余额中属于股权投资的金额，转入新账的"长期股权投资"科目及其明细科目；将原账的"长期投资"科目余额中属于债券投资的金额，转入新账的"长期债券投资"科目及其明细科目（表6-9）。

注意：直接结转"成本法下长期股权投资"，2019年按照权益法统一调整。

表 6-9　新旧会计科目对照 – 5

2018 年科目		2019 年财务会计科目	
科目编码	科目名称	科目编码	科目名称
140102	长期股权投资	1501	长期股权投资
		150101	成本法下长期股权投资
		150102	权益法下长期股权投资
		15010201	成本
		15010202	损益调整
		15010203	其他权益变动
		150199	其他
140101	长期债券投资	1502	长期债券投资
		150201	成本
		150202	应计利息
140199	其他投资	150199	其他

(6)"固定资产"科目

单位在原账"固定资产"科目中只核算了按照《新制度》规定的固定资产内容的,转账时,应当将原账的"固定资产"科目余额全部转入新账的"固定资产"科目。单位在原账的"固定资产"科目中核算了按照《新制度》规定应当记入"公共基础设施""政府储备物资""文物文化资产""保障性住房"科目内容的,转账时,应当将原账的"固定资产"科目余额中相应资产的账面余额,分别转入新账的"公共基础设施""政府储备物资""文物文化资产""保障性住房"科目,并将原账的"固定资产"科目余额减去上述金额后的差额,转入新账的"固定资产"科目(表6-10)。

表6-10 新旧会计科目对照-6

2018年科目		2019年财务会计科目	
科目编码	科目名称	科目编码	科目名称
1501	固定资产	1601	固定资产
150101	房屋及构筑物	160101	房屋及构筑物
15010101	办公用房	160101	房屋及构筑物
15010102	业务用房	160101	房屋及构筑物
15010103	其他用房	160101	房屋及构筑物
15010104	构筑物	160101	房屋及构筑物
150102	通用设备	160102	通用设备
15010201	锅炉	160102	通用设备
15010202	交通工具	160102	通用设备
1501020201	汽车	160102	通用设备
150102020101	小轿车	160102	通用设备
150102020102	越野车	160102	通用设备
150102020103	小型载客汽车	160102	通用设备
150102020104	大中型载客汽车	160102	通用设备
150102020105	货车	160102	通用设备
1501020202	摩托车	160102	通用设备
1501020203	其他交通工具	160102	通用设备
15010203	计算机设备	160102	通用设备
1501020301	巨/大/中型机	160102	通用设备
1501020302	小型机	160102	通用设备
1501020303	PC服务器	160102	通用设备
1501020304	台式计算机	160102	通用设备

续表

2018 年科目		2019 年财务会计科目	
科目编码	科目名称	科目编码	科目名称
1501020305	便携式计算机	160102	通用设备
1501020306	计算机网络设备	160102	通用设备
1501020307	存储设备	160102	通用设备
1501020399	其他	160102	通用设备
15010204	通讯设备	160102	通用设备
15010205	办公设备	160102	通用设备
1501020501	打印机	160102	通用设备
1501020502	复印机	160102	通用设备
1501020503	传真机	160102	通用设备
1501020504	空调	160102	通用设备
1501020505	电视机	160102	通用设备
1501020506	冰箱	160102	通用设备
1501020507	洗衣机	160102	通用设备
1501020508	微波炉	160102	通用设备
1501020509	碎纸机	160102	通用设备
1501020510	投影仪	160102	通用设备
1501020511	扫描仪	160102	通用设备
1501020512	照相机	160102	通用设备
1501020513	摄像机	160102	通用设备
1501020599	其他办公设备	160102	通用设备
15010299	其他通用设备	160102	通用设备
150103	专用设备	160103	专用设备
15010301	雷达（含车载雷达）	160103	专用设备
15010302	卫星及卫星遥感设备	160103	专用设备
15010303	地面观测设备（含车载自动站）	160103	专用设备
15010304	高空探测设备	160103	专用设备
15010305	海洋探测设备	160103	专用设备
15010306	大气成分观测设备	160103	专用设备
15010307	人影装备	160103	专用设备
15010308	气象仪器计量检定仪器（含车载检定设备）	160103	专用设备
15010309	车载综合观测设备	160103	专用设备
15010310	电子显示屏	160103	专用设备
15010311	预警大喇叭	160103	专用设备
15010312	影视设备	160103	专用设备

续表

2018 年科目		2019 年财务会计科目	
科目编码	科目名称	科目编码	科目名称
15010399	其他专用设备	160103	专用设备
150104	文物和陈列品	160104	文物和陈列品
150105	图书、档案	160105	图书、档案
150106	家具、用具、装具及动植物	160106	家具、用具、装具及动植物
15010601	家具	160106	家具、用具、装具及动植物
15010602	用具	160106	家具、用具、装具及动植物
15010603	装具	160106	家具、用具、装具及动植物
15010604	动植物	160106	家具、用具、装具及动植物
1502	累计折旧	1602	固定资产累计折旧
150201	房屋及构筑物折旧	160201	房屋及构筑物折旧
150202	通用设备折旧	160202	通用设备折旧
150203	专用设备折旧	160203	专用设备折旧
150204	家具、用具、装具折旧	160204	家具、用具、装具折旧
151101	基建工程	1613	在建工程
15110101	建筑安装工程投资	161301	建筑安装工程投资
1511010101	建筑工程投资	16130101	建筑工程投资
151101010101	房屋建筑物构建	1613010101	房屋建筑物构建
151101010102	基础设施建设	1613010102	基础设施建设
151101010103	大型修缮	1613010103	大型修缮
1511010102	安装工程投资	16130102	安装工程投资
151101010201	设备安装	1613010201	设备安装
15110101020101	专用设备购置	161301020101	专用设备购置
15110101020102	信息网络购置	161301020102	信息网络购置
15110102	设备投资	161302	设备投资
1511010201	在安装设备	16130201	在安装设备
151101020101	专用设备购置	1613020101	专用设备购置
151101020102	信息网络购置	1613020102	信息网络购置
1511010202	不需要安装设备	16130202	不需要安装设备
151101020201	办公设备购置	1613020201	办公设备购置
151101020202	专用设备购置	1613020202	专用设备购置
151101020203	信息网络购置	1613020203	信息网络购置
151101020204	公务用车购置	1613020204	公务用车购置
151101020205	其他交通工具购置	1613020205	其他交通工具购置
1511010203	工具及器具	16130203	工具及器具
15110103	待摊投资	161303	待摊投资

续表

2018 年科目		2019 年财务会计科目	
科目编码	科目名称	科目编码	科目名称
1511010301	建设单位管理费	16130301	建设单位管理费
151101030101	人员工资	1613030101	人员工资
151101030102	基本养老保险费	1613030102	基本养老保险费
151101030103	基本医疗保险费	1613030103	基本医疗保险费
151101030104	失业保险费	1613030104	失业保险费
151101030105	办公费	1613030105	办公费
151101030106	差旅交通费	1613030106	差旅交通费
151101030107	劳动保护费	1613030107	劳动保护费
151101030108	工具用具使用费	1613030108	工具用具使用费
151101030109	固定资产使用费	1613030109	固定资产使用费
151101030110	零星购置费	1613030110	零星购置费
151101030111	招募生产工人费	1613030111	招募生产工人费
151101030112	技术图书资料费	1613030112	技术图书资料费
151101030113	印花税	1613030113	印花税
151101030114	业务招待费	1613030114	业务招待费
151101030115	施工现场津贴	1613030115	施工现场津贴
151101030116	竣工验收费	1613030116	竣工验收费
151101030117	其他管理费	1613030117	其他管理费
1511010302	土地征用及迁移补偿费	16130302	土地征用及迁移补偿费
151101030201	土地补偿	1613030201	土地补偿
151101030202	安置补助	1613030202	安置补助
151101030203	地上附着物和青苗补偿	1613030203	地上附着物和青苗补偿
151101030204	拆迁补偿	1613030204	拆迁补偿
1511010303	土地复垦及补偿费	16130303	土地复垦及补偿费
1511010304	勘察设计费	16130304	勘察设计费
1511010305	可行性研究费	16130305	可行性研究费
1511010306	临时设施费	16130306	临时设施费
1511010307	设备检验费	16130307	设备检验费
1511010308	负荷联合试车费	16130308	负荷联合试车费
1511010309	合同公证及工程质量监理费	16130309	合同公证及工程质量监理费
1511010310	（贷款）项目评估费	16130310	（贷款）项目评估费
1511010311	社会中介机构审计（查）费	16130311	社会中介机构审计（查）费
1511010312	招投标费	16130312	招投标费
1511010313	经济合同仲裁费	16130313	经济合同仲裁费
1511010314	诉讼费	16130314	诉讼费

续表

2018年科目		2019年财务会计科目	
科目编码	科目名称	科目编码	科目名称
1511010315	律师代理费	16130315	律师代理费
1511010316	土地使用税	16130316	土地使用税
1511010317	耕地占用税	16130317	耕地占用税
1511010318	车船使用税	16130318	车船使用税
1511010319	借款利息	16130319	借款利息
1511010320	存款利息收入	16130320	存款利息收入
1511010321	汇兑损益	16130321	汇兑损益
1511010322	报废工程损失	16130322	报废工程损失
1511010323	坏账损失	16130323	坏账损失
1511010324	固定资产损失	16130324	固定资产损失
1511010325	器材处理亏损	16130325	器材处理亏损
1511010326	设备盘亏及毁损	16130326	设备盘亏及毁损
1511010327	研究试验费	16130327	研究试验费
1511010328	其他待摊投资	16130328	其他待摊投资
15110104	其他投资	161304	其他投资
1511010401	房屋购置	16130401	房屋购置
1511010402	办公生活用家具、器具购置	16130402	办公生活用家具、器具购置
1511010403	可行性研究固定资产购置	16130403	可行性研究固定资产购置
1511010404	无形资产	16130404	无形资产
151101040401	软件	1613040401	软件
151101040402	著作权、商标权、专利权	1613040402	著作权、商标权、专利权
151101040403	土地使用权	1613040403	土地使用权
151101040404	其他无形资产	1613040404	其他无形资产
1511010406	物资储备	16130405	物资储备
1511010407	文物及陈列品购置	16130406	文物及陈列品购置
15110105	待核销基建支出	161305	待核销基建支出
15110106	转出投资	161306	转出投资
151102	建筑工程	161307	交付使用固定资产
151103	设备安装	161307	交付使用固定资产

（7）"累计折旧"科目

《新制度》设置了"固定资产累计折旧"科目，该科目的核算内容与原账"累计折旧"科目的核算内容基本相同。单位已经计提了固定资产折旧并记入"累计折旧"科目的，转账时，应当将原账的"累计折旧"科目余额，转入新账的"固定资产累计折旧"科目（表 6-11）。

表 6-11 新旧会计科目对照 – 7

2018 年科目		2019 年财务会计科目	
科目编码	科目名称	科目编码	科目名称
1502	累计折旧	1602	固定资产累计折旧
150201	房屋及构筑物折旧	160201	房屋及构筑物折旧
150202	通用设备折旧	160202	通用设备折旧
150203	专用设备折旧	160203	专用设备折旧
150204	家具、用具、装具折旧	160204	家具、用具、装具折旧

（8）"在建工程"科目

《新制度》设置了"在建工程"和"预付账款——预付备料款、预付工程款"科目，原制度设置了"在建工程"科目。转账时，单位应当将原账的"在建工程"科目余额（基建"并账"后的金额，下同）中属于预付备料款、预付工程款的金额，转入新账"预付账款"相关明细科目；将原账的"在建工程"科目余额减去预付备料款、预付工程款金额后的差额，转入新账的"在建工程"科目。

单位在原账"在建工程"科目中核算了按照《新制度》规定应当记入"工程物资"科目内容的，应当将原账"在建工程"科目余额中属于工程物资的金额，转入新账的"工程物资"科目（表 6-12）。

表 6-12 新旧会计科目对照 – 8

2018 年科目		2019 年财务会计科目	
科目编码	科目名称	科目编码	科目名称
151101	基建工程	1613	在建工程
15110101	建筑安装工程投资	161301	建筑安装工程投资
1511010101	建筑工程投资	16130101	建筑工程投资
151101010101	房屋建筑物构建	1613010101	房屋建筑物构建
151101010102	基础设施建设	1613010102	基础设施建设
151101010103	大型修缮	1613010103	大型修缮

续表

2018 年科目		2019 年财务会计科目	
科目编码	科目名称	科目编码	科目名称
1511010102	安装工程投资	16130102	安装工程投资
151101010201	设备安装	1613010201	设备安装
15110101020101	专用设备购置	161301020101	专用设备购置
15110101020102	信息网络购置	161301020102	信息网络购置
15110102	设备投资	161302	设备投资
1511010201	在安装设备	16130201	在安装设备
151101020101	专用设备购置	1613020101	专用设备购置
151101020102	信息网络购置	1613020102	信息网络购置
1511010202	不需要安装设备	16130202	不需要安装设备
151101020201	办公设备购置	1613020201	办公设备购置
151101020202	专用设备购置	1613020202	专用设备购置
151101020203	信息网络购置	1613020203	信息网络购置
151101020204	公务用车购置	1613020204	公务用车购置
151101020205	其他交通工具购置	1613020205	其他交通工具购置
1511010203	工具及器具	16130203	工具及器具
15110103	待摊投资	161303	待摊投资
1511010301	建设单位管理费	16130301	建设单位管理费
151101030101	人员工资	1613030101	人员工资
151101030102	基本养老保险费	1613030102	基本养老保险费
151101030103	基本医疗保险费	1613030103	基本医疗保险费
151101030104	失业保险费	1613030104	失业保险费
151101030105	办公费	1613030105	办公费
151101030106	差旅交通费	1613030106	差旅交通费
151101030107	劳动保护费	1613030107	劳动保护费
151101030108	工具用具使用费	1613030108	工具用具使用费
151101030109	固定资产使用费	1613030109	固定资产使用费
151101030110	零星购置费	1613030110	零星购置费
151101030111	招募生产工人费	1613030111	招募生产工人费
151101030112	技术图书资料费	1613030112	技术图书资料费
151101030113	印花税	1613030113	印花税
151101030114	业务招待费	1613030114	业务招待费
151101030115	施工现场津贴	1613030115	施工现场津贴

续表

2018 年科目		2019 年财务会计科目	
科目编码	科目名称	科目编码	科目名称
151101030116	竣工验收费	1613030116	竣工验收费
151101030117	其他管理费	1613030117	其他管理费
1511010302	土地征用及迁移补偿费	16130302	土地征用及迁移补偿费
151101030201	土地补偿	1613030201	土地补偿
151101030202	安置补助	1613030202	安置补助
151101030203	地上附着物和青苗补偿	1613030203	地上附着物和青苗补偿
151101030204	拆迁补偿	1613030204	拆迁补偿
1511010303	土地复垦及补偿费	16130303	土地复垦及补偿费
1511010304	勘察设计费	16130304	勘察设计费
1511010305	可行性研究费	16130305	可行性研究费
1511010306	临时设施费	16130306	临时设施费
1511010307	设备检验费	16130307	设备检验费
1511010308	负荷联合试车费	16130308	负荷联合试车费
1511010309	合同公证及工程质量监理费	16130309	合同公证及工程质量监理费
1511010310	（贷款）项目评估费	16130310	（贷款）项目评估费
1511010311	社会中介机构审计（查）费	16130311	社会中介机构审计（查）费
1511010312	招投标费	16130312	招投标费
1511010313	经济合同仲裁费	16130313	经济合同仲裁费
1511010314	诉讼费	16130314	诉讼费
1511010315	律师代理费	16130315	律师代理费
1511010316	土地使用税	16130316	土地使用税
1511010317	耕地占用税	16130317	耕地占用税
1511010318	车船使用税	16130318	车船使用税
1511010319	借款利息	16130319	借款利息
1511010320	存款利息收入	16130320	存款利息收入
1511010321	汇兑损益	16130321	汇兑损益
1511010322	报废工程损失	16130322	报废工程损失
1511010323	坏账损失	16130323	坏账损失
1511010324	固定资产损失	16130324	固定资产损失
1511010325	器材处理亏损	16130325	器材处理亏损
1511010326	设备盘亏及毁损	16130326	设备盘亏及毁损
1511010327	研究试验费	16130327	研究试验费

续表

2018年科目		2019年财务会计科目	
科目编码	科目名称	科目编码	科目名称
1511010328	其他待摊投资	16130328	其他待摊投资
15110104	其他投资	161304	其他投资
1511010401	房屋购置	16130401	房屋购置
1511010402	办公生活用家具、器具购置	16130402	办公生活用家具、器具购置
1511010403	可行性研究固定资产购置	16130403	可行性研究固定资产购置
1511010404	无形资产	16130404	无形资产
151101040401	软件	1613040401	软件
151101040402	著作权、商标权、专利权	1613040402	著作权、商标权、专利权
151101040403	土地使用权	1613040403	土地使用权
151101040404	其他无形资产	1613040404	其他无形资产
1511010406	物资储备	16130405	物资储备
1511010407	文物及陈列品购置	16130406	文物及陈列品购置
15110105	待核销基建支出	161305	待核销基建支出
15110106	转出投资	161306	转出投资

（9）"累计摊销"科目

《新制度》设置了"无形资产累计摊销"科目，该科目的核算内容与原账"累计摊销"科目的核算内容基本相同。单位已经计提了无形资产摊销的，转账时，应当将原账的"累计摊销"科目余额，转入新账的"无形资产累计摊销"科目（表6-13）。

表6-13 新旧会计科目对照-9

2018年科目		2019年财务会计科目	
科目编码	科目名称	科目编码	科目名称
1602	累计摊销	1702	无形资产累计摊销

（10）"待处置资产损益"科目

《新制度》设置了"待处理财产损益"科目，该科目的核算内容与原账"待处置资产损益"科目的核算内容基本相同。转账时，单位应当将原账的"待处置资产损益"科目余额，转入新账的"待处理财产损益"科目（表6-14）。

表 6-14 新旧会计科目对照表 – 10

2018 年科目		2019 年财务会计科目	
科目编码	科目名称	科目编码	科目名称
1701	待处置资产损益	1902	待处理财产损益
170101	处置资产价值	190201	待处理财产价值
170102	处置净收入	190202	处理净收入
17010201	处置存货	190202	处理净收入
17010202	处置其他流动资产	190202	处理净收入
17010203	处置固定资产	190202	处理净收入
17010204	处置无形资产	190202	处理净收入
17010205	处置长期投资	190202	处理净收入

2. 负债类

(1)"短期借款""应付职工薪酬""应付票据""应付账款""预收账款""长期借款""长期应付款"科目

《新制度》设置了"短期借款""应付职工薪酬""应付票据""应付账款""预收账款""长期借款""长期应付款"科目,这些科目的核算内容与原账的上述相应科目的核算内容基本相同。转账时,单位应当将原账的上述科目余额直接转入新账的相应科目(表 6-15)。

表 6-15 新旧会计科目对照 – 11

2018 年科目		2019 年财务会计科目	
科目编码	科目名称	科目编码	科目名称
2001	短期借款	2001	短期借款
2101	应缴税费	2101	应缴增值税
210105	增值税(小规模纳税人)	210101	增值税(小规模纳税人)
21010501	应缴税金	21010101	应缴税金
21010502	代扣代缴增值税	21010102	代扣代缴增值税
21010503	转让金融商品应缴增值税	21010103	转让金融商品应缴增值税
210106	增值税(一般纳税人)	210102	增值税(一般纳税人)
21010601	应缴税金	21010201	应缴税金
2101060101	进项税额	2101020101	进项税额
2101060102	已缴税金	2101020102	已缴税金

续表

2018年科目		2019年财务会计科目	
科目编码	科目名称	科目编码	科目名称
2101060103	转出未缴增值税	2101020103	转出未缴增值税
2101060104	转出多缴增值税	2101020104	转出多缴增值税
2101060105	减免税款	2101020105	减免税款
2101060106	销项税额	2101020106	销项税额
2101060107	进项税额转出	2101020107	进项税额转出
21010602	未缴税金	21010202	未缴税金
21010603	预缴税金	21010203	预缴税金
21010604	待抵扣进项税额	21010204	待抵扣进项税额
21010605	待认证进项税额	21010205	待认证进项税额
21010606	待转销项税额	21010206	待转销项税额
21010607	简易计税	21010207	简易计税
21010608	代扣代缴增值税	21010208	代扣代缴增值税
		21010209	转让金融商品应缴增值税
		2102	其他应缴税费
210102	城市维护建设税	210201	城市维护建设税
210110	车船使用税	210202	车船税
210107	房产税	210203	房产税
210108	土地增值税	210204	土地增值税
210109	城镇土地使用税	210205	城镇土地使用税
210111	教育费附加	210206	教育费附加
210112	地方教育附加	210207	地方教育费附加
210104	个人所得税	210208	代扣代缴的个人所得税
		21020801	工资薪金个税
		21020801	其他所得个税
210103	企业所得税	210209	企业所得税
210199	其他税费	210299	其他税费
2201	应付职工薪酬	2201	应付职工薪酬
220101	基本工资（基本离退休费）	220101	基本工资（基本离退休费）
22010101	编内在职人员	220101	基本工资（基本离退休费）
2201010101	参公人员	220101	基本工资（基本离退休费）
220101010101	国编参公人员	220101	基本工资（基本离退休费）
220101010102	地编参公人员	220101	基本工资（基本离退休费）

续表

2018 年科目		2019 年财务会计科目	
科目编码	科目名称	科目编码	科目名称
2201010102	事业人员	220101	基本工资（基本离退休费）
220101010201	国编事业人员	220101	基本工资（基本离退休费）
220101010202	地编事业人员	220101	基本工资（基本离退休费）
22010102	长期聘用人员	220101	基本工资（基本离退休费）
22010103	离休人员	220101	基本工资（基本离退休费）
22010104	退休（退职）人员		
		220102	国家统一规定的津贴补贴
		220103	规范津贴补贴
220107	提租补贴	220104	改革性补贴
220108	购房补贴	220104	改革性补贴
220105	机关事业单位基本养老保险缴费	220107	机关事业单位基本养老保险缴费
220109	职业年金缴费	220108	职业年金缴费
220104	其他社会保障缴费	220111	其他社会保障缴费
220106	住房公积金	220112	住房公积金
220103	其他个人收入	220114	其他个人收入
22010301	在职人员	22011401	在职人员
2201030101	误（夜）餐、加（值）班费	2201140101	误（夜）餐、加（值）班费
2201030106	个人奖励金	2201140102	个人奖励金
2201030199	其他	2201140199	其他
220102	地方（部门）津贴补贴	220103	规范津贴补贴
22010201	编内在职人员	220103	规范津贴补贴
2201020101	参公人员	220103	规范津贴补贴
220102010101	国编参公人员	220103	规范津贴补贴
220102010102	地编参公人员	220103	规范津贴补贴
2201020102	事业人员	220103	规范津贴补贴
220102010201	国编事业人员	220103	规范津贴补贴
220102010202	地编事业人员	220103	规范津贴补贴
22010202	长期聘用人员	220103	规范津贴补贴
22010203	离休人员	220103	规范津贴补贴
22010204	退休（退职）人员	220103	规范津贴补贴
2201030105	专家咨询和评审费	2201140199	其他
22010302	离休人员	2201140199	其他

续表

2018年科目		2019年财务会计科目	
科目编码	科目名称	科目编码	科目名称
22010303	退休人员	2201140199	其他
2301	应付票据	2301	应付票据
		230101	银行承兑汇票
		230102	商业承兑汇票
2302	应付账款	2302	应付账款
		230201	应付器材款
		230202	应付工程款
		230299	其他
		2304	应付利息
2303	预收账款	2305	预收账款
230301	合同预收款		
230302	其他预收账款		
2401	长期借款	2501	长期借款
		250101	项目长期借款
		25010101	本金
		25010102	应计利息
		250102	其他长期借款
		25010201	本金
		25010202	应计利息
2402	长期应付款	2502	长期应付款
240201	融资租赁固定资产费用		
240202	跨年分期付款购入固定资产价款		
240299	其他		

（2）"应缴税费"科目

《新制度》设置了"应缴增值税"和"其他应缴税费"科目，原制度设置了"应缴税费"科目。转账时，单位应当将原账的"应缴税费——应缴增值税"科目余额，转入新账"应缴增值税"中的相关明细科目；将原账的"应缴税费"科目余额减去属于应缴增值税余额后的差额，转入新账的"其他应缴税费"科目（表6-16）。

表 6-16 新旧会计科目对照 - 12

2018 年科目		2019 年财务会计科目	
科目编码	科目名称	科目编码	科目名称
2101	应缴税费	2101	应缴增值税
210105	增值税（小规模纳税人）	210101	增值税（小规模纳税人）
21010501	应缴税金	21010101	应缴税金
21010502	代扣代缴增值税	21010102	代扣代缴增值税
21010503	转让金融商品应缴增值税	21010103	转让金融商品应缴增值税
210106	增值税（一般纳税人）	210102	增值税（一般纳税人）
21010601	应缴税金	21010201	应缴税金
2101060101	进项税额	2101020101	进项税额
2101060102	已缴税金	2101020102	已缴税金
2101060103	转出未缴增值税	2101020103	转出未缴增值税
2101060104	转出多缴增值税	2101020104	转出多缴增值税
2101060105	减免税款	2101020105	减免税款
2101060106	销项税额	2101020106	销项税额
2101060107	进项税额转出	2101020107	进项税额转出
21010602	未缴税金	21010202	未缴税金
21010603	预缴税金	21010203	预缴税金
21010604	待抵扣进项税额	21010204	待抵扣进项税额
21010605	待认证进项税额	21010205	待认证进项税额
21010606	待转销项税额	21010206	待转销项税额
21010607	简易计税	21010207	简易计税
21010608	代扣代缴增值税	21010208	代扣代缴增值税
		21010209	转让金融商品应缴增值税
		2102	其他应缴税费
210102	城市维护建设税	210201	城市维护建设税
210110	车船使用税	210202	车船税
210107	房产税	210203	房产税
210108	土地增值税	210204	土地增值税
210109	城镇土地使用税	210205	城镇土地使用税
210111	教育费附加	210206	教育费附加
210112	地方教育附加	210207	地方教育费附加
210104	个人所得税	210208	代扣代缴的个人所得税
		21020801	工资薪金个税
		21020801	其他所得个税
210103	企业所得税	210209	企业所得税
210199	其他税费	210299	其他税费

（3）"应缴国库款""应缴财政专户款"科目

《新制度》设置了"应缴财政款"科目，原制度设置了"应缴国库款""应缴财政专户款"科目。转账时，单位应当将原账的"应缴国库款""应缴财政专户款"科目余额，转入新账的"应缴财政款"科目（表 6–17）。

表 6–17　新旧会计科目对照表 – 13

2018 年科目		2019 年财务会计科目	
科目编码	科目名称	科目编码	科目名称
2103	应缴财政专户款	210302	应缴财政专户
2104	应缴国库款	210301	应缴国库款

（4）"其他应付款"科目

《新制度》设置了"其他应付款"科目，该科目的核算内容与原账"其他应付款"科目的核算内容基本相同。转账时，单位应当将原账的"其他应付款"科目余额，转入新账的"其他应付款"科目。其中，单位在原账的"其他应付款"科目中核算了属于《新制度》规定的受托代理负债的，应当将原账的"其他应付款"科目余额中属于受托代理负债的余额，转入新账的"受托代理负债"科目（表 6–18）。

表 6–18　新旧会计科目对照表 – 14

2018 年科目		2019 年财务会计科目	
科目编码	科目名称	科目编码	科目名称
2305	其他应付款	2307	其他应付款
230501	待清算报销额度	230701	待清算报销额度
23050101	待清算公务卡报销额度	23070101	待清算公务卡报销额度
23050102	待清算储蓄卡报销额度	23070102	待清算储蓄卡报销额度
230502	代扣工会会费	230702	代扣工会会费
230503	代扣保险费	230703	代扣保险费
230504	代扣住房公积金	220104	改革性补贴
230505	代扣水电费	230704	代扣水电费
230506	代扣物业管理费	230705	代扣物业管理费
230511	代扣取暖费	230706	代扣取暖费
230507	存入保证金	230708	存入保证金
230508	住院押金	230709	住院押金

续表

2018年科目		2019年财务会计科目	
科目编码	科目名称	科目编码	科目名称
230509	代扣养老保险	220107	机关事业单位基本养老保险缴费
230510	代扣职业年金	220108	职业年金缴费
230599	其他	230799	其他

3. 净资产类

（1）"事业基金"科目

《新制度》设置了"累计盈余"科目，该科目的核算内容包含了原账"事业基金"科目的核算内容。转账时，单位应当将原账的"事业基金"科目余额转入新账的"累计盈余"科目（表6-19）。

表6-19 新旧会计科目对照-15

2018年科目		2019年财务会计科目	
科目编码	科目名称	科目编码	科目名称
3001	事业基金	30010403	其他结余
300101	非财政补助结转结余转入	30010403	其他结余
30010101	非财政补助结余分配转入	30010403	其他结余
30010102	非财政补助专项结转转入	30010403	其他结余
300102	其他增加	30010403	其他结余
300103	其他减少	30010403	其他结余
300104	调整以前年度非财政补助结余	30010403	其他结余
300105	滚存结余	30010403	其他结余
30010501	指定用途滚存结余	30010403	其他结余
30010502	非指定用途滚存结余	30010403	其他结余
3101	非流动资产基金	300106	非流动资产基金
310101	长期投资	30010601	长期投资
310102	固定资产	30010302	固定资产
310103	在建工程	30010303	在建工程
310104	无形资产	30010304	无形资产

（2）"非流动资产基金"科目

依据《新制度》，无须对原制度中"非流动资产基金"科目对应内容进行核算。

转账时，单位应当将原账的"非流动资产基金"科目余额转入新账的"累计盈余"科目（表6-20）。

表6-20 新旧会计科目对照－16

2018年科目		2019年财务会计科目	
科目编码	科目名称	科目编码	科目名称
3101	非流动资产基金	300106	非流动资产基金
310101	长期投资	30010601	长期投资
310102	固定资产	30010302	固定资产
310103	在建工程	30010303	在建工程
310104	无形资产	30010304	无形资产

（3）"专用基金"科目

《新制度》设置了"专用基金"科目，该科目的核算内容与原账"专用基金"科目的核算内容基本相同。转账时，单位应当将原账的"专用基金"科目余额转入新账的"专用基金"科目（表6-21）。

表6-21 新旧会计科目对照－17

2018年科目		2019年财务会计科目	
科目编码	科目名称	科目编码	科目名称
3201	专用基金	3101	专用基金
320101	职工福利基金	310101	职工福利基金
32010101	非财政补助结余分配转入	31010101	分配转入的福利基金
32010102	提取福利费	31010102	提取转入的福利基金
32010103	集体福利设施支出	31010101	分配转入的福利基金
32010104	集体福利待遇支出	31010101	分配转入的福利基金
32010105	其他支出	31010101	分配转入的福利基金
32010106	滚存结余	31010101	分配转入的福利基金
320102	修购基金	31010101	分配转入的福利基金
32010201	提取修购基金	31010101	分配转入的福利基金
32010202	上级拨入	31010101	分配转入的福利基金
32010203	其他增加	31010101	分配转入的福利基金
32010204	购建固定资产支出	31010101	分配转入的福利基金
32010205	修缮支出	31010101	分配转入的福利基金

续表

2018 年科目		2019 年财务会计科目	
科目编码	科目名称	科目编码	科目名称
32010206	清理费用	31010101	分配转入的福利基金
32010207	其他减少	31010101	分配转入的福利基金
32010208	滚存结余	31010101	分配转入的福利基金
320103	其他专用基金	31010101	分配转入的福利基金
32010301	住房基金	310102	住房基金
3201030101	住房基金收入	31010201	住房基金收入
320103010101	自管住房出租收入	3101020101	自管住房出租收入
320103010102	留归单位使用的售房收入	3101020102	留归单位使用的售房收入
320103010103	共用部位共用设施设备维修基金	3101020103	共用部位共用设施设备维修基金
320103010104	上级主管部门拨入的资金	3101020104	上级主管部门拨入的资金
320103010105	利息收入	3101020105	利息收入
320103010106	其他收入	3101020106	其他收入
3201030102	住房基金支出	31010202	住房基金支出
320103010201	自管住房维修管理和改造支出	3101020201	自管住房维修管理和改造支出
320103010202	缴交职工住房公积金支出	3101020202	缴交职工住房公积金支出
320103010203	发放购房补贴支出	3101020203	发放购房补贴支出
320103010204	发放提租补贴支出	3101020204	发放提租补贴支出
320103010205	共用部位共用设施设备维修支出	3101020205	共用部位共用设施设备维修支出
320103010206	公有住房维修支出	3101020206	公有住房维修支出
320103010207	住房建设支出	3101020207	住房建设支出
320103010208	购房支出	3101020208	购房支出
320103010209	其他支出	3101020209	其他支出
3201030103	住房基金结余	31010203	住房基金结余
320103010301	共用部位共用设施设备维修基金结余	3101020301	共用部位共用设施设备维修基金结余
320103010302	其他住房基金结余	3101020302	其他住房基金结余
32010302	科技成果转化基金	310103	科技成果转化基金
32010399	其他	310104	其他专用基金

（4）"财政补助结转""财政补助结余""非财政补助结转"科目

《新制度》设置了"累计盈余"科目，该科目的余额包含了原账的"财政补助结转""财政补助结余""非财政补助结转"科目的余额内容。转账时，单位应当将原账的"财政补助结转""财政补助结余""非财政补助结转"科目余额，转入新账的"累计盈余"科目（表6-22）。

表 6-22　新旧会计科目对照 – 18

2018 年科目		2019 年财务会计科目	
科目编码	科目名称	科目编码	科目名称
3301	财政补助结转	300101	中央财政拨款结转
330101	当年财政补助结转	300101	中央财政拨款结转
33010101	基本支出结转	300101	中央财政拨款结转
3301010101	人员经费	300101	中央财政拨款结转
3301010102	日常公用经费	300101	中央财政拨款结转
33010102	项目支出结转	300101	中央财政拨款结转
3301010201	事业项目支出结转	300101	中央财政拨款结转
3301010202	基建项目支出结转	300101	中央财政拨款结转
330102	以前年度财政补助结转	300101	中央财政拨款结转
33010201	基本支出结转	300101	中央财政拨款结转
3301020101	人员经费	300101	中央财政拨款结转
3301020102	日常公用经费	300101	中央财政拨款结转
33010202	项目支出结转	300101	中央财政拨款结转
3301020201	事业项目支出结转	300101	中央财政拨款结转
3301020202	基建项目支出结转	300101	中央财政拨款结转
3302	财政补助结余	300101	中央财政拨款结转
330201	当年财政补助结余	300103	中央财政拨款结余
33020101	基本支出结余	300103	中央财政拨款结余
3302010101	人员经费	300103	中央财政拨款结余
3302010102	日常公用经费	300103	中央财政拨款结余
33020102	项目支出结余	300103	中央财政拨款结余
3302010201	事业项目支出结余	300103	中央财政拨款结余
3302010202	基建项目支出结余	300103	中央财政拨款结余
330202	以前年度财政补助结余	300103	中央财政拨款结余
33020201	基本支出结余	300103	中央财政拨款结余
3302020101	人员经费	300103	中央财政拨款结余
3302020102	日常公用经费	300103	中央财政拨款结余
33020202	项目支出结余	300103	中央财政拨款结余
3302020201	事业项目支出结余	300103	中央财政拨款结余
3302020202	基建项目支出结余	300103	中央财政拨款结余
340101	地方财政补助结转	30010201	地方财政拨款结转
34010101	基本支出结转	30010201	地方财政拨款结转
3401010101	人员经费	30010201	地方财政拨款结转
3401010102	日常公用经费	30010201	地方财政拨款结转
34010102	项目支出结转	30010201	地方财政拨款结转
3401010201	事业项目支出结转	30010201	地方财政拨款结转
3401010202	基建项目支出结转	30010201	地方财政拨款结转
340102	课题等专项资金结转	30010202	其他专项结转

（5）"经营结余"科目

《新制度》设置了"本期盈余"科目，该科目的核算内容包含了原账"经营结余"科目的核算内容。《新制度》规定"本期盈余"科目余额最终转入"累计盈余"科目，如果原账的"经营结余"科目有借方余额，转账时，单位应当将原账的"经营结余"科目借方余额，转入新账的"累计盈余"科目借方（表6-23）。

表6-23 新旧会计科目对照－19

2018年科目		2019年财务会计科目	
科目编码	科目名称	科目编码	科目名称
3403	经营结余	300105	经营结余

（6）"事业结余""非财政补助结余分配"科目

由于原账的"事业结余""非财政补助结余分配"科目年末无余额，这两个科目无须进行转账处理。

4. 收入类、支出类

由于原账中收入类、支出类科目年末无余额，无须进行转账处理。自2019年1月1日起，单位应当按照新制度设置收入类、费用类科目并进行账务处理。

单位存在其他本规定未列举的原账科目余额的，应当比照本规定转入新账的相应科目。新账的科目设有明细科目的，应将原账中对应科目的余额加以分析，分别转入新账中相应科目的相关明细科目。

单位在进行新旧衔接的转账时，应当编制转账的工作分录，作为转账的工作底稿，并将转入新账的对应原账户余额及分拆原账户余额的依据作为原始凭证。

（二）将原未入账事项登记新账财务会计科目

1. 应收账款、应收股利、在途物品

单位在新旧制度转换时，应当将2018年12月31日前未入账的应收账款、应收股利、在途物品按照《新制度》规定记入新账。登记新账时，按照确定的入账金额，分别借记"应收账款""应收股利""在途物品"科目，贷记"累计盈余"科目。

注意：根据气象部门会计政策规定，对于2019年1月1日前已经确认支出尚未领用的存货，不再追溯。存货管理部门需在2018年12月31日前盘点存货，单独确认区分已做支出尚未发出的存货。对于 2019 年 1 月 1 日前未确认支出的存货及 2019 年 1 月 1 日以后确认的存货，在发出时按先进先出法计量当期费用。

2. 受托代理资产

单位在新旧制度转换时，应当将 2018 年 12 月 31 日前未入账的受托代理资产按照《新制度》规定记入新账。登记新账时，按照确定的受托代理资产入账成本，借记"受托代理资产"科目，贷记"受托代理负债"科目。

3. 盘盈资产

单位在新旧制度转换时，应当将 2018 年 12 月 31 日前未入账的盘盈资产按照新制度规定记入新账。登记新账时，按照确定的盘盈资产及其成本，分别借记有关资产科目，按照盘盈资产成本的合计金额，贷记"累计盈余"科目。

4. 预计负债

单位在新旧制度转换时，应当将 2018 年 12 月 31 日按照新制度规定确认的预计负债记入新账。登记新账时，按照确定的预计负债金额，借记"累计盈余"科目，贷记"预计负债"科目。

5. 应付质量保证金

单位在新旧制度转换时，应当将 2018 年 12 月 31 日前未入账的应付质量保证金按照《新制度》规定记入新账。登记新账时，按照确定未入账的应付质量保证金金额，借记"累计盈余"科目，贷记"其他应付款"科目[扣留期在 1 年以内（含 1 年）]、"长期应付款"科目（扣留期超过 1 年）。

单位存在 2018 年 12 月 31 日前未入账的其他事项的，应当比照《新制度》登记新账的相应科目。

单位对新账的财务会计科目补记未入账事项时，应当编制记账凭证，并将补充登记事项的确认依据作为原始凭证。

（三）对新账的相关财务会计科目余额按照《新制度》规定的会计核算基础进行调整

1. 计提坏账准备

《新制度》要求对单位收回后无须上缴财政的应收账款和其他应收款提取坏账

准备。在新旧制度转换时，单位应当按照 2018 年 12 月 31 日无须上缴财政的应收账款和其他应收款的余额计算应计提的坏账准备金额，借记"累计盈余"科目，贷记"坏账准备"科目。

2. 按照权益法调整长期股权投资账面余额

对按照《新制度》规定应当采用权益法核算的长期股权投资，在新旧制度转换时，单位应当在"长期股权投资"科目下设置"新旧制度转换调整"明细科目，依据被投资单位 2018 年 12 月 31 日财务报表的所有者权益账面余额，以及单位持有被投资单位的股权比例，计算应享有或应分担的被投资单位所有者权益的份额，调整长期股权投资的账面余额，借记或贷记"长期股权投资——新旧制度转换调整"科目，贷记或借记"累计盈余"科目。

注意：根据气象部门会计政策规定，2018 年年底长期股权投资余额全部结转到"长期股权投资——成本法"，2019 年度再按照权益法进行调整。

3. 确认长期债券投资期末应收利息

单位应当按照《新制度》规定于 2019 年 1 月 1 日补记长期债券投资应收利息，按照长期债券投资的应收利息金额，借记"长期债券投资"科目（到期一次还本付息）或"应收利息"科目（分期付息、到期还本），贷记"累计盈余"科目。

4. 补提折旧

单位在原账中尚未计提固定资产折旧的，应当全面核查截至 2018 年 12 月 31 日的固定资产的预计使用年限、已使用年限、尚可使用年限等，并于 2019 年 1 月 1 日对尚未计提折旧的固定资产补提折旧，按照应计提的折旧金额，借记"累计盈余"科目，贷记"固定资产累计折旧"科目。

5. 补提摊销

单位在原账中尚未计提无形资产摊销的，应当全面核查截至 2018 年 12 月 31 日无形资产的预计使用年限、已使用年限、尚可使用年限等，并于 2019 年 1 月 1 日对前期尚未计提摊销的无形资产补提摊销，按照应计提的摊销金额，借记"累计盈余"科目，贷记"无形资产累计摊销"科目。

6. 确认长期借款期末应付利息

单位应当按照《新制度》规定于 2019 年 1 月 1 日补记长期借款的应付利息金

额，对其中资本化的部分，借记"在建工程"科目，对其中费用化的部分，借记"累计盈余"科目，按照全部长期借款应付利息金额，贷记"长期借款"科目（到期一次还本付息）或"应付利息"科目（分期付息、到期还本）。

单位对新账的财务会计科目期初余额进行调整时，应当编制记账凭证，并将调整事项的确认依据作为原始凭证。

二、预算会计科目的新旧衔接

（一）"财政拨款结转"和"财政拨款结余"科目及对应的"资金结存"科目余额

《新制度》设置了"财政拨款结转""财政拨款结余"科目及对应的"资金结存"科目。在新旧制度转换时，单位应当对原账的"财政补助结转"科目余额进行逐项分析，加上各项结转转入的预算支出中已经计入预算支出尚未支付财政资金（如发生时列支的应付账款）的金额，减去已经支付财政资金尚未计入预算支出（如购入的存货、预付账款等）的金额，按照增减后的金额，登记新账的"财政拨款结转"科目及其明细科目贷方；按照原账"财政补助结余"科目余额，登记新账的"财政拨款结余"科目及其明细科目贷方。

按照原账"财政应返还额度"科目余额登记新账的"资金结存——财政应返还额度"科目借方；按照新账的"财政拨款结转"和"财政拨款结余"科目贷方余额合计数，减去新账的"资金结存——财政应返还额度"科目借方余额后的差额，登记新账的"资金结存——货币资金"科目借方。

（二）"非财政拨款结转"科目及对应的"资金结存"科目余额

《新制度》设置了"非财政拨款结转"科目及对应的"资金结存"科目。在新旧制度转换时，单位应当对原账的"非财政补助结转"科目余额进行逐项分析，加上各项结转转入的预算支出中已经计入预算支出尚未支付非财政补助专项资金（如发生时列支的应付账款）的金额，减去已经支付非财政补助专项资金尚未计入预算支出（如购入的存货、预付账款等）的金额，加上各项结转转入的预算收入中已经收到非财政补助专项资金尚未计入预算收入（如预收账款）的金额，减去已经计入预算收入尚未收到非财政补助专项资金（如应收账款）的金额，按照增减后的金额，登记新账的"非财政拨款结转"科目及其明细科目贷方；同时，按照相同的金额登记新账的"资金结存——货币资金"科目借方。

（三）"非财政拨款结余"科目及对应的"资金结存"科目余额

1. 登记"非财政拨款结余"科目余额

《新制度》设置了"非财政拨款结余"科目及对应的"资金结存"科目。在新旧制度转换时，单位应当按照原账的"事业基金"科目余额，借记新账的"资金结存——货币资金"科目，贷记新账的"非财政拨款结余"科目。

2. 对新账"非财政拨款结余"科目及"资金结存"科目余额进行调整

（1）调整短期投资对非财政拨款结余的影响

单位应当按照原账的"短期投资"科目余额，借记"非财政拨款结余"科目，贷记"资金结存——货币资金"科目。

（2）调整应收票据、应收账款对非财政拨款结余的影响

单位应当对原账的"应收票据""应收账款"科目余额进行分析，区分其中发生时计入预算收入的金额和没有计入预算收入的金额。对发生时计入预算收入的金额，再区分计入专项资金收入的金额和计入非专项资金收入的金额，按照计入非专项资金收入的金额，借记"非财政拨款结余"科目，贷记"资金结存——货币资金"科目（表6-24和表6-25）。

（3）调整预付账款对非财政拨款结余的影响

单位应当对原账的"预付账款"科目余额进行分析，区分其中由财政补助资金预付的金额、非财政补助专项资金预付的金额和非财政补助非专项资金预付的金额，按照非财政补助非专项资金预付的金额，借记"非财政拨款结余"科目，贷记"资金结存——货币资金"科目（表6-26）。

第六章 新旧会计制度衔接

表 6-24 应收票据余额分析

项目		调整前					调整后					调整方向
	项目代码	项目名称	预算代码	预算科目	金额	资金来源	功能分类	项目代码	项目名称	功能分类	资金来源	金额	
1211应收票据	1810	基本支出	81010701	财政拨款结转——基本支出结转	500.00	001	2200504	1810	基本支出	2200504	001	500.00	调减
	182020	中央财政拨款安排的项目	81010702	财政拨款结转——项目支出结转	5000.00	001	2200512	182020	中央财政拨款安排的项目	2200512	001	5000.00	调减
	182020	中央财政拨款安排的项目	810205	财政拨款结余	400.00	001	2200513	182020	中央财政拨款安排的项目	2200513	001	400.00	调减
	183030	地方财政拨款安排的项目	82010501	非财政拨款结转——地方财政拨款结转	6000.00	002	2200512	183030	地方财政拨款安排的项目	2200512	002	6000.00	调减
	183030	地方财政拨款安排的项目	82010501	非财政拨款结余——地方财政拨款结余	500.00	002	2200513	183030	地方财政拨款安排的项目	2200513	002	500.00	调减
	1840	横向课题项目	82010502	非财政拨款结转——其他专项结转	9880.00	003	2200599	1840	横向课题项目	2200599	003	9880.00	调减
	1850	自筹资金项目	8501	其他结余	899.00	004	2200504	1850	自筹资金项目	2200504	004	899.00	调减
	1890	其他资金项目	8501	其他结余	988.00	004	2200504	1890	其他资金项目	2200504	004	988.00	调减
	1810	基本支出	8401	经营结余	987.00	004	2200504	1810	基本支出	2200504	004	987.00	调减

应收票据—预算会计结转原则：（1）发生时不计入预算收入，不做调整；（2）发生时计入预算收入，区分项目、功能分类、资金来源，调减对应的结账结余。

表 6-25 应收款余额分析-1

项目	调整前							调整后						调整方向
	项目代码	项目名称	功能分类	资金来源	金额	预算代码	预算科目	项目代码	项目名称	功能分类	资金来源	金额		
1212应收账款	1810	基本支出	2200504	001	500.00	81010701	财政拨款结转——基本支出结转	1810	基本支出	2200504	001	500.00		调减
	182020	中央财政拨款安排的项目	2200512	001	5000.00	81010702	财政拨款结转——项目支出结转	182020	中央财政拨款安排的项目	2200512	001	5000.00		调减
	182020	中央财政拨款安排的项目	2200513	001	400.00	810205	财政拨款结余——累计结余	182020	中央财政拨款安排的项目	2200513	001	400.00		调减
	183030	地方财政拨款安排的项目	2200512	002	6000.00	82010501	非财政拨款结转——地方财政拨款结转	183030	地方财政拨款安排的项目	2200512	002	6000.00		调减
	183030	地方财政拨款安排的项目	2200513	002	500.00	82010501	非财政拨款结余——累计结余	183030	地方财政拨款安排的项目	2200513	002	500.00		调减
	1840	横向课题项目	2200599	003	9880.00	82010502	非财政拨款结转——其他专项结转	1840	横向课题项目	2200599	003	9880.00		调减
	1850	自筹资金项目	2200504	004	899.00	8501	其他结余	1850	自筹资金项目	2200504	004	899.00		调减
	1890	其他资金项目	2200504	004	988.00	8501	其他结余	1890	其他资金项目	2200504	004	988.00		调减
	1810	基本支出	2200504	004	987.00	8401	经营结余	1810	基本支出	2200504	004	987.00		调减

应收账款—预算会计结转原则：（1）发生时不计入预算收入，不做调整；（2）发生时计入预算收入，区分项目、功能分类、资金来源，调减对应的结账结余。

表 6-26 应收余额分析-2

项目		调整前						调整后					
	项目代码	项目名称	预算代码	预算科目	功能分类	资金来源	金额	项目代码	项目名称	功能分类	资金来源	金额	调整方向
1213 预付账款	1810	基本支出	81010701	财政拨款结转——基本支出结转	2200504	001	500.00	1810	基本支出	2200504	001	500.00	调减
	182020	中央财政拨款安排的项目	81010702	财政拨款结转——项目支出结转	2200512	001	5000.00	182020	中央财政拨款安排的项目	2200512	001	5000.00	调减
	182020	中央财政拨款安排的项目	810205	财政拨款结余——累计结余	2200513	001	400.00	182020	中央财政拨款安排的项目	2200513	001	400.00	调减
	183030	地方财政拨款安排的项目	82010501	非财政拨款结转——地方财政拨款结转	2200512	002	6000.00	183030	地方财政拨款安排的项目	2200512	002	6000.00	调减
	183030	地方财政拨款安排的项目	82010502	非财政拨款结转——专项结转	2200513	002	500.00	183030	地方财政拨款安排的项目	2200513	002	500.00	调减
	1840	横向课题项目	8501	非财政拨款结转——其他结转	2200599	003	9880.00	1840	横向课题项目	2200599	003	9880.00	调减
	1850	自筹资金项目	8501	其他结余	2200504	004	899.00	1850	自筹资金项目	2200504	004	899.00	调减
	1890	其他资金项目	8501	其他结余	2200504	004	988.00	1890	其他资金项目	2200504	004	988.00	调减
	1810	基本支出	8401	经营结余	2200504	004	987.00	1810	基本支出	2200504	004	987.00	调减

预付账款—预算会计结转原则：区分项目、功能分类、资金来源，调减对应的结账利结余。

（4）调整其他应收款对非财政拨款结余的影响

单位按照《新制度》规定将原账其他应收款中的预付款项计入预算支出的，应当对原账的"其他应收款"科目余额进行分析，区分其中预付款项的金额（将来很可能列支）和非预付款项的金额，并对预付款项的金额划分为财政补助资金预付的金额、非财政补助专项资金预付的金额和非财政补助非专项资金预付的金额，按照非财政补助非专项资金预付的金额，借记"非财政拨款结余"科目，贷记"资金结存——货币资金"科目（表6-27）。

（5）调整存货对非财政拨款结余的影响

单位应当对原账的"存货"科目余额进行分析，区分购入的存货金额和非购入的存货金额。对购入的存货金额划分出其中使用财政补助资金购入的金额、使用非财政补助专项资金购入的金额和使用非财政补助非专项资金购入的金额，按照使用非财政补助非专项资金购入的金额，借记"非财政拨款结余"科目，贷记"资金结存——货币资金"科目（表6-28）。

（6）调整长期股权投资对非财政拨款结余的影响

单位应当对原账的"长期投资"科目余额中属于股权投资的余额进行分析，区分其中用现金资产取得的金额和用非现金资产及其他方式取得的金额，按照用现金资产取得的金额，借记"非财政拨款结余"科目，贷记"资金结存——货币资金"科目。

（7）调整长期债券投资对非财政拨款结余的影响

单位应当按照原账的"长期投资"科目余额中属于债券投资的余额，借记"非财政拨款结余"科目，贷记"资金结存——货币资金"科目。

（8）调整短期借款、长期借款对非财政拨款结余的影响

单位应当按照原账的"短期借款""长期借款"科目余额，借记"资金结存——货币资金"科目，贷记"非财政拨款结余"科目。

（9）调整应付票据、应付账款对非财政拨款结余的影响

单位应当对原账的"应付票据""应付账款"科目余额进行分析，区分其中发生时计入预算支出的金额和未计入预算支出的金额。将计入预算支出的金额划分出财政补助应付的金额、非财政补助专项资金应付的金额和非财政补助非专项资金应付的金额，按照非财政补助非专项资金应付的金额，借记"资金结存——货币资金"科目，贷记"非财政拨款结余"科目（表6-29和表6-30）。

表 6-27 应收款余额分析-3

项目		调整前						调整后					
	项目代码	项目名称	功能分类	资金来源	金额	预算代码	预算科目	项目代码	项目名称	功能分类	资金来源	金额	调整方向
1215其他应收款	1810	基本支出	2200504	001	500.00	81010701	财政拨款结转——基本支出结转	1810	基本支出	2200504	001	500.00	调减
	182020	中央财政拨款安排的项目	2200512	001	5000.00	81010702	财政拨款结转——项目支出结转	182020	中央财政拨款安排的项目	2200512	001	5000.00	调减
	182020	中央财政拨款安排的项目	2200513	001	400.00	810205	累计结余	182020	中央财政拨款安排的项目	2200513	001	400.00	调减
	183030	地方财政拨款安排的项目	2200512	002	6000.00	82010501	非财政拨款结转——地方财政拨款结转	183030	地方财政拨款安排的项目	2200512	002	6000.00	调减
	183030	地方财政拨款安排的项目	2200513	002	500.00	82010501	累计结余	183030	地方财政拨款安排的项目	2200513	002	500.00	调减
	1840	横向课题项目	2200599	003	9880.00	82010502	非财政拨款结转——其他专项结转	1840	横向课题项目	2200599	003	9880.00	调减
	1850	自筹资金项目	2200504	004	899.00	8501	其他结余	1850	自筹资金项目	2200504	004	899.00	调减
	1890	其他资金项目	2200504	004	988.00	8501	其他结余	1890	其他资金项目	2200504	004	988.00	调减
	1810	基本支出	2200504	004	987.00	8401	经营结余	1810	基本支出	2200504	004	987.00	调减

其他应收款—预算会计结转原则：区分项目、功能分类、资金来源，调减对应的结账和结余。

表 6-28 应收余额分析-4

项目		调整前							调整后					
	项目代码	项目名称	功能分类	资金来源	金额	预算代码	预算科目	项目代码	项目名称	功能分类	资金来源	金额	调整方向
1301 存货	1810	基本支出	2200504	001	500.00	81010701	财政拨款结转——基本支出结转	1810	基本支出	2200504	001	500.00	调减
	182020	中央财政拨款安排的项目	2200512	001	5000.00	81010702	财政拨款结转——项目支出结转	182020	中央财政拨款安排的项目	2200512	001	5000.00	调减
	182020	中央财政拨款安排的项目	2200513	001	400.00	810205	财政拨款结余——累计结余	182020	中央财政拨款安排的项目	2200513	001	400.00	调减
	183030	地方财政拨款安排的项目	2200512	002	6000.00	82010501	非财政拨款结转——地方财政拨款结转	183030	地方财政拨款安排的项目	2200512	002	6000.00	调减
	183030	地方财政拨款安排的项目	2200513	002	500.00	82010501	非财政拨款结余——累计结余	183030	地方财政拨款安排的项目	2200513	002	500.00	调减
	1840	横向课题项目	2200599	003	9880.00	82010502	非财政拨款结转——其他专项结转	1840	横向课题项目	2200599	003	9880.00	调减
	1850	自筹资金项目	2200504	004	899.00	8501	其他结余	1850	自筹资金项目	2200504	004	899.00	调减
	1890	其他资金项目	2200504	004	988.00	8501	其他结余	1890	其他资金项目	2200504	004	988.00	调减
	1810	基本支出	2200504	004	987.00	8401	经营结余	1810	基本支出	2200504	004	987.00	调减

存货—预算会计结转原则：（1）购入存货计入预算支出；（2）发生时没有计入预算支出，不做调整；区分项目、功能分类、资金来源，调减对应的结账结余。

表 6–29 预付款余额分析–1

项目	调整前					调整后					调整方向
	项目代码	项目名称	预算科目	金额	资金来源	功能分类	项目代码	项目名称	功能分类	资金来源	金额	
2101 应付职工薪酬 应缴税款	1810	基本支出	财政拨款结转——基本支出结转	500.00	001	2200504	1810	基本支出	2200504	001	500.00	调增
	182020	中央财政拨款安排的项目	财政拨款结转——项目支出结转	5000.00	001	2200512	182020	中央财政拨款安排的项目	2200512	001	5000.00	调增
	182020	中央财政拨款安排的项目	财政拨款结余——累计结余	400.00	001	2200513	182020	中央财政拨款安排的项目	2200513	001	400.00	调增
	183030	地方财政拨款安排的项目	非财政拨款结转——地方财政拨款结转	6000.00	002	2200512	183030	地方财政拨款安排的项目	2200512	002	6000.00	调增
	183030	地方财政拨款安排的项目	非财政拨款结余——累计结余	500.00	002	2200513	183030	地方财政拨款安排的项目	2200513	002	500.00	调增
	1840	横向课题项目	非财政拨款结转——其他专项结转	9880.00	003	2200599	1840	横向课题项目	2200599	003	9880.00	调增
	1850	自筹资金项目	其他结余	899.00	004	2200504	1850	自筹资金项目	2200504	004	899.00	调增
	1890	其他资金项目	其他结余	988.00	004	2200504	1890	其他资金项目	2200504	004	988.00	调增
	1810	基本支出	经营结余	987.00	004	2200504	1810	基本支出	2200504	004	987.00	调增

应付职工薪酬—预算会计结转原则：区分项目、功能分类、资金来源，调增对应的结账账余。

表 6-30 预付款余额分析-2

项目	调整前						调整后					调整方向
	项目代码	项目名称	功能分类	资金来源	金额	预算科目	项目代码	项目名称	功能分类	资金来源	金额	
2201应付职工薪酬	1810	基本支出	2200504	001	500.00	财政拨款结转——基本支出结转	1810	基本支出	2200504	001	500.00	调增
	182020	中央财政拨款安排的项目	2200512	001	5000.00	财政拨款结转——项目支出结转	182020	中央财政拨款安排的项目	2200512	001	5000.00	调增
	182020	中央财政拨款安排的项目	2200513	001	400.00	财政拨款结转——累计结余	182020	中央财政拨款安排的项目	2200513	001	400.00	调增
	183030	地方财政拨款安排的项目	2200512	002	6000.00	非财政拨款结转——地方财政拨款结转	183030	地方财政拨款安排的项目	2200512	002	6000.00	调增
	183030	地方财政拨款安排的项目	2200513	002	500.00	非财政拨款结转——累计结余	183030	地方财政拨款安排的项目	2200513	002	500.00	调增
	1840	横向课题项目	2200599	003	9880.00	非财政拨款结转——其他专项结转	1840	横向课题项目	2200599	003	9880.00	调增
	1850	自筹资金项目	2200504	004	899.00	其他结余	1850	自筹资金项目	2200504	004	899.00	调增
	1890	其他资金项目	2200504	004	988.00	其他结余	1890	其他资金项目	2200504	004	988.00	调增
	1810	基本支出	2200504	004	987.00	经营结余	1810	基本支出	2200504	004	987.00	调增

应付职工薪酬—预算会计结转原则：区分项目、功能分类、资金来源，调增对应的结账结余。

（10）调整预收账款对非财政拨款结余的影响

单位应当按照原账的"预收账款"科目余额中预收非财政非专项资金的金额，借记"资金结存——货币资金"科目，贷记"非财政拨款结余"科目（表6-31）。

（四）"专用结余"科目及对应的"资金结存"科目余额

《新制度》设置了"专用结余"科目及对应的"资金结存"科目。在新旧制度转换时，单位应当按照原账"专用基金"科目余额中通过非财政补助结余分配形成的金额，借记新账的"资金结存——货币资金"科目，贷记新账的"专用结余"科目。

（五）"经营结余"科目及对应的"资金结存"科目余额

新制度设置了"经营结余"科目及对应的"资金结存"科目。如果原账的"经营结余"科目期末有借方余额，在新旧制度转换时，单位应当按照原账的"经营结余"科目余额，借记新账的"经营结余"科目，贷记新账的"资金结存——货币资金"科目。

（六）"其他结余""非财政拨款结余分配"科目

《新制度》设置了"其他结余"和"非财政拨款结余分配"科目。由于这两个科目年初无余额，在新旧制度转换时，单位无须对"其他结余"和"非财政拨款结余分配"科目进行新账年初余额登记。

（七）预算收入类、预算支出类会计科目

由于预算收入类、预算支出类会计科目年初无余额，在新旧制度转换时，单位无须对预算收入类、预算支出类会计科目进行新账年初余额登记。

单位应当自2019年1月1日起，按照《新制度》设置预算收入类、预算支出类科目并进行账务处理。

单位存在2018年12月31日需要按照《新制度》预算会计核算基础调整预算会计科目期初余额的其他事项的，应当比照《关于印发〈政府会计制度——行政事业单位会计科目和报表〉与〈行政单位会计制度〉〈事业单位会计制度〉有关衔接问题处理规定的通知》调整新账的相应预算会计科目期初余额。

表 6-31 预付款余额分析-3

项目		调整前					调整后					调整方向
	项目代码	项目名称	功能分类	资金来源	金额	预算科目	项目代码	项目名称	功能分类	资金来源	金额	
2303 预收账款	1810	基本支出	2200504	001	500.00	财政拨款结转——基本支出结转	1810	基本支出	2200504	001	500.00	调增
	182020	中央财政拨款安排的项目	2200512	001	5000.00	财政拨款结转——项目支出结转	182020	中央财政拨款安排的项目	2200512	001	5000.00	调增
	182020	中央财政拨款安排的项目	2200513	001	400.00	财政拨款结余——累计结余	182020	中央财政拨款安排的项目	2200513	001	400.00	调增
	183030	地方财政拨款安排的项目	2200512	002	6000.00	非财政拨款结转——地方财政拨款结转	183030	地方财政拨款安排的项目	2200512	002	6000.00	调增
	183030	地方财政拨款安排的项目	2200513	002	500.00	非财政拨款结余——累计结余	183030	地方财政拨款安排的项目	2200513	002	500.00	调增
	1840	横向课题项目	2200599	003	9880.00	非财政拨款结转——专项结转	1840	横向课题项目	2200599	003	9880.00	调增
	1850	自筹资金项目	2200504	004	899.00	其他结余	1850	自筹资金项目	2200504	004	899.00	调增
	1890	其他资金项目	2200504	004	988.00	其他结余	1890	其他资金项目	2200504	004	988.00	调增
	1810	基本支出	2200504	004	987.00	经营结余	1810	基本支出	2200504	004	987.00	调增

预收账款—预算会计结转原则：区分项目、功能分类、资金来源，调增对应的结账和结余。

注意：单位对预算会计科目的期初余额登记和调整，应当编制记账凭证，并将期初余额登记和调整的依据作为原始凭证。

第三节 报表新旧结转

一、财务报表和预算会计报表的新旧衔接规定

（一）编制 2019 年 1 月 1 日资产负债表

单位应当根据 2019 年 1 月 1 日新账的财务会计科目余额，按照《新制度》编制 2019 年 1 月 1 日资产负债表（仅要求填列各项目"年初余额"）。

（二）2019 年度财务报表和预算会计报表的编制

单位应当按照新制度规定编制 2019 年财务报表和预算会计报表。在编制 2019 年度收入费用表、净资产变动表、现金流量表和预算收入支出表、预算结转结余变动表时，不要求填列上年比较数。

单位应当根据 2019 年 1 月 1 日新账财务会计科目余额，填列 2019 年净资产变动表各项目的"上年年末余额"；根据 2019 年 1 月 1 日新账预算会计科目余额，填列 2019 年预算结转结余变动表的"年初预算结转结余"项目和财政拨款预算收入支出表的"年初财政拨款结转结余"项目。

二、其他事项

截至 2018 年 12 月 31 日尚未进行基建"并账"的单位，应当首先参照《新旧事业单位会计制度有关衔接问题的处理规定》（财会〔2013〕2 号），将基建账套相关数据并入 2018 年 12 月 31 日原账中的相关科目余额，再按照《关于印发〈政府会计制度——行政事业单位会计科目和报表〉与〈行政单位会计制度〉〈事业单位会计制度〉有关衔接问题处理规定的通知》将 2018 年 12 月 31 日原账相关会计科目余额转入新账相应科目。

2019 年 1 月 1 日前执行新制度的单位，应当参照《新旧事业单位会计制度有

关衔接问题的处理规定》（财会〔2013〕2号）规定做好新旧制度衔接工作。

第四节　实务应用

本节主要对年初结转的操作进行详细讲解，以中国气象局气象科学研究院为例阐述新旧衔接的实务应用。

一、日常业务处理

会计要完成本单位2018年全年的凭证录入、审核、记账等日常业务工作。

二、年底收支结转

通过计财业务系统的"定期处理—年底收支结转"功能，自动生成年底收支结转凭证（图6-5）。

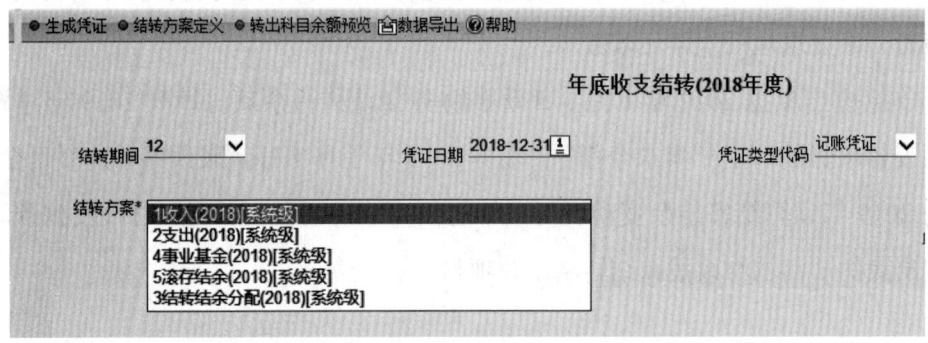

图6-5　收支结转

三、生成新年度基础资料和科目余额

2019年年初，会计在计财业务系统中进行如下操作。

①选择"生成新年度基础资料"，单击"下一步"（图6-6）。

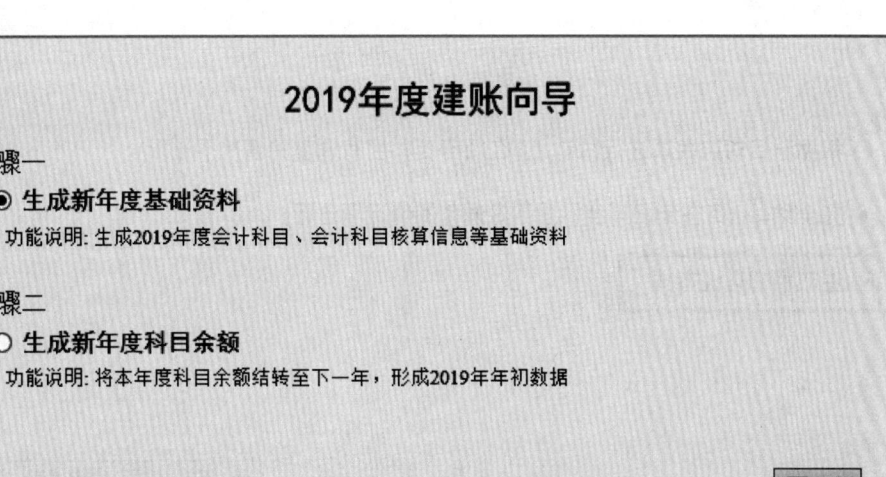

图6-6　基础资料结转-1

②选择"默认方式",将所有的基础资料都结转到2019年(图6-7)。

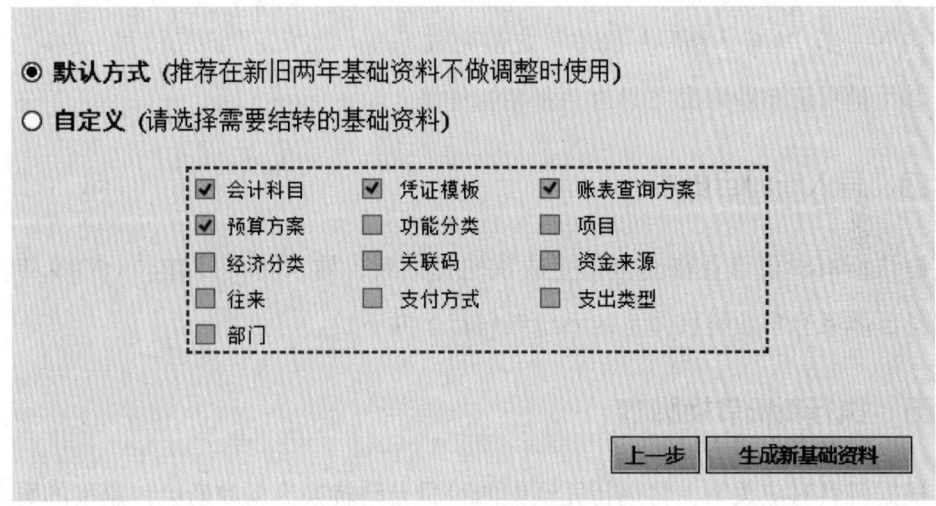

图6-7　基础资料结转-2

③选择"生成新年度科目余额",选择"完全结转",同时勾选"生成期初凭证方式",以凭证的方式结转期初余额,后续的新旧转换是在期初凭证中进行(图6-8)。

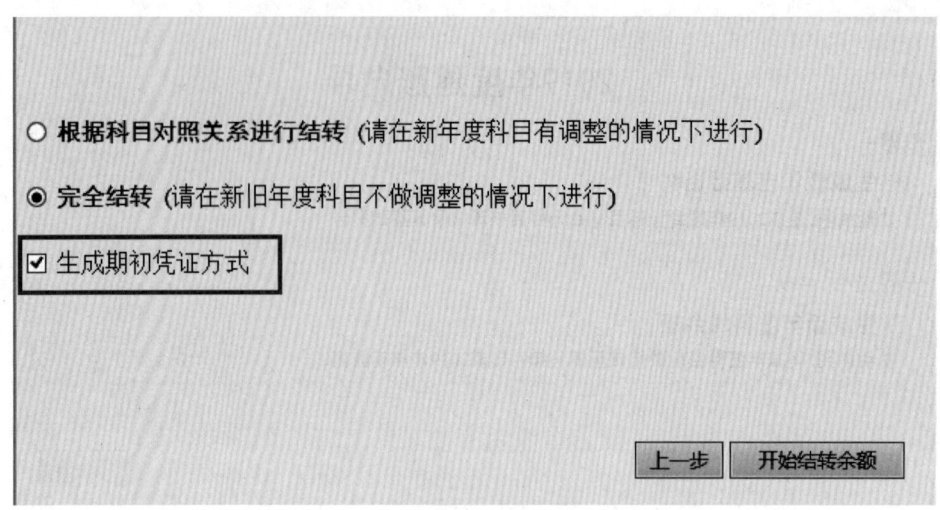

图 6-8 期初结转

注意：

①此时的期初凭证是以旧科目生成的，若需要对期初凭证进行调整，请各单位务必在下一步"4 导入新科目脚本"之前完成。

②尽量保证事业账套下只有一张期初凭证。

四、导入新科目脚本

确认所有单位事业账套全部生成期初凭证后，导入新科目脚本（2019 年基础数据科目体系和事业科目体系的系统级科目）并下发。

五、执行新旧转换脚本

根据科目对应关系，将期初凭证中的科目自动转换为新政府会计制度的财务会计科目和预算会计科目。

脚本执行时，可根据实际情况编写条件，将全部单位或部分单位或某一个单位的期初凭证进行新旧转换。

转换规则具体如下：

将资金来源辅助核算转换为新代码，并且将当年预算改为上年结转。新旧资金来源对应关系如表 6-32 所示。

表 6-32　新旧资金来源对应关系

旧资金来源		新资金来源	
001	中央财政拨款		
001001	当年预算	001002	上年结转
001002	上年结转	001002	上年结转
002	地方财政拨款		
002001	当年预算	002002	上年结转
002001001	地方财政拨款（省级）	002002001	地方财政拨款（省级）
002001002	地方财政拨款（市级）	002002002	地方财政拨款（市级）
002001003	地方财政拨款（县级）	002002003	地方财政拨款（县级）
002002	上年结转	002002	上年结转
002002001	地方财政拨款（省级）	002002001	地方财政拨款（省级）
002002002	地方财政拨款（市级）	002002002	地方财政拨款（市级）
002002003	地方财政拨款（县级）	002002003	地方财政拨款（县级）
003	上级补助收入	004	其他资金
004	附属单位上缴收入	004	其他资金
005	科研课题收入		
005001	横向课题收入	003001	横向课题收入
005002	纵向课题收入	003002	纵向课题收入
006	自有资金	004	其他资金
007	借款	004	其他资金
008	非税收入	004	其他资金
009	其他资金	004	其他资金
010	事业费配套基建	004	其他资金

1. 财务会计部分（直接转换）

根据《新旧转换对照表》中旧科目和新财务会计科目的标准对应关系，将期初凭证中现有的分录转换为新科目（表 6-33）。

表 6-33 新旧科目对应关系（部分）

2018 年科目		2019 年财务会计科目	
科目编码	科目名称	科目编码	科目名称
1001	库存现金	1001	库存现金
100101	非零余额现金	100101	非零余额现金
100102	零余额现金	100102	零余额现金
		10010201	基本支出
		10010202	项目支出
		100103	受托代理现金
1002	银行存款	1002	银行存款
100201	基本账户存款	100201	基本账户存款
100202	住房基金专户存款	100202	住房基金专户存款
100203	单位卡存款	100203	单位卡存款
100205	其他账户存款	100205	其他账户存款
		100206	受托代理银行存款
1011	零余额账户用款额度	1011	零余额账户用款额度
101101	基本支出用款额度	101101	基本支出用款额度
101102	项目支出用款额度	101102	项目支出用款额度
1012	其他货币资金	1021	其他货币资金
		102101	外埠存款
		102102	银行本票存款
		102103	银行汇票存款
		102104	信用卡存款

原科目生成的期初凭证如图 6-9 所示。

期初凭证 未审核

凭证编号：JZ-00-0001　凭证类型：JZ[记账凭证]　凭证日期：2018-01-01　旧科目

	摘要	科目	借方金额	贷方金额
1	期初结转	100201[银行存款_基本账户存款]	247,589,336.79	
2	期初结转	100203[银行存款_单位卡存款]	835,868.66	
3	期初结转	12010202[财政应返还额度_财政授权支付_项目支出额度]	13,250,657.57	
4	期初结转	12150301[其他应收款_医药费_在职医药费]	3,448,517.72	
5	期初结转	12150302[其他应收款_医药费_离退休医药费]	15,439,399.00	
6	期初结转	1215040100[其他应收款_内部单位往来_事业_数值中心]	134,000.00	
7	期初结转	1215040115[其他应收款_内部单位往来_事业_总公司]	800,000.00	
8	期初结转	1215040121[其他应收款_内部单位往来_事业_其他(99年以前)]	5,242,214.77	
9	期初结转	1215040200[其他应收款_内部单位往来_科研_数值中心]	145,004.00	
10	期初结转	1215040201[其他应收款_内部单位往来_科研_灾害中心]	46,445.00	
11	期初结转	1215040202[其他应收款_内部单位往来_科研_大气探测中心]	545,330.00	
12	期初结转	1215040206[其他应收款_内部单位往来_科研_农气所]	500.00	
13	期初结转	1215040207[其他应收款_内部单位往来_科研_信息网络部]	37,589.57	
14	期初结转	1215040215[其他应收款_内部单位往来_科研_总公司]	2,550,000.00	
		合计 柒亿陆仟零捌拾万伍仟玖佰肆拾柒元柒角壹分	760,805,947.71	760,805,947.71

图 6-9　原科目期初凭证

转换后的新科目期初凭证如图 6-10 所示。

期初凭证 未审核

凭证编号：JZ-00-0001　凭证类型：JZ[记账凭证]　凭证日期：2018-01-01　附件张数：

	摘要	科目	借方金额	贷方金额
1	期初结转	100201[银行存款_基本账户存款]	247,589,336.79	
2	期初结转	100203[银行存款_单位卡存款]	835,868.66	
3	期初结转	12010202[财政应返还额度_财政授权支付_项目支出额度]	13,250,657.57	
4	期初结转	121804[其他应收款_医药费]	3,448,517.72	
5	期初结转	121804[其他应收款_医药费]	15,439,399.00	
6	期初结转	121801[其他应收款_备用金]	134,000.00	
7	期初结转	121801[其他应收款_备用金]	800,000.00	
8	期初结转	121801[其他应收款_备用金]	5,242,214.77	
9	期初结转	121801[其他应收款_备用金]	145,004.00	
10	期初结转	121801[其他应收款_备用金]	46,445.00	
11	期初结转	121801[其他应收款_备用金]	545,330.00	
12	期初结转	121801[其他应收款_备用金]	500.00	
13	期初结转	121801[其他应收款_备用金]	37,589.57	
14	期初结转	121801[其他应收款_备用金]	2,550,000.00	
		合计 捌亿捌仟陆佰柒拾伍万零叁佰玖拾陆元柒角伍分	886,750,396.75	886,750,396.75

图 6-10　新科目期初凭证（财务会计）

2. 预算会计部分（新增分录）

（1）原制度科目为应收应付类科目

旧科目中，应收应付类科目包括：1211 应收票据、1212 应收账款、1213 预付账款、1215 其他应收款、1301 存货、1801 待摊费用、2101 应缴税款、2201 应付职工薪酬、2301 应付票据、2302 应付账款、2303 预收账款、2305 其他应付款。

以对方负数的方式转换为对应的结转结余科目（具体对应见《新旧转换对照表》中的应收应付分析表）。

注意：如果原制度会计科目没有挂辅助核算，则默认转换为 8501 其他结余，默认功能分类 2200504；如果原制度会计科目有辅助核算，则每条辅助分录对应新增一条科目分录，根据资金来源和项目转换为对应的结转结余科目，辅助核算内容与原制度会计科目的辅助核算项相同。

应收应付类科目，转换时的对应关系如表 6-34 所示。

表 6-34 应收应付科目对应关系

资金来源		项目		预算科目	
001	中央财政拨款	1810	基本支出	81010701	财政拨款结转——基本支出结转
001	中央财政拨款	1820	中央财政拨款安排的项目	81010702	财政拨款结转——项目支出结转
002	地方财政拨款	1830	地方财政拨款安排的项目	82010501	非财政拨款结转——地方财政拨款结转
003	科研课题收入	1840	横向课题项目	82010502	非财政拨款结转——其他专项结转
004	其他资金	1850	自筹资金项目	8501	其他结余
004	其他资金	1890	其他资金项目	8501	其他结余

假设以转换后新的资金来源代码为判断条件，转换的具体规则如下：

①资金来源为 001 中央财政拨款，项目为 10 基本支出，对应转换为 81010701 财政拨款结转——基本支出结转。

②资金来源为 001 中央财政拨款，项目为 20 中央财政拨款安排的项目，对应转换为 81010702 财政拨款结转——项目支出结转。

③资金来源为 001 中央财政拨款，项目为空，对应转换为非末级科目 810107 财政拨款结转。

④资金来源为 002 地方财政拨款，对应转换为 82010501 非财政拨款结转——地方财政拨款结转。

⑤资金来源为 003 科研课题收入，对应转换为 82010502 非财政拨款结转——其他专项结转。

⑥资金来源为 004 其他资金，对应转换为 8501 其他结余。

⑦资金来源为空，项目为 10 基本支出，对应转换为 81010701 财政拨款结转——基本支出结转。

⑧资金来源为空，项目为 20 中央财政拨款安排的项目，对应转换为 81010702 财政拨款结转——项目支出结转。

⑨资金来源为空，项目为 30 地方财政拨款安排的项目，对应转换为 82010501 非财政拨款结转——地方财政拨款结转。

⑩资金来源为空，项目为 40 横向课题项目，对应转换为 82010502 非财政拨款结转——其他专项结转。

⑪资金来源为空，项目为 50 自筹资金项目或 90 其他资金项目，对应转换为 8501 其他结余。

⑫资金来源为空，项目也为空，对应转换为 8501 其他结余。

原科目生成的期初凭证如图 6-11 所示。

摘要	科目	借方金额	贷方金额
80 期初结转	230503[其他应付款_代扣保险费]		5,754,279.00
81 期初结转	230504[其他应付款_代扣住房公积金]		-2,058.00
82 期初结转	230507[其他应付款_存入保证金]		335,200.00
83 期初结转	2305080101[其他应付款_内部单位往来_事业_灾害中心]		58,877.00
84 期初结转	2305080102[其他应付款_内部单位往来_事业_大气中心]		300.00
85 期初结转	2305080104[其他应付款_内部单位往来_事业_信息中心]		2,589.30
合计 柒亿陆仟零捌拾伍仟玖佰肆拾柒元柒角壹分		760,805,947.71	760,805,947.71

230503[代扣保险费]   ○借 ●贷

	摘要	功能分类	资金来源	关联码	本币金额
1	期初结转	2060301[科学技术_应用研究_机构运行]	006[自有资金]	xxx[xxx]	3,000.00
2	期初结转	2060301[科学技术_应用研究_机构运行]	001002[中央财政拨款_上年结转]	xxx[xxx]	3,924,535.00
3	期初结转	2060301[科学技术_应用研究_机构运行]	001002[中央财政拨款_上年结转]	xxx[xxx]	1,382,635.00
4	期初结转	2060301[科学技术_应用研究_机构运行]	001002[中央财政拨款_上年结转]	xxx[xxx]	444,109.00

图 6-11 原科目期初凭证

转换后的新科目期初凭证如图 6-12 所示。

摘要	科目	借方金额	贷方金额
920 期初结转	8501[其他结余]	-3,000.00	
921 期初结转	810107[财政拨款结转_累计结转]	-3,924,535.00	
922 期初结转	810107[财政拨款结转_累计结转]	-1,382,635.00	
923 期初结转	810107[财政拨款结转_累计结转]	-444,109.00	
924 期初结转	8501[其他结余]	2,058.00	
925 期初结转	8501[其他结余]	-335,200.00	
合计 捌亿捌仟陆佰柒拾伍万零叁佰玖拾陆元柒角伍分		886,750,396.75	886,750,396.75

8501[其他结余]

摘要	功能分类	本币金额
1 原科目230503	2060301[科学技术_应用研究_机构运行]	-3,000.00
2		
3		

图 6-12 新科目期初凭证（预算会计）

（2）原制度会计科目不是应收应付类科目

根据《新旧转换对照表》中原制度会计科目和政府会计制度预算会计科目的标准对应关系进行转换。

注意：如果原制度会计科目没有挂辅助核算，则转换后默认功能分类 2200504（8301 专用结余除外）；如果原制度会计科目有辅助核算，则转换后辅助核算内容与原制度会计科目的辅助核算项相同。

非应收应付类科目新旧科目对应关系如表 6-35 所示。

表 6-35 非应收应付类科目新旧科目对应关系

2018 年科目		2019 年预算会计科目	
科目编码	科目名称	科目编码	科目名称
1001	库存现金	800102	货币资金
100101	非零余额现金	80010201	库存现金

续表

2018 年科目		2019 年预算会计科目	
科目编码	科目名称	科目编码	科目名称
100102	零余额现金	80010201	库存现金
1002	银行存款	80010202	银行存款
100201	基本账户存款	80010202	银行存款
100202	住房基金专户存款	80010202	银行存款
100203	单位卡存款	80010202	银行存款
100205	其他账户存款	80010202	银行存款
1011	零余额账户用款额度	800101	零余额账户用款额度
101101	基本支出用款额度	80010101	基本支出用款额度
101102	项目支出用款额度	80010102	项目支出用款额度
1012	其他货币资金	80010203	其他货币资金

原科目生成的期初凭证如图 6-13 所示。

行号	摘要	科目	借方金额	贷方金额
211	期初结转	300103[事业基金_其他减少]		14,000.00
212	期初结转	30010502[事业基金_滚存结余_非指定用途滚存结余]		7,686,425.61
213	期初结转	310101[非流动资产基金_长期投资]		2,166,000.00
214	期初结转	310102[非流动资产基金_固定资产]		443,465,418.15
215	期初结转	32010106[专用基金_职工福利基金_滚存结余]		300,492.17
216	期初结转	32010201[专用基金_修购基金_提取修购基金]		270,000.00
217	期初结转	32010204[专用基金_修购基金_购建固定资产支出]		155,950.00
218	期初结转	32010208[专用基金_修购基金_滚存结余]		346,855.83
219	期初结转	320103010105[专用基金_其他专用基金_住房基金_住房基金收入_利息收入]		399,438.60
220	期初结转	32010399[专用基金_其他专用基金_其他]		802,917.42
221	期初结转	3301020201[财政补助结转_以前年度财政补助结转_项目支出结转_事业项目支出结转]		18,246,062.88
222	期初结转	3301020201[财政补助结转_以前年度财政补助结转_项目支出结转_事业项目支出结转]		21,860,307.13
	合计 柒亿陆仟零捌拾伍佰玖拾柒元柒角壹分		760,805,947.71	760,805,947.71

图 6-13 原科目期初凭证

转换后的新科目期初凭证如图 6-14 所示。

摘要	科目	借方金额	贷方金额
1056 期初结转	820204[非财政拨款结余_累计结余]		14,000.00
1057 期初结转	820204[非财政拨款结余_累计结余]		7,686,425.61
1058 期初结转	830101[专用结余_职工福利基金]		300,492.17
1059 期初结转	830101[专用结余_职工福利基金]		270,000.00
1060 期初结转	830101[专用结余_职工福利基金]		155,950.00
1061 期初结转	830101[专用结余_职工福利基金]		346,855.83
1062 期初结转	830102[专用结余_住房基金]		399,438.60
1063 期初结转	830199[专用结余_其他专用基金]		802,917.42
1064 期初结转	81010702[财政拨款结转_累计结转_项目支出结转]		18,246,062.88
1065 期初结转	81010702[财政拨款结转_累计结转_项目支出结转]		21,860,307.13
1066 期初结转	8101070101[财政拨款结转_累计结转_基本支出结转_人员经费]		236,862.00
1067 期初结转	82010502[非财政拨款结转_累计结转_其他专项结转]		129,123,803.94
合计 捌亿捌仟陆佰柒拾伍万零叁佰玖拾陆元柒角伍分		886,750,396.75	886,750,396.75

图 6-14 新科目期初凭证（预算会计）

注意：

①转换后的财务会计和预算会计在同一张期初凭证中。

②财务会计部分是将现有分录进行转换，预算会计部分是新增分录。

③预算会计中，应收应付类科目是以对方负数的方式转换为对应的结转结余科目。

3. 调整转换后的期初凭证

打开期初凭证，核对确认转换后的财务会计分录与预算会计分录是否正确，是否需要再进行调整。具体从以下几方面进行核对：

①科目是否已全部转换为新科目。

②科目是否为末级。

③辅助核算项是否需要补充。

④中央财政拨款和地方财政拨款默认转换为结转类科目，根据实际情况判断是

否需要手工调整为结余类科目。

⑤转换为 81010701 财政拨款结转——基本支出结转的，需要手工调整为下级明细科目人员/公用。

⑥旧科目 1511 在建工程下的建筑工程和设备安装两个科目，需要手工转换为对应的新科目中的在建工程。

注意：

①在凭证界面，单击"设置"按钮，将选项"隐藏辅助分录摘要列"选择"否"，期初凭证转换后会在辅助分录的摘要里显示原科目代码，方便核对。

②将选项"分录切换科目，属性相同时保留切换前科目的辅助分录信息"选择"是"，确保修改科目时辅助分录信息不会消失（图 6-15）。

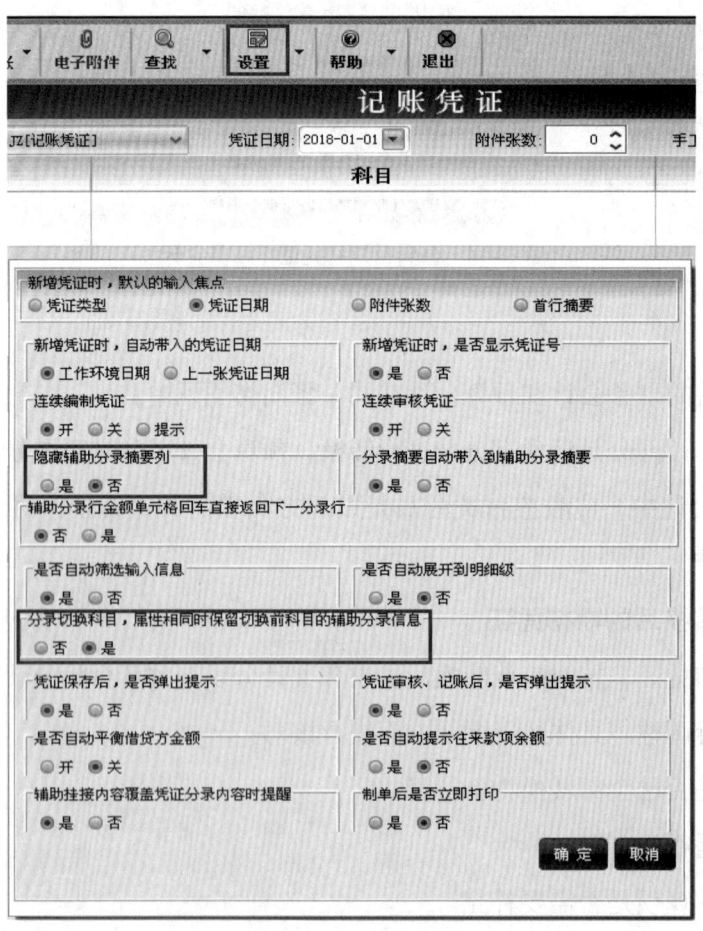

图 6-15　凭证设置